中国刑事诉讼法学研究会

年会文集 2015 年卷

全面推进依法治国与刑事诉讼制度改革

主　编　卞建林　孙长永
副主编　顾永忠　潘金贵

中国人民公安大学出版社
·北京·

图书在版编目（CIP）数据

全面推进依法治国与刑事诉讼制度改革/卞建林，孙长永主编．—北京：中国人民公安大学出版社，2016.6
ISBN 978-7-5653-2645-5

Ⅰ.①全…　Ⅱ.①卞…　Ⅲ.①刑事诉讼—司法制度—体制改革—中国—文集
Ⅳ.①D925.204-53

中国版本图书馆 CIP 数据核字（2016）第 152375 号

全面推进依法治国与刑事诉讼制度改革

主　编　卞建林　孙长永
副主编　顾永忠　潘金贵

出版发行：中国人民公安大学出版社
地　　址：北京市西城区木樨地南里
邮政编码：100038
经　　销：新华书店
印　　刷：北京普瑞德印刷厂

版　　次：2016 年 6 月第 1 版
印　　次：2016 年 6 月第 1 次
印　　张：36
开　　本：787 毫米×1092 毫米　1/16
字　　数：876 千字

书　　号：ISBN 978-7-5653-2645-5
定　　价：120.00 元

网　　址：www.cppsup.com.cn　www.porclub.com.cn
电子邮箱：zbs@cppsup.com　zbs@cppsu.edu.cn

营销中心电话：010-83903254
读者服务部电话（门市）：010-83903257
警官读者俱乐部电话（网购、邮购）：010-83903253
法律图书分社电话：010-83905745

编辑委员会

前　言

2015 年 11 月 7 日至 8 日上午，中国刑事诉讼法学研究会 2015 年年会在重庆市召开。本次会议由本研究会与西南政法大学共同主办。年会的总议题是"全面推进依法治国与刑事诉讼制度改革"。来自全国各地 200 余位从事刑事诉讼法理论研究和司法实务工作的专家、学者及媒体代表参加了会议。

在年会期间，参会代表提交的论文已印刷成册供与会代表交流研讨。会后，按照本研究会出版年会论文集的要求，由作者本人及研究会秘书处对已提交的论文进行了修改、编辑。本论文集还收录了中国法学会王乐泉会长的讲话，中国刑事诉讼法学研究会卞建林会长在开幕式上的致辞，重庆市、西南政法大学有关领导的讲话，最高人民法院、最高人民检察院领导和研究会名誉会长陈光中先生所做的专题报告。会后由多位年轻学者撰写的本届年会综述也收录其中。

由于时间、字数及人力的原因，编辑工作难免存在疏漏之处，恳望作者、读者批评指正。

本论文集的出版得到了"中国法学会研究会支持计划"的资助以及中国人民公安大学出版社的大力支持，在此深表谢意。

中国刑事诉讼法学研究会
2015 年年会论文编辑委员会
2015 年 12 月

目　　录

第一部分　刑事诉讼实施研究

第二部分　刑事诉讼原理研究

第三部分 刑事司法改革研究

在中国刑事诉讼法学研究会
2015 年年会上的讲话

中国法学会会长　王乐泉

各位专家学者、同志们：

　　大家上午好！

　　今天，我们在重庆隆重举行中国刑事诉讼法学研究会 2015 年年会。这是刑事诉讼法学界一年一度的学术盛会，也是贯彻落实党的十八届四中全会、五中全会精神的一次重要会议。会议将围绕"全面推进依法治国与刑事诉讼制度改革"这一主题展开热烈深入的探讨。在这里，我谨代表中国法学会对大会的召开表示热烈祝贺！向辛勤工作在刑事诉讼法学理论界与实务界的同志们致以诚挚的问候！

　　中国法学会高度重视各专门研究会的建设，分别于 2014 年 7 月 16 日和 2015 年 4 月 25 日召开了研究会工作座谈会和研究会工作经验交流会议，采取了一系列加强服务、支持和指导的举措。近两年来，中国法学会所属的 57 个研究会齐心协力，不负众望，在组织建设、队伍培养、工作开展、活动质量以及成果转化等各方面都取得了长足的进步，显现出勃勃生机。刑事诉讼法学研究会作为重要的学科研究会，同时也是中国法学会自己设立的研究会中第一个在民政部完成登记注册的社团法人，在很多方面都走在了研究会工作的前列。一年来，刑事诉讼法学研究会开展了大量卓有成效的工作，取得了显著成绩：一是踊跃参与立法咨询，承担了中国法学会法律实施专项委托课题等多项研究任务，多次承办中国法学会立法专家咨询会和司法改革专家咨询会，积极向中央部门提交成果要报。二是创新研究平台机制，联合法学院校，以点带面协同开展对策性研究，牵头组建了"刑事司法制度研究方阵"，既充分发挥了研究会作为专家库的作用，又克服了研究会实体性不足的局限，推动形成了刑事诉讼理论研究的新格局。三是着力培养青年人才，继续通过组织"中青年刑事诉讼法学优秀科研成果"评选，推荐优秀学术成果参评"中国法学优秀成果奖"等活动，激励更多学术新秀脱颖而出。四是拓展对外交流平台，召开了第八届"中韩刑事诉讼法学会国际学术大会"，同周边国家和地区的学术组织建立了常态沟通机制。五是规范研究会自身建设，完善规章制度，强化民主决策，推进秘书处建设，为研究会的工作开展和健康发展奠定了良好基础。十天前，中国法学会对刑事诉讼法学研究会的支持经费使用情况进行了抽查，评价很高。回顾过去一年的工作，刑事诉讼法学研究会为我国社会主义法治建设提供了重要的智力支持，赢得了中央有关部门的充分肯定，已经成为中国法学会组织和推动刑事诉讼法学理论研究与实践创新的重要依托和骨干力量。

　　成绩固然可喜，但任务依然繁重。党的十八届五中全会刚刚胜利闭幕，全会提出的"十三五"规划宏伟目标和具体任务迫切需要我们在法治保障上抓紧研究落实，在新的历史征程上，全面推进依法治国的任务更加艰巨。研究会要充分认识自身在法治建设中的重要作用和重大责任，切实承担起伟大光荣的历史使命，把握机遇，开拓创新，积极投身于实现中国梦的法治实践。面对新形势和新任务，我对刑事诉讼法学研究会今后的工作提几点要求和期望：

一、要深入学习贯彻习近平总书记系列重要讲话精神和中央重要文件精神，坚持正确方向，严守政治纪律，高度重视研究会和法学家队伍的政治素质建设

习近平总书记在出席中央政法工作会议时指出，要按照政治过硬、业务过硬、责任过硬、纪律过硬、作风过硬的要求建设政法队伍。最近，中央印发了《关于完善国家统一法律职业资格制度的意见》，再次强调要按照"五个过硬"的要求选拔培养社会主义法律职业人才。在"五个过硬"中，政治过硬是首要的标准。如何衡量政治是否过硬？我认为，最关键的就是，是不是走中国特色社会主义法治道路，核心在于是不是拥护和坚持党的领导、坚持中国特色社会主义制度、贯彻中国特色社会主义法治理论。对于研究会的共产党员来说，政治过硬还集中体现为严格遵守新修订的《中国共产党纪律处分条例》的各项规定。该条例明确列出了党员在政治纪律方面若干不可触碰的高压线，是必须时刻坚守的行为底线。中央的这些明确要求，为研究会和法学家队伍建设提供了基本遵循。政治纪律是党最重要、最根本、最关键的纪律，是在政治方向、政治立场、政治言论和政治行为方面必须遵守的基本准则。法学法律工作属于政治性很强的专业，研究会是各学科、各专门领域法学研究的"国家队"，成员都是全国知名的专家学者和学科带头人，影响力大，社会关注度高。研究会要组织广大理事和会员认真学习中央文件精神，切实贯彻中央要求，高度重视政治严肃性，严守政治纪律，坚持政治原则，不越政治底线，不违反政治规矩。研究会各位专家要不断提升政治素质，自觉将思想和行动统一到中央要求上来，成为法治建设的正能量，确保与党和国家统一意志、统一行动、步调一致。

二、要贯彻落实中央群团工作会议精神，抓好研究会建设，切实发挥专家资源优势

2015 年 7 月，中央首次就群团工作召开专门工作会议，习近平总书记发表了重要讲话，再次强调群团事业是党的事业的重要组成部分，特别强调要发挥群团组织的人才资源作用。在十八届四中全会就全面推进依法治国作出重大决定之后，中央又就群团工作召开专门会议，这对于中国法学会以及所属研究会的工作来说是难得的机遇。中国法学会是中央主管的 22 家人民团体之一，研究会作为中国法学会所属或由中国法学会主管的全国性法学社团，是团结引领全国法学法律工作者的桥梁和纽带，是组织开展法学研究的主力军、主阵地、主渠道。希望研究会积极响应，深化对党的群团工作和群团组织政治性、先进性、群众性的认识，找准研究会的工作定位。大家要维护好、建设好、发展好研究会这个平台，只有研究会的组织机制真正发挥作用、工作到位，广大会员的热情和创造力才会被调动起来，研究会的工作才会有生机和活力。研究会要按照建设"学习型、协同型、智库型、国际型"研究会的要求，推进组织建设、制度建设、队伍建设和作风学风建设。既要壮大队

伍，也要提升层次，要团结吸纳本专业内公认有权威、有造诣的专家学者，形成"国家队"广泛的代表性；也要从实务部门吸收实际工作经验丰富并且有较高研究能力和学术热情的一线工作人员。要重视智库人才的储备，有意识地发现培养青年人才，始终保持研究队伍的生命力、创新力与凝聚力，努力建设一支政治立场坚定、理论功底深厚、熟悉中国国情的法治人才队伍。

三、要在中国特色社会主义法治理论指导下，积极参与司法体制改革，不断推进刑事诉讼法学理论创新和实践创新

在"四个全面"战略布局的引领下，当前各项司法改革举措正在有序深入地推进，这也为刑事诉讼法学界提供了许多重大理论和实践课题。习近平总书记在中央政治局集体学习时指出，司法体制改革一要坚持正确的政治方向；二要坚持以提高司法公信力为根本尺度；三要坚持符合国情和遵循司法规律相结合；四要坚持问题导向，勇于攻坚克难。研究会要按照中央的要求，在中国特色社会主义法治理论的指导下，以解决司法实践中的现实问题为己任，围绕推进以审判为中心诉讼制度改革等重点难点问题展开对策研究，为中央推进司法改革、各地方各部门落实司法改革举措提供理论支撑和智力支持。在理论结合实际开展研究方面，刑事诉讼法学研究会有着很好的传统，不少法学专家都深入实践、深入基层一线开展调查研究，取得了扎实的研究成果，在完善刑事诉讼制度、推进刑事司法改革中发挥了重要的智库作用。刑事诉讼法学研究会还积极参与中国法学会组织的司法改革专家咨询会，与实务部门需求对接、协同创新。日前，研究会参与的《中国法学会司法改革专家咨询会〈检察官以案释法制度专家咨询报告〉》得到了最高人民检察院曹建明检察长的高度评价。希望刑事诉讼法学研究会始终把握正确方向，树立国情意识，积极服务于司法体制改革实践需求，不断推进理论创新和实践创新，充分发挥研究会作为我国刑事诉讼法学理论研究主阵地和刑事诉讼法治建设智囊团的作用。

四、要大力创新研究会开展活动的形式和机制，积极开展多样性的学术活动，通过高质量的活动，多出成果，多出人才

党的十八届五中全会提出，坚持创新发展，必须把创新摆在国家发展全局的核心位置，不断推进理论创新、制度创新等各方面创新，让创新贯穿于党和国家的一切工作中，让创新在全社会蔚然成风。研究会建设和工作开展，也要大兴创新之风，特别是要在创新平台载体、规范活动流程、提升成果转化等方面多下功夫，全面提升创新能力，不断探索总结法学社团加强自身建设和开展活动的内在规律。研究会通过机制制度创新，举办形式多样的学术活动，多为广大理事和会员搭建学术活动的平台。除办好年会这一重头戏和规定项目之外，还要紧紧围绕刑事司法实践的需要举办系列专题性的小型研讨会。要进一步联合法学院校、实务部门，加强与其他专业研究会、地方法学会合作，拓展研究平台和合作方式，推进跨学科、跨区域、跨部门协同创新研究体制机制建设。研究会应当发挥全体会员的主体作用，广泛动员，形成大家共同推进研究会发展的良好局面，让更多的法治难题通过学术探讨形成共识。同时，还要注重活动的质量、产出和成果转化，多出成果，多出人

才。总之，刑事诉讼法学研究会作为法学研究会的排头兵，要在规范管理和工作开展方面为其他研究会做好表率，要不断创新现代法学社团治理机制，总结推广符合现代法学社团发展规律的成功经验。

同志们，新起点带来新气象，新机遇呼唤新作为，中央和中国法学会对研究会在繁荣法学研究、推进依法治国方面发挥的作用寄予厚望。"百尺竿头，更进一步"。希望刑事诉讼法学研究会进一步坚定信心，以时不我待的紧迫感，抓住机遇，开拓创新，将面临的机遇和挑战转化为研究会实实在在的工作成绩，为繁荣刑事诉讼法学研究，加快司法体制改革，全面推进依法治国作出新的贡献！

预祝大会圆满成功！谢谢大家！

中国刑事诉讼法学研究会
2015 年年会开幕式致辞

中国刑事诉讼法学研究会会长　　卞建林

尊敬的王乐泉会长，尊敬的各位领导、各位代表、同志们、朋友们：

大家上午好！在这金风送爽、气候宜人的深秋时节，中国刑事诉讼法学研究会 2015 年年会在美丽的山城重庆隆重召开了。中国法学会领导对年会的举办十分重视，王乐泉会长、张文显副会长亲自莅临会议指导，王会长还将发表重要讲话。年会的顺利召开，得到了中央政法委、全国人大常委会法工委、最高人民法院、最高人民检察院、公安部、国家安全部、司法部等中央政法机关的大力支持。最高人民法院党组成员、副院长李少平同志，最高人民检察院党组成员、副检察长孙谦同志等领导亲自与会并将发表专题报告，介绍以审判为中心的诉讼制度改革和检察机关贯彻实施新刑事诉讼法的情况。重庆市领导对年会的举办高度重视和大力支持，重庆市委常委、政法委书记刘学普同志，重庆市人民检察院余敏检察长等领导也于百忙之中抽时间出席会议开幕式，学普书记并将代表重庆市委、市政府、市人大致辞。在此，我谨代表刑事诉讼法学研究会对他们表示崇高的敬意和衷心的感谢。同时，也对出席本次年会的各位领导、各位代表、各位来宾以及来自新闻界、出版界的朋友们表示最热烈的欢迎。

本次年会由中国刑事诉讼法学研究会与西南政法大学共同主办。西南政法大学是我国政法教育和法学研究的重镇，其前身是刘伯承元帅亲任校长的西南军政大学，六十余年来，特别是改革开放以来，为我国法治工作队伍培养了大批优秀人才，为推进依法治国、建设社会主义法治国家作出了巨大贡献。自 2015 年年会确定在重庆举办后，西南政法大学党政领导对会议筹备工作高度重视，周密部署；孙长永副校长、法学院石经海副院长、诉讼法教研室潘金贵主任率领的工作团队更是辛勤工作、精心准备；由研究会秘书长顾永忠教授牵头的秘书组，也为年会的组织和论文的编选做了大量工作。在此，我也代表刑事诉讼法学研究会和全体与会代表对西南政法大学和所有为年会的顺利召开付出辛勤劳动的领导和同志们表示最衷心的感谢。

2015 年是修改后的刑事诉讼法实施的第三年，也是司法改革攻坚克难的关键一年。2014 年的此时，党中央召开十八届四中全会，就全面推进依法治国进行专门研究，作出重大部署。全会通过了《关于全面推进依法治国若干重大问题的决定》，要求"必须完善司法管理体制和司法权力运行机制，规范司法行为，加强对司法活动的监督，努力让人民群众在每一个司法案件中感受到公平正义"。会议提出：完善确保依法独立公正行使审判权和检察权的制度，优化司法职权配置，推进以审判为中心的诉讼制度改革，加强司法人权保障。刚刚闭幕的党的十八届五中全会突出强调，深化司法体制改革，尊重司法规律，促进司法公正，完善对权利的司法保障、对权力的司法监督。在学习贯彻十八届四中全会决定、五中全会精神，全面推进依法治国、全面深化改革的新形势下，本届年会的主题确定为

"全面推进依法治国与刑事诉讼制度改革",下设几个分议题,即刑事诉讼基础理论问题研究,以审判为中心的诉讼制度改革研究;涉案财产处置机制研究;腐败犯罪诉讼程序问题研究;刑事诉讼法的实施问题研究。希望大家围绕年会主题和各分议题积极开展研讨,分享经验,探讨问题,交流心得,砥砺思想,为全面推进依法治国、全面深化改革、繁荣刑事诉讼法学研究、促进刑事程序法治完善贡献才智,发挥作用。

2015年年会还将举行第四届中青年刑事诉讼法学优秀科研成果奖颁奖仪式。为了奖励刑事诉讼法学领域优秀科研成果,促进中青年刑事诉讼法学科研队伍研究水平不断提高,进一步推动刑事诉讼法学科研活动繁荣发展,中国刑事诉讼法学研究会于2015年3月至7月开展了第四届中青年刑事诉讼法学优秀科研成果奖评选活动,最终确定著作类和论文类一、二、三等奖共25部/篇,决定予以表彰和奖励。在此,我谨代表研究会对所有获奖者表示热烈的祝贺,希望获奖同志珍惜荣誉,继续努力,多出成果,再创佳绩。

最后,再一次向与会的各位领导、代表和来宾表示衷心的欢迎和感谢。预祝本次年会取得圆满成功。

谢谢大家!

在中国刑事诉讼法学研究会
2015年年会上的致辞

重庆市委常委、政法委书记、市法学会会长　刘学普

尊敬的王乐泉会长，各位领导、各位专家、各位来宾：

上午好！

今天，中国刑事诉讼法学研究会2015年年会在重庆隆重举行，我谨代表重庆市委、市委政法委、市法学会对这次年会的召开表示热烈祝贺！对各位领导、专家学者表示热烈欢迎！对长期关心支持重庆工作的中央政法委、中国法学会和全国法律法学界的各位领导、各位专家学者表示衷心的感谢！

重庆是中国著名的历史文化名城，是巴渝文化的发祥地。党的十八大以来，市委、市政府深入贯彻落实党的十八大和十八届三中、四中、五中全会精神，深入学习贯彻习近平总书记系列重要讲话精神，按照"四个全面"战略布局总要求，积极适应、引领经济发展新常态，带领全市人民扎实工作，开拓创新，实现了经济持续健康快速发展，各项事业取得了新的成就。2015年1~9月，全市GDP增长11.0%，固定资产投资增长17.3%，社会消费品零售总额增长12.3%，一般公共预算收入增长12.0%，城乡居民收入分别增长8.4%和11%，经济发展保持良好势头。

近年来，在中央和市委的领导下，全市政法机关认真贯彻落实中央和市委政法工作一系列重大决策部署，紧紧围绕维护社会大局稳定、促进社会公平正义、保障人民安居乐业三大主要任务，坚持以法治为引领，以深化改革为动力，扎实推进平安建设、法治建设、过硬队伍建设，切实加强基层基础工作，有效防范化解管控各类风险，确保了全市社会政治大局的持续稳定，社会治安、信访、公共安全事故等主要指标全面下降，群众安全感、队伍满意度和司法公信力全面提升。

近年来，我市政法机关深入推进司法培训，认真贯彻实施修改后的刑事诉讼法，坚持运用好宽严相济的刑事政策，坚持公正和效率相统一，不断提高侦查、起诉、审判的质量和效率，对严重危害人民群众生命财产安全的犯罪活动依法严惩；对在刑事诉讼中被告人自愿认罪、自愿接受处罚、积极退赃退赔的，依法落实认罪认罚从宽政策。不断强化证据意识，坚持依照法定程序，通过合法手段收集固定证据，形成了非法证据排除等一系列机制。认真贯彻中央政法委《关于切实防止冤假错案的规定》，以及中央政法各部门的实施意见，对冤假错案发现一起，纠正一起，捍卫了法律尊严和司法公正，提高了司法公信力。

党的十八届四中全会是我们党历史上第一次专门研究法治建设重大问题的一次全会，科学回答了一系列事关我国法治建设的重大理论和实践问题，开启了中国特色社会主义法治建设新的里程。党的十八届四中全会作出"推进以审判为中心的诉讼制度改革"的重大决策，是符合诉讼规律、符合司法规律、符合法治规律的重大举措。这次年会以"全面推进依法治国与刑事诉讼制度改革"为主题，突出了重点、抓住了关键，具有十分重要的意义。

　　各位领导、各位专家、各位来宾，这次中国刑事诉讼法研讨会在重庆召开，必将推动重庆刑事诉讼法学理论研究和司法实践的深入发展。相信在各位专家学者的积极参与下，这次会议一定会取得丰硕成果，必将为推动和深化我国刑事诉讼制度改革，促进严格执法、公正司法作出有益的贡献。

　　最后，预祝本次年会取得圆满成功！恭祝各位在渝期间工作顺利、生活愉快、身体健康！

　　谢谢大家！

在中国刑事诉讼法学研究会
2015年年会上的致辞

西南政法大学校长　付子堂

尊敬的王乐泉会长、刘学普书记、张文显副会长，尊敬的陈光中老师等各位前辈，各位同仁、各位来宾：

大家上午好！

今天，全国刑事诉讼法学界的领导、专家、学者和实务界的各位来宾欢聚一堂，就"全面推进依法治国与刑事诉讼制度改革"的相关法学问题进行对话与交流，盛况空前。我代表西南政法大学对各位代表与来宾的到来表示衷心的感谢和热烈的欢迎！

2014年10月召开的党的十八届四中全会是中国特色社会主义事业发展进程中召开的一次意义重大的会议。会议审议通过的中共中央《关于全面推进依法治国若干重大问题的决定》（以下简称《决定》），是我们党历史上第一次专门就"依法治国"主题所做的决定，是新形势下全面推进依法治国、加快建设社会主义法治国家的纲领性文件。《决定》中提出的一系列关于全面推进依法治国的新论断、新措施、新要求为当前和今后一个时期内我国社会发展和法治建设指明了方向。其中，《决定》中提出的"确保依法独立公正行使审判权和检察权"，"优化司法职权配置"，"推进以审判为中心的诉讼制度改革"，"健全落实罪刑法定、疑罪从无、非法证据排除制度"，"健全冤假错案有效防范和及时纠正机制"等均与刑事诉讼制度改革直接相关。本次刑事诉讼法学研究会年会以"全面推进依法治国与刑事诉讼制度改革"为主题，对于更好地贯彻实施刑事诉讼法，深化探索刑事诉讼制度改革，全面落实依法治国基本方略都具有十分重要的意义。

2015年10月刚刚闭幕的党的十八届五中全会审议通过了中共中央《关于制定国民经济和社会发展第十三个五年规划的建议》，该建议强调："如期实现全面建成小康社会奋斗目标，推动经济社会持续健康发展，必须遵循'坚持依法治国'的原则"，并强调"法治是发展的可靠保障。"作为我国法学研究的重要阵地，西南政法大学一直以来都在积极参与国家的法治事业，为中国特色社会主义法治体系、社会主义法治国家的建设贡献着智慧和力量。

作为新中国最早建立的高等政法学府，改革开放后全国首批重点大学，多年来，我校为国家法治建设培养和输送了大批高素质的法律人才。学校目前是全国首批卓越法律人才教育培养基地，教育部与重庆市人民政府共建高校，学校的诉讼法学是国家重点学科，刑事诉讼法学更是在学界拥有较高的学术影响力。2015年，在中国法学会和中国刑事诉讼法学研究会的支持下，西南政法大学有幸获得本次刑事诉讼法学研究会年会的承办权。我们十分希望承办的此次年会能够为法学界及法律界人士打造一个开放畅通的交流平台，我们的法官、检察官、警官、律师、学者等都能在这里切磋观点，碰撞思想，进行深度的对话与交流，最终大家在凝聚共识的基础上，共同探索出一条中国刑事诉讼制度改革的科学之路。

在接下来的两天中，我相信各位代表将通过富有创建性的学术互动与实务研讨，形成一批具有创新性和思想深度的理论研究成果，为全面深化刑事诉讼体制改革提供大量有益的经验和建议。

最后，我代表学校预祝此次刑事诉讼法学研究会年会取得圆满成功！也对鼎力支持本次年会的各位领导和来宾致以最诚挚的感谢，祝各位在重庆工作顺利、生活愉快。

谢谢大家！

推进以审判为中心的诉讼制度改革

——在中国刑事诉讼法学研究会 2015 年年会上的专题报告

最高人民法院副院长　李少平

今天，我们相聚在美丽的山城，隆重召开中国刑事诉讼法学研究会 2015 年年会，围绕"全面推进依法治国与刑事诉讼制度改革"的主题展开研讨，这是中国刑事诉讼法学研究会贯彻落实党的十八大和十八届三中、四中和五中全会精神，贯彻落实中央政法有关会议精神，大力加强刑事法治理论研究，全面推进依法治国的一次重要活动，也是法学理论界与司法实务界的一次交流盛会，意义重大而深远。下面我以"推进以审判为中心的诉讼制度改革"为主题谈几点认识。

一、以审判为中心的诉讼制度改革的推进情况

推进以审判为中心的诉讼制度改革，是一项重大而紧迫的司法改革任务。党的十八届四中全会通过的《关于全面推进依法治国若干重大问题的决定》（以下简称《决定》）明确提出，推进以审判为中心的诉讼制度改革，确保侦查、审查起诉的案件事实证据经得起法律的检验。习近平总书记在关于十八届四中全会《决定》的说明中，进一步将这项改革作为十个重点说明的问题之一进行了专门阐述。为贯彻落实十八届四中全会《决定》部署，根据中央印发的《进一步深化司法体制和社会体制改革的实施方案》，这项改革举措由最高人民法院、最高人民检察院、中央政法委、公安部牵头，国家安全部、司法部参加落实，要求在 2015 年提请中央深改组审议相关改革文件，2017 年要全面完成这项改革任务。为确保改革按照中央部署积极稳妥推进，孟建柱书记在 2015 年 1 月召开的中央政法工作会议上强调，要推进以审判为中心的诉讼制度改革，发挥好庭审的决定性作用；在 2015 年 5 月的政法领导干部专题研讨班上，又对这项改革作了进一步的阐述（在这个班上，我本人也结合改革实际情况，就"推进以审判为中心的诉讼制度改革"的基本思路做了交流发言）。同时，中央司改领导小组成立了由最高人民法院常务副院长沈德咏同志为组长、各中央政法单位相关负责人为成员的改革项目领导小组，专门负责研究论证、部署落实"以审判为中心的诉讼制度改革"相关工作。根据中央改革进度部署，目前项目领导小组已于近期召开全体会议审议了改革实施方案，有望于年底前提请中央深改组审议；最高人民法院也正会同有关中央政法单位制定非法证据排除规则等配套改革文件。

在加强顶层设计的同时，各地也在积极探索试点。四川省成都市中级人民法院在各政法单位的支持下，在全国首家开展刑事庭审实质化改革试点，并从 7 月 1 日起在全市法院全面推开，目前已推出 60 多个案件的示范庭和实验庭。初步摸索出符合司法规律且有一定特色的庭前会议程序、混合式人证调查方法、非法证据排除、办案警察和专家证人等主要证人出庭、残疾被告人庭上诉权保护等创新做法，推进庭审的实质化、中心化。天津二中

院探索推出"两段式、不间断"审判模式，在做好庭前准备和案件信息对接的基础上即时随机分案、即时开庭、即时合议、即时宣判，促使诉讼各环节围绕庭审进行，发挥庭审的决定性作用。下一步，我们还将继续探索总结各地改革实践经验，使制度设计更加科学，配套措施更加完善。

实践离不开理论的支持和指导，以审判为中心的诉讼制度改革推进以来，理论界特别是刑事诉讼法学界给我们提供了大量的理论和智识支持，有的专家学者亲自参与了改革实践。《中国法学》、《法学研究》等核心期刊发表了许多相关的高质量、高水平学术论文；2015 年 8 月，中国审判理论研究会也专门以"推进以审判为中心的诉讼制度改革"为主题召开年会，会议收到了几百篇理论和实务文章，相关成果已经吸收到改革文件中；这次刑事诉讼法学研究会年会又以"以审判为中心的诉讼制度改革"作为主题之一进行研讨。这些都为推进以审判为中心的诉讼制度改革作出了积极贡献，希望各位专家学者一如既往继续支持推进这项改革。

二、深刻把握以审判为中心的诉讼制度改革的内涵和特征

习近平总书记在关于十八届四中全会《决定》的说明中深刻指出："充分发挥审判特别是庭审的作用，是确保案件处理质量和司法公正的重要环节。我国刑事诉讼法规定公检法三机关在刑事诉讼活动中各司其职、互相配合、互相制约，这是符合中国国情、具有中国特色的诉讼制度，必须坚持。"这为刑事诉讼制度改革指明了方向，明确了总体框架。一方面，"以审判为中心"不是改变公检法三机关"分工负责、互相配合、互相制约"的宪法原则，而是强调在该原则的指导下，刑事诉讼各个阶段均要按照审判阶段的事实证据标准开展工作，确保侦查、审查起诉的案件事实经得起法律的检验。另一方面，"以审判为中心"不涉及政法各机关地位高低、作用大小等问题，它是刑事程序法治的内在要求，出发点和落脚点是使刑事审判工作更加公正、科学，努力让人民群众在每一个司法案件中感受到公平正义。刑事诉讼以审判为中心的内涵，可以从三个层次理解：一是审判程序在刑事诉讼中应居于中心地位，公诉案件的侦查、起诉等阶段都要围绕审判程序进行；二是庭审应成为审判过程的决定性环节，确保诉讼证据质证在法庭、案件事实查明在法庭、诉辩意见发表在法庭、裁判理由形成在法庭，推进庭审实质化；三是一审程序应成为整个刑事审判程序的中心，应充分发挥一审在认定事实证据方面的优势作用。

贯彻落实中央改革部署，推进以审判为中心的诉讼制度改革，需要把握好四个基本特征：一是在司法理念上，执法司法活动应当适用法治发展新要求，更加注重保障人权，强化程序正义，坚持惩罚犯罪与保障人权相统一、程序公正与实体公正相统一，逐步树立起充分体现公平正义的现代刑事司法理念。二是在司法原则上，要进一步落实罪刑法定、疑罪从无、控辩平等、裁判中立、直接言词、非法证据排除等刑事法律的基本原则和制度。三是在认定标准上，刑事诉讼各阶段都要按照法定程序要求和事实证据标准开展工作，做到"事实清楚，证据确实、充分"。四是在工作机制上，健全公检法三机关"分工负责、互相配合、互相制约"机制，既各司其职，又互相制约，充分发挥司法裁判的引领、规范、评价作用。

强调以审判为中心，注重发挥庭审的决定性作用，是公正司法的必然要求，是严格司

法的题中之义，符合司法活动客观规律，具有十分重大的意义。一是有利于确保公正司法，提升司法公信力。以审判为中心要求在保障各方诉讼权利的基础上，法官居中裁判，实现审判程序中的控辩平等，充分听取各方意见，在各方有效参与下对定罪和量刑问题作出判断，确保正义不仅能够实现而且能够以当事人看得见、感受得到的方式实现。二是有利于加强人权司法保障，有效防范冤假错案。以审判为中心要求高度重视、切实发挥审判程序的功能作用，促进审前程序始终围绕审判的要求开展，从源头上防止事实不清、证据不足的案件或者违反法律程序的案件进入审判程序，充分保障被告人的质证权、辩护权等诉讼权利，通过法庭审判的程序公正，实现案件裁判的实体公正，从而有效防范冤假错案，从制度上确保案件审理结果既经得起法律和事实的检验，也经得起历史的检验。三是有利于落实司法责任制。以审判为中心要求发挥庭审的决定性作用，审判时必须严格落实直接言词原则，只有亲自参与庭审活动的法官才能对案件作出裁判，落实"让审理者裁判，由裁判者负责"，防止案外因素的干扰。四是有利于维护宪法法律权威，促进国家治理体系和治理能力现代化。司法是维护社会公平正义的最后一道防线。深化司法体制改革，特别是推进以审判为中心的诉讼制度改革，旨在建设公正高效权威的社会主义司法制度，通过高质量的庭审，最大限度地体现程序公正、实现实质正义，赢得各方对裁判的认可和尊重，确保宪法法律得到正确有效的实施，促进社会公平正义，使国家和社会治理始终在法治轨道上运行。

三、推进以审判为中心的诉讼制度改革的初步思路和基本举措

近年来，各有关方面高度重视刑事诉讼制度的完善和落实，有效提升了审判质量、队伍素质和司法公信力，各项工作取得了长足的进步。但也应清醒地认识到，刑事司法实践中存在着一些妨碍公正的突出问题，冤假错案时有发生，要从体制机制上解决这些问题，就必须系统改革完善刑事诉讼制度，通过社会各界、专家学者的共同努力，推动建立以审判为中心的诉讼制度。刑事司法实践中尤其要注意以下几个方面：

第一，全面贯彻证据裁判规则。党的十八届四中全会《决定》明确要求"全面贯彻证据裁判规则"。证据裁判规则是现代刑事诉讼普遍遵循的基本规则之一，要求在刑事诉讼中认定被告人有罪和处以刑罚，必须以证据为根据，没有证据或证据不足不能作出有罪裁判。但是，实践中一些证据规则没有发挥应有的作用和价值，在健全和落实上仍需下功夫。一是坚持科学的刑事司法理念。要正确理解和贯彻罪刑法定、疑罪从无、证据裁判等原则，充分发挥公安机关、检察机关、审判机关、司法行政机关在侦查、批捕、提起公诉、诉讼监督、审判、刑罚执行等方面的重要职能，为查清案件事实、依法采信证据、正确适用法律、作出公正裁判、严格执行刑罚打下坚实基础。二是牢固树立证据意识。所有办案机关和诉讼参与人均应牢固树立重证据、重调查研究、不轻信口供的意识，坚持严格依法收集、固定、保存、审查和运用证据，坚持用证据说话，用证据证明案件事实。三是严格执行非法证据排除规则。采用刑讯逼供等非法方法收集的犯罪嫌疑人、被告人供述，采用暴力、威胁等非法方法收集的证人证言、被害人陈述，应当予以排除。目前最高人民法院正会同中央各政法单位研究制定有关改革文件，以进一步明确非法证据的范围和排除程序。四是坚持全面收集、提供证据。本着实事求是的原则，既收集、提供证明犯罪嫌疑人、被告人

有罪或者罪重的证据，也收集、提供证明其无罪或者罪轻的证据。五是坚持口供补强规则。只有被告人供述，没有其他证据补强的案件，不能认定被告人有罪并处以刑罚。

第二，强化庭前准备程序功能。充分的庭前准备，是优质高效庭审的基础和保证。以庭前会议制度为代表，刑事诉讼法从多个方面对庭前准备程序进行了完善，对于确保庭审的实质化、保障被告人的辩护权、确保法官居中裁判等具有重要意义。进一步强化庭前准备程序，需要重点推进以下举措：一是完善庭前会议制度。充分发挥庭前会议的功能作用，探索程序性争议解决在庭前的工作机制，确保庭审的连续性和持续性，使诉讼参与人特别是辩护人在庭审前全面掌握案件情况，提升法庭调查和辩论的效率和效果。二是推进案件繁简分流。强调"以审判为中心"，并不是要求所有案件均以规范复杂的普通程序解决，而是区别案件情况采取不同的审理程序。要依法扩大简易程序的适用范围，深入推进刑事案件速裁程序试点，通过繁简分流，实现繁案精审、简案快审，为落实以审判为中心的诉讼制度节约司法资源。

第三，推动实现庭审实质化。通过庭审实质化实现"以庭审为中心"，是以审判为中心的诉讼制度改革的关键环节，集中体现了司法规律的要求，也是优化我国刑事诉讼运行机制的重要举措。第六次全国刑事审判工作会议召开后，为贯彻落实会议精神，充分发挥庭审功能，最高人民法院在全国法院开展了刑事庭审调查评比活动，通过评比发现问题、总结经验、细化规则、创新举措，进一步促进了庭审功能的发挥。在落实繁简分流原则的基础上，发挥庭审的决定性作用，关键在于推进庭审实质化。一是围绕庭审开展诉讼活动。实现诉讼资源向庭审集中，办案时间向庭审倾斜，办案标准向庭审看齐。确保举证、质证、认证在法庭，关键证人、鉴定人作证在法庭，案件事实调查、认定在法庭，控辩和代理意见发表、辩论在法庭，当事人及其辩护、代理律师的诉讼权利行使在法庭，公正裁判决定在法庭，裁判说理阐述在法庭。二是充分发挥庭审的事实认定功能。健全审判权力运行机制，完善主审法官、合议庭办案责任制，健全院长、庭长审判管理和监督机制，改革审判委员会工作机制，落实"让审理者裁判，由裁判者负责"。目前，经中央深改组审议通过，最高人民法院印发了《关于完善人民法院司法责任制的若干意见》。完善人民陪审员参与审理事实认定机制，明确人民陪审员参与审理事实认定的案件范围和表决机制。目前，相关改革正在全国10省市50个中基层法院试点。三是完善审级制度。应进一步完善审级制度，确保不同审级有不同的侧重点，一审重在解决事实认定和法律适用；二审重在解决事实法律争议、实现两审终审，再审重在解决依法纠错、维护裁判权威。

第四，保障辩护职能的有效发挥。刑事辩护是宪法和刑事诉讼法赋予犯罪嫌疑人、被告人及其辩护人在刑事诉讼中享有的一项基本权利。推进以审判为中心的诉讼制度改革，应当进一步完善辩护制度，切实发挥辩护的职能作用。一是切实保障犯罪嫌疑人、被告人的辩护权。既要保障其自行充分行使辩护权，又要有效保障其委托辩护人进行辩护的权利。完善法律援助制度，扩大援助范围，最大限度地保障犯罪嫌疑人、被告人获得有效辩护。二是充分发挥辩护律师的作用。切实保障律师会见当事人、阅卷、举证、质证、辩护等权利，认真听取律师的辩护和代理意见，充分发挥律师在依法认定事实、正确适用法律、准确定罪量刑等方面的重要作用。三是建立健全刑事案件强制辩护代理制度。为加强人权司法保障、提升案件质量，应在现有法律规定的基础上，进一步扩大应当指定辩护律师的案件范围。可以探索完善对刑事案件被害人的法律援助机制，为其指派代理律师，畅通被害人诉求表达渠道，在强化被告人人权保障的同时充分保障被害人的诉讼权利。

　　推进以审判为中心的诉讼制度改革，需要优化司法资源配置，科学设置各司法机关的职权，充分发挥侦查、起诉和审判的职能作用，有赖于社会各界、各有关方面和各位专家学者的共同推进、形成合力。让我们携起手来，既立足中国国情、认真总结中国刑事诉讼立法和司法实践经验，又全面考察、积极借鉴域外诉讼制度发展成果，不断加强理论研究和实践探索，为加快建设公正、高效、权威的社会主义司法制度，为全面推进依法治国、建设社会主义法治国家贡献智慧和力量。

刑事法治任重道远

——检察机关执行修改后刑事诉讼法的情况和几点思考

最高人民检察院副检察长　孙　谦

我国刑事诉讼法于2012年3月作出第二次重大修改，这是完善中国特色社会主义法律体系的重要成果，是全面推进依法治国的重要举措，对于更加有效地惩治犯罪、保障人权，维护司法公正和社会和谐稳定意义重大。对修改后的刑事诉讼法执行情况进行研究和分析，目的是解决执行中存在的问题，以更好地贯彻执行这部重要的基本刑事法律。

一、执行修改后的刑事诉讼法应坚守的核心理念与价值追求

2012年，刑事诉讼法修改是影响我国刑事诉讼全貌的一次重大变革，涉及各个诉讼环节几十项改革。之所以视修改后的刑事诉讼法为全面推进依法治国的重要举措，不仅因为刑事诉讼法是体现一国法治发展状况的显著标志，更因为这次刑事诉讼法修改体现了影响司法品质的最关键因素——"司法理念"的长足进步。从刑事诉讼法的各项重大制度改革我们可以发现，贯穿修改后的刑事诉讼法的一条核心理念就是加强对司法权的监督制约和对犯罪嫌疑人、被告人合法权利的有效保障。体现监督制约司法权的制度包括：确立非法证据排除规则，对侦查权的运行进行严格规范和更加有效的制约；实行讯问同步录音录像制度，用科技手段监督侦查活动合法开展；加强刑事诉讼法律监督，如简易程序检察人员全部出庭、扩大二审开庭范围、检察机关对死刑复核有权发表意见，对刑罚执行开展同步监督以及对特别程序履行法律监督；等等。体现有效保障犯罪嫌疑人、被告人合法权利的制度有：律师侦查阶段辩护地位的确立，阅卷权、会见权的完善，辩护权的扩大，羁押必要性审查制度的建立，等等。

与此相适应，刑事司法的精细化、科技化、民主化使我国民主法制与司法文明迈出了新的步伐。一是推进诉讼结构司法化，实现对司法公正的追求。司法公正是司法的最高目标，而诉讼结构的完善、诉讼程序的正义是实现司法公正的最重要途径，刑事诉讼法对逮捕程序准司法化结构的完善，简易程序检察人员出庭，证人、鉴定人、侦查人员出庭制度的建立，二审开庭范围的扩大等都是诉讼结构不断完善的具体体现。二是加大诉讼程序繁简分流，实现对司法效率的追求。司法效率是司法公正的组成部分，没有效率的司法也是不公正的司法，在追求司法公正最大化时，必须考虑到司法效率的最低要求。诉讼程序繁简分流，合理配置司法资源，是司法体制面临现今诉讼案件大量增加所作出的必然选择。修改后的刑事诉讼法在简化庭审程序方面，扩大了简易程序适用范围、增设了庭前会议分流庭审任务，建立了刑事和解与附条件不起诉制度包括之后设置的速裁制度以分流庭审案件和减轻庭审压力。三是加强诉讼过程精细化，实现对司法理性的追求。繁简分流的另一端就是对重大、疑难、复杂案件的精细化要求，通过程序的精密设置，实现打击犯罪与保

障人权的平衡，充分发挥程序功能，严守防止冤假错案的底线。四是促进诉讼手段科技化，实现对司法科技的追求。司法领域对科技的追求与容纳是与现代犯罪智能化相伴而生的，是增强控制犯罪能力、加大打击犯罪力度的必要手段。修改后的刑事诉讼法从增设电子证据种类、赋予侦查机关技术侦查和秘密侦查措施等方面逐渐实现着司法对科技的要求与回应。五是增强刑事诉讼民主化，实现对当事人意志的尊重。尊重诉讼当事人意志，便于当事人对刑事司法的参与和意愿的表达，有利于化解矛盾和提高诉讼效率。

所以说刑事诉讼法的核心理念与价值追求是衡量我们执行刑事诉讼法状况的标准，是把刑事诉讼法执行好的关键。执行刑事诉讼法中存在的任何问题几乎可以说都与此相关。

二、执行修改后的刑事诉讼法应当处理好的重要关系

（一）控制犯罪与保障人权的关系

控制犯罪与保障人权的平衡是刑事诉讼制度发展的一条重要规律，在任何国家，刑事领域的人权保障水平都是与国家控制犯罪的能力相适应的。本次刑事诉讼法修改将"尊重与保障人权"入法，是我国刑事诉讼制度乃至国家法治建设中的重要里程碑，这不仅说明我国在司法领域从理念上对人权保障认识的提升，也说明从制度上人权保障水平的提升，从另一个侧面也反映了我国控制犯罪能力的提升。但二者一定要保持适当的平衡，在最大限度保障人权的同时，一定要充分考虑控制犯罪的能力和需要。把握住这条规律，贯彻执行修改后的刑事诉讼法中遇到的一些困扰我们的问题就能够迎刃而解。

（二）司法公正与司法效率的关系

公正与效率是刑事诉讼追求的两大价值目标，司法公正与司法效率的平衡是刑事诉讼制度的又一重要规律。没有效率的司法是不公正的司法，"迟到的正义是非正义"，是正义的蒙羞；没有公正的司法则失去了赖以存在的基础和安身立命之本。二者要保持平衡，不可偏废，当二者发生冲突不能兼顾时，司法效率应当为司法公正让路，避免因盲目追求效率而损害司法公正，在保证司法公正的前提下，则必须考虑司法效率的最大化，使正义的实现更加迅捷。在这条规律的指引下，如何做好案件繁简分流、实现简易程序功能、明确庭前会议定位、保障证人出庭等问题在诉讼精细化与效率化之间的选择就不难取舍。

（三）侦、诉、审、辩的关系

刑事诉讼法对公检法机关和辩护律师在刑事诉讼中的权力（权利）和义务做了诸多调整，这对各主体间的诉讼关系产生了重大而深刻的影响。处理好这些关系，形成科学的、良性的权力运行和权利行使，以及监督制约机制，对于正确贯彻修改后的刑事诉讼法，实现刑事诉讼的目的十分重要。检察机关作为法律监督机关，与公安、法院具有单向法律监督和双向配合制约两种不同性质的法律关系。检察机关既要坚持履行法律监督职责，也要摆正侦、诉、审的关系，把握好监督边界，依法接受制约。在加大侦查监督力度，适时介入侦查、依法引导取证的同时，又要防止过度介入，避免不当干涉侦查；既要尊重和支持法官在审判活动中的主导地位和权威，又要恪守审判监督职责；随着辩护律师权利的扩大，

庭审控辩对抗程度必将进一步提高，检察机关要尊重和保障辩护律师依法履职，形成控辩双方既相对又相容的良性、有序控辩关系。

因此，正确处理控制犯罪与保障人权的关系，司法公正和司法效率的关系，侦、诉、审、辩的关系，是检察机关正确执行刑事诉讼法的必要条件。

三、执行修改后的刑事诉讼法需要思考和解决的几个问题

修改后的刑事诉讼法施行至今已两年有余，作为司法人员，我们不仅关注法律制度本身的设计，更关注法律在实践中的运行情况。徒法不足以自行。观察实践中的司法运行状况，是检验法律制度设计的有效手段，也有利于不断纠正法律实施过程中的偏颇。修改后的刑事诉讼法的执行现状可以用"有喜有忧"来概括：一方面，修改后的刑事诉讼法实施两年来的效率值得高度肯定，法治精神与法治思维正不断深入人心，并引领司法人员在依法治国的道路上前行；另一方面，既有的不相适应的思维方式和行为模式仍然惯性存在，实践中遇到的困难和存在的问题不容忽视，我国的法治化道路仍任重道远。

（一）关于非法证据排除范围界定问题

确立"非法证据排除制度"是修改后的刑事诉讼法的一大亮点，也是防止冤假错案、遏制刑讯逼供、制约侦查权违法行使的重要举措。总的来看，检察机关严格执行非法证据排除规则，取得了明显的效果。

非法证据排除的制度功效初步彰显，但实践中问题与争议仍然存在，最突出的问题是如何准确界定需要排除的"非法证据"的范围。实践中，对刑讯逼供取得的言词证据予以排除，认识比较一致，但对通过"冻、饿、晒、烤、疲劳审讯"等方法取得的证据是否需要排除，对"未在规定场所讯问"和"未同步录音录像"取得的供述是否一律排除，无论是学界还是实务部门都存在不同的认识。排除标准认识不一致，已成为排除过严和排除过宽两种倾向在实践中存在的根源。如何更好地平衡控制犯罪与保障人权的关系需要立法者和司法者综合考量。若非法证据排除的范围过大，在现有的技术手段和侦查水平总体不高的情况下，可能将导致部分案件难以侦破，严重影响人民群众追求安全与秩序的需要。现阶段，我们应当将重点放在解决那些导致犯罪嫌疑人、被告人违背意愿作出供述的非法方法上，坚决防止发生冤假错案。立足我国司法现状，应当借鉴"基本人权保障论"和"重大违法控制论"的基本内核，并将其作为我国非法证据排除规则的理论基础。据此我们认为，目前"两高"司法解释的界定是恰当的，即"其他非法方法"是指违法程度和对犯罪嫌疑人的强迫程度与刑讯逼供或者暴力、威胁相当而迫使其违背意愿供述的方法。因此，当"冻、饿、晒、烤、疲劳审讯等非法方法"的违法程度和强迫程度达到与刑讯逼供相当时，由此收集的供述就应当被排除。对于"未依法对讯问进行录音录像"、"未在规定场所讯问"等违反法定程序的行为，存在采用刑讯逼供等非法方法收集犯罪嫌疑人、被告人供述以及证人证言和被害人陈述，而又无法证明取证合法性时，所取得的言词证据就应当予以排除。

（二）关于讯问同步录音录像的性质问题

为了从制度上防止刑讯逼供行为的发生，保障侦查活动合法进行，修改后的刑事诉讼法增设了讯问同步录音录像制度。但在实践中，移送、查阅等仍存在争议。应当说，录音录像的性质问题是基础，从学理上讲，讯问同步录音录像不仅记载着与犯罪事实有直接关联的犯罪嫌疑人口供，还记载着侦查人员讯问是否合法的内容。在证明案件事实时，它和笔录一样是犯罪嫌疑人口供的载体，在证明讯问的合法性时，它又是一种视听资料。我们认为，在现有的法律框架内，讯问同步录音录像本身不能作为证明犯罪事实的证据，而以工作性资料对待是适宜的，出庭时，笔录仍是举证质证的法定证据，但当被告人或辩护律师对讯问笔录提出异议或提出讯问过程可能存在刑讯逼供时，录音录像可以作为证明证据合法性的证据使用。主要理由是：一是从录音录像制度设立的目的看，是为了保障侦查讯问合法进行，是规范侦查权的重要手段，而不是为了查明犯罪事实。二是从法律依据看，证据应当是证明内容与法定形式的统一，记录犯罪嫌疑人供述内容的法定载体是笔录，而录音录像仅是选择性适用的措施，并非每案必须的法定证据形式。三是从录音录像出示的角度看，笔录是对言词的提炼和精简记录，办案时方便审查，庭审中方便出示，而录音录像动辄几十个小时，审查、出示等都面临较大困难。因此，虽然录音录像与讯问笔录相比具有直观、全面、重现讯问过程的优点，但目前我国的立法司法现状不适宜将同步录音录像作为证明案件事实的证据看待，只能作为证明取证过程合法性的证据使用。

（三）关于侦查阶段律师会见职务犯罪嫌疑人问题

修改后的刑事诉讼法为解决律师执业难，保障犯罪嫌疑人、被告人辩护权的行使，对辩护律师权利的扩大做了重要调整。但一些地方由于对辩护制度的重要性认识不足和司法理念转变的滞后，还存在职务犯罪侦查期间律师介入不充分，尤其是贿赂案件会见难的问题较为突出。突出表现为对"特别重大贿赂犯罪案件"条件的扩大适用。如有的对"涉嫌犯罪数额在50万元以上"的规定曲解，有以报案数额为准的，有以初查线索为准的，还有以共犯共同涉案数额为准的；有的对"特别重大贿赂犯罪案件"只看数额不看情节，只要涉嫌犯罪数额在50万元以上，无论是否"情节恶劣"，都不许会见；还有的甚至扩大至与所侦查贿赂案件相关联案件的会见。我们认为，维护司法公正，遵守敬畏法律，是法律工作者共同的价值追求和职业操守。听取律师意见，是发现办案错误最便捷的途径。要根治贿赂案件会见难问题，需要理念层面、制度层面、侦查模式层面的共同作用。

一是要转变控辩观念，构建新型、健康、良性互动的检律关系。律师是犯罪嫌疑人、被告人辩护权最有力的维护者，将律师看作司法机关对立面的思想观念已经不能适应现代诉讼理念的要求。将"尊重与保障人权"写入刑事诉讼法不仅具有象征意义，而且已经体现为实实在在的具体制度和权利要求。二是要统一对"特别重大贿赂犯罪案件"条件的理解，严密要件设置，减少曲解的空间。我们认为，"涉嫌贿赂犯罪数额"一般应理解为"立案时认定的数额"，主要考虑立案时已经有一定证据证明，可防止范围过宽和适用随意。如果立案后经侦查缩小或扩大了犯罪数额，则应按有证据证明缩小或扩大后的数额认定；"情节恶劣"通常应包括贿赂的数额大、次数多、持续时间长以及负面影响大等因素；"有重大社会影响"主要指对一些身居重要岗位或级别较高的国家工作人员涉嫌的犯罪；"涉及国家重大利益"主要指涉及国家政治、军事、外交以及重点工程等国家重要利益和重点领域。三是要推动职务犯罪侦查模式转型,提高侦查科技化水平。

(四)关于庭前会议的范围与效力问题

为保障庭审质量,提高庭审效率,修改后的刑事诉讼法在审前程序中增设了庭前会议制度,其立法初衷就是在激烈的"对抗式"庭审程序之前设置一个缓冲带,明确庭审重点、审理方式,保证庭审顺利进行。但实践中召开庭前会议的数量还很低,不到起诉案件的2%。导致这种现象的主要原因在于庭前会议审议范围和法律效力的问题。

第一,由于庭审会议审议范围不明确,有些地方异化为"小庭审",导致重复开庭,增加了工作量。有些地方将本该在庭审中解决的实体性问题放在庭前会议中进行调查,甚至对证据内容、证明力等开展质证,之后再正式开庭审理,等于开了两次庭,造成"庭前实体审,庭审走过场"的现象,实质上架空了庭审程序,有损程序公正。对庭前会议的审议范围,我们认为,应限定在管辖、回避、不公开审理、证人出庭名单、延期审理、简易程序适用、证据掌握情况及非法证据排除等程序性事项上,不能越俎代庖,对案件事实事先进行实体审查。同时,还应积极探索证据开示,努力实现控辩双方开示,双方只就证据有无异议发表意见,而不进行质证,从而防止将庭前对证据的听取意见变为对案件证据的实体审查,避免出现庭审走过场的现象。

第二,庭前会议的法律效力没有明确规定,导致庭前会议"说了不算","开了白开"。立法对庭前会议上应该解决哪些问题,已解决的问题是否具有法律效力,该提出的问题不提出有没有程序性制裁等尚未明确。如对证据要不要开示、如何开示、不开示后果如何,庭前会议上不提非法证据排除但又在庭审中提出的如何处理,以及庭前会议达成合意的法律效力如何,都需要予以明确。实践中,在庭前会议中达成了合意,以及解决了的程序性问题,庭审时又被推翻,这使得庭前会议形同虚设,本意为提高效率的制度设计,实践中却产生了降低效率的效果,严重制约制度功能的发挥。对庭前会议的效力,我们认为应当把握以下几点:一是要力促非法证据排除问题在庭前解决。庭前会议中解决非法证据排除问题是其重要价值所在,对提高庭审效率和质量具有重要作用。对辩方提出证据合法性质疑的,检察机关应对证据收集合法性进行说明,除需要侦查人员出庭作证的以外,都应尽量在庭前解决;对确认为非法证据的,要坚决予以排除,不能再作为提起公诉的依据。二是对证据开示中辩护方无异议的证据,庭审举证时可简化进行,只需说明证据名称和证明事项。三是对在庭前会议上已经达成一致的事项和人民法院、人民检察院已经依法作出决定的程序性问题,如管辖、回避、不公开审理、非法证据排除等事项,在没有新的事实或证据情况下,法庭应当予以维持。

(五)关于指定居所监视居住适用问题

为降低审前羁押率,丰富羁押的替代性措施,修改后的刑事诉讼法对以往弊端丛生、适用率极低的监视居住措施进行了改造,将指定居所监视居住的适用范围从无固定住所扩大到三类严重犯罪的犯罪嫌疑人,并同时完善了对通知家属、委托辩护人、执行场所、刑期折抵和检察监督的规定。由于这一措施的适用空间很大,引起了学界的广泛关注,同时也对这一制度的运行充满了警惕和担忧。

虽然指定居所监视居住措施意在羁押与非羁押措施之间形成缓冲和过渡，形成强制措施的梯度，对一些侦查初期羁押在看守所可能影响保密和侦查顺利进行的特殊案件有积极作用，在避免妨害取证的同时还能够对犯罪嫌疑人形成心理震慑，在降低审前羁押率的同时能够给予犯罪嫌疑人较羁押措施相对宽松的环境。但指定居所监视居住实质上是一种准羁押措施，不能被当作非羁押措施看待，这样就难以获得法律对羁押措施的程序制约与对被羁押人的权利保障。因此，一方面要严格坚持少用、慎用原则，只针对极少数特别重大贿赂犯罪案件才能适用，不能作为侦破职务犯罪的特殊手段动辄适用。另一方面要准确理解适用条件。符合逮捕条件是适用指定居所监视居住的前提，不能将其视为突破口供的侦查手段，反过来先适用指定居所监视居住，待突破口供后再报捕。

结束语

从修改后的刑事诉讼法的贯彻执行情况看，纸面上的法要变成实践中的法，以及法律发挥的作用大小，依赖于执行运用法律的人。之所以实践中还有片面理解法律、选择性执法的现象，就是因为一些执法者的执法理念和执法能力还不适应法治时代的要求。因此，包括检察人员在内的所有法律工作者为执行好刑事诉讼法，贯彻好全面依法治国方略，都应当在法治观念层面和执法能力层面有根本性的提升，忠诚地坚定法律信仰，恪守法律的规定，运用知识、经验和技能，把法律执行好，这是建设法治国家的需要，也是全体公民的期盼。

修正案方式：刑事诉讼法新修改的现实途径

中国政法大学终身教授、中国刑事诉讼法学研究会名誉会长　陈光中

党的十八届三中全会和四中全会通过的《关于全面深化改革若干重大问题的决定》和《关于全面推进依法治国若干重大问题的决定》高度重视司法公正和司法改革，《关于全面深化改革若干重大问题的决定》要求："深化司法体制改革，加快建设公正高效权威的社会主义司法制度。"《关于全面推进依法治国若干重大问题的决定》进一步指出："司法公正对社会公正具有重要引领作用，司法不公对社会公正具有致命破坏作用。"为此，两个决定推出了一系列重要的司法改革新举措以保证实现司法公正、提高司法公信力、增强司法权威性。

这些司法改革的新举措现在正在逐步逐项贯彻落实之中。当前的落实途径首先是中共中央全面深化改革领导小组公布了若干司法改革专题性指导意见文件，以及中共中央办公厅、国务院办公厅联合公布了有关文件；其次是中央政法委员会制定了一些有关文件；最后是最高人民法院、最高人民检察院、公安部、司法部等中央政法机关联合或单独制定了若干法律解释文件。这些文件有力地推进了司法改革。但是我们也要看到，按照依法治国的要求，党组织的文件只是指导性的意见而非司法活动之直接准绳。中央政法机关的法律解释文件固然具有法律效力，但一则不能违背法律的原则精神；二则其权威性不如法律。因此，十八届三中、四中全会决定中一些司法改革的重要内容必须通过制定或修改法律以保证改革于法有据，并进一步丰富和完善我国社会主义法律体系。目前，人民法院组织法、人民检察院组织法、法官法、检察官法的修正已列入全国人大常委会的立法议程；但是司法改革相当多的内容涉及刑事诉讼制度，因此刑事诉讼法的新修改实际上已步入准备阶段。鉴于该法于 2012 年刚刚进行了较大修改，近期再通过全国人大做大修改显然不太现实（前两次修改分别相隔 17 年、16 年），因此最为可行的路径是借鉴刑法的成功经验，采取全国人大常委会通过修正案的方式，在下一届人大召开期间修改刑事诉讼法。

初步梳理三中、四中全会决定的内容，笔者认为，刑事诉讼法应当修改的内容，择其要者，有如下几点，现略予陈述。

第一，确保依法独立行使审判权、检察权。司法公正的实现，有赖于独立审判、独立检察的实现。鉴于立法不够完善，以及实践中审判权、检察权受到各种内外干预而影响其独立行使，三中、四中全会决定明确提出"推动省以下地方法院、检察院人财物统一管理"，"最高人民法院设立巡回法庭"，"探索设立跨行政区划的人民法院和人民检察院，办理跨地区案件"，"让审理者裁判，由裁判者负责"，"建立领导干部干预司法活动、插手具体案件处理的记录、通报和责任追究制度"等要求。据此，要实现审判独立和检察独立，特别是要实现法官独立，可能涉及法院组织法、人民检察院组织法与法官法、检察官法等多部法律的修改。就刑事诉讼法而言，修改之处至少涉及三项：一要修改管辖制度，对管

辖有争议或者可能受非法干扰影响公正审判的案件，应当移送跨行政区划人民法院或者上级人民法院指定的人民法院审理。刑事申诉、刑事再审及延长审限等问题，则涉及最高人民法院巡回法庭。二要赋予独任法官和合议庭独立审判权，独任法官或者合议庭在开庭审理后一般有权独立作出判决，并应具体规定合议庭不能直接独立裁判的例外情形。为保证合议庭办案质量，合议庭人数可适当扩大，有的案件可由经验丰富的审判委员会委员或者庭长、法院领导担任审判长。三是改革审判委员会，规定审判委员会只对个别疑难、复杂、重大案件的法律适用问题进行讨论决定，不得对案件的证据、事实问题进行讨论并作出判断。实践中审判委员会讨论案件的数量已明显减少，但只讨论法律适用问题而未涉及证据事实问题，有待探索和总结经验。

第二，完善分工负责、互相配合、互相制约原则。人民法院、人民检察院和公安机关进行刑事诉讼，应当分工负责、互相配合、互相制约。这是我国刑事诉讼法规定的一项基本原则。此项原则是在总结新中国成立以来三机关办理刑事案件经验教训的基础上制定的，在一定程度上体现了国家机关分工制衡的科学原理，但在立法和实践层面上均存在着缺陷和问题，影响到办案机关的正常运作和司法公正的实现，冤假错案的产生与此也不无关联。为此，十八届三中全会决定明确指出要"优化司法职权配置，健全司法权力分工负责、互相配合、互相制约机制"。

首先，分工负责、互相配合、互相制约原则的适用范围只限于人民法院、人民检察院和公安机关，并没有包括司法行政机关。这显然不符合刑事诉讼阶段的实际情况，因为刑事诉讼法规定的程序包括立案、侦查、审查起诉、审判和执行（仅指交付执行和执行中涉及的诉讼事项）五个阶段，司法行政机关作为刑事判决的主要执行机关，理所当然地属于分工负责、互相配合、互相制约的主体。为此，十八届四中全会决定明确要求"健全公安机关、检察机关、审判机关、司法行政机关各司其职，侦查权、检察权、审判权、执行权相互配合、相互制约的体制机制"。

其次，过去由于公安机关具有强势地位，导致刑事诉讼活动存在一定程度的中心前移倾向，即侦查阶段成为认定案件事实的实际决定性阶段，即所谓的"侦查中心主义"。这不符合刑事司法的职能分工和司法规律。按照司法的特点，审判是认定事实、适用法律、定罪处刑的中心环节，而侦查、起诉是审判的准备阶段，执行则是将审判作出的生效裁判予以实现的落实阶段。为准确体现司法规律并纠正过去的中心前移倾向，笔者认为根据四中全会决定提出的"推进以审判为中心的有关诉讼制度改革"的要求，应当在刑事诉讼法中明确规定：进行刑事诉讼应当以审判为中心。基于以上两点理由，笔者认为可以考虑将刑事诉讼法第7条修改为"人民法院、人民检察院、公安机关和司法行政机关进行刑事诉讼，应当分工负责，互相配合，互相制约，并应当以审判为中心，以保证准确有效地执行法律"。

第三，庭审实质化与完善证人、鉴定人出庭作证制度。四中全会决定指出："保证庭审在查明事实、认定证据、保护诉权、公正裁判中发挥决定性作用。"实现庭审实质化需要具备多方面的条件，结合实践来看，最重要的是要有效解决证人、鉴定人出庭难的问题。证人、鉴定人不出庭，使得审判仍然要沿袭以往的"案卷裁判主义"，这就破坏了以审判为中心改革的根基。因此，必须着力解决当前证人不出庭的难题，探索贯彻直接言词原则。司法实践中证人出庭率极低是不容争议的事实，其根源在于刑事诉讼法在这方面的规定有明显的缺陷：其一，第187条第1款规定，公诉人、当事人或者辩护人、诉讼代理人对证人证言有异议，且该证人证言对案件定罪量刑有重大影响，人民法院认为证人有必要出庭作证的，证人应当出庭作证。由于证人必须在三个条件同时具备时才应当出庭，这实际上是把证人是否出庭完全交由法院自由裁量。其二，第190条规定，公诉人、辩护人应当向法庭出示物证，让当事人辨认，对未到庭的证人的证言笔录、鉴定人的鉴定意见、勘验笔录和其他作为证据的文书，应当当庭宣读。这条规定表明，证人不出庭可以宣读证言笔录。刑事诉讼法第187条和第190条相配合，这必然使得法庭审理中证人不出庭成为常态，而证人出庭则成为例外。

要真正使庭审实质化，就必须结合国情探索贯彻直接言词原则。在我国要求证人全部出庭显然不切实际，比较可行的方案是，通过刑事诉讼法修正案，规定证人应当出庭的两种情形：一是公诉人、当事人或者辩护人、诉讼代理人对证人证言有异议，且该证人证言对案件定罪量刑有重大影响的，特别是辩护方要求证人出庭的；二是可能判死刑或者有重大社会影响案件中的重要证人，这类证人即使当事人没有申请，法院也应当主动通知证人出庭，切实防止证人证言失真。符合证人出庭要求的，法庭应当通知证人出庭，必要时法庭应当强制证人到庭。如果通知证人出庭而不出庭，原来询问证人的证言笔录就不得在法庭上宣读，不得作为定案的根据。这样才符合司法亲历性规律的要求，也只有这样才能达到决定提出的"事实认定符合客观真相、办案结果符合实体公正、办案过程符合程序公正"的要求，才能形成一个真正经得起社会检验和法律检验的判决。

第四，严格实行非法证据排除规则。非法证据排除规则是世界法治国家通行的证据规则。我国刑事诉讼法也规定了该规则，但在实施上遇到不少困难，效果不甚理想。因此，十八届三中全会决定明确指出要"严禁刑讯逼供、体罚虐待，严格实行非法证据排除规则"。四中全会决定也要求健全落实非法证据排除规则。

笔者认为，刑事诉讼法关于非法证据排除规则不够完善的规定，直接影响到其实施效果。首先，第54条规定的"采用刑讯逼供等非法方法"收集的犯罪嫌疑人、被告人供述应当予以排除，用词模糊，在适用上难以准确把握。目前在侦查中对犯罪嫌疑人的讯问采用赤裸裸的暴力手段已不多见，更多的是采用变相的刑讯手段，如疲劳讯问、烤、晒、冻、饿以及服用某些药品等，这些手段是否属于"等"的范围亟须明确解释，而且也和第50条"严禁刑讯逼供和以威胁、引诱、欺骗以及其他非法方法收集证据，不得强迫任何人证实自己有罪"规定的尺度不一致，容易发生误解，认为采取威胁、引诱、欺骗等非法方法收集的证据可以不排除。为加强非法证据排除规则规定的适用性，最高人民法院《关于适用〈中华人民共和国刑事诉讼法〉的解释》第95条、最高人民检察院《人民检察院刑事诉讼规则（试行）》第65条作了进一步的解释：使用肉刑或者变相肉刑，或者采用其他使犯罪嫌疑人、被告人在肉体上或者精神上遭受剧烈疼痛或者痛苦的方法，迫使犯罪嫌疑人、被告人违背意愿供述的，应当认定为刑事诉讼法第54条规定的"刑讯逼供等非法方法"。这样的规定虽然前进了一大步，但仍缺少刚性，难以遏制花样繁多的变相刑讯逼供现象。因此，修改刑事诉讼法时首先应当对应地规定：凡是采取刑讯逼供以及威胁、引诱、欺骗和其他非法方法收集的证据，都应当予以排除，情节轻微的可以不排除。同时，最高人民法院等中央政法机关在联合制定的司法解释中，应当在吸收现有研究成果的基础上，针对实际问题进一步加以具体化，如疲劳讯问的时间等，以有利于严格实施非法证据排除规则，并杜绝非法证据产生的土壤。

笔者还认为，立法中非法证据排除的证明标准表述存在问题。刑事诉讼法第58条对非法证据排除标准作了二元化规定，即法院"确认"存在非法取证的情形和检察院"不能排除"非法取证的情形。法院"确认"无非是法院自行调查取证以达到确认的标准，或者是要求辩护人提出证据以证明非法取证确实存在。此时提出证据证明取证行为违法的责任实际上就会转嫁给法院甚至是辩方。至于第二类由检察院举证所达到的"不能排除"标准，虽然要求十分严格，但这是检察机关应当承担的举证责任。因此，为了正确适用非法证据排除规则，有效保障被追诉人的人权，应当把非法证据排除证明标准修改为一元化规定，即由检察院举证达到排除非法取证的情形。

第五，完善法律援助制度。法律援助制度是人权司法保障的重要组成部分，确保了公民在司法中平等行使权利，彰显了良法中"善"的本质，体现了社会的文明进步。我国的法律援助制度起步比较晚，尽管取得了较大的成绩，但是与刑事司法中人权保障的要求还有较大的差距。因此，四中全会决定明确提出"完善法律援助制度，扩大援助范围"的要求。

现行刑事诉讼法将法律援助适用的范围限于盲、聋、哑人，或者是尚未完全丧失辨认或者控制自己行为能力的精神病人以及可能被判处无期徒刑、死刑的人。中共中央办公厅、国务院办公厅印发的《关于完善法律援助制度的意见》（以下简称《意见》）则规定，建立法律援助参与刑事和解、死刑复核案件办理工作机制，依法为更多的刑事诉讼当事人提供法律援助。该意见将法律援助扩展至死刑复核程序中，这是保证死刑案件质量的需要，也契合了联合国《关于保护面对死刑的人的权利的保障措施》中"任何被怀疑或被控告犯了可判死刑罪的人"无一例外地都应得到法律援助的规定。因此，应当通过修法将法律援助范围扩大至《意见》提出的刑事和解、死刑复核程序的案件。

另外，考虑到实践中辩护律师参加案件的比例相当低（约30%），《意见》所要求的法律援助范围仍然不能满足人民群众特别是困难群众日益增长的法律援助需求。因此，笔者建议将法律援助的范围在《意见》的基础上，进一步扩大至可能被判处5年以上有期徒刑的案件（刑法中5年徒刑是一个衡量犯罪情节严重程度的档次性标准），如果犯罪嫌疑人、被告人没有辩护人的，应当为其提供法律援助。实际上浙江省高级人民法院和司法厅3年前已经发函要求：可能判处3年以下有期徒刑、被告人不认罪的案件，被告人没有委托辩护人的，均应当为其无偿提供法律援助辩护。从比较法的角度考察，当代的法治国家对于判处徒刑以上的案件都应提供法律援助。

第六，进一步改革人民陪审员制度，完善人民监督员制度。我国人民陪审员制度体现了社会主义的司法民主，具体的模式近似于大陆法系的"参审制"，专业法官和普通公民一起参与审判，二者有同等权力，共同决定案件的事实和法律问题。四中全会决定高度重视人民陪审员制度，提出"保障人民群众参与司法。完善人民陪审员制度，保障公民陪审权利，扩大参审范围，完善随机抽选方式，提高人民陪审制度公信度。逐步实行人民陪审员不再审理法律适用问题，只参与审理事实认定问题"。为了贯彻上述决定，最近最高人民法院、司法部联合颁发的《人民陪审员制度改革试点方案》规定，涉及群体利益、社会公共利益的，人民群众广泛关注或者其他社会影响较大的第一审刑事案件，以及可能判处10年以上有期徒刑、无期徒刑的第一审刑事案件，原则上实行人民陪审制审理；逐步探索实行人民陪审员不再审理法律适用问题，只参与审理事实认定问题，人民陪审员在案件评议过程中独立就案件事实认定问题发表意见，不再对法律适用问题发表意见。上述改革意见在总结试点经验的基础上，必须在刑事诉讼法的层面加以规定。

四中全会决定还提出要"完善人民监督员制度"。人民监督员制度虽然没有人民陪审员制度成熟，但它是我国独创的体现检察民主的制度，也应当在进一步总结经验、完善制度的基础上规定在刑事诉讼法之中。

第七，完善审级制度。对于我国的审级制度改革，四中全会决定指出："完善审级制度，一审重在解决事实认定和法律适用，二审重在解决事实法律争议、实现二审终审，再审重在解决依法纠错、维护裁判权威。"这里涉及以下两项审级制度的改革：

其一，改革二审全面审理的原则。全面审理原则是指刑事诉讼法第222条规定的第二审人民法院对第一审判决认定的事实和适用的法律进行全面审查，不受上诉或者抗诉范围的限制。全面审查原则固然有其优势，但是过分追求实体公正，对检察机关和当事人双方的诉求有所忽视，不利于实现诉讼和谐与提高诉讼效率。因此，应当根据四中全会决定精神，将二审的审理范围由全面审查调整为"重点审理事实法律争议"。但是，需要指出的是，重点审查争议问题并不是简单地绝对放弃全面审理，如果涉及严重司法不公情况，而上诉状中并未提及，特别是涉及冤案、错案的情形等，就应当主动审查。这样才能更好地达到使人民群众感受正义和息讼宁人的愿景。

其二，再审制度的改革。我国现行再审程序秉持"实事求是，有错必纠"的基本理念，对于已生效的"确有错误"的判决，不区分错误的种类（错案包括冤枉无辜错误、放纵犯罪错误及量刑轻重错误三种）一律改判，使裁判处于不稳定的状态，损害了司法的公信力、权威性。因此，现行"确有错误"必须纠正的规定应当改为实行"依法纠错"，这实际上也借鉴吸收了国际司法中的"一事不再理"原则（英美法系称"禁止双重危险规则"）的有益经验，符合国际司法改革的潮流。

第八，统一刑罚执行体制。刑罚执行是刑事诉讼的最后一个程序，也是实施刑事法显现实效的关键环节。根据我国刑法、刑事诉讼法和监狱法的规定，我国的刑事执行工作由多个机关分担。具体说来，人民法院负责无罪、免予刑事处罚、罚金、没收财产和死刑立即执行的执行；公安机关负责剥夺政治权利、拘役的执行，其中拘役由拘役所负责执行；司法行政机关所属监狱负责死缓、无期徒刑、有期徒刑的执行，未成年犯管教所负责被判处无期徒刑、有期徒刑的未成年犯的执行，社区矫正机构负责对判处管制、宣告缓刑、假释或者暂予监外执行的罪犯的执行。公安机关所属看守所不是刑罚执行机关，但是为了减少押解负担、节省资源，刑事诉讼法第253条规定，剩余刑期三个月以下的，由看守所代为执行。这种多元化的刑罚执行体制，随着国家机构职能的调整和社会结构的变迁，逐渐暴露出一些明显的缺陷和问题。如在目前的刑罚执行体制下，由负责审判和侦查的机关兼管执行，不仅存在职能不清的问题，而且使得法院、公安机关不能集中力量做好审判、侦查工作；又如中级人民法院既负责死刑案件的第一审，又负责对死刑生效判决的执行。这种既由法院自己审理，又由法院自己执行的体制，容易造成先入为主，在执行阶段难以发现和纠正可能出现的冤案、错案。鉴于我国刑事执行体制中存在上述问题，四中全会决定提出，"完善刑罚执行制度，统一刑罚执行体制"。这有利于实现不同种类刑罚执行之间的协调一致、相互衔接，以更好地发挥刑罚教育人、改造人的功能，保障罪犯的合法权益，实现刑罚惩罚、预防犯罪的目的。

为此，笔者主张，通过修法将刑罚执行权统一到司法行政机关。具体措施如下：第一，现有的刑罚执行体制中已经归司法行政机关管理的监狱、未成年犯管教所、社区矫正机构继续保持不变。第二，死刑的执行权应由目前的人民法院转交司法行政机关执行。目前由人民法院负责的财产刑，包括罚金、没收财产判决的执行，也应转交司法行政机关。但是，现有体制下由人民法院负责执行的无罪、免予刑事处罚判决因不涉及刑罚执行问题，可保持不变。第三，目前由公安机关负责执行的拘役、剥夺政治权利判决也应该统一归口到司法行政机关。至于剩余刑期3个月以下在看守所执行的可改为在社区矫正机构执行。

以上修改刑事诉讼法的建议，自感不够成熟，敬请法律界同仁批评指正。

全面推进依法治国与刑事诉讼制度改革

——中国刑事诉讼法学研究会 2015 年年会综述

张吉喜　向　燕　倪　润[*]

2015 年 11 月 7 日至 8 日，中国刑事诉讼法学研究会 2015 年年会在重庆召开。本次年会由中国刑事诉讼法学研究会和西南政法大学联合主办。中国法学会会长王乐泉出席开幕式并讲话。中国法学会副会长、学术委员会主任张文显，最高人民法院副院长李少平，最高人民检察院副检察长孙谦，重庆市委常委、政法委书记、市法学会会长刘学普，重庆市人民检察院检察长余敏，重庆市政法委常务副书记、市法学会常务副会长袁勤华，重庆市高级人民法院副院长黄明耀，西南政法大学校长付子堂以及中国刑事诉讼法学研究会名誉会长、中国政法大学终身教授陈光中，中国刑事诉讼法学研究会会长卞建林等领导、专家出席了开幕式。来自全国各高校、研究院所、司法实务部门的专家、学者 200 多人参加了本次会议。

本次年会的主题是"全面推进依法治国与刑事诉讼制度改革"，围绕总议题，下设刑事诉讼基础理论问题研究、以审判为中心的诉讼制度改革研究、涉案财产处置机制研究、腐败犯罪诉讼程序问题研究和刑事诉讼法的实施问题研究五个分议题。最高人民法院副院长李少平，最高人民检察院副检察长孙谦以及中国刑事诉讼法学研究会名誉会长、中国政法大学终身教授陈光中分别以"推进以审判为中心的诉讼制度改革"、"刑事法治任重道远——检察机关执行修改后刑事诉讼法的情况和几点思考"、"修正案方式：刑事诉讼法新修改的现实途径"为题做了专题学术报告。与会代表围绕年会议题提交了 90 余篇论文，并在会上进行了深入、全面、富有建设性的讨论。现将讨论的重点问题及主要观点综述如下。

一、关于"以审判为中心的诉讼制度改革"

（一）"以审判为中心的诉讼制度"的基本含义

与会代表认为，"以审判为中心"主要包括三个方面的含义：第一，审判是整个刑事诉讼程序的中心。相对于侦查、审查起诉、执行等程序，审判是定罪量刑的最关键和最重要的环节。侦查、审查起诉等审前程序的开展最终是为审判顺利进行做准备。不能将侦查和审查起诉中带有明显倾向的意见简单地、不加甄别地转化为法院对被告人的有罪判决。"以审判为中心"就是要改变"以侦查为中心"的诉讼模式。第二，庭审是整个审判活动的中心。庭审是整个审判活动中最公开透明、最含抗辩因素、最中立、最有利于准确认定案件

---

* 各部分撰稿人依次为：张吉喜，西南政法大学副教授；向燕，西南政法大学副教授；倪润，中国政法大学诉讼法学研究院讲师。

事实和正确适用法律的环节，对于保护诉讼权利和公正裁判发挥着决定性的作用。"以庭审为中心"就是要彻底改变"以卷宗为中心"的审理模式。第三，一审庭审是庭审的中心。相对于二审、再审等庭审程序而言，一审庭审是必经的庭审程序，也是距离还原案件事实真相时差最短的程序。

北京市人民检察院副检察长甄贞教授等代表认为，"以审判为中心"不等于以法院或法官为中心。"以审判为中心"是对"以侦查为中心"的否定，但不是对现行刑事诉讼制度的否定，不等于以法院为中心，也不等于以法官为中心，而是强调以法院的审判活动为中心。

有代表认为，"以审判为中心的诉讼制度"改革是一项系统工程，需要多方的配合和努力。推进该项诉讼制度改革，应重点做好做实以下几方面工作：一是突出庭审的中心地位；二是全面贯彻证据裁判原则；三是切实贯彻疑罪从无原则；四是培育一支精干的法官队伍。有代表认为，"以审判为中心"要求在整个刑事诉讼程序过程中必须贯彻以下三项基本诉讼原则：一是证据裁判原则；二是直接言词原则；三是无罪推定原则。有代表认为，司法系统对内去行政化、对外减少不正当的干预并树立司法权威是建立"以审判为中心的诉讼制度"的前提条件。还有代表认为，"以审判为中心"要求法官在对案件的事实审理和法律适用过程中遵循证据裁判、自由心证、直接言词和集中审理四大原则。

（二）"以审判为中心的诉讼制度"与"分工负责、互相配合、互相制约"原则的关系

部分代表认为，"以审判为中心的诉讼制度"并没有从根本上否定公检法三机关"分工负责、互相配合、互相制约"的原则。但是，由于公检法三机关"分工负责、互相配合、互相制约"原则具有一定的不足，在"以审判为中心"的背景下，应当对其进行完善。公检法三机关"分工负责、互相配合、互相制约"原则的不足之处表现为：首先，配合与制约不能兼容；其次，三阶段平分秋色的地位导致诉讼中心发生偏离。有代表认为，"以审判为中心"的理念确立后，需要重新对上述原则进行解释，即合理分工着眼于维护司法裁决功能，有效制约立足于防止侦查权扩张，互相配合突出于保障辩护权行使。还有代表认为，应当切实淡化三机关之间的互相配合机制，强化三机关之间的相互制约机制。

有代表认为，刑事诉讼中"专门机关"的称谓表达了公检法三机关任务一致、分工不同，重打击轻保护，重控诉轻辩护的核心内涵。"专门机关"的称谓虽然具有历史合理性，但是在"以审判为中心"的语境下，则具有现实不合理性。"专门机关"的称谓强化了公检法之间的互相配合关系，消弭了审判权的中立和中心地位。为推进"以审判为中心的诉讼制度"改革，有必要抛弃"专门机关"这一称谓以及建构于其上的不合乎"以审判为中心"的相关制度和观念。

（三）庭审实质化的含义与要求

与会代表认为，"以审判为中心"的重点是庭审活动的实质化。庭审实质化可以概括为四句话：事实证据调查在法庭，定罪量刑辩论在法庭，裁判结果形成在法庭，裁判理由讲解在法庭。做到后两项是最重要的，否则前两项就失去了意义，庭审就会沦为形式。

部分代表认为，要根除刑事庭审形式化，实现刑事庭审实质化是一项艰巨而又复杂的工程。实现刑事庭审实质化需要做到以下几方面：第一，遵循诉讼规律，革新刑事司法理

念，使"以审判为中心"的诉讼理念深入人心。第二，坚持贯彻直接言词原则。首先，建立"双重案卷移送"制度。所谓双重案卷移送制度，是指不直接将侦查案卷移送法院，而应制作单独的起诉卷（主要为证明案件事实的证据材料）移送法院，其他非证据材料不再随案移送。其次，把法律援助制度扩大适用于证人，提高证人的出庭作证率。第三，适用证据裁判规则，重视证据适格性审查，完善非法证据排除制度。第四，完善主审法官办案责任制。第五，实现繁简分流，推进庭前会议和刑事速裁程序的发展和完善。

二、证据制度

（一）关于非法证据排除规则

与会代表围绕非法证据排除规则展开了热烈讨论，主要包括非法证据排除的范围、程序与证明标准方面的内容。

1. 关于非法证据排除的范围

多数与会代表认为，现行法律及司法解释对非法证据排除范围的规定有待进一步明确。首先，对"刑讯逼供等非法方法"的判断标准问题，有代表主张，排除的核心标准应当是会不会导致被告人作出不自愿的供述。因此，既要考虑侦查机关的讯问行为是否属于司法解释规定的客观情形，也要考察被告人的供述是否违背其意愿。第二，对于通过威胁、引诱、欺骗方法获取的口供的排除问题。有代表认为，以威胁、引诱、欺骗方法获取的口供不应一律被禁止。应当根据案件的具体情形、讯问方法对证据真实性与程序公正的影响来确定。还有代表主张，应当区分威胁与引诱、欺骗，对于威胁方法的使用应做更严格的限制。明确以欺骗方法获取口供的排除标准，对于以非法利益、不道德的方法欺骗，同时又指供的，获取的口供应当排除。第三，关于非法证据排除规则的规范方法。对于通过刑讯逼供以外的非法取证方法所获证据的排除问题，在司法实践中处理个案时常有争议。有代表主张，对能达成共识的判断标准，应当制定细化的规则与配套规定，如明确疲劳讯问的时间界限。亦有代表主张，应确立明确、绝对的排除规则，尽可能地列举非法取证的手段，明确规定通过非法限制人身自由的方法获取的供述以及审前重复性供述的排除，同时对殴打、冻、饿、晒、烤等不做程度上的要求。

2. 关于非法证据排除的程序

有代表认为，对证据合法性问题的调查，原则上应当先行于案件实体问题，建议规定在对证据合法性问题作出明确结论前不得对争议证据进行传统的举证、质证。就检察机关在二审举示新证据问题，可以考虑确立二审证据失权制度，如规定检察机关在一审期间收集的与证据收集合法性相关的证据材料，未按照法律规定移送、出示的，在二审中不得出示。

3. 关于非法证据排除的证明标准

有代表认为，被告人为启动非法证据排除程序所承担的责任，需要达到令法官对侦查行为合法性产生疑问的程度。其判断指标包括：被告人及其辩护人提出的线索或者材料本身是否具体；被告人及其辩护人在提出排除非法证据申请时有无提供相关证据。控方承担的证据合法性的证明责任，应当坚持二重性证明标准的理解，即针对言词证据适用"确认合法"之标准,而针对物证、书证则采取"可能合法"之标准。坚持非法证据排除的二重性证明标准,能使非法证据排除规则在司法过程中更具可操作性,同时也更好地平衡了刑事诉讼中惩罚犯罪与保障人权的关系。

(二) 关于证据裁判原则

有代表对证据裁判原则的价值展开了深入的分析,认为刑事诉讼中证据裁判原则之基础价值为理性价值,它同时具有满足结果正义与过程正义的双重价值。证据裁判原则之核心价值为真实性价值,证据裁判原则不仅通过证据规则保障证据的可靠性,还通过若干证据调查程序来保障真实。刑事证据裁判原则之文明体现为正义价值。程序正义在证据裁判中主要通过两个环节来实现:一是证据能力的限制;二是证据调查的程序和内容。刑事证据裁判原则之必要考虑为经济性价值。证据裁判的经济性价值主要通过相关性规定、免证事实和证明方式来实现。

关于如何建立健全证据裁判原则,有代表主张:首先,要改变证据裁判原则在我国高位阶法律上缺位的现状,在刑事诉讼法再次修改时明确规定证据裁判原则;其次,要严格贯彻疑罪从无原则和非法证据排除规则,使法官敢于独立、公正地作出无罪判决和排除非法证据,实现法院的审判程序对起诉行为和侦查行为的倒逼;最后,设立预审法庭作为中立的第三方介入审前程序,对强制侦查行为进行庭前审查,以确定侦查机关依据强制侦查行为所获取的证据是否存在合理根据,以维护被追诉人的合法诉讼权利。

(三) 关于讯问录音录像资料

最高人民检察院孙谦副检察长认为,讯问录音录像不仅记载了口供,还记载了侦查行为是否合法的内容,其本身不能作为证明犯罪事实的证据,而应作为视听资料——证明讯问合法性的证据来使用。主要依据是:其一,讯问录音录像制度的设立目的是保障侦查讯问的合法性。就其设立初衷而言,讯问录音录像是作为规范侦查讯问的手段使用,而非记载口供的证据。其二,证据应当是证明内容与法定形式的统一。讯问录音录像并不是每案必录,讯问笔录才是固定犯罪嫌疑人口供的法定证据种类。其三,讯问录音录像的播放动辄长达几十个小时,在法庭上审查、出示存在现实困难。因此,就目前我国的司法实践现状而言,讯问录音录像应仅作为证明讯问合法性的证据来使用。

有代表认为,录音录像作为言词证据的一种载体,应当区分情形认定其证据属性。第一种情形,当利用录音录像所记载的嫌疑人供述证明案件事实时,录音录像是犯罪嫌疑人、被告人供述与辩解的载体,是一种实质性证据。第二种情形,当录音录像的证明对象是讯问过程的合法性或是检验是否存在刑讯逼供时,录音录像应作为"程序性证据"。第三种情形,如果检察机关利用录音录像"弹劾"被告人在庭审中作出的翻供,从证据功能的角度分析,录音录像就是一种"弹劾性证据"。讯问录音录像不管属于哪一种证据种类,都应当将其放入侦查外卷随案移送,接受人民检察院、人民法院的审查,同时出于公平审判的目的,也应当提供给律师查阅。考虑到犯罪嫌疑人的陈述中可能还包含未侦查终结案件的线索,以及不宜公开的侦查谋略,应对辩护律师阅卷权的行使方式有所限制,可以提供律师在办案场所查阅,但不能随意复制。

三、关于程序分流与庭前准备

（一）简易程序、速裁程序

与会代表就刑事诉讼中程序分流所涉及的两个问题展开了讨论。有代表提出，虽然2012年新修订的刑事诉讼法扩大了刑事简易程序的适用范围，但在司法实践中存在适用不均衡的情况。以我国东北地区为例，调研表明在实践中刑事简易程序总体呈现出适用率不高的地区占多数，适用率高和不适用的地区所占比例相对较小的情况，即"中间大、两头小"的不均衡适用状态。针对该种情况，有代表认为提高刑事简易程序均衡适用率的措施有：（1）简化刑事简易程序办案机制。（2）优化案件移送机制，协调法院集中审判。（3）探索不同模式的公诉人出庭制度。（4）消除刑事简易程序运行的制度瑕疵。

有代表指出，目前正在开展的刑事案件速裁程序试点工作是以效率价值为导向的程序，应当坚守四个基本底线：一是被告人自愿认罪；二是被告人同意适用速裁程序；三是对被告人从轻或减轻处罚；四是保持控辩裁的基本程序构造。关于刑事速裁程序的构建，有观点认为：（1）适用范围应当控制在可能判处1年以下有期徒刑、拘役、管制或者依法单处罚金的案件。（2）需要严格控制拘留、逮捕等羁押性强制措施的适用。（3）沿用基本事实清楚、基本证据确实的证明标准。（4）法庭审判的重点应放在对被告人是否认罪、是否承认犯罪事实、是否有悔罪表现的审查上，坚持一案一审。（5）严格值班律师的选任条件，选择业务素质高、责任心强、具备一定年限刑事办案经验的律师，组建全国统一的辩护律师数据库，提高我国的法律援助经费投入。（6）速裁程序应当适用一审终审。（7）从量刑上对犯罪嫌疑人、被告人予以优惠。（8）构建一个高标准的速裁程序法官的遴选机制。（9）应当坚持分案制作判决书。也有代表提出，为了开展刑事速裁程序的试点工作，侦查阶段的提速也不容忽视。可通过明确适用对象、确定专门办理、缩短办案期限、设立转换程序的方式建立侦查阶段轻微刑事案件快速办理机制。

（二）庭前会议

有代表指出，庭前会议制度是2012年修改后的刑事诉讼法增加的一项新制度，是庭审制度改革的重要内容之一。当前庭前会议存在功能定位不明确、程序设置存在空白、辩护权保障不到位、法律效力存在争议的问题。对于庭前会议的制度完善，有代表提出如下建议：（1）明确庭前会议为庭审做准备的定位，保证庭审活动的顺利进行。（2）规范庭前会议的程序设置，赋予审判人员召集庭前会议的裁量权，同时也允许公诉人、当事人及其辩护人、诉讼代理人向人民法院申请召开庭前会议的权利。（3）原则上应当通知并保障被告人出席庭前会议。（4）庭前会议的召开地点应当以法院为一般原则，在只有公诉人和辩护人、诉讼代理人参加的特殊情况下，也可以在人民法院的办公室、会议室或审判人员认为合适的地点召开。（5）庭前会议应在法庭上公开进行，并允许社会群众参与旁听。（6）明确庭前会议结果的形式及效力。（7）进一步完善与扩大庭前会议功能，借鉴国外经验，将庭前会议法官与庭审法官相分离，扩大"了解情况、听取意见"的事项范围，结合简易程序和刑事案件速裁程序改革，尝试在庭前会议中设置被告人答辩程序，探索建立认罪认罚从宽制度。

也有代表建议将当前的庭前会议改为预审程序。在法院内部增设刑事审判庭，取消立案庭对本院受理的刑事公诉案件进行立案登记的职责，同时在预审庭配备专门的法官，这些法官不参与案件审查后的审判工作。赋予犯罪嫌疑人程序选择权与程序参与权。明确预审程序的适用范围，将其限定为"犯罪嫌疑人可能判处三年以上有期徒刑、无期徒刑和死刑"。

（三）刑事和解

有代表提出，目前刑事和解数量在不断上升，但与预期还是有差距的。在适用案件范围上，司法实践中对于有些法律规定不能适用的情形有所突破。此外，刑事和解试点的省份要比未试点的效果好。另外，也有代表提出，刑事和解可以解决实践中的精神赔偿执行难的问题。关于刑事和解制度，有代表指出其在实践中面临的主要问题是：（1）公检法三家对刑事和解程序的解释有分歧，如检察院和法院未界定民间纠纷，公安机关排除了若干案件类型。（2）刑事和解的赔偿数额和从宽处罚有待进一步明确细化。（3）刑事和解占用了大量检察资源，检察官沟通协调工作量大，制度激励不足。（4）加害人履行义务方式单一，有违制度初衷。有代表指出，完善刑事和解的建议如下：（1）公检法三家联合解释刑事和解程序以消除分歧。（2）坚持司法机关独立审查、避免过分受当事人影响。（3）充分发挥民间组织在刑事和解中的作用。（4）完善内部监督考核机制。（5）完善刑事和解赔偿标准的规范化和方式的多元化。针对目前在司法实践中出现的有关刑事和解反悔的情形，也有代表指出了刑事和解本质上是一种民事契约，以反悔有无正当理由为标准对刑事和解反悔的类型进行划分，对于有正当理由的反悔，国家有关专门机关应当接受，重新根据案件具体情况对被告人的刑事责任和民事责任进行判定。反之，对于无正当理由的反悔原则上不予支持。

四、关于审判制度改革

（一）司法责任制

第一，关于司法责任制的含义。多数代表均认为，应当全面界定司法责任制的内涵，但在具体语词的界定上存在分歧。有代表认为，司法责任制主体部分包括三个方面的内容：（1）清晰界定司法人员的权责内容和边界。（2）设置符合司法规律的责任追究规则。（3）对法官依法履职需要切实有效的保障。据此，司法责任制是更为广义的概念，包含了责任追究制。另有代表认为，办案质量终身负责制是一个更为宽泛的概念，以错案倒查的司法责任制为主，配套制度还应当包括领导干部干预司法活动、插手具体案件处理的记录、通报和责任追究制度，案件分配制度以及法官履职保障制度等外部配套制度与内部配套制度。第二，关于责任追究制的适用条件。有代表认为，应当采取"主观过错与客观行为相一致原则"，即在主观上要求有违法办案的故意或者重大过失，在客观上要求有故意违法办案行为或者有重大过失且造成严重后果的行为。第三，关于对责任追究制的"终身"的理解。有代表认为，"办案质量终身负责制"应当受到追诉时效和诉讼时效的制约。但是中央提出的案件质量终身负责的要求具有积极意义,因为审判事关公民的人身自由、财产甚至生命,需要法官对审判职责心存敬畏,绝不能懈怠。也有代表提出了法官职业风险转移的问题。具体而言,现行司法体制下的裁决签发制度让庭长及分管院长对裁决承担相应的领导责任,这在某种程度上帮助法官摆脱了部分职业风险。除此之外,下级法院法官就具体案件请示上级法院法官也使法官的职业风险发生了转移。

(二) 司法人员员额制

与会代表围绕司法人员员额制和人事制度的问题展开了热烈讨论。(1)有代表指出,2016年是司法改革的收官之年,司法改革的效果如何值得商榷。在目前的司法改革中,法官辞职流失多。22万名法官,每年流失5%,而且很多是优秀人才。原因大家都不陌生,比例为39%的员额制,很多法官成为助理,案子又多,工资待遇又较低,但是办案责任大,是终身负责制,因此出现大量法官辞职是可以理解的。(2)有代表指出,改革中涉及的招聘优秀法律学术人才和律师成为法官的问题,从目前来看,如果法官的地位和待遇上不去,这一制度也无法实现。(3)关于法官工资待遇低的问题,有代表建议按照案件量来计算工资待遇,超过平均办案量就要额外付工资。(4)关于法院领导任免的问题,有代表提出,法院领导主要是由上面"空降"下来,如中院院长退休,就是由高院"空降"下来当院长。这样一来,中院人员的工作积极性受挫。(5)对于员额制的可行性问题,有代表指出员额制限制了法官、检察官的数量,对于司法资源的优化配置具有一定的积极意义与作用。关于如何确定员额制中的比例问题,有代表指出应当重新加以确定,要综合考虑案件的数量、常住人口以及外来人口等情况加以确定数额。员额制的确定要解决案多人少的问题。如果案多人少的问题不解决,就很难保证案件质量。(6)关于目前员额制存在的消极方面的问题,有代表认为员额制是检法机关对自我进行的一场革命,这场革命中受员额制影响最大的主要是中青年法官、检察官,员额制对该群体具有一定的消极作用,在一定程度上不利于中青年检察官与法官的成长与发展。因此,在员额制实施的过程中要调整现任的具体比例,让中青年检察官看到希望,否则会造成大量优秀人才流失。

(三) 审判权运行相关问题

有代表指出,目前全国法院案件压力较大,信访对司法的压力大。司法系统的诸多考核指标制度虽然取消了,但无形压力仍然存在。法院管理还是行政化模式,不符合诉讼规律。年底结案多,案件质量堪忧,来年可能再审的案子就多。此外,对于案件审批制度,有代表分析了其长期存在的原因:(1)案件审批制度与法院内部层级结构相适应。(2)案件审批制度具有内部监督的功能。(3)案件审批制度是法院内部责任追究制度的要求。对此有代表指出,法院审批管理改革要真正去除行政化,就必须彻底取消案件审批制度,重构符合审判权运行规律的裁判文书签发制度。第一,赋予独任法官、合议庭对多数案件的裁判文书签发权。第二,独任法官或合议庭认为难以径行决定的案件,可以要求提交审判专业法官会议讨论,但会议意见只供参考不必服从,讨论后的案件签发权以及案件责任仍归属于独任法官或合议庭。第三,经过专业法官会议讨论仍然难以决定的案件,可由院长提交审判委员会讨论处理。第四,要在制度上明确需要提交专业法官会议、审判委员会讨论的案件范围,对独任法官和合议庭提交讨论案件数量作出限制。

（四）人民陪审员制度的完善

有代表指出，现行的审判活动中存在人民陪审员"只陪不审"的问题，人民陪审员享有事实审判权和法律审判权，但这两项权利只有笼统规定而没有给予细化保障，以致人民陪审员的庭前阅卷权、庭审发问权以及合议时不受诱导等方面难以实现。要想全面地完善人民陪审员制度，首先，要处理好法院集体审判与合议庭审判的关系，保障合议庭在专业上的独立性。其次，应当保障陪审员在合议庭中占据数量上的优势。再次，应当严守陪审案件的范围。建立人民陪审制度的制约监督机制。最后，必须进一步构建人民陪审员参与诉讼的具体程序保障细则。

五、关于检察制度改革

（一）检察官制度改革

中国人民大学陈卫东教授认为，应当将主办检察官制度作为检察官制度改革的方向。党的十八大之后，主任检察官办案责任制改革成为检察官制度改革的一项重要内容。尽管这项改革有其进步意义，但是也存在许多问题。主任检察官制度在试点过程中显示出的积极效果包括：第一，简化了案件行政化审批程序，办案效率获得显著提升；第二，进一步提升了案件质量；第三，提升了专业化办案水平，调动了检察官的工作积极性，增强了检察官的职业荣誉感和责任感。但是，主任检察官制度也存在一些从根本上影响改革成效的问题，具体包括：第一，主任检察官改革没有也无法解决与部门行政负责人之间的复杂关系；第二，主任检察官改革没有也不能彰显检察官办案的主体地位；第三，主任检察官改革没有明确检察官与检察长和检察委员会在执法办案中的职责权限；第四，主任检察官的称谓体现的是行政性的上下级关系。与主任检察官制度相比，主办检察官制度的优势在于：第一，主办检察官制度承认了每一个个体检察官的独立性；第二，主办检察官制度削弱了检察机关内部的行政等级体系；第三，主办检察官制度强调了司法亲历性；第四，主办检察官的称谓更加科学；第五，主办检察官制度真正实现了权责的统一。

（二）职务犯罪侦查

与会代表认为，我国职务犯罪侦查模式必须实现由"传统型"向"现代型"的转变。有代表认为，职务犯罪侦查模式转型必须注重以下三个主要问题：第一，应向审判阶段的证明标准"看齐"，更加严格侦查阶段的证明标准；第二，应真正实现"由供到证"、"以证印供"向"以证促供"、"证供互动"的转变，更加注重全面收集各种证据；第三，应更加注重应对刑事辩护问题。有代表提出了职务犯罪侦查模式转型的实现路径：第一，建立健全职务犯罪侦查信息化制度，通过对侦查情报信息的科学利用进一步促使职务犯罪侦查模式向着"由案到案"、"由案到人"等多元化方向发展；第二，不断增加职务犯罪侦查讯问的科技含量，着力实现先进科学技术与职务犯罪侦查讯问的高度融合，逐步形成"依靠情报做好讯前准备——依靠科技实现讯问突破——依靠评估做好讯后总结"的现代职务犯罪侦查讯问体系;第三,建立健全内部法制审查制度,切实保障侦查程序正义以及侦查结果优质;第四,建立健全侦诉联席会议制度,就重大疑难复杂案件的案件定性、关键证据和疑难问题进行沟通,确定好侦查取证的方向;第五,建立健全侦辩协调沟通制度,从而在职务犯罪侦查阶段就形成良性的侦辩对抗关系,增强检察机关自我发现和排除非法证据的能力,真正确保职务犯罪侦查取证的合法性。

(三)审查批捕

有代表指出了审查逮捕中存在的部分问题。这些问题包括:对逮捕刑罚条件的预判不力,扩张解释社会危险性,不当运用逮捕措施维稳和执行政策,以及逮捕质量评价标准有失科学。该代表认为,应当从以下几方面促进批捕权的科学行使:第一,从制度层面,发挥捕后羁押必要性审查的作用;第二,从解释层面,严格解释社会危险性;第三,从机制层面,注重捕诉沟通,提高刑罚预判能力,统一执法尺度;第四,从评价层面,实现逮捕质量考评科学化;第五,从观念层面,合理认知逮捕措施的功能。

有代表指出,当前的审查批捕存在如下不合理现象:批捕职能追诉化、批捕职能治罪化、批捕职能公诉化、批捕职能监督化、批捕职能定罪化以及批捕职能量刑化。该代表认为,应当通过以下措施回归批捕的应有职能:第一,立法宜采用严格的职能分离原则。这里的职能分离原则是指审查逮捕的司法职能与追诉犯罪的控诉职能相分离、裁决职能与监督职能相分离。司法职能与控诉职能相分离要求肩负审查逮捕任务的检察官不能从方便追诉的角度降低逮捕条件,将逮捕措施演变为侦查机关的一种侦查措施。裁决职能与监督职能相分离主要指检察机关不宜将侦查监督职能融入逮捕审查职能,否则会弱化审查逮捕的司法属性。逮捕审查职能实际上是一种比一般检察监督更加司法化的职能。第二,立法宜将逮捕与羁押分离。第三,立法宜为被追诉方设计救济程序。在保留检察机关对公安机关侦查案件的批捕权的基础上,宜在审判程序中设计对普通逮捕程序的救济程序。

(四)起诉与撤回公诉

南京师范大学李建明教授等认为,目前检察机关的起诉工作存在以下几方面问题:第一,不愿主动排除非法证据,"带病"举证;第二,证据不够充分,但依然勉强起诉;第三,并无新的事实或证据,撤诉后重新起诉甚至变更管辖后重新起诉;第四,移送起诉时不全面移送证据材料,将有利于被告人的证据隐匿不送。针对起诉工作中存在的上述问题,应当采取如下改革措施:第一,依据审判的要求和标准审查事实和证据;第二,以审判思维决定是否起诉;第三,全面收集和移送证据材料;第四,避免就案件事实认定和定性与法院沟通;第五,客观公正作出无罪不起诉决定;第六,改革审查起诉工作考评机制。另外,公诉人还应当转变观念,确立当事人的角色意识。

有代表认为,在司法实践中,撤回公诉存在如下不合理现象:第一,撤回公诉事由的脱法化。检察机关撤回公诉的事由往往超出《人民检察院刑事诉讼规则(试行)》规定的范围。第二,撤回公诉功能的变异化。撤回公诉本来主要是基于诉讼经济和使被告人尽早脱离讼累的目的而确立的一项制度,但是实践中的撤回公诉常常被公诉人员作为规避司法责任或者方便自己灵活处理案件的工具性措施或者手段性程序。第三,撤诉后重新起诉的恣意化。检察机关撤诉后又违反规定重新起诉的行为整体上呈现出较大的随意性。针对上述问题，首先应当按照程序法定原则的要求，尽快实现撤回公诉事由、程序的法定化；其次应当健全撤回公诉的权力制衡机制，强化法官对检察机关撤回公诉请求的实质审查，对于违法提出的请求，法院要坚决否定；最后，应当对撤诉后的重新起诉进行法律规制。

六、其他问题

（一）刑事诉讼法再修改

有代表主张，刑事诉讼法的再修改是司法改革的必然要求。中国政法大学终身教授陈光中认为，党的十八届三中、四中全会决定中一些司法改革的重要内容必须通过制定或修改法律以保证其做到改革于法有据，以进一步丰富和完善我国的社会主义法律体系。由于司法改革相当多的内容涉及刑事诉讼制度，因此刑事诉讼法的第三次修改实际上已步入准备阶段。就修改模式而言，鉴于刑事诉讼法于2012年刚做了较大修改，近期再通过全国人大做大修改显然不太现实（前两次修改分别相隔17年、16年），因此最为可行的路径是借鉴刑法采取全国人大常委会通过"修正案"方式的成功经验，推动以"修正案"方式在下一届人大期间修改刑事诉讼法。就刑事诉讼法应当修改的内容而言，应包括如下主要内容：确保依法独立行使审判权、检察权；完善分工负责、互相配合、互相制约原则；庭审实质化与完善证人、鉴定人出庭作证制度；严格实行非法证据排除规则；完善法律援助制度；进一步改革人民陪审员制度；完善审级制度；统一刑罚执行体制。

西南政法大学徐静村教授认为，2012年修改的刑事诉讼法虽然在健全证据制度和保障人权等方面有重大进步，但结构体系和诉讼理念仍是旧的，在这个基础上不可能实行"审判中心主义"。"再修改"的目的是制定一部以审判为中心的刑事诉讼法，以适应加速推进建设社会主义法治国家的需要。实行以审判为中心的诉讼制度，必须首先理顺几个过去一直没有理顺的重要关系：一是公检法三机关在诉讼程序制度中的关系问题。应由人民检察院负责对刑事案件的侦查；人民检察院根据法律的规定，可以授权公安机关对刑事案件实施侦查。二是从"诉审关系"分析，为保证法院的中立立场，法检两家关系不应再提"分工负责，互相配合，互相制约"。人民法院依法独立行使审判权，只受刑事实体法和刑事程序法的约束与制约，不受其他任何权力的约束与制约。三是鉴于法律监督权对保障司法公正具有重要意义，宜由全国人大直接行使。建议全国人大设立法律监督委员会（常设机构）负责行使法律监督权，凡属全国人大及其常委会现在行使的各项监督权，都可授权这个委员会负责处理。

（二）刑事诉讼中侦、诉、辩、审的关系

有代表从检察机关应对以审判为中心的诉讼制度改革出发，主张构建科学合理的新型诉侦、诉审、诉辩关系。公诉工作首先要主动实现三个转变，即从查明事实转变到证明事实，从依赖人证转变到依靠客观性证据，从依赖庭前证据转变到依靠庭审证据，并以此为基础，从以下三个方面构建新型的侦、诉、辩、审关系：一是强化诉前主导，推动建立新型诉侦关系；二是注重审前过滤，推动建立新型诉审关系；三是尊重律师权利，推动建立新型诉辩关系。

有代表认为，从司法实践来看，原有的诉侦关系存在法律规范不完备不具体、监督制约机制滞后且被动、多数刑案侦诉脱离或缺乏配合、诉讼目标不统一等问题。在以审判为中心的诉讼模式下，应加强侦诉协作，审前程序以公诉为主导，强化监督制约，在此基础上，修改和完善相关法律法规，从立案与侦查监督、介入引导侦查、捕诉衔接、补充侦查、制定证据标准、补正瑕疵证据与排除非法证据、扩大起诉裁量权等方面细化量化统一可行的标准。

中华全国律师协会刑事业务委员会副主任李贵方认为，良性的辩审关系应当包含如下基本要素：律师和法官互相尊重；律师和法官都认真严格按法律程序办事；律师有通畅的提出意见及解决问题的通道；法官在法庭上有不容置疑的权威。从制度层面上看，构建良性的辩审关系，需要制定详尽具体的可操作性庭审规则；法官应尊重和保障律师的各项程序性权利；律师应尊重和维护法庭、法官的权威。此外，辩护律师还应当克服与避免以下行为：用极端的方式阻挠庭审进行；参与当事人组织的各种庭外抗议活动；通过媒体炒作办案等。

（三）被追诉人及刑辩律师权利保障

有代表主张，被追诉人应享有有限阅卷权。在我国大多数刑事案件缺乏辩护律师介入的现状之下，阅卷权是被追诉人实现辩护权实质有效的保障。建议立法明确赋予被追诉人享有阅卷权并规定相应的司法救济。同时，考虑到被告人行使阅卷权的风险，如国家秘密、商业秘密或者个人隐私等信息泄露，有必要对被追诉人阅卷权行使的阶段、范围和方式作出相应规制。

关于辩护律师的诉讼权利，有代表指出，刑事诉讼法修改以来，刑辩律师诉讼权利的保障有着很大的进步，但是在实践中仍然存在辩护律师调查取证难，执业风险大的问题。应当从完善刑辩律师调查取证权立法，明确赋予律师在侦查阶段的调查取证权，建立"调查令"制度保障辩护律师自行调查取证权，赋予辩护律师强制性取证权及刑事辩护豁免权，完善证人出庭作证制度，改善刑辩律师执业环境，增强刑辩律师取证能力方面予以完善。

（四）刑事冤错案件的预防与纠正

1. 关于刑事冤错案件的预防

有代表认为，在导致冤错案的各种因素中，地方权力干预司法是诸因素之要害枢纽。只有着眼于这一因素的治理，刑事诉讼中的控审关系才能回归程序理性。因而主张以去地方化的改革举措构建法院独立的制度保障，对冤错案的预防可以起到牵一发而动全身的功效。

北京大学陈永生教授认为，导致错案发生的原因大致可以分为直接原因和深层原因两个方面。从导致刑事错案的直接原因出发，提出防范刑事错案的如下建议：第一，严格落实 2012 年刑事诉讼法的相关规定，有效遏制刑讯逼供。第二，强化对科技手段的运用，对尸体、体液、痕迹等实物证据，能够采用 DNA 鉴定、指纹鉴定等高精度的鉴定方式的，不得采用辨认、血型鉴定等低精度的鉴定（认定）方式。第三，高度重视对犯罪嫌疑人、被告人有利的证据、事实和理由，驳回辩护方意见必须进行充分说理。第四，严格遵循认定有罪的证明标准，规范口供补强规则的适用。第五，严格贯彻疑罪从无规则，对认定有罪证据不充分的案件必须做无罪处理，不得做留有余地的判决。

2. 关于刑事冤错案件的纠正与赔偿

鉴于刑事冤案再审问题的特殊性，中国政法大学顾永忠教授主张刑事冤案的再审应设立专门、独立、特殊的再审程序，其具体内容包括：第一，刑事冤案的再审法院应当是作出原生效裁判的法院。第二，再审程序的当事人或诉讼主体范围较广，包括"申诉人"，原审被告人、上诉人，原审被告人、上诉人的法定代理人、近亲属，还包括原审被害人及其法定代理人、近亲属。第三，再审程序的当事人可以委托律师或者由法律援助机构指派的律师担任代理人。第四，再审案件的审理方式以书面审理为原则，以开庭审理为例外。开庭审理主要适用已发现的新证据足以推翻原生效判决但尚未达到像"死者复生"、真凶归案那样使人一目了然程度的案件，以及有被害人的案件。第五，再审案件的审理内容是进一步核实、展示足以推翻原生效裁判，证明原审被告人系无罪且无辜的有关证据，因而不需要按照一审、二审的庭审程序全面审理案件事实。第六，再审案件的审理过程检察机关应当全面介入。第七，再审案件判决无罪的直接法律依据应当是刑事诉讼法第 195 条第 2 项——依据法律认定被告人无罪的，应当作出无罪判决。第八，再审案件都应当公开宣判，以消除原有罪判决对原审被告人及家庭造成的严重名誉损害及其他不利影响。

鉴于司法实践中死者"复活"和真凶落网的案件较易平反，而仅仅以事实不清、证据不足为由提出申诉的案件却很难平反的现实，有代表建议借鉴我国古代的"虑囚"制度，强化再审程序启动的直接性和主动性，即由"两高"各自选定若干"巡视员"，不时到各地监狱进行巡视，接受囚犯申诉，当面聆听其陈述，并在此基础上进行阅卷、审查证据，从而判断案件冤错的可能性。

另有代表指出，我国目前的国家赔偿法对违法羁押（拘留）和无罪羁押没有进行区分，造成实践中无论公安司法人员是否对羁押的适用具有主观上的过错，都会因为国家赔偿的结果而受到消极甚至负面的评价，这种评价机制显然既不公正也不科学。我国应在区分违法羁押和无罪羁押的基础上，对其所引起的国家赔偿予以区别对待，即对于基于司法人员主观故意或者重大过失而导致的违法羁押采取国家赔偿原则，并建立相应的追偿和追责机制；而对于司法人员无主观过错的无罪羁押则采取国家补偿原则，并且不得因此而追究相关办案人员的责任。

第一部分

刑事诉讼实施研究

庭前会议制度在司法实践中的问题及对策

卞建林　陈子楠

庭前会议制度是 2012 年修改后的刑事诉讼法增加的一项新制度，是庭审制度改革的重要内容之一。在法庭审判前对可能影响公正审判的问题听取意见，了解情况，有助于法官确定庭审重点，提高庭审效率，保障庭审质量。

作为我国刑事司法活动的最主要实施者和参与者，法官、检察官群体对于我国刑事诉讼中庭前会议制度在实践中所面临的司法环境和现实状况，以及该制度存在的问题及其原因具有直观和形象的感受。为全面了解新刑事诉讼法实施以来庭前会议制度在司法实践中的实施情况，中国政法大学诉讼法学研究院于 2015 年 1 月至 6 月先后赴北京、无锡、盐城三地部分人民法院和检察机关进行实证调研[①]。通过调研，笔者发现上述地区司法机关在实务中对庭前会议制度进行了有益的探索，形成了很多好的经验。但新刑事诉讼法在庭前会议的功能定位、程序设置、法律效力等方面存在诸多不足，在一定程度上影响了司法实务部门适用该制度的积极性，影响了庭前会议制度的适用效果，需要结合司法改革的相关内容加以改进和完善。

一、实践维度——基于庭前会议实施情况的检视

从总体上看，我国司法实务部门都在尝试适用庭前会议制度，不少地区专门出台了庭前会议制度的相关实施细则或暂行规定。[②] 但通过调研发现，庭前会议制度在实施过程中存在适用率偏低，制度认同度不高的现实情况，有必要从程序客观上的适用比例和个体主观上的参与意愿两个方面对其加以考察，以探寻这些现象形成的原因及其相互关系。

（一）对庭前会议的客观考察

调研发现，2013 年新刑事诉讼法实施以来，北京、无锡、盐城三地部分人民法院和检察机关刑事案件审判中庭前会议的适用比率均比较低。这主要体现在总体适用率和个体参

---

① 中国政法大学诉讼法学研究院庭前会议项目组分别于 2015 年 1 月 30 日、3 月 24 日和 3 月 25 日，在北京市第二中级人民法院、江苏省盐城市中级人民法院和无锡市中级人民法院就庭前会议制度的实施情况召开座谈会，并向北京市第二中级人民法院、北京市人民检察院第二分院、北京市东城区人民检察院、北京市东城区人民法院、盐城市中级人民法院、盐城市人民检察院、东台市人民法院、东台市人民检察院、无锡市中级人民法院、无锡市人民检察院、无锡市高新技术产业开发区人民法院、无锡市高新技术产业开发区人民检察院等单位中的法官和检察官随机发放了《庭前会议项目调研问卷》共 636 份（其中单位问卷 32 份，个人问卷 604 份），对 2013 年至 2015 年 3 月庭前会议的相关问题进行考察。本文中的调研数据均来自于上述问卷调查。

② 例如，无锡市滨湖区人民法院、人民检察院和司法局共同签署了《刑事案件庭前会议实施纪要》；盐城市亭湖区人民法院、人民检察院和司法局共同通过了《刑事公诉案件庭前会议实施意见（试行）》等。

与程度两个方面。

从总体适用率上看，江苏省盐城市两级法院 2013 年刑事案件总数为 4459 件，2014 年刑事案件总数为 4817 件，但两年内仅有 38 件刑事案件召开过庭前会议。其中 2013 年有 18 件，适用比率为 0.40%；2014 年略有上升，有 20 件召开了庭前会议，适用比率为 0.42%。北京市第二中级人民法院 2013 年和 2014 年共有 10 件一审案件召开了庭前会议，仅占两年来审结一审案件数（502 件）的 2%。2013 年、2014 年两年中，无锡市两级法院共召开庭前会议 26 次，主要涉及的问题为非法证据排除、证据开示、证人出庭名单、管辖、回避等。

法官和检察官个体参与庭前会议的程度，一是可以从微观层面反映庭前会议制度在司法实践中的实施情况；二是能从侧面较为客观地体现出司法人员对该制度总体的认可程度。具体来看，北京、盐城、无锡三个地区的受访检察官中均有接近半数没有参加过庭前会议。在有庭前会议经历的检察官中，约 87% 的检察官仅参加过"1~3 次"，三地参加过 4 次以上庭前会议的检察官均只有个位数。与此相反的是，三个地区受访法官中参加过庭前会议的人数要超过没有庭前会议经历的人数。但与检察官的情形相同，大多数受访法官只参加过 1~3 次庭前会议，参加过"4~6 次"和"7 次以上"的人也很少。

（二）对庭前会议的主观认识

正如霍姆斯所言："法律的生命不在于逻辑，而在于经验。"[1] 分析司法实务部门对庭前会议的评价有利于更加全面和深刻地理解庭前会议的实践现状，进而发现影响庭前会议制度适用率的主要原因。下文将主要从两个维度考察司法实务部门对庭前会议的经验认识：一是庭前会议制度的存在价值；二是该制度在司法实践中的适用效果。

首先，通过调研数据可以发现，多数受访者认为庭前会议制度"很有必要"，肯定了新刑事诉讼法设置该制度的必要性，而选择"没有必要"选项的仅是极少数。笔者在座谈中发现，有些法官和检察官对于庭前会议制度本身的现实意义存在质疑。此外，受访检察官较法官而言更能认同庭前会议的制度作用，希望在庭前会议中更多地了解被告人及其辩护人对非法证据排除、回避、出庭证人名单等问题的意见，为庭审做更充分的准备。其次，在对本单位庭前会议开展效果的评价上，受访者倾向于对当前庭前会议制度适用总体情况给予积极的评价，认同该制度在一定程度上发挥了明确案件争点，提高庭审效率的作用。

对于这些影响因素具体内容的考察，笔者试图从庭前会议程序本身、司法实务部门关系和办案人员主观态度三个方面加以描述。从受访者选择的情况来看，"庭前会议具体程序的制定"排在第一位，"公检法三机关的配合"和"办案人员执法理念的更新"分列第二位和第三位。从上述数据可以认识到以下几点：第一，"其他"选项的比例很低，表明绝大多数受访者认可上述三个因素是影响庭前会议适用的主要难点。第二，三个主要因素之间的差距并不大，都是庭前会议制度在适用过程中必须改进和完善的重要问题。第三，在三者之间的关系上，程序规则的缺失是庭前会议制度客观存在的问题，在某种程度上影响和制约着司法实务人员在具体程序中的实施和配合，并进而影响其主观上的司法理念。

---

[1] See Oliver Wendell Holmes, Jr., The Common Law, Dover Publications, 1991, p. 1.

二、理论维度——对庭前会议制度构建问题的分析

囿于概括的法律和司法解释，新刑事诉讼法增加的庭前会议制度在实践中面临诸多争议。这在一定程度上影响了司法实务部门对庭前会议的主观认同度，进而在实践中体现为庭前会议适用比率偏低的现实状况。因此，有必要对庭前会议制度本身存在的问题详细加以分析，以期能够更有针对性地提出完善建议。

（一）功能定位不明确

根据刑事诉讼法第 182 条和最高人民法院《关于适用〈中华人民共和国刑事诉讼法〉的解释》第 184 条的规定，目前在庭前会议中，审判人员向控辩双方"了解情况，听取意见"的内容具体包括管辖权异议、申请回避、出庭证人名单、调取和提供新证据、申请排除非法证据、申请不公开审理等七种。但是法律法规的模糊使得司法实务部门只能根据自身的认知和解读来限缩或扩大庭前会议的制度功能。由于个体对法条的理解能力和认识程序存在差异，导致司法实践中庭前会议在各地的适用情况存在较大区别。这主要体现在庭前会议的事项范围和功能限度两个方面。

首先，在功能限度方面，庭前会议的制度定位是保障庭审质量，提高庭审效率。庭前会议在程序问题和实体问题处理上的功能定位和限度是协调庭前会议与法庭审判关系，更好地适应和推进以审判为中心的诉讼制度改革的基础。但是新刑事诉讼法中"了解情况，听取意见"的规定太过模糊与宽泛，既可以理解为人民法院应严格限定于"了解情况，听取意见"，不能再有其他作为；又可以理解为法律没有明文禁止在庭前会议中就相关问题作出有效力的处理。

其次，在事项范围上，新刑事诉讼法和司法解释虽然列举了庭前会议所涉事项，并以"与审判相关的问题"为限，但实践中对范围的理解还存在一定的困难。

（二）程序设置存在空白

我国新刑事诉讼法和相关司法解释对庭前会议的程序性规定，如庭前会议的参与主体、召开方式、地点、次数等都存在一定的空白。实践中有的地区出台了较为细致的程序性规定，但不同地区庭前会议的适用程序规定存在较大差异，同一地区不同案件的适用程序也存在一定差异。这不仅不利于庭前会议制度的健康发展，而且有损于程序正义和被告人诉讼权利的保障，亟须作出统一和细致的规定。以下着重对庭前会议的参与主体做简要分析。

首先，关于庭前会议的启动者与主持者。法律和司法解释均规定，根据案件需要，审判人员可以召开庭前会议。尽管并未对庭前会议的主持者作出明确规定，但在司法实践中庭前会议的主持者往往由案件的承办法官担任。

其次，庭前会议是否应当公开进行是司法实践中遇到的又一争议较大的问题。庭前会议是否公开往往涉及司法程序的权威性和被告人的权利保障，在多次调研中笔者发现，各地对于庭前会议的公开性问题并没有形成统一的认识和做法，有的案件也因庭前会议不公开的做法引发了较多的质疑。

再次，庭前会议的次数问题包括两个方面，一是控辩双方向人民法院申请召开庭前会

议的次数限制；二是庭前会议召开的次数限制。目前我国刑事诉讼法和相关司法解释对此还存在一定的空白。

最后，被告人是否应当参加庭前会议。实践中被告人在开庭审理前往往处于被羁押状态，这就给庭前会议中被告人的出席增加了困难。司法实践中很多情况下庭前会议的参与方只有公诉机关与辩护人，没有被告人的参与。对办案人员而言，庭前会议是否应当有被告人参与，认识也不尽一致。

（三）辩护权保障不到位

在当代刑事诉讼中，辩护律师起到了不可或缺的作用。但是笔者在调研中发现，还存在被告人在未获得辩护律师帮助的情况下参加庭前会议的案例。

那么，目前影响辩护律师参与庭前会议的因素是什么？笔者认为，影响律师参与庭前会议的因素可以归纳为辩护律师主观能动性和诉讼制度的客观制约两个方面。从问卷调查的结果来看，庭前会议效力不明确和程序不规范是对律师参与庭前会议影响最大的两个因素，共占总频数的53%，同时在律师的主观因素中，缺乏参与意愿与业务水平不足频数差距较大，而律师参与意愿的缺乏在很大程度上又受到庭前会议制度不完善的制约和影响。因此，庭前会议制度本身存在的问题是影响辩护律师参与庭前会议的首要因素。

（四）法律效力存在争议

庭前会议的处理结果是否对控辩双方在庭审中的诉讼活动具有法律约束力是目前司法实践中争议的焦点问题，也是影响审判人员和控辩双方在司法实践中适用庭前会议积极性的核心问题之一。该问题包含三个方面，即庭前会议是否要作出处理结果、处理结果的形式以及处理结果的效力。对这些问题的回答，现行法律法规和司法解释之间还存在一些不一致，造成司法实践中的困惑与争论，需要法律或司法解释对庭前会议结果的形式和效力作出明确的规定。庭前会议效力的实然状态与司法人员主观期望之间的差距正反映出庭前会议制度立法和司法之间的矛盾与困境。因此，及时对庭前会议的效力问题作出适当的规定对于庭前会议制度的良性发展具有十分重要的意义。

三、对策建议——基于庭前会议的制度完善

针对目前庭前会议制度在实践中出现的问题，笔者认为可以从明确庭前会议的功能定位、完善庭前会议的程序设置，以及明确庭前会议的结果形式和效力三个方面对我国现行的庭前会议制度加以改进细化。在此基础上，按照全面推进依法治国的决定精神和司法改革的部署要求，进一步探索庭前会议制度的发展完善。

（一）明确庭前会议的功能定位

关于庭前会议的功能，庭前会议主要是程序性审查，即"围绕回避、出庭证人名单、非法证据排除等与审判相关的问题，了解情况和听取意见"[①]。由此根据现行法律规定，庭

---

① 张军主编：《〈中华人民共和国刑事诉讼法〉适用解答》，人民法院出版社 2012 年版，第 295 页。

前会议的主要功能应当是为庭审做准备，以保证庭审活动的顺利进行，提高庭审效率，保证庭审质量。同时，通过司法实践积累经验，发现问题，为配合以审判为中心的诉讼制度改革和其他相关司法改革打好基础，创造条件。

（二）规范庭前会议的程序设置

完善的程序设置是庭前会议制度有效适用的前提，针对实践中存在的问题，可以从启动方式、参与主体、地点以及召开程序等方面加以明确。

1. 庭前会议的启动权

根据我国的实际情况，在刑事诉讼法或司法解释中应明确区分召开庭前会议的申请权和决定权。一方面，赋予审判人员召集庭前会议的裁量权。这一点也得到问卷调查结果的支持，即尽管本题为多选题，但是三地均有半数以上的受访法官和检察官认为应由审判人员最终决定是否召开庭前会议。另一方面，公诉人、当事人及其辩护人、诉讼代理人可以在庭审前向人民法院申请召开庭前会议。对符合庭前会议适用情形的案件，审判人员认为有必要的，可以召集庭前会议。

2. 庭前会议的参与人

对于被告人参加庭前会议的问题，笔者认为，为彰显被告人的诉讼当事人地位和加强对被告人诉讼权利的保障，原则上应当通知并保障被告人出席庭前会议。确立被告人参与庭前会议的权利有利于促进诉讼程序正义。但考虑到被告人处于审前羁押的状态和现代城市交通日益拥堵的现实，可以探索通过视频出席庭前会议的做法，并且被告人在有辩护律师充分代理的情况下，可以明示放弃行使出席庭前会议的权利。此外，由于对证据收集合法性的调查涉及专业的法律知识与技能，很多被告人仅凭借自身能力难以胜任举证与质证的诉讼行为，需要有律师在场提供必要的协助。因此，凡被告人自己委托辩护人或者应当享有法律援助的，法院应当通知其辩护人出席庭前会议。

3. 庭前会议的适用程序

庭前会议开始时，主持庭前会议的法官查明公诉人、当事人及其辩护人、诉讼代理人是否到会。被告人参加庭前会议的，人民法院应当告知其享有的相关诉讼权利。之后，对于人民法院依职权召集的庭前会议，主持庭前会议的法官应当宣布召集庭前会议的事由，并征询公诉人和当事人及其辩护人、诉讼代理人的意见；对于人民法院依公诉人和当事人及其辩护人、诉讼代理人申请召集的庭前会议，主持庭前会议的法官应当先听取申请人的意见，再由另一方发表意见。

庭前会议中需要听取意见，了解情况的事项较多的，人民法院应当依次分别进行。公诉人、当事人及其辩护人、诉讼代理人对某一事项的意见存在分歧的，经主持庭前会议的法官的要求或者许可，可以提出证据加以证明。

（三）明确庭前会议结果的形式和效力

庭前会议结果的效力是庭前会议制度的核心问题，笔者认为可以将我国庭前会议的效力分为形式和实质两个方面。在形式方面，庭前会议的全部活动应当由书记员写成庭前会议记录，交给公诉人、当事人及其辩护人、诉讼代理人阅读。公诉人、当事人及其辩护人、诉讼代理人认为记载有遗漏或者差错的，可以请求补充或者改正；核对无误的，应当签名或者盖章。在实质方面，庭前会议中，公诉人、当事人及其辩护人、诉讼代理人就回避、出庭证人名单、非法证据排除等与审判相关的问题达成一致意见的，或者人民法院已经对相关问题作出处理的，没有新的事实和理由，控辩双方不得在庭审中再次提出异议。此外，人民法院在开庭审理时应当宣读并再次确认庭前会议中公诉人、当事人及其辩护人、诉讼代理人达成的一致意见。为适应相关程序改革，可以规定庭前会议中就指控的犯罪事实和证据达成一致意见的，在法庭审理时可以简化。

（四）庭前会议制度的进一步发展

党的十八届四中全会提出："推进以审判为中心的诉讼制度改革"①，结合当前最高人民法院开展的刑事案件速裁程序、认罪认罚从宽制度和人民陪审员制度等试点工作，笔者认为可以进一步完善与扩大庭前会议功能，在一定程度上赋予庭前会议处理实体问题的权力。

1. 庭前会议法官与庭审法官相分离

我国庭前会议多由案件主审法官主持，有时合议庭成员都会参与庭前会议的讨论。从域外的经验来看，国外多是由预审法官主持庭前庭审，由审判法官主持法庭的审理活动。也即存在区别庭前会议和法庭审判中审判人员的现实必要性。笔者认为，我国也可以借鉴国外的这种程序设置，由立案庭的法官或者法官助理担任庭前会议的主持者，刑事审判庭的法官和人民陪审员则专门负责开庭后的审判活动，以实现将非法证据排除于事实裁判者视线之外的程序初衷。人民陪审员作为合议庭成员，在案件评议过程中可以独立就案件事实认定问题发表意见。这也是人民陪审员制度改革的重点之一。对案件事实的认定必须建立在客观、合法和关联的证据之上。而目前司法实践中庭前会议解决的主要问题即为非法证据排除问题。如果事实的裁判者参与庭前会议，难免会受到相关证据的影响。

2. 扩大"了解情况，听取意见"的事项范围

根据刑事诉讼法第 182 条和最高人民法院《关于适用〈中华人民共和国刑事诉讼法〉的解释》第 184 条的规定，目前在庭前会议中，审判人员向控辩双方"了解情况，听取意见"的内容具体包括管辖权异议、申请回避、出庭证人名单、调取和提供新证据、申请排除非法证据、申请不公开审理等七种。从实践情况来看，可以将申请变更强制措施、确认自首、立功情形、了解辩护意见、附带民事诉讼中当事人达成和解协议、申请人民法院审查双方当事人达成的和解协议书或主持双方当事人协商以达成和解等情况也纳入庭前会议讨论的事项范围，听取控辩双方的意见。

3. 结合简易程序和刑事案件速裁程序改革

将庭前会议与简易程序和刑事案件速裁程序相结合对于实现刑事案件办理的繁简分流、难易分流，节约司法资源，提高司法效率，推进以审判为中心的诉讼制度改革具有十分重要的现实意义。据此，笔者认为可以尝试在庭前会议中设置被告人答辩程序。在被告人及其辩护人对起诉书指控的犯罪事实和证据不存在异议的情况下，主审法官可以在庭前会议中核实被告人认罪的真实性、自愿性，以及充分知悉认罪的法律后果。此后，对于符合简

---

① 《中共中央关于全面推进依法治国若干重大问题的决定》，载《中国共产党第十八届中央委员会第四次全体会议文件汇编》，人民出版社 2014 年版，第 45 页。

易程序适用条件的案件，被告人对适用简易程序没有异议的，人民法院在庭前会议中可以决定适用简易程序；对于符合刑事案件速裁程序适用情形的，人民法院可以在庭前会议中作出适用刑事案件速裁程序的决定。

4. 探索建立认罪认罚从宽制度

认罪认罚从宽制度是当前刑事诉讼制度改革的重要组成部分，对犯罪嫌疑人、被告人自愿认罪、自愿接受处罚、积极退赃退赔的，可以探索通过简易程序或刑事案件速裁程序结案，以提高司法效率，节约司法成本。将庭前会议与刑事案件速裁程序相结合的重要一环就是探索增加认罪认罚从宽制度。

被告人认罪认罚从宽程序是司法改革的一项重要内容，该程序在庭前会议中的适用需要符合哪些要求？从调研的数据来看，北京、无锡、盐城三地受访检察官和法官认为排在前三位的分别是"明确知道认罪的法律意义与后果"、"主观上出于个人自愿"和"经过审慎地考虑"，除此之外，也有超过半数的受访者选择了"获得辩护律师的帮助"这一选项。绝大部分的受访者认为被告人在庭前会议中的认罪认罚必须符合明知、自愿和明智三个要素，并且需要充分保障被告人获得辩护律师帮助的权利，以实现诉讼效率和保障人权的平衡。而"公诉机关同意"和"会前与公诉机关就可能判处的刑罚达成一致意见"两项选择较少，均约占总数的1/3。可见，公诉机关需要在庭前会议中被告人认罪认罚程序内扮演积极的角色，但是大多数受访者认为这种影响并不应当具有决定性的作用，辩护方的意见和态度应当受到更多的重视。

综上所述，笔者认为将来针对一些符合法定条件的刑事案件，在庭前会议中被告人自愿认罪、自愿接受处罚、积极退赃退赔的，人民法院可以要求公诉机关在庭前会议中提出量刑建议，被告人及其辩护人可以对量刑建议发表意见。之后，人民法院可以通过刑事案件速裁程序，根据已经查明的事实、证据和有关的法律规定，结合控辩双方的量刑建议和意见直接作出判决。

（作者单位：中国政法大学诉讼法学研究院　中国政法大学刑事司法学院）

警察执法开枪正当性调查程序探究

白俊华　王玉龙

一、问题的提出

在法治环境下，为了有效地制止违法犯罪行为，保障公民的生命和财产安全，维护社会的正常秩序，法律赋予警察充分的执法权和采取必要的强制手段的权力。根据人民警察法而制定的《人民警察使用警械和武器条例》（以下简称《警械和武器条例》）第 3 条明确规定，人民警察在执法过程中，可以使用按照规定装备的警棍、催泪弹、高压水枪、特种防暴枪、手铐、脚镣、警绳等警用器械以及枪支、弹药等致命性警用武器。在上述强制手段中，枪支使用可谓最具威力、影响最大的一种执法行为。

近年来，警察在执法中所遇到的危险与日俱增，也正因如此，警察执法开枪的行为也越来越多，但也往往会受到社会的广泛关注，甚至会引起一定的争议，如庆安枪击事件、山西王文军案、贵州张磊案、海南屯昌枪击案等。以庆安事件为例，枪击案发生之后引起舆论热议，其中有认为警察开枪是正当执法行为的肯定声音，也不乏质疑民警滥用枪支的批评声音。面对舆论的压力，哈尔滨铁路公安局迅速成立调查组对警察开枪是否合法正当等争议问题展开调查取证工作，最终形成了民警使用枪支合法合规的调查结论。然而，事态远没有平息，质疑警方公布的监控视频作假的声音和否定警方调查组的客观中立性的声音此起彼伏；紧接着，检方调查组公布调查结果：在调查、核实大量客观证据的基础上，检察机关认定，开枪民警是依法执行公务，在处置此事件中使用枪支依规合法，这与此前警方公布的调查结果相一致。与此同时，针对监控视频的司法鉴定结果也表明监控视频不存在作假行为。至此，这起引起社会轰动的庆安枪击事件总算画上了句号。

回顾庆安事件的整个后续处理过程，有许多法律上的疑问有待解决：执法民警在开枪之后应该采取什么处置措施，法律是否规定了警察枪支使用的后期调查程序？公安机关自身作为警察枪支使用合法性与正当性的调查主体，是否违背程序正义的要求，怎样保证调查程序与调查结果的客观与正当？作为法律监督机关的检察院以及掌握着法律最终适用权的法院，应当在警察执法开枪调查程序中扮演什么样的角色；等等。

在公平正义的价值追求下，厘清这些问题是一项法律程序具备正当性的先决条件。而从实践情况中不难发现，正是在这些问题上的含混不清，导致了警察执法开枪调查程序过于被动和饱受争议。由此可见，调查程序的正当性至关重要，而如何构建警察执法开枪的正当性调查程序是一个很具有探讨价值的问题。

二、正当程序的理论分析

正义是法律制度所追求的重要价值，发展到现代法治社会，正义表现为两种形式：实体正义与程序正义。实体正义主要体现在司法裁判结论上面，程序正义则主要体现在达成司法裁判所要遵循的步骤、方法上面。一个刑事案件是否符合实体正义的要求主要看它是否严格地适用了刑法的规定，着眼于结论的达成是否正当，此种形式的正义价值是有天然局限性的，因为在形成裁判结果之前，案件事实认定过程是否可靠的问题受到了一定程度的忽视，而程序正义恰恰解决了这个问题。

程序正义又被称作"看得见的正义"，这一称谓生动、形象地展现了程序正义的最大特点——就是它对于判决所形成之前的各项法律程序是否符合公平正义的要求有一套明确、具体的评价标准，所以说它不同于实体正义，是"看得见的"①，程序正义的这一特点使实体正义免受"无源之水"的质疑，使正义价值的内涵更加完满。

美国最高法院大法官道格拉斯曾说过，"正是程序决定了法治与任意或反复无常的人治之间的大部分差异"。实际上，正当法律程序是约束公权力合理行使的最好保证，也是维护司法制度廉洁公正的最佳选择。正当法律程序的思想理念源于英国的"自然正义"（natural justice），最初表现为两大基本规则：一是避免偏见规则，即任何人不得充当自己案件的法官；二是听证规则，即裁决者应当充分听取双方的陈述。②

这两大基本要求原本仅适用于法官的审判活动，后来被逐渐发展为所有法律程序应当具备正当性的基本要素。第一项要求着眼于法律程序中的裁判者与当事人双方的关系上，裁判者不仅不能成为争议中的一方，也不能与当事人之间存在任何利益牵连，他必须在当事人之间保持独立、超然的地位；第二项要求着眼于双方当事人的权利、地位比较上，他们在一项法律程序中必须享有完全平等的地位和对等的权利义务，裁判者应当对他们一视同仁，不得区别对待，"听取双方陈述"的寓意即在于此。可以说，此后正当法律程序的观念和制度的发展完善均是建立在这两大基本要求之上。

那么，一项正当的法律程序到底指什么，或者说包括哪些内容呢？有学者提出了六条标准：（1）程序的参与性；（2）裁判者的中立性；（3）程序的对等性；（4）程序的合理性；（5）程序的及时性；（6）程序的终结性。③ 笔者认为这六条标准比较全面客观地囊括了正当程序所应具备的要素，可以作为普遍意义上的评价标准。

（1）程序的参与性。评价一项程序是否正当，当事人最相信的是他有没有充分参与到这项程序之中，如果参与性不足，即使整个程序都是合法正当的，当事人也很容易对程序产生不信任感，认为没有得到公正的待遇。换言之，充分参与裁判过程的当事人比没有充分参与其中的当事人更容易接受裁决的结局，即使在这种结局是对他们明显不利的情况下。因此，程序正当离不开争议双方的参与性。这种参与性主要表现在：当事人双方对案件进展情况有充分的了解，并且知道争议对方的信息；裁判者对双方的意见给予同等关注，同

---

① 陈瑞华著：《看得见的正义》，中国法制出版社 2000 年版，第 2 页。
② 杨寅：《普通法传统中的自然正义原则》，载《华东政法大学学报》2000 年第 3 期。
③ 陈瑞华著：《程序正义理论》，中国法制出版社 2010 年版。

时裁判者不得单方面会见争议中的一方。

（2）裁判者的中立性。正如前文所提到的，"任何人都不能成为自己案件的法官"，裁判者的中立性便由此理念发展而来。在保证公正得以实现的理念中，裁判者的中立性始终处于重要的地位，无论是英国的"自然正义"理念，还是美国的正当法律程序理论，均将其作为司法公正的基本要求。我国法律虽然未对法官、检察官、侦查人员的中立性作出明确规定，但也在具体制度设计上体现了裁判者中立的基本理念，如我国的回避制度。

（3）程序的对等性。这是对当事人双方在程序中的权利义务对比上的要求。他们的法律地位必须是平等的，理应受到法律同等的对待，裁判者要做到不偏不倚。对等性着眼于程序构造上的平等对抗，争讼双方享有同等的权利和同等的义务。正因为如此，现代法治国家几乎都将控诉一方与辩护一方设置成职能对立但地位完全相同的诉讼角色，无论是着装、座位等细节上的处理，还是举证、质证、辩论等诉讼权利和法庭义务上的设置，双方都是完全平等、对等的关系。

（4）程序的合理性。具体来说，程序的设计和运作必须符合公平正义等法律理性的要求。根据此项程序所得出的裁判结论必须经过充分、科学、合理的论证，并且是建立在严格适用现有法律规定的基础之上的，而相反地，这种裁判结论不能以任意、随机的方式得出。程序的合理性限制裁判者不得享有不必要的自由裁量权，同时要求裁判者在得出结论之前充分地阐明理由。

（5）程序的及时性。一项正当的法律程序往往是以公平、效率等价值为基础构建的，所以正义往往要综合考虑公平、效率等多种价值追求。公平不是正义的唯一追求，同时还要兼顾效率，正如法谚有云："迟来的正义为非正义。"因此，及时性是正当程序的必然要求。迟来的正义哪怕结果是公正的，但由于它的迟到损害了司法裁判的及时性，也损害了苦苦等待结论的争讼双方的利益诉求，所以说这是另一种形式的不公正。

（6）程序的终结性。这是针对司法裁判的权威属性而言。终结性要求裁判结论具有定分止争的最终效力，不得被任意撤销或改变。在刑事诉讼领域，大陆法系的"一事不再理"原则和英美法系的"禁止双重危险"原则就是这种程序终结性的体现，尽管两大法系略有不同，但都强调司法裁判活动的最终权威性，而且一旦结束就不能再逆向而行。否则，司法机关就难以在社会上树立基本的权威，人们也会对司法活动丧失信任。

这六项考察正当程序的基本标准同样可以作为衡量警察执法开枪调查程序是否正当的一个依据。前文所列举的庆安枪击案、贵州张磊案等，在舆论一片热议之后，均对警察的执法开枪行为是否合法合规展开了专门的调查取证工作，并最终形成了调查结论，但这些调查程序都或多或少存在一些问题：

首先，主导这些案件调查程序的主体都是公安机关自己，这是不符合裁判者中立性的要求的，在贵州张磊案的评论中，就有观点认为，调查结论应由非公安机关的第三方机构作出，这样才具有公信力；

其次，受警察开枪行为直接影响的相对人一方没有充分地参与到调查程序之中，对案件调查情况的知情权和表达意见权没有得到充分的保障；

最后，在调查程序中争议双方法律地位和权利义务上也很难达到平等、对等的要求。因为公安机关这一方既是调查程序的主持者又是调查程序中的争议一方，而与其相对立的却是参与程序的权利无法得到充分保障的相对人一方，其力量相差过于悬殊。

与此同时，警察执法开枪调查程序与程序的合理性、及时性、终结性这三项标准的矛盾不是很明显，因为调查取证工作都比较全面，结论的论证比较详尽，工作的开展也比较迅速，而且这种调查程序不同于司法裁判活动，故不应具有终结性。但即便如此，针对警察执法开枪的调查程序距离正当性的要求也还具有相当的距离。

三、我国关于警察职务开枪调查程序的法律规定

庆安枪击案等事件中的调查程序之所以存在诸多问题，其中最大的原因就是我国立法规定不够完善。因此，要解决这一问题首先要考察我国的法律规定。

在我国的法律法规中，规范警察执法开枪行为的最主要规定是《警械和武器条例》，除此之外，《看守所条例》、《公安机关公务用枪管理使用规定》、《关于加强劳动教养场所警戒工作的暂行办法》、《关于人民警察执行职务中实行正当防卫的具体规定》、《公安机关人民警察现场制止违法犯罪行为操作规程》（以下简称《操作规程》）、《监狱法》、《公安机关人民警察佩戴使用枪支规范》（以下简称《枪支规范》）等法律法规也都涉及了公务用枪的问题。

警察在执法中开枪之后的后续处理程序，主要体现在《警械和武器条例》第12条的规定中，即"人民警察使用武器造成犯罪分子或者无辜人员伤亡的，应当及时抢救受伤人员，保护现场，并立即向当地公安机关或者该人民警察所属机关报告。当地公安机关或者该人民警察所属机关接到报告后，应当及时进行勘验、调查，并及时通知当地人民检察院。当地公安机关或者该人民警察所属机关应当将犯罪分子或者无辜人员的伤亡情况，及时通知其家属或者其所在单位"。第13条规定："人民警察使用武器的，应当将使用武器的情况如实向所属机关书面报告。"

总的来说，我国法律法规是通过事后的报告和调查制度来规范警察执法开枪的行为的。《警械和武器条例》报告的对象是当地公安机关或者该人民警察所属机关（实践中多为后者），同时公安部出台的《公安机关公务用枪管理使用规定》也规定"人民警察使用公务用枪后应及时将枪支使用情况、弹药消耗情况及伤亡情况书面报告本单位主管领导，同时抄报治安、装备管理部门"。

《看守所条例》规定，开枪射击后，应当保护现场，并立即报告主管公安机关和人民检察院。司法实践中，警察开枪后一般都会只向自己所属的公安机关而非当地公安机关和人民检察院报告，笔者认为《看守所条例》的规定更为合理，报告给主管公安机关既能保证内部及时地对开枪行为作出反应，同时报告给人民检察院又能保证针对开枪行为的处理程序在第一时间就得到检察机关的有效监督，因此目前实践中的做法应当加以纠正。

《警械和武器条例》所规定的调查程序实施主体是当地公安机关或者开枪民警所属机关，这在其他规范性法律文件中也能找到类似的规定，如按照《操作规程》的规定，公安民警的执法开枪行为造成人员伤亡并引起较大社会影响的，"现场所在地县级以上公安机关应当对现场处置情况进行调查，并出具调查报告。异地采取现场处置措施的，公安民警所属公安机关应当配合做好调查工作"。公安机关自己实施调查程序的做法显然是违背正当程序的基本原则的，自己成为自己案件的法官，公平正义自然难以保障。

相对而言，公安部2015年1月16日颁布的《枪支规范》对开枪后造成伤亡后的调查

处理程序作了较为具体的规定：一是由事发地县级公安机关的警务督察部门进行调查，并吸收纪委监察、法制部门参加；二是规定了调查程序，包括出现场、保护现场，通知医疗单位救治受伤人员并通知其家属和所在单位，进行现场收集、固定相关证据，通知事发地县级人民检察院，以及向当地党委、政府报告，组织做好善后处理、舆情引导工作。对于调查的结果，要制定调查报告。但是其规定也是由公安机关进行调查。

此外，本应由独立的第三方主持进行调查工作，但是上述法律法规规定都是公安机关自行进行调查，这是调查程序缺乏正当性最主要的表现。除此之外，调查工作应该遵循哪些具体的程序、调查程序有没有期限限制、当被执法者一方认为调查程序或调查结论损害了其合法权益时享有哪些救济权利、调查程序应当在多大程度上向社会舆论公开以及以何种方式公开，这些问题无法在我国现有的法律规范中找到依据，导致实践中的操作极不规范、缺乏标准，调查结论难以服众。通过上述分析，不难发现我国目前针对警察执法开枪调查程序的立法规定很不完善，诸多有待商榷之处有待改进。

四、警察执法开枪调查程序的域外考察

日本法学家大木雅夫曾说过："不知别国法律者，对本国法律便也一无所知"①，一语道出了我们在研究法律问题时进行域外考察的意义所在。因此，考察世界范围内其他法治国家关于警察执法开枪的调查程序，以资借鉴是很有价值的一项工作。

报告和调查制度是国际通行的做法。美国对警察开枪后的报告程序规定得比较严格，起到了警局范围内的枪支使用情况评估作用，开枪警察要详细填写《强制力报告表》，该表格记载着事件基本信息、嫌犯信息、嫌犯反抗程度、使用强制力的类型、警察信息五个方面的内容，填写完毕后要及时提交给警察局长，经其审查后再提交给监察部门，② 同时美国警察局设立了专门审查警察枪支使用情况的强制力和武器使用审查委员会，定期对所有的开枪警察所提交的《强制力报告表》进行审查。③

英国建立了对警察执法开枪的事后调查制度，调查的实施主体是享有独立地位的投诉警察调查委员会（IPCC），这一组织由独立于政府和警察系统的18位调查专员组成，其主要的工作内容是监督投诉警察系统，针对警察开枪造成重伤或死亡的重大事件亲自进行调查或者监督警察系统所进行的调查。英国所设立的此项调查程序十分严格，虽然极少有警员会因此受到惩戒或承担赔偿责任，但漫长的调查程序会对开枪警察形成很大的压力。④

在日本，警察开枪后要立即向所属单位的长官报告，报告包括使用枪支的时间和地点、警察基本信息、使用枪支的理由和状况、造成危害的程度、案件处理情况等方面的内容，该单位长官接到报告后要逐级上报至警察厅长官。但是，日本法律并没有规定报告是以口头还是书面的形式进行以及对报告内容如何进行审查处理。⑤

此外，联合国还通过了与警察使用枪支有关的专门性文件，这些文件都体现了国际人

---

① ［日］大木雅夫著：《比较法学》，范愉译，法律出版社 2006 年版，第 67 页。
② 徐丹彤：《美国警察枪支使用法律制度概要》，载《上海公安高等专科学校学报》2011 年第 4 期。
③ 王星元：《浅论英美警察盘查及枪支使用制度》，载《吉林公安高等专科学校学报》2012 年第 2 期。
④ 王星元：《浅论英美警察盘查及枪支使用制度》，载《吉林公安高等专科学校学报》2012 年第 2 期。
⑤ 徐丹彤：《日本警察枪支使用法律制度及其借鉴意义》，载《上海公安高等专科学校学报》2014 年第 4 期。

权公约的基本精神。其中的《执法人员使用武力和火器的基本原则》（以下简称《基本原则》）涉及警察使用枪支的报告和审查程序，其第 22 条规定，各国政府和执法机关应为警察执法开枪事件建立有效的报告和审查程序，即"对遵照这些原则作出报告的事件，各国政府和执法机关应确保进行有效的审查，并确保独立的行政或检控部门可以在适当情况下行使管辖权。在造成有死亡和重伤或其他严重后果时，应立即向负责行政审查和司法管理的主管当局送交详细报告"。为实现本条规定所提到的"有效"二字，应当坚持两个原则：一是审查主体的多元化，既有行政机构又有司法机构；二是审查主体的独立性，必须独立于受审查的警察系统。①

通过上述对不同国家以及国际条约的考察，不难发现报告和审查程序是针对警察执法开枪后续处理程序的一种普遍共识，而且各国在不同程度上均详细规定了具体的审查主体、审查内容以及审查的具体步骤和方法，联合国通过的《基本原则》甚至还规定了建立有效的审查程序所必须坚持的原则。这些宝贵的经验和精神将对我国警察执法开枪调查程序的完善大有裨益。

五、我国警察执法开枪调查程序的正当性完善建议

首先，必须保证调查主体的独立性。这是正当程序理念从产生以来一直强调的基本原则，也是建立正当性调查程序的首要标准。警察开枪后，应当在第一时间同时将开枪情况以书面形式报告给所属机关和同级人民检察院。随后由人民检察院展开对开枪事件的调查，当然公安机关也可以自行调查，事件性质最终由人民检察院独立认定。因为将人民检察院作为调查程序中的主导者，符合裁判者中立的要求，而且检察院是我国宪法所规定的法律监督机关，监督公安执法工作是其职责所在，所以说对警察执法开枪的行为进行监督、调查应当成为检察机关行使法律监督职权的工作内容。

其次，要明确调查内容。在立法层面明确、具体地列举出针对警察开枪行为进行哪些调查工作，这样能够更好地约束调查者依法履行调查义务而不是敷衍了事。笔者认为，可以借鉴美国的《强制力报告表》，将调查事项规定为以下内容：（1）事件基本情况，包括事件发生的时间、地点、类型以及人员类型等；（2）嫌犯基本情况，包括姓名、性别、年龄、是否被捕、起诉、是否持有武器以及受伤情况等；（3）嫌犯反抗程度，包括反抗警察的控制，用身体威胁或打击警察，使用钝器、刀具、车辆或枪支等危险程度不同的武器威胁或打击警察等；（4）警察枪支使用情况，包括枪支的类型、枪支使用的时间及过程以及造成伤亡情况等；（5）开枪民警基本情况，包括姓名、警号、着装情况、是否值班、是否受伤等。②

再次，调查程序应当明确、具体详细。一项成熟的法律程序针对具体的时间节点和不同的现实情况都会给予执行者具体明确的行为指向，将其自由裁量权限制在尽可能小的范围之内，此种情况下的法律程序才是最符合法治要求的。笔者建议立法增加以下规定：开枪事件发生后调查程序的最迟启动期限，整个调查程序的期限限制，调查程序应当包括由

---

① 徐丹彤：《警察使用枪支的国际准则述评》，载《上海公安高等专科学校学报》2015 年第 1 期。
② 徐丹彤：《美国警察枪支使用法律制度概要》，载《上海公安高等专科学校学报》2011 年第 2 期。

事件双方参加的听证、辩论环节；以及相对人一方若对调查程序或调查结论不服可以提请上一级人民检察院进行复核等方面的内容。

最后，调查程序所得出的结论要及时向社会公众公开。向舆论公开是防范调查程序不正当化的有力武器，而且警察执法开枪行为备受公众关注，及时有效的沟通一方面能够保证民众在充分认识案件事实的基础上，加强对警察执法行为的理解和认同；另一方面，合法处置违法违规开枪的民警，能够提升警察队伍的整体素质，也能使民众认识到警察队伍的纪律性，树立警察执法的权威。可以说，这两方面都有助于维护社会正气和警察队伍的良好形象。笔者认为可以借鉴美国的做法，在调查机关内部设立专门负责与媒体沟通的工作人员（类似于新闻发言人），同时对有信誉的媒体工作人员发放通行证，保证媒体能在第一时间将调查程序的进展向社会公布。此外，对调查程序还应当做到最大限度的公开，具体来说，要将调查工作的每一步进展都尽量公开；同时，公开调查程序所获得的证据材料以及结论所依据的理由。

上述四方面完善警察执法开枪调查程序正当性的建议，旨在能够最大限度地防止公权力任意而为，同时保障私权利不受非法侵害，为完善我国的警察执法开枪调查程序抛砖引玉。

（作者单位：中国人民公安大学法学院）

浅析被追诉人阅卷权制度

边　洁

一、阅卷权的权利属性

在现代刑事诉讼中，保障人权是与惩罚犯罪并行的一种诉讼理念，一个国家制定刑事诉讼法不单单是为了惩罚犯罪，更强调的是惩罚犯罪的活动要依照法定程序进行以及对于人权尤其是相较于公安司法机关处于劣势地位的被追诉人的人权保障。被追诉人的人权在现代刑事诉讼中受到充分的尊重和全面的保障，可以拥有独立的诉讼主张，并可以通过法律赋予的手段与司法机关保持平等关系，而不是被强行压制。辩护权便是国家为了维护被追诉人的权益而设置的，是被追诉人的一项宪法性权利，而阅卷权则是辩护权的内容之一。被追诉人通过行使阅卷权，能够更好地了解案件有关材料和证据，为辩护活动进行充分的准备。因此，阅卷权是被追诉人实现辩护权的有效保障。从我国刑事诉讼法的规定来看，犯罪嫌疑人、被告人的辩护权不断得到确认。但即便是最新的刑事诉讼法，对于被追诉人的阅卷权也没有作出规定，立法上长久以来仅仅规定和完善了辩护人的阅卷权，司法实务界也仅承认辩护人的阅卷权。这无疑给人一种本末倒置的感觉，即"作为原始权利主体的被追诉人享有辩护权却没有阅卷权，而作为派生权利主体、帮助行使辩护权的辩护人反而享有阅卷权"[①]。

笔者认为，这不单单是权利行使与否的问题，更重要的是忽视了程序正义和保障人权诉讼理念的要义，对待被追诉人并未将其置于诉讼主体的地位，而仍将其定位为被追诉的客体而进行追诉。辩护人行使阅卷权本是为了弥补被追诉人阅卷权的不足，而不是取而代之。此外，在我国不容忽视的一个现象是有辩护律师参加的刑事案件数量只占案件总量的较小比例，更不要说有效辩护的案件比例了。在此情况下，大多数案件的被追诉人没有律师辩护人为其辩护，根本无法自行行使阅卷权，辩护权的行使效果可想而知。把被追诉人排除在阅卷权的权利主体之外，不仅不能保障诉讼权利上的平等，而且不利于及时听取被追诉人对于各类证据和材料的意见，不利于查明案件事实。

我国台湾地区林钰雄教授认为，辩护人于审判中得检阅卷宗及证物，此项权利简称为阅卷权，属于被告最为重要的辩护权利，法理基础导源于听审原则之下被告的请求资讯权。[②] 请求资讯权的行使主体是被追诉人，而阅卷权又源自请求资讯权，因此被追诉人理应成为阅卷权的主体，行使阅卷权是落实被追诉人主体地位和切实保障被追诉人诉讼权益的

[①]　刘作凌、刘学敏：《论被追诉人本人的阅卷权》，载《法学论坛》2012 年第 5 期。

[②]　林钰雄著：《刑事诉讼法》，中国人民大学出版社 2005 版。

一种必然要求，赋予被追诉人阅卷权势在必行。

二、被追诉人享有阅卷权具有正当性

（一）被追诉人行使阅卷权是程序正义的要求

作为刑事诉讼的基本价值，正义一般有两种表现形式：实体正义和程序正义。实体正义主要体现在司法裁判的结论上，由于各类案件在事实和情节上会完全不同，因此实体正义往往具有不确定性，没有一个"放之四海而皆准"的实质标准。案件的审理结果是否符合公正的标准，也许只有法官本人知晓。要想让一个案件的审理为当事者所感知甚至可由一般社会公众进行价值评价，尚需要一套具体、明确、可操作的价值标准，使得公众在大多数情况下能够通过观察法律事实的过程来进行价值判断，我们称之为程序正义。司法机关对一个案件的判决，即便结果非常公正、合法、合理，也是不够的，要想得到社会大众的认可，公安司法机关必须确保刑事诉讼的过程符合公平性和合理性的要求。

程序正义理论要求诉讼主体能够平等地参与诉讼程序。但在刑事诉讼过程中，一方是代表国家行使追诉权的控方，另一方则是处于天然的弱势地位，单凭一己之力无法与之相抗衡的被追诉人。双方所掌握的司法资源、案卷材料、证据来源等差距本就悬殊，若再剥夺了被追诉人的阅卷权，显然无法使双方居于平等的诉讼地位之上，有违程序正义的要求。被追诉人通过阅卷权的行使，可以知晓被指控的罪行和理由以及司法机关掌握的证据等有用资讯，明确辩论要点和方向，从而进行有针对性的辩论准备工作，一定程度上缓解其诉讼弱势地位，实现控辩双方的平等对抗，实现程序正义的要求。

（二）被追诉人阅卷权是维护自身利益的重要手段

在刑事诉讼程序中，控辩双方的利益之争是核心和关键。控方代表国家行使追诉权，利用手中的职权调查收集对被追诉人不利的证据材料并在法庭上出示，以对犯罪进行追诉。其角色定位和职权配备以及优势资源的掌控能力使其在诉讼活动中占据着天然的优势地位。被追诉人作为刑事追诉的对象，在证据收集和信息掌控能力上明显处于劣势，虽然有着强烈的胜诉欲望，但严重缺乏维护自身利益的能力。这种由力量对比上的失衡导致的被指控人的利益减损是不公平的。尽管被追诉人在庭审过程中被允许进行陈述和申辩，但在不充分了解案件证据和材料的情况下，其在庭审过程中的发言又能起到多大的实质作用呢？随着被追诉人权益保护的呼声越来越高，世界上越来越多的国家赋予或准备赋予被追诉人阅卷权，使其能在庭审前的诉讼准备过程中充分地了解控方的证据材料，为后面的辩护活动进行准备，以期弥补控辩双方在庭审地位和信息掌控方面的漏洞。因此，阅卷权是维护被追诉人利益的重要手段，理应受到重视。

（三）被追诉人行使阅卷权有助于提高辩护质量

被追诉人要想在刑事诉讼中有效地行使辩护权，提高辩护质量，必须掌握足够的案卷材料和证据，才能与辩护律师进行全面配合，在刑事辩护中立于不败之地。因此，阅卷权的行使是被追诉人获得有效辩护的重要途径。首先，阅卷权的赋予是被追诉人行使辩护权的重要保障。被追诉人行使辩护权是其抵御控方的指控，保护自身合法权益的重要手段，也是控辩对等原则在诉讼过程中的具体体现。辩护权的行使程度如何，有效与否，直接决定了刑事被追诉人的命运归宿。因此，犯罪嫌疑人、被告人对于辩护权的行使十分重视。而阅卷权是辩护权的重要组成部分，刑事被追诉人只有在充分掌握信息的基础上，才能更好地行使辩护权，辩护权的防御指控的功能也才能更好地显现出来。因此，赋予刑事被追诉人阅卷权就构成了对其辩护权行使的有力裨益。其次，阅卷权的赋予有利于辩护人帮助被追诉人行使辩护权。辩护人做好辩护工作的前提是对案件信息的充分掌握。掌握的途径一方面是通过行使阅卷权，查阅控方案卷材料和证据，更为重要的一方面就是通过与被追诉人进行沟通和交流以获取更为翔实的信息。如果双方的交流不充分或者信息不对称，就难以在法庭上形成合力有效地对抗控方的指控，辩护的效果也将大打折扣。而赋予被追诉人阅卷权能有效地避免上述情况的发生，被追诉人在了解案卷材料的基础上为辩护人提供有针对性的信息，对指控进行有针对性的反驳，最大限度地发挥辩护人的功能，增强辩护的效果。

（四） 被追诉人行使阅卷权可以有效地提高诉讼效率

我国刑事诉讼法未规定被告人可以在庭前查阅控方的证据材料，但在法庭上，被告人充分享有了解控方证据的权利，即法庭上的举证和质证环节，以体现我国刑事诉讼法尊重和保障人权的价值理念。由于被告人在开庭前不能进行阅卷，辩护人也不能将自己查阅的案卷信息透露给被告人，无法在庭前进行充分的准备，庭审过程中的举证和质证环节将占据大量的时间，这无疑会大大降低诉讼的效率。如果允许被告人在庭前查阅控方的案卷材料和证据，进行必要的准备工作，法庭上对于被告人和辩护人没有异议的证据省去举证和质证环节，将精力投放于双方意见相左的证据材料之上，就会极大地节省时间，便于审判人员掌握案件的焦点和中心问题，提升诉讼效率。同时，对于被追诉人提出异议的证据材料可以重新收集，调整调查方向，挖掘新线索和新证据，节约司法资源。

三、被追诉人行使阅卷权存在的风险分析

如前所述，被追诉人理所当然地成为阅卷权的权利主体，行使阅卷权具有正当性，但阅卷权本身涉及刑事诉讼中的多重利益关系，被追诉人行使阅卷权可能会存在一些风险。在多种利益的权衡之下，许多国家限制或甚至完全禁止被追诉人本人的阅卷权。通过对被追诉人行使阅卷权的风险进行分析可以发现，这些风险的确或多或少地存在并可能对刑事诉讼进程产生影响，但都不能构成剥夺被追诉人阅卷权的充分理由，立法理应保障被追诉人本人阅卷权的行使。

（一） 被追诉人行使阅卷权可能会造成案卷材料的灭失

保护原始卷宗的完整性，向来是限制被告本人阅卷最为主要的理由。[①] 被追诉人与案件的审理结果有直接利害关系，出于承担刑事责任的恐惧心理，被追诉人在阅卷过程中可能

---

① 林钰雄：《刑事被告本人之阅卷权》，载台湾《政大法学评论》2009年第8期。

会篡改或者毁灭对其不利的证据,妄图逃避法律的制裁,这必将会对诉讼活动产生影响。因此,立法往往将被追诉人本人排除在阅卷权的行使主体之外,由与案件审理结果没有利害关系的辩护律师来进行阅卷以保证案卷材料的完整性。但随着科学技术的进步,这些在过去可以称为风险的考量已经不具备现实意义。完全可以借助电脑的存储功能和影印技术的推行而将案卷材料的副本交由被追诉人查阅核实,不存在原件被毁损或者篡改的可能性。这也是许多允许被追诉人阅卷的国家的通行做法。

(二) 被追诉人行使阅卷权会泄露国家秘密、商业秘密或个人隐私

案卷材料涉及的方面甚广,不仅可能包含案件当事人或相关人的商业秘密和个人隐私,还有可能涉及国家秘密。如果不计后果地允许被追诉人行使全面的阅卷权,就可能会使这些需要保密的信息遭到泄露,相关利益主体会因此而受到损失,更有甚者会损害到国家利益和公共利益。但在信息的保护与被追诉人的阅卷权之间发生冲突的情况下,出于利益均衡原则的考量,不能一味地强调信息的保护而忽略保护被追诉人权益的立法追求,完全可以通过必要的技术手段,或设定被追诉人阅卷的内容范围来解决此问题。这就需要立法作出选择或由公安司法机关在司法实务中作出具体的限定。

(三) 被追诉人行使阅卷权可能会妨碍侦查活动的进行

假如被追诉人通过阅卷了解到侦查行为的进程,对侦查机关已经采取或即将采取的强制措施或侦查行为有所察觉的话,就可能会采取毁灭、伪造证据或者串供以及阅卷后改变供述等逃避侦查的行为,影响侦查活动的进行。被追诉人在阅卷过程中有充分的机会分析案卷之中的漏洞而获得洗脱自身嫌疑的机会。尤其是在被追诉人未被羁押的情形下,更有机会进行上述活动而使侦查活动受阻。可能会影响查清犯罪事实和有效追究犯罪,这可能是实践中反对被告人庭前行使阅卷权最主要之原因。[①] 这就涉及公安司法机关追诉权力的行使与被追诉人诉讼权益的保护之间的平衡。从保护被追诉人的诉讼权益的角度出发,阅卷权的行使确有必要,不能基于追诉犯罪的需要而全面否定其正当权利的行使;但为了保障追诉活动的顺利进行,也应该对其加以限制,完全可以由立法对其行使的时间、内容、程序等作出规定来提供程序上的保障。

(四) 被追诉人行使阅卷权可能会妨碍证人作证或对诉讼参与人进行打击报复

假如赋予被追诉人庭前阅卷的权利,其完全可以获悉那些对追诉其犯罪有决定性影响的证人证言、被害人陈述、鉴定意见和翻译材料等证据资料,并有可能对上述人员产生报复之心。卷宗当中往往记录着上述人员的基本信息,这就为被追诉人进行打击报复提供了便利。而且,被追诉人通过查阅卷宗了解到证人的信息和证言的内容之后,往往会阻碍证人作证甚至威胁证人及其家属的生命安全致使其不得不改变证言,阻挠诉讼过程的进行。证人本就不愿出面作证,一旦受到威胁就更加不愿提供证言或者在威逼利诱之下提供相反的证言,这无疑给侦破活动造成了影响。当然,对于被羁押的被追诉人,发生上述情形的可能性较小;而对于未被羁押的被追诉人,则可能作出危害证人或其他诉讼参与人人身财

---

① 陈瑞华:《论被告人的阅卷权》,载《当代法学》2013 年第 3 期。

产权益的行为，使证人、鉴定人等诉讼参与人的人身权利及财产权利遭受损失。

四、应设置被追诉人的有限阅卷权以取得平衡

如前所述，被追诉人享有阅卷权既是我国刑事诉讼法保障人权理念的要求，也是被追诉人本人进行有效辩护的必要手段。尽管被追诉人本人行使阅卷权会带来这样那样的风险，但从权利主体的角度而言，理应赋予被追诉人阅卷权，而不应完全由辩护律师代劳。如若行使得当，阅卷权既能为被追诉人本人带来现实的利益，也将对司法审判作出贡献，有利于刑事诉讼的进行。阅卷权是辩护权的组成部分，是被追诉人获得有效辩护的必要保障。有效辩护的要义至少包含以下两点："一是犯罪嫌疑人、被告人的辩护权充分而完整；二是自我辩护应当得到充分重视。"[1] 众所周知，我国立法中仍然没有关于被追诉人阅卷权的明确规定，为了实现有效辩护，也为了适应国际发展的趋势，有必要确立我国被追诉人的阅卷权制度，以下几个方面是必要的考量：

（一）明确被追诉人享有阅卷权

应从立法上明确被追诉人享有阅卷权，这是刑事诉讼法保障人权的理念和司法程序不断完善的必然要求，也是被追诉人程序主体地位的必然要求。被追诉人在刑事诉讼中享有独立的诉讼地位，应当享有阅卷权，通过阅卷权的行使获得知悉案件信息的权利。已经聘请辩护人的被追诉人可以与辩护人沟通交流案卷材料和证据内容从而为庭审做好充分的准备；没有聘请辩护人的被追诉人不至于因为缺少辩护人无法查阅案卷而被控方压制。赋予被追诉人阅卷权，是被追诉人行使辩护权的有力措施。同时，赋予被追诉人阅卷权之后，辩护律师与之交流的内容和范围将会更为广泛和深入，有力地扭转现阶段辩护律师在核实证据之时不可透露案卷材料信息的局面，有利于辩护的准备。

（二）明确被追诉人的有限阅卷权

在明确被追诉人阅卷权主体地位的同时，我们也应清醒地认识到被追诉人行使阅卷权可能带来的风险，不能将被追诉人的辩护利益凌驾于其他一切利益之上。因此，有必要对被追诉人阅卷权行使的阶段、范围和方式作出相应规制，达到制度设置的优化。侦查活动是国家打击犯罪的必经阶段，其秘密性的特性要求此阶段的阅卷权受到限制。尤其是在一些重大、疑难、复杂的案件之中，为了侦查工作的顺利进行以及保护相关人员权益的需要，有必要限制被追诉人的阅卷权，规定被追诉人只能在案件侦查终结移送审查起诉后行使阅卷权。具体来说，应由被追诉人提出申请，由检察机关根据具体情况决定是否准许。同时，为了防止涉及国家秘密、商业秘密或者个人隐私等信息泄露，检察机关有权决定被追诉人阅卷的范围，对上述保密事项禁止查阅。此外，检察机关还应对阅卷过程进行监督，并遇有法定情形时随时中止或终止阅卷。

---

[1] 樊崇义主编：《刑事诉讼法再修改理性思考》，中国人民公安大学出版社 2007 年版，第 153~154 页。

（三） 明确被追诉人阅卷权的司法救济

无救济则无权利。如果立法只赋予被追诉人阅卷权，而不规定救济制度的话，那么被追诉人的阅卷权也仅仅是停留在纸面上的条款而已，可想而知是否会带来辩护效果的实质改善。因此，我国刑事诉讼法不仅要明确被追诉人的阅卷权主体地位，亦需对剥夺或者限制被追诉人阅卷权行使之行为作出规制，并赋予被追诉人相关的救济手段，以期保障被追诉人阅卷权之彻底实现。我国刑事诉讼法第 47 条规定："辩护人、诉讼代理人认为公安机关、人民检察院、人民法院及其工作人员阻碍其依法行使诉讼权利的，有权向同级或者上一级人民检察院申诉或者控告。人民检察院对申诉或者控告应当及时进行审查，情况属实的，通知有关机关予以纠正。"这一规定带有明显的行政化色彩，理想的救济途径应当采用诉讼化方式。在阅卷权的行使过程中引入司法审查，被追诉人对于阅卷权行使受到侵害的情况，得向法院提出申诉，由法院通过诉讼程序加以解决，确保阅卷权得以实现；被追诉人对于在庭审中得知的由控方掌握但未交由其查阅的证据有权向法院提出延期审理的请求以获得必要的准备时间，确保阅卷权得以实现；被追诉人对于在庭审中得知的控方拒绝提供其查阅机会且不属于涉密范围的证据材料，得向法院申请排除其证据效力，确保阅卷权得以实现；等等。

如今，刑事诉讼公平正义和人权保障的理念已经深入人心，被追诉人的诉讼主体地位也大幅提升，但立法中尚缺乏对于阅卷权制度的规定。在完善立法的过程之中，平衡各方利益至关重要。在满足各方利益需要的同时，立法应最大限度地保护被追诉人的辩护利益，赋予被追诉人阅卷权，实现惩罚犯罪与保障人权的真正统一。

（作者单位：中国人民武装警察部队学院）

规范两法衔接中刑事立案监督应注意的两方面问题

陈　超　苏琳伟

"两法衔接"的概念可以追溯至 2000 年 10 月国务院组织开展的打假联合行动，而这一机制首次出现在正式法规中则是 2001 年 7 月 9 日国务院颁布的《行政执法机关移送涉嫌犯罪案件的规定》。之后，一系列规范性文件相继出台，到 2011 年中共中央办公厅、国务院办公厅转发了国务院法制办、中央纪委、最高人民法院、最高人民检察院、公安部、国家安全部、司法部、人力资源和社会保障部《关于加强行政执法与刑事司法衔接工作的意见》，可以说两法衔接机制已经进入中央顶层设计的视野中，其整体框架也已基本建立。两法衔接机制旨在督促行政机关建立起规范化的行政执法刑事案件的移送程序，通过对不同危害程度的违法行为分别给予行政处分或刑事处罚的不同法律评价，构筑起对侵害社会秩序的分层防线。

从概念上看，两法衔接机制的整体结构主要分为"送"和"接"两个部分。行政机关受主客观因素影响，容易出现应当移送而不移送或不应当移送而移送的问题，对于后者尚且有后续的侦查机关受案审查机制可以解决，但对于前者则需要建立一定的监督机制予以防范，否则行政处分代替刑事处罚将破坏法律运行的统一性和公平性；而侦查机关基于对行为性质的判断和对行政执法活动的认可等因素，也容易出现应当立案而不立案或不应立案而立案的问题，一旦没有相应的监督制约机制，将导致犯罪分子逃脱刑事追责或造成冤假错案的问题。因此，为保障两法衔接机制运行在既定的轨道上，"察"也应视为该机制不可或缺的组成部分。从法律视角来看，"察"的主要形式即由检察机关承担的立案监督职能。两法衔接机制建立以来，检察机关通过立案监督方式督促该机制运行取得了较好的成效，然而实践中也发现存在一些瓶颈问题，并进而影响两法衔接中立案监督工作发挥应有的功能。笔者择其中实体和程序两方面关键问题予以剖析，期待能抛砖引玉，对规范立案监督、完善衔接机制有所裨益。

一、行政违法与刑事犯罪的甄别问题

两法衔接过程中开展立案监督，需解决的首要问题是对作为行政机关执法处理对象的行为的性质判断，这一判断是"察"的基石，将直接决定立案监督程序影响衔接机制顺逆流向的作用力。实践中发现，对于行为性质的甄别往往受到各种因素影响而显得十分"困难"，成为行政机关阻断移送程序的借口，也在一定程度上增加了立案监督的难度。

一般而言，一个行为在构成刑事犯罪的同时往往也会构成行政违法，这并非法律适用的竞合问题，而是由刑法作为保障公民权利和社会秩序最后一道实体法律防线所决定的。刑法保护的社会关系并非孤立存在的，而是受到包括民法、行政法等法律在不同场域内的保护，只有当侵害行为的严重程度达到一定标准时才会动用刑罚。如盗窃行为，根据数额或情节的标准，可以区分为违法或犯罪而接受行政处分或刑事处罚。但法律并不能对所有危害社会的行为都给出完整系统的区分普通违法与刑事犯罪的标准，甚至还可能出现互相冲突的现象。同时，受到利益立场的影响，行政机关有时还会在甄别问题上"犯糊涂"。出现此类问题的原因主要有：

（一）法律的局限性

对于法律的局限性问题，学者徐国栋将其归纳为不合目的性、不周延性、模糊性、滞后性等，并认为这些局限性是由法律作为以语言为载体的行为规范的内在特点所决定的。2015 年 4 月 8 日上午，来自黑龙江佳木斯的崔某在游览北京慕田峪长城时，被一名向下疾行的加拿大女子撞倒，后脑勺撞上墙砖，当场身亡。北京怀柔公安分局调查后于 4 月 9 日通过微博发布消息称，根据现有证据，初步认定系意外事件。该案引起了网络热议，争议的焦点在于意外事件致人死亡中不能预见的原因如何界定，这一概念的解读将决定加拿大女子的行为是否构成过失致人死亡罪。① 因网络公布的案情有限，本文无法对相关事实和证据进行全面判断，但如果最终认定为意外事件且该涉案人员确有违反景区禁止性规定时，其将面临行政处分和承担相应的民事责任。与此同时，该案将可能因被害方家属的申诉而进入检察机关立案监督的视野。实务中，诸如此类因法律概念引起的认定犯罪难的问题并不鲜见。

（二）部门法律的冲突

由于专业分工细化等原因，刑法与其他部门法之间在对行为的法律评价上容易出现对接问题。例如，治安管理处罚法第 52 条规定："有下列行为之一的，处十日以上十五日以下拘留，可以并处一千元以下罚款；情节较轻的，处五日以上十日以下拘留，可以并处五百元以下罚款：（一）伪造、变造或者买卖国家机关、人民团体、企业、事业单位或者其他组织的公文、证件、证明文件、印章的……"而刑法第 280 条规定："伪造、变造、买卖或者盗窃、抢夺、毁灭国家机关的公文、证件、印章的，处三年以下有期徒刑、拘役、管制或者剥夺政治权利；情节严重的，处三年以上十年以下有期徒刑……"对行政违法和刑事犯罪设置相同的准入门槛容易造成随意执法。实务中，其他部门法律与刑法之间在对接上存在的问题也不在少数。

（三）新法旧法的矛盾

我国刑法实行的是从旧兼从轻原则，在一些特殊情境下也可能造成两法衔接上的问题。例如，2014 年 1 月 1 日施行的《人体损伤程度鉴定标准》与之前的《人体轻伤鉴定标准（试行）》等规定存在明显差别，对于认定轻伤设置了较高的标准，2014 年以前可认定为轻伤的案件在新标准施行后可能就纳入轻微伤的范畴了。由此，如果一个故意伤害案件，犯罪嫌疑人在 2014 年以前实施伤害行为，造成轻伤后果，案发后潜逃至 2014 年后归案，但根据新标准不构成轻伤，则此时将出现两难局面。按照从旧兼从轻原则，应根据刑事诉讼法第 161 条规定撤销案件，但如果犯罪嫌疑人不潜逃可能此时已经在服刑，这种处理失

---

① 参见 http：//news. china. com/domestic/945/20150410/19504705. html.

衡是否会形成对负案潜逃的一种"鼓励"。实践中，公安机关往往会忽略新标准的规定，继续办理，此时是否应启动立案监督程序，监督公安机关撤案改为治安处罚，站在不同的考量立场就可能会有不同的答案。

（四）部门利益的影响

在对行政机关应当移送而不移送的问题开展立案监督的过程中，也常常遇到因行政机关不愿甄别行政违法与刑事犯罪而造成的问题，这是受其利益立场影响决定的。实践中，行政执法人员为一己私利而徇私执法一旦被举报或发现，一般不难分辨与处理，而行政机关为了实现部门利益采取集体研究方式混淆行政违法与刑事犯罪的区分，更有甚者放纵执法经办人"暗示"违法主体逃避刑事处罚，往往增加了立案监督的难度。经过"专业引导"的违法行为多数会呈现出"踩线"特征，能否认定为刑事犯罪难以把握，使得立案监督陷入尴尬境地。这种部门利益与"唯罚款论英雄"的不当的执法理念有关，如果移送刑事处理，可能原来行政处分的罚款会转换为罚金而与行政机关"没有关系"，同时行政执法机构可能还得承担证据材料移交等义务，到目前为止行政执法部门内部对于移交案件实现刑事判罪在业绩考评上给予肯定评价的尚且不多。

二、行政违法与刑事犯罪的转换问题

前述问题主要是实体方面的，立案监督也会受到程序方面的掣肘，一旦程序问题无法解决，将导致因实现甄别而启动的立案监督遭遇诉讼上的"滑铁卢"，既影响立案监督工作质量，也会降低司法公信力。

（一）行政证据的转换认可

根据刑事诉讼法第52条第2款规定，行政机关在行政执法和查办案件过程中收集的物证、书证、视听资料、电子数据等证据材料，在刑事诉讼中可以作为证据使用。这一规定在法律上首次解决了一直以来两法衔接所面临的技术层面上的尴尬。但这一原则性的规定在付诸实践时也将面对各种挑战。

行政执法与刑事司法两种不同性质的公权力行为在价值目标追求、职责履行方式等方面存在区别，有些甚至有明显差异。两者虽然都以国家强制力作为基础和保障，但行政权以效率为重心，追求行政命令得到及时贯彻执行；而司法权以质量为重心，通过两造对抗等诉讼架构来确保司法判决的合法公正。实践中，行政执法机关在调查事实方面往往侧重于对行政违法结果的调查，对于其他方面特别是可能触犯刑律行为的主观方面等问题并不感兴趣，由此形成的调查结果作为证据材料进入司法程序后容易遭到辩护人的诟病，而其间有些缺陷即便进入刑事侦查程序也很难得到弥补，一则时间不可逆；二则当事人可能已经做好了更为充分的辩护应对的心理准备。

另外，一些行政执法专项行动往往潜藏着证据漏洞，带有明显的人为干预因素，进入司法程序后一旦受到各种不可控因素的作用，就完全可能制造出冤假错案。如实践中曾遇到土地行政执法部门严厉打击破坏耕地违法行为的专项行动，一当事人害怕被追究闻风逃跑，执法部门根据卫星测量的被破坏耕地数据扣除其他执法对象承认的数量，把剩余面积数全部认定到该逃跑人员身上，并出具了一张书面意见移送司法机关，办案人员在审查过程中发现书面意见认定的被破坏耕地面积数与实地核对不符，且无法确认为该当事人破坏，最终撤案了结。虽然行政执法部门出具的类似鉴定的专业意见应当具有较高的证明力，但在统一专项行动中往往容易受到政策引导而呈现出随意性，立案监督时不应被误导而造成错误扩大化。

（二）立案监督后的衔接与终结

对于不应移送而移送的两法衔接，原则上通过立案监督即告终结，即使未能阻止，往往也能经由司法程序予以终止。但对于应当移送而不移送的两法衔接采取的立案监督，还得经受侦查、起诉直至审判的考验。

由行政执法向刑事侦查的过渡和衔接至关重要，因为立案监督和刑事侦查并非同一主体，不论从立场角度还是认知判断均会存在差异，可能出现立案监督后因认识等方面的分歧，侦查机关不愿或不能做好调查取证工作，最终立案监督的预期效果落空。在两法衔接中，立案监督后侦查机关的懒作为、不作为问题，目前法律制度设计并未能提供较为理想的解决途径。监督立案后，侦查机关调查取证的懒怠一般而言不需要承担任何"成本"，甚至可以推脱责任认为立案监督有误，在缺失相应的程序惩戒机制情况下，检察机关应更加重视监督过程中对关键证据的了解与把握。

立案监督的定位也决定了其应当设置合理的终结机制，遵循司法规律。检察机关一直以来对于该项工作的重视往往体现于开展监督的业务数量，通过同比等形式来研判立案监督工作开展的成效，这虽然在一定程度上能推动工作的开展，但是其是否符合司法规律则值得商榷。在两法衔接中，检察机关开展立案监督要面对信息不对称造成的审查困难，一些重要事实或证据可能在一般的监督活动中无法全部获取，如此情况下对于立案监督不能一味要求保持高准确率。诚如前述，立案监督后，侦查、起诉和审判的主体对于同一问题的认识可能也会不同，以非开放式的和非两造对抗架构的立案监督活动来决定一个案件的最终命运也不合理。同时，立案监督也并非取代两法衔接，其是悬在两法衔接机制运行主体头上的"达摩克利斯之剑"。因此，立案监督也应设置合理的适用量区间和终结机制，对于终结退出的立案监督应更多地关注质量问题环节，而非简单地予以否定评价，否则基层一线可能会为了追求数据而向起诉、审判环节施压，反而会影响公正。

三、健全完善的建议

上述两方面问题主要是实体和程序，且都是技术层面的问题，应当在开展立案监督过程中引起重视。当然，规范立案监督工作最根本的还是在于人，只有建设一支政治素质和业务素质均合格的检察队伍才是根本保障。此次司法改革将对检察官实行分类管理，也应以此为契机通过精英化队伍实现专业性管理，建议可考虑将立案监督从"一体两翼"的定位设置中相对分立出来，与其他诉讼监督合并而单独成为专门的监督业务部门。就上述两方面问题，笔者认为可考虑如下完善举措：

（一）应坚持刑法谦抑原则，同时加强调研推动立法

前述法律的局限性、部门法律的冲突和新旧法的矛盾所引起的立案监督困难，原则上应不予启动监督，一则监督启动后面临罪与非罪的争议，将影响该项工作整体质量；二则对于两可案件开展监督的话容易造成泛刑事化，也不利于社会和谐。另外，对于定性有争议的案件通过监督移送司法，也有违法治精神。当然，对于立案监督遇到的问题，应引起重视，在当前社会主义市场经济环境下，一些新类型的违法行为不断出现，而法律具有滞后性等特点，一些具有社会危害性且通过行政处分方式又不足以控制的，应当通过刑事立法应对。对于检察机关开展监督的后续工作，应推动立法健全完善相应的程序惩戒机制，增强监督的刚性，确保监督实效。

（二）应充分发挥检察机关自侦职能的优势

前述因部门利益的影响而阻隔两法衔接的问题，往往与行政执法部门的职务犯罪有着千丝万缕的关系，对此立案监督与自侦职能往往能起到相辅相成的作用。例如，2012年南靖县检察院发现一起非法采矿犯罪存在生态环境被破坏未得到行政执法机关处理，最终造成山体松动发生滑坡并致一个农民被掩埋死亡的问题，即立案调查，查清该县国土资源局副局长卢某收取贿赂，对非法开采稀土行为不予立案查处的事实，该起职务犯罪案件的查处在当地引起震动。该县国土资源管理部门随即对近年来发生的非法采矿行为进行全面梳理，很快将6件18人涉嫌犯罪的线索移送公安机关，现所有案件均已办结。可见通过发挥自侦职能，也能有效地对部门利益影响两法衔接问题形成强有力的震慑。

（三）应着力以立案监督推进行政执法规范化

如上所述，在两法衔接过程中，证据的转换认可问题极大地影响着立案监督工作质量，从行政执法到刑事司法过渡而产生的问题势必应通过由刑事司法反向规范行政执法来解决，也即对于两法衔接的违法行为可以设定一定的区间，在此区间内行政执法所采取的调查活动应当坚持更高的标准与程序，提前为可能出现的衔接做好准备。如基层派出所办理伤害案件，一般情况下需要等法医学鉴定意见出来后才能判断是否涉嫌犯罪，如未达到轻伤，则按治安案件处理，然而在案发后到鉴定意见确定期间，公安人员对诸如随手扔掉的凶器等物证、现场目击证人的证言等往往不会给予较多关注，往往到鉴定意见确定时，凶器找不到了、作案现场已经恢复原状了、一些证人表示记不清了，给之后查清刑事案件事实带来难度，甚至影响认定，衔接就出问题了。因此，检察机关在立案监督中应注重总结规律性问题，加强与行政执法机关沟通，对一些特定情况应提前做好相关的取证调查。

（四）应遵循司法规律完善立案监督质量评价

当前对于立案监督工作进行统计有助于直观了解工作开展情况，但这些数据不能成为评定工作质量的唯一标准，如前所述，也不可能所有立案监督最后都能得到判罪结果，简单的数据同比不但不能真正推动工作健康开展，反而可能造成强求监督结果，甚至影响司法公正。因此，建议对两法衔接中立法监督工作质量的考评应加强对相关机制建设的考察，

如是否建立完善的信息共享机制，与行政机关执法信息共享的范围有多大等；又如立案监督未能实现判罪结果的不应一律否定，应分析其中的问题所在，属于客观原因造成的保持一定的宽容度是必要的。规范立案监督工作需要进一步研究完善符合司法规律的工作质量考评机制。

（作者单位：福建省南靖县人民检察院；中共福建省委政法委）

刑辩律师调查取证研究

陈智超　　侯凤梅

刑事调查取证作为刑辩律师的应有权利，是辩护律师了解案件事实真相、获取有效辩护资源的主要途径，是有效维护犯罪嫌疑人、被告人行使诉讼权利和其他合法权利的集中体现。刑事调查取证权是刑辩律师的一项基本诉讼权利、一项重要权利，是顺利执业的保障，也是实现控辩双方平等对抗的保证。保障刑辩律师调查取证权是构建民主法治国家的必然需要，司法体系中缺失律师的国家不能算是健全的法治国家。这一权利的有效行使，不仅对证据的全面收集、控辩双方制衡的法律效果以及刑事诉讼目的的实现有着重要的意义，而且直接体现着一国法治文明的程度和人权保障的状况，在保障人权体系中占有重要的地位。

2013年1月1日正式实施的刑事诉讼法虽然在刑辩律师的调查取证权方面有着很大的进步之处，但是在实践中仍然存在辩护律师调查取证难，执业风险大等问题，不但背离了立法宗旨，而且直接导致刑事辩护率的持续下降。应当从完善刑辩律师调查取证权立法，赋予强制性取证权及刑事辩护豁免权，完善证人出庭作证制度，改善刑辩律师执业环境，增强刑辩律师取证能力方面突围。

一、刑辩律师调查取证概述

（一）刑辩律师调查取证的内涵

刑辩律师调查取证的内涵，在有的学者看来有狭义和广义之分。狭义的内涵是指辩护律师经证人或者其他有关单位和个人同意，向他们收集与本案有关的材料[①]，如向有关单位或个人了解案件事实情况，制作相关的询问笔录等；申请人民检察院、人民法院调取证据；申请人民法院通知证人出庭作证；经人民检察院或者人民法院许可，且经被害人或者其近亲属提供的证人同意，可以向他们收集与本案有关的材料。

广义的内涵是指除上述狭义的调查取证之外，辩护律师在侦查、审查起诉期间会见犯罪嫌疑人或被告人，向有关侦查机关和公诉机关调取证据材料，查阅复制摘抄案卷材料，了解犯罪嫌疑人涉嫌的罪名和案件有关情况，核实有关证据，申请证人、鉴定人等出庭作证等一系列活动。

---

① 陈瑞华：《辩护律师调查取证的三种模式》，载《法商研究》2014年第1期。

（二）刑辩律师调查取证的意义

1. 有助于实现实体公正，防止和减少冤假错案的发生

我国刑事诉讼法的主要任务，即准确、及时地查明犯罪事实，正确应用法律惩罚犯罪分子[①]，实现刑事诉讼实体公正，做到定罪准确、罪刑相符、罚当其罪。在司法实践中，要想最大限度地查明案件事实，实现刑事诉讼实体公正，不但要做到定罪准确、罪责相符、罚当其罪，而且必须使相互对立的控辩双方力量趋于平衡，打破侦查人员、公诉人员脑海中残留的"有罪推定"的思维定式，赋予辩护律师充分的调查取证权，及时、有效地履行辩护人的职业责任，最大限度地维护犯罪嫌疑人、被告人的合法权益，防止和减少冤假错案的发生，从而更好地实现刑事诉讼实体公正。

2. 有助于达成程序正义，实现控辩平衡

调查取证是刑事辩护律师了解案件事实真相的重要途径和有效行使辩护职能的一种重要手段，如果刑辩律师不能充分享有调查取证权这一刑事辩护中的应有权利，也就没有办法收集、调取足以对抗控方的有利证据。从这个意义上讲，刑辩律师的调查取证权在缺乏保障的情形下，所做的"辩护"就不是真正意义上的辩护。赋予辩护律师调查取证权，不但可以保障犯罪嫌疑人、被告人辩护权的充分行使，也可以保证程序正义，符合当今世界各国普遍追求的"控辩平衡"诉讼模式的基本要求，从而可以更好地保障被告人、犯罪嫌疑人的合法权益。

3. 有助于提高诉讼效率

刑辩律师的调查取证行为会阻碍控方按照自己的证明节奏和进程展开，这就使得看似水落石出的结果往往会被推翻重新进行补充侦查，表面上看起来好像案件效率并没有提高。但任何事物都具有两面性，刑辩律师能够将关键证据及时准确地提供对于减少和防止冤假错案的发生有着积极的推动作用，也就会将单位时间内可以完成的有用工作量大大地提高，从这方面来看也是诉讼效率得以提高的表现。

4. 有助于保障犯罪嫌疑人、被告人的诉讼权利和合法权益

在司法实践中，绝大多数犯罪嫌疑人、被告人对于法律这一专业性极强的学科知之甚少甚至一无所知，在没有具有法律专业知识这一特殊职业性质的辩护律师帮助的情况下，根本无法有效维护自己的诉讼权利和合法权益。刑事调查取证是辩护律师保障辩护权有效行使的重要途径，实践中经常出现辩护律师查证受阻而无法更好地行使辩护权的情况，其实它的本质是对辩护律师调查取证权的阻碍，是对公民合法权益应当受到的保护权设障。因此，只有充分保证辩护律师调查取证权的实施才能充分保障犯罪嫌疑人、被告人的诉讼权利和合法权益。

5. 有助于充分发挥辩护律师在诉讼中的作用

在司法实践中，基于律师这一具有法律专业知识的特殊职业性质，犯罪嫌疑人、被告人的辩护人多数为律师。在理论和实际操作中，要求公安机关和人民检察院收集犯罪嫌疑人、被告人无罪、罪轻的证据材料一般不具有可行性，因为是控辩对立的双方。而人民法院在裁判过程中一般不介入调查取证，而是以一种中立的姿态根据控辩双方提供的证据进

[①] 刑事诉讼法第 2 条。

行裁决。这样一来能否为犯罪嫌疑人、被告人收集无罪、罪轻的证据就基本依赖于其辩护律师。因此，只有充分赋予辩护律师调查取证权才能够更好地发挥其在诉讼中的作用，将刑事诉讼法中辩护人的责任用到实处，维护公平公正。

二、刑事诉讼法中调查取证权的改革亮点

（一）侦查阶段可以委托律师做辩护人

刑事诉讼法将犯罪嫌疑人在侦查阶段委托的律师直接界定为辩护人，确立了侦查阶段律师辩护人的诉讼地位和职业身份，这是司法理念发生的重大进步和提升。其本质是使犯罪嫌疑人在侦查阶段拥有了辩护权。理论上通常认为，辩护权即包括自行辩护权，也包括委托辩护权，自侦查阶段开始到诉讼程序终结，犯罪嫌疑人、被告人自始至终均享有辩护权，这在世界其他国家也是不具任何争议的问题。律师调查取证权在侦查阶段的完善，[1] 意味着在刑事诉讼中，国家公权力与私权利的力量对比关系发生了变化，达到一种控辩双方的平衡状态，有利于维护犯罪嫌疑人的合法权益。

（二）辩护人的申请调查取证权得以加强

刑事诉讼法第 39 条之规定明确了辩护律师在维护犯罪嫌疑人、被告人的诉讼权利和合法权益过程中，可以及时地收集证据，在一定程度上能够限制侦办机关权力的随意行使，将刑事审判中控辩双方的力量加以制衡，使其趋于平衡，实现诉讼的平等，使犯罪嫌疑人、被告人的诉讼权利和合法权益得以有效保障，以保障案件的公平公正，保证司法的公正。

（三）特定证据的开示义务

为了避免刑事诉讼程序不当地迟延以及避免国家司法资源的不当消耗，刑事诉讼法第 40 条规定刑事辩护律师收集的"未达到刑事责任年龄"、"犯罪嫌疑人不在犯罪现场"、"属于依法不负刑事责任的精神病人"三类证据，应当及时告知公安机关、人民检察院。尽管刑事诉讼法并未明确规定辩护律师在侦查阶段拥有调查取证权，但是第 40 条规定表明辩护律师只有在侦查阶段积极主动地调查取证，才能获得应当开示的三类证据，而且辩护律师一旦收集到该类证据所要及时告知的机关是侦查阶段和（或）审查起诉阶段的公安机关和（或）检察机关，通过以上分析我们可以合理地认为刑辩律师在侦查阶段已被赋予调查取证权。

（四）赋予了辩护律师核实证据的权利

刑事诉讼法第 37 条第 4 款之规定赋予了辩护律师自案件移送审查起诉之日起可以向犯罪嫌疑人、被告人核实有关证据的权利。[2] 在我国，这一权利的赋予不仅具有进步性，而且与联合国制定的《公民权利和政治权利国际公约》和《经济、社会及文化权利国际公约》

---

[1] 闫俊瑛、陈运红：《新刑事诉讼法背景下强化律师刑事辩护权研究》，载《法学杂志》2013 年第 5 期。

[2] 刑事诉讼法第 37 条第 4 款。

关于公正审判的基本要求相符合。从严格意义上说，在整个诉讼程序中，同犯罪嫌疑人、被告人核实证据是辩护律师进行辩护准备的必要条件。这一权利的有效行使将有助于进一步强化刑辩律师的调查取证权，从而辩护律师可以对控方所指控的犯罪嫌疑人、被告人的犯罪事实和罪名等进行充分有效的辩护。

三、我国刑辩律师调查取证的现状

（一）刑辩律师调查取证面临的客观限制

1. 刑辩律师调查取证无动力

刑辩律师的收费较低与其承载的风险不相对称。一方面，全国各地均对律师办理刑事案件收费有限制性规定。规定的收费标准明显与辩护律师办理刑事案件所承载的大难度、大风险等现实情况不成比例，而且同民事案件收费标准相差甚远，律师承办民事案件不仅有较高的收费，而且可以避免遭受到人身伤害、财产损失。据此大多数知名刑辩律师不愿承办刑事案件，而更愿意涉足收费较高的民事领域。另一方面，除辩护律师以外，其他辩护人不但不受律师协会自律管理，也不受司法行政部门监督，还不用缴纳个人所得税。据此其他辩护人凭借上述"厚爱"与辩护律师展开不良竞争，致使刑事案件的收费标准难以正当化、合理化。[①] 刑辩律师调查取证不仅面临触犯刑律的风险，而且身处收费标准极低的窘境，这严重打击了辩护律师调查取证的积极性。

2. 刑辩律师调查取证自身能力限制

刑辩律师的专业性极强，并非所有律师均能承办刑事案件并提供有效的辩护，绝大多数接触刑事业务的律师并非专业做刑事案件，而是以民事诉讼或非诉讼业务作为工作主项。另外，辩护律师的专业强项是对法律、法规的准确把握和提供调查、收集有利证据的关键性建议，而非调查取证手段这一技术方面，因此有必要加强和扩展辩护律师的调查取证能力。况且，在司法实践中，刑辩律师通常以侦查机关调查收集的证据为中心作为辩护的主要证据，从中查寻控方指控犯罪所收集的证据不确实、不充分，证据之间存有矛盾，无法形成完整、闭合的证据链条，不能达到具有排他性的证明标准。

3. 我国刑辩律师自行调查取证难

在刑事诉讼程序中，证据对于查明全案事实，正确应用法律处理案件极为重要，没有确实、充分的证据且未予查证属实，是不能作为定案的根据的。刑事调查取证作为刑事辩护律师的应有权利，是辩护律师了解案件事实真相、获取有效辩护资源的主要途径，是有效维护犯罪嫌疑人、被告人行使诉讼权利和其他合法权利的集中体现。刑事调查取证权是刑辩律师的一项基本诉讼权利、一项重要权利，是顺利执业的保障，也是实现控辩双方平等对抗的保证。尽管理论界普遍认为辩护律师调查取证应该有合理完善的相关制度与措施为其有效行使提供必要的保障，然而从我国现阶段的法律规定与司法制度改革进程来看，却是一种不容乐观的状态。

---

① 贺红强：《论我国刑事辩护律师调查取证权的困局与突围》，载《海峡法学》2011 年第 4 期。

4. 我国刑辩律师申请调查取证难

首先,刑事诉讼法虽然在侦查期间没有对辩护律师的调查取证权作出明确规定,但第39条对辩护人申请人民检察院、人民法院调查取证的权利作了明确规定。尽管看似在侦查、审查起诉期间赋予了辩护律师申请调查取证的权利,但实践中也是限制重重。实质上,如果人民检察院或人民法院有意阻挠辩护律师的调查取证申请,那么辩护律师的调查取证申请权就会成为一项虚设权利,根本没有实现的可能性。

其次,刑事诉讼法第41条和第60条对证人提供证据、出庭作证都进行了规定,但对于没有履行义务的证人所应承担的责任或拒绝履行义务的人应采取哪些强制措施却没有规定。正是因为没有这些强制措施和法律责任的约束,才使得在具体的刑事案件审理过程中,绝大部分的证人总觉得事不关己、高高挂起,不愿"惹是生非"使得证人出庭作证的比率极低。在具体的刑事案件审理过程中,由于绝大部分的证人都不愿意出庭作证,使整个案件的举证过程流于形式,[①] 严重影响了辩护律师有效行使调查取证权。

(二)刑辩律师调查取证保障机制缺失

虽然刑事诉讼法规定侦查阶段、审查起诉阶段辩护律师可以申请人民检察院、人民法院调取有关证据,但是法律并没有对辩护律师向人民检察院、人民法院申请调取证据的途径、方式、程序予以规定。在司法实践中,多数人民检察院、人民法院会选择置之不理或直接拒绝的方式对待辩护律师的调查取证申请,而对于这两种消极对待的处理方式,我国法律却没有规定任何司法救济途径。保障机制的明显缺失,致使刑辩律师申请调取有关证据的权利成为一种无法得到救济的申请权。

(三)非实质化庭审方式制约权利的有效行使

在我国现行刑事诉讼体制和实践中,实际上是以侦查为中心的诉讼模式,以笔录、案卷为中心的裁判模式。侦查活动的重点在于抓获并审讯犯罪嫌疑人以及由此形成的笔录、案卷,在刑事诉讼程序中实质上处于中心的地位。面对代表国家行使追诉权的公诉机关,被追诉的被告人处于劣势、弱势地位,且在没有委托辩护律师为其辩护,控方证人又很少出庭作证的情形下,被告人的质证权名存实亡,由此造成侦查机关认为有罪的犯罪嫌疑人及其所调查、收集的有罪的实物证据和言词证据材料,通过公诉机关提起公诉这一"二传"程序,基本上均被审判机关采纳认可,以致被告人通常都会被定罪判刑。[②]

四、我国刑辩律师调查取证权的制度完善

(一)改善刑辩律师执业环境

1. 推动刑辩律师的专业化建设,确立刑辩领域地位

在司法实践中,涉足此领域的不仅有受执业规范和行业自律管理的专业律师辩护人,

---

① 缪丹丹、刘艳:《浅谈刑事辩护律师的调查权》,载《法制与社会》2010年第11期。
② 顾永忠:《浅析刑事诉讼法修改后律师调查取证权的变化与不变》,载《中国司法》2012年第10期。

— 73 —

而且有不受律师协会自律管理，也不受司法行政部门监督，还不用缴纳个人所得税的普通公民辩护人，其与专业律师展开不良竞争，致使刑辩领域一度混乱。所以，应当在重构辩护律师执业的专业化法律制度的同时，还应不断加强辩护律师专业技能培训，尤其要在调查取证技术培训的基础上，提高刑事辩护门槛，消除刑事辩护鱼龙混杂的局面。

2. 加快刑辩律师收费市场化进程

政府应逐渐取消对刑辩律师办理刑事案件收费的限制性规定，逐步形成以市场为导向的刑辩律师收费标准，使其与专业性极强、难度性极高、危险性极大的专业性服务相对称；逐步缩小刑事案件与民事案件的收费标准差距，这不仅有利于提高律师涉足刑事案件的积极性，而且有利于调动刑辩律师调查取证的积极性。

（二）明确赋予刑辩律师侦查阶段调查取证权

在整个刑事诉讼程序中，侦查阶段取得的证据往往是最为重要的证据，无论对司法机关还是犯罪嫌疑人都是至关重要的。但在司法实践中，也正是在这个阶段收集的证据最可能灭失、散失和发生变化，一旦未及时收集事后便难以再现客观真相，所以法律应明确赋予辩护律师侦查阶段的调查取证权，这一权利的赋予不仅可以使辩护律师及时有效地收集有利于犯罪嫌疑人的证据，更好地维护犯罪嫌疑人的诉讼权利和合法权益，而且也不会妨碍侦查机关的侦查活动，反而有利于侦查机关全面收集证据，查明案件真相。

在明确赋予辩护律师侦查阶段调查取证权的同时，也应细化规定侦查人员讯问犯罪嫌疑人时辩护律师的在场权。在司法实践中，绝大多数侦查人员为了尽快破案以刑讯逼供、诱供等非法手段获取证据的现象屡有发生，且屡禁不止，而此时犯罪嫌疑人由于难以获得律师的在场监督和法律帮助，导致众多冤假错案的发生。无论是佘祥林、赵作海案还是聂树彬案极大程度上都同侦查机关在侦查阶段调取证据上存在问题有关。为了避免以非法手段获取证据情况的发生，笔者建议法律应赋予辩护律师在侦查人员第一次讯问犯罪嫌疑人时的在场权。这样不仅可以使辩护律师及时了解案情，为以后的辩护打下良好基础，而且还能更好地维护犯罪嫌疑人的诉讼权利和合法权益，防止侦查权的滥用，甚至可以避免启动非法证据排除程序，降低诉讼成本。

（三）建立"调查令"制度保障辩护律师的自行调查取证权

虽然刑事诉讼法明确了辩护律师的自行调查取证权，但并未规定辩护律师自行调查取证权的保障机制。辩护律师自行调查取证一旦被调查人拒绝，其权利就无法得到实现和救济。因此，笔者建议可以借鉴民事诉讼法中的"调查令"制度，即由司法机关包括人民检察院、人民法院为辩护律师签发司法命令，以要求被调查的单位或个人履行法定诉讼调查义务的做法。[①]"调查令"经人民检察院或者人民法院签署后，即具有了国家司法权的性质，被调查人如果不配合辩护律师的调查或拒绝提供证据，将承受不利的法律后果。当然，"调查令"的申请和使用只限于律师，而且必须有一定的限制。

---

① 周冬雪：《论刑事诉讼辩护律师的调查取证权》，载《政法精英》2014 年第 14 期。

（四）建立申请公权力调查取证的司法保障机制

虽然刑事诉讼法对刑辩律师向人民检察院和人民法院提出申请调查取证作了规定，但在司法实践中，人民检察院和人民法院可以随意拒绝辩护律师申请调查取证的请求，况且法律也没有对辩护律师向人民检察院、人民法院申请调取证据的途径、程序、方式予以规定，这就导致辩护律师的申请难以实现。鉴于此，笔者认为可以在人民检察院、人民法院的立案登记部门设置专门的机构受理辩护律师提交的申请，同时以刑事立法的形式将被申请机关不予受理的情形具体化，予以排除以下情形：一是与案件无关联，并对证明案件真相不起任何作用的事实；二是众所周知、耳熟能详的事实；三是确实是没有办法收集的证据（灭失或不存在）；四是申请调查的证据对案件最终的判决无影响；五是人民检察院、人民法院已掌握的证据；六是只是为了拖延诉讼时间的。除以上六种情形之外，人民检察院、人民法院必须无条件接受调查申请。如果辩护律师的调查取证申请一旦遭到人民检察院、人民法院拒绝，就有权向其上一级人民检察院、人民法院申请复议，由上一级的司法审查专门机构对调查取证申请进行审查，并在限定期限内作出裁定。此外，规定辩护律师申请收集证据时的在场权，同时还应规定人民检察院、人民法院不受理取证申请、不予取证或取证不当后的司法救济措施。

（五）完善证人出庭作证制度，实现庭审实质化

首先，明确拒绝辩方证人出庭作证的理据及救济途径。刑事诉讼法虽然对证人在什么情形下应当出庭作证作出了明确的规定，但证人能否出庭作证或者是否有必要出庭作证，其决定权在于审理案件的人民法院。对于这一立法缺陷，我国应出台相关的司法解释，规定在拒绝辩方证人出庭作证时，人民法院必须以公文的形式作出确实、充分的拒绝理由；进一步明确证人有必要出庭以及证人证言对案件定罪量刑具有重大影响的情形；以及明确规定辩方被拒绝后的司法救济途径。

其次，在法律中对于证人出庭作证的责任应进一步明确。刑事诉讼法虽然规定无正当理由不出庭作证或者出庭后拒绝作证的可以通过训诫、处以拘留的强制手段加以惩戒，但同时也规定了对于被告人的父母、配偶、子女不得采用强制手段要求其到庭这一关键证人出庭作证的除外情形。对此应当明确关键性证人有义务配合司法机关和辩护律师的调查取证并出庭接受询问和质证的例外情形，在赋予此项特殊权利的同时，还应明确规定其应出庭作证的特别强制措施。

最后，加强对证人的权利保障。证人常常担心被打击、报复而不敢出庭作证，为了降低其在这些方面的焦虑感，促使其能安心地出庭作证，法律应当在规定证人责任制度的同时，还应规定证人保障制度，加强对妨害证人作证行为的打击力度，应严厉追究威胁或打击、报复证人的有关当事人的责任；加强对证人的权利保障，建立证人信息封闭制度，以保护证人的隐私和安全，一旦出现司法机关、律师、案件当事人等向案外人泄露证人的情况，将受到法律制裁；建立证人的安全保障制度，规定在一定时间内公安机关有责任保护证人及其家属的安全，同时证人有权向司法机关申请安全保护；建立经济补偿制度，以保障证人因作证而产生的费用和减少的收入得到补偿，控方证人由国家予以补偿，辩方证人由被告人予以补偿；建立证人保险制度，以保障证人因作证而受到的人身损害以及财产的

损失。

随着社会的不断进步，保障人权的呼声日益高涨，各国都开始从本国的刑事法律着手加强对犯罪嫌疑人、被告人的保护。为了有效维护犯罪嫌疑人、被告人行使诉讼权利和其他合法权利，刑辩律师的调查取证权也变得尤为重要。2013年1月1日正式实施的刑事诉讼法虽然对刑事辩护制度进行了重大的修改和完善，在保障犯罪嫌疑人、被告人诉讼权利和合法权益上做了一些努力，具有先进之处，但在刑辩律师调查取证权问题上还是对作为律师刑事辩护的这一应有权利做了一些限制，不利于辩护律师全面而有效地维护犯罪嫌疑人、被告人的诉讼权利和合法权益，很好地履行辩护人的职责。通过本文对我国刑辩律师调查取证权的分析和同国外调查取证权的对比，笔者认为刑辩律师的调查取证权还是需要从法律制度上加以明确，通过理论结合实际，更好地发挥刑辩律师的作用。

（作者单位：河北侯凤梅律师事务所）

腐败犯罪中违法所得没收程序研究

崔 晨

2012 年修改的刑事诉讼法增设了四种特别程序，其中之一为"犯罪嫌疑人、被告人逃匿、死亡案件违法所得的没收程序"（以下简称特别没收程序）。该程序的设立旨在解决因贪官外逃而引起的无法对其进行刑事追诉，相应地，也无法追回其违法所得的制度缺陷。新刑事诉讼法对特别没收程序加以规范，顺应了国际社会加大对腐败犯罪案件打击力度的总体趋势，也为我国的反腐败工作提供了更为有力的法律保障。新刑事诉讼法于 2013 年 1 月 1 日开始实施，最高人民检察院、公安部、最高人民法院相继颁布了关于新刑事诉讼法的司法解释或实施细则，"六部委"（最高人民法院、最高人民检察院、公安部、国家安全部、司法部、全国人大常委会法制工作委员会）联合发布了《关于实施刑事诉讼法若干问题的规定》，其中对于特别没收程序做了进一步的完善。但是，目前理论界和实务界关于特别没收程序的诸多争议，主要集中在该程序的适用条件、没收对象和证据规则等，这些问题对于构建与完善特别没收程序是非常重要的三个方面，因此本文的研究拟围绕特别没收程序的适用条件、没收对象和证据规则等问题而展开。

一、特别没收程序的性质界定

特别没收是指"对违法所得的一切财物的没收，包括对违禁品、犯罪所得与供犯罪所用的本人财产的没收"。[①] 我国理论界对特别没收程序的性质存在三种不同的观点。第一种观点是，特别没收程序属于民事诉讼程序，主要理由为：特别没收程序并不直接处理行为人的刑事责任而仅仅是确认涉案财物的权利归属，本质上是一种对物诉讼，类属于民事诉讼中的确权之诉。特别没收程序由刑事诉讼法规定并不代表其就属于刑事诉讼程序，如刑事附带民事诉讼程序虽然由刑事诉讼法规定但本质上仍属于民事诉讼程序。第二种观点是，特别没收程序的法律性质依其没收对象的不同而分属于刑事诉讼程序和民事诉讼程序。第三种观点是，特别没收程序属于刑事诉讼程序。

笔者认为，理解特别没收程序的诉讼形态性质，应当从程序解决的纠纷性质、当事人在程序中的地位和程序建立的准据法等方面进行思考。

第一，特别没收程序解决的纠纷性质符合刑事诉讼程序的基本特征。刑事诉讼程序与民事诉讼程序的关键区别在于"刑事程序以适用刑罚或保安处分措施为目的，民事程序规范的则是相互对立的财产性质或非财产性质的私人利益"。否定特别没收程序刑事程序属性

---

① 张明楷著：《刑法学》，法律出版社 2007 年版，第 424 页。

的学者一般认为，① 特别没收程序既不解决行为人的刑事责任问题也不对行为人适用刑罚，它仅仅是消除物的违法占有状态，可以视为对物诉讼。事实上，特别没收程序不解决刑事责任问题，不适用刑罚只是一种表象，是受限于无罪推定原则的无奈之举。根据最高人民法院于 2012 年公布的《关于适用〈中华人民共和国刑事诉讼法〉的解释》（以下简称《解释》）第 515、516 条的规定，在审理违法所得没收案件时，法庭必须查明犯罪嫌疑人、被告人是否实施了贪污贿赂犯罪、恐怖活动犯罪等重大犯罪，对上述事实必须证明到"案件事实清楚，证据确实充分"的程度。这实际上意味着，特别没收裁决的作出以证明被告人有罪以及查明犯罪嫌疑人、被告人的刑事责任为前提，只不过这种有罪结论未经法院正式宣告而已。没收违法所得使财产所有人感到痛苦，具有刑罚的性质和功能，是一种切切实实的惩罚，并不仅仅是消除物的违法占有状态。即便把特别没收程序归入对物诉讼，也不能否认其惩罚性。因为对物诉讼在产生之初就是为了促使财产所有人出面应诉，在其出面之后对物诉讼就转为对人诉讼。对物诉讼的实质是对人诉讼，因为对物采取的措施实质上是对人进行的惩罚。在传统上把民事没收视为对物诉讼的英美国家，对民事没收究竟是救济性、补偿性的还是惩罚性、威慑性的问题进行了长期的讨论。讨论的结果是，民事没收的刑事性日益得到彰显。有学者指出②，民事没收有制裁的特性，应属于公法的范畴。国家参与其中并享有绝对的主导权。民事没收是一种新的公法程序。

事实上，由于惩罚概念的模糊性，单纯依据程序的惩罚性来辨别程序性质在操作上较为困难。为了解决这个难题，美国联邦最高法院和欧洲人权法院在一些判例中列举了识别刑事诉讼程序的若干要素，这些要素对判断我国特别没收程序的性质具有较大的借鉴意义。对比这些要素可以发现，我国的特别没收虽然是新设程序，无法适用历史考察因素，但是齐备了其他的所有要素，没收将使财产所有人丧失财产所有权，没收针对的犯罪是故意犯罪，没收能够促进报应、威慑与预防目的的实现等，这些都是刑事诉讼程序的基本特征。

第二，特别没收程序中的双方地位契合刑事诉讼程序的基本结构。刑事诉讼程序的一个基本特征是控辩双方的不平等性。特别没收程序是由检察机关代表国家向法院提起的，是其履行刑事追诉职能的表现。虽然在检察机关提起的诉讼中也有极少数双方地位是平等的，如环境侵权诉讼，但是特别没收诉讼显然不在此列。特别没收程序中与检察机关相对的另一方如果是被追诉人，那么双方地位自无平等性可言；与检察机关相对的另一方如果是涉案财产，那么物与人之间也根本就不存在是否平等的可比性，并非如有的论者都认为"作为'人'的原告（检察机关）与作为'物'的被告（财物）具有天然平等的地位"。因此，不能说特别没收程序中双方当事人具有平等地位。欠缺当事人地位平等这一基本要素的特别没收程序应当为刑事诉讼程序。

第三，特别没收程序的准据法确认了其刑事诉讼程序的属性。2012 年，刑事诉讼法的修正与民事诉讼法的修正基本上是同时进行的，立法者如果认为特别没收程序属于民事诉讼程序，那么大可在修正民事诉讼法时将其纳入其中。然而，实际情况却是特别没收程序被置于刑事诉讼法的特别程序中。将特别没收程序规定在刑事诉讼法中也表明了立法者将

---

① 奚玮、朱敏敏：《特别没收程序的性质争议与定位——以腐败案件为视角》，载《中国社会科学院研究生院学报》2014 年第 2 期。

② 谢丽珍：《违法所得没收程序的性质辨析》，载《江西社会科学》2013 年第 11 期。

其定位为刑事诉讼程序的基本立场。虽然某一程序由刑事诉讼法规定并不是判断其是否属于刑事诉讼程序的唯一、绝对的标准，但毫无疑问是最主要的判断标准。由刑事诉讼法规定却不属于刑事程序的刑事附带民事诉讼程序应当是一个特例，并不具有普遍性。虽然刑事诉讼法明文规定对刑事附带民事诉讼程序可以适用民事诉讼法的规定，但是《解释》第523条规定审理特别没收案件应当适用刑事诉讼法的规定。

综上，我国特别没收程序属于刑事诉讼程序。该程序被置于刑事诉讼的"特别程序"篇中，与普通刑事诉讼程序相比具有一定的特殊性。为准确适用该程序，必须对程序的特殊性有充分的认识。该程序关注的是如何防止因犯罪嫌疑人、被告人逃匿、死亡导致的没收迟延或没收不能。特别没收的程序设计本身偏重于追求诉讼效率而不是诉讼公正，没有完全体现普通程序所必须具备的正当程序的全部内容，是对正当程序的减损。

特别没收不以获得有罪裁判为前提。财产所有人或利害关系人无法享有普通程序中被追诉人的一些基本权利。例如，"被追诉人不出席审判"，他们没有在审判中提出主张和抗辩的机会，有关诉讼文书可以采用公告的方式送达而无须直接送达。被送达人实际知悉送达内容的概率较低，可以实行不开庭审理，利害关系人被排除于审前程序之外，等等。为弥补特别没收程序正当性减损可能导致的对公民权利的侵犯，确立特别没收程序的国家普遍建立了担保制度、财产接管制度及国家赔偿制度等。然而，我国法律尚未采取相应的措施解决特别没收程序正当性减损的问题。这就要求在适用该程序时必须保持谨慎，坚决反对在特别没收程序的启动条件、没收范围和证明规则等问题上已经出现的扩大化解释倾向。

二、特别没收程序的适用条件和适用对象

特别没收程序在我国属于新设制度，刑事诉讼法仅有四条规定，该程序还显得相当粗疏；相关司法解释或实施细则对其做了补充，对于新增规定，尚待从学理上加以审视。总体而言，对特别没收程序立法、司法解释的理解以及特别没收程序的进一步完善，均需以对特别没收程序性质的认识为基点而展开。在我国，将特别没收程序界定为刑事诉讼程序中的保安处分程序，既契合了刑法和刑事诉讼法中的相关规定，又顺应了世界范围内未经定罪的没收程序发展的总体趋势。

特别没收程序以刑事程序、对物之诉、被追诉人缺席审判、未经定罪的财产没收等为基本特征，"被追诉人缺席审判"和"未经定罪的财产没收"决定了在立法和司法中应当严格限定该程序的适用条件，防止该程序被轻易启动从而使得公民的财产权受到不当侵犯。在现代刑事诉讼中，基于保护犯罪嫌疑人、被告人人权的目的，原则上不允许进行缺席审判；即使规定了缺席审判的国家，一般也都规定了极其严格的条件。建立特别没收程序，在被追诉人缺席的情况下专门针对被追诉人的违法所得提起诉讼，体现了"任何人都不应该从犯罪中获利"的原则，有利于达到挽回犯罪受害者财产损失的目的。但是，刑事立法上的这种"松动"，如果不加以严格限制，将会对刑事法治造成严重冲击。

根据新刑事诉讼法的规定，特别没收程序适用于贪污贿赂犯罪、恐怖活动犯罪等重大犯罪案件，前两类犯罪采取列举的方式，已经明确了它的适用条件，关键是如何理解除贪污贿赂犯罪、恐怖活动犯罪之外的其他重大犯罪案件。《解释》第508条对"重大犯罪案件"做了进一步的解释，包括：（1）犯罪嫌疑人、被告人可能被判处无期徒刑以上刑罚的

案件；（2）在本省、自治区、直辖市或者全国范围内有较大影响的案件；（3）其他重大犯罪案件。这里，未涉及对于犯罪类型的进一步列举。从有关国际性文件的规定看，有组织犯罪、毒品犯罪、洗钱犯罪等应在其中。按照美国法律的相关规定，一切与毒品有关的犯罪，洗钱犯罪及其上游犯罪（如杀人罪、抢劫罪、绑架罪、贿赂公务员罪、贪污或侵占公共财产罪、走私罪等），一切与恐怖主义活动有关的尤其是资助恐怖主义活动的犯罪，某些符合"双重犯罪标准"并且根据外国法律和美国法律均可判处 1 年以上监禁刑的犯罪，一切根据国际公约美国对之负有"或者引渡或者起诉"义务的犯罪，均可采用民事没收。上述立法例可供参酌。笔者认为，我国在特别没收程序创立之初，适用的案件范围暂不宜过大，待积累经验，条件成熟之后，可以逐步扩大它的适用条件。

特别没收程序所针对的对象包括人和物两个方面。从人的方面来看，其前提是犯罪嫌疑人、被告人逃匿（在通缉 1 年后不能到案）或者死亡。在具体掌握上，应当注意对于立法规定中的"逃匿"和"死亡"均需作严格解释。如对于"逃匿"一词，不能简单按"下落不明"或者"未能抓获"来理解，以免公安司法机关未经抓捕犯罪嫌疑人、被告人，就轻易启动特别没收程序；对于"死亡"情形的描述，也必须具体到各个不同的诉讼阶段。例如，新加坡《贪污、毒品交易及其他重大犯罪（利益没收）法》将"逃匿"分为两种情况：一种是犯罪嫌疑人、被告人在国外，而且其下落确实为人所知，需采取以下步骤：（1）已采取合理步骤，实施一定程序将犯罪嫌疑人、被告人押解回国，但不成功；（2）犯罪嫌疑人、被告人因为触犯他国法律而被拘押，其行为发生在本国境内亦会遭到刑事追诉；（3）本国已向犯罪嫌疑人、被告人发出关于诉讼的充分事先通知已令他能够提出答辩。另一种是犯罪嫌疑人、被告人下落确实不为人所知，则必须做到：（1）已充分追寻犯罪嫌疑人、被告人的下落；（2）通过报纸、网络、媒体等方式作出诉讼的通知。这种对于"逃匿"进行严格解释的做法，可以为我国所借鉴。

三、特别没收程序中的证据规则

对于特别没收程序中的证据规则，新刑事诉讼法未作出明确规定，"两高"的司法解释对此做了补充，如《人民检察院刑事诉讼规则（试行）》第535条第1款规定："人民法院对没收违法所得的申请进行审理，人民检察院应当承担举证责任。"《解释》第513条规定，其他利害关系人应当提供申请没收的财产系其所有的证据材料。第516条规定，案件事实清楚，证据确实、充分，申请没收的财产确属违法所得及其他涉案财产的，除依法返还被害人的以外，应当裁定没收。"两高"对于特别没收程序中的举证责任、证明标准问题，基本采取了与普通刑事诉讼程序相同的规定，未能充分考虑到特别没收程序作为保安处分程序的特殊性。

第一，关于证明对象。新刑事诉讼法及其司法解释或实施细则均未对特别没收程序中的证明对象作出规定。作为"对物之诉"，涉案财产的合法性自然应当成为首要的证明对象，但是作为没收前提的"犯罪行为"也应成为证明对象，即检察机关应当证明逃匿或死亡的犯罪嫌疑人、被告人存在符合犯罪构成要件的违法行为，且申请没收的财产与该"犯罪行为"之间存在实质性联系。

第二，关于证明标准。在对财产的保安处分程序中，是否应当遵循最高的证明标准——"案件事实清楚，证据确实、充分"或者"排除合理怀疑"，不无质疑的余地。因为"对物之诉"与"对人之诉"相比，当裁判出现错误时更易于进行救济。此外，在我国的特殊没收程序中，如何通过强化程序规则，促成对于案件事实的证明达到司法解释所规定的最高证明标准，也是一个需要考虑的问题。在英美法系国家，由于将未经定罪的没收定性为民事没收，因此采取"优势证据"的证明标准。从理论上分析，特别没收程序中的证明标准应当高于民事证明标准而略低于刑事证明中的定罪标准，以符合特别没收程序的保安处分或者中间程序性质①。当然，在我国，要求在特别没收程序中适用最高证明标准，可以对司法实践起到积极的导向性作用，有利于防止特别没收程序被滥用，其道理与侦查、起诉、审判三阶段适用相同的证明标准如出一辙。

第三，关于特定证据的限制使用。一些国家允许在没收程序中适用"不采纳逃犯证言理论"，即受到刑事指控的犯罪嫌疑人、被告人只能在刑事诉讼中针对自己的可能遭受民事没收的财产提出权利主张或异议，如果上述人员在逃，则其有关证言无效。该理论对于我国特别没收程序中的证据运用有借鉴意义，它回答了在犯罪嫌疑人、被告人缺席的情况下，应当如何对待来自犯罪嫌疑人、被告人的证据。

第四，关于举证责任。特别没收程序中的举证责任原则上由检察机关承担，但是在有利害关系人参与诉讼的情况下，应当由主张财产权利的利害关系人承担相应的举证责任，因为他们相当于民事诉讼中的第三人。鉴于在贪污贿赂、恐怖活动等犯罪中，存在着检察机关举证难问题，有学者主张在特别没收程序中采用违法所得推定法则，实行举证责任倒置，由犯罪嫌疑人、被告人的近亲属或者其他利害关系人承担证明争议财产来源的责任。笔者认为，刑事推定在刑事证明中仅作为例外情形存在，并且以可反驳为前提，在犯罪嫌疑人、被告人因缺席审判无法反驳的情况下采用推定，并将反驳的责任转嫁给犯罪嫌疑人、被告人的近亲属或者其他利害关系人，将会带来对犯罪嫌疑人、被告人不利的风险，毕竟犯罪嫌疑人、被告人的近亲属或者其他利害关系人无法取代犯罪嫌疑人、被告人，他们的利益也并非完全一致，有时甚至存在严重的利益冲突。因此，不宜轻率地主张在特别没收程序中采用违法所得推定法则。

（作者单位：黑龙江省人民检察院公诉科）

---

① 奚玮、张敬博：《违法所得没收程序的正当性之辨》，载《西南民族大学学报》（人文社会科学版）2014年第4期。

公安机关实施 2012 年刑事诉讼法的若干问题及对策研究[*]

樊学勇　雷鑫洪

2012 年修正的刑事诉讼法自 2013 年 1 月 1 日实施两年多来，公安机关在实施中存在一些问题。本文结合笔者近期承担科研项目的研究情况，重点探讨公安机关实施刑事诉讼法存在的突出问题，并进行一些对策性研究。

一、刑事诉讼法实施中的若干问题

（一）被异地拘留的犯罪嫌疑人拘留时间的起算不明确

尽管刑事诉讼法对强制措施的整体修改较大，但对拘留的着墨不多，并未解决实践中存在的犯罪嫌疑人在异地被抓获后拘留时间从什么时候计算的问题。实践中，侦查人员到外地将犯罪嫌疑人解押回本地后才宣布拘留并送看守所执行。这里存在一个问题，即拘留时间是从被抓获后计算，还是从解押回本地后计算，法律没有规定。侦查人员将犯罪嫌疑人解押回本地后才宣布拘留、起算拘留时间，无非是想争取较多的办案时间而已。如果拘留时间是从被抓获后计算，那么侦查人员多数时候难以完成提请逮捕的证据收集工作。

（二）网络侦查的使用缺乏细致的规则

刑事诉讼法增加了"电子数据"这一新型证据种类，但是有关网络侦查的勘验、取证、鉴定等规则并未建立。目前，公安机关网络安全部门在实施网络侦查时，主要依据公安部《公安机关办理刑事案件程序规定》和《计算机犯罪现场勘验与电子证据检查规则》，二者作为公安部的规定，侧重于提供操作性规则，缺乏对网络侦查合法性的规定。其中，《计算机犯罪现场勘验与电子证据检查规则》的制定距今已有十余年，与发展迅猛的互联网技术相比，内容较为原则、粗糙。

（三）形成笔录类证据的程序规定较为简单

刑事诉讼法将勘验、检查、辨认、侦查实验等侦查工作记录单独列为笔录类证据。目前，对形成这类证据的程序主要是依据公安机关内部的规范性文件，立法层级较低，内容比较简单。以辨认笔录为例，公安机关适用辨认程序主要依据《公安机关办理刑事案件程序规定》第 249~253 条的规定，仅有五个条款，与一些国家针对辨认专门制定单行法规的做法相比，差距十分明显。在实践中，辨认是公安机关使用频次较高的一项侦查措施，由

* 本文为中国人民公安大学校级课题"公安执法规范化与刑事执法问题实证研究"阶段性成果，项目编号 2015BKY02。

于立法的简陋，辨认笔录的制作存在走过场之嫌，侦查人员极易滥用辨认措施作为获取补强证据的操控手段。调研中，有侦查人员称只要案发中受害人曾正面接触过犯罪嫌疑人，就会组织辨认以强化其他证据，至于辨认结果是"肯定"能辨认出来的。如此一来，一旦侦查方向有偏差，辨认笔录就成为掩盖证据间矛盾的法宝，极有可能为冤假错案埋下隐患。再如，关于现场勘验、检查的界定，公安机关内部管理规定与刑事诉讼法证据意义上的定义，存在较大差异。公安部颁布的《公安机关刑事案件现场勘验检查规则》第 5 条规定："刑事案件现场勘验、检查的内容包括：现场保护、现场实地勘验检查、现场访问、现场搜索与追踪、现场实验、现场分析、现场处理、现场复验与复查等。"此处的现场勘查属于广义范畴，包括现场访问和实地勘验两部分，涵盖了公安机关在现场组织的一系列保护、访问、勘查等活动。而刑事诉讼法意义上的现场勘验仅指狭义的实地勘验，由刑事技术人员承担，他们形成的勘验笔录才属于法定的笔录类证据。

（四）涉案财物的管理存在较多问题

首先，涉案财物管理仍然比较薄弱，直接影响了实物证据的效力。刑事诉讼法并未对涉案财物的管理作出规定，公安部于 2010 年制定了《公安机关涉案财物管理若干规定》，要求设立专门的管理场所，由专人进行统一管理，改变了管理制度长期缺位的状况，初步解决了因保管职责不清导致的涉案财物损毁、重要物证遗失等低级问题。由于涉案财物管理制度的建立和运行是一个长期的过程，实践中问题还是比较多的：一是管理场所紧缺，根据笔者在中部某市公安机关的调研情况发现，主要采取了分局、县局统一保管和办案部门自行保管相结合的方式，处于城区的分局办公场所本来就紧张，涉案财物通常只进不出，几年下来不少涉案财物管理室已是物满为患、不堪重负；二是管理条件不明确，管理场所在温度、湿度、通风、监控等技术指标方面没有明确的操作标准，充其量只是提供了一个储物的固定场所，缺少专业化配备，涉案物品只是按照案别分开摆放在置物架上，没有按照物品性质采取相应的保管措施；三是财物处理不到位，容易掉价、变质，对有毒、易燃易爆、危险涉案财物等无法及时处理，据某管理人员陈述，自其进入保管室工作的几年中，仅仅经手过一次集中销毁，不少违禁品、毒品在结案后长期存放未予处理。

其次，对在保管环节自然损耗的物品如何计量，刑事诉讼法并无规定。涉案物品的数量往往是决定量刑的重要因素，在保管环节可能因发生自然损耗导致前后计量不一致。例如，在一起毒品案中，犯罪嫌疑人在扣押时并无异议，但在审判中却当庭提出毒品重量的计算存在误差，当时是打湿的冰毒，而侦查人员根据办案要求在查获现场必须直接称重，即便是弄湿了，也没办法挤出水分，何况毒品在储存保管中存在水分蒸发引起的自然耗损。由此衍生出几个问题，对抓捕中犯罪嫌疑人采取了即时销毁措施的物品，除在扣押现场的清点计量外，是否还要对其进行一定技术处理后进行计量复核，对可能损毁的物品是否要采取必要的保管措施，对采取了必要储存条件仍有性状改变的物品是否要进一步明确计量规则和证据采纳规则，这些都需要研究。

最后，与检察院协调不够，"物随案走"的制度无法落实。按照刑事诉讼法规定，公安机关侦查终结移送审查起诉的案件，应当将案卷材料、证据一并移送同级人民检察院审查决定，但在实践中，有的检察院有选择性地接受物证，他们不愿意接纳体积大、价值小的东西。对检察院拒不交接的行为，公安机关无能为力，导致保管压力越来越大，绝非单纯扩容保管场所可以解决。此外，在刑事案件已经作出生效判决后，法院涉案财物的执行人员也很少与公安机关联系，涉案财物的判决与执行之间脱节，对结案后涉案物品应该长期或者一定期限保管，还是销毁，缺乏相应的处理机制。

（五）个别律师不依法行使辩护权

在侦查阶段，绝大部分辩护律师都能够遵守法律法规和职业道德规范，但由于律师群体水平参差不齐，实践中难免发生个别律师滥用辩护权的违法行为，问题主要集中在会见犯罪嫌疑人上。例如，利用会见私自为犯罪嫌疑人及其家属携带信件，私自将手机供犯罪嫌疑人与其家属通话或进行录音，私自携带香烟给犯罪嫌疑人等，严重干扰了监所管理秩序。此外，刑事诉讼法规定辩护律师负有对收集的有关犯罪嫌疑人不在犯罪现场等证据及时告知公安机关的义务，然而如何促使律师依法履行义务，尚需出台规定进行规制。

（六）警察出庭作证率低

当前警察出庭作证率低是一个不争的事实，其症结主要有以下几点：一是在现行侦查机制下，一旦案件移送审查起诉，其后续处理结果与侦查人员的绩效并无直接关联，所以侦查人员出庭作证的动力不足。二是因基层侦查人员有限，民警的出庭会影响在侦案件的进度。三是民警担心因出庭中的差错影响了证据采信甚至案件认定，不愿意惹麻烦。

（七）强制医疗缺乏执行场所

刑事诉讼法在依法不负刑事责任精神病人强制医疗程序中规定对实施暴力行为的精神病人，在人民法院决定强制医疗前，公安机关可以采取临时的保护性约束措施。但是，刑事诉讼法对临时的保护性约束措施缺乏可操作性规定，各地的执行情况不统一。

一是临时保护性约束措施的具体程序和医疗地点没有明确规定，实践中感到不知怎样进行操作。由于安康医院只收治作出了精神病鉴定的犯罪嫌疑人，一些公安机关将该部分处于鉴定期间的人员关押在看守所，为了避免意外发生，看守所对该类人员只能进行单独关押，一方面挤占了本来就十分紧缺的监所资源；另一方面看守所无力采取必要的医疗措施，不利于被羁押人员的治疗。[①] 有的公安机关采取的临时保护性约束措施是将其送往医院，由于医院无强制性保护措施，治疗期间精神病人脱逃的情况时有发生。

二是强制医疗机构缺乏，影响了强制医疗的执行。目前，对肇事精神病人的强制医疗通常由公安机关管辖的安康医院负责实施，但由于长期以来各地对安康医院建设的投入严重不足，能够收治精神病人的床位与日益增多的强制医疗人员之间严重不平衡。一些地方公安机关将肇事精神病人交由社会上的精神病医院代为履行，但是由于强制医疗是体现国家强制力的公法行为，行使的是国家行政管理权，与一般社会医疗机构对普通精神病人进行的医疗有所不同，故该做法在法律性质上值得商榷。

（八）看守所服刑人员的减刑假释难以操作

刑事诉讼法对看守所代为执行刑罚对象进行了调整，将"在被交付执行刑罚前，剩余

---

① 陈卫东、程雷：《看守所实施新刑事诉讼法实证研究报告》，载《政法论丛》2014 年第 4 期。

刑期在一年以下的，由看守所代为执行"修改为"在被交付执行刑罚前，剩余刑期在三个月以下的，由看守所代为执行"。由此产生了对留所服刑罪犯的减刑假释问题。按照常规程序，从看守所提出减刑和假释的建议开始，直到最终裁定，大致要经过 2 个月的时间，针对这部分剩余刑期不足 3 个月的留所服刑人员而言，极有可能在减刑假释的最终裁定还没有下达前就刑期已满。如此一来，相当于变相剥夺了该部分人员的减刑假释权，不利于服刑人员的改造和监所管理工作。留所服刑罪犯尽管在数量上不多，但也不能忽视这一少数群体的法定权利。

二、解决上述问题的对策建议

（一）设立独立的侦查办案期限

解决异地拘留时间起算存在的问题，需要从根本上转变公安机关"口供中心"的侦查办案模式，提升侦查取证水平。随着刑事科学技术的发展和法定证据种类的增加，公安机关侦查取证的技能和水平有了较大提升，侦查人员应积极采取多样化的侦查手段和措施，充分收集获取多种类型的证据，实现侦查模式"由供到证"向"由证到供"的转变。在此基础上，探索设立独立的侦查办案期限，使侦查人员不必为争取较多的办案时间而在羁押时间的起算上做文章。

（二）完善对新型证据的立法，提高立法的层级和效力

尽管 2012 年修改刑事诉讼法的力度很大，但与发达国家的刑事诉讼立法相比仍然存在差距，很多的操作性规范主要是以司法解释、部门规章、内部规范性文件的形式加以规定，立法层次较低，存在部门利益的分割。对新型证据的有关规范进行梳理整合，以基本法律的形式建立较为完善的规则体系，显然十分必要。一是建立完善有关网络侦查的勘验、取证、鉴定等规则，重点解决网络侦查中的公民信息安全及财产隐私权保护问题，对电子数据的鉴定程序和方式等设立统一的国家标准。二是在刑事诉讼法的"侦查"一章中以专篇形式对辨认程序进行规定，解决《公安机关办理刑事案件程序规定》和《人民检察院刑事诉讼规则（试行）》对辨认程序规定不一致的问题，对辨认笔录的制作、审查和运用作出详尽规定，强化对辨认程序参加者的权利保护。三是根据刑事诉讼法证据意义上的现场勘验、检查，对《公安机关刑事案件现场勘验检查规则》的有关规定进行修改，统一概念避免混淆。

（三）建立"物案关联、物随案走、案结物清"的涉案财物管理制度

首先，从源头上规范公安机关涉案财物管理。一是从制度上完善涉案财物管理的规定，制定科学、明确的管理标准。针对涉案财物管理中存在的问题，公安部已于近期对《公安机关涉案财物管理若干规定》进行了修订完善，但在"涉案财物的保管"一章中只有 10 个条文，内容较为原则。对于管理场所的技术指标和不同种类物品的管理要求等，还应进一步制定细化的操作性规范。二是建设统一的涉案财物管理场所。在分局、县局一级设立专门的保管场所，对全局的涉案财物进行集中管理，对于办案部门自行管理的低值易管理、

需要作为证据使用以及先行返还被害人的涉案财物，要向分局、县局统一保管部门履行登记手续，定期报送物品明细，以便于监督管理。三是定期对涉案财物进行清理，依法及时作出处理。对于容易掉价、变质的涉案物品，及时采取证据保全措施，对于有毒有害、易燃易爆、危险涉案财物等，要集中统一销毁。其次，要加强公安机关与检察院、法院关于涉案财物移交的衔接。刑事案件作出生效判决后，涉及财物处理的应送达一份判决书副本至公安机关涉案财物管理部门。有条件的地方，可以会同人民法院、人民检察院等部门，建立多部门共用的涉案财物管理中心。

（四）建立律师会见在押犯罪嫌疑人管理制度

建立律师会见管理备案制度，看守所应履行必要的告知和监督职责。制定律师会见在押犯罪嫌疑人规范，具体包括禁止带领犯罪嫌疑人的亲属或其他无关人员参与会见，禁止为犯罪嫌疑人传递信函、钱物，禁止将电脑、手机等通信工具交犯罪嫌疑人使用，禁止会见同一案件或关联案件的其他犯罪嫌疑人等妨碍刑事诉讼活动的行为。看守所不得监听律师会见，但应开启会见场所安全监控设备，对律师的违规会见行为及时予以制止，对严重违反规定或不听制止的，可以停止该次会见，并通报其所在律师事务所或律师协会进行处理。

（五）根据强制医疗的实际情况设立安康医院

根据强制医疗的实际情况，在全国设区的市级以上公安机关设立安康医院，作为采取临时的保护性约束措施和执行强制医疗的专门机构。安康医院的性质属于监管场所，在建制上隶属于公安机关，但同时又是精神病专科医疗机构，在业务上接受当地卫生主管部门的业务指导，兼具社会治安管理和医疗康复双重职能。对于收治的被强制医疗人员，无论其家庭经济状况如何，其治疗费用都应由国家财政予以专项保障。检察院应向安康医院派驻检察室，监督强制医疗的执行状况，对被强制医疗人员的定期评估，还应聘请当地三甲医院的精神病学专家参与。

（六）重视细小程序的实施，加强警察出庭作证等配套制度建设

我们在实施刑事诉讼法中，既要关注重要制度的执行，又要重视细小程序的实施。例如，由看守所代为执行的服刑人员的减刑假释程序虽然处理的人员很少，但也应重视其适用。为此，应减少看守所服刑人员减刑假释的审批手续和流转环节。关于解决警察出庭作证率低的问题，应从侦查体制、庭审方式、增强法官权威、维护律师权利等多方面变革工作机制来解决。当然，刑事诉讼法的实施往往受到公安司法机关内部考核等诸多非法律因素的影响，因此刑事诉讼法学研究的触角也应延伸到这些领域。

（作者单位：中国人民公安大学法学院）

暂予监外执行的规范化进路

顾德镳　张　蕾

一、例证：罪犯非因法定事由暂予监外执行，法院不得已而为之

2012 年 6 月 19 日，鲁德朝等五名被告人因运输毒品犯罪被法院作出刑事判决，判决生效后法院即向看守所送达刑事判决书、执行通知书等全部材料，将五名被告人交付执行刑罚。2013 年 3 月，看守所以罪犯鲁德朝系艾滋病人且患"双侧继发性肺结核"无法交付监狱执行为由，申请法院对其暂予监外执行。对此，法院内部持有两种不同意见，一种意见认为，根据新刑事诉讼法的规定，不应由法院对"交付执行后"的罪犯作出是否暂予监外执行的决定；另一种意见则认为，看守所虽然已将该案的其他四名被告人交付监狱执行刑罚，但是鲁德朝因肺结核和艾滋病滞留看守所，仍属未交付执行，故应由法院作出决定。与此同时，法院组织办案人员对看守所提供的相关书面材料进行了审查，发现：（1）"双侧继发性肺结核"不属保外就医的疾病范围，且作出该诊断的甲医院不属于省级政府指定医院；（2）作出艾滋病诊断的乙医院属于省级政府指定医院，"艾滋病毒反应阳性者"属于"保外就医二十九种重大疾病"的范围，但医院的诊断理由（"HIV 确诊阳性"及"CD4 计数 30cell/ul"）无法说明疾病的严重程度是否达到了"短期内有死亡危险"；（3）罪犯鲁德朝，彝族，文盲，时年 25 岁，正值青壮年，素无正当职业，其家乡是毒品犯罪的重灾区，常年行踪不定，此次因运输毒品的共同犯罪被判处有期徒刑 14 年，对其暂予监外执行可能存在相当大的社会危险性；（4）看守所向法院提出书面意见之前并未抄送检察机关并征询意见。法院遂将上述审查意见书面反馈看守所及其上级公安机关，并抄送同级检察院。之后，公安机关又送交法院一份该省监狱管理局出具的"情况说明"，称省内可以收押携带艾滋病病毒罪犯的华山监狱"HIV 罪犯专管区在押犯爆满，目前不具备 HIV 罪犯收押能力"。其间，公安机关多次来法院强调，该犯健康状况差，如不迅速办理监外执行，恐怕会死在看守所里，其远在四川大凉山区的少数民族亲属到时定会前来闹事，场面必将难以收拾，故执意请求法院对该犯作出暂予监外执行决定。检察院则对公安机关的书面材料不做审查，对法院的审查意见不置可否，仅由其监所部门出具了一条"严格按照规定办理"的意见。法院内部对该案件意见不一，多数人认为应该严格依照法律办理，此种情况不能作出决定；少数人则认为看守所、公安机关也是别无他法才求助于法院，也不存在贪赃枉法、徇私舞弊等情况。最终，法院决定：罪犯鲁德朝因严重疾病暂予监外执行。决定作出后，看守所派人将该犯送回家乡，其亲属起初拒绝，后在收取公安机关给予的两万元钱后同意接其回家。

二、观察：法院办理暂予监外执行案件的问题与现状

在上述案例中，暂予监外执行的提起、审查、决定、监督、执行等各个环节均存在不同程度的问题。本文从法院的角度对暂予监外执行的运行情况进行调查研究，进而探寻暂予监外执行在司法实践中异化的原因。

（一）存在问题：有法可依与执法失范

暂予监外执行制度在现实中的异化究竟是源自立法上的不确定还是实践中的不得已？

1. 暂予监外执行的提起。刑事诉讼法第254条第5款规定："在交付执行前，暂予监外执行由交付执行的人民法院决定；在交付执行后，暂予监外执行由监狱或者看守所提出书面意见，报省级以上监狱管理机关或者设区的市一级以上公安机关批准。"那么，如何界定"交付执行前"与"交付执行后"？新监狱法①第15条第1款规定："人民法院对被判处死刑缓期二年执行、无期徒刑、有期徒刑的罪犯，应当将执行通知书、判决书送达羁押该罪犯的公安机关，公安机关应当自收到执行通知书、判决书之日起一个月内将该罪犯送交监狱执行刑罚。"

在上述案例中，判决生效后法院将鲁德朝等五名罪犯交付执行，同时将全部材料送达看守所，看守所应在1个月内将罪犯送交监狱，罪犯即被交付执行刑罚。然而，法院交付执行11个月后罪犯鲁德朝仍因身体原因未被收监执行，这是为何？新监狱法第16条规定，罪犯被交付执行刑罚时，监狱没有收到交付执行法院同时送达的全部材料的，不得收监；材料不齐全或者记载有误的，法院应当及时补充齐全或者作出更正；对其中可能导致错误收监的，不予收监。此案例并不存在该情况。新监狱法第17条进一步规定："罪犯被交付执行刑罚，符合本法第十六条规定的，应当予以收监。罪犯收监后，监狱应当对其进行身体检查。经检查，对于具有暂予监外执行情形的，监狱可以提出书面意见，报省级以上监狱管理机关批准。"值得一提的是，修订前的监狱法第17条规定，罪犯有严重疾病需要保外就医的，暂不收监；收监后，符合监外执行条件的，可以暂予监外执行。对比可知，依新监狱法规定，即使"罪犯有严重疾病需要保外就医的"，监狱也不得以此为由拒绝收监。本文案例中，监狱管理局以监狱"HIV罪犯专管区爆满"为由拒绝收押罪犯，将艾滋病罪犯收押看管难的"皮球"踢给看守所、踢向法院进而踢进社会的做法实属不当，且严重不负责任。

2. 暂予监外执行条件的审查。刑事诉讼法第254条第1款规定了对被判处有期徒刑或者拘役的罪犯可以暂予监外执行的三种情形：一是有严重疾病需要保外就医的；二是怀孕或者正在哺乳自己婴儿的妇女；三是生活不能自理，适用暂予监外执行不致危害社会的。第4款对第一种情形又作出进一步规定："对罪犯确有严重疾病，必须保外就医的，由省级人民政府指定的医院诊断并开具证明文件。"

对第一种情形"有严重疾病需要保外就医的"，如何审查把握，实践中存在偏差。例如，相当多的司法人员认为罪犯有艾滋病就可以保外就医，原因是"艾滋病毒反应阳性者"

---

① 2012年10月26日第十一届全国人民代表大会常务委员会第二十九次会议通过，自2013年1月1日起施行。

名列《罪犯保外就医执行办法》规定的第 29 种疾病。2013 年，本文案例中所提到的看守所共计关押 13 名艾滋病毒携带者，几乎全部是青壮年毒品犯罪者，法院判决后，刑期长必须交付监狱执行刑罚的，一旦遭拒，看守所就向法院申请暂予监外执行。当年，笔者所在中级人民法院及下辖的一个基层法院就先后将 3 名艾滋病罪犯（判决刑罚皆为有期徒刑 14 年、15 年）认定为"有严重疾病需要保外就医的"情形，决定暂予监外执行。于是出现了这种现象，几乎每个毒品犯罪的被告人在审理期间都称自己有艾滋病，在法庭质证中对艾滋病毒检验为阴性的结论也提出质疑，说化验结论不准确。艾滋病成了罪犯不投监坐牢的"护身符"。然而暂予监外执行的法定条件并非如此。《罪犯保外就医执行办法》第 2 条第 1 项有明确的限缩性规定，即"身患严重疾病，短期内有死亡危险的"，方可准予保外就医。"短期内有死亡危险"这一关键审查要件在实践中被忽略了。此外，刑事诉讼法第 254 条第 3 款明确规定："对适用保外就医可能有社会危险性的罪犯，或者自伤自残的罪犯，不得保外就医。"这是关于保外就医的禁止性条件，更不容忽视。

3. 暂予监外执行的监督。刑事诉讼法第 255 条规定："监狱、看守所提出暂予监外执行的书面意见的，应当将书面意见的副本抄送人民检察院。人民检察院可以向决定机关或者批准机关提出书面意见。"这是新增条款，规定了检察机关对决定或批准暂予监外执行进行事前监督。最高人民检察院《人民检察院刑事诉讼规则（试行）》第 644 条规定："人民检察院收到监狱、看守所抄送的暂予监外执行书面意见副本后，应当逐案进行审查，发现罪犯不符合暂予监外执行法定条件或者提请暂予监外执行违反法定程序的，应当在十日以内向决定或者批准机关提出书面检察意见，同时也可以向监狱、看守所提出书面纠正意见。"本文案例中，看守所在向法院提出书面意见的同时并未抄送检察院；而后检察院在收到材料后，也未对案件进行审查，对于罪犯是否符合法定条件、提请的程序是否合法也未给出具体意见，仅表述"严格按照规定办理"，这样的事前监督形同虚设。

4. 暂予监外执行的交付执行。刑事诉讼法第 258 条规定："对被判处管制、宣告缓刑、假释或者暂予监外执行的罪犯，依法实行社区矫正，由社区矫正机构负责执行。"最高人民法院《关于适用〈中华人民共和国刑事诉讼法〉的解释》第 432 条规定，人民法院决定暂予监外执行的，应当制作暂予监外执行决定书，写明罪犯基本情况、判决确定的罪名和刑罚、决定暂予监外执行的原因、依据等，通知罪犯居住地的县级司法行政机关派员办理交接手续，并将暂予监外执行决定书抄送罪犯居住地的县级人民检察院和公安机关。本文案例中，公安机关反复派员找法院协调，要求法院迅速作出决定以解燃眉之急，当办案人员告知即便做决定也要履行很多程序时，公安人员称："法院只要做个决定就行了，其他后续事情全由我们来做，不用你们管。"于是，法院作出决定后仅将书面材料交给公安机关代为送达相关人员及单位。案例中，法院作出暂予监外执行决定前未征询罪犯居住地社区矫正机构的意见，作出决定后未通知当地县级司法行政机关派员办理交接手续，也未具体参与交付执行。

（二）运行现状：立法初衷与实践异化

上述案例是个案的特殊情况还是具有一定的代表性？抑或是可以"窥斑见豹"，反映司法实践中暂予监外执行制度的运行现状？为此，笔者对 2010 年 1 月至 2015 年 3 月 S 省下辖①的其中 9 个中级法院、81 个基层法院办理的 558 件暂予监外执行案件进行了调查，其中决定暂予监外执行罪犯 561 人。

1. 暂予监外执行的提起。调查发现，法院办理的大多数暂予监外执行案件均由看守所提起，罪犯在判决前已被羁押，判决生效交付执行时因健康原因被监狱拒绝收监；少数案件系法院自行提起，罪犯在判决前因病取保候审未被羁押，法院在判决时一并决定暂予监外执行。例如，在 TL 中院及其下辖的 2 个基层法院办理的 22 件暂予监外执行案件中，仅有 2 件案件是法院在罪犯交付执行前自行作出暂予监外执行决定，其余 20 件案件均为看守所提起。L 市中院及其下辖的 12 个基层法院办理的 52 件暂予监外执行案件，全部为看守所提起。

2. 对暂予监外执行条件的审查——以审查"有严重疾病需要保外就医"条件为例。

（1）程序不同，做法不一。其中，X 市中级法院的审查程序相对较为严格规范。大多数案件都经该院司法技术室委托该市中心医院（省级政府指定医院）进行医学鉴定，后由司法技术室法医审核后出具书面审查意见；但也有个别案件，罪犯病情未经医学鉴定，办案人员仅对医院病历进行书面审查而作出决定；此外还有一些案件，虽经医学鉴定，但司法技术室审核认为该罪犯疾病严重程度并未达到暂予监外执行的条件，然而监管机关仍然坚持拒绝收押罪犯，迫不得已法院仍作出暂予监外执行决定。此次调查的 9 个中级法院 81 个基层法院中，除 X 市中级法院，其余中级法院和基层法院在审查"有严重疾病需要保外就医"条件时，普遍存在着不通过司法鉴定、不经由司法技术部门审核、仅由审判人员对罪犯就诊医院出具的病历资料进行审查的情况，且出具病历及诊断的医院大多数也并非"省级政府指定的医院"。

（2）对"禁止保外就医"条件的审查，缺乏调查评估判断。调查发现，仅有 X 市中级法院于 2013 年新刑事诉讼法实施后委托社区矫正部门对罪犯相关情况进行调查了解并出具评估意见，再进行综合审查后方做决定。其他法院在决定作出前普遍缺乏这一前置程序。此外，对毒品犯罪的罪犯适用保外就医是否有社会危险性的审查，普遍重视不够、审查不足、把关不严。例如，L 市中级法院作出暂予监外执行决定的 5 案 6 犯原审全部为贩卖毒品罪，其下辖的 12 个基层法院作出决定的 47 名罪犯也"以毒品贩子居多"②。

3. 暂予监外执行的决定。调查发现，该类案件的决定程序、决定内容，实践中多有不同。关于决定权的问题，9 个地区有 2 个中级法院要求该类案件必须提交审判委员会讨论决定，其他地区法院，有的交由原审合议庭审查办理，有的另行组织合议庭或者指定审判人员进行审查，报领导审批后作出决定。关于决定书中是否载明期限的问题，多数法院的决定书都未载明暂予监外执行的具体起止日期；有的决定书只载明起始时间没有载明截止时间；还有的决定书载明起止日期，起始日期为决定书确定的时间，截止日期为原判刑罚的截止日期，即相当于自决定之日起罪犯的刑罚从此就予以监外执行了。调查中笔者询问了很多办案人员，发现他们对暂予监外执行应不应当明确表述起止期限、期限应如何确定等

---

① S 省辖 11 个中级法院、119 个基层法院，此次调查只收集到其中的 9 个中级法院、81 个基层法院的相关情况、数据。

② 此语出自 L 市中级法院自查报告原文。

问题并不清楚。关于决定书的内容及格式等问题，也缺乏统一和规范，有的决定书写明申请人或提请机关、委托医学鉴定的情况、审查过程及结论等内容；有的决定书则只简单表述罪犯所患疾病名称，没有医学鉴定及审查过程等相关事项。

4. 暂予监外执行的交付执行方式。此次调查显示，该省 9 个中级法院及 81 个基层法院作出决定后，大多数法院采用委托公安机关（看守所）代为送达文书材料的方式（在送罪犯回其住所地执行刑罚的同时）；少数法院采取邮寄送达的方式。委托送达的，法院大多能收回执行回执；邮寄送达的，有的能收到回执，有的则没有，无法确认当地司法机关是否收到了材料，更无法确认罪犯的实际执行情况。

5. 暂予监外执行的监督。调查中发现，一方面，在提起和决定暂予监外执行的过程中，检察监督缺位。检察院对看守所提起的暂予监外执行意见不做逐案审查，对罪犯是否符合暂予监外执行法定条件或提请暂予监外执行的程序是否符合法律规定不置一词或含糊其词，对存在的问题，既不向看守所、公安机关也不向法院提出书面检察意见。另一方面，法院对罪犯交付暂予监外执行后的实际执行情况缺乏行之有效的监督，基本是走过场。决定作出后，法院与执行刑罚的司法行政机关、社区矫正部门联系松散，缺乏有效的沟通与反馈，对罪犯的健康状况及其暂予监外执行期间的现实表现难以掌握并处置。

6. 暂予监外执行的解除。实践中，大量存在着罪犯从"暂予监外执行"变成"从此监外执行"，不再收监或者难以收监的情况比比皆是。调查显示，少数案件中罪犯因严重疾病被决定暂予监外执行后，法院在执行期限届满前重新对其病情进行鉴定，进而再决定对其暂予监外执行或者收监执行。多数案件，暂予监外执行决定作出后，直至罪犯原判刑期届满，对于暂予监外执行的情形是否消失，罪犯是否存在严重违反有关暂予监外执行监督管理规定的情形，少有人问津。以 S 省 4 个地区 4 个中级法院及其下辖的 38 个基层法院为例，共决定暂予监外执行罪犯 359 人，其中 18 人予以收监。

此次调查是从法院办案的角度观察暂予监外执行制度的运行现状，发现司法实践中一定程度上存在着执法不严格、不规范的情况。需要说明的是，此次调查的范围是 2010 年至 2015 年 3 月的暂予监外执行案件，部分案件发生在新刑事诉讼法和新监狱法实施之前，绝大多数案件发生在国家五部委联合发布的《暂予监外执行规定》实施之前，因此，有些问题也在所难免。

三、探索：规范暂予监外执行工作的对策和建议

暂予监外执行是我国刑事诉讼法规定的一项刑罚执行变更制度。新刑事诉讼法对该制度进行了进一步的完善，但仍然非常原则，存在一些问题和不足。此前参照的《罪犯保外就医执行办法》[①] 也已严重滞后于法律规定和司法实践的发展。为了解决暂予监外执行司法实践中存在的突出问题，最高人民法院、最高人民检察院、公安部、司法部、国家卫生计生委联合发布了《暂予监外执行规定》[②]，进一步严格了适用条件、审查标准、程序和责任，强化了法律监督，完善了公检法司分工负责、配合制约的体制机制，对保证暂予监外

---

① 最高人民检察院、公安部、司法部于 1990 年制定。
② 该规定于 2014 年 10 月 31 日发布，2014 年 12 月 1 日正式实施。

执行工作严格依法规范进行，促进各机关规范司法行为，回应社会关切，保障人权，促进社会和谐稳定具有重要意义。同时，我们也应看到，针对司法实践中存在的一些问题，需要进一步规范完善。下面，本文在实证分析的基础上试就规范暂予监外执行工作提出一些对策和建议。

1. 建议将暂予监外执行的决定权一律交由人民法院依法行使。无论是在罪犯刑罚交付执行前还是交付执行后，无论是当事人及其亲属申请还是看守所、监狱发现具有暂予监外执行的法定情形时，一律报法院审查决定，即改变现行立法规定的二元决定主体。这不仅可以解决实践中暂予监外执行决定主体混乱不清、推诿扯皮的问题，也可以在一定程度上避免暗箱操作、滥用权力甚至司法腐败的发生。"刑事诉讼要真正走向科学化、文明化和人道化，就必须将其纳入法律的轨道，使其受到一系列的法律限制"①。暂予监外执行作为一种刑罚执行变更制度，变更了刑罚执行场所，也变更了刑罚执行方式，其决定权的核心是判断，属于司法权而不是行政权，应由人民法院依法行使。孟德斯鸠的司法独立理论认为，以对事物的判断为核心的司法权只能由法院来行使，"如果司法权不同立法权和行政权分立，自由也就不存在了"②。无论是监狱还是监狱管理机关，无论是看守所还是公安机关，它们的权限都应限于行政权范畴，暂予监外执行如果由监狱、看守所提起，由它们的上级机关监狱管理机关和公安机关批准，就成了"自审自批"，难免会产生这样或那样的问题，也不符合分权制衡的需要。监狱和看守所只需负责看押好罪犯，是否需要暂予监外执行则应交由法院审查判断从而作出决定。

2. 建议严格规范暂予监外执行的提起、决定和救济程序。该制度的立法初衷，主要是基于行刑人道性、行刑方式灵活性及专门机关与群众路线相结合的政策性等多方面因素考量③。在坚持刑罚执行的强制性、严厉性的同时，还要承认刑罚执行过程的客观性、复杂性和渐进性，对具有法定情形的罪犯暂予监外执行，不仅体现了"行刑权让渡于生命权、健康权"的现代法治理念和刑罚的感化功能，还能唤起罪犯对执行刑罚的认同感和积极性，待罪犯恢复受刑能力，能更好地接受教育改造，从而实现刑罚的特殊预防目的，因此整个程序都必须严格、规范、公正、公开。"阳光是最好的防腐剂"，暂予监外执行应由罪犯及其亲属申请或者监狱、看守所提请，由法院审查判断。在此过程中，罪犯、执行机关、检察院、被害人、鉴定人、社区矫正机关等各方均应共同参与，法院进行公开审理或听证，围绕罪犯是否符合暂予监外执行条件举证、质证，各方充分发表意见，最终由法院在查清事实的情况下依法作出决定。对决定不服的，罪犯及其亲属、执行机关和被害人可以申请复议，检察院对法院决定也可以提出书面意见。值得注意的是，现有暂予监外执行的相关规定对于原判决当事人之一的被害人均未给予充分关注。被害人对罪犯被决定暂予监外执行的过程及结果可能毫不知情，更谈不上参与其中和发表不同意见了，这不仅不利于对被害人情绪的安抚，还可能造成"第二次伤害"④，更忽视了被害人的监督对不当暂予监外执行适用和及时收监执行的救济作用，对此该制度设计应予以修改完善。诚如沈家本所言：

---

① 陈瑞华著：《看得见的正义》，北京大学出版社 2013 年版，第 244 页。

② ［法］孟德斯鸠著：《论法的精神》（上册），张雁深译，商务印书馆 1993 年版，第 156 页。

③ 张晶、周芳建：《浅议我国暂予监外执行制度的完善》，载《云南大学学报》（法学版）2011 年 5 月。

④ 一种在西方犯罪学界广为流行的理论，即被害人因为在司法程序中受到忽视和怠慢而产生了被伤害、不公正的感觉。参见陈瑞华著：《看得见的正义》，北京大学出版社 2013 年版，第 63 页。

"刑律不善不足以害良民，刑事诉讼律不备，即良民亦罹其害。"

3. 建议对毒品犯罪的罪犯适用暂予监外执行时从严审查批准。对患有艾滋病、高血压、糖尿病、心脏病等严重疾病，但经诊断短期内没有生命危险的，不得适用暂予监外执行。实践中，毒品罪犯保外出监后，容易给社会带来严重的安全隐患和危害，如有的艾滋病罪犯出监后继续吸食毒品，或生活困难，或被家人抛弃，或无法享受政府的免费医疗，以此为由"以贩养吸"或从事盗窃、抢劫等其他犯罪活动。因此，对于毒品犯罪罪犯特别是艾滋病罪犯并无生命危险的，不适宜适用暂予监外执行。此外，鉴于艾滋病罪犯刑罚执行的特殊性，建议国家设立专门的监狱或者在监狱设立专门的监区，集中关押收治艾滋病罪犯。

4. 建议严格把握暂予监外执行的禁止性条件，防止有社会危险性的罪犯流向社会、危害社会。对此，刑事诉讼法及相关规定早已明确指出，实践中却屡屡失范。有的罪犯虽身患重病或生活不能自理，但其主观恶性深，怙恶不悛，监外执行仍有极大的社会危险性，可能会重新走上犯罪道路；有的患有严重精神疾病的罪犯有暴力倾向，身边无亲属看护或者亲属拒绝看护，一旦决定暂予监外执行，这些人就可能危害他人及社会；还有的罪犯通过自伤自残以获取保外就医的条件，仅就此现象就可看出他们并无认真悔改之意，不愿接受教育改造，主观恶性深，故也不应让其暂予监外执行[①]。

5. 建议规范统一法院内部的审批程序及文书内容格式。一是该类案件应组成合议庭进行审查，由合议庭评议决定，合议庭意见有重大分歧或案件存在其他严重问题时提交审判委员会讨论决定。二是进一步规范暂予监外执行决定书的内容及格式，决定书一律公开上网，接受社会监督。三是暂予监外执行期限的确定应由鉴定医院提供意见，取消决定书中关于期限（司法实践中多为一年）的硬性规定，避免无依据的重复审查，节省审判资源。

（作者单位：陕西省高级人民法院；西安铁路运输中级法院审判委员会）

---

① 尚爱国：《暂予监外执行若干争议问题研究》，载《人民检察》2008年第7期。

关于确信无疑的刑事冤案再审程序的几个问题

——以刑事冤案应当专设再审程序为研究重点

顾永忠

刑事再审程序也称刑事审判监督程序，是针对经有关主体审查认为"确有错误"的生效判决、裁定而启动的重新审判程序，故称为特别救济程序。但是，该特别程序的特别之处在我国刑事诉讼法上仅表现在程序启动本身，一旦启动之后进入正式审判程序便再无特别之处，而是回归作出生效裁判前的一、二审普通程序，由此产生了诸多问题。① 近年来不断发现、纠正的一系列刑事冤案在适用再审程序重新审判中暴露出一些问题，并且更加突出、鲜明。故本文仅就已经发现并在事实上确认的刑事冤案的再审程序问题展开分析、探讨，并认为应当为刑事冤案专设再审程序。

一、刑事冤案再审程序的现状

何谓刑事冤案？笔者曾撰文指出："刑事冤案是指审判机关将无辜之人定罪科刑且判决已生效的案件。"② 这是从实体意义上对刑事冤案所下的定义。从程序意义上讲，刑事冤案是指虽尚未经司法机关依法定程序审判确认，但已掌握确凿的新证据，足以证明原生效裁判确认的有罪的被告人不仅是无罪的，而且是无辜的案件。近年来已发现并纠正的云南杜培武案、湖北佘祥林案、河南赵作海案、浙江张氏叔侄案、内蒙古呼格吉勒图案均属此类案件。应该说，既然都是刑事冤案，再审程序应当一样。但是，这些案件的再审程序在多方面呈现出不同：

1. 再审法院：佘祥林案是由原终审法院湖北省荆门市中级人民法院决定再审的，但其没有直接审判，而是发回原一审法院湖北省京山县人民法院进行重审。杜培武案、赵作海案、张氏叔侄案、呼格吉勒图案则是由原终审法院即所在省或自治区高级人民法院直接再审。

2. 再审理由：佘祥林案和呼格吉勒图案是以原生效裁判"事实不清，证据不足"为由提起再审的。杜培武案、赵作海案、张氏叔侄案则是以"发现新证据"为由提起再审的。

3. 再审程序：佘祥林案是由湖北省京山县人民法院适用一审普通程序审判的。杜培武案、赵作海案、张氏叔侄案是由所在省高级人民法院适用二审程序审判的。呼格吉勒图案由于呼格吉勒图已被执行死刑，因此是采用既不同于一审也不同于二审的特殊程序审判的。③

4. 再审审理方式：佘祥林案因采用一审普通程序进行再审，按照刑事诉讼法的规定，

---

① 关于这些问题笔者曾撰文《特别程序应当特别安排》进行探讨，详见《中国刑事法杂志》2011 年第 2 期。

② 顾永忠：《以最大的责任防范冤案发生》，载《人民法院报》2013 年 6 月 7 日。

③ 从媒体对呼格吉勒图案再审程序的报道看，呼格吉勒图案采用的是把申诉程序与再审程序相结合的特殊程序进行再审并作出无罪判决的。

采用了开庭审理的方式。杜培武案、赵作海案因适用二审普通程序进行再审，采用了刑事诉讼法规定的书面审理方式。张氏叔侄案同样是适用二审普通程序进行再审，则采用了刑事诉讼法规定的开庭审理方式。至于呼格吉勒图案，鉴于其已被执行死刑，不仅采用了把申诉程序与再审程序相结合的特殊程序，也采用了书面审理方式。

5. 再审判决无罪的法律依据：杜培武案再审判决无罪的法律依据是1996年刑事诉讼法第162条第2项"依据法律认定被告人无罪的，应当作出无罪判决"。佘祥林案、赵作海案、张氏叔侄案由于笔者无法看到再审判决书，不知再审法院判决无罪的直接法律依据是什么。至于呼格吉勒图案再审判决无罪的直接法律依据则是2012年刑事诉讼法第195条第3项的规定，即"证据不足，不能认定被告人有罪的，应当作出证据不足、指控的犯罪不能成立的无罪判决"。

应当看到，以上五起案件的案情是有所不同的，表现为三种情形：其一，佘祥林案和赵作海案是因发现原生效判决认定的已被杀害的受害人"死而复生"而被启动再审的；其二，杜培武案和张氏叔侄案是因为发现确凿的新证据证明原生效判决认定两位被告人的杀人行为并非他们实施而是由他人实施的才进行再审的；其三，呼格吉勒图案则是因为另一名罪犯赵志红主动承认自己是"真凶"并经司法机关近十年审查和在社会舆论的巨大压力下不得不提起再审的。但是，该五起案件又有着高度的共同性，即都是由于出现新情况，发现新证据，足以证明原生效裁判认定有罪的被告人不仅是无罪的而且是无辜的。既然如此，为什么以上所述这些案件的再审程序存在如此之多的不同之处？如何看待、解决这些问题。这些都需要我们深入研究。

二、刑事冤案的再审法院如何确定

现行刑事诉讼法没有专门针对刑事冤案的再审法院作出规定，而是对所有刑事再审案件作出了如何确定再审法院的规定。概括起来有两种情形：其一，基于原作出生效裁判的法院决定再审的案件，由该法院作为再审法院；其二，基于最高人民法院、上级法院决定再审的案件或者基于最高人民检察院、上级检察院提出抗诉的再审案件，由作出原生效裁判的法院的上级法院直至最高人民法院作为再审法院，必要时也可指令下级法院作为再审法院。

在以上五起案件中，杜培武案、赵作海案、张氏叔侄案、呼格吉勒图案的生效裁判都是由所在省或自治区高级人民法院作出的，决定再审以及再审法院也都是这些法院，这是符合刑事诉讼法上述规定的第一种情形的。但是，佘祥林案件完全不同。作出原生效裁判的湖北省荆门市中级人民法院虽决定再审该案，但没有直接进行再审，而是用"刑事裁定"将该案发回原一审法院湖北省京山县人民法院进行再审。这一做法如果是针对一般刑事再审案件看起来也是符合刑事诉讼法有关规定的。因为可以解释为湖北省荆门市中级人民法院对该案按二审程序书面审理后，根据刑事诉讼法的有关规定，以事实不清、证据不足为由发回原一审法院重新审判。

但是，佘祥林案不是一般的再审案件，而是一起特殊的再审案件。其特殊性表现在对该案启动再审的原因是原生效裁判认定被佘祥林杀死的妻子张在玉"死而复生"，由此表明原生效裁判是完全错误的。张在玉没有被杀害，佘祥林是完全无辜的，在该案中事实清楚，证据充分，根本不属于"事实不清，证据不足"。把这种案件"发回重审"表面上看似有法律依据，实质上则根本不符合法律的规定。

在再审程序中，把已经确信无疑的刑事冤案发回一审法院重审，不仅不符合二审法院可以将案件发回原审法院重审的实质规定，而且对司法公正将造成损害，对司法资源造成浪费。此案如果由二审法院直接再审，就可以用最短的时间纠正冤案，使蒙冤者早日获得"迟来的公正"。同时，也可免除发回重审将要面临的司法资源浪费。事实上，杜培武案、赵作海案、张氏叔侄案都是由原二审法院直接进行再审的，从决定再审到作出无罪判决时间都很短，不仅使蒙冤受害人以最快的速度获得清白，也节约了大量司法资源。

基于以上，从刑事冤案的再审法院来看，笔者认为不仅不应由作出原生效裁判的二审法院发回一审法院重审，而且也不宜由作出原生效裁判法院的上级法院直至最高人民法院作为再审法院。此类刑事冤案往往是在已获得确凿无疑的证据证明原生效裁判是完全错误的情况下才决定再审的。在此情形下，由作出原生效裁判的法院作为再审法院最为合适。如果由上级法院甚至最高人民法院作为再审法院，从案情上来讲完全没有必要，从诉讼效率上看势必造成拖延。

笔者注意到，前些年理论界有人主张对我国刑事再审程序进行改革，改革举措之一就是主张再审案件由作出生效裁判法院的上一级法院管辖。① 笔者本人对此也曾提出过个人管见，但不主张再审案件一律由上级法院管辖，而应当区别对待：对于刑事诉讼法规定的再审事由的第一种情形"有新的证据证明原判决、裁定认定的事实确有错误"的，应当由原作出生效裁判的法院负责再审；对于刑事诉讼法规定的再审事由的其他三种情形，一般应由原审法院的上一级法院负责再审。② 现在看来，刑事冤案属于上述第一种情形中的特殊情况，更应当由原审法院作为再审法院。

三、刑事冤案的再审应该适用什么审判程序

根据刑事诉讼法的规定，刑事案件的再审适用什么审判程序取决于作出原生效裁判的审判程序："如果原来是第一审案件，应当依照第一审程序进行审判，所作之判决、裁定，可以上诉、抗诉；如果原来是第二审案件，或者是上级人民法院提审的案件，应当依照第二审程序进行审判，所作的判决、裁定，是终审的判决、裁定。"前述五起刑事冤案在再审中适用的审判程序，有的符合该规定，有的则不符合该规定。

如前所述，佘祥林案的再审，湖北省京山县人民法院是按照第一审程序进行的，也因此采用了开庭审理的方式。尽管之前已指出该案不应该"发回重审"，但是既然已经发回京山县人民法院重审，就只能按一审程序开庭审理。这样做似乎又是符合法律规定的。而杜培武案、赵作海案、张氏叔侄案的原生效裁判都是由所在省的高级人民法院在二审程序中作出的，这些案件在再审中都是根据上述法律规定按照二审程序审判的。只是杜培武案、赵作海案采用的是书面审理方式，张氏叔侄案采用了开庭审理方式（不公开审理）。应该说这些都是符合法律规定的。

至于呼格吉勒图案再审适用的审判程序，之前已指出既不是一审程序也不是二审程序，

---

① 陈光中主编：《刑事再审程序与人权保障》，北京大学出版社 2005 年版，第 193 页。
② 顾永忠：《特殊程序应当特别安排》，载《中国刑事法杂志》2011 年第 2 期。

而是特殊的审判程序。其不是一审程序显而易见，因为再审法院不是原一审法院，同时再审也没有开庭审理。但说不是二审程序可能有人会提出质疑，因为二审程序可以不开庭，采用书面审理方式也可以。而该案再审判决书公开载明："本院于 2014 年 11 月 19 日作出（2014）内刑监字第 00094 号再审决定，对本案进行再审。本院依法另行组成合议庭审理了本案。经过阅卷，听取申诉人、辩护人、检察机关的意见，现已审理终结"，难道这不属于二审程序中的书面审理方式？

笔者认为，判断呼格吉勒图案再审程序是否为二审程序，不能孤立、简单地看是不是采用了书面审理方式，更重要的是看整个程序是否符合二审程序的基本要素。其中最重要的一点是，上诉人或原审被告人是否到庭参加了诉讼。我国刑事审判程序除 2012 年刑事诉讼法修改中增加了犯罪嫌疑人、被告人缺席的"犯罪嫌疑人、被告人逃匿、死亡案件违法所得的没收程序"外，并没有其他缺席审判程序。不论从法律上讲还是从司法实践看，一审程序和二审程序中，被告人、上诉人或原审被告人都必须到庭参加诉讼。否则，一、二审程序都将无法进行审判活动。而在呼格吉勒图再审案中，呼格吉勒图因早已被执行死刑是不可能参加诉讼的。在此情形下，该再审案适用的何以是二审程序？

此外，在该案再审程序中，虽然呼格吉勒图不能到庭参加诉讼，但其父母作为"申诉人"参加了诉讼过程。这在再审判决书上也有明确记载。但在刑事诉讼法规定的审判监督程序上，"申诉人"只是申请对生效裁判启动再审的主体而不是再审程序启动后按照一、二审程序进行审判时可以参加其中的诉讼主体，因此在刑事诉讼法教科书上将申诉人及其申诉行为称为"审判监督程序的材料来源"之一。这也说明该案再审适用的并不是严格意义上的二审程序。

以上只是笔者对上述五起再审案件适用的审判程序实然情况的分析。从应然的角度讲，笔者认为，再审案件既不应适用一审程序，也不应适用二审程序，而应设置并适用专门的再审案件审判程序。这在笔者发表的《特殊程序应当特别安排》[①] 一文中已有专门论述。不仅如此，有的学者也曾提出"审判监督程序作为独立于普通程序的特别程序，不应依赖再审案件在普通程序中的终审审级，而应依据再审的特殊性设置独立的审判程序"。[②] 事实上，以上不论笔者本人的观点还是其他学者的主张，都是针对所有刑事再审案件而言的。如果将刑事冤案的再审问题纳入其中分析、考察，应该说刑事冤案的再审问题较一般刑事再审案件更具特殊性，更不应适用原适用过的一、二审程序，而应设置并适用专门、独立、特殊的再审程序。

首先，刑事冤案的再审不应适用一审程序。从诉讼原理和法律规定看，一审程序是由检察机关或自诉人向法院提起诉讼而启动并由控诉、辩护、审判三项基本诉讼职能构成的典型的审判程序。在此程序中，检察机关及公诉人主要是提起公诉和支持公诉的职能，以使其指控的被告人受到刑事制裁，实现国家的刑罚权；而被告人及其辩护人则针对控方的指控展开辩护，提出检察机关的指控不能成立，被告人的行为不构成犯罪、不应负刑事责任或者应当或可以从轻、减轻、免予刑事处罚的理由和根据；法官或合议庭则居中立地位，充分听取双方的举证、质证和辩论意见，查明案件事实，最后对被告人是否有罪、如何处

① 顾永忠：《特殊程序应当特别安排》，载《中国刑事法杂志》2011 年第 2 期。
② 陈卫东著：《刑事审判监督程序研究》，法律出版社 2001 年版，第 232 页。

罚依法作出合法、公正的裁判。以此展开分析，一审程序显然不符合刑事冤案的再审情况。其一，刑事冤案在提起再审前往往已有明确定论：原审被告人不仅是无罪的而且是无辜的，因此他或她不再是可能构成犯罪、应受到刑事处罚的"被告人"；其二，检察机关及其公诉人在此类案件的庭审中，也不再是履行控诉和支持公诉职能，而是支持对原审被告人伸冤平反，甚至有的刑事冤案就是由检察机关发现问题而向法院提出纠正意见或者向法院提起抗诉而启动再审程序的；其三，法院在此类案件的再审中也不再是中立立场，而是先入为主，有备而来，是为了纠正之前作出的错误裁判而主动启动或参加再审程序的。

正因为如此，如果把刑事冤案作为一审案件审理，势必出现与一审程序诉讼原理和法律规定格格不入、使诉讼参与人角色发生混乱的尴尬场面。例如，在湖北省京山县人民法院再审佘祥林案的一审法庭上，公诉人没有像通常一审案件开庭那样宣读起诉书，也没有向法庭提交、出示指控被告人有罪的相关证据，而是表示"基于本案的犯罪事实已经发生变化，公诉人不作陈述"。而两位辩护人则完全按照通常一审程序的惯例参与庭审、展开辩护：首先，他们要求公诉人宣读起诉书，行使指控职能。其次，他们公开指责公诉人既不宣读起诉书又不向法庭提供、出示指控证据的表现是"严重失职"；再次，他们要求京山县人民法院在此案中应当回避，因为原来侦查佘祥林案件的县公安局分管副局长现已调入并担任县人民法院副院长。最后，他们还认为该案涉嫌故意杀人罪，属于应当判处无罪徒刑以上刑罚的案件，县人民法院无权管辖，应当由中级人民法院管辖。面对辩护人咄咄逼人的攻势，法官难以保持中立立场，频频打断、制止辩护人的发言。① 显然，这一切都是把刑事冤案的再审纳入普通一审程序的做法"惹的祸"。

其次，刑事冤案的再审也不应适用二审程序。二审程序较之一审程序本身就是一种特殊程序、救济程序。只有对一审裁判不服，因当事人提起上诉或检察机关提起抗诉才能发生二审程序。鉴于二审案件的特殊性和多样性，二审程序本身也具有灵活性，可以开庭审理，也可以不开庭、书面审理；可以维持原判，也可以改判，还可以发回重审。从表面上看，二审程序与再审程序具有共性，都是救济程序，都有纠错功能，可以相互兼容。但如果用刑事冤案的再审特点对其分析，就会发现实质上并不兼容。

其一，虽然两者都有救济功能，但二审程序中，法院及法官仍是中立的，没有也不应先入为主，形成预断。但刑事冤案的再审，绝大多数都是由法院依职权启动的，是其经审判委员会研究认为原生效裁判确有错误才决定并启动再审程序的，在此情形下，法院及法官已不再中立，而是先入为主，形成预断——原审被告人是无罪而且是无辜的。

其二，如前所述，在我国一审程序和二审程序都不允许缺席审判。被告人、上诉人或原审被告人有权也有义务参加诉讼活动。而刑事冤案的再审，有的案件的原审被告人、上诉人还在世可以参加诉讼，有的案件的原审被告人可能在再审时或者因已被执行死刑或其他原因已不在世，或者因生病或其他原因不能参加诉讼。在此情形下，二审程序就不可适用了。

其三，前述已指出，二审程序情况多样，因此结果也有多种可能，为此需要二审程序有更大的灵活性和选择性。而刑事冤案的再审由于此前已取得确信无疑的证据，充分证明

---

① 该案庭审情况参见吴丹红：《佘祥林故意杀人冤案的程序与证据问题》，载顾永忠主编：《中国疑难刑事名案程序与证据问题研究》，北京大学出版社 2008 年版，第 77 页。

原生效裁判在认定事实上确有错误，原审被告人或上诉人不仅是无罪的而且是无辜的，就不需要采用复杂、多样、耗时费力的再审程序，而应当简单、快速，以最短的时间、最快的速度使蒙冤受害人尽早获得自由和清白。赵作海案、杜培武案的再审就是如此，法院作出再审决定后，没有开庭也没有花费太多时间进行书面审理，在几天之内经审委会研究决定就作出了再审无罪判决，使赵作海、杜培武以最快的速度获得了自由和清白。

基于以上，笔者认为应当对刑事冤案的再审专设既不是一审程序也不是二审程序而是完全独立的特别程序。事实上，如前所述，内蒙古自治区高级人民法院对呼格吉勒图冤案的再审程序就有此意味。其最明显的特点是早已被执行死刑的呼格吉勒图虽然不能直接参加再审程序，但其近亲属作为"申诉人"从申请启动再审程序的主体变成了再审程序的诉讼主体，直接参与了再审程序。当然从法律上讲，呼格吉勒图案的再审程序既不属于二审程序，也不是专门的、完全独立的再审程序。

四、应当建立怎样的刑事冤案再审程序

无论从理论上讲还是从司法实践来看，刑事再审案件都可以分为两大类：一类是刑事疑案；另一类是刑事冤案。前者是指虽然人民法院发现已经发生法律效力的判决和裁定"在认定事实上或者适用法律上确有错误"而决定再审，或者人民检察院发现已经发生法律效力的判决和裁定"确有错误"而提出抗诉以致引起再审，但此类案件是否"确有错误"还须经再审程序进行审理，最终也可能因"确有错误"而被改判，也可能因"确有错误"不能成立而维持原判。大多数刑事再审案件属于此类情形。后者则如本文开篇所述，是指虽然尚未进行再审，但在正式决定再审前，司法机关经严格审查后认定确有新的证据证明原判决、裁定认定有罪的被告人不仅是无罪的而且是无辜的，因此才决定再审的案件。佘祥林案件、赵作海案件、杜培武案件等都属于此类案件。这类案件实质上属于"先定后审"的案件，对它们再审的目的，主要是通过法定程序纠正错案。因此，对于刑事冤案没有必要采用与刑事疑案一样的再审程序，而应当有针对性地建立专门、独立的再审程序。

事实上，2001年12月26日最高人民法院发布的《关于刑事再审案件开庭审理程序的具体规定（试行）》已带有针对刑事再审案件的特殊性作出专门程序规定的精神，但它终究不是专门针对所有再审案件的再审程序规定，更不是针对刑事冤案设置的独立再审程序。首先，它的标题本身就表明它只是"关于刑事再审案件开庭审理程序的具体规定"，并不涉及不开庭审理的再审案件的审理程序问题。其次，它在第1条就明确指出"本规定适用依照第一审程序或第二审程序开庭审理的刑事再审案件"，可见它的适用前提还是刑事诉讼法规定的"原来是第一审案件应当依照第一审程序进行审判，所作的判决、裁定，可以上诉、抗诉；如果原来是第二审案件，或者是上级人民法院提审的案件，则应当依照第二审程序进行审判，所作的判决、裁定，是终审的判决、裁定"。最后，在庭审结构上，完全是按照"控辩双方"举证、质证、辩论，审判人员居中主持、裁判来设计和布局的。可见，刑事冤案的特殊性并没有体现于其中，因此仍然有必要针对刑事冤案建立专门、独立的特别再审程序。

笔者认为，针对刑事冤案建立专门、独立的特别再审程序，要点如下：

1. 再审法院应当是作出原生效裁判的法院，理由前已论述，在此不再赘述。

2. 再审程序的当事人或诉讼主体范围较广，包括"申诉人"，可以是依然活着的原生效裁判确定有罪的原审被告人、上诉人；也可以是不论是否依然活着的原生效裁判确定有罪的原审被告人、上诉人的法定代理人、近亲属；还包括原审被害人及其法定代理人、近亲属。

3. 再审程序的当事人可以委托律师或者由法律援助机构指派的律师担任代理人。① 其中申诉人一方委托的律师在再审程序中也应当是代理人而不必是辩护人，因为刑事冤案的再审并不存在控诉方，辩护失去了存在的前提。检察机关参与其中也不是为了控诉犯罪，而是为了依法履行监督职能，保障蒙冤的受害人获得自由和清白。

4. 再审案件的审理方式以书面审理为原则，以开庭审理为例外。书面审理主要适用类似于佘祥林、赵作海、杜培武等"死者复生"，真凶归案的案件，此类案件已无开庭必要。开庭审理主要适用已发现的新证据足以推翻原生效判决但尚未达到像"死者复生"、真凶归案那样使人一目了然程度的案件，同时还有被害人的案件。张氏叔侄冤案就属于此类案件，再审前已发现并获得确信无疑的证据，证明该案真凶是勾海峰的 DNA 检测报告及相关证据足以推翻原认定张氏叔侄作案的有罪裁判，但这些证据毕竟不同于"死者复生"、真凶归案那样可以清楚地表明之前的生效裁判是冤案。同时这类案件如果有被害人，为了让他们充分了解案件真相，接受原审被告人无罪且无辜的结果也需要开庭审理，参与诉讼。

5. 再审案件的审理内容，不论是书面审理方式还是开庭审理方式，审理的内容都不是起诉书指控的犯罪事实能否成立，也不是上诉或抗诉事实及理由能否成立，而是进一步核实、展示足以推翻原生效裁判，证明原审被告人系无罪且无辜的有关证据，譬如佘祥林案、赵作海案中"死者复生"的张在玉、赵振裳的身份证据，张氏叔侄案中证明该案真凶是勾海峰的 DNA 证据等。因此，不需要按照一审、二审的庭审程序全面审理案件事实。

6. 再审案件的审理过程检察机关应当全面介入。不仅采用开庭审理方式的，应当通知检察机关派员出庭，而且采用书面审理方式的，也应当向检察机关通报案情，充分听取检察机关的意见。在呼格吉勒图案件的书面审理过程中，内蒙古自治区高级人民法院就专门听取了自治区检察院的意见。

7. 再审案件判决无罪的直接法律依据应当是刑事诉讼法第 195 条第 2 项："依据法律认定被告人无罪的，应当作出无罪判决"，而不应当是该条的第 3 项："证据不足，不能认定被告人有罪的，应当作出证据不足、指控的犯罪不能成立的无罪判决"。遗憾的是呼格吉勒图再审案法院对其作出无罪判决的法律依据是第 3 项的规定。当然这是因为对呼格吉勒图案再审时还未对赵志红案作出判决。但问题是赵志红早在 2005 年就主动承认其是呼格吉勒图案的真凶，已长达 10 年之久，为什么拖延 10 年之久才进行再审？这本身就是不正常、不应该的。

8. 再审案件不论采用何种审理方式，都应当公开宣判，向社会公布案情真相，向社会宣布原审被告人无罪且无辜，以消除此前有罪判决给其本人、家庭造成的严重名誉损害及其他不利影响。

（作者单位：中国政法大学诉讼法学研究院）

---

① 2015 年 6 月 29 日中共中央办公厅、国务院办公厅印发的《关于完善法律援助制度的意见》提出："逐步开展为不服司法机关生效刑事裁判、决定的经济困难申诉人提供法律援助的工作"，今后律师代理申诉参与再审将成为常态。

侦查程序被害人财产返还机制探析

兰跃军

被害人财产是被害人生存和发展的基础，属于基本人权的范畴。要求及时返还财产与取得损害赔偿一样，是绝大多数被害人参加刑事诉讼和配合刑事司法的主要动机。如何保障更多的被害人在侦查程序中及时取回自己的合法财产，这是侦查终结需要认真解决的一个问题，亟待研究。

一、我国侦查程序被害人财产返还机制的规范与实践

我国宪法第 13 条明确保障公民合法的私有财产权。刑法第 64 条和刑事诉讼法第 234 条都明确要求公安司法机关在刑事诉讼中及时返还被害人的合法财产，有关司法解释和规范性文件进一步作了补充规定。《公安机关办理刑事案件程序规定》（以下简称《公安部规定》）第 229 条明确了公安机关及时返还被害人财产的责任及其条件和程序。返还条件包括三个方面，即被害人明确、对被害人合法财产及其孳息权属明确无争议、涉嫌犯罪事实已经查证属实。返还程序包括：一是登记、拍照或者录像、估价；二是在案卷中注明返还的理由；三是将原物照片、清单和被害人的领取手续存卷备查。该规定还规定，如果查找不到被害人，或者通知被害人后无人领取的，公安机关应当将有关财产及其孳息随案移送。《人民检察院刑事诉讼规则（试行）》（以下简称《高检规则》）第 296 条规定了人民检察院撤销案件时对被害人财产及时返还的责任和程序。它要求对犯罪嫌疑人的违法所得应当区分不同情形，作出相应处理。对于冻结的犯罪嫌疑人存款、汇款、债券、股票、基金份额等财产需要返还被害人的，检察机关可以通知金融机构直接返还；对于查封、扣押的犯罪嫌疑人的违法所得及其他涉案财产需要返还被害人的，检察机关直接决定返还。人民检察院申请人民法院裁定处理犯罪嫌疑人涉案财产的，应当向人民法院移送有关案件材料。此外，中共中央办公厅、国务院办公厅 2015 年 1 月印发的《关于进一步规范刑事诉讼涉案财物处置工作的意见》（以下简称《两办意见》）也明确了公安司法机关及时返还被害人财产的责任及条件与程序。《两办意见》第 6 条完善了涉案财物审前返还程序，其中返还条件也包括三个方面，即被害人明确、财产权属明确且返还不损害其他被害人或者利害关系人的利益、不影响诉讼正常进行。而对于那些权属有争议的财产，《两办意见》要求人民法院判决时一并处理。此外，《两办意见》还通过规范涉案财物查封、扣押、冻结程序，规范涉案财物保管制度，探索建立跨部门的地方涉案财物集中管理信息平台，完善涉案财物先行处置程序，以及完善权利救济机制，进一步加强监督制约，健全责任追究机制等，对刑事诉讼中涉案财物处置工作进行规范，进一步完善了侦查程序被害人财产返还机制。

立法和三个规范性文件都要求公安司法机关及时返还被害人合法财产，但返还的条件和程序规定存在一些差异，给执行带来了障碍。关于返还条件，除被害人明确且被害人财

产及其孳息权属关系明确外,《公安部规定》要求涉嫌犯罪事实已经查证属实,显然侧重于侦查需要,但在司法实务中可能成为某些公安机关拒不返还或拖延返还被害人财产的借口。《高检规则》看起来比较明确,由检察机关决定或通知有关金融机构直接返还,但前提是涉案财产存在"需要返还"的情形,但并未明确何为"需要返还"?这赋予了各级检察机关较大的自由裁量权,也不便于执行的规范化。《两办意见》虽然仅要求返还不损害其他被害人或者利害关系人的利益,且不影响诉讼正常进行,但何为"不损害其他被害人或者利害关系人的利益"?何为"不影响诉讼正常进行"?同样比较模糊,这是其一。其二,关于返还程序,《高检规则》和《两办意见》没有明确规范,只有《公安部规定》从三个方面作了规定,但仅仅是行政领取手续,缺乏具体操作程序。而且如何注明返还的理由,在司法实践中可能会遇到麻烦,导致某些公安机关无法执行。其三,关于无法返还的处置,《高检规则》没有涉及,只是规定人民检察院可以申请人民法院裁定处理犯罪嫌疑人涉案财产,但该规定对适用条件、适用对象和适用程序等均未明确。《公安部规定》对被害人不明或无人领取作了规范,如果查找不到被害人,或者通知被害人后无人领取的,公安机关应当将有关财产及其孳息随案移送检察机关、法院。但最后如何处理这些涉案财物,该规定也并未明确。而《两办意见》仅对存在权属有争议的财产返还作了规范,明确要求交由人民法院判决时一并处理,并未涉及被害人不明或无人领取的情形。此外,由谁来认定被害人及其财产权属关系?"合法财产"怎么理解等,立法和三个规范性文件也都没有提及。由此可见,尽管立法和有关规范性文件对侦查程序被害人财产返还机制作了一定的规范,都明确要求公安司法机关及时返还,但相互之间不一致,且可操作性不强,可能会给有关机关拒不返还或拖延返还制造借口。

返还被害人财产不是对财产的处分,而是一种旨在恢复原有财产状态的补救性措施,维护被害人利益。然而,由于立法的原则性规定,缺乏可操作性规范。况且侦查机关对财产的实际支配往往能够带来一些利益(如孳息、租金等),在司法实践中,侦查机关主动返还被害人财产的情况并不多见,我们不时还可以听到某些侦查机关发布集中处理赃物的公告。即使被害人提出取回财产的申请,侦查机关也是采取各种理由拖延返还。更有甚者,有的公安机关在发现或追回被害人的被盗车辆后,以公安部门与保险公司1994年联合下发的保发〔1994〕139号文件为由,① 要求被害人支付一定数额的"破案奖金"后才允许取回。笔者认为,既然有关文件是公安部与保险公司联合下发,并且至今尚未废止,就可以被视为保险公司与公安机关的一种特殊合同,对双方当事人具有法律约束力。根据合同效力的相对性原理,该文件只能约束保险公司和公安机关,不应产生域外效力,更不应当成为公安机关拒绝履行法定职责,阻挠被害人行使取回财产权的借口。因此,公安机关要求被害人支付一定比例的"破案奖金"才返还被盗车辆,是缺乏法律根据的。我国1994年在北京市进行的被害人调查结果显示,公众对警察办案方式不满意的达到57.5%,满意的只有27.2%。其中被害人的不满意理由中近一半就是"没有领回财物"。② 在笔者主持完成的

———————————

① 《关于加强被盗抢保险机动车辆追查归还工作的补充通知》(保发〔1994〕139号)中规定,对追回被盗抢保险机动车辆的有功单位和个人给予奖励,公安部门追回被盗抢保险车辆返还保险公司或车主后,保险公司应给予奖励,具体比例应按追回被盗抢保险车辆的实际价值即变卖收入价计算,原则是本市追回的按10%奖励;本省省内追回的按15%奖励;跨省区追回的按20%奖励。

② 参见郭建安主编:《犯罪被害人学》,北京大学出版社1997年版,第266页。

2011 年国家社科基金项目"侦查程序被害人权利保护研究"问卷调查中，当问及公安机关侦查过程中是否返还财产时，在作出选择的 201 人中，只有 50 人表示每次都返还，占24.88%；有 53 人表示经申请后才返还，占 26.37%；有 54 人表示偶尔返还，占 26.86%；还有 44 人表示从来没有返还过，占 21.89%。

二、侦查程序被害人财产返还机制比较考察

对于侦查阶段被害人合法财产的返还，各国的做法高度一致，就是应当及时返还，保障被害人的财产权。其中德国的规定比较详细。在德国，尽管被害人没有义务配合警察的调查取证，但警察有义务在侦查开始时优先顾及被害人财产上的利益。德国刑事诉讼法典第 111 条 k 规定，德国返还被害人财产的条件包括三个方面：被害人明确，财产权属关系明确且不牵扯第三人的请求利益，明确刑事诉讼程序不再需要。德国还有一种取回救济程序，它使刑事追诉机关可以通过查封扣押的方式保全犯罪行为所得的财产及其替代物以便保护被害人的利益（德国刑事诉讼法典第 111b 条第 5 款，德国刑法典第 73 条第 1 款第 2 句）。这一救济方法可以在审前程序且被害人没有申请的情况下由刑事追诉机关依职权作出，然后由被害人将查封扣押之后的财产或其替代物取回。但由于该程序法律规定复杂且不十分明确，通常只在犯罪行为造成重大财产损失时才被启动。[①] 为了保障被害人取回财产和获得实际赔偿，德国 1988 年制定了被害人请求权确保法，只要被害人的损害赔偿请求权没有完全得到满足，就禁止犯罪人从其犯罪行为中获得任何附加利益。被害人有权向犯罪人请求其已经取得的或者未来将取得的利益。这要求警察在侦查时尽早对犯罪人财产价值加以调查，并通过扣押来暂时保全。一旦罪行确定，就可以变卖犯罪人财产协助被害人取回其所失去的财物或弥补损害。如果犯罪人在刑事程序中隐匿其盗窃的全部或大部分财产，以致被害人无法取回其所有物，或用犯罪人违法取得的金钱弥补损害时，刑法对此还设有使犯罪人继续待在监狱的特别可能性规定。

美国有 43 个州立法规定，警察或检察官对于那些作为证据使用的被盗财物应当及时返还给被害人。[②] 有些州没有这样的程序性规定，如果被害人想取回作为证据的财产，需要得到警察机构中的财物监管官员、检察官办公室甚至主审法官的明确同意；如果被害人的请求被驳回，他有权向更高一级的刑事司法机构提出申诉。如果财物被警察或检察官损坏或丢失，被害人可以对此提出民事诉讼要求金钱赔偿。从美国《全国犯罪被害调查》调查被害人财产返还情况（包括警察返还和被害人通过自身努力取回，不包括保险赔偿）看，自20 世纪 80 年代以来，财产返还率一直相当稳定，抢劫案件在 20% 左右，入室盗窃和普通盗窃案件在 9% 左右，机动车盗窃案件在 70% 左右。[③] 日本刑事诉讼法第 124 条规定，对于扣押的赃物，在没有必要保留的前提下，如果属于必须归还给被害人的物品，则可以不等待

---

① ［德］约阿希姆·赫尔曼：《被害人保护在德国刑法和刑事诉讼法中的发展——永无止境的发展史》，黄河译，载《安徽大学法律评论》（第 2 辑），安徽人民出版社 2011 年版，第 244~245 页。

② See Leslie Sebba, Third Parties: Victims and Criminal Justice System, Ohio State University Press / Columbus, 1996, p. 313.

③ ［美］安德鲁·卡曼著：《犯罪被害人学导论》（第六版），李伟等译，北京大学出版社 2010 年版，第 183~185 页。

被告案件终结，在听取检察官、被告人或者辩护人的意见后，以裁定将该扣押物返还被害人。但是，该规定并不妨碍利害关系人依照民事诉讼程序主张权利。在日本资产形成犯罪案件侦查中，警方为防止被害人财产流失，采取冻结账户，利用民事诉讼手续，从冻结账户中返还投资款等手段，起到了良好的社会效果。在日本有组织犯罪处罚法修改后，凡是进入民事诉讼程序的刑事案件，其所涉及的被害人财产禁止罚没。[①]

三、完善我国侦查程序被害人财产返还机制的构想

针对我国侦查程序被害人财产返还机制的现状，适当借鉴域外做法，笔者认为，应当从返还条件、返还程序和违反返还规范的制裁三个方面加以完善。

（一）返还条件

关于返还条件，可以借鉴德国法规定，对《两办意见》、《公安部规定》和《高检规则》规定的第三项返还条件加以明确，增强其可操作性。笔者认为，需要明确的是，返还被害人财产本质上是一种民事行为，旨在恢复被害人因犯罪行为而被侵害的合法财产，而不是国家对被害人的补偿或救济，与惩罚犯罪人也无关。当然，有的被害人财产是指控犯罪的重要证据，如果返还财产影响刑事诉讼顺利进行而有保留必要时，侦查机关可以在保全财产（证据）的情况下暂缓返还。况且在我国刑事诉讼中，查询、扣押、冻结财产是一种法定侦查行为和对物的强制性措施，目的就在于保障刑事诉讼顺利进行。从这个意义上说，德国法规定的"明确刑事诉讼程序不再需要"比我国《两办意见》规定的"不影响诉讼正常进行"或《高检规则》规定的"需要返还"更具可操作性，而《公安部规定》规定"涉嫌犯罪事实已经查证属实"，完全是为了满足侦查需要，而忽视了被害人财产权保护，也不具有可操作性。为此，笔者主张将第三项条件修改为"不影响刑事诉讼顺利进行"，且一旦被害人或其近亲属提出返还请求，主张影响刑事诉讼顺利进行而有保留必要的，举证责任在于侦查机关，证明标准要达到优势证据。这是其一。其二，关于被害人及其财产权属关系的认定权，笔者一直主张在各级检察机关内部增设专门的被害人办公室，负责接受被害人的报案与控告，以及认定、保护、救助、援助等事宜。[②] 认定被害人财产权属关系也可以交给它处理。在没有设立该办公室前，由负责侦查本案的侦查机关来认定被害人及其财产权属关系。其三，关于被害人财产"合法"的界定，应当以犯罪行为发生时被害人与财产的所有权关系为依据。只要当时被害人合法拥有该财产，就应当认定为被害人合法财产而予以返还。但如果被害人财产的返还与民法中的善意取得制度发生冲突，根据民法有关规定，一般应优先考虑适用善意取得制度。也就是说，在一般情形下，如果第三人取得该财物（赃款赃物）系善意的，应优先保护善意第三人的权利，司法机关不应继续追赃；但对典当物品等特殊情形，则受到有偿回复请求权的限制，应当优先保护被害人（原物主）的所有权，不适用善意取得制度。

为此，我国返还被害人财产的条件也包括三个方面：一是被害人明确；二是财产权属

---

① 朱军、郑蓉：《日本资产形成犯罪案件侦查的启示》，载《吉林公安高等专科学校学报》2010年第4期。
② 详细论述参见兰跃军著：《刑事被害人人权保障机制研究》，法律出版社2013年版，第22~33页。

关系明确，且返还财产不损害其他被害人或者利害关系人的利益；三是返还财产不影响刑事诉讼顺利进行。

（二）返还程序

返还被害人财产虽然并未改变财产所有权属关系，但会引起财产占有、使用、收益和处分关系的变化。因为一旦发生错误，侦查机关要追回被返还的财产将涉及一系列法律关系。因此，返还财产应当遵循正当法律程序，既要及时、简化，也要准确、合法，避免错误。笔者认为，这要解决以下四个问题：

第一，明确返还时间，以取代"及时返还"这种弹性太大的规定。笔者主张借鉴德国的做法，明确确定自侦查机关实际控制该财产，并且确认该财产是被害人合法财产，返还不损害其他被害人或者利害关系人的利益、不影响刑事诉讼顺利进行的，在 7 个工作日内应当书面告知被害人取回或直接送还被害人。根据《公安部规定》和《两办意见》，如果侦查机关查找不到被害人，或者通知被害人后无人认领，或者存在财产权属争议，侦查机关应当将有关财物及其孳息随案移送到检察院、法院，最后由人民法院在判决时一并处理。为了避免侦查机关以返还财产损害其他被害人或者利害关系人的利益，或影响刑事诉讼顺利进行为借口而不及时返还，还应当根据《两办意见》第 13 条规定完善被害人权利救济机制，允许被害人向侦查机关提出异议、向其上一级侦查机关申请复议寻求救济。有关机关应当依法及时受理并在 7 个工作日内反馈处理结果，而且原则上必须采取听证的方式，公开听取被害人和有关利害关系人意见。但根据公检法配合制约原则，被害人对上一级侦查机关复议决定不服，无权向法院起诉。因为侦查阶段对涉案财物的处置权属于侦查权的范畴，只能由侦查机关负责，法院无权进行司法审查。而如果财产被警察或检察官损坏或丢失，借鉴美国的做法，被害人可以分别根据不同情况，申请国家赔偿（在履行职务过程中毁坏），或者对此提出民事诉讼要求赔偿（非职务行为毁坏）。

第二，简化返还程序，但必须核实被害人与该财产之间的所有权关系，做到财产及孳息权属明确无争议。在司法实践中，许多侦查机关在侦查阶段将依法收缴的"被害人的合法财产"返还给被害人。但是，侦查机关所认定的"被害人的合法财产"未必正确。特别是当侦查机关与被害人达成某种分成协议，侦查机关从返还财产提取部分比例，以弥补办案经费时，诱使侦查机关受利益驱动介入经济纠纷，错误地收缴财产。但在起诉阶段，检察机关却认定案件并不构成犯罪，或者犯罪嫌疑人并非犯罪行为人，先前的返还被害人财产行为出现错误。在此情形下，如何使错误收缴的财产恢复原状？有学者主张在刑事诉讼中建立先予执行制度，被害人合法财产原则上要等法院生效裁判确认后才能返还，但如果被害人生活、生产上急需，并提供相应的担保，也可以由侦查机关及时返还。一旦出现返还错误，比照先予执行制度，在司法裁定被撤销之后，借鉴民事诉讼中的执行回转制度，直接采取强制性措施将财产追回。[①] 笔者赞成在刑事程序中引入先予执行制度，以便更好地保护被害人权利。但是，侦查阶段返还财产时要求被害人提供担保，可能会成为许多被害人取回合法财产的障碍，使他们的权利无法得到及时保护。笔者认为，在国家建立被害人认定制度后，人民检察院在认定被害人时一般都查明了被害人的财产损失状况。只要侦查

---

① 参见谢小剑：《返还被害人财物程序问题探析》，载《中国检察官》2010 年第 3 期。

机关告知被害人，被害人通常是可以提供确凿的证据证明财产所有权属关系的，这种证明也只要达到优势证据标准即可。在某些案件中，如果犯罪嫌疑人或第三人对被害人与财产的所有权关系提出异议，再由追缴机关或有关当事人申请法院裁决，既可以使更多被害人提前取回自己的合法财产，提高返还率，又可以避免返还错误，减少返还财产给侦查机关带来的麻烦。

第三，明确操作程序。《公安部规定》将返还程序规定为三个方面，仅是一种行政领取手续，缺乏程序特征。笔者主张借鉴日本的做法，对于涉案财物，在没有必要保留的前提下，如果属于必须归还给被害人的合法财产，侦查机关在听取犯罪嫌疑人及其辩护人、利害关系人的意见后，可以在侦查程序进行时将财产返还被害人。如果存在争议，根据被害人、犯罪嫌疑人或其辩护人、利害关系人的申请，应当举行听证，公开听取各方意见，然后作出书面决定返还。但这并不妨碍利害关系人依照民事诉讼程序主张权利。另外，《公安部规定》要求"在案卷中注明返还的理由"多余，在许多案件中很难操作实施。因为侦查阶段案件事实不一定已经完全查清，但只要被害人明确，而且被害人有证据证明他与涉案财物存在所有权关系，且返还财产不损害其他被害人或者利害关系人的利益，也不影响刑事诉讼顺利进行，这时硬要编一个返还理由并在案卷中注明才返还，可能又会成为某些侦查机关拒不返还或不及时返还的借口，因此应当取消。

第四，完善配套机制。包括明确将查明被害人被侵害财产的下落与查明犯罪嫌疑人刑事责任一样规定为侦查的根本任务之一，要求侦查终结报告必须记载被害人财产的返还状况及不能返还的理由，供检察机关审查起诉时核实，并在公诉书中载明。被害人财产返还情况应当明确列为检察机关侦查监督的重要内容之一。有关侦查机关举行返还听证前3个工作日应当通知同级检察院派员参与，维护被害人的权利。

（三）违反返还规范的制裁

关于拒不返还或不及时返还被害人合法财产的法律后果，《人民检察院扣押、冻结款物管理规定》第33条有所规范。对于决定应当及时返还当事人的款物，故意拖延不返还的，应当追究有关主管人员和直接责任人的纪律责任。但这种实体性制裁措施不仅对公安机关侦查人员缺乏约束力，而且对检察机关侦查人员也很难执行，需要进一步明确并强化制裁。笔者认为，应当进一步细化《两办意见》第16条规定，对于违反法律和其他规范性文件规定拒不返还或不及时返还被害人合法财产的，除侦查机关内部给予纪律处分外，还应当按照贪污行为论处。构成犯罪的，依法追究刑事责任。同时，被害人除有权要求返还原物以外，还有权要求侦查机关按照被侵占财产价格以银行同期定期存款利率加倍赔偿损失，或者申请国家赔偿。侦查机关可以依法向负有故意或重大过错责任的侦查人员追偿。

（作者单位：上海大学法学院）

如何构建良性的辩审关系

李贵方

一、问题的提出

近年来，律师在法庭上与法官产生矛盾、冲突时有耳闻，甚至出现律师罢庭或者法官将律师驱逐出法庭等严重情况。随着所谓"死磕"或"死磕派"律师进入司法界的视野，这种情况更引人关注。正如有人戏称的那样，以前律师是同公安"磕"（主要是因侦查阶段律师会见难，目前已有根本性好转），后来同检察院"磕"（主要是控辩双方在法庭上争辩激烈，一些检察人员认为律师妨碍作证而对律师进行刑事指控。此种情况也已大大减少），现在又同法院"磕"。实际上，究竟什么是"死磕"或"死磕派"，这些律师究竟要"磕"什么、怎样"磕"、"磕"谁、"磕"什么事情、以什么方式"磕"等，均无统一的标准和定义，也无系统的研究和评价。对他们的行为是支持、否定，还是置之不理，也是见仁见智，众说纷纭。在笔者看来，对这些行为既不能全面肯定，也不能全面否定；既不能简单肯定，也不能简单否定。

从基本面来说，无论理由多么充足，律师同法官"磕"都是不可取的，至少不能鼓励。这和在球场上球员与裁判"磕"是一个道理，球员很难与裁判当场"磕"出一个道理来，大多数情况下，都是球员被罚或被驱逐出场，鲜有裁判被"磕"下课的。即使"下课"，也是比赛结束后。由此引出了两个值得深思和认真解决的问题：第一，律师和法官之间在庭审过程中出现了不正常的现象；第二，必须认真研究并解决这些不正常的现象。这就是我们提出的要构建良性辩审关系的缘由。

二、良性辩审关系的构成要素

为构建良性的辩审关系，需要先弄清什么是良性的辩审关系。这是一个大课题，值得深入、系统地研究。笔者在这里从实践的角度提出一些基本要素，作为进一步研讨的基础。

（一）律师和法官要互相尊重

在涉及人与人之间的关系，尤其是存在工作或职业上密切联系的关系问题，都存在一个互相尊重的问题。律师与警察、律师与检察官、律师与政府官员，包括律师与当事人，都存在一个互相尊重的问题。当然，律师与法官也不例外。因为是处理一个实际问题，要解决一个实际问题，这里所讲的"互相尊重"并不是一句客气话，也不是一句礼貌用语，而是要在双方内心形成共识并外化为实际行动。也就是说，无论律师还是法官，都要在内心里尊重对方，这种尊重既包括人格的尊重（作为人的基本素养和品格），也包括职业的尊重（作为法律共同体的一员，在一个法治社会中都是不可或缺的）。要对对方的职业有了解，要对对方的决定和行为有理解，要以理性的、谦和的、合规范的方式处理双方可能产生的矛盾和冲突。

（二）律师和法官都要认真严格地按法律程序办事

律师与法官应当也必须互相尊重，这是处理双方关系的前提和起点。但是，仅仅尊重是不够的，因为双方在一些实际问题上，尤其是与当事人或者法律公正性生死攸关的一些实际问题上，可能存在巨大的认识差异，甚至是对立、冲突，双方必须提出并解决这些问题。特别是律师方面，不能为了尊重法官，尊重法庭，为了表示谦恭有礼而放弃对当事人利益的争辩和捍卫。在这样的情况下，依法办事、依规则办事就是首要和必需的要求，律师和法官都必须按规则办事。在这一点上，法官负有主要的责任：其一，法官本人必须严格按照法律程序、法律规则办案；其二，法官必须保证整个庭审均严格按照法律程序、法律规则进行。我们很多的法官，往往前一条做得尚可，但后一条就有差距，有时为了迁就侦查、审查起诉过程中的一些违法违规现象而放弃法律原则、法律规范，使自己被动地帮助或助长了违法违规现象，这是要特别引起注意的。当然，律师也必须严格按照法律程序、法律规则办案，不能随心所欲，没有章法。

（三）律师有通畅的提出意见及解决问题的通道

在庭审过程中，尤其是在刑事辩护时，律师往往是问题的发现者、争议的挑起者。这也就是有些人说的所谓"挑刺"。首先，法官必须允许、保护，甚至鼓励律师"挑刺"，不能不让律师提出意见；其次，律师的"挑刺"，尤其指出"挑"的过程要有规范、有章法。在相当长的时间里，我们的庭审规则不够细致，使律师的"挑刺"过程无"章"可循，或者无具体的"章"可循。这样，有些庭审就出现了矛盾、争议，有些法官的评判、决定就稍显武断。我们认为，理想的状态应该是律师提出意见及这些意见怎样评判处理有比较具体明确的规则；当庭驳回律师所提意见后律师还有庭后或庭外反映及解决问题的渠道和程序，这样才能有效避免或化解所谓的"死磕"现象。

（四）法官在法庭上有不容置疑的权威

树立和尊重法官在法庭上的权威，是实现司法权威的必要。从更广的意义上讲，这是依法治国的必要。在一个法治的国家里，法官必须受到尊重，必须有权威。作为法律职业共同体的一员，律师当然且必须尊重法官的权威，尤其是在法庭上。就如同前几年争论的公诉人在法官入席时是否起立，这里不在于法官和公诉人谁更大，谁监督谁，更不在于法院和检察院的国徽是不是一样大，而在于在法庭上，法官是主导者、是组织者、是决断者，当然要有权威，而且这种权威要得到具体尊重和落实。法庭上的主要人员是控辩双方，双方都必须尊重和服从法庭，律师当然不能例外。律师如果不尊重法庭，就没必要通过法庭履行职责、追求公正了。简单地说，律师在法庭上对法官及法官权威的尊重应包括以下几项内容：第一，服从法庭的组织和安排；第二，按法庭规则办案；第三，不服法官的决定要按程序提出异议；第四，对法官当庭作出的最终决定必须尊重和服从；第五，不能威胁、恐吓法官，更不能有暴力行为。

三、构建良性辩审关系的一些设想

构建良性辩审关系需要开展两个层面的工作：一是理念方面；二是制度方面。理念方面主要是解决法官依法办案的观念，律师尊重法庭、尊重法官的观念，以及双方尊重法律程序、法律规则的观念，等等。从实践的层面看，这些理念又应该体现和落实到具体行动中，有些还应形成规则和制度。因此，构建良性的辩审关系，重点是要解决一些制度方面的问题。

（一）制定详尽具体的可操作性庭审规则

庭审是一项具体的司法活动。每个案件不同，每个案件所涉事实、证据不同，每个案件被告人的性格特点及诉求不同，每个案件的法官、公诉人、律师也各有不同，这就决定了庭审不可能千篇一律，不可能一个模式，要有针对性地灵活进行。但是，庭审又有规律，又有共性，尤其是总结近来庭审中产生矛盾、冲突的问题，主要集中于程序方面，如与侦查、审查起诉等工作相联系的管辖问题，非法证据排除问题，漏列被告人问题，等等；与庭审直接相关的回避问题，证人、鉴定人出庭作证问题，无罪、罪轻证据调取问题，某些证据的合法性及其采信问题，等等。这些问题法律都有规则，但缺乏具体的可操作性规范，在庭审实践中怎样掌握缺乏依据，法官、公诉人、辩护人各执一词、各抒己见，尤其是在法官不能采纳辩护人意见的情况下，就出现了无序的争论，法官的权威受到损害，辩护人感到不公。因此，对于这类问题，应有较明确的可操作性规定，供大家遵照执行。近日公布实施的最高人民法院、最高人民检察院、公安部、国家安全部、司法部联合印发的《关于依法保障律师执业权利的规定》（以下简称《规定》）做了有益的尝试，在第38条作出了一些规定，值得我们认真学习、执行，其要点包括：

1. 法庭审理过程中，律师就回避，案件管辖，非法证据排除，申请通知证人、鉴定人、有专门知识的人出庭，申请通知新的证人到庭，调取新的证据，申请重新鉴定、勘验等问题当庭提出申请，或者对法庭审理程序提出异议的，法庭原则上应当休庭进行审查，依照法定程序作出决定。其他律师有相同异议的，应一并提出，法庭一并休庭审查。这一规定包括如下四个要点：其一，律师就回避、案件管辖或者庭审程序等问题可当庭提出异议。这是律师的权利，律师有权当庭提出。当然所涉具体内容不限于该条列举之事项，只要是庭审过程中涉及的问题，尤其是程序性问题，律师均可当庭提出。其二，对于律师当庭提出的申请或异议，法庭原则上应当休庭进行审查，这是为了审查有充足的时间，更严肃、认真，避免过去当庭直接口头驳回，给律师一种很武断、草率的感觉。经过休庭合议，支持或驳回律师意见的理由也能论证得更充分、更有说服力。其三，对于律师的申请或者异议，法庭依照法定程序作出决定。所谓依照法定程序，就是法官所做决定应严格依法，实体上有法律根据，程序上符合程序规定，经得起推敲、检验，有理有据、以理服人，律师所提有道理的应予以支持，而不是草率决定，全部驳回，致使争议不断。其四，在共同犯罪案件中，其他被告人的律师对同一问题可能有相同的意见和请求，大家应该一次性提出来，一次性休庭审查，避免每个人提一次，每次都休庭，造成司法资源的不必要浪费。

2. 法庭决定驳回申请或者提出异议的，律师可当庭提出复议。经复议后，律师应当尊重法庭的决定，服从法庭的安排。这一规定包含如下三个要点：其一，当法庭驳回律师所提出的申请或异议后，律师不服的，可以当庭提出复议，也就是律师有权当庭请求合议庭对所做决定进行复议。在这个过程中，律师可以提出新的事实和法律根据，也可以分析、反驳法庭所做的决定及其论据。其二，律师当庭提出复议仅限一次，应准备好事实和理由，认真、慎重地行使。其三，法庭经复议后仍驳回律师的申请或异议后，律师当庭不能再提出相同的申请或异议，而应尊重法庭的决定，服从法庭的安排，继续审理程序。

3. 律师当庭提出的申请或异议经复议被法庭驳回后，律师还有如下反映、申诉的渠道：

（1）向同级或者上一级人民检察院申诉、控告，按照刑事诉讼法第47条之规定办理；

（2）作为上诉理由向二审人民法院提出；

（3）休庭后向同级或上一级人民法院反映。《规定》本身未规定这一程序，但根据人民法院的工作规程，这种反映应该被允许，如果反映的情况有道理，同级或上一级人民法院应予纠正。

4. 对于律师当庭提出申请或异议的情况，无论法庭支持还是驳回，都应详细记入法庭笔录，以备日后查阅。

（二）法官应尊重和保障律师的各项程序性权利

在庭审过程中，法官是主导者、决断者，因而有权威，也需要权威。但同时法官为了树立和维护自己的权威，则必须严格依法办事、公正办事，让律师及各方当事人口服心服。从辩审关系的角度看，法官应做到如下各点：

1. 充分保障律师发表辩护意见的权利。在这方面应有以下具体要求：其一，允许律师在庭审过程中提出和表达各种申请、异议、意见；其二，庭审过程中耐心听取各方意见，包括律师的意见，弄清案件基本事实和全部证据，清晰把握案件及各项证据的争议焦点和问题；其三，在法庭调查过程中，允许控辩双方就证据充分质证，尤其允许联系其他证据和事实发表质证意见，包括辩论意见；其四，法官应对案件的主要事实、主要证据及其争议焦点及时发问、提炼、总结，让控辩双方当庭知道法官已听清并准确把握相关问题；其五，原则上不轻易打断控辩双方，包括被告人的发言。在实践中，打断辩护方发言的情况较多。不能为了赶时间而限制双方的发言时间。对于辩方发言重复、反复、过于啰唆之处，可以进行提示、总结、引导，如法官对发言的主要请求、理由进行总结提炼，让辩护人、被告人确认，表明法官确实理解并掌握了辩护方的意见，而不是简单地打断或终止发言。

2. 充分保障律师提出各种程序性问题的权利。侦查程序、审查起诉程序、审判程序中的各种问题，均应允许律师在庭审过程中提出，既可以口头提出，也可以书面提出。如果需要书面提出而律师仅以口头提出的，法官可要求律师提交书面申请。在这方面，法官不应对律师设置任何障碍和限制。

3. 对于律师提出的各种申请、请求、异议、意见，尤其是涉及法律程序方面的，法官均应作出正面回应。除前述《规定》第38条所述需休庭合议作出决定的情况外，其他问题根据具体情况也可以口头作答。律师要求书面回复的，原则上应予以满足，律师要求把相关情况记入法庭笔录的，也应记录。作为法官，不能对律师的申请、请求、异议、意见等置之不理、不闻不问。

4. 对于律师当庭提出申请或异议，法庭只允许当庭复议一次的，应事先向律师讲明，对于不允许当庭复议的事项，也应当庭告知律师。在不允许律师当庭提出申请、异议、复议的情况下，法官应告知律师该等情况已详细记入庭审笔录，律师可当庭或庭后查验。对于这些问题，律师可作为上诉理由向上级法院提出，或者向同级或上一级人民检察院提出申诉或控告，让律师明白进一步解决问题的渠道和程序。

（三）律师应尊重和维护法庭、法官的权威

除前面提到的维护和尊重法庭、法官权威的几点要求外，这里重点提出如下内容：

1. 律师在审判程序，尤其是庭审程序中提出的各种申请、请求、异议、意见必须依法律、依规则进行。即在实体内容和提出程序上均有规则依据，不能提出违法的请求，也不能违法提出请求。对于法律、规则未明确规定的事项，应充分尊重法官的裁量权，如在法庭调查过程中，各方向出庭作证或说明情况的证人、鉴定人、有专门知识的人发问，对方可能会提出异议，诸如问题无关联性，属于诱导性问题，被问者已回答，对被问者施加不正当压力，侮辱被问者，等等。这些异议究竟提出得对不对，应不应该支持，本身并无统一的标准和答案，而且法官必须即时作出评判和决定，很难说都是完全正确的，但提问者必须尊重法官的决定：法官支持提问就继续问，法官支持异议就不能再问，而应更换问题。在这方面，律师不能过于计较，不能苛求或苛责法官，而应事先准备充足的问题，多种提问方式，及时更换。不能与法官反复争辩，坚持提出某个问题或要求被问者回答某个问题。

2. 当庭提出的各种申请、异议、请求等，按规则提出复议，复议被驳回且法庭告知不能再当庭提出时，应尊重法庭的决定，服从法庭的安排，不再坚持、不再提出。此时，律师可做的工作有两项：其一，向法庭表明自己不服法庭的决定，坚持和保留自己的意见；其二，要求法庭把相关争议及其过程详细记入法庭笔录。

3. 充分、合理地运用庭外的申诉、控告、复议等救济渠道，或者在上诉过程中再次反映自己的意见，以合法、合规则、合程序的方式反映自己的诉求和意见，以期得到合理解决。对于妨碍律师依法行使诉讼权利的，律师可以依据《规定》第42条的规定，向同级或者上一级人民检察院提出申诉、控告。

四、应该克服和避免的一些情况

（一）律师不能用极端的方式阻挠庭审进行

律师在庭审过程中所提出的各种申请、异议、请求等，都是为了充分保障和维护犯罪嫌疑人、被告人的各项权利，防止和避免冤假错案，保证法律公正、正确地实施，而这一切又必须在审判中进行。除没有管辖权需移送他地审理或者合议庭成员及院长需要回避的特殊情况外，往往案件还是要由相关法院、相关法庭，甚至相关合议庭组成人员审理。因此，律师的目的应该是说明事实，澄清是非，纠正违法或错误，以期案件得到公正处理。而不是让案件不能开庭，不能审理，也不能因法庭支持自己的意见就让开庭审理，反对自

己的意见就不让开庭审理。律师应该充分认识到：法庭审理是司法公正、司法活动最重要的一环，作为法律共同体成员之一的律师必须支持、维护。这里有个问题需要讨论，就是法庭当庭驳回律师的意见后，律师可否退庭、退出辩护，即所谓的"罢辩"。《规定》未明确这种情况怎么办，既未允许"罢辩"，也未禁止"罢辩"。我们认为，对这个问题的处理应慎重。第一，不能简单地规定允许或禁止"罢辩"；第二，律师在实践中应特别慎重地使用"罢辩"的措施，不是非常极端的情况，如法庭完全不按法律规则、法律程序办事，最好不要"罢辩"。

（二）律师不能参与当事人组织的各种庭外抗议活动

律师的职责和权利是通过法律程序向司法机关表达诉求、反映意见，以期被告人得到公正待遇。律师辩护的基础是事实和法律，辩护的渠道是司法程序。律师不能参与当事人所组织的司法程序之外的各种声援、抗议及上访活动。律师不能组织、策划这类活动，也不能参加这类活动，包括出谋划策、书写材料等。

（三）律师不能通过媒体炒作办案

律师的战场在法庭。法庭有足以让律师发挥聪明才智的舞台，律师不能通过媒体炒作办案。律师活动应该限定于法律程序之内，而不是之外。如果律师通过媒体炒作办案并能获得成功，那就说明法律程序失范、失效，法律权威不复存在，法律职业及法律职业共同体没有了存在的基础和价值。这一后果是可怕的。因此，从律师的角度看，不能利用媒体炒作办案，尤其是积极主动地策划、组织利用媒体炒作办案；同时，有关司法机关也应高度重视，不能用自己的错误行为助长这种现象，即律师通过正当的法律渠道提出意见、要求等，完全不被重视，置之不理，而当事人或其他人通过媒体反映，形成舆论热点后，有关机关才予以重视并快速纠正，这无疑助长了"媒体审判"，损害了律师的作用，极大地削弱了司法权威。

（四）法院应慎用当庭驱逐律师或对律师采取司法或刑事强制措施

在一些案件中，某些法院采取了当庭驱逐律师出庭的措施。这一措施本身及其效果是有很大疑问的。因为驱逐律师出法庭真正受到实际损害的并不仅仅是律师，而是当事人。当事人受到的损害比律师还大。如果为了纠正或者处罚律师的某种不当行为，法院向律师协会或者司法行政机关发出司法建议函也许更妥当、更有效。

《刑法修正案（九）》已经通过并即将实施，其中更细化了扰乱法庭秩序罪。在该条款的修正讨论过程中，很多人认为这一修改是针对律师，或者主要是针对律师的，因而引起了很大的争议。但在最后通过和实施的条文中，去掉了原来有可能形成"口袋罪"的"其他扰乱法庭秩序的行为"，而改为"有毁坏法庭设施，抢夺、损毁诉讼文书、证据等扰乱法庭秩序行为"这一较明确的规定，大家都松了口气，比较认可并接受了。这一修改充分反映了立法者的智慧，其实也反映了立法者对于大量追究律师扰乱法庭秩序罪责的负面情形的担忧。这是很正确的。实际上，尽管近年来出现了一些对法庭秩序有较大干扰的案例，但还应该承认只是个别现象，且是在我们的庭审规则不细致、不明确的情况下发生的。随着像《规定》这样的文件的出台，以及持续不断地学习、培训和教育，包括法官方面严格依法办案的观念和律师方面尊重法庭、尊重法官的观念的提升，极端扰乱法庭秩序，尤其是发生在律师身上极端扰乱法庭秩序的行为会大大减少。因此，对于律师在法庭上的某些不当行为，还是应该以批评、教育、司法建议等方式处理，少用、慎用驱逐出庭、司法拘留、刑事犯罪等方法。从长远来看，这对构建良性的辩审关系有很大的好处，对于建立良性的司法秩序，甚至法治国家，都有莫大的好处。

（作者单位：北京德恒律师事务所）

刑事没收程序证明问题浅析

梁玉霞　王文佳

据中国社科院 2011 年的一份报告显示，20 世纪 90 年代以来，有包括"裸官"在内的各种贪官等约 1.8 万人外逃，携带款项 8000 亿元人民币。[①] 大量外流的资金严重损害了我国人民的根本利益。此外，国内还有一些涉腐案官员，罪行暴露后选择自杀而非接受审判，这使得过去仅仅以人立案的刑事追诉程序根本无法启动，即使已经启动也只能终结程序，有关的腐败财产也因为缺乏法定程序而无法追缴。正是为了能够有效地解决上述问题，我国 2012 年在修改刑事诉讼法时，以专章增设了犯罪嫌疑人、被告人逃匿、死亡案件违法所得的没收程序[②]。然而，该程序的运行实践却令人费解，笔者以"《中华人民共和国刑事诉讼法》第二百八十条"为关键词搜索中国裁判文书网，仅有江苏省南通市中级人民法院的陈西受贿罪一审刑事裁定书一个相关案例。为什么会这样呢？很显然，除法律实施所需要的外部因素尚不具备以外，刑事没收程序本身存在的可操作性不强也是重要原因。从理论和实践上看，该程序适用中所涉及的证明对象、证明责任、证明标准、证明程序是怎样的，与普通刑事诉讼程序的证明有无不同，学界虽有论及，但仍然模糊不清，有待认真探讨。本文尝试对相关问题做些梳理和思考，以求教于学界同人。

一、证明对象

证明对象是诉讼证明的标的，如果不能明确界定证明对象，诉讼证明活动就难免无的放矢，相应的证明责任、证明标准等规则也均难以建立。[③] 从这个意义上来说，研究刑事特别没收程序，必须先准确界定该程序的证明对象。

2012 年刑事诉讼法未明确提出刑事特别没收程序应当以何者为证明对象。关于证明对象，学界主要有以下两种观点。一部分学者认为，需要证明的对象有两个[④]：其一，犯罪嫌疑人、被告人存在着依法应当被追诉的犯罪行为事实；其二，申请没收的财物与该犯罪行为之间存在着实质联系。而另一部分学者认为，需要证明的对象是"没收的财物为涉案财物，且该财物与犯罪行为之间有实质联系"[⑤]。两种观点都认为没收财物与犯罪行为之间具有实质联系，区别主要在于犯罪事实是否需要证明。另外，被告人、犯罪嫌疑人潜逃、死亡等其他事实是否应当作为证明的对象也是需要探讨的话题之一。

---

① 参见《法国、加拿大等国与中国协商反腐追赃合作，海外反腐追赃为何比追逃更难》，载《北京青年报》2014 年 12 月 8 日 A3 版。

② 为方便写作，本文简称刑事特别没收程序。

③ 孙远：《证明对象、要件事实与犯罪构成》，载《政治与法律》2011 年第 8 期。

④ 万毅：《独立没收程序的证据法难题及其破解》，载《法学》2012 年第 4 期。

⑤ 陈卫东：《论新〈刑事诉讼法〉中的判决前财产没收程序》，载《法学论坛》2012 年第 3 期。

（一）涉案财物

刑事特别没收程序又称"违法所得刑事特别没收程序"，违法所得及其他涉案财物的存在是程序启动的条件之一，其作为证明对象学界是没有争议的，但是其范围界定尚有对象模糊的问题。

1. 违法所得。违法所得也是跨越刑法、民法、行政法的概念。刑事意义上的违法所得，是仅仅包括违反刑法所得，还是包括行政违法、民事违法乃至于违纪行为，一直没有一个明确的定论。有观点认为，应当将赃款赃物与违法所得进行区分，提出"赃款赃物是犯罪的产物，是经过人民法院审判程序，并经查证属实的犯罪分子通过犯罪行为所获得的财物。而违法所得是违法行为的产物，它并不与犯罪相随，其认定也无须经过法院审判程序。赃款赃物与违法所得的区别，正像犯罪与违法行为的区别一样"。[1] 这种观点与刑事特别没收程序不以定罪为前提是相契合的。此处之所以不使用"犯罪所得"而使用"违法所得"，是因为被告人、犯罪嫌疑人未经过审判程序，根据"未经法院审判不能确定任何人有罪"原则，不能轻易对此涉案财产以"犯罪"所得定性，且不能因此认为该违法所得违反的是刑法以外的其他法，即此处的涉案财产必须与犯罪事实有实质联系，是违反刑事法律而获得的财物。

2. 其他涉案财产。刑事诉讼法第 280 条规定，"其他涉案财产"具体所指范围为何？部分学者认为，此处的"依据刑法有关规定"应当是指刑法第 64 条的有关规定，原因在于刑法中只有一个条文是适用于所有犯罪类型的违法所得没收的规定，[2] 因此此处的"其他涉案财产"是指刑法第 64 条规定的"违禁品和供犯罪所用的本人财物"，相关司法解释[3]也持以上立场。但是，笔者认为应当适当扩大刑法第 64 条的规定，以"供犯罪所用之物"替代"供犯罪所用的本人财物"。刑事特别没收程序与一般没收在性质上不同，一般没收规定于刑法之中，以被告人需承担刑事责任为前提，根据责任自负原则及刑事制裁性，没收的范围不应超出"本人财物"；而刑事特别没收程序规定于刑事诉讼法之中，不具有刑事制裁或预防的作用，法官仅需确定其与案件有实际利害关系即可。

（二）犯罪事实

诚如前文所述，犯罪事实是否应当成为证明的对象之一成为学界争议的对象之一。笔者认为，对这一问题应当做肯定回答。从逻辑上讲，犯罪嫌疑人、被告人存在相关犯罪行为是启动刑事特别没收程序的前提，没有犯罪事实，就没有违法所得。刑事诉讼法第 280 条规定没收违法所得的申请需要提交"与犯罪事实相关的证据材料"，相关司法解释亦规定应当查明"犯罪嫌疑人涉嫌犯罪的情况"。

那么，需要证明的事实有什么限制呢？按照刑事诉讼法第 280 条的规定，违法所得没收程序所涉及的犯罪事实仅限于贪污贿赂犯罪、恐怖活动等重大犯罪案件的犯罪事实。但是在最高人民检察院颁布的《人民检察院刑事诉讼规则（试行）》及最高人民法院《关于

---

① 梁玉霞、何正华：《违法所得探析》，载《人民检察》2005 年第 6 期。
② 王俊梅著：《美国民事没收制度》，中国政法大学出版社 2013 年版，第 207 页。
③ 参见最高人民法院《关于适用〈中华人民共和国刑事诉讼法〉的解释》第 509 条。

适用〈中华人民共和国刑事诉讼法〉的解释》① 中却将案件范围扩大解释为针对犯罪嫌疑人、被告人逃匿的刑事特别没收程序，仅适用贪污贿赂犯罪、恐怖活动犯罪等重大案件；而对于犯罪嫌疑人、被告人死亡的案件，则包括所有的案件。那么，该扩大解释是否合理、合法呢？从立法目的来看，设立刑事特别没收程序一方面为了严厉惩治腐败犯罪、恐怖活动犯罪；另一方面是为了与我国已加入的《联合国反腐败公约》及有关反恐问题的决议要求相衔接。将所有被告人死亡的案件都纳入其中，违背了立法原意。从实践执法的角度来看，刑事特别没收程序已对程序正义做了有限减损，不将案件范围限制于以上两类案件，容易使刑事特别没收程序成为执法机关"搞钱"的便利渠道。从法律位阶上来说，立法机关在制定法律之时已明确限定了案件范围，并且进一步强调，在该程序适用的初期，对于适用范围应作"等内"解释，亦即适用案件的范围应当严格限制于贪污贿赂犯罪与恐怖活动犯罪两种。② 由此而言，该司法解释恐怕不太恰当。

（三）其他证明对象

在涉案财物与犯罪事实之外，"被告人、犯罪嫌疑人潜逃、死亡"等其他事实也属于证明对象。刑事特别没收程序属于"特别程序"一章，设置目的本身就是强化打击某些较为严重的犯罪，程序简便，如不在证明时进行限制，不利于保护被告人、犯罪嫌疑人的诉讼权利，对公民财产权的保障极为不利。而且该事实对案件处理结果有影响，具有在诉讼中运用证据加以证明的必要性，应当是证明对象。因此，本文认为需要抬高案件范围等其他事实的地位，将之作为证明对象。检察机关应当提供通缉令、死亡证明来证实上述事实。

综上所述，刑事特别没收程序的证明对象是：（1）与特定犯罪行为存在实质关联的涉案财物的存在；（2）法律上有一个或数个被追诉的犯罪事实；（3）犯罪嫌疑人、被告人逃匿并被通缉一年或者死亡的情况。当然，以上证明对象仅针对检察院而言，对于被告人或其他利害关系人仅需证明：（1）对于财物的所有权；（2）财产来源的合法性。

二、证明标准

学界关于证明标准的讨论主要集中于以下三个方面：一是是否采用"案件事实清楚，证据确实、充分"的刑事证明标准；二是是否吸收国外没收证明规则的经验，采用推定制度及优势证据规则；三是是否需要区别检察机关与利害关系人的证明标准。

（一）是否采用刑事证明标准

刑事诉讼法第 282 条规定，人民法院经审理，对经查证的属于违法所得及其他涉案财产，除依法返还被害人的除外，应当裁定予以没收。此处的"查证"是否意味着刑事特别没收程序仍然保持刑事诉讼法第 53 条"证据确实、充分"的证明标准？学界对此存在一定的争论。

---

① 详见《人民检察院刑事诉讼规则（试行）》第 523 条，《关于适用〈中华人民共和国刑事诉讼法〉的解释》第 507 条。

② 陈亚琼：《刑事诉讼中程序法事实的证明责任》，湘潭大学 2011 年硕士论文。

部分学者①认为，刑事特别没收程序的证明标准应当与刑事诉讼法第53条保持一致。因为这符合我国诉讼程序的一贯传统，也符合程序正义的基本要求，可以更好地防止判决前财产没收程序的滥用，保障犯罪嫌疑人、被告人的财产权利。而且，刑事特别没收程序规定于刑事诉讼法之中，是刑事诉讼程序的组成部分，这是毋庸置疑的。因此，刑事特别没收程序自然要接受刑事诉讼基本原则的规范和约束。

另一部分学者则认为这一证据标准并不适宜，原因如下：其一，刑事诉讼法第53条规定的"案件事实清楚，证据确实、充分"是定罪标准，而刑事特别没收程序处理的核心是"财物"，恰恰是不以定罪为前提的。并且，"与人身权利和隐私相比，财产权利可以转化为货币，更易于进行救济"。② 其二，这一标准对于司法实务过于严苛。在犯罪嫌疑人、被告人死亡或者长期潜逃的前提下，侦查机关查清涉案款物去向往往会遇到各种障碍，事实上难以满足事实清楚、证据确实充分的要求。③

笔者赞同第二种观点。一方面，"案件事实清楚，证据确实、充分"作为我国传统证据标准的表述，一贯被理解为唯一结论的真实或百分之百客观真实、铁案等。从诉讼实务来看，严格按照此标准操作，不仅难以认定涉案财物，甚至许多应被惩处的犯罪都可能因为证据不足而无法得到认定。④ 另一方面，根据刑事诉讼法第53条的法条表述及文义理解，该证明标准仅适用于"认定被告人有罪和处以刑罚"的待证事项⑤，与刑事特别没收程序本质为"涉案财物的权利归属"大不相同。另外，我国新刑事诉讼法引入了"合理怀疑原则"来解释"证据确实、充分"。部分学者认为"排除合理怀疑"意味存在着"非绝对确定性"，即仅需要达到或然性的标准，刑事特别没收程序可采取这一标准，从而实现刑事证据规则的统一。

（二）是否采用优势证据原则

"优势证据"标准，即全案证据显示某一待证事实存在的可能性明显大于其不存在的可能性，就允许法官认定这一事实。正如一位国外学者所说："没收程序本质上是刑事的，但其证明标准则是民事的。"⑥ 当今世界，大多数国家在刑事没收程序中都采用"优势证据"规则。英国的《2002年犯罪收益追缴法》、美国的《民事财产没收改革法》、加拿大的《民事没收法案》、澳大利亚的《2002年犯罪收益追缴法》都在证明标准方面采用了优势证据或盖然性权衡。赞同使用"优势证据"标准的学者认为，这一标准可以解决实务中取证难的问题，并且作为大多数国家所采用的规则，有利于与国际接轨，便于开展国际合作。而持反对态度的学者认为，优势证据规则为民事证明规则，不应在刑事程序中使用；使用这一标准，或会使司法机关的权力失去节制而打开滥用之门，"进而使违法所得刑事特别没收

---

① 陈卫东：《论新〈刑事诉讼法〉中的判决前财产没收程序》，载《法学论坛》2012年第3期。
② 万毅：《独立没收程序的证据法难题及其破解》，载《法学》2012年第4期。
③ 陈振东：《适用刑事特别没收程序程序的四个问题》，载《检察日报》2012年8月6日第3版。
④ 周洪波、缪锌：《模糊的刑事证明逻辑——关于最高人民法院关于适用〈中华人民共和国刑事诉讼法〉的解释的证据规则评析》，载《西南民族大学学报》（人文社会科学版）2015年第1期。
⑤ 万毅：《独立没收程序的证据法难题及其破解》，载《法学》2012年第4期。
⑥ See Peter Alldridge：The Limited of Confisication, *Criminal Law Review*, 2011.

程序极有可能异化成一项掠夺民财的令人恐怖的工具"①。

笔者认为，刑事特别没收程序属于刑事诉讼程序是毋庸置疑的，其与犯罪事实的密切联系及其所属位置都证明了这一点。但是证明标准与程序性质并非不可分离。其一，刑事特别没收程序规定于"特别程序"一章，为了实现程序的预期效果，可以采用较为灵活的处理办法。民事没收标准虽有"民事"之称，却仍然可以保有刑事的制裁效果。其二，为了防止某些学者所指出的那样"为给被追诉人定罪而不加区分地没收财产，尤其是来源合法的涉案财产，确有侵犯公民宪法上的财产权之嫌"②，可以采取明显优势证据标准。尽管该证明标准相对于刑事标准较轻，但需要使法官达到涉案财物与特定犯罪行为之间实质性关联的内心心证，即达到高度盖然性标准。另外，根据相关司法解释，检察机关在移交申请书之前必须对反贪部门与公安部门移交的证据是否属实，是否能够充分证明申请没收财产属于违法所得进行查证。如此一来，在司法的层面就能够有效防止该程序被滥用及保障犯罪嫌疑人和被告人的财产权利。其三，我国刑事特别没收程序的相关法律已经做了维护犯罪嫌疑人、被告人合法财产权益的相关设计。其公告制度，上诉、抗诉制度，执行回转制度都能够预防一定的潜在风险。

（三）是否区别公权力与私权利的证明标准

根据《关于适用〈中华人民共和国刑事诉讼法〉的解释》第516条规定，刑事特别没收程序并未区分诉讼各方的证明标准，而是统一于"案件事实清楚，证据确实、充分"的证据标准。在中国裁判文书网上的《陈西受贿罪一审刑事裁定书》中，亦明确提及了"申请机关南通市人民检察院申请没收犯罪嫌疑人陈西受贿违法所得的事实清楚，证据、确实充分"。但是笔者认为，在检察机关沿用"案件事实清楚，证据确实、充分"的前提下，被告人、犯罪嫌疑人及利害相关人则应当降低其证明标准，使用"优势证据"标准，以体现刑事特别没收程序对财产权的尊重与保障。原因如下：

1. 刑事特别没收程序的程序设计并非普遍的"三方组合"形态，其控辩积极对抗与控辩平等在刑事特别没收程序这个"舞台"上是难以实现的。由于被告人、犯罪嫌疑人或奔逃在外或已经死亡无法介入调查及抗辩，而相关利害关系人只能在审判阶段方可介入，调查取证能力较弱。并且，在我国，私权利较公权力更难得到保障与张扬。两者实力不一，证明标准却相同，这是不公平的。

2. 刑事特别没收程序本就有"对物诉讼"的特征，而私权利的异议申请相较于公权力的没收申请，其追求的是民事财产权利，更类似于刑事附带民事诉讼，应当适用于民事诉讼的"优势证据"标准。

当然，个案中的证明活动远比书房中的要复杂得多。正如弗兰克所言："每一项法律纠纷都是独特和单一的，因此，法官不应过分地受僵化的一般概念和抽象原则的束缚。"在证明对象精细化与证明标准具体化的前提下，法官必须进行全面的考量和权衡，形成自己的内心确信，才能实现个案的正义。

① 邓立军：《违法所得刑事特别没收程序的潜在风险与控制》，载《法学评论》2015 年第 1 期。
② 孙煜华：《涉案财产没收程序如何才能经受住宪法拷问》，载《法学》2012 年第 6 期。

三、证明程序

(一) 证明程序的启动

一般刑事犯罪案件是通过刑事立案开始侦查取证。刑事没收程序的启动,从理论上说有两种,一种是刑事立案后发现犯罪嫌疑人逃匿或死亡的;另一种是犯罪嫌疑人先于刑事立案而逃匿或死亡的。对第一种情况,过去办案机关是通过追缴赃款赃物、违禁品的方式处理款物,对死亡的终止追诉,对逃匿的将案件挂起来。所以,刑事没收程序的实施,还需要办案机关提高认识,改变不规范的原有做法,依照法律的有关规定,若人民法院已在审理的,应当在人民法院裁定中止审理后由检察院向人民法院另行提起没收违法所得的申请,若尚未到达人民法院审理程序的,应当立即启动违法所得没收程序。

而对于第二种,亦即刑事立案之前已经知道涉案人逃匿或者死亡的情况,则需要探讨的是:第一,对于涉案人已经逃匿的,是立一个案件还是立两个不同的案件?这里存在针对刑事犯罪的立案和刑事特别没收程序的立案两种情况。针对刑事犯罪的立案,按照现行程序设计,在犯罪嫌疑人归案之前,是采用程序悬挂、搁置方式处理的。而刑事特别没收程序在此时则需要启动,是否需要单独立案?之所以提出两个立案问题,是因为两个程序处理的事项不同,刑事立案是对人程序,刑事特别没收程序立案是对物程序。第二,对于犯罪嫌疑人已经死亡的刑事案件,依据现行刑事诉讼法是不再立案的。但显然不立案就无法启动刑事特别没收程序,所以至少需要针对需要没收的涉案财物启动刑事特别没收程序的立案程序。

上述两种情况有一个共同点,就是无论刑事案件是否立案,刑事特别没收程序都必须启动并独立运行。从这个意义上讲,刑事特别没收程序具有单独立案的必要性,只是这种立案的阶段,与刑事案件的立案未必同步,许多时候是对刑事案件不能立案或不能继续推进的程序接续。

刑事特别没收程序的立案条件应当是:一是有犯罪事实且属于法律规定的特定罪名;二是有需要没收的涉案财产;三是犯罪嫌疑人逃匿或者死亡。

(二) 证明手段的运用

刑事特别没收程序无论从哪个诉讼阶段启动,都必然会涉及对涉案财物的搜查、扣押、查封、冻结等对物强制手段的运用。该程序是对物的程序,与一般刑事诉讼程序对人采用的刑事强制措施不同,对物只能用搜查、查封、扣押、冻结等措施。在此类犯罪的查处上,涉案财产既是证明对象,又是证明犯罪的证据,还是法院生效裁判执行的标的。

在实体上尚未有生效裁判确认涉案人犯罪的情况下,对物采取措施可能会面临如下困难:一是涉案人亲属的强烈抵制;二是侦查机关采取强制性措施的依据可能不充分;三是如果不强调依据,可能会导致侦查机关的滥权。为了解决上述问题,可考虑在操作层面做些改进,因此提出以下两点建议:

第一,明确对物进行强制措施的标准及时间限制。对物采取及时、有效、合理的强制措施是后续没收的前提。我国刑事诉讼法对刑事特别没收程序侦查阶段对物的强制没收没有进行详细的规定。此处可借鉴国际通行做法，并参考巨额财物来源不明犯罪的相关规定，对于符合下列条件：被告人行为涉嫌构成犯罪；被告人及其近亲属所拥有的财产、支出明显超出其合法收入，且差额巨大；该财产与本案有实际联系。即可采取强制措施。办案机关应将采取强制措施的情况及时告知其近亲属或其他利害关系人。若涉案人亲属反应强烈，应对其进行说服教育，若仍拒绝交出应当查封、扣押财产，办案机关可以强制查封、扣押。若犯罪嫌疑人近亲属隐藏、转移、变卖、故意毁损已被司法机关查封、扣押、冻结的财产，情节严重的，则可依法追究犯罪嫌疑人近亲属的刑事责任。为了在侦查过程中维护相关利害关系人的权益，应当严格规定采取强制措施的时间界限。该时间界限可以参考一般刑事诉讼程序，如在合理期限内公安机关未向人民检察院移交没收违法所得意见书，或人民检察院作出不提出没收违法所得申请的决定，应当及时解除强制性措施或者强制性措施自动失效。

第二，增设对物的强制性措施审查制度。在司法实务中，检察机关可以对公安机关的查封、扣押等强制性措施进行监督。在检察机关自行采取对物强制性措施的情况下，如果仍然采用自我审查监督的办法，则不利于保护当事人的私有财产权。因此，可考虑在遵循2010年《人民检察院扣押、冻结涉案款物工作规定》的前提下，建立检察机关内部的报备审查制度，即下级检察院采用对物强制性措施的，应向上级检察院申报备案，上级检察院对其合法性及处理情况进行审查、监督。

（作者单位：暨南大学法学院）

非法证据排除程序中的证明标准问题

刘方权　宋灵珊

　　所谓证明标准，是指承担证明责任的诉讼一方对待证事实的论证所达到的真实程度。[①] 在诉讼中，当事人或者检察机关要获得有利于自己的裁决，需要提出证据证明到特定法官的心证程度或者特定事实、证据状况，即达到一定的证明程度或标准。[②] 由于长期以来中国刑事诉讼程序中非法证据排除规则的阙如，对于程序性事实的证明问题，法律也没有确立专门的证明标准，[③] 有关证明标准的讨论几乎完全集中于实体性事实的证明，而在程序性事实的证明标准问题的讨论上几乎失声，大多只是在涉及证明标准问题的时候简单地带过。即使承认程序性事实证明标准的复杂性，[④] 也并未深入讨论程序性事实证明标准为何复杂？如何复杂？与实体性事实的证明标准差异何在？2012 年修正的刑事诉讼法正式确立了非法证据排除规则，以取证程序的合法性为核心的程序性证明之重要性开始突显，与此相关的程序法证明标准问题随之也呈现在理论研究者和司法实践人员的面前，特别是证据合法性的证明标准问题更值得我们关注。

一、启动非法证据排除程序的证明标准——合理怀疑

　　"谁主张、谁举证"是证明责任分配的基本原则，但在非法证据排除程序中，基于对国家权力行使正当性的要求，以及被告人的诉讼地位、诉讼权利及取证能力等因素的限制，证明责任的分配实行证明责任转移的原则。根据刑事诉讼法第 56 条第 2 款规定，申请排除以非法方法收集的证据的，应当提供相关线索或者材料。在辩方申请排除非法证据的案件中，辩方承担初步的证明责任，需要就侦查行为的违法性提供证据或者线索。[⑤] 在非法证据排除程序正式启动以前，辩方不仅要提出相关证据系非法取得的主张，还必须提出非法取证的人员、时间、地点、方式、内容等相关线索或材料，质言之，还应当提供一定的证据来证明其主张，以说服法庭正式启动非法证据排除程序。本款规定为辩方申请启动正式的非法证据排除程序设置了一道门槛，由此我们需要追问，辩方提出的线索或材料要达到什么样的程度才足以使法庭启动非法证据排除程序，抑或说辩方此时要达到的证明标准为何？

　　设立非法证据排除程序启动门槛的目的在于防止辩方随意启动证据合法性审查程序，

　　① 陈瑞华著：《刑事证据法学》，北京大学出版社 2012 年版，第 244 页。
　　② 张建伟著：《证据法要义》，北京大学出版社 2009 年版，第 381 页。
　　③ 陈瑞华著：《刑事证据法学》，北京大学出版社 2012 年版，第 253 页。
　　④ 樊崇义主编：《证据法学》（第五版），法律出版社 2012 年版，第 358 页。
　　⑤ 陈瑞华著：《刑事证据法学》，北京大学出版社 2012 年版，第 253、297 页。

拖延审理期限，耗费有限的司法资源。① 但需要注意的是，倘若对启动标准的把握过于严苛则有可能使得非法证据排除程序的启动变得异常艰难，甚至有把非法证据排除规则束之高阁的可能。特别是在律师介入侦查程序有限、侦查程序几乎完全封闭的情况之下，若对辩方取证程序非法的证明标准过高，着实有点强人所难。然而若不设立一定的启动门槛，完全采取证明责任倒置的原则，又无法确保排除一些被告人及其辩护人对非法证据排除规则的"策略性运用"，拖延诉讼程序的进行。于是，从平衡被告人个人权利与诉讼效率的角度出发，立法对非法证据排除程序的启动设置一定的标准实乃人之常情，需要进一步讨论的是这一标准的把握与实践问题。陈瑞华教授认为，被告人为启动非法证据排除程序所承担的证明责任，需要达到令法官对侦查行为合法性产生疑问的程度，法官才能启动正式的非法证据排除程序，② 最高人民法院《关于适用〈中华人民共和国刑事诉讼法〉的解释》（以下简称《解释》）第 99 条、第 100 条实际上也作出了这样的规定。③ 那么，如何才能令法官对侦查行为的合法性产生疑问呢？我们认为，判断辩方提供的线索或材料是否达到了令法官对侦查行为合法性产生疑问的程度可以从以下几个角度来理解：

第一，被告人及其辩护人提出的线索或者材料本身是否具体。对辩方所提供线索或者材料具体化的要求一方面可以限制其对申请权的滥用；另一方面也可为法官分析判断是否存在非法取证的可能提供相关的参考。试举之，如果被告人及其辩护人只是泛泛地提出某项证据系非法取得，侦查人员对被告人进行了刑讯逼供、威胁、引诱、欺骗，但并未具体地提出非法取证人员的姓名、身份，或者体貌特征、如何威胁、以何好处来引诱、欺骗的内容等，则难以使法官对相关证据的合法性产生质疑。反之，如果辩方提供的线索或材料所包含的信息相当具体、丰富，甚至具有特别的针对性，如非法取证人员的体貌特征、语言（包括口音）风格、行为习惯、非法取证时特定的时空环境、侦查人员与其之间的互动情形等，即使没有其他证据材料对这些线索材料进行印证，也足以使法官对取证过程的合法性产生疑问。

第二，被告人及其辩护人在提出排除非法证据申请时有无提供相关证据。虽然在当前几乎完全封闭的侦查程序内，由于大部分被告人均被羁押，因此要求被告人提供侦查人员非法取证的证据较为困难。但对于刑讯逼供而言，由于被告人本身不仅是刑讯逼供的作用对象，同时也是非法取证行为证据的重要载体。如果辩方提出其口供系侦查人员刑讯逼供的结果，那么他不仅会描述侦查人员刑讯的时间、地点、手段、方式，更重要的是他还会向法庭展示刑讯逼供的后果——在其身体上留下的伤痕、带血的衣物等，还可要求法庭向

---

① 相关论述参见吕广伦等：《〈关于办理刑事案件排除非法证据若干问题的规定〉理解与适用》，载《人民检察》2010 年第 16 期；杨宇冠：《论中国特色的非法证据排除规则》，载卞建林、杨宇冠主编：《非法证据排除规则实证研究》，中国政法大学出版社 2012 年版，第 269 页。

② 陈瑞华著：《刑事证据法学》，北京大学出版社 2012 年版，第 253 页。杨宇冠教授认为，由于多数被告人在被起诉至法院前处于羁押状态，且其自身能力有限，很难获得证明存在非法取证行为的证据。因此，对其提供的相关信息证明标准要求也不宜过高，只需达到使法庭对取证行为是否合法存在合理怀疑的程度即可。参见杨宇冠：《论中国特色的非法证据排除规则》，载卞建林、杨宇冠主编：《非法证据排除规则实证研究》，中国政法大学出版社 2012 年版，第 269 页。

③ 《解释》第 99 条规定，在开庭审理前，如果对证据收集的合法性有疑问的，人民法院应当依照刑事诉讼法第 182 条第 2 款的规定召开庭前会议，就非法证据排除等问题了解情况，听取意见。第 100 条规定，在法庭审理过程中，对证据收集的合法性有疑问的，应当进行调查。

看守所调取入所时的身体检查登记表等证据，这也是目前绝大多数提出被刑讯逼供的被告人都会采取的措施。反之，如果一方面辩方提出被刑讯逼供，但另一方面却不能描述遭受刑讯逼供的具体细节，也未提出任何相关的证据，自然很难使法官对取证行为的合法性产生质疑，因而拒绝辩方启动非法证据排除程序的申请。

二、证据合法性证明标准二重性的导出

在法庭认为辩方提出的排除非法证据申请及相关线索材料足以使其对取证程序的合法性产生合理怀疑后，根据证明责任转移原则，控方需要承担证明系争证据合法性的证明责任。为此，刑事诉讼法第 57 条第 1 款规定，人民检察院应当对证据收集的合法性加以证明。但是，至于检察机关对证据收集的合法性证明应当达到何种程度，刑事诉讼法却并未作明文规定。我们认为，虽然刑事诉讼法并未直接规定证据合法性证明的标准，但是刑事诉讼法第 58 条"对于经过法庭审理，确认或者不能排除存在本法第五十四条规定的以非法方法收集证据情形的，对有关证据应当予以排除"之规定间接地对证据合法性的证明标准进行了反向规定，并且是一个有高低之分的双重标准——"确认（非法）"或者"不能排除（非法）"，而非单一性标准。[①] 由于该条只规定了法院在何种情形之下可以将非法证据排除，而辩方在承担启动非法证据排除程序的证明责任之后，并不需要承担证明系争证据非法的证明责任，同时作为控方的检察机关显然不会主动去证明证据的非法性。因此在证明责任转移之后，只有将非法证据排除的标准进行逻辑转换后才能形成相应的证据合法性证明标准，质言之，必须将刑事诉讼法第 58 条规定的"确认（非法）"或者"不能排除（非法）"转换成检察机关对证据合法性的证明必须达到的相应程度。

在将排除非法证据的标准进行转换之后，检察机关对证据合法性的证明标准也相应出现，即对应于"确认（非法）"情形的"可能（合法）"标准，和对应于"不能排除（非法）"情形的"确实（合法）"标准。从逻辑上说，"可能（合法）"与"不能排除（非法）"之间存在着交叉甚至重叠关系，因此从逻辑上可以进一步推导出中国刑事诉讼中的证据合法性证明标准只有"确实、充分"的结论。但从刑事诉讼法第 54 条、第 58 条以及《关于办理刑事案件排除非法证据若干问题的规定》（以下简称《排除非法证据规定》）第 11 条的表述分析，应当坚持证据合法性证明标准二重性的理解。

申言之，刑事诉讼法第 54 条规定的证据类型包括两类，即言词证据（犯罪嫌疑人、被告人供述，被害人陈述，证人证言）和物证、书证。[②] 从法条内容上分析，对于非法收集的言词证据，实行的是绝对排除原则，即只要是通过刑讯逼供等非法手段获取的供述和通过

[①] "确认（非法）"与"不能排除（非法）"是两个存在程度高低之分的标准。从逻辑上而言，当"不能排除"系争证据存在非法取证情形，该证据即应当予以排除时，"确认"该证据系非法取证行为的结果时应予排除之规定似乎就是一句废话。但是，在将"确认（非法）"或者"不能排除（非法）"转换成证据合法性证明的双重标准之后，则为我们更好地理解第 58 条的规定提供了一种可能。

[②] 关于本条所指的物证、书证我们认为应当作广义的理解，而不应仅限于刑事诉讼法第 48 条第 1、2 项所规定的狭义上的"物证"、"书证"，因为从法理的层面而言，勘验、检查、辨认、侦查实验笔录，视听资料、电子数据等证据种类同样必须具备合法性要求，同时从实践的层面而言，这些种类的证据获取过程中，同样存在非法取证的情形。因此，我们更倾向于将刑事诉讼法第 54 条所规定的"物证、书证"作为一个与"言词证据"相对应的广义概念。

暴力、威胁手段获取的证人证言、被告人供述，都应当予以排除。而对于违反法定程序收集的物证、书证，实行的是裁量排除原则，即除了要求收集物证、书证的程序违法之外，还要符合"可能严重影响司法公正"之规定，并且对违法取证程序"不能补正或者作出合理解释"时才应当予以排除。据此可以明确看到立法在对待非法言词证据和非法物证、书证方面价值选择的差异，即在对待言词证据问题上"重过程"，只要收集程序违反了相关禁止性规定，就必须将其排除；在对待物证、书证问题上"过程与结果并重"，收集物证、书证的程序违法，只是排除的必要条件，但并非充分条件，同时还要求该证据可能导致的"结果"——"可能严重影响司法公正"，并且"不能补正或者作出合理解释"。

诚然，刑事诉讼法第 54 条与第 58 条之间的立法逻辑只是我们作出上述解释的理由之一，即使不考虑第 54、58 条之间的立法逻辑，回到言词证据与物证、书证两种证据类型的特性上，也可以大致得出相同的结论。言词证据是一种主观性较强的证据，作证的主体（犯罪嫌疑人、被告人、被害人、证人）容易受到外界因素（如暴力、威胁、引诱、欺骗等）的影响，从而在非自愿的状态之下提供虚假的言词证据。而物证、书证相对而言是一种客观性较强的证据，收集程序违法通常并不会影响和改变物证、书证的客观性。同时，由于物证、书证通常都具有不可替代性，一旦被排除，就没有其他证据可以替代。于是，出于个人权利保障与犯罪控制平衡的需要，刑事诉讼法第 58 条对于涉嫌存在非法收集情形的言词证据和物证、书证分别设立了不同的排除标准。此外，《排除非法证据规定》第 11 条仅规定了检察机关对供述证据合法性的证明标准应当达到"确实、充分"的程度，整个《排除非法证据规定》都未对物证、书证等证据的合法性证明标准作出规定。我们认为，无论是刑事诉讼法第 54 条在对待两种证据类型如何排除问题上存在价值选择差异，还是根据两种类型证据特性的不同，以及《排除非法证据规定》第 11 条对供述证据合法性证明标准的明确和对物证、书证合法性证明标准的忽略，都能够说明根据刑事诉讼法第 58 条规定所导出的证据合法性证明标准的二重性。由此导出的证据合法性之双重证明标准"可能（合法）"和"确实、充分（合法）"是一个较为合理的证据合法性证明标准体系，较好地解决了单一标准的局限性。我们认为，就目前中国刑事诉讼的实践而言，单一的"可能（合法）"标准，即使理解为一种盖然性优势证明，也难免因为证明标准过低而削弱非法证据排除规则在遏制非法取证行为上的效果之虞。而单一的"确实、充分（合法）"标准则难免因为证明标准过于片面，而导致或者放纵犯罪，抑或有规则被漠视和架空的危险。以实践的维度观之，需要进一步讨论的问题是，在立法设立了双重标准，并把适用何种标准的自由裁量权赋予法庭时，双重标准应当如何适用，即何种情形之下适用"可能（合法）"的标准，何种情形之下适用"确实、充分（合法）"的标准。

三、证据类型化之证明标准的界分

（一）言词证据合法性的证明标准——确实、充分（确认合法）

从比较法的角度来看，一些确立了非法证据排除（禁止）规则的国家，在证据合法性的证明标准问题上确实也并无完全一致的规定。英国、日本等国适用的是"排除合理怀疑"的标准，如英国 1984 年警察与刑事证据法第 76 条规定，如果被告方向法庭提出供述是通过该条第 2 款所列举的禁止方式（包括刑讯、不人道或者降低待遇、暴力威胁等）取得的，除非控诉一方向法庭证明该供述的获得并未采取上述途径，且这种证明要达到排除合理怀疑的程度，否则，法庭应排除该供述。[①] 又如日本刑事诉讼法第 319 条第 1 款规定，出于强制、拷问或者胁迫的自白，在经过不适当的长期扣留或者拘禁后的自白，以及其他可以怀疑为并非出于自由意志的自白，都不得作为证据。对于任意性有疑问的自白，即使是被告人同意，也不能作为证据。[②] 美国的情形则更为复杂，在莱戈诉图米案（Lego v. Twomey）中，联邦最高法院认为，对供述自愿性的证明不需要达到排除合理怀疑的程度，只需要优势证据即可，但是联邦最高法院并未在全美范围内强制推行这一标准，而是让各州根据自己的法律自由决定是否采用更高的标准。[③] 德国刑事诉讼法中也没有对证据合法性证明标准作出明确规定，对此少数人认为应当适用定罪所需要的证明标准，对于证据可采性的任何合理怀疑，都会导致证据的排除，但德国联邦上诉法院则认为只有发生违法行为在可能性上占优势时才排除证据，[④] 质言之，根据德国联邦上诉法院的判决可以认为，控方对证据合法性的证明必须达到优势证据的标准。

具体到中国的刑事诉讼立法与实践中，"确实、充分"是刑事诉讼中的最高证明标准，根据刑事诉讼法第 53 条第 2 款之规定，所谓"确实、充分"是指案件事实都有证据证明，据以定案的证据均经法定程序查证属实、综合全案证据，对所认定事实已排除合理怀疑。这一标准通常被认为是对被告人作出有罪判决时的证明标准，而对于该标准是否同样适用于对证据合法性的证明，在刑事诉讼法中并未明确规定，理论研究者对此莫衷一是。试举之，一些主流的证据法学教科书认为，对于被告人提出的刑讯逼供问题，控方需要提出证据证明被告人的伤情与其供述犯罪无关，而且这种证明只需达到优势证明即可；[⑤] 还有一些论者虽然承认"确实、充分"的证据合法性证明标准如果能够得到严格的贯彻实施，将起到很好的排除非法证据的效果，促进侦查观念与侦查模式转型的良好意愿，但是，又对这一高标准可能使规则被规避，从而无法得到有效实施的结果表示担忧。[⑥] 根据《排除非法证据规定》第 11 条"对被告人审判前供述的合法性，公诉人不提供证据加以证明，或者已提供的证据不够确实、充分的，该供述不能作为定案的根据"之规定，可以认为，至少在供述证据的合法性问题上，证明标准与对案件的实体性事实一样，适用的都是"确实、充分"的证明标准。

（二）实物证据合法性的证明标准——盖然性优势（可能合法）

在诉讼认知中，"确认"是证明的最高标准，通常被认为是人类认知几乎难以企及的高

---

① ［英］艾伦著：《英国证据法实务指南》（第四版），王进喜译，中国法制出版社 2012 年版，第 228 页以下。

② ［日］田口守一著：《刑事诉讼法》（第五版），张凌、于秀峰译，中国政法大学出版社 2010 年版，第 300 页。

③ 相关论述可以参见杨宇冠著：《非法证据排除规则研究》，中国人民公安大学出版社 2002 年版，第 121～122 页。

④ ［德］托马斯·魏根特著：《德国刑事诉讼程序》，岳礼玲、温小洁译，中国政法大学出版社 2004 年版，第 201～202 页。

⑤ 樊崇义主编：《证据法学》（第五版），法律出版社 2012 年版，第 359 页。

⑥ 例如，杨宇冠教授认为，如此严格的证明要求可能使公诉方感到很困难，更好的标准是，公诉方只要能够针对被告人的申请提出反驳意见，证明被告人所宣称的情况不存在或者不合情理即可，参见杨宇冠：《论中国特色的非法证据排除规则》，载卞建林、杨宇冠主编：《非法证据排除规则实证研究》，中国政法大学出版社 2012 年版，第 270～271 页。

度，由是，诉讼中很少将"确认"作为证明的标准，即使是有罪判决的标准也只是"排除合理怀疑"。从逻辑上而言，"确认"的外延相当明确，因此外延的任何模糊都会使"确认"无法成立，从而变成"无法确认"。由此观之，当以"确认（非法）"作为排除非法证据的标准时，检察机关对证据合法性的证明只需达到"可能（合法）"的程度，即可模糊"确认"的外延，使法官无法"确认"证据的非法性，从而完成控方对证据合法性的证明责任。但是，我们认为，"可能"作为一种未然状态的主观判断，其程度有高有低。那么，在此的"可能"究竟应当是何种高度上的判断，必须放在刑事诉讼的具体语境当中来理解，而不能是一般意义上的讨论。基于非法证据排除规则确立的目的——制约国家权力、保障个人权利——视角进行考虑，正如陈瑞华教授所指出的那样，"凡是检察机关承担证明责任的场合，法律会确立较高的证明标准"。[1] 不仅如此，当证明标准更多地取决于法官的自由裁量，同时由检察机关承担证明责任时，也应当作更为严格的理解，"法庭认可控方证据合法性的证明标准一定高于肯定辩方质疑的证明标准"。[2] 从这一意义上来说，当辩方申请启动非法证据排除程序的证明标准为"合理怀疑"时，对于"可能（合法）"之可能程度就绝非最低水平上的可能，而至少是相对"更有可能"，即检察机关对证据合法性的证明至少应当达到"优势证据"的高度，才能认定其"可能（合法）"。[3]

行文至此，我们认为从立法逻辑的系统性而言，可以将该双重标准分别对应于两种不同的证据类型，借此实现惩罚犯罪与保障个人权利之平衡。针对言词证据适用"确认合法"之标准，即如果不能排除其收集过程存在"刑讯逼供、威胁、引诱、欺骗"等非法情形的，该言词证据则应予以排除；而针对物证、书证则采取"可能合法"之标准，只有确认该物证、书证的收集违反了法定程序，才需要进一步考虑其是否可能严重影响司法公正，以及是否可以采取补正措施或进行合理解释，从而将其排除的问题。非法证据证明标准的二重性不仅避免了单一"确实、充分"之标准操作的局限性，使得非法证据排除规则在司法过程中更具操作性，同时也更好地平衡了刑事诉讼之惩罚犯罪与保障人权的关系。

（作者单位：福建师范大学法学院）

---

[1]　陈瑞华著：《刑事证据法学》，北京大学出版社 2012 年版，第 246 页。

[2]　刘昂著：《遏制刑讯逼供的理论与实践》，中国人民公安大学出版社 2012 年版，第 268 页。

[3]　主流的《证据法学》教科书认为，对于司法机关来说，对涉及限制公民权利的程序性事实的证明，应当适用盖然性优势的标准，因为司法机关有责任保证诉讼程序依法进行或者有事实根据。参见樊崇义主编：《证据法学》（第五版），法律出版社 2012 年版，第 358 页。

浅谈贪污、受贿罪定罪量刑标准的立法完善

吕淑琴　董　辉

《刑法修正案（九）》尚未实施，当前我国关于贪污、受贿罪仍主要以数额论：数额10 万元以上的，处 10 年以上有期徒刑直至死刑；数额在 5000 元以上不满 5 万元的，处 1年以上 7 年以下有期徒刑；情节严重的，处 7 年以上 10 年以下有期徒刑；数额在 5000 元以上不满 1 万元，犯罪后有悔改表现、积极退赃的，可以减轻处罚或者免予刑事处罚，由其所在单位或者上级主管机关给予行政处分；数额不满 5000 元，情节较重的，处 2 年以下有期徒刑或者拘役；情节较轻的，由其所在单位或者上级主管机关酌情给予行政处分。

《刑法修正案（九）》第 44 条将刑法第 383 条修改为："对犯贪污罪的，根据情节轻重，分别依照下列规定处罚：（一）贪污数额较大或者有其他较重情节的，处三年以下有期徒刑或者拘役，并处罚金。（二）贪污数额巨大或者有其他严重情节的，处三年以上十年以下有期徒刑，并处罚金或者没收财产。（三）贪污数额特别巨大或者有其他特别严重情节的，处十年以上有期徒刑或者无期徒刑，并处罚金或者没收财产；数额特别巨大，并使国家和人民利益遭受特别重大损失的，处无期徒刑或者死刑，并处没收财产。

对多次贪污未经处理的，按照累计贪污数额处罚。

犯第一款罪，在提起公诉前如实供述自己罪行、真诚悔罪、积极退赃，避免、减少损害结果的发生，有第一项规定情形的，可以从轻、减轻或者免除处罚；有第二项、第三项规定情形的，可以从轻处罚。

犯第一款罪，有第三项规定情形被判处死刑缓期执行的，人民法院根据犯罪情节等情况可以同时决定在其死刑缓期执行二年期满依法减为无期徒刑后，终身监禁，不得减刑、假释。"

虽然已经将"数额"与"情节"并重，设置更为科学合理。但关于数额"较大"、"巨大"、"特别巨大"依然没有明确标准，司法实践中依然可能会引起争议。另外，此次《刑法修正案（九）》未将贪污罪与受贿罪分立，笔者认为也是一大遗憾。

一、贪污受贿犯罪定罪量刑标准之反思

无论《刑法修正案（九）》是否颁布实施，我国关于贪污受贿犯罪一直采取"定性加定量"，即法律在规定贪污罪、受贿罪的行为性质与行为方式的同时，将具体的数额和情节作为成立犯罪的条件予以规定的立法模式。虽与部分大陆法系和英美法系定性不定量的立法模式不同，但结合我国立法传统及思想文化，笔者认为"定性加定量"的立法模式符合我国国情，真正的问题在于其制定设计是否科学合理。《刑法修正案（九）》颁布后，一定程度上解决了贪污、受贿罪定罪量刑"唯数额论"的弊端，但仍然还有进一步探讨和完善的空间。

《刑法修正案（九）》颁布后，关于数额"较大"、"巨大"、"特别巨大"依然是一个概括性的标准，其具体数额依然有待确定，再考虑到我国各地经济发展水平的差异，该具体数额的确定依然是一个棘手的问题，但该具体数额的确定从司法适用的角度增强了司法的可操作性，有助于更有效地遏制贪污贿赂犯罪。

《刑法修正案（九）》立法说明中提到，贪污受贿犯罪具体定罪量刑标准可由司法机关根据案件的具体情况掌握；或者由最高人民法院、最高人民检察院通过制定司法解释予以确定。当然还可以由立法机构对此进行立法解释，如由全国人大常委会对刑法中贪污受贿犯罪的"数额较大"、"数额巨大"、"数额特别巨大"进行明确。可见，如何明确贪污受贿犯罪定罪量刑的具体数额标准，可有以下三种方式供选择：一是由司法机关根据案件的具体情况掌握；二是由最高人民法院、最高人民检察院制定司法解释予以确定；三是由全国人大常委会制定立法解释予以确定。

笔者认为，贪污受贿犯罪具体定罪量刑标准由司法机关根据案件的具体情况掌握是不可行的，这相当于授予了具体不特定办案司法机关认定数额较大、数额巨大、数额特别巨大的不受限制的自由裁量权，不利于统一法律适用标准和规范法官裁量权，必然会出现同罪不同刑、量刑失衡、量刑不统一等问题，这与遏制腐败的刑罚目的背道而驰，是不可取的。

如果以立法解释对贪污受贿犯罪具体定罪量刑标准予以确定，首先应详细研究一下立法法，根据立法法的精神，贪污受贿犯罪法条中"数额较大"等概括数额的具体适用标准，其既不属于法律制定后出现新的情况，需要明确适用法律依据的情况；也不属于法律的规定需要进一步明确具体含义的情况。换句话说，"数额较大"、"数额巨大"、"数额特别巨大"等并不是其含义不够明确，而是其认定标准需要细化，以便适用于司法实践。因此，笔者认为以立法解释对贪污受贿犯罪具体定罪量刑标准予以确定也有不妥。

结合我国司法实践经验，以往挪用公款罪、盗窃罪、诈骗罪等犯罪的具体数额标准之认定，都是由国家最高司法机关颁布司法解释明确相对确定的幅度，再授权省级司法机关根据本地区实际情况在司法解释规定的数额幅度内确定本地区执行的具体数额标准。这是一种成熟并且适合我国国情的模式，笔者认为对贪污受贿犯罪具体定罪量刑标准也可采取此种方式，即由各省、自治区、直辖市高级人民法院、人民检察院可以根据本地区经济发展状况，并考虑社会治安状况在前款规定的数额幅度内，确定本地区执行的具体数额标准，报最高人民法院、最高人民检察院批准。

具体数额幅度，笔者认为不应参照当前5000元、5万元、10万元标准，而应该结合当前的经济社会发展水平、通货膨胀、腐败案件最新特点等情况综合考虑，有较大幅度的提高和调整，从而避免当前10万与1000万甚至更多犯罪数额一个量刑幅度的尴尬。

二、关于贪污、受贿犯罪分立的思考

此次《刑法修正案（九）》仅明确了"情节与数额"并重的量刑标准，但贪污罪与受贿罪虽都侵犯了国家工作人员职务的廉洁性，但其实存在较大的差异，如能分立，笔者认为将更为科学合理。

首先，从犯罪构成上看，贪污罪侵犯了国家工作人员职务的廉洁性，也侵犯了公共财产的所有权，而受贿罪仅侵犯国家工作人员职务的廉洁性，两者的犯罪客体不尽相同。其次，犯罪数额引起的两罪社会危害程度不同。贪污罪的社会危害性在很大程度上是通过贪污数额来体现的，及时退还或退缴赃款也能在客观上降低贪污行为的社会危害程度。但受贿罪的社会危害性是受贿数额难以完全反映的，在同等数额相同的情况下，受贿犯罪中，国家工作人员是否为他人实际谋取了非法利益，是否给他人甚至国家造成了其他损失等。更多的是要通过受贿的情节、危害后果、违法的程度等因素来综合判断，社会危害性是不同的。

刑法有根本目的与直接目的。刑法的根本目的在于维护社会基本秩序。犯罪在本质上是一种严重侵犯社会基本秩序的行为，刑法则是维护社会秩序稳定的基本手段，因此维护社会基本秩序当然成为刑法的根本目的。刑法的直接目的包括法益保护、防止犯罪、刑罚权的确认以及刑罚权的限制四种。现代刑法在强调社会保护的同时，亦注重人权保障，这就意味着刑法既是全体社会成员的规范，也是国家权力的规范。因此，刑罚只有被限定在公正合理的界限内，才能更好地实现刑法的目的。

现行刑法对于贪污受贿犯罪的规定存在明显的滞后性，依据刑法对行为人处以相应的刑罚超越了行为人应当承受的刑事责任，严重损害了刑法人权保障的目的。现行刑法规定的贪污受贿犯罪的定罪量刑标准与社会发展的现实不符，不能对贪污受贿犯罪处以适宜的刑罚，难以在公众心目中树立威信；对犯罪人本人而言，不公正的刑罚不利于犯罪人自身的反省和改造，不利于维护社会秩序的稳定，最终影响刑法根本目的的实现。

另外，受贿行为往往在比较隐蔽的场所进行，受贿人与行贿人作为利益共同体很难被发现，这导致受贿罪的侦查难度更大。与受贿罪不同，由于犯罪对象的特殊性，对于侦破来说相对受贿犯罪要容易很多。

因此，笔者建议贪污罪与受贿罪分立，对不同的犯罪适用不同的标准，对贪污罪起点数额的设置应高于受贿罪，相同数额等级内贪污罪的量刑档次应低于受贿罪。

三、结语

当前我国在全球范围内的清廉指数排名依然靠后，这也说明我国当前腐败问题依然较为严重，这也与公民的切身体会相符。贪污受贿是当前最典型、最严重、最频发，社会关注度最高的腐败犯罪。能否有效回应民众严惩腐败的正义诉求，全面推进反腐倡廉的具体行动和制度建设，已经成为考验新一届领导执政能力的重大政治问题。在此大背景下，进一步健全贪污受贿犯罪的法律制度显得尤为重要。

（作者单位：辽宁省诉讼法学会；辽宁恒敬律师事务所）

比较法视野中的未决羁押撤销、变更机制探析[*]

罗海敏

刑事诉讼中的未决羁押，或直接称为羁押①，是指在法院作出生效裁判之前暂时剥夺犯罪嫌疑人、被告人人身自由的强制措施。作为最严厉的一项强制措施，未决羁押的适用应当受到严格控制，以确有必要为前提和基准。在未决羁押的适用过程中，一旦其适用条件消失或变更，即产生对其予以撤销或变更的必要。从域外各国相关立法规定与实践做法来看，合理、有效的未决羁押撤销、变更机制是犯罪嫌疑人、被告人权利保障制度不可或缺的重要组成部分。

一、未决羁押撤销、变更机制的理念基础解读

未决羁押的撤销，是指因适用不当或不再具备适用必要性而将未决羁押予以撤销的行为；未决羁押的变更，则是指将已经适用的未决羁押变更为另一种强制措施。②

从根本上来说，未决羁押撤销、变更机制是建立在严格限制未决羁押适用的基本理念之上的。"在确保诉讼程序的措施中，羁押是对个人自由影响最严重、深远的侵害。"③ 鉴于未决羁押措施对公民基本权利的严重干预程度，同时也是因为未决羁押与无罪推定原则之间的高度紧张关系，在现代各国刑事诉讼中，严格限制未决羁押的适用，尽可能采取非羁押性措施替代羁押性措施的基本理念已获得普遍认同。具体而言，严格限制未决羁押适用的基本理念包括未决羁押适用应当遵循的法定原则、例外原则、比例原则、司法审查原则、权利保障与救济原则等，这些原则也是确立未决羁押撤销、变更机制的基础所在。

未决羁押适用的法定原则，是指未决羁押的相关事项，包括适用理由、条件、范围、程序等，应当由法律事先明确规定，在具体适用中应当严格遵循法律的预先规定。联合国《公民权利和政治权利国际公约》第 9 条第 1 款规定是未决羁押法定原则的直接体现，该款

* 本文系 2015 年度国家法治与法学理论研究项目"未决羁押的撤销、变更机制研究"（项目编号：15SFB3019）阶段性成果之一。

① 多数国家将羁押与逮捕、拘留相区别：羁押侧重于对适用对象人身自由一定期限的剥夺，是与非羁押性措施相对应存在的；而逮捕或拘留的作用主要是出于强制到案的目的而短时间拘禁被适用对象。在我国，并不存在独立的羁押概念，与外国这种羁押概念类似的则是指基于适用拘留和逮捕这两种法定强制措施而导致的被追诉人在诉讼中人身自由受剥夺的状态。为了论述的一致性，本文主要针对被追诉人被逮捕后所处的羁押状态进行论述。

② 在我国，有学者提出，强制措施的撤销与解除含义有所不同：撤销是对原来采取的强制措施的否定性评价，意味着适用者之前作出了错误的判断和决定；而解除并不是对原来适用强制措施的否定性评价，只是因法定期限的限制或者发现了属于不应当追究刑事责任等情形时，将已经适用的强制措施予以解除的诉讼行为。我国刑事诉讼法在相关条文中也使用了撤销、解除强制措施的不同表述。但从域外有关未决羁押的规定来看，并未严格区分撤销、解除的不同情形。为了论述的一致性，本文有关未决羁押撤销的论述也包含应予解除的情形。

③ ［德］克劳思·罗科信著：《刑事诉讼法》，吴丽琪译，法律出版社 2003 年版，第 281 页。

规定，每个人都享有人身自由与安全的权利，任何人不得被任意逮捕或羁押，除非依据法律所规定的理由并遵守法定的程序，任何人不得被剥夺自由。域外各国的立法规定中也多包含类似表述。法定原则为未决羁押的适用设定了严格的法律界限。依据该原则，如果不具备或不再具备法律规定的适用理由或适用条件，或未按法律规定的程序予以适用时，就应当依法撤销或者变更未决羁押。

未决羁押适用的例外原则，又称最后原则，是指应当尽可能采取非羁押措施，仅在不得已的情况下才能例外性地适用羁押措施。例如，法国刑事诉讼法第144条规定："只有在先行拘押构成以下所指的唯一手段时，始得命令先行拘押或延长先行拘押期间。"德国刑事诉讼法第116条规定："如果采取不这么严厉的措施（逮捕），也足以达到待审羁押的目的，法官应当命令延期执行仅根据逃亡之虞签发的逮捕令。"依据例外原则，一旦情势变更，使得其他措施可以替代适用未决羁押而达至相同目的时，适用未决羁押的正当性就被削弱，以致产生对其予以撤销、变更的必要性。

未决羁押适用的比例原则，要求未决羁押的适用及其期限应当与被指控犯罪行为的严重性、被适用对象危害诉讼正常进行的可能性、可能科处的刑罚相适应，或者成正比例关系。从广义上说，未决羁押适用的例外原则也包含在比例原则之中。但就狭义的比例原则而言，尤其强调未决羁押措施对公民权利所造成的损害应与获得的利益相称，当出现不相称的情况时应当及时予以撤销或变更。例如，德国刑事诉讼法第112条第1款明确规定："若与案件和重大程度和可能的刑罚、矫正及保安处分不相称的，不允许命令待审羁押。"在比例原则的支配下，要求在适用未决羁押的过程中随时根据案件情况与被适用对象的个体情况进行调整，一旦未决羁押所造成的损害与获得的利益之间出现不相称的局面，就有必要启动撤销或变更未决羁押的机制。

未决羁押适用中的司法审查原则，要求由司法机关负责羁押的事前审查和救济性的事后审查。相对于其他机关，司法机关所具有的消极性、中立性，使其能更公正、独立地行使审查职责，更有利于实现人权保障和权利救济。因此，司法审查已经成为域外各国在未决羁押适用中普遍确立的一项基本原则，甚至上升到宪法规定的高度。例如，德国基本法第19条规定："其权利受到公共权力侵犯的任何人，都可以要求法院对侵犯进行审查。"

未决羁押适用中的权利保障与救济原则，强调国家应当在未决羁押的适用中充分保障被羁押者的合法权益并为其提供必要的救济措施。未决羁押的适用直接关涉被羁押者享有的人身自由权以及生命权、健康权、辩护权等多项基本权利，国家有义务保障被羁押者的合法权益不受不当侵犯，同时也应当为权益受侵害的被羁押者提供及时、有效的救济机制。在联合国及各主要国家有关未决羁押适用的规定中，都有被羁押者权利保障及权利救济的相关规定。例如，联合国《公民权利和政治权利国际公约》第9条第4款、第5款规定："任何因逮捕或拘禁被剥夺自由的人，有资格向法庭提起诉讼，以便法庭能不拖延地决定拘禁他是否合法以及如果拘禁不合法时命令予以释放。任何遭受非法逮捕或拘禁的受害者，有得到赔偿的权利。"

从上述论述可以看出，严格限制未决羁押适用的各项原则性要求，是整个未决羁押制度的构建基础，也是未决羁押撤销、变更机制赖以确立的基本前提。在未决羁押适用的整个过程中，一旦出现违背或不再符合这些要求的具体情形，即产生启动未决羁押撤销、变更机制的必要。

二、域外未决羁押撤销、变更机制的立法规定述评

从域外各国有关未决羁押撤销、变更机制的具体规定来看，大体可以分为权利人申请启动和国家机关依职权启动两种方式。相比较而言，英美法系国家更注重权利人自身的权利救济申请，而大陆法系国家则在提供权利救济途径的同时也强调司法机关职权作用的发挥。

（一）权利人申请启动的方式

1. 英美法系国家

在英美法系国家，未决羁押的撤销、变更机制主要通过被羁押者主动申请司法救济的两种方式启动，其一为申请保释，其二为申请人身保护令。

在英国，根据1976年保释法，被告人享有保释权，除非可以适用某些例外，否则被告人必须被无条件保释。[①] 在美国，联邦宪法修正案第8条有关"不得要求过高的保释金"的规定赋予了有限的保释权利，即除死刑案件外，所有的犯罪嫌疑人、被告人都有权利要求释放，主管的司法官原则上应当命令释放而不是命令羁押。[②] 虽然两国有关保释的规定几经修改，但对被羁押的犯罪嫌疑人、被告人而言，申请保释仍然是其在诉讼中获得释放的最重要途径。从保释申请的提出阶段及保释决定主体来看，英美两国的做法基本一致。在英国，实施逮捕的警察以及羁押警察有权作出保释决定。如果对被指控者没有作出保释决定，则应毫不迟延地将其提交到治安法院，由治安法官就羁押还是释放作出决定。原则上，从治安法官对被告人进行第一次听审开始，直到被告人被法院定罪或无罪释放时为止，被告人都享有申请保释的权利。而且，被告人如果不服治安法官不予保释的决定，有权向刑事法院或高等法院提出上诉。在美国，某些司法区允许涉嫌轻微犯罪的被捕者向警察交纳一定数目的保释金而获得释放，但大多数保释决定通常由初级法院法官作出。[③] 一般情况下，警察在实施逮捕后应毫不迟延地将被捕者带至法官面前，由法官确定案件的进一步走向，包括羁押还是释放被捕者。在每一个诉讼阶段，被告人都有权提出保释的申请。对于法院拒绝保释、收缴过度保证金或者为审前释放附加其他条件的决定，被告人有权提出复审请求或者向州上诉法院或联邦上诉法院提出上诉。在英美两国，通过保释申请机制的适用，被逮捕或被羁押者中的多数人能够获得审前释放的机会，而关押候审的被告人往往占较小比例[④]，这在很大程度上体现了未决羁押适用的例外原则。

人身保护令制度是指英美法系国家救济审前或定罪后不当羁押的一项重要制度。根据

---

① ［英］麦高伟、杰弗里·威尔逊主编：《英国刑事司法程序》，姚永吉译，法律出版社2003年版，第112页。

② 孙长永著：《侦查程序与人权——比较法考察》，中国方正出版社2000年版，第256页。

③ ［美］罗纳尔多·V. 戴尔卡门著：《美国刑事诉讼——法律和实践》，张鸿魏等译，武汉大学出版社2006年版，第42页。

④ 譬如，在2000年的英格兰和威尔士，由治安法官决定关押候审的被告人约占候审者的14%；而在1990年至2004年美国最大的75个郡中，被指控犯有重罪的人有62%在案件作出最终裁决之前被释放，而剩余38%未被释放的人中仅有1/6是被法院拒绝保释的人。参见［英］麦高伟、杰弗里·威尔逊主编：《英国刑事司法程序》，姚永吉译，法律出版社2003年版，第111页；Thomas H. Cohen, Brian A. Reaves, Pretrial Release of Felony Defendants in State Courts, http://www.bjs.gov/content/pub/pdf/prfdsc.pdf.

该制度，在审前程序中，如果被羁押者认为羁押不当的，有权向特定的法院申请人身保护令，法官如果发现羁押不当的可直接或经过听审后签发人身保护令，命令对被羁押者予以释放、保释或者确保其毫不迟延地接受审判。[①] 有关部门必须立即执行人身保护令，而被释放者不得以同一理由再次被逮捕或羁押。除英美两国外，加拿大、澳大利亚、新西兰、印度等国家也实行人身保护令制度。不过，在多数国家，就审前羁押适用人身保护令的案件数量并不多。

2. 大陆法系国家

在传统大陆法系国家，普遍存在被羁押者申请撤销、变更未决羁押等救济权的相关规定，具体救济途径包括对羁押令提出抗告或准抗告、申请复议羁押令、请求开示羁押理由等。与英美法系国家不同的是，这些救济途径往往直接质疑羁押适用的正当性，而与保释等非羁押性措施的适用没有必然联系。

例如在德国，被指控人被拘捕后，如果想要羁押令被撤销或者使羁押不被执行，有权向地方法院的刑事庭提起抗告。地方法院通常不经口头审理而作出是否撤销羁押的裁定。[②] 如果不服地方法院对该抗告的裁定，还可向邦高等法院提起再抗告。与此同时，被羁押者还享有申请复议羁押令这一救济权利。根据德国刑事诉讼法第 117 条第 1 款规定，被指控人在羁押持续期间可以随时申请签发法官对羁押令进行复议。这种复议申请可以重复提出，但每两个月才能要求一次言词审理。[③] 在法国，其刑事诉讼法第 148 条 1 规定，"任何被审查人、任何轻罪被告人或重罪被告人，不论案件进展如何，也不论在诉讼的任何阶段，均可提出释放的请求。任何法院一经受理案件，即有权决定临时释放。"在日本，对于法官所作羁押裁判不服的人，有权向该法官所属法院提出准抗告，请求撤销或者变更该项裁定。如果法院认为准抗告有理由的，应当裁定撤销原裁定，在必要时，应当重新作出裁判。但对抗告法院的裁定，不得提起再抗告。同时，被羁押者申请开示羁押理由也可起到撤销或变更羁押的目的。根据日本刑事诉讼法第 82 条规定，被羁押的被告人及其辩护人、法定代理人、保佐人、配偶、直系亲属、兄弟姐妹或其他利害关系人，可以请求法院告知羁押的理由。如果认为羁押的理由或者羁押的必要消失的，上述权利人即可请求法院裁定撤销羁押。

与上述未决羁押变更、撤销机制相适应的是，大陆法系国家往往明确列举未决羁押的理由，并强调法官在作出羁押令状时应当详细列出具体适用的羁押理由。"要求列明详细理由是为了帮助被告人更好地理解为什么作出这样的决定，并且在可能的上诉中作为审查的依据"。[④] 例如，日本刑事诉讼法第 60 条明确规定："法院有相当的理由足以怀疑被告人有犯罪行为并符合下列各项规定的情形之一时，可以羁押被告人：一、被告人没有一定的住居时；二、有相当的理由足以怀疑被告人将隐灭罪证时；三、被告人有逃亡行为或者有相当的理由足以怀疑被告人有逃亡可能时。"也正是在明确列举羁押理由的基础上，上述请求

---

① Herrera v. Collins, 506U.5.394(1993).

② ［德］托马斯·魏根特著：《德国刑事诉讼程序》，岳礼玲、温小洁译，中国政法大学出版社 2005 年版，第 102 页。

③ ［德］克劳思·罗科信著：《刑事诉讼法》，吴丽琪译，法律出版社 2003 年版，第 299 页。

④ ［美］费洛伊德·菲尼、［德］约阿希姆、岳礼玲著：《一个案例，两种制度——美德刑事司法比较》，中国法制出版社 2006 年版，第 209 页。

法院开示羁押理由的救济途径才有实现的可能。在德国，其刑事诉讼法第 112 条明确列举了构成羁押理由的具体要求：一方面，要求具备急迫的犯罪嫌疑这一基础条件，即需有高度的可能性显示被指控人涉嫌实施该犯罪，并且所有的可罚性及可追诉性要件均成立[①]；另一方面，还要求具备被指控人已经逃脱或藏匿等特定的羁押理由。[②] 在明确列举羁押理由的同时，德国刑事诉讼法也对各项羁押理由的适用范围做了必要的限制。例如，德国刑事诉讼法第 113 条规定，对只判处 6 个月以下自由刑或者 180 个日额罚金以下的行为，不允许以调查真相存在困难的理由命令羁押，且仅在被指控人已经逃避过程序一次或已做逃跑准备、无固定住所、不能证明其身份等情况下才允许以存在逃亡风险命令羁押。从这些国家的上述规定可以看出，对羁押理由的明确限定，是犯罪嫌疑人、被告人以不具备、不符合羁押理由为由申请撤销、变更未决羁押的基本前提。

（二）司法机关依职权启动的方式

在大陆法系国家未决羁押的撤销、变更机制中，除了权利人申请救济的途径之外，还存在司法机关在羁押持续过程中依职权主动对是否需要继续适用羁押进行复审的途径。通过这种自动审查，在没有权利人申请的情况下，不符合法律规定或不再具备法定理由的未决羁押仍将被撤销或变更。

在德国，根据刑事诉讼法第 117 条第 5 款规定，如果被告人已经被羁押了至少 3 个月，且其未要求指定辩护人，也未因不服羁押命令提起法律救济的，则在羁押逾 3 个月后，法院应当主动依职权对羁押进行审查；根据第 121 条规定，羁押逾 6 个月时，邦高等法院或联邦最高法院需依职权主动对羁押进行审查；同时，在裁定开启审判程序、完成判决时，法院也需要依据职权主动对是否继续羁押及其时间长短进行审查。[③] 在法国，其刑事诉讼法第 147 条规定："任何案件中，如受审查人作出承诺，在各项诉讼活动中均能随传随到，每次外出均向预审法官报告，在此情况下，预审法官得在听取共和国检察官的意见后，依职权作出裁定，释放受审查人，并且可以附加或者不附加司法监督措施。"同时，上诉法院预审庭庭长有责任特别关注在其管辖区内被未决羁押者的状况，其享有根据刑事诉讼法第 201 条第 2 款规定依职权宣告释放受审查人的权力。[④] 除德国、法国外，在日本、意大利等传统大陆法系国家，也都存在法官依职权撤销不再具备法定理由或必要性的未决羁押的类似规定。

"这种由法院主动、定期进行的司法复审，对于及时发现非法羁押现象，以及对于持续的审查羁押理由是否仍然具备，至少在理论上属于较为完善的制度设计。"[⑤] 大陆法系国家对羁押适用情况进行职权复审的这种方式，显然与其诉讼模式的职权主义特色有密切关系。但即使在英美法系国家，基于保障被羁押者权利的目的，也同样存在类似的做法。例如在英国，如果治安法官在嫌疑人第一次出庭时对其作出了拒绝保释的决定，则应对其羁押情

① ［德］克劳思·罗科信著：《刑事诉讼法》，吴丽琪译，法律出版社 2003 年版，第 282 页。
② ［德］托马斯·魏根特著：《德国刑事诉讼程序》，岳礼玲、温小洁译，中国政法大学出版社 2005 年版，第 97 页。
③ ［德］克劳思·罗科信著：《刑事诉讼法》，吴丽琪译，法律出版社 2003 年版，第 300 页。
④ ［法］贝尔纳·布洛克著：《法国刑事诉讼法》，罗结珍译，中国政法大学出版社 2009 年版，第 412 页。
⑤ 陈瑞华著：《比较刑事诉讼法》，中国人民大学出版社 2010 年版，第 315 页。

况每隔 28 天审查一次，根据情况变化适时作出变更。①

从两大法系主要国家有关未决羁押撤销、变更机制的相关规定来看，虽然各有不同，但仍在很多方面呈现一致性，例如：其一，各国有关未决羁押撤销、变更机制的相关规定，事实上都建立在"未决羁押应当严格限制在必要范围内"这一基本理念之上。其二，多数国家都选择了既赋予权利人申请撤销、变更未决羁押的救济权利，也要求相关国家机关依职权主动对未决羁押是否继续具有必要性进行审查的职责。其三，在各国有关未决羁押撤销、变更机制的规定中，往往强调该项机制在最终判决作出前持续适用。在诉讼过程中，只要羁押状态持续，被羁押者就有权申请救济，相应的国家机关就要承担定期复查的职责，并不因提出正式指控或进入审判程序而有所不同。最后，完备的程序性规定也是各国未决羁押撤销、变更机制的一个共同特点。不论大陆法系还是英美法系国家，在有关未决羁押撤销、变更机制的程序规定方面往往非常具体、详细，这也使得相关规定能具有较好的实践操作性。

三、完善我国未决羁押撤销、变更机制的思考

在未决羁押的撤销、变更机制方面，我国 1996 年刑事诉讼法及相关司法解释有关犯罪嫌疑人、被告人权利救济途径的规定非常单薄，在办案机关的职责方面也仅强调审查逮捕环节是否存在批准逮捕不当，并不关注批准逮捕后羁押必要性条件的变化情况。在实践中，羁押率畸高、超期羁押现象严重等问题长期存在，逮捕后撤销、变更未决羁押的比率非常低②，不仅有违以未决羁押为例外的联合国刑事司法准则，也造成了不利于人权保障、司法成本高昂等诸多后果。

针对未决羁押适用中的问题，我国 2012 年刑事诉讼法及相关司法解释从多个方面进行了改革，其中也有多项关于未决羁押撤销、变更机制的规定。例如，进一步明确了逮捕的适用条件，具体列举了不足以防止发生社会危险性所包含的各种情形，同时增加规定了"应当逮捕"的适用情形；增设了逮捕后的羁押必要性审查制度，规定犯罪嫌疑人、被告人被逮捕后，人民检察院仍应当对羁押的必要性进行审查；完善了申请变更强制措施的权利，规定人民法院、人民检察院和公安机关收到被羁押人等提出的申请后，应当在 3 日以内作出决定；规定了法定期限届满时办案机关的处理责任。另外，通过对条文表述方式的修改，刑事诉讼法第 97 条进一步强调了强制措施法定期限届满时办案机关及时、主动地解除强制措施的职责。总体而言，在被羁押人的权利救济方面主要赋予了其在未决羁押适用过程中申请变更强制措施、在未决羁押期限届满时要求解除未决羁押以及在未决羁押适用过程中向人民检察院申请进行羁押必要性审查这三种救济途径；在国家机关职权启动方面，则规定了办案机关在未决羁押期限届满时予以释放或变更强制措施的职责、办案机关发现适用未决羁押不当时及时撤销或者变更的职责以及人民检察院在逮捕后对羁押必要性进行审查

---

① 参见陈卫东、刘计划：《英国保释制度及其对我国的借鉴意义》，载《人民检察》2003 年第 3 期。
② 例如，有学者经过调研发现，2006 年 1 月至 2008 年 9 月，S 市某区人民检察院共对公安机关提请批准逮捕的 2511 名犯罪嫌疑人作出批捕决定，其中仅有 64 人在执行过程中变更了逮捕措施，占被批捕总人数的 2.55%。参见魏化鹏、马伟：《公安机关捕后变更强制措施的程序正当性思辨》，载《河南警察学院学报》2015 年第 3 期。

的职责。从具体途径设置而言，我国目前的未决羁押撤销、变更机制与域外其他国家的设置基本类似。不过，2012 年刑事诉讼法仍未确立未决羁押与拘留、逮捕相分离的制度，也未确立未决羁押适用的司法审查制度。

从 2012 年刑事诉讼法实施以来的情况看，有关未决羁押撤销、变更的新规定发挥了一定作用，尤其是羁押必要性审查制度在不少地区取得了不错的适用效果。① 但就总体情况而言，高羁押率、一押到底等问题仍未得到显著改善，通过未决羁押撤销、变更机制而被释放或适用非羁押性强制措施的犯罪嫌疑人、被告人仍占较小比例。从进一步减少未决羁押、保障被追诉人权利的目的来看，我国未决羁押撤销、变更机制仍有进一步完善的必要和空间。

首先，应当确立严格限制未决羁押适用的基本理念。在限制未决羁押适用方面，2012 年刑事诉讼法仅提出了"对未成年犯罪嫌疑人、被告人应当严格限制适用逮捕措施"的要求，对成年犯罪嫌疑人、被告人并无类似规定。从实践情况看，社会公众甚至相当数量的办案人员仍持有"逮捕是诉讼的必经程序"、"不逮捕就是不追究"等错误观念。为了更好地推动观念转变，应当对所有刑事案件都确立严格限制未决羁押适用的基本理念，并通过立法修改明确规定未决羁押适用的法定原则、例外原则、比例原则及权利保障与救济原则等基本要求。

其次，有必要使逮捕条件中的必要性要件更具可操作性。2012 年刑事诉讼法对逮捕必要性要件做了修改，但在实践中，由于相关规定仍较为笼统、缺乏明确具体的依据标准，对是否具备逮捕必要性仍主要依赖办案人员的经验判断。在这种情况下，为了规避判断失误导致错误不捕的风险，办案人员往往不愿作出不具备逮捕必要性的结论，这对未决羁押撤销、变更机制的有效运行显然是不利的。为了增加可操作性，应当尽可能细化有关逮捕必要性要件的规定，譬如可以从反面规定哪些情形不需要羁押或属于不具备羁押必要性的情形。

再次，应当进一步细化被羁押人等申请变更、解除未决羁押的程序规定。虽然 2012 年刑事诉讼法增加了相应的规定，但对申请时间或次数有无限制、申请者需要提交哪些材料、接受申请者应以何种方式进行审查、审查后所做处理的效力如何等问题仍待进一步明确。为了解决未决羁押救济难的问题，应当在赋予被羁押人等申请变更、解除未决羁押权利的同时，尽可能明确其提起时间、提起条件等程序要求及相应机关的职责。从更有效救济的角度来看，对检察机关批准或决定逮捕的案件，除了向原检察机关申请变更、解除未决羁押以外，还应当赋予被羁押人等向上一级检察机关申请复核的权利。

最后，应当增加检察机关羁押必要性审查的刚性。2012 年刑事诉讼法规定检察机关在进行羁押必要性审查之后仅有建议权，如果有关机关不采纳该建议则检察机关无其他更刚性的措施，而且最高人民检察院发布的《人民检察院刑事诉讼规则（试行）》第 619 条将刑事诉讼法中的"应当建议"修改成了"可以建议"，使得这种必要性审查的强制力进一步被削减。为了提高这种审查的有效性，有必要明确检察机关对于犯罪嫌疑人、被告人没

---

① 据统计，修改后的刑事诉讼法实施后的 2013 年和 2014 年两年，与实施前的 2011 年和 2012 年两年相比，不捕率上升 4 个百分点，经检察机关建议解除羁押 5.7 万人。参见孙谦：《关于修改后刑事诉讼法执行情况的若干思考》，载《人民检察》2015 年第 7 期。

有继续羁押必要时"应当"向有关机关提出建议的职责；对于案件证据发生重大变化，不足以证明有犯罪事实或者犯罪行为系犯罪嫌疑人、被告人所为的，以及在羁押期限届满、继续羁押将超过依法可能判处的刑期、对被羁押人可能判处徒刑以下刑罚等情形下，检察机关应当立即通知而不是建议有关机关对被羁押人予以释放或者变更强制措施；此外，有关机关如果拒绝采纳检察机关建议或接到通知后无正当理由拒不释放或变更强制措施的，检察机关应当直接予以纠正。

（作者单位：中国政法大学诉讼法学研究院）

论被告人作为庭审的证据来源[*]

陆而启

一、引言

虽然刑事诉讼法在法庭调查阶段规定公诉人宣读起诉书，被告人、被害人陈述之后立即进入人证调查程序，首先就是"讯问被告人"（刑事诉讼法第 186 条），笔者还是反复考究我国刑事诉讼法为什么没有明确规定"宣读审判前供述"，难道"侦查卷宗"内的"讯问笔录"都是废纸或者无须质证就当然具有证据能力和效力？这在一个有着悠久传统的书面审理惯性的国家之中是比较特殊的，并且还存在着明显的自相矛盾，一方面是审判之前非常重视"拿下"犯罪嫌疑人的口供。正如所谓的强制措施虽然在法律本质上是为了保证诉讼的顺利进行，但是在实际上主要是为侦查取证服务。尽管有防止犯罪嫌疑人、被告人进行毁灭、伪造证据的作用，如被取保候审、监视居住人"不得以任何形式干扰证人作证；不得毁灭、伪造证据或者串供"（刑事诉讼法第 69 条、第 75 条第 1 款），拘留的条件之一为"有毁灭、伪造证据或者串供可能的"（刑事诉讼法第 80 条），逮捕的社会危险性条件为"可能毁灭、伪造证据，干扰证人作证或者串供的"，"可能对被害人、举报人、控告人实施打击报复的"（刑事诉讼法第 79 条），体现了保全人身之外的保全证据的功能，然而除了这种消极的保全证据功能之外，强制措施本身还具有积极的取证功能，即使是我国刑事诉讼强制措施体系中强度最轻的一种所谓"拘传"也赋予了公安机关、人民检察院和人民法院依法强制未被羁押的犯罪嫌疑人、被告人到案接受讯问的权力，明显地暴露出其对取证的支持作用。所谓的讯问犯罪嫌疑人是侦查刑事案件的必经程序，是首要的一种侦查手段，而刑事诉讼法第 106 条第 1 项更是明确规定了"有关的强制性措施"作为侦查的内容。尽管笔者认为拘留后、逮捕后 24 小时内进行讯问（刑事诉讼法第 84 条、第 92 条）有获取证据和司法审查双重功能，[①] 但是在这一箭双雕的活动之中，取证才是最主要的目的，而取证的最主要根据就是犯罪嫌疑人、被告人本人了。然而，另一方面刑事诉讼法却在法庭审理阶段遗漏了具体规定如何处理审判前获取的讯问笔录。一个牵强的理解，或许是因为法律所设定的被告人角色必然兼有证人的特征，也即被告人具有"人证"功能，所以庭审之中如果要宣读"审判前讯问笔录"是可以为"宣读证人证言"所吸收的。然而，对这个问题的态度深刻地体现了"以审判为中心"的诉讼制度构建的理论呼吁在实践之中到底如何。

　　* 本文系笔者主持的中央高校基本科研业务费专项资金资助课题《意见裁判主义研究》，编号：20720151192；以及福建省法学会 2015 年度法学研究重点课题《特洛伊木马：品格证据的价值检视与制度构建》，［编号：FLS（2015）A05］的阶段成果。

　　① 陆而启：《论宣读审判前讯问笔录》，载《东北亚法研究》2015 年第 1 期。

因此，从一个被告人和证人相互联系的视角来考察这个问题可能更具有价值。

二、外国被告人作为庭审的证据来源概览

不论是从理论还是实践来看，诉讼活动都不能像学者一样可以通过闭门造车来完成，所谓"三方组合"的理想形态是要求形成审判居中、控辩平等的平衡状态，然而在一个特定程序之中总得有个说话算话的人，那到底是谁呢？一般而言，我们可能觉得问出这个问题是可笑的，很显然是法官嘛！其实，这个人可能会随着特定的社会形态、不同的诉讼形态而不断变化，一种被告人"自我决策"对案件的决定性意义逐渐被诉讼理论所承认。例如，在英美法系国家，认罪的被告人可以不经审判而直接量刑。如果被告人不认罪呢？一个被怀疑和被束缚的人如何能够对抗站在"正义面"的国家呢？他要有武器，法律武器——辩护人的帮助，事实武器——作为证人（被告人最了解自己是否涉案犯罪）、对质证人（攻击不利于己的证人的可信性或者其提供的证词）、获得证人（申请或者强制有利于己的证人出庭作证）。在现代社会，几乎没有任何一个刑事案件没有证人，或许证人才是案件事实的最终决策者，因此如果没有帮手亲自披挂上阵的被告人"作为证人"同时可能包含了"对质证人"和"获得证人"的意思，因此在享有沉默权和律师帮助权的情形下，被告人更有可能金蝉脱壳。

美国耶鲁大学教授兰博约曾勾勒出英国对抗式刑事审判的起源，他认为，"只要被告没有辩护律师，就不太可能区分他的角色究竟是被告，还是未宣誓的证人。要求他自行辩护意味着，他本人要对指控和证据都作出抗辩。"[1] "直到 17 世纪末和 18 世纪初的辩护律师参与和辩方证人强制出庭改革进行之前，不能宣誓和无法强制出庭等局限，使被告难以有效获得证人支持。限制被告证人，加重了被告自行辩护的责任，因而（他）必须根据自己的了解，对控告和控方证据进行抗辩。"[2] 不过，"评价被告在受审中承受的压力时，我们不应夸大被告这种很艰难的境遇。直到 17 世纪晚期，被告仍无法强制不愿意出庭的证人作证；而且，直到 1696 年《叛逆罪审判法》和 1702 年的立法前，他都不能让其证人宣誓作证。但是，禁止法庭听取被告证人证言的规则，纯属子虚乌有。"[3] 被告没有辩护律师，行使沉默权就意味着全盘放弃辩护权。[4] 这是从被告人兼具抗辩主体和证据资源的双重身份的难题出发来考虑问题的，从而也道出了一个对抗制刑事审判起源的秘密。

林钰雄指出，与英、美、法的"诉讼竞赛观"不同，德国法采用"研讨辩论观"，法庭不是采用"辩论赛"式的交叉询问制度而是采用"大学研讨课程式"的轮替诘问制度，在法官之澄清义务与照料义务、检察官之客观性义务的背景下，"卷证并送"后经过中间程序过滤滥诉案件，再配合阅卷权以提升被告之防御地位；为了因应法庭之诘问，检察官起诉后保留一份起诉卷宗的复印件，因此在进行法庭活动之际，可以看到审、检、辩三方手上都有相同的卷宗或其复印件。但是，在主审程序之中，德国证据法以严格证明法则与直

---

① ［美］兰博约著：《对抗式刑事审判的起源》，王志强译，复旦大学出版社 2010 年版，第 32 页。
② ［美］兰博约著：《对抗式刑事审判的起源》，王志强译，复旦大学出版社 2010 年版，第 35 页。
③ ［美］兰博约著：《对抗式刑事审判的起源》，王志强译，复旦大学出版社 2010 年版，第 37 页。
④ 转引自［美］兰博约著：《对抗式刑事审判的起源》，王志强译，复旦大学出版社 2010 年版，第 40 页。

接审理原则为灵魂，要求证人、鉴定人亲自出庭应讯，禁止以朗读证人侦讯笔录或书面声明来代替对其之亲自讯问、诘问；除有合乎直接审理原则之例外情形，鉴定人必须亲自出庭接受讯问与诘问。① 单就被告人而言，在轮替诘问中，"无论有无辩护人之被告，对于证人、鉴定人皆有直接发问权。亦即，无辩护人之被告，固然得直接发问（但不得交互诘问）；即便有辩护人之被告，也得直接发问，不以通过辩护人行使发问权为必要"。② "被告虽非受交互诘问之对象，但除其保持缄默之情形外，仍为受轮替诘问之对象。"③ 德国法严格区别被告与证人两种证据方法，各有不同之程序地位，被告不但享有完整之缄默权，并且纵使虚伪陈述，也不受伪证罪之制裁。反之，证人负有陈述以及真实陈述之义务，仅于法律准许之例外情形，始得拒绝作证，若有虚伪陈述，原则上应受伪证罪之制裁。同一诉讼程序，被告（含共同被告）不是也不得作为证人。④ 共犯如果要作为证人指控其同案犯，就不应合并起诉、审判，而应将程序拆开进行分别审判，解除其共同被告地位，并且相互于他人之诉讼程序作为证人。"无论是单独被告或共同被告之情形，被告就自己之案件，仅得依照讯问被告而不得依照讯问证人之程序讯问之，因此也无仅适用于证人之具结及其后之伪证罪问题。"⑤ 德国法在合并起诉、审判案件之中被告对其他共同被告有个别问题不能直接讯问，实务中则可能交由其辩护人对其他共同被告直接发问。

王兆鹏在其刑事诉讼讲义之中考察英美法被告人是否适格为证人大体经历了三阶段演变：（1）被告不得宣誓陈述；（2）被告得作未宣誓之陈述；（3）被告得宣誓陈述。1987 年洛克诉阿肯色州案（Rock v. Arkansas）的判决表示，被告有权于审判中宣誓陈述，且此一权利为被告宪法之基本人权。换言之，"被告为证人不适格"法则或"被告为证人适格"法则在历史皆有其理论依据。⑥ 前者担心让被告宣誓作证，将间接强迫被告宣誓陈述，与不自证己罪理论背离；后者则谴责不公平剥夺被告参与审判的机会。不过，让被告自行辩护使得辩护律师"觉得自己就好像被勒令站在一旁观看自己的委托人迎头撞向开过来的公共汽车一样"⑦，因此将辩护权分化出去由"是必需品，而非奢侈品"⑧ 的辩护律师行使，一方面便于被告人就法律问题获得专业性的服务；另一方面，或者通过辩护律师的直接询问而引出自己无罪的事实问题，或者因为在不影响辩护权的情形下被告人仍然享有沉默权而通过了一个被告人直接面对质询的缓冲或者阻隔机制。

综上，无论是德国法还是英美法也都承认被告人作为证据信息的来源。在德国一般而言，接受讯问的被告无须承担伪证罪的后果。在英美法尽管被告人选择作证即转化为证人

---

① 林钰雄：《严格证明与刑事证据》，法律出版社 2008 年版，第 214~222 页。
② 林钰雄：《严格证明与刑事证据》，法律出版社 2008 年版，第 226 页。
③ 林钰雄：《严格证明与刑事证据》，法律出版社 2008 年版，第 228 页。
④ 林钰雄：《严格证明与刑事证据》，法律出版社 2008 年版，第 228~229 页。
⑤ 林钰雄：《严格证明与刑事证据》，法律出版社 2008 年版，第 229 页。
⑥ 王兆鹏：《刑事诉讼讲义》，台湾元照出版社 2009 年版，第 611 页。
⑦ See Erica J. Hashimoto，Defending the Right of Self-Representation：An Empirical Look at the Pro Se Felony Defendant，85 N. C. L. Rev. 423，434 n. 46（2007）. 参见［美］约书亚·德雷斯勒、艾伦·C. 迈克尔斯著：《美国刑事诉讼法精解》（第二卷刑事审判），魏晓娜译，北京大学出版社 2009 年版，第 72~73 页。
⑧ Gideon v. Wainwright，372 U. S. 335，344（1963）. 德雷斯勒等书多次提及这个概念，参见［美］约书亚·德雷斯勒、艾伦·C. 迈克尔斯著：《美国刑事诉讼法精解》（第二卷刑事审判），魏晓娜译，北京大学出版社 2009 年版，第 49、55、70 页。

身份，但是在司法实践中被告却很少承担伪证罪。在某种程度上，被告人参与诉讼提供证据反而是对自己权利的保障。当然，这种以沉默权为前提的作证选择是建立在被告人的意志自由之上。比较而言，我国众多的刑事案件被告人获得律师帮助权尚付之阙如，辩护权的行使完全倚重于被告人自身，一方面，被告人在法庭上的沉默寡言就无异于认罪；另一方面，既然被告人已经出庭就必须要对事实问题作证发言。因此，在此种情形下，再宣读侦查讯问笔录如何保证其正当性呢？

三、我国审判前讯问笔录的审查

司法活动中的法律和事实的"连环错误"首先是基于事实认定的错误，而"预防舞弊和诈骗而规定各种办事规则和形式"也并不能确保万无一失，事实认定错误在很大程度上源于证言。[①] 在我国"证人不出庭"这个现实问题，可能不是制度出了问题，而是（根本）不需要证人出庭。或者说这里有一个统计学的错误，也即被告人才是证明案件事实的"关键证人"。因为刑事审判被告人必然在场，从某种意义上更需要的是被告人与证人的对质，不过被告人自身就是非常重要的证据信息来源。由此可见，在一个从抽象规范到具体案件的法律实现首先经历了从法律到事实再到证言这一长串的推理，在证人不出庭的情形下，更是倚重于被告人自己在审判之中作为证据信息来源的身份。其次，刑事诉讼的着眼点还存在着从被告人的口供—审判前供述—审判前讯问笔录三个层面的逐步聚焦，也就是说，刑事诉讼的事实问题最终落脚于审判前供述笔录的审查和判断，这恰恰是"笔录确认程序"的典型特征。2010 年发布的《关于办理死刑案件审查判断证据若干问题的规定》（以下简称《办理死刑案件证据规定》）第二部分"证据的分类审查与认定"分为 8 个部分分别针对当时刑事诉讼的法定 7 种证据形式和电子类证据、辨认以及破案经过等材料进行审查和认定，2012 年通过的《关于适用〈中华人民共和国刑事诉讼法〉的解释》吸收了这些规定的内容。其中对如何审查被告人供述和辩解分别由 2010 年《办理死刑案件证据规定》第18~22 条（共 5 条）和 2012 年《高法解释》第 80~83 条（共 4 条）规定，主要内容如下：

首先规定了审查被告人供述和辩解的一般原则和重点内容，从讯问时间、地点、讯问主体、个别讯问原则、讯问笔录制作、权利告知原则、讯问辅助人员在场、讯问手段是否符合法律规定以及供述和辩解的实质内容是否全面、客观、稳定一致、合情合理、没有矛盾等全方位进行审查。其中还提示了一些具体的审查方法，如"被告人的供述有无以刑讯逼供等非法手段获取的情形，必要时可以调取被告人进出看守所的健康检查记录、笔录"，被告人的供述"出现反复的原因"，"应当入卷的供述和辩解没有入卷的，是否出具了相关说明"，"被告人的辩解内容是否符合案情和常理，有无矛盾"，"被告人的供述和辩解与同案犯的供述和辩解以及其他证据能否相互印证，有无矛盾"，以及"结合相关录音录像资料进行审查"。这些审查方法在 2012 年《高法解释》第 80 条第 2 款作了一个集中规定，"必要时，可以调取讯问过程的录音录像、被告人进出看守所的健康检查记录、笔录，并结合录音录像、记录、笔录对上述内容进行审查"。笔者以为讯问录音录像首先是一种供述证

---

① ［美］庞德著：《通过法律的社会控制》，沈宗灵译，商务印书馆 2008 年版，第 26 页以下。

据，当然还可以作为辅助证据。①

其次规定了证据排除规则，这是对证据能力的审查。其一，规定了以刑讯逼供等非法手段取得的被告人供述的绝对排除规则，2012年《高法解释》对非法证据排除的内容作了专门和集中的规定。其二，规定了对违反法定取证程序，无法确定其客观真实性的被告人供述的绝对排除规则，主要是讯问笔录没有经被告人核对确认，未为特殊被告人提供通晓聋、哑手势的人员或者翻译人员。其三，规定了对存在瑕疵的讯问笔录的裁量排除规则。主要是针对三种情形：（1）笔录填写的讯问时间、讯问人、记录人、法定代理人等有误或者存在矛盾的；（2）讯问人没有签名的；（3）首次讯问笔录没有记录告知被讯问人诉讼权利内容的。可以通过补正或者作出合理解释来弥补瑕疵。就讯问笔录的证据形式不合法问题，前述规定分别把"没有经被告人核对确认的"视为无证据能力的证据，"讯问人没有签名的"视为瑕疵证据。学者万毅认为，这更多是从证据可靠性角度着眼的，即被告人不签名的讯问笔录，证据的真实性、可靠性差，关键是没有被告人签名，无法在证据和案件事实之间建立起关联性，而不具关联性的证据是不可采的，因此这类证据在法政策上不能容忍，必须否定其证据能力。至于讯问人没有签名的讯问笔录，因为被告人已经签过名，证据的真实性、可靠性略强，而且证据的关联性也已经得到保证，虽然讯问人没有签名，但只要能够就此进行补正或做出合理解释，法政策上还可以容忍，该证据也就可以恢复证据能力。② 然而，笔者以为这很难说讯问笔录必然缺乏关联性，而是出于自愿性的考虑，一般而言，没有经被告人核对确认的，常常是被告人对讯问有反抗心理，而不愿意认罪，也很难有补正的机会。违反告知要求的讯问属于轻微违法行为，也可以通过补充告知权利、征得当事人同意等方式补正先前取证程序存在的瑕疵。

最后规定了对被告人供述和辩解的综合审查原则、庭前供述和当庭供述存在矛盾时的采信规则。2012年《高法解释》第83条第1款规定："审查被告人供述和辩解，应当结合控辩双方提供的所有证据以及被告人的全部供述和辩解进行。"然后分两款列举了三种情形：（1）被告人庭审中翻供，但不能合理说明翻供原因或者其辩解与全案证据矛盾，而其庭前供述与其他证据相互印证的，可以采信其庭前供述。（2）被告人庭前供述和辩解存在反复，但庭审中供认，且与其他证据相互印证的，可以采信其庭审供述。（3）被告人庭前供述和辩解存在反复，庭审中不供认，且无其他证据与庭前供述印证的，不得采信其庭前供述。由此可见，就一种可靠性而言，被告人供述不能自己证明自己，尤其是在翻供的情形下，更需要通过印证的方式来解决。

综上所述，第一，笔录作为侦查讯问活动的工作成果，一方面是对一种近乎于行政活动"两面关系"或者"线性结构"的侦查工作的记录；另一方面在多数情况下，基于警察不出庭作证仅仅是在非法证据排除中出庭说明情况，因此对庭审之中被告人不认罪的案件，如果不是公诉人以白纸黑字的审判前"讯问笔录"来压倒被告人庭审辩解的"空口无凭"，就可能是出庭公诉人再次以侦查讯问为模本而在法庭上展开心理攻势重新讯问被告人。

第二，所谓审查"审判前讯问笔录"建立在向法庭提供审判前讯问笔录具有当然的正

---

① 有学者认为，在我国，侦查讯问阶段的全程同步录音录像可以用于证明口供自愿性和审讯合法性，在功能上属于辅助证据。万毅：《论无证据能力的证据——兼评我国的证据能力规则》，载《现代法学》2014年第3期。

② 万毅：《论无证据能力的证据——兼评我国的证据能力规则》，载《现代法学》2014年第3期。

当性基础之上，更主要的是这里的审查只侧重于对审查的具体内容的规定，也即其证据能力审查和证明力审查两个层次，而没有明确规定应当采取什么样的审查程序。笔者揣测这或许是出于立法节约的需要而不至于与法庭审判程序作重复规定。因此，对审判前供述的审查程序已经融贯于整体的庭审程序规则之中，或者"非法证据排除"的专门程序规则之中。但是，这种当然正当是否一定正当，立法节约到底如何节约还是需要进一步探讨。

四、结语：侦审如何联系

审判前讯问笔录占据了"非法证据"的主体成分，非法证据排除规则意图通过倒逼的方式来遏制警察不法，然而这种"马后炮"的措施即使在美、英、德、法等法治国家也同样只是一个可以空谈的理想，在我国就更不现实。然而，"裁判的错误往往发源于警察局"，① 案件的错误更是会随着程序进展的累积而导致积重难返，其中所谓的侦讯工作成果——"审判前讯问笔录"对这种错误的传递和放大难辞其咎。

首先，在某些典型的冤错案件之中，讯问得到的"真相"几乎就是侦查机关和犯罪嫌疑人双方"精诚合作"而共同编造出的完美故事。所谓"如实供述"义务所要求的就是犯罪嫌疑人的配合，又由于侦查机关从来没有只对被告人讯问一遍口供的，我们的案件往往就是通过"挤牙膏"式的重重讯问，从而达到一种固定证据的效果，并且从前前后后、反反复复的叙述之中去寻找一致性，最终产生了一种让被告人认输和认命的效果，也达到了对侦查人员心理安慰的效果。

其次，在错误的传递过程之中，诉、审机关接过了侦查机关的接力棒。正如《错案》一书的"法庭被被告欺骗"章节所介绍的被警察屈打成招的德塞耶在预审官那里也没有翻供。在被告控诉说警察虐待了他的时候，重罪法庭庭长总是这样反驳："你说你是在被警察打了之后招供的，我们暂时承认这一点。可是，预审官没有打你，你在他面前为什么又一次肯定了以前的供词呢？"作者自己解释道，这种问话看起来很有力，但实际上也是经不起推敲的。因为，大部分被告并不懂得刑事诉讼程序，他们还以为审判官审讯之后自己还会重新落到警察手里。所以，即使他们先前被打了，也不敢在法官那里翻供，他们害怕再次受到虐待。②

因此，我们要以另一种眼光来看待"侦查中心主义"，即通过对侦查程序进行一定程度的诉讼化改造来打好审判的基础，从而为审判提供合格的证据资料。一方面强化律师的参与和引入第三方（最好是法官）的裁判，让侦查讯问有保全证据的功用；另一方面把警察的权力分别置于律师权利和法官权力的双重制约之下，意图将违法行为消除在萌芽状态。当然，这种诉讼化改造是否会对侦查活动造成损害呢？因为这些参与主体本身是法律职业人员，他们之间的对话就要在法定限度内用法律话语进行沟通。

那么，审判前讯问笔录还可不可、要不要宣读了呢？笔者以为，如果"依法办案"而获取的侦诉资料可以为审判奠定良好的基础，那么宣读审判前讯问笔录其实发扬着我国卷证结合调查模式的优良传统：一方面，正式开庭和庭下阅卷相结合，也就是"宣读+默

---

① ［法］弗洛里奥著：《错案》，赵淑美、张洪竹译，法律出版社 2013 年版，第 62 页。
② ［法］弗洛里奥著：《错案》，赵淑美、张洪竹译，法律出版社 2013 年版，第 60~61 页。

读"，从而有利于审判人员有效、全面、客观地掌握案卷信息；另一方面就庭前口供运用而言，采用"宣读+问答"相结合的质证模式，不单或者主要不是让庭前供述和庭审口供循环论证，逼迫被告人最终改口认罪，更要对口供的生成过程是否合法和口供的真实成分有多大进行一定程度的科学分析，通过还原取证的过程而对取证的合法性进行合理、有基础的判断。

（作者单位：厦门大学法学院）

公安机关适用指定监视居住措施之实证分析

马静华

一、导论

研究背景

回溯新刑事诉讼法实施以来有关指定监视居住制度的研究成果，主要围绕法条的解释和制度改革展开，少量的实证性调查主要集中在检察机关适用指定监视居住方面。此类调查发现，新刑事诉讼法实施以来，各地检察机关适用指定监视居住极不均衡。例如，在重庆市范围内，各区检察机关适用指定监视居住的比例相当高。如某区检察院从 2013 年 1 月至 2014 年 6 月立案侦查职务犯罪嫌疑人 50 人，其中适用指定监视居住的就有 6 人，适用比例为 12%；大足区检察院 2013 年立案侦查职务犯罪嫌疑人 26 人，适用指定监视居住 6 人，适用比例更是高达 23%！但在大多数省、市，检察机关适用指定监视居住的比例却低得多。如在广西桂林市，2013 年两级检察机关立案侦查贪污贿赂案件 166 名犯罪嫌疑人，只有 4 人被适用指定监视居住，适用比例为 2.4%；在山西省，2013 年全省检察机关立案侦查职务犯罪嫌疑人 1829 人，适用指定监视居住 19 人，适用比例仅为 1%。而在陕西省，2013 年全省检察机关办理的贪污贿赂案件中只有 3 人采取了指定监视居住，适用比例更是低至0.3%。此外，湖北省等省、市检察机关甚至一例未用。上述调查还发现，指定监视居住在各地适用的不均衡性，主要与侦查主体不同的认知态度有关。在适用率相对较多的地区，主导性的观点认为，指定监视居住的适用具有合法性与合理性；而在很少适用或完全不用的地区，一般的认识是，指定监视居住极易成为变相羁押，对犯罪嫌疑人权利的限制程度甚至超过逮捕，法律风险较大，司法成本过高，必须慎用。

但上述调查并未包括对指定监视居住的适用机制和适用效果的分析评估，同时至今尚无任何研究涉及公安机关适用指定监视居住的情况。由于公安机关立案侦查的案件数量远多于检察机关，案件类型与侦查机制也有别于检察机关，因此从公安的角度展开研究相当必要。有鉴于此，笔者拟通过对一个较大区域范围内公安机关（C 市）适用指定监视居住的情况进行实证调查，客观地评估指定监视居住的适用效果，在此基础上对指定监视居住立法的合理性与局限性进行一个初步的评价，为未来的立法改革提供一定参考。

二、指定监视居住实践的两极化现象

2013 年，C 市 21 个区（市）、县公安机关共适用指定监视居住 71 人，约占立案侦查的犯罪嫌疑人总数的 0.46%。在下辖的 21 个区（市）、县公安局中，只有 8 个公安局适用了指定监视居住，仅占 38%。在这 8 个公安局之间，适用数量也相差悬殊。其中，L 区、G 区公安分局的适用量最多，分别为 29 人和 27 人，合计 56 人，占指定监视居住总数的 79%，在本地区犯罪嫌疑人总数之中，则各占 3.1% 和 3.9%。在其他 6 个公安局中，有 3 个仅各有 1 人，其他为 2~3 人。

上述统计发现，C 市公安机关指定监视居住实践呈现出消极适用与积极适用的两极化现象。从总体上看，绝大多数公安机关极少适用或完全不用指定监视居住，而个别公安机关的情况则恰好相反。为什么会出现如此现象？考察发现，主要是因为认识论和效果论两方面的因素影响。在认识论方面，对于消极适用的公安机关来说，这种措施被普遍认为存在执行场所选择上的法律障碍，必须采取全天候看守因而导致警力成本、经济成本难以承受。相反，在适用率较高的两个公安机关，指定监视居住被认为具有较强的法律适用性，既不存在执行场所选择的困难，也无须全天候看守且成本不高。为便于分析，本部分主要从认识论角度进行考察。下文第三部分对有关指定监视居住适用方式、适用结果的考察，即效果论方面的分析进一步验证了这种主张。

（一）消极适用论

J 区公安局和 P 市公安局即属消极适用的代表。在这两个公安局，2013 年各监视居住459 人和 52 人，外来人员分别约占 70% 和 30%，其中大部分在本地居无定所，完全符合刑事诉讼法第 73 条规定的指定监视居住适用条件，然而均未适用一例。导致这一结果的原因主要有两方面。

从侦查主体角度来看，放弃指定监视居住的第一个认识因素是存在执行场所选择上的"法律障碍"。他们所指的"法律障碍"是公安部规范性文件对指定居所的范围限制。2009年实施的《公安机关执法细则》（以下简称《细则》）第 19 02 条规定，严禁在公安机关办案场所、办公场所或者宾馆、酒店、招待所等其他场所执行监视居住。该细则颁布后，包括 J 区公安局在内的 C 市大多数公安机关都通过各种形式要求办案部门严格执行。但在排除了宾馆、酒店、招待所这些经营性场所后，执行条件受限的问题即显现出来。绝大多数受访人员认为，如果严格按照规定执行，只能租用居民住宅，这会加大执行的困难。该局 Y 派出所所长进一步解释，需要指定监视居住的犯罪嫌疑人通常有逃跑、自杀等危险性，在出租房执行很难消除这些危险性；相反，宾馆、酒店、招待所的设施条件较好，大多有电子监控，更有利于监视犯罪嫌疑人。但上述"法律障碍"在 P 市公安局似乎并不存在，很多法制警察甚至不知道《细则》规定的内容，更遑论办案部门警察了。

第二个认识因素是对执行方式羁押化的理解及由此产生的执行成本过高的顾虑。在 C市警察队伍中，除 L 区和 G 区之外的其他公安局，"有效的监视居住一定是羁押化监视居住"的观念深入人心。指定监视居住的对象被认为具有较高的社会危险性，需要派人全天候看守，否则就可能逃跑、自杀，或者串供、串证、威胁证人和被害人等。但是，在指定的居所进行长期的全天候看守必定会带来两方面的成本问题。一是警力成本，全天候看守对警力的要求极高。因为指定监视居住期间不仅覆盖侦查程序，还会延续至此后的起诉、审判阶段，这会加大警力负担，使基层侦查部门感觉心有余而力不足。二是经济成本，指定居所还会产生高昂的经费支出。在 P 市公安局调研时，多名法制科、派出所警察坦言，基层派出所办案经费紧张，如果能够拨出专项经费，还是会考虑适用指定监视居住，但每年最多也只能用 1~2 件。即使是地处发达地区、经费保障较好的 J 区公安局，也将"经济成本太高"视为指定监视居住的重要障碍。

（二）积极适用论

在 L 区和 G 区公安局，法制部门负责人对指定监视居住的适用有着与 C 市大多数公安机关不同的认识。首先，他们认为，在指定居所方面并不存在所谓的"法律障碍"。对于《细则》的相关规定，他们认为与新刑事诉讼法相抵触，已失去规范效力。因为按照新刑事诉讼法的规定，指定居所的范围仅仅应当排除羁押场所和专门的办案场所（第 73 条第 1 款）。在此范围外的其他场所，只要符合《公安机关办理刑事案件程序规定》的三个条件（第 108 条第 2 款），即可作为指定监视居住的地点。

其次，他们也认为，指定监视居住并不必须采取派人看守的方式。G 区公安局法制科科长指出，必须派人看守的认识是因为对新刑事诉讼法的规定不熟悉、理解不深刻。在他看来，新刑事诉讼法规定了电子监控、不定期检查、通信监控等多种方式，由侦查人员根据具体情况选择适用。也就是说，只要能够达到保障诉讼、避免危险的效果，采取这些方式更符合立法本意。他甚至认为，全天候看守产生的责任相当重大，如果被监视居住人员在此期间自杀、自残、逃跑后重新犯罪，负责执行的警察必定应当承担监管疏失的责任；相反，在未采取这种方式的情况下，即使产生这些后果，也很难归咎于他们。

最后，他们还认为，在派人看守之外，灵活地采取其他监控方式通常也能达到指定监视居住的目的，还可以有效地节省警力和经费。这种认识又会随着指定监视居住取得不错的实践效果而得以增强。

三、非羁押化的执行方式与效果

（一）执行方式

2013 年，在 C 市公安机关指定监视居住的 71 人中，有 17 人采用了羁押化的执行方式，占 24%。而采用非羁押化方式所占比例较高（76%），有 54 人[①]，全部由 L 区和 G 区公安机关采用。在 L 区和 G 区，非羁押化的执行方式具有如下特点：

首先，在指定居住地点的选择上，主要集中在旅店和医院。在 L 区和 G 区公安局 54 名指定监视居住的犯罪嫌疑人中，因伤病治疗需要而指定居住在医院的有 2 人。这 2 名犯罪嫌疑人都有较严重的伤病，不得不住院治疗。对此类犯罪嫌疑人，不宜指定在其他地方居住，就如同不宜关押的理由一般。其余 52 人均指定于旅店居住，占 96%。此处之"旅店"系规模较小、设施较简单、价格便宜的私人旅馆，有别于宾馆、酒店、招待所。在没有行政指令的前提下，L 区、G 区公安局各派出所不约而同地选择这种场所，主要是考虑了四个因素：一是就近、方便，这类小旅馆在各派出所辖区内星罗棋布，选择余地极大，便于就

---

① 2013 年，L 区和 G 区公安局共指定监视居住 56 人，但其中有 2 名受伤住院的犯罪嫌疑人被采取了全天候看守的羁押化手段，所以采用非羁押方式执行指定监视居住的是 54 人。

近实施监管。二是房费便宜，通常价格为 30~50 元一天。有的旅店出于维持"关系"的考虑，甚至不收取任何费用。三是经营监管更加尽责，相对于大型的宾馆、酒店、招待所，派出所对旅店的管理者更有权威，更容易施加影响。对于派出所提出的监管要求，经营管理者会更加尽职尽责地完成。四是住宿人员相对较少，便于经营人员实施监管。

其次，严格履行程式化的法律手续，明确被监视居住人员的法律责任。第一个程序是继续暂扣身份证等证件。犯罪嫌疑人的身份证件在被传唤、拘传时已被扣押，在变更为取保候审时，证件通常会发还，但在执行指定监视居住时，执行机关考虑到限制人身自由的需要，不予以发还。L 区和 G 区公安局都采用这种方式。不过，也有相当比例的外来人口犯罪案件，因犯罪嫌疑人并无身份证件而无法履行这一程序。第二个程序是对犯罪嫌疑人进行警告。一般做法是在宣布指定监视居住时告知其必须遵守的法律义务，同时明确指出违反义务的后果是逮捕。典型的警告是："你要是逃跑了，我们可以逮捕你、上网追逃，什么时候都必须追回来。"与以往不同，根据新刑事诉讼法的相关规定，受访的警察认为这种后果完全能够预料，所以更愿意提出这种警告。

最后，也是最重要的，执行人员选择采用多样化的监控方式，非羁押化特征明显。在绝大多数案件中，两个公安机关采取了间断性监视方式，每隔一段时间检查犯罪嫌疑人是否在指定的居所内居住。实际执行时，间断性监视有四种方法：第一种方式是每日报到。宣布执行监视居住时，办案警察地要求被监视居住人员每天自行到派出所报到，根据报到情况判断其是否可能脱管。第二种方式是上门检查。一般的做法是安排人员到犯罪嫌疑人所住的旅店，查看犯罪嫌疑人是否还在旅店，如果不在就立即报告派出所采取措施。第三种方式是电话检查。宣布监视居住时，办案警察会将已扣押的手机发还给犯罪嫌疑人，提醒其 24 小时开机，保持与办案人员的联系。在此期间，办案警察会随时打电话检查其是否在指定居住的地点（旅店或医院）。第四种方式是旅店经营管理人员的监管。通常情况下，在旅店执行监视居住时，办案警察还会要求管理人员协助执行，提醒其随时注意被监视居住人员的动向，如发现其长时间离开、深夜不归、携带可疑物品、会见可疑人员等情形，就要及时报告派出所。

（二）执行效果

实践中，指定监视居住结束时，会产生三种不同的诉讼结果。按照诉讼保障作用的大小，依次是移送审查起诉、解除监视居住和人不到案（脱管）。其中，侦查终结、移送审查起诉最为理想，它既表明监视居住执行过程未遇障碍，也反映出在此期间的侦查活动达到了预期目的。解除监视居住系因证据不足、犯罪嫌疑人不构成犯罪，或提前解除，或期满解除，在解除之前，侦查活动仍可顺利进行。在被监视居住人不到案的情形中，既有刻意规避诉讼的逃跑，也有非故意规避，如因生存需要外出打工、更换联系方式或住处而长时间脱管的情形，但无论哪种情形，客观上都会导致侦查程序暂时中断。对 L 区和 G 区的考察发现，在采取非羁押化的执行方式之后，移送起诉的比例较高、脱管比例较低，这表明非羁押化的指定监视居住具备较强的诉讼保障功能。

2013 年，在 L 区和 G 区公安分局采取非羁押化执行方式的 54 名犯罪嫌疑人中，54% 被移送审查起诉，32% 被解除监视居住，仅有 5 人（9%）脱管不到案，另有 5% 属于转侦等其他情形。作为对照，在 C 市同期采取监视居住的 1865 名犯罪嫌疑人中，移送审查起诉的犯罪嫌疑人仅有 18%，脱管不到案的比例为 20%～30%。显然，采用非羁押化的指定监视居住后，实际的诉讼效果也远远超过一般的监视居住。

进一步分析发现，在采取非羁押化监视方式的前提下，影响指定监视居住结果的关键因素是案件类型。由于案件类型与适用理由之间的竞合关系，适用理由与案件处理结果之间也形成了一定的间接关联。

1. 案件类型与指定监视居住适用效果的关系

根据犯罪发现与犯罪实施之间的时间关系，可将刑事案件分为现行犯罪与非现行犯罪。统计分析发现，不同案件类型的指定监视居住与案件处理结果之间具有一定的相关性。在 18 名现行犯罪嫌疑人中，移送审查起诉的多达 16 人，占 89%；在非现行犯罪的 38 名犯罪嫌疑人中，移送审查起诉的仅略多于 1/3（14 人）。运用皮尔逊检验方法，现行/非现行犯罪与移送审查起诉之间的相关系数为 ±0.44，具有中度相关性。据此认为，现行犯罪而被采取指定监视居住的犯罪嫌疑人，移送审查起诉的可能性明显大于非现行犯罪嫌疑人。现行犯罪之所以比非现行犯罪的案件更有可能被移送审查起诉，首先是因为其犯罪事实清楚、不容辩驳、证据充分。其次，指定监视居住的适用又在一定程度上保证了这种可能性的实现。

2. 适用理由与指定监视居住适用效果的关系

在适用理由方面，"严重疾病生活不能自理"的犯罪嫌疑人，绝大多数都被移送审查起诉；相反，"怀孕或哺乳"、"唯一抚养人"的移送审查起诉比例极低。因"严重疾病生活不能自理"而采取指定监视居住的 11 名犯罪嫌疑人，有 9 人最终被移送审查起诉；而在"怀孕或哺乳"、"唯一抚养人"的 9 名犯罪嫌疑人中，只有 1 人被移送审查起诉。造成上述差异的主要原因是相关人员所涉案件类型的区别：因"严重疾病生活不能自理"而采取监视居住的犯罪嫌疑人中，有 10 人所涉案件都是现行案件（聚众斗殴、故意伤害和扒窃）；而"怀孕或哺乳"、"唯一抚养人"而采取监视居住的 9 名犯罪嫌疑人都是妇女，其中有 8 人所涉犯罪为非现行犯罪（贩毒、盗窃）。

此外，在执行方式上，由于 L 区和 G 区公安局总共只有两例采用全天候看守方式，数据量太小，无法进行定量分析，此为本研究的局限性之一。

四、结论

作为逮捕的替代性措施，指定监视居住本应发挥积极、重要的诉讼保障作用，与此同时，还应避免其沦为变相羁押措施。但新刑事诉讼法实施以来，相关的研究均发现，无论是检察机关还是公安机关，指定监视居住的适用都出现两种极端情况：一是担心其法律风险而完全不予适用；二是"大胆"采取全天候看守方式而制造出"第六种强制措施"。无论哪种做法，均不符合立法本意，也损害了监视居住制度的法律价值。

在 C 市，部分公安机关的实践提供了一种将指定监视居住执行效果与正当程序有机结合的经验范式，破解了"有效的监视居住一定是羁押化的监视居住"的迷信。其成效表现在：一方面，在结果上，指定监视居住的诉讼保障效果总体较好，侦查机关对脱管等问题保持了合理的容忍度。从适用结果看，移送审查起诉比例较高、脱管比例较低，表明指定监视居住在保障诉讼顺利进行方面发挥了较为积极的作用。与此同时，虽有一定比例的犯罪嫌疑人脱管、逃跑、重新犯罪，但在调研地区公安机关看来，这属于监视居住正常适用必然产生的现象，完全在可以接受的范围之内。对此，公安机关也未采取变相羁押问题加以应对，表现出一种务实、理性的态度。另一方面，在手段上，指定监视居住主要采取非羁押化的执行方式，既提高了指定监视居住的适用比例，也避免了变相羁押问题的产生。针对"是否应当采用全天候看守"的争议，适用率较高的 L 区和 G 区公安局通过有效性的实践与正当化的机制树立了典范。经过大量案件的"试验"，它们提炼出如下经验：指定监视居住的目的是及时掌握犯罪嫌疑人行踪，将其控制在办案机关所在地，因此指定成本低廉的住所，并辅之以多样化的日常检查方式通常能达到上述目的；与此同时，对执行机关和人员来说，由于没有采取变相羁押的方式，便摆脱了由羁押行为派生的安全监管责任，大大减轻了法律风险。

指定监视居住的羁押化现象及 C 市公安机关采取非羁押化执行方式的经验范式，反映出现行的指定监视居住制度尚难以充分适应保障诉讼的实践需要，亦不足以有效规制警察的不当行为。首先，对于指定监视居住之"强制性"的限度何在，刑事诉讼法未作任何原则性的或具体的规定。实践中，全天候看守对犯罪嫌疑人权利的限制范围与程度已超出了监视居住措施应有的限度，由此产生两大问题：其一，它缺乏法律的明确授权，严重违背程序法定原则。由于全天候看守涉及对人的自由与隐私的严重限制，其程度远远超过刑事诉讼法规定的电子监控、不定期检查、通信监控方法，根据程序法定原则，应当由立法明确规定。在缺少授权的情况下任意使用，显然于法无据。其二，更重要的是，它还与比例原则背道而驰，进而导致对反对强迫自证其罪原则之背离。在"一对一"甚至"多对一"式的全天候看守环境中，犯罪嫌疑人不仅完全失去了人身自由，甚至饮食、起居、个人隐私都受到侦查机关的限制，其权利受侵害的程度不亚于看守所羁押。与此同时，这种权力的行使还缺少看守所内的隔离式审讯环境、看守管理监督和驻所检察监督等主客观限制，使犯罪嫌疑人的人身自由完全受制于侦查人员。此外，侦查机关还可以根据犯罪嫌疑人的认罪态度任意地控制监视居住期间的长短。这必然"成功"地营造出一种强迫性审讯的环境与条件，从而严重违背了反对强迫自证其罪原则之要求。在法理上，作为立法上强制性程度仅次于逮捕的强制措施，监视居住之"监视"有别于"羁押"，指定监视居住的强制性既表现在对犯罪嫌疑人活动空间的限制及强制其履行应当遵守的法律义务上，也体现在监视方式对犯罪嫌疑人权利的限制上，它应以对犯罪嫌疑人活动范围的监测与察看为基本手段，并不包含通过使用械具、看押、隔离式建筑的方式积极地限制其人身自由和隐私权。

其次，立法上对权力主体和执行方式规定的合理性严重不足。在现行法框架下，对于公安机关侦查的案件，侦查主体与指定监视居住的决定主体、执行主体合而为一。这既不利于确保指定监视居住决定程序的公正性，也很难避免其沦为强迫性审讯的辅助手段。如同逮捕羁押一样，长远地看，应将指定监视居住的决定权、执行权从侦查权中分离出去，交由相对中立的、专门的、专业的机构分别负责。在现行诉讼构造基本不变的前提下，指定监视居住宜由侦查机关申请、检察机关作出决定。而在执行主体方面，可吸收《社区矫正实施办法》的相关精神及实践经验，赋予司法行政机关的执行权，具体由司法所负责实施。在执行方式上，汲取 C 市公安机关的经验，笔者认为，可以通过列举的方式明确执行方式的种类，使执行机关在选择适用时更具可操作性，也避免执行人员随意使用。具体而言，在刑事诉讼法第 76 条确定的电子监控、不定期检查、通信监控之外，还可增加每日报到、电话检查、定期检查、居住场所管理人员的日常监视等形式。

最后，无论从立法还是司法的角度看，都不应将"彻底消除社会危险性"作为指定监视居住的适用目的与当然结果。在理论层面，指定监视居住适用的目的是减少脱管、逃跑、再犯等社会危险性，确保刑事诉讼的顺利进行，但只要采取非羁押性强制措施，无论是取保候审，还是监视居住，也无论是一般监视居住还是指定监视居住，都不可能在根本上杜绝脱管、逃跑、重新犯罪等问题。容忍较低比例的危险性后果的发生，也在合理适用的限度之内。这就如同一些国家运行良好的保释制度，只要将社会危险性的发生比例控制在较低的幅度之内即可维持人权保障与犯罪控制的价值平衡。否则，如仅仅是追求保障诉讼的目的，最简单的方式就是取消监视居住乃至取保候审，无一例外地适用审前羁押。

（作者单位：四川大学法学院）

刑事案卷运用的迷思及其消解

牟 军

当代中国刑事案卷材料运用的一个有趣现象是，在刑事司法实务中，公检法机关不仅普遍承认和接纳刑事案卷，而且在办理刑事案件中无一例外地依赖于刑事案卷材料，这与我国刑事诉讼体制性和制度性原因的存在是相一致的。但在我国诉讼理论界对刑事案卷的运用尤其是审判程序中的运用则是普遍反对或持批判态度的。反对或否定刑事案卷材料运用存在诸多诉讼理论和现实性理由，这是当前有关刑事案卷材料运用问题上理论反对实践的一种现实反映。但这些反刑事案卷的理由或论点是否能够作为支撑排拒刑事案卷的依据？这些理由是否就是不可调和或不可消解的呢？对此，笔者将对当代中国刑事案卷材料运用可能面临的主要障碍或不利因素进行一番梳理和分析，从中找寻消解这一迷思的基本路径。

一、刑事案卷材料偏向性产生的审判不公

对于刑事案卷材料的运用，学术界普遍存在的一种担心在于，这些材料大部分是被告人有罪或不利于被追诉人的材料，裁判者接触和运用这些材料对案件事实进行认定，往往会形成不利于被告人的偏见，[①] 从而可能造成对被告人审判的不公。在我国，刑事案件的侦查由专门负责追诉职能的公安和检察机关实施，虽然根据我国刑事诉讼法第 50 条的规定，检察人员、侦查人员必须依照法定程序，收集能够证实犯罪嫌疑人、被告人有罪或者无罪、犯罪情节轻重的各种证据。但在实践中公安、检察机关出于追诉犯罪的目标和职能需要，加之刑事侦查处于封闭和单向推进的状态之下，其他机关和个人很难介入其中，辩方与侦查者也缺乏双向互动和交涉机制，侦查机关主要收集被追诉人有罪或对其不利的证据，侦查机关制卷中也无全面收集和形成案卷材料尤其是吸纳辩方材料的制度，因而侦查机关制作的卷宗材料中绝大多数属于证明被告人有罪、罪重和具体犯罪细节的书面材料。应该承认，在多数案件侦查中，我国侦查机关形成和制作的案卷材料均有意或无意地过滤掉了对被告人有利的各种信息，即便在有的案卷材料中含有这样的信息，对其不利的信息也仍占主导地位。从客观角度分析，侦查讯问和制卷过程需遵循相应的法律规范要求，侦查者也受其职责的道德和法律责任约束，这些有罪材料绝大多数仍是真实、可靠和有证明价值的材料，法院运用这些材料最终作出的有罪判决真正出现错误的概率仍较小，案件处理的实体公正性仍有相应的保证。运用这些案卷材料可能产生的审判不公主要还是由于法院接触和运用的大量材料是侦查机关收集的不利于被告人的材料，材料中没有或很少有辩方的辩解意见，这实际上意味着法官在未充分听取和吸收各方意见的情形下，匆忙作出裁判，法官因在客观上一定程度的非中立性导致其不公正性，因而在此情形下审判不公主要体现为

---

① 陈瑞华著：《刑事诉讼的中国模式》，法律出版社 2008 年版，第 148 页。

审判程序的不公。然而，对于案卷材料的偏向性产生的审判程序的不公，可以通过案卷材料的形成和制卷过程中引入辩方的意见表达的方式和渠道加以有效解决。①

二、刑事案卷材料运用对被告人对质询问权的损害

我国学界对于法官接触、阅览案卷材料尤其是在庭审中实际运用案卷材料并作为裁判重要依据的做法产生的严重质疑在于其实际剥夺或严重削弱了庭审中被告方的对质询问权。日本学者认为，承认传闻供述及供述代用书面的证据能力，被告就不能对原供述人进行反讯问，导致剥夺被告受宪法第 37 条保障证人询问权，并认为保障当事人的反询问权，是实行传闻法则最重要的根据。② 我国台湾地区学者黄东熊也认为，传闻陈述系本案审判外之陈述，如承认传闻陈述具有证据能力，将剥夺被告对原陈述者反对诘问之权利，是以基于实质上保障被告之反对诘问权之要求，自应否定传闻陈述与代替陈述之书面具有证据能力。③ 我国学者龙宗智认为，禁止书面证言运用的一个重要理由在于，保证被告的面对与质询权，这一权利是刑事被告的一项基本权利，也是各国最低限度的程序保障之一。④ 熊秋红教授认为，审判程序的设置是为了给予被告人公正的审判，只有确保争议案件的证人出庭，被告方的对质权才有切实保障，刑事审判才能实现最低限度的公正。⑤ 易延友教授认为，证人出庭的问题实际是以被告人对质权保障为中心的问题，也间接表达了刑事案卷运用对被告人这一权利产生的不利影响的观点。⑥ 根据学界的观点，对被告人庭审对质询问权的保障，不仅是刑事审判程序正义的要求，而且对于查明证言的真实可靠性，保障案件处理的实体正义要求也是必要的。⑦

应该指出，刑事案卷的运用对被告人的对质询问权存在一定的不利影响，但两者也非处于一种根本对立的倾向，这主要是基于以下几个理由：第一，刑事案卷材料的运用并不排斥证人的出庭作证。根据我国刑事诉讼法第 187 条的规定，如果控辩双方或一方对侦查机关制作的证言笔录存在异议，该证言对于定罪量刑具有重要意义，法院认为证人有作证必要的，证人应当出庭作证。显然，在我国刑事审判中，法庭在普遍运用案卷材料的同时，于一定条件下也需通过证人的出庭提供口头证言判明其证言笔录的可靠性，而非一律排斥证人出庭所做的口头陈述。对已出庭的证人所作的口头陈述，被告人当然可以通过交叉询问的方式行使其对质询问权。从我国司法实践的实际情况看，因对证人证言有异议而符合法律规定证人出庭条件的案件应该不在少数。第二，对于证人未出庭而主要运用案卷材料审判的案件，也非存在对被告人对质询问权的根本损害。从上述有关学者的观点来看，被

---

① 侦查制卷中有关辩方介入和意见表达渠道主要是建立相应的接受辩方证据材料和并入案卷材料的机制。

② 参见［日］土本武司著：《日本刑事诉讼法要义》，董璠兴、宋英辉译，台湾五南图书出版公司 1997 年版，第 345~346 页。

③ 黄东熊著：《刑事证据法则之新发展》，台湾学林文化事业有限公司 2003 年版，第 163~164 页。

④ 龙宗智著：《证据法的理念、制度与方法》，法律出版社 2008 年版，第 117 页。

⑤ 熊秋红：《刑事证人作证制度之反思——以对质权为中心的分析》，载《中国政法大学学报》2009 年第 5 期。

⑥ 易延友：《证人出庭与刑事被告人对质权的保障》，载《中国社会科学》2010 年第 2 期。

⑦ 龙宗智认为，从庭审技术上看，对质询问的主要意义在于，使裁判者能够观察双方的态度和言词，从而辨析证词的可靠性。另有学者也认为，庭审交叉询问的主要功能之一在于检验证言的真实性或可靠性，防止无辜者遭受错误追究。

告人行使对质询问权的主要功能在于保证证言的真实可靠性，实现实体正义的价值。也就是说，只有当为保障证言的可靠性，使被告人免于被错误定罪的危险而行使其庭上的对质询问权时才有实际意义。从我国刑事诉讼法第 187 条规定的证人出庭条件看，其实质精神也在于保障证言的可靠性，从而保障裁判的正确性。因此，在相当多的案件中，根据法律规定证人不出庭而运用案卷材料进行的书面审，虽然在事实上损害了被告人的对质询问权，但由于被告人这一权利的行使与案件最终的处理结果无涉，笔者将其视为被告人形式意义权利的让渡，是一种个人对程序性和实体性权利权衡基础上的主动取舍，而非其实质意义权利的丧失，更遑论公权力对私权利的一种抑制。第三，被告人的对质询问权可以通过其他方式获得补救。因证人不出庭或出庭特定时空条件的限制，辩方无法有效对卷证在庭上的宣读或沿用加以对质和询问，但在前期询问有关知情人或卷证的制作过程中，如果被告方的律师及检察人员等能够参与，且允许对知情人的陈述进行现场质询或对质，将辩方对证言的对质询问等辩护权提前到侦查和起诉阶段，同样可以有效保障被追诉人辩护权和一定程度上对庭审非实质化效果的弥补。从欧陆早期罗马教会法庭及意大利文艺复兴时期司法制度中的卷证运用情况看，被告人实际已介入卷证的形成之中，证人证言在记入卷宗以前，被告人有机会对证人进行"质证"。对于重大案件，记录人还需要把证人的面部表情以及其他的"肢体语言"记入笔录，从而为最终定案的法庭提供有关情态证据的替代品。[①]我国台湾地区学者林钰雄在论及卷证运用的条件时也认为，检警笔录制作过程应赋予辩方必要的程序担保，即受及时通知、在场以及发问等权利，并应记明笔录。[②] 我国学者从卷证的可信性的情况保障上也认为律师及其他中立见证人在场情况下制作笔录具有合理性。[③] 尽管上述理论观点的角度和出发点不同，但卷证形成过程中被告方的介入、交涉和质询，以缓解卷证运用对庭审正当程序带来的不利影响则是现实和可行的。第四，刑事案卷材料的运用也有利于实现被告人庭上的对质询问权。法官庭前运用卷证，一方面有利于法官为庭审的口头审判做准备，也即为被告人的对质权行使提供条件；另一方面，法官对案卷材料的了解和掌握实际上是庭审采取直接、口头审理方式的前提。达马斯卡在谈到主要大陆法国家案卷材料的运用与审判关系时指出，"首席法官在开庭以前需要研究卷宗；如果对卷宗中包含的各种文档不熟悉，庭审中他/她就无法有效地询问证人。"[④] 他同样认为，"由于传闻的抗辩者现在也可以从审前程序获取有关信息，所以他在审判中要求该陈述者出庭或者作为替代措施去收集有关其可信度之信息的可能性就增加了。"[⑤] 从庭前卷证的阅览或展示中了解的书面证言信息，就辩方的角度而言推动了证人的出庭并使辩方的对质询问权在口证的审理方式中得到保障。

---

① ［美］米尔吉安·R. 达马斯卡著：《比较法视野中的证据制度》，吴宏耀、魏晓娜等译，中国人民公安大学出版社 2006 年版，第 263~264 页。

② 林钰雄：《严格证明与刑事证据》，台湾新学林出版股份有限公司 2002 年版，第 61 页。

③ 龙宗智：《证据法的理念、制度与方法》，法律出版社 2008 年版，第 160 页。

④ ［美］米尔吉安·R. 达马斯卡著：《比较法视野中的证据制度》，吴宏耀、魏晓娜等译，中国人民公安大学出版社 2006 年版，第 279 页。

⑤ ［美］米尔建·R. 达马斯卡著：《漂移的证据法》，李学军等译，中国政法大学出版社 2003 年版，第 182 页。

三、刑事案卷材料运用导致裁判者的先入为主和对案件事实的预判

在理论界看来，案件纳入正常审理程序之前，裁判者预先接触和阅览案卷材料，容易在大脑中形成对案件事实或信息的固有印象，学界将其视为对案情的先入为主，进而在此书面材料的基础上产生对案件事实的预判。学界担心这种先入为主和预判可能会影响对案件事实的全面性认识，尤其是对庭审中可能出现的新案情、新证据视而不见或内心的本能排斥，从而对通过庭审查明案件事实的真相产生不利影响。

除此之外，裁判者的先入为主和预断对审判程序还带来两个延伸性的不利影响：第一，庭审流于形式。从心理学的角度看，人们对于最先接触和了解的信息或事物能够留下深刻印象，尤其是在这种信息的来源具有正统性和权威性，且信息的内容表述又具有合理性和逻辑严谨性的情况下，人们对该信息的认识更加深信不疑，难以被动摇或推翻，对接受新信息的愿望或兴趣明显减弱。显然，裁判者预先接触和了解由专门调查机关形成和制作的案卷材料本身符合人们通常具有的接纳这一材料的心理特征，裁判者通过对案卷材料的分析、整理和研判容易对案卷材料传递信息的认识产生固化，本着"案卷中没有的东西就不存在"[①]的内心自我暗示，其对通过庭审获取或接纳案件信息已缺乏应有的热情和兴趣。因而"在有条不紊、缜密周全的初步调查之后，在庭审中，案情几乎没有出现戏剧性变化的可能"。[②] 学界所担心的庭审流于形式、走过场，戏剧化的表演色彩浓厚的现象可能难以避免。第二，庭审丧失应有的独立性。裁判者庭前接触和阅览案卷材料并在对案件事实产生预断的条件下，庭审的实际过程变得形式化、空洞化和戏剧化，在失去庭审的实际价值和意义的同时，由于案卷材料需要提交法庭，公诉人或裁判者需要在庭审中宣读这些案卷材料，庭审实际成为主要围绕对案卷材料真实可靠性的进一步查证和核实的过程，且法院可以直接以案卷材料为依据作出裁决，因而整个法庭审理过程变成对侦查和起诉活动及其结果的审查和确认，[③] 刑事庭审不仅未能阻断与审前程序尤其是与侦查程序的联系，而且实际成为侦查程序的一个附属程序，刑事庭审的独立性尽失，西方主要法治国家所珍视的审判中心主义价值更是付之阙如。

必须指出的是，裁判者庭前接触和阅览案卷材料对案情产生的先入为主和预判本身没有价值优劣之分，不属于一种贬义词。因为对先入为主的褒贬需观察对谁的先入为主，而预判也不等于预断以致擅断和偏见。从我国司法现实情况看，裁判者通过案卷材料产生的先入为主和预判的正向作用大于其负面作用。

第一，裁判者的先入为主和预判的正向作用建立在案卷材料本身的全面性和真实可靠性上。如果侦查机关收集和制作的案卷材料本身是全面完整并具有不可置疑的真实性，裁判者运用这样的案卷形成的先入为主和预判本身是正面和积极的，对于庭审查明案件事实真相不仅不会产生阻碍，而且有利于最终裁判结果的可靠性。所以，运用案卷材料对庭审

---

① ［美］米尔伊安·R. 达玛什卡著：《司法和国家权力的多种面孔》，郑戈译，中国政法大学出版社 2004 年版，第 51 页。

② Mirjan R. Damask, Evidence Law Adrift, New Haven: Yale University Press, 1997, p. 72.

③ 陈瑞华：《案卷笔录为中心——对中国刑事审判方式的重新考察》，载《法学研究》2006 年第 4 期。

的影响关键不是裁判者的先入为主问题，而是如何保障案卷形成和制作质量与作为阅读者的法官无偏私地加以理解和接受的问题，这需要对案卷制作者和案卷最终使用者在职业道德和专业技能上进行严格要求。从我国法院刑事案卷庭前接触和阅览的情况看，裁判者通过阅卷有效了解和掌握案情，保证裁判最终的可靠性仍是主流。

第二，基于全面性和可靠性的案卷材料产生的先入为主和预判实际上成为整个庭审阶段的一个关键环节，体现了庭审技术审判的固有特征。应该承认，裁判者庭前接触和阅览具有可靠性保障的案卷材料，对于裁判者明确审判目标，为庭审进行有效决策、周密准备和安排庭审，掌控庭审的进程和方向，把握庭审的重点、难点和细节等技术审判的各个环节无疑具有重要意义。这种做法不仅有助于提高庭审的效率、降低审判的成本，促进庭审的结果更接近于真实，而且也为法庭的直接口头审理创造了条件。由于裁判者通过案卷材料事先了解和熟悉案情为庭审做了充分准备，使得庭审中对口头证据的质证和调查更为顺利。如果裁判者事先对案情不了解，对案卷中的证据不熟悉，反而影响接下来的正式庭审。正如达马斯卡所言，"如果对卷宗中的各种文书材料不熟悉，他（首席法官——笔者注）几乎无法有效地进行法庭询问"。① 所以，裁判者庭前阅卷所形成的先入为主非但不会导致庭审的形式化和空洞化，反而有助于推动法庭对案件的直接审理。而对案件的这一直接听证审理方式的实施，确保了庭审的实质化路线的贯彻，庭审过滤和审查核实证据、厘清案情和适用法律的实质功能得以有效发挥。审前程序尤其是侦查程序中获取的书面证据材料并非当然为法庭所接纳和运用，庭审的独立性地位也有了相应保障。②

第三，刑事案卷材料的阅览和使用与裁判者的先入为主和预断并非属于唯一的因果关系。审判阶段属于整个刑事司法的末梢，从司法固有规律来看，裁判者庭前对案件事实的先入为主和预断与整个刑事司法的进程有着密切关系，而非与庭前接触和阅览案卷存在唯一联系。有学者指出，即便是采用起诉书一本主义，检察机关仅提交法院起诉书，起诉书作为单方面的有罪指控也会对法官产生被告人有罪的印象。并指出我国还存在影响法官预断的诸多非制度性因素，如在侦查终结的破案表彰，法官参与审前的公捕大会，侦查阶段新闻媒介单方面对案情的追踪报道或被害人上访的维稳压力等，裁判者对案情都可能产生先入为主的认识和预断。③ 这表明，只要案件经过侦查和起诉的过程，裁判者就有诸多途径了解和掌握案情，其先入为主和预断本身具有不可避免性，其接触和阅览案卷材料并非是其产生先入为主的唯一途径，甚至从某种程度上说，裁判者的先入为主和预断在其接触和阅览案卷材料前就已产生，其接触和阅览案卷材料只是进一步强化了这种先入为主和预断。从制度设计的角度看，应该把注意力更多地放在如何避免预断演化为裁判之上，更多地重视预断演化为裁判的可抵消性和可稀释性等问题。④

（作者单位：云南大学法学院）

---

① ［美］米尔吉安·R. 达马斯卡著：《比较法视野中的证据制度》，吴宏耀、魏晓娜等译，中国人民公安大学出版社 2006 年版，第 101 页，注释［16］。

② 不过，由于裁判者庭前阅览案卷材料所形成的先入为主或庭审中习惯性地使用案卷而导致庭审形式化的固有风险，对于庭审中卷证与口证提交和审查的条件和程序仍需法律作出明确规定。

③ 郭华：《我国案卷移送制度功能的重新审视》，载《政法论坛》2013 年第 3 期。

④ 仇晓敏：《刑事公诉方式复印件移送主义、起诉状一本主义抑或全案移送主义》，载《中国地质大学学报》2007 年第 3 期。

刑事和解实施问题研究

——以检察机关司法办案为视角

何秉群

在我国，刑事和解并非是由立法机关自上而下主导推动的，而是由司法机关先行探索的司法实践活动。早在 2002 年，北京市朝阳区检察院和上海市杨浦区公安分局就开始了在轻伤害案件中尝试进行刑事和解。随后，安徽、浙江等地也都出台了适用刑事和解的规范性文件，刑事和解以星火燎原之势在全国各地推广开来。但直到 2012 年刑事诉讼法再修改之后，我国的刑事和解才走上了法制化的道路，司法机关开展刑事和解才有了明确的法律依据。

一、修改后的刑事诉讼法确立的刑事和解制度的主要内容及其价值分析

在刑事诉讼法再修改之前，各地依据宽严相济的刑事政策，在探索开展刑事和解的过程中陆续出台了许多有关刑事和解的规范性文件，最高人民检察院也于 2011 年颁布了最高人民检察院《关于办理当事人达成和解的轻微刑事案件的若干意见》、《关于开展检调对接试点工作的意见》。但由于这些规范性文件的法律效力位阶较低，司法机关开展刑事和解工作一直备受质疑。

（一）刑事和解制度的主要内容

修改后的刑事诉讼法首次以法律的形式对刑事和解制度作出了明确规定，为刑事和解的进一步发展开辟了广阔的前景。此次修法以专章的形式对刑事和解程序进行规定，凸显了刑事和解程序在刑事诉讼中的特殊性、相对独立性。在适用范围方面，此次修法将刑事和解案件限定为轻微刑事案件，并附加了因民间纠纷引起等限制性条件。在和解协议审查与制作方面，明确了公检法三机关均可开展此项工作，并注重对当事人意愿的尊重和对和解协议合法性的审查。在和解协议效力方面，公检法可以对与被害方达成和解协议的加害人作出不起诉等从宽处理的决定。虽然此次修法仅用了三个条文对刑事和解进行规定，但还是在很大程度上有助于解决刑事和解适用中存在的不统一、不规范、不严格等问题，在我国刑事和解发展中具有里程碑意义。

（二）刑事和解制度的价值分析

1. 刑事和解制度的确立是刑事诉讼引入契约精神的有力体现。基于公法与私法的划分，契约观念一直被认为是私法领域的专属。然而，在大部分刑事案件中往往会涉及私人利益，只是传统刑法理论认为，国家在刑事诉讼中已经代表个人对其有关法律关系进行了处理。

但随着权利意识的觉醒、程序正义理论和刑事诉权理论的兴起，民众对刑事诉讼进行契约化改造的呼声越来越高。放眼国际，刑事和解、辩诉交易、保释和污点证人豁免等代表刑事契约的各项制度早已成为刑事诉讼中的"常客"。修改后的刑事诉讼法对刑事和解制度的确立亦是推动我国刑事诉讼契约化改造的重要体现。

2. 刑事和解是恢复性司法理念的必然要求。基于对传统犯罪观、刑罚观的反思，恢复性司法主义认为，犯罪不仅仅是对法律规范的违反和对政府权威的侵犯，犯罪也可以被理解为是对多方面的伤害，包括对被害人、对社会，甚至对犯罪行为人本人的伤害。[1] 对犯罪行为的处理也不应是国家权力机关的专属，被害方、加害人、社区等与犯罪行为具有特定利害关系的各方都应当参与其中。刑事和解有利于改变国家机关在刑事案件处理中"一权独大"的垄断局面，对于充分保障被害人的合法权益、避免刑罚带来的交叉感染、促进犯罪人人格和社会角色恢复具有重要意义。

3. 刑事和解是司法经济的现实需要。与法律制度的其他要素一样，法律程序在运作过程中会耗费大量的经济资源。[2] 西方法谚有云"迟来的正义非正义"，为了提高司法活动的经济效益，我们必须最大限度地减少对司法资源的消耗。当前，我国正处于经济社会高速发展期，各种矛盾多发、频发，犯罪高发与司法资源紧张的矛盾日益凸显。刑事和解制度有利于实现刑事诉讼程序的繁简分流，节省司法资源；有利于被害人及时得到赔偿和安慰，有效保障被害人的合法权益；有利于犯罪人更好、更快地回归社会，促进社会和谐。

二、刑事和解实施的基本情况考察

笔者通过数据统计、个案研究、与办案人座谈、选取已公开数据和分析有关规范性文件等方式，对刑事和解实施的基本情况进行了如下考察：

（一）刑事和解案件数量

表1　2013年、2014年J省刑事和解案件情况（单位/人）[3]

年份　　项目	审查起诉案件人数	不起诉案件人数	不起诉案件中刑事和解人数	不起诉案件中刑事和解人数/审查起诉案件人数
2013年	51657	1692	722	1.40%
2014年	57570	1995	899	1.56%

---

① 周世雄：《也论刑事和解制度——以湖南省检察机关的刑事和解探索为分析样本》，载《法学评论》2008年第3期。

② 宋英辉主编：《刑事诉讼法学研究述评》，北京师范大学出版社2009年版，第6页。

③ 在现行的全国检察机关统一业务应用系统中，刑事和解案件的数据统计被放在了不起诉案件之中，故本表所统计的刑事和解案件数为不起诉案件中的刑事和解数据。

表 2　2014 年 J 省 B 设区市、X 设区市刑事和解案件情况（单位／人）①

类别 ＼ 地区	B 设区市	X 设区市
不起诉案件人数	358	95
不起诉案件中刑事和解人数	221	33

由表 1、表 2 可知，刑事和解在适用中存在以下两方面的特点：一是整体适用率较低。由表 1 可知，刑事和解制度确立后，有一定数量的案件适用了刑事和解程序，但其整体适用率较低。而且其他省份的数据统计也说明了这一特点，如 2013 年嘉兴全市基层检察院共办理公诉案件 7671 件 11522 人，其中适用刑事和解案件 78 件 83 人，比例分别为 1% 和 0.72%。② 二是各地在适用刑事和解上存在差异。由表 2 可知，B 设区市与 X 设区市在适用刑事和解的过程中，由于对刑事和解理解和把握的程度不同，无论是在绝对值上，还是在比例值上都存在差异。③

（二）刑事和解案件类型

表 3　2014 年 J 省不起诉案件中刑事和解案件性质分布（单位／人）

项目 ＼ 案件	交通肇事	盗窃	故意伤害	过失致人死亡	寻衅滋事	其他
和解人数	296	52	386	5	61	99
占不起诉案件中和解总人数的比例	32.93%	5.80%	42.94%	0.56%	6.79%	11.01%

通过数据统计，笔者发现刑事和解案件主要集中在轻伤害、交通肇事、寻衅滋事和盗窃等几种案件上，具体分析如下：

1. 轻伤害、寻衅滋事案件。此类案件多因家庭矛盾、民间纠纷引起，或因偶然事件而突发，社会危害性不大，加害人的主观恶性、人身危险性也较小，一般能够得到被害方的谅解。该类案件多发生于农村、乡镇等熟人社会之中，而熟人社会更倾向于关系的维持和恢复，当事人习惯于大事化小、小事化了。

2. 交通肇事案件。交通肇事罪为过失犯罪，犯罪人主观恶性、人身危险性较小，容易得到被害方的谅解。交通工具一般都有商业保险，且交通肇事案件犯罪人大都具有经济赔偿能力。在交通肇事案件中，交通警察会出现场并对责任进行认定，案件事实清楚、证据

---

① 在现行的全国检察机关统一业务应用系统中，刑事和解案件的数据统计被放在了不起诉案件之中，故本表所统计的刑事和解案件数为不起诉案件中的刑事和解数据。

② 陈斌、潘志勇：《〈刑事诉讼法〉修改前后刑事和解问题的实证研究——基于嘉兴地区检察机关调查统计的分析》，载《内蒙古民族大学学报》（社会科学版）2015 年第 3 期。

③ B 设区市与 X 设区市在经济发展程度、人员组成结构上基本相同，笔者通过与办案人座谈发现两地在对刑事和解的理解和把握上存在不同。

确实充分。双方当事人一般并无其他仇恨怨结，被害方倾向于通过刑事和解及时获得赔偿。

3. 盗窃案件。盗窃罪侵犯的是被害方的财产权，对其人身权并未造成损害，双方一般无结怨，对抗性因素较小，如果犯罪人能积极赔偿，被害人大都能对犯罪人予以谅解，双方当事人比较容易达成和解协议。

4. 过失致人死亡、重伤案件。由表3可知，该类案件适用率较低。因为在该类犯罪中，加害人虽为过失，但其行为造成的损害结果是很严重的，部分被害方不愿接受加害方的和解意愿。此外，由于主观上的故意与过失有时难以准确区分，办案人对此类案件适用刑事和解需要承担法律上的风险，也会影响刑事和解在此类案件中的适用。

（三）刑事和解协议的达成

1. 和解的阶段。虽然侦查、审查起诉和审判阶段均可开展刑事和解，但与侦查阶段相比，审查起诉阶段居于刑事诉讼程序的中间环节，此时的案件事实已比较清楚、证据也较为充分，双方当事人的对抗情绪随着时间的推移趋于缓和，加害人与检察机关的对立情绪较之其与公安机关要弱，这些都是审查起诉阶段达成刑事和解协议的有利因素。在2013年达成和解的公诉案件中，在公安侦查阶段达成和解意向的有19件，占24.3%；在侦查监督阶段达成和解意向的有11件，占14.1%；在公诉阶段达成和解意向的有48件，占61.5%。[①] 与审判阶段相比，在审查起诉阶段达成刑事和解协议，有利于被害方及时获得赔偿和抚慰，有利于对加害方作出不起诉等从宽处理的决定或建议，有利于减轻当事人的讼累，提高司法效益。

2. 和解协议的内容。悔罪、赔偿和谅解是刑事和解协议的主要内容。和解协议中对悔罪的规定一般是类似"甲方深表歉意并决心悔改"的简单表述。而对于赔偿的规定大都比较详细，涉及赔偿数额、赔偿所包含的损失范围、赔偿的履行时间及方式等内容。有关谅解的规定一般也比较简单。在赔偿方式上，大都以经济赔偿为主。在赔偿数额上，尚无统一的标准，即使是同一类犯罪的赔偿数额也会存在相差悬殊的情形。

三、刑事和解实施中存在的问题及原因分析

（一）刑事和解案件数量占比较小、案件适用范围偏窄

由前述相关数据可知，在审查起诉案件中，刑事和解案件的比例较小，且适用的案件类型主要集中在交通肇事、轻伤害、盗窃三类案件上。造成该问题的主要原因是修改后的刑事诉讼法将刑事和解的适用范围限定在了一个相对狭窄的范围之内，并附加了有关的限制性条件。在当前的社会环境下，民众对"花钱买刑"深恶痛绝，而刑事和解又很容易让人将其和"花钱买刑"联系在一起，加之权力监督制约机制尚不完备，立法者作出这种较为稳妥的规定是可以理解的。此外，部分当事人之间的仇怨深、对抗性强，办案人适用刑事和解的积极性不高等原因也降低了刑事和解的适用率。

---

① 陈斌、潘志勇：《〈刑事诉讼法〉修改前后刑事和解问题的实证研究———基于嘉兴地区检察机关调查统计的分析》，载《内蒙古民族大学学报》（社会科学版）2015年第3期。

（二）刑事和解适用中存在不严格、不规范的现象

有些地方在适用刑事和解中存在着罪名范围突破法律规定、对"民间纠纷"等前提条件把握不严的问题。例如，2013 年嘉兴某检察院有一个侵犯商业秘密罪的案件适用了刑事和解程序，与刑事诉讼法第 277 条规定的刑事和解案件可适用范围明显冲突。[①] 有的地方存在着借主持制作和解协议书之名行主持刑事和解之实的问题，办案人以"调解人"的身份促成双方当事人达成和解。更为普遍的是各方对赔偿数额的关注度很高，而对加害人是否真实悔罪、被害方是否发自内心地谅解加害人的关注、审查不够。例如，甲、乙二人因开车斗气发生互殴，甲将乙打成轻伤。经治疗，乙产生医疗费、误工费、交通费等共计 1 万余元。在和解工作中，乙提出要甲给 20 万元了事，否则就要求追究甲的刑事责任，甲害怕司法机关从重处理自己，勉强凑出 20 万元给乙。产生这些问题的主要原因为：一是修改后刑事诉讼法只是授权公检法可以开展刑事和解工作，但对刑事和解的具体程序未作规定，而《人民检察院刑事诉讼规则（试行）》对刑事和解的程序性问题规定得还不够全面，对刑事和解的时限、次数和监督等问题都缺乏明确规定。二是由于检调对接不畅，导致有些办案人在工作中急于求成，自己充当调解人，在和解中给双方当事人做思想工作并提出有实质性的和解意见，超越了法律对自己身份的定位。

（三）刑事和解适用与司法效益之间的悖反关系

刑事和解有利于节约司法资源，缓解案多人少的矛盾。但要大幅提高刑事和解的适用率，特别是对那些关系陌生、对抗性较强的双方当事人，需要司法机关投入更多的人力、物力，势必会消耗大量的司法资源。在座谈中，有的办案人就谈到，在有些和解案件中需要花费大量的约谈、讨论、审批、回访考察等时间。从司法经济的角度考虑，在刑事诉讼程序中引入刑事和解的目的是实现繁简分流，节省司法成本，提高司法效率。但从司法实践的角度看，如果一味追求刑事和解的高适用率反而会影响司法效益，使司法机关不堪重负，并最终影响司法公正的及时实现。

（四）刑事和解存在多方面的风险

一是和解失败的风险。由于现行法律未对和解的次数作出限制性规定，而对于双方当事人对抗性较强的案件，可能进行多次和解也是徒劳，刑事和解在这些案件中的成功率会大大降低。二是法律风险。刑事和解在有利于恢复社会关系、提高诉讼效率的同时，也会因个别当事人之间的"合意"给司法机关查明案件事实、收集证据带来风险。实践中，一些案件在公安机关达成和解后，有的侦查人员忽视相关犯罪事实证据的侦查取证工作，等移送检察机关后，由于公安机关侦查工作不到位，关键性的证据缺失，经常导致法院作出无罪判决。再者，由于对如何认定"悔罪"、"谅解"缺乏明确规定，而靠办案经验和主观推断就会增加法律适用的风险，导致错案的发生。三是社会舆论风险。经济赔偿是刑事和解中的重要内容，也是社会舆论关注的焦点问题，和解中如果对有些问题考虑不周或是宣

---

① 陈斌、潘志勇：《〈刑事诉讼法〉修改前后刑事和解问题的实证研究———基于嘉兴地区检察机关调查统计的分析》，载《内蒙古民族大学学报》（社会科学版）2015 年第 3 期。

传不全面，就有可能会导致媒体以"刑事和解是有钱人的特权"来进行炒作。例如，在一起未成年人的轻伤害案件中，因加害人悔罪态度较好，从挽救未成年人的角度考虑，J省S市X区检察院决定对该案适用刑事和解程序，但由于加害人家庭系下岗职工，无力承担被害人所坚持的8万元赔偿请求，双方未能达成和解协议，加害人最终被判处实刑，这就容易给人留下一种不公平的印象。

（五）各方对待刑事和解的态度不一

通过对修改后刑事诉讼法中关于刑事和解规定的分析，笔者认为立法者对刑事和解持的是一种认可并审慎的态度。首次以法律的形式对刑事和解予以规定即表明立法者对刑事和解的认可，将刑事和解适用的案件类型限定在一个相对较小的范围之内表明立法者还是采取了一种较为稳妥的方式。由于开展刑事和解的工作量较大、内部审批程序烦琐、监督制约过多、考评机制不科学，加之还要遭受权力僭越、以钱赎刑等非议，部分司法机关及办案人在开展刑事和解工作中感到心有余而力不足，对待刑事和解的态度不够积极。对当事人而言，没有人会反对法律多赋予自己一项权利，在具体案件中，大部分当事人包括重罪案件中的当事人对刑事和解持欢迎态度，并希望以刑事和解的方式处理案件中的部分问题。

四、刑事和解制度的完善

（一）扩大刑事和解的适用范围

从根据上讲，刑事和解制度不仅是为了确立一项起诉犯罪的替代制度，也绝不只是为了使犯罪得以非犯罪化或非刑罚化，同时也不可能是为给检察机关的不起诉增加一条理由，而最主要是为了在犯罪纠纷的处理或处置过程中加入刑事纠纷当事人一定程度的意志性，使对犯罪的处置能够尽量兼顾实现被害人损害赔偿、犯罪人积极悔过及节省司法资源等各方面利益，并尽可能实现社会的和谐[1]。刑事和解不应成为轻微刑事案件的"专利"，在德国、新西兰、澳大利亚等国家，刑事和解的适用已经突破了轻微犯罪的范围，部分重罪案件甚至所有刑事案件均可适用刑事和解。例如，《德国刑法典》第46条a（犯罪人——被害人和解、损害赔偿）规定，如果行为人"努力与被害人达成和解"，或者"被害人的补偿要求全部或大部分得到实现的"，可以减轻或者免除其刑罚[2]。当然，从司法实践的角度考虑，在刑事诉讼法初次规定刑事和解制度时严格限制其适用范围，有利于该制度的稳妥推行。但从长远来看，刑事和解制度不应因初次的立法规定就认定其只适用于轻微犯罪。没有理由认为轻微犯罪中的当事人可以在刑事纠纷处理中表达自己的意志而重罪案件中的当事人就不能，这对重罪案件中的当事人是不公平的。

---

① 段瑞瑞：《刑事和解之实证研究——以试点检察院的司法实践为视角》，内蒙古大学2012年硕士学位论文，第35页。

② 徐久生、庄敬华译：《德国刑法典》，中国法制出版社2000年版，第56~57页。

（二）完善立法和制度规定

一是完善刑事和解的具体程序规定，增强刑事和解的可操作性、规范性。由前述可知，修改后的刑事诉讼法只是对刑事和解作了一个授权性规定，并未对具体程序作出规定。应在刑事诉讼法和《人民检察院刑事诉讼规则（试行）》的基础上，对刑事和解的告知、提出、受理与准备、主持制作和解协议书、确认与监督等程序作出具体规定。二是明确"和解不成不加重处罚"原则。与上诉权一样，刑事和解也是当事人的一项权利，当事人有权选择是否行使并得到保障。"和解不成不加重处罚"原则有利于避免司法实践中个别地方出现的以加重处罚为由强迫加害人与被害方达成刑事和解，有利于保障加害人的合法权益与真实意愿。

（三）改变以经济赔偿为主的单一和解方式

修改后的刑事诉讼法规定，刑事和解赔偿包括赔偿损失、赔礼道歉等多种方式，但实践中绝大多数和解案件只是一次性的经济赔偿。构建多元的刑事和解方式既是回应"花钱买刑"质疑的需要，也是充分发挥刑事和解价值，拓展刑事和解适用空间的需要。刑事和解不是要取代司法机关在刑事诉讼中的作用，也不是刑罚的替代制度，而是刑罚的有益补充。在经济赔偿的基础之上增加其他赔偿方式有利于刑事和解功能的充分发挥，如为社区服务、从事公益劳动、给被害人提供劳务补偿等，给予经济条件较差的加害人平等的刑事和解机会，消除"花钱买刑"的负面效应，消除仅因加害人经济地位的差异而导致的处罚结果的不同，促进社会矛盾以更加多元、层次丰富的方式予以解决。①

（四）构建科学合理的刑事和解监督体系

修改后的刑事诉讼法和《人民检察院刑事诉讼规则（试行）》未就检察机关开展刑事和解的监督制约机制作出明确规定，各地在对刑事和解的理解和把握上出现了宽严不一的情形。有的地方过于注重内部监督，逐层审批、提交检察委员会研究、向上一级司法机关报备、专项检查、重点检查等各种监督方式大大增加了办案人员的工作量，降低了办案人员适用刑事和解的积极性，不利于提高司法效率。同时，一味地依赖内部监督的做法也难以赢得社会的信任。为保障刑事和解的顺利实施，应调整完善监督制约机制的思路，坚持外部监督为主、内部监督与外部监督相结合的原则，通过精简内部监督程序调动办案人员的积极性，提高刑事和解的效率；通过建立健全检务公开、人大监督、人民监督员监督等机制，实现社会对公权力的有效监督，保障刑事和解的依法实施。

（五）拓展刑事和解的参与主体

刑事和解虽为"和解"，但其毕竟与民事和解不同，它是双方当事人的事，但又不仅仅是当事人的私事。刑事犯罪是对社会规范的侵犯，刑事和解具有"刑事"的特殊性，决定了该"和解"与第三方、社会有关。因此，在刑事和解中应积极引入第三方和社会的参与，

---

① 张均、邱孟洁：《刑事和解工作实证分析———以怀化市鹤城区人民检察院为蓝本》，载《怀化学院学报》2014年第10期。

这既是拓宽调解主体范围，提高刑事和解适用率的需要，也是充分发挥刑事和解自身价值、进一步拓展其适用空间的需要。刑事和解是传统刑事纠纷治理机制的有益补充，只有在关注双方当事人的同时不忘关注社会公益，才能为刑事和解争取更宽广的生存和发展空间，才能更大程度地发挥刑事和解的价值。为此，要进一步完善社区服务、社区矫正等配套措施，根据城市、乡村的公共服务需求，结合加害人的身体素质、技能和特长等情况，设置不同的服务种类。

刑事诉讼法对司法机关开展刑事和解工作的认可，是司法机关刑事和解制度建立和完善的开始，在全面推进依法治国的背景下，是扩大刑事和解的适用，还是在适用中谨慎前行，是走向成熟，还是历经煎熬，都有待进一步的实证研究。

（作者单位：河北省人民检察院）

讯问录音录像资料的法律属性分析

李昌盛　周玉萍*

一、讯问录音录像制度的立法与实施现状

(一) 讯问录音录像的立法

近几年，我国刑事诉讼法学界以及立法、司法实务部门一直在积极探索建立讯问录音录像制度，2005 年 11 月 1 日最高人民检察院颁布了《人民检察院讯问职务犯罪嫌疑人实行全程同步录音录像的规定 (试行)》 (以下简称《同步录音录像规定 (试行)》)，在检察机关内部率先确立了讯问录音录像制度。但是该规定仅仅是一部讯问录音录像的操作说明书，并没有涉及录音录像资料的法律属性，有学者从该规定的第 15 条推断出最高人民检察院并没有将讯问录音录像作为证据使用，限制了录音录像使用的范围。[①] 2005 年 12 月印发的《检察工作国家秘密范围的规定》将讯问录音录像明确规定为"国家秘密"，这更加不可能将录音录像资料作为证据对外开放。2012 年新刑事诉讼法的出台也仅仅是规定了强制性录音录像和非强制性录音录像[②]的情况，并没有表达录音录像资料的法律属性。最终，2014 年 5 月 26 日最高人民检察院印发了《人民检察院讯问职务犯罪嫌疑人实行全程同步录音录像的规定》 (以下简称《全程同步录音录像规定》)，第 2 条第 3 款规定讯问录音、录像资料是检察机关讯问职务犯罪嫌疑人的工作资料，实行有条件调取查看或者法庭播出。该规定表明了检察机关对录音录像资料的态度，即录音录像资料只是侦查机关的工作资料，原则上不向外公布。《人民检察院刑事诉讼规则 (试行)》第 73 条规定了调取录音录像资料的例外情况，主要还是为了证明收集证据的合法性以及犯罪嫌疑人、被告人供述笔录的真实性，并不是出于直接证明案件事实的目的。以上这些法律规定都表明检察机关不愿意将录音录像资料作为证据移送法院，并提供给律师查阅。

然而，最高人民法院却有不同的立场。2013 年 9 月 22 日最高人民法院对关于辩护律师能否复制侦查机关讯问录音录像问题作出批复，批复中写道："侦查机关对被告人的讯问录音录像已经作为证据材料向人民法院移送并已在庭审中播放，不属于依法不能公开的材料，

---

* 本文是 2014 年度西南政法大学院级研究生科研创新项目"同步录音录像的法律属性研究"的成果。

① 2005 年《同步录音录像规定 (试行)》第 15 条规定，案件审查过程中，人民法院、被告人或者辩护人对讯问活动提出异议的，或者被告人翻供的，或者被告人辩解因受刑讯逼供、威胁、引诱、欺骗等而供述的，公诉人应当提请审判长当庭播放讯问全程录像资料，对有关异议或者事实进行质证。学者谢小剑从该条推断出录音录像不作为证据使用，参见谢小剑、颜翔：《论同步录音录像的口供功能》，载《证据科学》2014 第 2 期。

② 强制录音录像是指法律规定"应当"录音录像的情况，主要是指罪犯有可能被判处无期徒刑、死刑以及重大贿赂案件。非强制录音录像是指法律规定"可以"录音录像的情况，侦查机关有自由裁量权，不录音录像也不违反规定。

在辩护律师提出要求复制有关录音录像的情况下，应当允许。"虽然只是批复的形式，但表明最高人民法院倾向于将录音录像证据作为证据使用，并且提供给律师查阅。

（二）讯问录音录像资料的使用现状

由于无法统一认定录音录像资料的法律属性，公安机关、检察院、法院处理该资料的方式都不尽相同。录音录像制度最早是在检察机关办理职务犯罪案件时试行，我们可以从检察系统中观察录音录像资料的使用情况。根据 2014 年《全程同步录音录像规定》第 14 条规定了三种情况下才移送同步录音录像复制件，即人民法院、被告人或者辩护人对讯问活动有异议的；被告人翻供的；作为讯问没有实施刑讯逼供的证据。所以各地的检察机关只有在这三种情况下才会公开录音录像。有些检察机关在审查起诉阶段以录音录像作为国家秘密为由拒绝辩护律师查阅，在没有上述三种情况下也不会随案移送至人民法院；但是有些检察院在审查起诉阶段就将录音录像提供给律师查阅，并且主动随案卷移送法院。① 其中随案移送的录音录像也并非全部用于证明案件事实，多数是为了"对付"被告人在庭审中翻供。根据最高人民检察院副检察长王振川在全国检察机关讯问全程录音录像工作经验交流会上的讲话（2007 年 11 月 13 日），自开展全程同步录音录像以来，全国检察机关在法庭上播放录音录像资料共计 4802 次，被法庭采纳 4182 次，采信率达到 87.1%，绝大多数犯罪嫌疑人在法庭上的翻供被依法认定不成立。具体到地方法院中，法庭上播放录音录像的案例很少，据统计，淮北市检察院自 2007 年 10 月实施全程同步录音录像到 2010 年以来，总共就播放了 5 次，并且都是在被告人当庭翻供的情况下播放的。② 此外，检察机关经常将录音录像作为对抗"刑讯逼供指控"的有力武器，只要播放侦查讯问同步录音录像，被告人关于"遭受刑讯逼供"的说法就成了"谎言"，庭前供述就不再是"非法"，这是何等丰厚的"红利"！时而把录音录像作为证据使用，时而又不作为证据使用，随同案卷移送到人民法院时，这种混乱的做法实在令人费解。确定录音录像的法律属性，规范司法机关处理录音录像的处理方式成为当务之急，有些学者也提出了自己的看法。

二、相关理论学说的评析

2012 年新刑事诉讼法采纳了"材料说"定义证据，能够证明案件事实的材料即为证据。与检察机关的态度不同，理论界认同录音录像具有证据属性，只是属于什么种类，大家产生了分歧，有认为是"实质性证据"的，有支持"程序性证据"说法的，也有将其视为"弹劾性证据"的。以上学说既有合理性，同时也缺乏对录音录像的深层次认识。

（一）实质性证据说

所谓实质性证据，就是说能够证明刑事案件事实的证据材料，直接或是间接证明犯罪嫌疑人所实施的犯罪事实。认为讯问录音录像资料是实质性证据的学者给出了如下理由：

---

① 程序证据即证明办理案件程序是否合法的证据。参见肖志勇、瞿伟：《讯问同步录音录像若干问题探讨》，载《中国刑法学杂志》2007 年第 3 期。

② 数据引用谢小剑、颜翔：《论同步录音录像的口供功能》，载《证据科学》2014 年第 2 期。

一是讯问录音录像作为技术手段，是固定犯罪嫌疑人供述与辩解的一种载体，是犯罪嫌疑人供述与辩解的"马甲"而已；二是录音录像不仅记录了犯罪嫌疑人的语言内容，同时也记录下了犯罪嫌疑人在复述案件事实时所表现出的"微语言"，供述人的动作、表情以及讯问现场，这是讯问笔录所不能反映的。同样作为记录犯罪嫌疑人供述的载体，讯问笔录可以作为证明案件事实的证据，提供给律师查阅，随案卷移送人民法院，接受法庭质证，但是录音录像却没有被作为证据使用。[①] 有的学者甚至提出要发挥讯问录音录像的口供功能，口供是犯罪嫌疑人的供述与辩解，所谓的口供功能就是讯问录音录像作为犯罪嫌疑人供述与辩解所发挥的功能，该学者将其具体分为查明案件事实和证明案件事实的功能，这些都属于实质性证据所应有的功能。[②]

从逻辑上推理，上述的理论是成立的。可是法律不是来源于逻辑，而是来源于经验，来源于实践。反过来讲，法律必须符合现实，符合经验才能为司法工作人员提供依据。笔者认为，实质性证据说有其合理的一面，但是该学说没有全面考虑录音录像所记录的内容，除了有关的案件事实供述与辩解，同时犯罪嫌疑人的陈述中还有可能包含未侦查终结案件的线索，以及侦查谋略，这些不是证明案件实体所需的材料，并且也不能作为公开材料提供查阅复制。而根据2012年刑事诉讼法的规定，自移送审查起诉之日起，辩护律师就可以查阅并复制案卷材料及证据。这里的证据指的是证明案件事实的实体性证据，如果不加区分和限制地将录音录像作为实体性证据，必然会引起下列问题：首先，侦查秘密的泄露。犯罪嫌疑人在陈述本案犯罪事实时，因为犯罪具有牵连性，经常会涉及其他人的犯罪行为，或者其本人与本案无关的其他犯罪行为，如在审理行贿罪时往往会涉及受贿罪。而这些犯罪如果还没有立案侦查或是侦查尚未终结，那么犯罪嫌疑人有关他人犯罪或其他案件的陈述就会成为侦查线索，在侦查终结以前，都应当被作为侦查秘密，侦查秘密具有不公开性。但是按照实体性证据说，录音录像自移送审查起诉之日起便可查阅复制，必然会导致侦查线索的泄露。其次，侦查谋略的曝光。侦查人员在面对狡猾的犯罪嫌疑人时，都会有相应的侦查技巧[③]，如果录音录像被复制后不当地传播，必然会曝光这些侦查谋略，无疑会增强潜在犯罪分子的反侦查能力，为日后的侦查工作增加了难度。最后，存在不当利用录音录像的可能。查阅复制是辩护律师阅卷权的重要内容，如果不加以限制地将录音录像作为实体性证据，提供给律师随意复制，便难以避免律师不当利用该材料。上述这些问题的存在必然会阻碍录音录像作为实体性证据接受公开查阅和质证。

（二）程序性证据说

根据证据材料证明内容的不同，可将证据分为实质性证据和程序性证据，上述已解释了实质性证据的含义，对应的程序性证据就是证明刑事办案程序合法性的证据，因为调查案件的程序是获取证据的途径，程序的不合法也会导致证据真实性、客观性的缺失，所以证明程序的合法也成为案件的重要内容。在制定录音录像制度之前，法院往往采纳侦查工

① 任学强：《被保障的人权》，载《河北法学》2014年第10期。
② 谢小剑、颜翔：《论同步录音录像的口供功能》，载《证据科学》2014年第2期。
③ 这里的侦查技巧不包括刑事诉讼法禁止的刑讯逼供等手段，也不包括威胁利诱等影响犯罪嫌疑人自愿性供述的技巧。

作人员的说明来证明侦查程序的合法性，这样的做法有失公正性。现在有录音录像记录整个讯问过程，可以有效地证明侦查程序是否合法。最高人民检察院王振川副检察长在一次会议中提到：同步录音录像具有固定侦查人员讯问工作的功能，可以作为证明侦查程序合法的有利证据，以及防止犯罪嫌疑人提出的侦查人员对其实施刑讯逼供等不实指控的有力武器。有学者据此认为录音录像具有程序意义，在证明侦查程序合法性时，将其视为程序性证据。①

录音录像作为一种证明讯问程序合法性的证据，的确比侦查人员的说明要有说服力，具有"讯问之窗"的美誉。既然录音录像记录了整个讯问的过程，就好比监控器记录了整个犯罪过程，当证明对象是讯问过程的合法性时，录音录像就是一种视听资料，利用其音像内容证明讯问是否合法，可以作为一种程序性证据适用。但是该种学说仅仅将录音录像视为一种视听资料，没有考虑到录音录像的具体形式也可以用来证明侦查人员讯问过程的合法性，如录音录像是否按照法律要求做到与讯问"同步"，且是否不间断地"全程"录制讯问的过程，是否存在删减情况，是否封存完整，这些虽然只是录音录像的具体形式，但也能够成为"程序性证据"。而且作为程序性证据的录音录像相对于讯问笔录而言，其更能全面、客观地再现讯问的全部过程。

（三）弹劾性证据说

弹劾性证据是指质疑其他证据的可靠性证据，在证据法上，弹劾性证据只能用于质证，动摇其他证据的证明力，不能作为定案的实质性证据。② 根据最高人民检察院副检察长王振川的介绍，讯问录音录像有利于及时固定证据，防止犯罪嫌疑人翻供。有学者从此处推断出讯问录音录像资料可以作为弹劾证据，在庭审中驳回被告人的翻供。③ 实践中的做法也印证了这位学者的学说，如从 2006 年 3 月至 2007 年 11 月，全国各级检察院在法庭出示录音录像 4808 次，绝大部分是因为犯罪嫌疑人在庭上翻供，法官根据录音录像的内容都依法认定翻供不成立。④ 另外据南京市检察院纪检组组长介绍，自 2006 年 1 月南京检察机关实施全程录音录像以来，职务犯罪案件翻供率由原来的 15% 左右下降到现在的不足 5%。⑤ 在运作过程中，检察机关似乎把讯问录音录像当作否决嫌疑人、被告人翻供的"万能钥匙"，加之录音录像具有生动的画面，再现效果非常逼真，容易使法官相信审前供述。笔者认为这也是检察机关接受录音录像制度的一个重要原因。

弹劾性证据源于当事人主义的诉讼模式，在交叉询问中，当证人的证言与先前的证言有实质性不同时，控辩双方就可以用庭前的陈述弹劾庭审中的证言。虽然我国刑事诉讼法中并没有规定弹劾性证据，但是实践中确实存在着许多利用审前讯问笔录"弹劾"被告人在法庭上的翻供。作为记载言词证据的录音录像同样可以成为"弹劾性证据"动摇"翻供"的可靠性。但是录音录像相对于言词笔录而言，具有生动形象、色彩鲜明的特点，虽然这些是录音录像的优点，但是作为"弹劾性证据使用时"，这些"优点"也存在风险。

---

① 黎洪友、叶萍：《检察机关审查同步录音录像工作研究》，载《法治论坛》2014 年第 31 期。
② 龙宗智：《取证主体合法性若干问题》，载《法学研究》2007 年第 3 期。
③ 陈永生：《论侦查讯问录音录像制度的保障机制》，载《当代法学》2009 年第 4 期。
④ 毛立新：《侦查讯问录音录像制度缘何异化》，载《财经》2014 年第 14 期。
⑤ 崔洁、肖永金：《南京盘点全程录音录像实施一年成效》，载《检察日报》2007 年 2 月 25 日。

心理学表明动态的刺激更容易说服观看者，使之信以为真。录音录像不仅记录了犯罪嫌疑人陈述的内容，还记录了一些犯罪嫌疑人和讯问人员的"微语言"，裁判者受到动态画面的刺激，很容易在内心形成有罪确信。但是录音录像记载的口供和庭审中的翻供同属于被告人的陈述，都属于言词证据，具有主观性。所以先前供述的录音录像并不一定就能否定庭审供述的真实性，言词证据的证明力还应当结合案件其他证据，只有达到相互印证才具有证明力。因此控方可以将录音录像作为"弹劾性证据"使用，但法官必须保持理性，不能过于武断地判断录音录像就有否定翻供的证明力。

三、明确录音录像的法律属性以及制定相关的配套措施

（一）明确录音录像的证据属性

上文介绍了不同人对于录音录像法律属性不同的见解，归纳起来，主要是以检察机关为代表的，认为录音录像不具有证据属性，只是工作资料；学界基本上认同录音录像的证据属性，只是法定证据种类发生了争议。证据是指证明案件事实或者与法律有关之事实存在与否的根据，无论这个"根据"是真是假，它都是证据；无论这个"根据"是否被法庭采纳，它都是证据。① 所以只要证明材料具有证据的"三性"：关联性、客观性、合法性，就应当视为证据，不会因为人的主观因素发生性质改变。首先，录音录像作为记录犯罪嫌疑人口供的载体，其口供内容可以直接证明犯罪嫌疑人有没有实施犯罪事实，怎样实施犯罪事实；同时录音录像记载了侦查人员讯问的全部过程，一旦辩方提出刑讯逼供的指控，就可以利用录音录像的音像信息证明是否存在刑讯逼供。因此录音录像与本案事实、刑讯逼供的指控都存在关联性。其次，讯问录音录像一旦形成就是客观存在，为人们所感知，其内容也是对客观事物的反应，所以录音录像具有客观性。最后，录音录像是侦查主体依照法律规定获得的资料，具有合法性。综上所述，录音录像本身具有证据的属性，不能因为检察机关的主观目的成为己方占有的工作资料。

确定了录音录像的证据属性，接着就要分析录音录像的证据种类。上述学者之所以对此存在分歧，是因为他们从不同角度定位录音录像的证据分类。但是录音录像作为言词证据的一种载体，其内容可以作为证明案件事实的"实质性证据"，其具体表现形式可以作为证明讯问过程是否合法的"程序性证据"，从其功能上看，还能作为"弹劾性证据"。所以不能只着眼于录音录像的一个方面，或是否定其他证据属性。至于录音录像在具体案件中作为何种证据呈现于法庭，则要根据录音录像将要证明的对象来确定，如一封信，如果控方利用信的笔迹来确定犯罪嫌疑人，那么这封信就是物证；如果是利用信的内容证明案件事实与犯罪嫌疑人有关，那么这封信就是书证。换句话说，录音录像就好比这封信，只有确定了需要证明的对象才能准确定位录音录像的法定证据种类。

首先，当利用录音录像所记载的犯罪嫌疑人供述证明案件事实时，录音录像应当是八种法定证据之一的犯罪嫌疑人、被告人供述与辩解的载体，是一种实质性证据。但是考虑到录音录像作为实质性证据会引发不必要的问题，笔者认为应当对辩护律师的阅卷权有所

① 王戬：《论同步录音录像的扩大适用的证据困境与障碍破除》，载《政治与法律》2013 年第 1 期。

限制，可以允许律师在办案场所查阅，但不能随意复制。不论是讯问笔录还是录音录像资料，在这时都是犯罪嫌疑人供述与辩解的载体，但是考虑到我国目前依然以笔录作为口供的主要载体，① 笔者并不同意让录音录像取代笔录成为口供的唯一载体，反而可以让二者共存，同时随案移送，提供给律师查阅。但是庭审质证的时候，为了节省时间，应当以展示笔录为主，有条件展示录音录像。② 这里有人可能会问：录音录像与讯问笔录内容不一致时，应当以哪一个为准。笔者认为如无反证，应当采用录音录像作为口供的载体，因为录音录像记录的内容不具有人为改变的特性，不像笔录是侦查人员选择记录；更重要的是，录音录像要求全程性，记录了犯罪嫌疑人有罪、无罪、罪重、罪轻的内容，具有全面性，但是笔录往往只记录犯罪嫌疑人有罪和罪重的内容。

其次，当证明对象是讯问过程的合法性或是检验是否存在刑讯逼供时，录音录像作为"程序性证据"，一方面可以通过播放，查看讯问过程中是否存在刑讯逼供、威胁、引诱等严重影响犯罪嫌疑人自愿性供述的行为，类似于视听资料。另一方面，录音录像资料是否"同步"、"全程"，是否存在删减，是否封存完好以及封存文书上是否有办案人员和犯罪嫌疑人的签字，是否做到审录分离，这些都会影响言词证据的证明力。按照"瑕疵证据排除规则"，侦查机关不能对这些瑕疵作出合理解释时又影响案件的公正处理，就应当排除言词证据。

最后，如果检察机关利用录音录像"弹劾"被告人在庭审中作出的翻供，从证据功能的角度分析，录音录像就是一种"弹劾性证据"，虽然不能直接否定"翻供"的可靠性，但仍然是作为一种证据使用。检察机关不能因为对自己有用时，就将录音录像作为证据使用；反之对自己没用或不利时，就否定其证据属性。

综合上述的分析，笔者认为录音录像不论是作为"实质性证据"、"程序性证据"，还是"弹劾性证据"，都是作为证据使用，不属于侦查机关的工作资料。只要是属于证据，不管属于哪一种法定证据，都应当属于案卷材料中的证据，应当移送检察院、法院，接受审查，同时为了公平审判，也应当提供给律师查阅。但是相比较同样具有以上三种证据属性的言词笔录证据，录音录像可能包含侦查技巧和侦查线索，不宜公开。③ 笔者认为这并不能否定录音录像的证据属性和程序价值，但是公开录音录像所带来的问题，我们也应当重视。我们可以将录音录像材料有别于其他的证据材料对待，制定相关的配套措施，从而确保录音录像证据功能的发挥。

（二）制定相关配套措施

1. 将录音录像放入侦查外卷中

实务中，侦查案卷分为侦查卷宗（侦查正卷）、侦查工作卷宗（副卷）、秘密侦查卷宗（绝密卷），刑事诉讼法中规定的案件材料是装于侦查卷宗，即正卷。换句话说，不是侦查人员不会接触到侦查副卷和绝密卷。有学者按照侦查卷宗的功能将其分为侦查外卷和侦查

---

① 讯问笔录作为载体主要因为目前刑事诉讼法规定所有案件都需要使用笔录记录口供，但是使用录音录像记录口供的是严重犯罪案件，并不适用全部案件，不具有普遍适用性。

② "有条件展示录音录像"主要是指控辩双方任何一方有异议时，提请法官决定播放录音录像，接受质证。

③ Wayne T. Westling and Vicki Waye. Videotaping Police Interrogations: Lessons from Australia. American Journal of Criminal Law, 1998（25）.

内卷，侦查外卷主要包含侦查正卷，即装有诉讼文书和证据材料的卷宗；侦查内卷主要包含侦查副卷和绝密卷。[①] 上文已经说明录音录像不属于工作资料，居于证据的属性，是诉讼证据，所以应当装于侦查外卷。虽然只是卷宗的改变，但背后体现的是对录音录像证据属性的认同，并且自然而然推出了下面的配套措施。

2. 录音录像随案移送

根据现行刑事诉讼法的规定，录音录像有强制和非强制之分，并不是所有案件都有录音录像，讯问笔录还有存在的必要性。但不能因为有了笔录，就只移送笔录不移送录音录像。录音录像和笔录都是犯罪嫌疑人口供的载体，依照刑事诉讼法，应当随案移送，接受审查，审判时接受法庭质证。但是，考虑到录音录像有可能包含其他案件的侦查线索以及侦查技巧，可以视情况不公开质证。另外，考虑到播放录音录像时间远远长于正常庭审时间，可以讯问笔录接受质证为主，有条件的使用录音录像接受质证，即控辩双方有一方提出异议，有权提请法官播放录音录像，法官应当允许播放有异议的片段。

3. 录音录像提供给律师查阅

2012 年修改的刑事诉讼法第 38 条明确规定了辩护律师自审查起诉时起可以查阅、复制、摘抄案卷材料。案卷材料包括所有与案件有关的证据。录音录像不论作为固定口供的载体还是作为证明程序合法性的视听资料都与案件有关，属于诉讼证据，那么律师就应当享有录音录像的查阅权。可是录音录像不同于讯问笔录，其动态的画面和清晰的声音包含了大量侦查技巧和侦查秘密，为了防止侦查技巧和侦查秘密的泄露，可以在检察院单独设立录音录像的查阅室，让律师无阻碍行使阅卷权，但是录音录像的复制权必须经过检察长的批准。

实践中，检察机关之所以不愿意让律师不经批准就查阅录音录像，主要是担心增加诉讼成本，延长办案时间，如庭审播放时间会延长。笔者认为这只是检察机关没有实践支撑的猜想，其实让律师从审查起诉起有权查阅录音录像反而会节约时间、提高司法的公信度。首先，如果律师审前查阅录音录像，没有发现有刑讯逼供等非法讯问的手段，就会大大减少非法证据排除程序，节约诉讼时间，提高诉讼效率。其次，查阅过录音录像的辩护律师能充分准备辩护策略，不会随意让被告人翻供，被告人自愿在庭审中不翻供，就无须控方再播放录音录像证明翻供不成立，这也大大减少了诉讼时间。最后，允许律师查阅录音录像，使传统的"密室讯问"变成公开讯问，讯问程序多了外部监督，公众更加相信司法。[②] 澳大利亚的警察一开始也排斥使用录音录像，可是经过维多利亚的录音录像实验，他们发现警察可以通过闭路电视观察嫌疑人，寻找案件侦破的突破口；同时用于非法证据排除的时间减少了，节约了庭审时间；法官更加相信警察，因为他们能看见讯问的过程；公众也更加相信司法。在美国，录音录像同样受到了警察的欢迎，所谓一张图片胜过一千句语言，律师有权要求控方开示讯问录音录像，这样做一方面减少了非法证据排除的时间和因为非法证据排除需要传唤的证人，节约诉讼时间、减少诉讼成本；另一方面，律师审前查阅录

---

① 任学强：《被保障的权利》，载《河北法学》2014 年第 10 期。该学者之所以这样分类，主要是因为从整体上看侦查正卷是对外公开的，在移送审查起诉时，侦查正卷被移送给公诉机关用于审查起诉，辩方可以查阅复制，也可以用于法庭，所以属于侦查外卷；而副卷和绝密卷由侦查机关保存，侦查机关没有公开的义务，外界无法知晓，所以属于侦查内卷。

② Thomas and Sullivan. Police Experiences With Recording Custorial Interrogations, 2004（1）：6-9.

音录像，增加被告人的有罪答辩，辩诉交易量增加，也节约了辩诉的成本。借鉴上述域外国家的经验，我国的检察机关不妨大胆尝试，验证录音录像作为证据的功能。

四、结论

录音录像制度的建立与完善不能仅仅关注操作技术，也要从制度本身以及相关的保障措施着手。录音录像资料不同的法律定性带来的法律效果不同，所遵循的程序自然不同。只有将录音录像资料定性为证据，才能真正实现固定证据，保证自白的任意性，防止翻供和刑讯逼供的诬告。明确录音录像独立的证据属性是刑事诉讼法改革的必然结果，但是在面对现行中国刑事诉讼中存在的侦查技巧和侦查秘密时，我们不可能做到将原始录音录像毫无保留地提供给辩护律师并在法庭上接受公开质证。现阶段必须在录音录像作为证据和侦查秘密之间找到一种缓冲手段，起到过渡的作用。

（作者单位：西南政法大学法学院）

以审判为中心视域下庭审实质化之管见

王长水　曹晓可

自党的十八届四中全会在中共中央《关于全面推进依法治国若干重大问题的决定》中提出"以审判为中心"这一刑事诉讼制度改革的方向以来，司法理论界和实践界就把它列为近期必须认真解决好的一项重大理论课题。当然，推进以审判为中心的诉讼制度改革牵涉到刑事司法方方面面的内容，大家见仁见智，但是有一点共识：即要想实现以审判为中心，必须强调法庭审理的实质意义，突出法庭审理的决定性作用，即审判应当以庭审为中心。截至 2013 年 10 月，第六次全国刑事审判工作会议明确提出"要坚持以庭审为中心，充分发挥庭审功能，全面提高庭审质量"，并明确提出"坚持以庭审为中心，关键在于推进庭审的实质化，克服庭审的形式化，防止庭审走过场"。本文就在以审判为中心作为诉讼制度改革的大方向下，如何实现庭审实质化略陈管见。

一、庭审实质化的含义

以审判为中心的诉讼制度，是指在刑事诉讼各阶段之间的关系问题上，将刑事审判阶段作为整个刑事诉讼中心的诉讼制度①。以审判为中心实际上不是一项具体的制度，而是一种司法理念，是一种诉讼制度改革的方向，其相对于以庭审为中心来说，所涉及的制度内容领域范围更广、更大。那么，以审判为中心视域下的庭审实质化的具体内涵是什么呢？笔者认为刑事庭审实质化，就是指所有的案件事实都应通过庭审的方式加以认定，并依据庭审查明的案件事实对被告人进行定罪量刑。简言之，就是所有被告人的刑事责任都在并且只能在审判阶段通过庭审的方式解决，即做到"审判案件应当以庭审为中心。事实证据调查在法庭，定罪量刑辩论在法庭，裁判结果形成于法庭"②。

二、实现庭审实质化的障碍

庭审实质化是为应对庭审形式化这一痼疾而提出的。传统的"侦查中心"、"先判后审"、"先定后审"把开庭审判虚化、形式化，除此之外，司法制度、审判者的个人素质等等诸多原因也都会导致刑事庭审的形式化，具体表现为：

（一）侦查中心主义的传统司法陋习影响深远

侦查、审查起诉和审判是一个完整诉讼的三个最主要阶段。一个合理的诉讼形态应该

---

① 王守安：《以审判为中心的诉讼制度改革带来深刻影响》，载《检察日报》2014 年 11 月 10 日第 3 版。
② 最高人民法院《关于建立健全防范刑事冤假错案工作机制的意见》第 11 条。

是以审判为中心，在审判阶段通过庭审来解决被告人是否有罪、是否需判处刑罚、判处何种刑罚等一系列问题，而侦查和审查起诉仅仅是为此而做的准备活动。这不仅是实体正义的要求，也是程序正义的具体体现。然而在我国的司法实践中，由于我国刑事诉讼受传统司法理念和价值观念的影响，"重打击，轻保护"，"重实体，轻程序"，"重审前，轻审判"的观念深深根植于公安司法工作人员的脑海中，所以往往把侦查作为整个案件诉讼过程中的重中之重，认为侦查是"破案"的关键性环节，现实中一旦公安机关抓获犯罪嫌疑人就召开所谓的"破案立功大会"的现象屡见不鲜，形成一种叫作"侦查中心主义"的司法陋习。实际上就是指把侦查阶段作为决定被告人命运的决定性环节，后续的一些阶段、程序，像审查起诉、审判都只是对其的补充，庭审也只是对侦查结果的一种简单确认。如此一来，"侦查阶段收集的证据材料尤其是书面形式表现的材料（如证人证言、鉴定意见等）在审判中直接作为裁判的依据"[1]，使被告人在法庭上质证、辩护的权利形同虚设，庭审往往沦为走过场。

（二）直接言词原则贯彻不彻底

审判要做到以庭审为中心，最重要的就是贯彻直接言词原则。因为只有在开庭审判过程中，法官通过对证人、鉴定人的出庭陈述以及控辩双方的质证和辩护这些最直接呈现案件真实情况的言词的判断，才能公正合理地解决被告人的刑事责任问题。但是目前的一些司法制度致使我国直接言词原则贯彻不彻底，甚至在某些地方直接言词原则是缺失的。其中影响最大的就是目前我国刑事诉讼中的案卷移送制度和证人、鉴定人出庭率不高这两个因素。

1. 案卷移送制度的制约

我国目前的案卷移送制度是一个否定又否定的历史成果，主要表现为案卷移送制度经历了1979年的"案卷移送主义+实质性审查"，到1996年的"复印件移送主义+形式审查"，再到2012年的"案卷移送主义+形式审查"的演变过程。这样一个演变过程本身就体现了对不同诉讼价值的选择，对法官预断的弱化，但这种弱化的过程只是相对的，并不是绝对的，在司法实践当中仍然存在因案卷全案移送导致法官庭前预断，法官的消极中立地位动摇，庭审过程流于形式，被告方的辩护权无法得到充分有效的实现等问题。

2. 证人、鉴定人出庭率不高

对证人、鉴定人出庭作证这个问题的探讨已屡见不鲜，这也恰恰在某种层面上揭示出证人、鉴定人在出庭作证上存在问题，主要表现为司法实践中证人、鉴定人不愿出庭、不敢出庭，导致出庭率普遍较低。出现这种情况的因素是多方面的：一是我国"以和为贵"的历史传统和当今社会"趋利避害"的价值观取向，使那些和案件没有直接利害关系、仅仅因为案件发生时恰好在场目睹了发生经过而成为证人的无辜路人和因被工作单位指派对某一事项进行鉴定而成为鉴定人的小职员本能地不愿参与到一桩对他而言很严肃的刑事诉讼中去。二是证人、鉴定人普遍担心的一个问题，即自身和家人的工作和人身可能会因为出庭作证而受到影响。虽然目前有相关的法律规定对证人、鉴定人进行一定的保护，但这些保护都是短期的、事后的、片面的，根本无法完全排除证人、鉴定人

---

① 汪海燕：《论刑事庭审实质化》，载《中国社会科学》2015年第2期。

及其家人免受打击报复的危险，致使其不敢出庭作证。三是也是最重要的就是证人、鉴定人害怕承担法律责任。证人和鉴定人大多都是没有法律专业知识的普通人，一种情况是证人在庭下被取证的时候，可能会因为控方或辩方律师的引导性问答作出一些和事实不符的证人证言，鉴定人也可能会被某些人情绑架而作出虚假的鉴定意见从而影响司法，在这种情况下，他们最害怕在出庭作证的时候被控辩双方反复质询露出马脚而承担伪证罪的法律责任。另一种情况是在法庭审理过程中，各方参与人都有其自身的依仗，譬如被告人有辩护人来争取其合法权利，附带民事诉讼人有诉讼代理人来保障其合法权益，控方本来就是专门从事刑事控诉并且有着深厚法律功底的参与者，而与其没有直接利害关系只是为了帮助还原案件事实而参与进来的证人和鉴定人却是孤零零的，没有任何人帮助他们去了解法庭规则、去熟知自己的权利义务，所以他们担心因为自己无意识的行为或者言语触犯法律而不愿出庭作证。而上述种种都使直接言词原则无法适用，开庭审判也形同虚设，沦为走过场。

（三）不重视证据裁判规则的适用

证据是庭审时关注的主要对象，从某种程度上说，对证据关注程度的强弱就是揭示一场庭审是否是走过场的最直接体现。"认定案件事实，必须以证据为根据"是证据裁判规则的要求。证据裁判规则包括严格审查证据的适格性、排除非法证据、明确证据标准三方面的内容。但是司法实践中由于法官对侦查人员的过分信任和公诉机关的强势，致使庭审时不重视证据适格性的审查，使非法证据充斥于法庭之上，成为对被告人定罪量刑的根据。另外，盖因很多证人、鉴定人不愿出庭，传闻证据普遍使用，使"凡是未经当庭以言词方式审查的证据材料，不得作为判决的依据"的法律规定被束之高阁。最后，因为证明标准的不明确，庭审时适用标准的模糊和反复，往往会使无辜的人遭受牢狱之灾。

（四）某些办案法官个体素养不高

实现庭审实质化的另一个关键因素就是法官。在我国悠久的诉讼历史长河中，司法权和行政权合一是社会常态，法官在很长一段时期内都承担着代表国家追诉犯罪这一任务，扮演着国家行政官的角色。新中国成立以来，虽然经过近百年的批判发展，但这种浓厚的行政化色彩并没有削减多少。在我国超职权主义的诉讼模式下，某些法官还往往以"惩恶"的使者自居，过度依赖公安机关和检察机关提交的案卷材料、时刻怀疑被告人有罪，而忘却自身中立者的立场，加入到积极主动"打击犯罪"的行列中去。另外，因为现今法院的体制和运作方式还是按照行政体制的结构和运作模式建构和运行的，法院里有很大一部分称谓为"法官"的人是不具体审理案件的，并且有能力的法官一旦被提拔，往往也就不再负责具体案件的审理，剩下一些能力不是那么出众和一些新进法官去具体承办案件，难免会在庭审的时候出现"错误"。除此之外，"人民法院作为一个整体在行使审判权时的独立，而不是审判员的独立审判，也不是合议庭的独立审判"。① 这就造成一种后果——过分强调集体行使审判权，使得法官在处理审判业务方面实行"层层审批，集体负责"的案件审批制这种与行政机关处理行政公务近乎相同的制度，而"集体负责"从另一个层面上解

---

① 我国法学界所认为的"法官独立"的主流观点。

释也可以理解为"谁都不负责",这使某些法官养成了玩忽职守的恶习,也是冤假错案频现的一个原因。庭审实质化的实现要求"法官是法律世界的国王,除了法律没有别的上司"①,而上述某些承办案件法官的个体素养显然不符合要求。

(五)案件繁杂庞大,效率低下

庭审实质化要求证人、鉴定人出庭作证,辩方与控方交叉询问,辩方激烈辩护,把举证、质证、认证、辩论各个环节的功效发挥到极致,因此造成诉讼资源的投入大大增加。并且在此过程中,证人出庭时的证言可能有变化,被告人也可能翻供,而这些都可能会对被告人的定罪量刑产生影响,庭审的不可测性也会大大加强,由此导致诉讼的拖沓,致使效率十分低下。另外,若错误理解"以审判为中心",使所有的大案小案、重案轻案一股脑地涌向法庭,难免会造成法院负荷过重,无法及时解决被告人的刑事责任问题。"迟来的正义非正义",这不符合现代诉讼公正和效率并重的价值追求。

三、实现庭审实质化的应对措施

由上述可知,要根除刑事庭审形式化,实现刑事庭审实质化是一项艰巨而复杂的工程。据此,笔者认为应做好以下几方面应对:

(一)遵循诉讼规律,革新刑事司法理念,使"以审判为中心"的诉讼理念深入人心

如前所述,目前我国无论立法还是司法,无论宏观的诉讼结构,还是微观的制度和技术,"以审判为中心"的观念基本上都是缺失的。② 在刑事司法实践当中,侦查、审查起诉和审判等刑事诉讼阶段呈现出一种首尾相接的"流水线"诉讼结构,审判阶段无非是对前面诉讼阶段的"深加工",侦查是重头戏。这样不符合诉讼规律的诉讼结构,再加上不合理的内部绩效考核制度,容易导致应当予以排除的非法证据在审判阶段不能予以排除,诉讼参与人的合法诉讼权利不能得到应有的保护,最终造成冤假错案的发生。而这些都涉及司法理念的问题。因此,要从根本上解决这样的问题,就应当遵循诉讼规律,树立现代刑事司法理念,充分实现审判最后一道防线的功能与作用。

诉讼规律决定审判阶段以侦查和审查起诉阶段为前提和基础,现代刑事司法理念要求审前的侦查和审查起诉阶段必须要适应审判阶段的要求,要坚决摒弃"侦查中心主义",准确理解推进以审判为中心这种诉讼制度改革的重大意义,扭转公安司法工作人员的错误司法理念,加强培育其注重庭审、规范各个诉讼阶段的诉讼行为、程序公正和实体公正并重的现代刑事诉讼理念。此外,还要营造良好的社会氛围,给社会大众灌输人民主体、公权法定、监督制约、权责统一、公平正义等理念,为贯彻"以审判为中心"、实现庭审实质化提供良好的环境保障。

---

① 马克思、恩格斯:《马克思恩格斯全集》(第一卷),人民出版社 1995 年版,第 181 页。
② 魏晓娜:《以审判为中心的刑事诉讼制度改革》,载《法学研究》2015 年第 4 期。

（二）坚持贯彻直接言词原则

要真正实现"以审判为中心"，庭审实质化的刑事制度改革目标，关键在于将案件事实证据的认定、案件定罪量刑的实质性问题集中于庭审阶段解决，使庭审阶段的决定作用得以充分发挥。因此，贯彻落实直接言词原则，构建"双重案卷移送制度"，防止法官预断，以及通过将证人、鉴定人囊括进法律援助制度的保护范围之内，提高出庭作证率，就显得十分必要。

1. 双重案卷移送制度

为了解决我国目前的案卷移送制度所存在的问题，笔者认为应构建双重案卷移送制度，防止法官预断。所谓双重案卷移送制度，是指在案卷移送起诉阶段，不直接将侦查案卷移送法院，而应制作单独的起诉卷（主要为证明案件事实的证据材料）移送，对其他非证据材料不再随案移送。① 这样将侦查阶段形成的侦查案卷材料排除在庭前审查的范围之外，只对案件的事实证据材料进行形式审查，有利于审判人员在正式庭审前对案件事实有初步的了解，充分地实现所主持案件的审理，同时又能预防法官因受侦查阶段形成的带有控诉倾向的案卷材料的影响，动摇其中立性，防止法官预断，并且确保法官对案件事实和证据认定的内心确信形成于正式庭审过程中控辩双方及其相关参与人的言词表达，这样对实现"庭审实质化"的改革目标有促进作用。

2. 把法律援助制度扩大适用于证人，提高出庭作证率

如上所述，我国目前直接言词原则缺失、庭审过程流于形式的一个重要原因在于证人、鉴定人出庭率低，这不利于法官查明案件事实，也不利于控辩双方对相关证据进行辩论、质证，容易导致法官错判。为解决这一问题，有必要对证人、鉴定人提供法律援助，使其充分了解自身享有的诉讼权利和义务，保障其合法权利，通过法律援助律师的帮助，支持其出庭作证，保障直接言词原则的贯彻落实。

但是，根据我国现行刑事诉讼法的相关规定，法律援助在适用对象上，除了将对未成年人的刑事法律援助单独规定在未成年人刑事案件诉讼程序外，新法还增加了对"尚未完全丧失辨认或者控制自己行为能力的精神病人"、"可能判处无期徒刑的犯罪嫌疑人、被告人"和强制医疗程序中的"被申请人和被告人"的援助，但是对于证人、鉴定人是否适用法律援助制度却只字未提。因此，有必要将证人、鉴定人纳入法律援助的客观范围，建立针对证人的无偿诉讼和法律援助制度：对于证人因作证，证人及其近亲属受到侵害而提出的诉讼，法院应当免除其诉讼费用；证人在此类诉讼中，需要法律帮助或需要聘请律师予以代理的，应作为法律援助的对象，由法院指定律师提供帮助或代理。借此提高证人、鉴定人的出庭作证率，使法官通过直观的言词表达来作出相关判断。

（三）适用证据裁判规则，重视证据适格性审查，完善非法证据排除制度

我国目前在庭审过程中，对证据裁判规则的适用不严格，如对于证据的适格性审查存在缺陷，非法证据排除规则在适用过程中仍然存在非法实物证据排除率低、对于通过"引诱、欺骗"等方式取得证据是否应当予以排除规定不明确、非法证据排除案件量少等问题。

---

① 沈德咏：《推进以审判为中心的诉讼制度改革的建议》，载《中国法学》2015 年第 3 期。

那么为了实现庭审实质化，保证证据规则的严格执行，就需要做到重视证据适格性审查，完善非法证据排除制度。具体来说，需要做到：首先，严格侦查阶段证据收集的程序立法，对于侦查阶段严重影响诉讼参与人，尤其是犯罪嫌疑人的人身、财产权利的强制措施、侦查措施，可以探索由第三方法院签发令状，使法院介入侦查阶段的监督当中。其次，由于传闻证据本身作为证据具有瑕疵的属性，决定了对于传闻证据除例外情形之外，都应当依法予以排除，不得作为认定案件事实的依据，一方面我们应当明确传闻证据的概念，明确其外延，笔者认为，应当将传闻证据界定为在审判阶段正式庭审之外所作出的，意为证明案件事实真相的证据；另一方面，为了平衡程序公正与实体公正的关系，应当适当限缩传闻证据的外延，对其范围运用构成要件要素与示例性列举的方法进行概括，可以规定为以下几种常见形式：证人、鉴定人在庭外所作的证人证言、鉴定意见，侦查机关审前所作的讯问笔录、辨认笔录、勘验检查笔录等，针对这些证据，只有满足一定条件才能以庭外陈述的方式进入审判阶段的质证程序，否则应当不予采用。最后，严格案件证据证明标准，坚持疑罪从无的原则，在案件事实不清、证据不足的情形下应当作出有利于被告人的处理，保护诉讼参与人尤其是犯罪嫌疑人、被告人的合法诉权。

（四）完善主审法官办案责任制

提高法官素养和办案能力，贯彻权责一致原则为庭审实质化的改革提供坚实的队伍基础。那么，要完成改革目标，最切实有效的方法就是完善目前的主审法官办案责任制，解决法院行政化色彩浓厚、个别能力不足者办错案无人负责的问题。具体来说，需要从以下几个方面入手：首先，区分主审法官与"准主审法官"培养队伍，将部分具备知识与经验的司法辅助人员作为"准主审法官"队伍进行培养，对于这两类人员采取不同的法官员额制，以防止法官人员的流失。其次，主审法官管理去行政化改革，对于法官的选任和管理，采取区别于一般公务员的管理办法，对于法官的考试录用、晋升薪金等都采取单独的管理制度，为主审法官办案责任制提供制度保障。再次，明确主审法官的职权范围，对于简单的刑事案件和事实清楚、证据确实充分的普通案件可以由主审法官进行审理，疑难、复杂的案件应当由合议庭审理，或交由审委会讨论决定；并且主审法官对于其承办的案件实行终身负责制；主审法官有权组织庭审，主持案件研讨，决定案件审理方案；等等。最后，完善错案责任追究制度，对于法官在案件审理过程中的违法行为或明显违纪不当的行为，应当依法追究责任，从而提高庭审质量。

（五）繁简分流，推进庭前会议和刑事速裁程序的完善和发展

针对目前诉讼效率不高，阻碍庭审实质化实现的问题，我们可以从两个方面入手进行改革：首先，完善庭前会议制度，一方面，需要明晰庭前会议与审前准备阶段的任务和审理范围，为了防止正式庭审被庭前会议"架空"，应当将庭前会议的审理范围局限于程序性问题，将实质性问题如案件事实的认定、非法证据的排除、证据质证等放在正式庭审过程中进行处理。另一方面也为了使辩论原则得到充分贯彻，也为了保障控辩双方的诉讼权利，应当赋予控辩双方在这一阶段以辩论权，就争议焦点的程序性问题在庭前会议阶段进行充分的辩论，到正式庭审阶段可以将相关问题的质证程序予以简化。其次，推进"刑事速裁程序"的完善和发展，主要包括：明确不公开审理案件适用范围，建立不公开理由告知制

度，赋予被害人不公开审理救济权；完善被害人刑事案件速裁程序参与权，保障被害人知情权；完善侦查程序相关法律规定，构建轻微刑事案件速裁程序改革侦、诉、审的联动机制。通过这两方面的完善和发展，实现繁简分流，使有限的诉讼资源投入到庭审中去，促进庭审实质化的实现。

（作者单位：郑州大学法学院）

刑事简易程序适用率实证分析：以东北地区为样本

谢登科

一、刑事简易程序存在适用不均衡的实践表征

2012 年修订后的刑事诉讼法在刑事简易程序原有立法的基础上，吸收了"普通程序简化审"的成功经验，将其适用范围扩大至基层法院管辖的全部被告人认罪案件。从应然的角度看，既然立法明显扩大了刑事简易程序的适用范围，其在司法实践中的适用率亦应显著上升。从东北三省刑事简易程序的运行情况来看，其在实践中存在适用不均衡的问题。

首先，刑事简易程序各地适用率存在显著差异。多数地区的刑事简易程序适用率在 10%~45% 的低比例区间运行，如 H 省 2013 年 1~10 月提起公诉案件 16114 件，适用简易程序案件为 7398 件，刑事简易程序平均适用率为 45.91%。J 省各级检察院 2013 年提起公诉 24870 人，而建议适用简易程序的仅有 2784 件。当然，也有个别地区刑事简易程序适用率较高，可以达到 70% 以上。又如 J 省 C 市 N 区检法机关，通过集中起诉、集中开庭、集中宣判的方式积极探索刑事简易程序适用的新模式，目前该区法院刑事案件 70% 以上适用简易程序审理。2013 年 1~6 月，J 省 C 市 N 区检察院集中起诉 13 批次简易程序案件，共 60 件 60 人。在李某某等 6 件危险驾驶案件中，运用简易程序集中起诉、集中审理，创造了 40 分钟庭审 6 件案件的记录。但是也有个别地方存在对刑事简易程序的零适用。例如，J 省 J 市 L 区 2013 年审理刑事案件多达 500 多件，面临案多人少的巨大压力，却没有一件适用刑事简易程序，即便是检察官建议适用刑事简易程序，法官也仍然坚持不予适用。因此，刑事简易程序在司法实践运行中总体呈现出"中间大、两头小"的不均衡适用状态，适用率不高的地区占多数，适用率高和不适用的地区所占比例相对较小。

其次，刑事简易程序适用不均衡更重要地表现为其实际适用状况与其应具有的高适用率、均衡适用的正常态势不吻合。新刑事诉讼法扩大了刑事简易程序的适用范围，将其适用于基层法院管辖的全部被告人认罪案件。实践中，基层法院每年处理 90% 以上的刑事案件，认罪案件占全部刑事案件的 90% 以上。从应然的角度来看，刑事简易程序的适用范围在立法层面扩展至基层法院管辖的全部被告人认罪案件，从轻罪扩展至重罪案件，其在实践中的适用率应显著上升。如果扣除被告人不认罪案件，被告人系盲、聋、哑人或者尚未完全丧失辨认或者控制自己行为能力精神病人的案件，有重大社会影响的案件，这三类案件不宜适用简易程序，那么实践中刑事简易程序适用率在 70% 以上才合乎立法预期。但从东北三省的适用情况来看，存在刑事简易程序适用率不高的问题，特别是对可能判处 3 年有期徒刑以上刑罚的被告人认罪案件更是很少适用刑事简易程序。如 H 省刑事简易程序平均适用率仅为 45.9%。与 70% 的合理预期相比，还存在 25% 左右的上升空间。

再次，部分地区刑事简易程序适用率与刑事案件数量成反比，有悖于其均衡适用的正常态势。实践中不同地区刑事案件数量、法官配置、信息化程度、案件管理水平等因素存在差异，刑事简易程序适用率存在差异实属正常。但从刑事简易程序承担的节约司法资源、提高诉讼效率之功能来看，其适用率差异分布应是正态分布，即案件数量越多的地区，刑事简易程序适用率越高，而案件数量少的地区，刑事简易程序适用率则低。从实证调研来看，刑事简易程序在部分地区的适用存在截然相反的态势，即有些案件数量多的地区，刑事简易程序适用率低；而有些案件数量少的地区，适用率反而高。这种"案件数量多适用率低、案件数量少适用率高"的现象在有些地方可能属正常。因为刑事简易程序的适用率除取决于案件数量之外，案件类型也具有重要影响。从刑事简易程序适用的案件类型来看，它通常集中于盗窃、故意伤害、交通肇事、危险驾驶等犯罪，而强奸、毒品、贪污贿赂和渎职等犯罪通常较为复杂，庭审变数较大，一般则较少适用。如某铁路检察院，每年提起公诉的案件不足百件，案件数量并不多，但在提起公诉的案件中有80%以上都适用刑事简易程序，这主要源于该院提起公诉的案件绝大多数都是盗窃案件。但在部分案件类型结构类似的地区，亦存在"案件数量多适用率低、案件数量少适用率高"的现象。

最后，刑事简易程序在个别地区存在"案件数量多零适用"的怪象。从刑事简易程序承担的节约司法资源、提高诉讼效率之功能出发，案件数量少、法官充足的地区少适用或者不适用刑事简易程序是可以理解的。但在调研中发现，很多市区的基层法院，每名法官年均处理刑事案件超百件，却始终拒绝适用刑事简易程序，即便检察官提出适用刑事简易程序的建议，他们也坚持拒绝适用。这种怪象有悖于其正常适用规律。该法院刑庭一线法官主要是年青法官，对刑事简易程序缺乏正确的理解，认为刑事简易程序产生错案的风险较大。在以错案追究为不利指标的法官考核体系之下，他们对刑事简易程序持有排斥心理。

二、刑事简易程序适用不均衡的原因剖析

刑事简易程序并非一个自给自足的系统，其在实践中的扩大适用会受到各种因素的制约。刑事简易程序虽然已经在我国司法实践中生根发芽，成为刑事审判中适用最频繁的程序之一，但其进一步发展壮大则需积极培育相关协同机制，抑制或者消除阻碍其成长的因素，包括司法理念、案件管理、人员素质、信息化程度等多方面不利因素。而从体制层面来看，实践中阻碍刑事简易程序高适用率、均衡适用主要有以下因素：

（一）刑事诉讼程序"繁者不繁，简者不简"束缚了法官适用简易程序的积极性

刑事案件"繁简分流"，不仅要求"简者趋简"以实现诉讼效率，更要求"繁者趋繁"，以实现在重大、疑难、复杂案件中对被告人正当程序权利的充分保障。但是，我国刑事普通程序的制度设计上并未充分实现"繁者趋繁"的要求。我国新刑事诉讼法虽明确了证人、侦查人员、鉴定人出庭制度，但对他们的出庭设置了苛刻条件，证人出庭制度在实践运行中失灵，[①] 总体上并未扭转我国刑事审判中证人出庭率低的态势。刑事普通程序的庭审在实践中呈现出"案卷笔录中心主义"，证人、鉴定人、勘验人等诉讼参与人很少出庭接

---

① 何莉：《新刑诉法视角下证人出庭制度失灵问题的解决建议》，载《河北法学》2013 年第 6 期。

受质询，而仅仅以侦查机关或检察院制作的证言笔录、鉴定意见、勘验检查笔录等各种卷宗材料予以替代。① 这造成简易程序与普通程序在庭审方式上并无显著差异，二者都主要以宣读卷宗笔录的方式进行法庭调查。新刑事诉讼法实施后，在普通程序庭审中，证人、鉴定人、侦查人员出庭仍然是一种例外而非常态，"案卷笔录中心主义"在未来相当长时期内仍然将是我国刑事普通程序庭审的主要运行方式，普通程序和简易程序在庭审方式上很难有明显差异。如果实践中缺乏对简易程序适用机制和管理机制的创新，那么相对于普通程序整体而言，简易程序提高诉讼效率、节约司法资源的空间非常有限，这就造成部分法官缺乏适用简易程序的动力。

（二）刑事简易程序的制度瑕疵限制了法官适用的选择性

新刑事诉讼法对简易程序的完善，充分吸收了原简易程序和"普通程序简化审"在我国实践运行中的成功经验。从总体来看，新刑事诉讼法对简易程序的完善比较成功，但也存在部分制度瑕疵影响了其在实践中的运用，主要表现在两个方面：

首先，简易程序审理期限过短限制了法官对其选择适用的可能性。新刑事诉讼法将简易程序审理期限规定为 20 日，对可能判处 3 年有期徒刑以上刑罚的案件，可延长至一个半月。该规定在时间上缩短了很多，确实体现了简易程序的简易性。但简易程序仅仅是对庭审程序的简化，而庭前程序中文书送达、合议庭组成、开庭日期确定等工作并没有省略，而在简易程序启动中，还需要征求被告人、辩护律师的意见，制作相应笔录，这些都需要耗费时间。

其次，当庭宣判制度造成简易程序适用与现行司法体制相背离。在我国现行司法体制下，法院作出的裁判文书，需领导签发，有些适用简易程序的案件甚至也要求提交审委会讨论。法官缺乏裁判案件的独立性、自主性。虽然新刑事诉讼法没有要求适用简易程序应当庭宣判，但最高人民法院《关于适用〈中华人民共和国刑事诉讼法〉的解释》第 297 条规定了简易程序的当庭宣判制度。不可否认，该规定对提高诉讼效率、实现审判公开具有积极意义，但与现行司法体制下的裁判文书签批制度相悖，其在运行中可能会面临两种结局：第一，适用简易程序但审理后并不当庭宣判，由此造成简易程序当庭宣判制度在实践运行中的失灵。第二，对符合简易程序适用条件的刑事案件拒绝适用简易程序，来规避简易程序当庭宣判的要求。而后一种情况的出现必然会影响简易程序的适用率。

（三）公检法机关案件移送不畅通，阻碍了刑事简易程序集中适用的可行性

新刑事诉讼法规定适用简易程序审理的公诉案件，检察院应派员出庭。该规定"保证了审判程序中控辩审三方构成的典型样态，有助于实现刑事诉讼的底线正义"，② 有利于促进检察院履行支持公诉和法律监督的职能，也有利于提高简易程序的庭审效率，③ 但大幅增加了检察院的工作量。在面临案多人少的巨大压力下，各地检察院开始探索刑事简易程序中公诉人出庭的新模式，其中最大的亮点就是"集中起诉"。在刑事简易程序实践运行中，

---

① 陈瑞华：《案卷笔录中心主义——对中国刑事审判方式的重新考察》，载《法学研究》2006 年第 4 期。
② 杨波、闵春雷：《中国特色社会主义刑事诉讼法学理论研究》，载《当代法学》2013 年第 2 期。
③ 左卫民：《简易程序中的公诉人出庭：基于实证研究的反思》，载《法学评论》2013 年第 4 期。

检察院提起公诉存在"一案一诉"和"集中起诉"两种模式。在"一案一诉"模式下，检察官可就单独个案向法院提起公诉，由法院就单独个案适用简易程序，这种模式可以避免案件过于集中，实现案件随来随走，但并不能显著减轻检察院的工作负担。"集中起诉"模式能实现大量刑事案件的集中起诉、集中审理、集中宣判，大幅度减少检察院的工作量，但需公检法三机关存在有效衔接机制。目前，在我国司法实践中存在侦查主体多元、侦查重心下移、刑事案源分散等因素，导致移送审查起诉在规定期限内难以形成批量，从而产生公安机关个案移送与检察院集中起诉难以协调的问题。在法院系统内部推行"大立案制"的背景下，刑事案件受理、庭审排期与开庭审理分属立案庭和刑事审判庭两个部门，落实集中开庭审理相对较为困难。立案庭对案件公诉审查时，仅是程序性、形式性审查，并不对案件予以实质审查，[①] 并不清楚案件是否符合简易程序适用条件，在确定开庭日期时往往逐案确定开庭日期，与刑事审判庭集中适用简易程序开庭产生矛盾。简易程序审理期限较短，如果公检法三机关在刑事案件移送中缺乏有效的衔接、沟通机制，势必阻碍适用简易程序中"集中起诉、集中审理、集中宣判"的大量运用。

三、提高刑事简易程序均衡适用率的具体措施

解决刑事简易程序适用不均衡的问题，实现其在实践中高适用率、均衡适用的应然状态，需强化简易程序"趋简"的制度优势，消除其适用中的体制障碍，真正实现刑事诉讼程序"繁者趋繁，简者趋简"的多元化发展态势。

（一）简化刑事简易程序办案机制

虽然庭审程序在审判阶段占据核心地位，但在我国司法实践中，它所耗费的诉讼资源、占据的法官精力并非最多，庭审之外的庭前准备、文书制作、卷宗整理、案件签批等辅助性、行政性事项则占据了公诉人、法官大量时间和精力，耗费了大量诉讼资源。如果简易程序仅仅简化庭审程序，而对于庭审之外的办案机制不做简化，普通程序与简易程序的繁简程度就没有明显区别，法官适用简易程序的积极性就不高。因此，有必要简化刑事简易程序办案机制，真正实现案件"繁简分流"，在制度上激励公诉人、法官适用刑事简易程序的积极性。

1. 取消简易程序中的签批制度。制定案件签批制度的初衷是善意的，但无法适应提高诉讼效率的要求，限制了办案人适用简易程序的积极性。因此，应取消简易程序中的法律文书签批制度。可以借鉴有些地区检察院推行的主诉检察官制度，加强办案检察官的自主性，赋予其是否建议适用简易程序的决定权。对适用简易程序的案件，法官在审查被告人认罪自愿性和事实基础后，可直接进入量刑程序。在适用简易程序的案件中，法官有权当庭宣判。

2. 简化简易程序法律文书制作、卷宗材料整理。实践中适用简易程序的案件仍然需要制作审理报告，审理报告的制作格式与普通程序并没有差别。审理报告是案件评议之后，报送院领导或者审判委员会讨论决定案件的综合性书面材料。简易程序适用于事实清楚、

---

① 郎胜主编：《〈中华人民共和国刑事诉讼法〉修改与适用》，新华出版社 2012 年版，第 324~325 页。

证据充分的案件，而不是疑难、重大、复杂的案件，因此适用简易程序没有必要制作审理报告。

3. 在普通程序中严格贯彻"直接言词审理原则"，倒逼刑事简易程序适用率。"刑事案件繁简分流"不仅要求"简者趋简"，更追求"繁者趋繁"。程序繁简差异越大，法官选择简易程序的积极性越高。简易程序的相对简易性取决于自身简化机制，更取决于其与普通程序的比较优势。在简易程序中确立"卷宗笔录中心主义"的庭审方式。在以不认罪案件为主要适用对象的普通程序中严格贯彻无罪推定原则，落实"直接言词主义"的庭审方式。体现简易程序的比较优势，激励法官适用简易程序的积极性。

（二）优化案件移送机制，协调法院集中审判

新刑事诉讼法实施之后，刑事简易程序有"一案一审"和"集中审理"两种庭审模式。"一案一审"模式可以实现案件随来随走，不用等案件积累到一定数量后再提起公诉、审判。由于我国普通程序和简易程序庭审在实践运行中都呈现出"卷宗笔录中心主义"，二者的审理方式并无显著差异，因此"一案一审"模式下适用简易程序提高诉讼效率的空间有限。而在"集中审理"模式下，一次开庭可以实现多个案件的并行处理，在庭前程序中可实现对被告人的集中送达、集中押解，在庭审中可实现集中核实被告人身份、告知其诉讼权利义务、集中宣判，减少了工作量上不必要的重复，显著提高了诉讼效率。但是，"集中审理"模式运行需要检察院将案件积累到一定数量后集中起诉。实践中如果侦查机关对于侦查终结的案件不能集中移送审查起诉，检察院就必须等案件积累到一定数量之后再提起公诉，这样很容易造成超出审查起诉期限而被迫放弃"集中起诉"，因此"集中审理"模式可能存在侦查机关"个案移送"与检察院"集中起诉"的矛盾。"集中审理"模式的有效运行需要检察院结合当地治安状况，引导公安机关以队、所、处（科）为单位集中向检察院移送刑事案件，检察院审查起诉完毕后向法院集中起诉。协调、建议法院对"打包起诉"的案件集中审理、集中宣判。

（三）探索不同模式的公诉人出庭制度

对于公诉人在简易程序中如何出庭以实现效率最大化，我国各地检察院自生自发地进行了有益探索。与简易程序"集中审理"模式相适应，产生了"专职公诉人出庭"、"值班公诉人出庭"和"办案公诉人集中出庭"三种不同模式。

"专职公诉人出庭"模式要求在检察院内部指定一名检察官专门负责简易程序出庭工作。办案公诉人对案件起诉审查完毕之后，若认为提起公诉的案件可适用简易程序，则将案件移送给出庭公诉人，由出庭公诉人将案件积累到一定数量后集中起诉、出庭。这一模式实现了审查起诉与案件出庭两种职能的分离，将两种职权分别配置给不同的检察官分别行使。它最大的优点是便于案件集中，可以将检察院内部适用简易程序的全部案件集中到一名检察官手中，避免了单个公诉人手中案件难以集中的缺陷，有利于案件的集中起诉。但该模式也存在自身缺陷。从个人发展来看，由于适用简易程序的案件往往都相对简单，当事人争议不大，长期承办此类案件不利于检察官个人业务水平的提高。

为了克服"专职公诉人出庭"模式的弊端，"值班公诉人出庭"模式应运而生。该模式要求检察院内部在固定期限内选定一人，专门承担简易程序出庭任务，而办案人仅承担

起诉审查职能。简易程序中的出庭公诉人并非固定，而是由检察院内部不同检察官轮流承担。该模式避免了某一检察官因长期承担简易程序出庭公诉职能而影响业务能力提高的问题，有利于检察官业务水平的均衡发展，但仍然存在出庭公诉和法律监督效果大打折扣的问题。

在"办案公诉人集中出庭"模式下，由同一检察官承担案件审查起诉和出庭公诉两种职能。由于审查起诉与出庭公诉由同一检察官承担，该检察官对案件往往非常熟悉，可使出庭公诉和法律监督效果得到充分保障。但该模式也有缺点，它需案件集中到一定数量后，由办案检察官集中起诉、出庭，但单个检察官手中案件积累速度相对较慢，案件集中需较长时间。

上述三种简易程序公诉人出庭模式各有利弊，均可实现对大量案件的"集中处理"，有效提高诉讼效率，因此可在实践中扩大其探索适用的范围。

（四）消除刑事简易程序运行的制度瑕疵

刑事简易程序制度瑕疵，有些源于现有制度与司法体制不配套，但本质上并非简易程序自身的问题，根源在于现行司法体制的不合理因素。例如，简易程序中当庭宣判与裁判文书签批之间的矛盾，当取消裁判文书签批，强化主审法官在简易程序中的独立性和自主性之后，上述矛盾自然会消除。有些瑕疵则源于刑事诉讼中其他制度的缺陷。例如，简易程序启动和程序转化导致的工作量增加都是必要，前者是为了充分保障被告人自愿性和不完全程序选择权，后者则是为了实现在特定案件中对被告人正当程序权利的充分保障。如果普通程序能摒弃"卷宗笔录中心主义"的庭审方式，真正贯彻直接言词审理原则，那么简易程序中上述工作量的增加与普通程序相比仍然微不足道，并不能从根本上提高法官适用简易程序的积极性。

简易程序审理期限过短限制了法官对简易程序的适用，成为阻碍其实践运行的重大制度瑕疵。在立法层面，可针对不同类型案件，将简易程序审理期限延长至普通程序的1/2或者2/3。被告人认罪是简易程序的适用条件，而认罪为被告人悔罪、赔偿被害人、积极寻求被害人谅解创造了条件。对于符合简易程序适用条件的案件，很多也存在适用刑事和解的可能性，部分法官会积极引导被告人与被害人进行刑事和解，而当事人就赔偿数额、赔偿方式、悔罪程度等事宜协商往往会耗费巨大的时间和精力。这就使得办案人面临在简易程序和刑事和解之间择一适用的难题。因此，刑事和解所耗费的时间不应计入简易程序审理期限。

（作者单位：吉林大学法学院）

论违法所得没收程序在司法运行中可能存在的问题

谢丽珍

新刑事诉讼法自 2013 年 1 月 1 日正式实施至今已经两年多，而司法实践中通过启动违法所得没收程序解决刑事诉讼过程中犯罪嫌疑人、被告人逃匿、死亡的案件并不多①。新闻报道的五起案件中，法院正式开庭审理的有三起，另两起检察院已经提交申请等待法院裁定。鉴于篇幅限制，三起典型案例我们不再详细介绍，主要分析我国司法实践中运用违法所得没收程序可能存在的问题。

一、司法实践中三起典型的违法所得没收案件介绍

1. 江西李华波违法所得没收案。2006 年 10 月至 2010 年 12 月间，犯罪嫌疑人李华波利用管理鄱阳县基本建设专项资金的职务便利，骗取鄱阳县财政局 9400 万元。2011 年 1 月 29 日李华波逃匿境外，鄱阳县检察院于同年 2 月 13 日对李华波以涉嫌犯贪污罪立案侦查，上饶检察院遂根据 2012 年刑事诉讼法第 280 条规定，于 2013 年 3 月 6 日向上饶中院提出没收违法所得申请。②

2. 温州周贤财违法所得没收案。1997 年至 2007 年间，犯罪嫌疑人周贤财以经营橡胶为由，以高额回报为诱饵，向社会不特定人员集资 1.87 亿余元，并将大部分集资款用于还本付息、期货投资、供其子周某某购买轿车及其他挥霍消费。2007 年 9 月 26 日，温州市平阳县公安局对周贤财立案侦查，并对其财产采取保全措施。立案侦查次日，周贤财自杀身亡。2013 年 11 月 26 日平阳县公安局向检察机关移送没收违法所得意见书。温州检察院认为周贤财涉嫌集资诈骗罪，遂根据 2012 年刑事诉讼法第 280 条规定，于 2014 年 1 月 9 日向温州中院提出没收违法所得申请。③

3. 江苏陈西违法所得没收案④。犯罪嫌疑人陈西利用担任南通市房产管理局局长的职务便利，受贿人民币共计 611.5 万元及连体别墅一套。南通市人民检察院对犯罪嫌疑人陈西立案侦查后，陈西于 2013 年 12 月 28 日在家中死亡，后南通市人民检察院提请南通市中

---

① 截至 2015 年 1 月，刑事诉讼法修改后新闻报道的违法所得没收案件共有五起：2013 年 4 月 18 日广东中山首例对贪污犯罪死亡被告人提出违法所得没收程序申请；2014 年 2 月浙江温州针对集资诈骗案死亡嫌疑人提起没收违法所得申请；2014 年 8 月 29 日江西上饶中级人民法院对上饶市人民检察院所提申请没收鄱阳县财政局经济建设股原股长李华波违法所得案一审公开开庭；2014 年 10 月 10 日广西南宁中级人民法院开庭审理一起受贿嫌疑人死亡案件提起违法所得没收程序；2015 年 1 月 21 日江苏南通中级人民法院审理的陈西案提起违法所得没收程序。

② 四川高院课题组：《诉讼结构缺损下刑事涉案财产没收程序实证研究》，载《云南大学学报》（法学版）2014 年第 5 期；杨静：《我省开审依法没收潜逃境外贪官违法所得案》，载《江西日报》2014 年 8 月 30 日。

③ 王春：《浙江检方首提没收违法所得申请》，载《法制日报》2014 年 2 月 10 日；四川高院课题组：《诉讼结构缺损下刑事涉案财产没收程序实证研究》，载《云南大学学报》（法学版）2014 年第 5 期。

④ 马超：《江苏宣判没收死亡嫌疑人违法所得案》，载《法制日报》2015 年 1 月 26 日。

级人民法院按照违法所得没收程序对涉案财物依法没收①。

二、违法所得没收程序在司法运行中可能存在的问题

新闻报道的正式进入刑事诉讼程序的违法所得案件只是个位数，这个数字与我们在修改立法时司法实践面临追逃追缴问题的紧迫性，以及司法实践中可以通过"犯罪嫌疑人、被告人逃匿、死亡案件违法所得没收程序"没收犯罪所得及其他犯罪相关财物的案件数量都相差甚远，也与立法初衷——借此特别程序加强国际司法合作、完善我国的资产追回机制并提高对贪污腐败犯罪、恐怖主义犯罪的惩处力度存在一定差距。不管是基于国家利益的维护还是基于公民合法财产权的保护，本应大受欢迎的一项特别程序，却成了实务部门观望徘徊、小心翼翼的举措，之所以出现如此现象，根据笔者通过实务调查所获取的数据材料②，盖因违法所得没收程序在司法运行中可能存在的问题，概括起来主要有以下几点：

（一）立案难

立案是刑事诉讼程序正式开始的标志，也是公安司法机关办理任何刑事案件都必须经过的诉讼阶段。但现实中，不管是作为普通刑事案件立案机关的公安侦查机关，还是作为职务犯罪案件立案的检察机关，都面临着一项共同的业务考察——破案率。破案率是指公安机关或相关执法机关成功侦破案件的数目与收到报案数目的比例③。因破案率的高低直接关系着侦查机关当年考核的合格与否，各地公安机关争相以各种方式提高自己的破案率。④在高破案率的重压下，弄虚作假、刑讯逼供成为破案的捷径，高破案率下的犯罪黑数也引起了大家的关注。犯罪黑数一般指已经发生但未被察觉的犯罪数、未报案的犯罪数、未被记录的犯罪数。与西方国家犯罪黑数主要指已经发生但被害人没有报案的情况有所不同，中国的犯罪黑数主要来源于公安机关对所获悉的犯罪行为没有如实登记，也就是民众常说的"立案难"⑤。而与此同时，中国刑事案件和治安案件分开统计，在许多西方发达国家算作犯罪案件的治安案件在中国却不作为刑事案件统计，中国犯罪黑数数量之大由此可见一斑。

立案难现象在犯罪嫌疑人、被告人逃匿、死亡案件中更是严重。一方面，基于破案率的考核压力，一旦公安司法机关立法就必须在限定的时间内破案，为了完成破案率，甚至

---

① 《"房管局长非法收受七百余万取保候审期间家中死亡"——江苏宣判没收死亡嫌疑人违法所得案》，载《法制日报》2015年1月26日第8版。

② 违法所得没收程序主要由检察院申请，中级人民法院予以审判，故笔者为了了解该特别程序的实施状况，对我国大陆范围内4个省份的6个检察院发放了150份调查问卷，回收120份，有效问卷109份；对大陆范围内4个法院的近20名法官进行访谈，获取了法官对该特别程序实施问题的相关看法和意见。

③ 维基百科"破案率"，http://zh.wikipedia.org/wiki/破案率。

④ 如河南省的命案破案率从2003年前的60%升至2009年的97.55%，2010年命案侦破率达到97.57%，河南的命案侦破综合成绩连续7年位居全国第一；黑龙江省公安厅公布的2013年的破案率达到98.69%，居全国第一；上海市2013年命案破案率近99%……

⑤ 根据国家"七五"社科规划重点项目《中国现阶段犯罪问题研究》公安部课题组的调查结果显示，犯罪明数最多只占实际发生的1/3；其中杀人、强奸、爆炸、涉枪等严重侵犯人身、公共安全案件隐案较少，明数约占90%；盗窃非机动车、扒窃等侵犯财产犯罪案件黑数较大，往往只占接报案件数的10%。见网易新闻《破案率与社会长治久安》，http://news.163.com/11/1028/17/7HFGSG0M00012Q9L.html。

违背诉讼规律搞"不破不立"、"先破后立"（即不破案就不立案、先破案后立案），而犯罪嫌疑人、被告人逃匿、死亡的案件中，案件的事实真相因他们的逃匿、死亡很难调查清楚，案件难以侦破，为了维持当地公安司法部门比较高的破案率，唯有违心地不予立案，一推了之。另一方面，刑事诉讼法第 15 条也为公安司法机关的不立案提供了法律依据，该条规定犯罪嫌疑人、被告人死亡的，不予追究法律责任，公安司法机关在不同的诉讼阶段作出不同的处理，在立案审查阶段应作出不立案的决定。根据这项规定，司法实践中一旦出现犯罪嫌疑人、被告人死亡的情形，公安司法机关为了避免责任追究就可以此为借口不立案。虽然《人民检察院刑事诉讼规则（试行）》第 530 条规定检察院对公安机关是否启动违法所得没收程序有立案监督权[①]，但在司法实践中，公检法三机关是分工负责、相互配合、相互制约的关系，检察机关即使作为法律监督机关，对公安机关的制约机制也明显不足，法律并未规定检察机关送达公安机关通知立案通知书但公安机关仍然不立案的有何制裁措施，对公安机关而言，其内部对于破案率的考核明显重于检察机关发出的纠正违法通知书，两相权衡后选择不立案也是无奈之举。

（二）调查取证困难

刑事诉讼中决定被告人有罪无罪的唯一标准是证据，法院能否对被告人定罪量刑，很大程度上也取决于侦查机关调查取证后获取证据的多寡，一般而言，犯罪嫌疑人实施犯罪行为后，会以各种形式隐瞒其犯罪行为，逃避法律追究，而侦查是在犯罪事实发生后对过去行为的调查，调查取证本身存在一定困难，而犯罪嫌疑人、被告人逃匿、死亡的贪污腐败案件和恐怖主义组织犯罪案件的调查难度更大。

贪污腐败案件不同于一般的刑事案件，具有对象的特殊性、线索的隐秘性、模式的单一性，侦查取证难于一般刑事案件。职务犯罪侦查的隐匿性非常强，侦查人员很难深入了解案情。它的侦查模式不同于普通刑事案件的"从案到人"，而是"从人到案"，由群众的举报调查犯罪嫌疑人，通过对人的外围调查发现其犯罪事实，贪污腐败犯罪案件一般不会遗留明显的犯罪物品或物理性痕迹等客观性较强的证据，其犯罪过程也是藏匿于行为人日常的工作中很难被察觉，实务中贪污腐败类犯罪的侦查主要依赖于犯罪嫌疑人的口供，而一旦犯罪嫌疑人跟证人订立攻守同盟、事后毁灭证据或一逃了之、一死了之，犯罪证据的获取就更是难上加难。不仅如此，贪污贿赂犯罪作为特殊主体的智能型犯罪，其反侦查能力特别强[②]，更为贪污贿赂犯罪的查处设置了层层障碍。此次违法所得没收特别程序所针对的犯罪嫌疑人、被告人逃匿、死亡的贪污犯罪案件，往往是跨地域、跨国境的贪污贿赂犯罪，犯罪行为人外逃时携带巨额犯罪所得或已将犯罪所得及收益转移至国外，人或逃或死，口供难以取得，财产或藏匿或以其他方式漂白，难以查获，这些都导致贪污腐败类案件侦查取证难度增大。

恐怖主义犯罪，因其运动性的特点，在恐怖主义犯罪跨国、跨境的国际化趋势下，其

---

① 《人民检察院刑事诉讼规则（试行）》第 530 条规定，人民检察院发现公安机关应当启动违法所得没收程序而不启动的，可以要求公安机关在 7 日内书面说明不启动的理由。经审查，认为公安机关不启动理由不能成立的，应当通知公安机关启动程序。

② 朱孝清：《职务犯罪侦查措施研究》，载《中国法学》2006 年第 1 期。

国际性特征越发明显，司法实践中往往呈现为犯罪行为和结果发生在不同的国家，或者犯罪人与被害方属于不同的国家，或者犯罪行为地与犯罪人所在地属于不同的国度，案件在管辖、司法合作等方面都面临一些难题。而伴随着科学技术，尤其是互联网技术的高速发展，恐怖主义犯罪转移犯罪所得及收益更加容易，这使得国家要切断其资金来源更为困难。又因为恐怖主义犯罪的隐秘性和其犯罪组织的网络化，使得针对普通刑事犯罪切实可行的传统的公开取证手段难以有效应对，而反恐特别侦查手段及秘密情报的诉讼运用又存在反恐情报——诉讼证据的转化问题。同时，在针对恐怖主义犯罪的侦查中还要处理如何既能确保证人、被害人正常参与诉讼程序从而帮助指控，同时又能保障其人身、财产的安全，避免遭受恐怖组织的打击报复；如何在既能保证案件侦查保密性的前提下又能保障被告人公正审判等基本权利的实现等问题①，恐怖主义犯罪所呈现的国际性突出的特点和其组织性严密、隐蔽性强、犯罪手段高科技化的发展趋势，都意味着恐怖主义犯罪的侦查取证工作困难重重，依靠传统的侦查方法很难调查取证，需要立法给予他们特殊侦查手段的授权。

（三）程序启动困难

普通刑事诉讼程序，一旦侦查机关予以立案，程序即可顺利启动，但是违法所得没收程序，它的启动主要取决于检察机关提出的申请。笔者于 2013 年 9 月到 2014 年 7 月对广东、浙江、山西、湖北 4 省的 6 个检察院发出 150 份调查问卷，收回 120 份，有效问卷 109 份。本次问卷调查设置了 30 个选题（含 27 个选择题和 3 个问答题），针对检察机关对这次刑事诉讼法增设"犯罪嫌疑人、被告人逃匿、死亡案件违法所得没收程序"的理解和适用问题进行提问，对问卷数据予以分析后可以得出以下结论：

1. 司法实践中出现因犯罪嫌疑人、被告人逃匿、死亡而无法继续刑事诉讼程序的现象比较多，追逃追赃难题比较严重，检察机关工作人员基本都可以理解增设违法所得没收特别程序的意义，能够接受在对人的追究之外提起单独的对物处置程序。

2. 检察机关工作人员对违法所得没收特别程序针对的案件范围有争议，认可现有法律规定的"限定两类"案件范围的只有 21.1%，认为可以不限定范围的有 52.3%（包括不限案件范围推广到一切重大案件的 32.1%和不限案件范围适用于所有案件的 20.2%），同时还有 26.6%的建议针对通缉一年的"限定两类"案件，针对死亡的可以不限定案件范围。

3. 检察机关工作人员存在为了便于剥夺违法所得而查封、扣押、冻结财产的比率达到了 45%，但涉及最终目的更多的是为了进行证据保全（达到 40.4%），肯定了违法所得没收程序可以实现证据的保全。

4. 执行查封、扣押、冻结措施面临诸多障碍，如财产难以查清、财产被转移至境外、财产持有人不配合等。

5. 部分工作人员认为违法所得没收程序违反无罪推定原则（达到 17.4%）。

6. 对违法所得没收程序的证明责任划分和证明标准的确定争议很大，同意所有证明责任均由检察机关承担的只有 16.5%，建议根据证明对象的不同而分别由检察机关和利害关系人承担的达到了 83.5%；而对证明标准的确定，虽然同意不同于刑事诉讼普通程序的只有 43.1%，但认可"排除合理怀疑"标准的只有 18.3%，大部分调查对象建议根据证明对

---

① 倪春乐：《恐怖主义犯罪特别诉讼程序比较研究》，西南政法大学 2011 年博士论文。

象不同确定不同的证明标准，检察机关承担证明责任达到的证明标准严于利害关系人承担证明责任达到的证明标准。

7. 被调查对象对没收对象的范围认识不一，但基本认可没收对象包括犯罪行为所取得的一切财物、犯罪行为所获取的一切利益、犯罪所得转化的其他财产、混合财产等。虽然被调查对象认为不应该没收用于犯罪的他人财物（同意没收的只有25.7%），但同意对用于或拟用于犯罪的犯罪工具予以没收的达到54.1%，也即大部分人认可对用于犯罪的犯罪工具的没收。同时，在没收犯罪所得时，不赞同扣除犯罪的成本或费用（89%）。

8. 对此次立法增设的违法所得没收程序，有80.7%的被调查对象认为存在立法漏洞，认为这个程序缺乏操作规范的又占57.8%，担心因适用此程序而面临错案追究或影响业绩考核的达到31.2%，认为此程序会侵犯公民合法财产权的有58.7%。

9. 启动此程序所面临的最大困难，有46.8%的被调查对象认为是因此程序为被追究者的缺席审判程序，一旦他们重新出现裁决结果的不确定性太大，对结果的难以把握便会使追求具体诉讼行为确定性的他们不敢轻易启动没收程序；除此以外，受案范围不明确、取证困难、对检察机关证明要求过高也是他们的顾虑所在。

（四）审判中可能遇到的难题

为了了解违法所得没收特别程序在司法实践中的实施问题，尤其是了解审判机关适用违法所得没收程序中可能面临的系列问题，实现设置该程序的初衷，笔者对多个不同中级人民法院的近20名刑庭法官进行访谈，从他们的访谈结果中笔者了解到以下问题：

1. 对于刑事诉讼法和相关司法解释规定的违法所得没收程序的适用范围，法官看法不一，但比较多的法官主张针对犯罪嫌疑人、被告人逃匿的案件，可以限制案件的适用范围，但不限于刑事诉讼法规定的两类，可以对"等"作扩大解释，考虑到司法实践中与这两类危害相当的毒品、洗钱、黑社会性质组织犯罪；针对犯罪嫌疑人、被告人死亡的可以是任何刑事案件。同时，将检察机关、侦查机关在审判前对财产的处置权收回，可以保证法院的统一裁决权，解决司法实践中涉案财物处置多头负责、各自为政、依据不一、处理失衡的现象。

2. 被访谈的法官认为现有立法和司法解释对违法所得没收程序的规定过于原则、抽象，没有明确的操作规范，他们若按照违法所得没收程序审理案件，最大的顾虑是案件的证明标准如何把握，尤其是对如何证明拟没收财产是违法所得？证明要达到何种程度？他们认为，适用现有刑事诉讼普通程序的证明标准，他们会先要求公诉人证明犯罪事实存在且是犯罪嫌疑人实施的证据和涉案财产属于犯罪所得财产的证据必须达到"确实、充分"的标准，而这个标准对于贪腐类犯罪、恐怖活动类犯罪的证明相当困难，但唯有如此处理他们才可以避免在被追究者归案后发现没收裁决错误时的错案追究，对此他们建议为了保障违法所得没收特别程序设置的初衷，可以适当降低该特别程序的证明标准，既然处理的是财产问题，"财产权的丧失可以补救，但生命权和自由权却无法补救"，所以可以适用民事诉讼中的证明标准。

（五）没收裁决的域外执行难

裁判的生命在于执行。新刑事诉讼法增设违法所得没收特别程序，主要目的在于通过此程序弥补我国法律的空白，解决司法实践愈演愈烈的贪污腐败犯罪携款外逃、恐怖主义犯罪跨境转移犯罪所得现象所面临的追逃追踪难题。而此程序在司法实践中的适用，最为重要亦最为困难的莫过于没收裁决的执行问题。其中，尤以没收裁决的域外执行难为甚。

在现有的国际刑事司法合作水平远远落后于犯罪的国际化水平的前提下，因不同国家法律体制、诉讼模式、司法理念的不同，请求他国执行没收裁决、返还资产必然会遭遇若干体制和技术障碍，尤其是我国现有立法没有关于承认和执行外国没收裁决或令状的明确规定，不同意以资产分享的方式处分没收资产，将必然导致国际追逃追赃的司法协助面临诸多困难，最后没收裁决的域外执行也是难以实现。

三、解决实施难题的应对之策

（一）严格限制没收程序适用的案件范围

案件范围是侦查机关立案和确定管辖的依据和前提。立法将违法所得没收程序的适用范围界定为"贪污贿赂犯罪、恐怖活动犯罪等重大犯罪案件"，也即"贪污贿赂犯罪、恐怖活动犯罪"肯定可以适用特别没收程序处理，同时又规定了"等重大犯罪案件"这一较为笼统的案件界限。对于该条中"等"字的理解，如果依据"罪刑法定原则"，必须遵从法条的字面含义，而不得随意扩大解释。从法条的字面意义上看应该仅适用这两类案件，而且根据全国人大法工委在《中华人民共和国刑事诉讼法释义》（以下简称《释义》）中的观点，很长时期内也主要适用于它们[①]。但随后最高人民法院、最高人民检察院和公安部出台的司法解释却对违法所得没收程序的受理范围作了一定的扩大解释，从根本上突破了原有立法对司法机关受案权的限制。在司法实务中，由于立法对案件范围的不明确，司法解释对案件受理范围的扩大，很容易造成适用案件类型超越立法者圈定的范围，侦查机关借助此程序随意终结普通案件的侦查，进而造成因没收范围的扩大化带来公权力追求经济利益而形成没收程序的异化并侵害公民合法财产权的行为。同时，正如人大法工委在《释义》中所言，"由于这一程序是新设置的特别程序，实践经验不足，且是在被告人缺席的情况下对其涉案财产所进行的审理活动，更需要注重程序的正当性"[②]。而针对逃匿的被追究者，因存在将来被追究者归案使没收程序转为普通程序或发现没收裁决错误需要赔偿问题，这两种情形都导致检察机关申请结果的不确定性，都可能使检察机关工作人员面临内部考核机制的处罚甚至责任的追究，对其职业发展非常不利，故他们为避免不利结果的出现会选择在被追究者逃匿的情形下宁可把案件退回侦查机关继续追捕，也不敢贸然提起没收的申请。鉴于此，笔者认为，我国可以在借鉴国外做法并结合我国打击犯罪的客观需求的基础上，考虑司法工作人员人和物一并处理的传统理念以及具体程序的可操作性，将违法所得没收特别程序的适用范围根据逃匿、死亡两种情形做如下划分：犯罪嫌疑人、被告人在

[①] "实践中违法所得没收程序在适用时应仅限于贪污贿赂犯罪、恐怖活动犯罪，不宜扩大适用到其他的重大犯罪案件"，但可以"在总结经验以后再研究是否需要扩大适用范围"。郎胜主编：《中华人民共和国刑事诉讼法释义》，法律出版社2012年版，第615页。

[②] 郎胜主编：《中华人民共和国刑事诉讼法释义》，法律出版社2012年版，第614页。

犯罪后逃匿，通缉一年后不能到案的严格限定为贪污贿赂犯罪、恐怖活动犯罪、黑社会性质组织犯罪、洗钱犯罪、毒品犯罪这五大类严重的刑事犯罪；而犯罪嫌疑人、被告人死亡的则可以是任何刑事案件。

（二）完善没收程序的没收对象

现有法律规定的没收对象限于违法所得及其他涉案财产，按照最高人民法院的司法解释，即"实施犯罪行为所取得的财物及其孳息，以及被告人非法持有的违禁品、供犯罪所用的本人财物"。但从增设违法所得没收特别程序的立法初衷是加强对两类犯罪的打击力度、解决追逃追赃的司法难题出发，有必要完善没收程序的没收对象，在借鉴特别没收先进立法例的基础上，增加对用于犯罪的他人财物的没收，增加违法所得混合收益、替代收益、利益收益的没收，且对犯罪收益的没收不得扣除犯罪成本①。

（三）明确特别没收程序的证明问题

1. 明确特别没收程序的证明对象。明确证明对象是证明的基本前提，是保证司法资源合理分配、确定不同主体证明责任、证明标准，解决证明问题的第一道步骤。违法所得没收程序虽是刑事诉讼的特别程序，但也应遵循刑事证明的基本要求②。违法所得没收程序针对涉案财产加以处理，其证明对象的划分存在一定的特殊性。特别没收程序主要针对的是被追究者缺席时涉案财物的处理，为了避免对合法财产所有人基本权利的侵犯，特别没收程序针对财物的所有权争议一般包括两个阶段：没收程序的启动阶段和利害关系人提出异议阶段，程序的启动主要由检察机关提出证据证明涉案财产与犯罪相关向法院申请启动没收程序；而利害关系人提出异议阶段主要是法院围绕涉案财产的归属问题作出裁决。在不同阶段，它们的证明对象是不相同的，在程序启动阶段，检察机关要证明将要没收的财物属于犯罪所得，故此阶段的证明对象是拟没收财物与犯罪的关联性（或说涉案财物的来源、属性）——是否是违法所得、违禁物或供犯罪使用的本人财物；而在利害关系人提出异议阶段，利害关系人对没收财物提出异议，主张独立的所有权，因此此阶段的证明对象是被没收财物的所有权——即没收物的归属问题。

2. 明确特别没收程序的证明责任。证明责任的分配，具体到刑事诉讼中，需要我们既考虑刑事结构设计中控辩双方举证能力的强弱，还要考虑实践中诉讼的顺利进行、证明要求的实现。一般而言，证明对象决定证明责任的承担，普通刑事诉讼的证明对象主要是犯罪事实是否存在和刑事责任的承担，而根据无罪推定原则，普通公诉案件由控方承担证明责任，而特别没收程序不以解决犯罪人的刑事责任为前提，特别程序的证明对象不包含刑事责任的承担，同时因为特别没收程序两个特别阶段主要涉及财物与犯罪的关联度和财物的归属，核心是"物"的来源和属性，其证明对象是财物是否为犯罪所得或犯罪收益，因

---

① 关于没收对象的完善笔者已于多篇文章中论述，在此不再赘言，见拙文《违法所得没收程序的没收对象探论》，载《武陵学刊》2013年第6期及《论犯罪工具的没收——兼评没收"供犯罪使用的本人财物"之不足》，载《温州大学学报》2014年第4期。

② 刑事诉讼法第50条规定："审判人员、检察人员、侦查人员必须依照法定程序，收集能够证实犯罪嫌疑人、被告人有罪或者无罪、犯罪情节轻重的各种证据……"立法对违法所得没收程序未规定专门的证明要求，一般按照普通刑事诉讼程序证明规则进行。

此特别没收程序的证明责任理应遵循物权争议"谁主张谁举证"的原则进行分配，在程序启动阶段由检察机关承担，在利害关系人提出异议时由利害关系人承担。

3. 明确特别没收程序的证明标准。证明标准，"又称证明要求、法定的证明程度、证明度等，是指按照法律规定认定案件事实所要求达到的程度或标准"[①]。不同性质诉讼程序的证明标准各不相同，即使是同一性质的诉讼程序，在不同的诉讼阶段或者因证明责任承担主体的不同证明标准也相异。而针对违法所得没收的特别程序，因其具备性质的刑事性、审理对象的民事性，不管是程序的启动阶段还是程序的回转阶段，一概适用普通的"排除合理怀疑"的证明标准并不适用。因为特别没收程序主要处理的是财产，而财产具有很强的流转性和隐蔽性，这些都使得要证明某一财产属于犯罪所得非常困难，很难达到确实、充分的程度，尤其是恐怖主义、贪污贿赂案件的犯罪所得往往被转移至境外或转化成其他合法形态存在，使犯罪所得的查获以及犯罪所得与合法财产的厘清都困难重重，既然是对财产来源与权属的证明而非对行为人刑事责任的证明，当然不适用"排除合理怀疑"的标准，但程序的启动由检察机关负责，为尽量减少公权力机关对特别没收程序的滥用，避免对无辜主体的侵犯，在程序启动时要求检察机关证明犯罪事实存在达到"排除合理怀疑"的标准有利于严格程序的适用，但第二阶段对财产物权的归属则适用物权争议的证明标准更为合适。为此，可以借鉴国外对特别没收程序的相关规定，考虑打击特定犯罪的政策需要和人权保障的基本要求，根据双方举证能力的差别和我国的基本国情，针对控方和利害关系人确定二元化的证明标准：控方对财产系违法所得的证明适用"排除合理怀疑"的证明标准，利害关系人对没收财产的异议适用"优势证据"的证明标准，以实现此程序在实践中的贯彻和执行。

（作者单位：温州大学法政学院）

---

① 陈光中、李玉华、陈学权：《诉讼真实与证明标准改革》，载《政法论坛》2009年第2期。

医疗损害鉴定意见的庭审质证规则研究

杨建广　龙振彪

一、医疗损害鉴定意见的庭审质证标准

（一）医疗损害鉴定意见的庭审质证标准厘定

在医疗损害鉴定意见的评判上，实际上存在着一种逻辑悖论，即由不具备医学知识的法官来评判由专家作出的鉴定意见的科学性。而这种悖论存在的原因是医学专业的超越性，因为无论是医疗损害鉴定过程中适用的科学手段还是医学知识都只为医学领域的专业人士所知悉，此已超过了同时代普通公众的知识范畴——常识①，这一知识鸿沟使得鉴定意见表现出一种封闭性、技术堡垒性。然而，审查医疗损害鉴定意见的科学性又是保证司法公正的必要措施，那么建立审查标准解决的最核心问题即是如何在打破该逻辑悖论的前提下弥合裁判者与鉴定人之间的知识鸿沟。

要弥合医疗损害鉴定意见形成的知识鸿沟，化解由于事实认定的不确定性给司法裁判带来的风险，就必须要将科学证据的审查同法律程序的其他价值需求相结合，进而通过完善相应的法律程序机制来应对科学证据的审查。② 此处的法律程序机制的建构应该既不同于仅仅通过鉴定人的科学认证从而间接保证鉴定意见的科学性，也不同于让法官充当全能专家对科学性进行实体审查。而可以通过实体标准内化到质证程序当中，这样既保证了法官的裁判者地位也实体审查了鉴定意见的科学性。"法院经常把制作判决时所牵涉到有意识的价值判断减少到最低程度，想把法律伪装成全然合理而且可以信赖的科学，仅凭逻辑上的推理就可以解决所有的问题。"③ 先进的法律制度往往倾向于限制价值论推理（Axiological Reasoning）在司法适用中的适用范围④，因为以主观的司法价值偏爱为基础的判决，通常要比以正式或非正式的社会规范为基础的判决表现出更大程度的不确定性和不可预见性。然而，法律并不能仅靠经验法则就可以通过完全的逻辑推理解决所有的问题，评价的因素必定存在，价值判断应该限定在有限的范围，即可以由法官让质证的双方按照既定的科学审查标准进行辩论。该程序的设计并不是由法官评判鉴定意见的科学性，而是让质证的双

---

① 徐静村、颜飞：《通过程序弥合知识的鸿沟——论科学证据对刑事审判的挑战及应对》，载《中国司法鉴定》2009 年第 2 期。

② 徐静村、颜飞：《通过程序弥合知识的鸿沟——论科学证据对刑事审判的挑战及应对》，载《中国司法鉴定》2009 年第 2 期。

③ ［英］丹尼斯·罗伊德著：《法律的理念》，张茂柏译，新星出版社 2005 年版，第 218~219 页。

④ 徐静村、颜飞：《通过程序弥合知识的鸿沟——论科学证据对刑事审判的挑战及应对》，载《中国司法鉴定》2009 年第 2 期。

方阐释其意见的科学标准吻合度，因此法官的"评价"更接近于基于辩论原则下的自由心证。正如美国凯斯西储大学法学院教授吉安内利（Giannelli）认为，科学原理的有效性和应用该原理的技术的有效性可以通过司法认知、立法认知（Legislative Recognition）、规定（Stipulation）或者包括专家证言在内的证据提交来建立。一旦科学原理被充分建立，法庭就可以对该原理的有效性进行司法认知[①]。通过预设科学性标准语境下的质证过程即实现了司法认知，打破医学专家与法官之间的知识鸿沟，因为法官虽不知医学依据为何，但清楚地知道该医学依据是否具有足够的科学吻合度。

（二）明确医疗损害鉴定意见质证标准的价值

当科学性审查标准内化到质证环节后，整个庭审的质证程序将会变得指向性强且高效，因为诉讼参与人以及法官都明确医疗损害鉴定意见科学性的关键争议在于何种问题。但是在司法实践中，庭审效率低下已经成为阻碍鉴定意见科学性审查的瓶颈，以浙江省的问卷调查统计为例，从法官的审判视角出发，认为鉴定人出庭致使庭审效率低下的高居 56.7%，在医疗损害鉴定领域庭审效率问题则显得更为严峻，那么利用我国现有的专家辅助人制度进一步通过质证的角度实现医疗损害鉴定意见的科学性审查举步维艰。确立庭审中的质证标准正是提高庭审效率的有效方法，法官可以通过一个可视化的形式框架找到科学性审查的规范切入点，明确审查哪几项指标即可实现审查的任务，弥补了在专家证人出庭或者质证过程中的询问无方向、针对性差的制度缺陷。

通过明确质证规则还可以重塑医疗损害鉴定意见的权威性，实践中只要鉴定意见不符合控辩双方的预期，重新鉴定、重复鉴定就会或因程序问题或因质疑医学会中立性等理由而被提起，造成多头鉴定的混乱局面，增大了司法的不确定性。若鉴定意见的科学性被充分地证明，控辩双方折服于严谨的科学证明，便足以塑造鉴定公信力，防止将关注的焦点转向程序瑕疵进行"死磕"。

二、医疗损害鉴定意见的庭审质证规则之选择

（一）域外医疗损害鉴定意见庭审质证的经验借鉴

1. 俄罗斯质证优化设计的经验

俄罗斯 2003 年联邦法律修订中增加了对刑事司法鉴定意见以及对专家询问的规定：鉴定时所采用的方法以及借助一定设备该方法是能够实现的；鉴定方法的科学基础，其应用的保障条件，发明方法应用于该具体情况的可行性。该质证规则的细化也是建立在专家辅助人制度业已存在的情况下，此背景与我国现状极为相似。在建立我国医疗损害鉴定意见的科学性质证规则时，应关注对医疗鉴定的有效科学手段的审查。

2. 美国的弗赖伊规则与多伯特规则的启示

按照弗赖伊规则，确定一个具体的科学技术是否获得普遍承认需要两个步骤：一是科学原理或新发现所属的特殊的科学领域以及相关的科学领域；二是确定该技术或原理是否

---

① Paul C. Giannelli, Admissibility of Scientific Evidence, 28 Oklahoma City University L. Rev. 4 （2003）.

为该领域接受的技术、原理以及新发现。① 该规则的优势在于能够在一定程度内促进判决的统一性，而且操作上相对比较简单，劣势则是其本身异常地模糊，直接将评判的核心交给了科学界。有学者提出新的科学和技术从其被发现到被科学社群所广泛承认往往需要一个周期，在采取普遍承认的标准情况下，法院最终将排除大量新兴的完全符合科学真理但还未来得及被广泛承认的科学真理。② 然而，医疗损害鉴定意见所涉及的医学专业具有特殊性，恰好避开了"普遍承认"的诟病。医疗损害鉴定中适用的医学原理以及医学手段具有临床性以及经验法则主导性，"可行有效"的医学原理、技术必须经过临床的验证，医学实践是运用的前提，因此验证的过程实际上要求医学界对鉴定依据的"普遍承认"。不成熟或者即时创新的医学理论、技术反而难以突破医学的严谨性、实践性和保守性。综上，医疗损害鉴定不适合使用新兴的且未得到普遍承认的医学原理与技术，医学本身的特点反而可以利用弗赖伊规则本身的缺陷。

多伯特规则实际上将鉴定意见的科学内部属性分为有效性及可靠性，见下图③。其中有效性是通过同行评议实现的：是否一项理论或技术能被且已被检验；是否已经经历了同行审议并发表。在科学家拥有同样的背景和理论承诺的地方，同行评议的效果是明显的，在那些方法上存在实质差异的地方或在对抗式的语境中，其可能变成一种不可靠的机制。④ 它的基本形式是科学期刊发表的审查，但是在期刊上发表成功并不能代表该原理或者技术得到了科学共同体的普遍认同，科学有效性并没有得到充分的证明。在建立医疗损害鉴定意见科学性审查机制时可以将同行评议的理念贯彻到鉴定主体认证上，从程序方面弥补同行评议实体操作的局限。

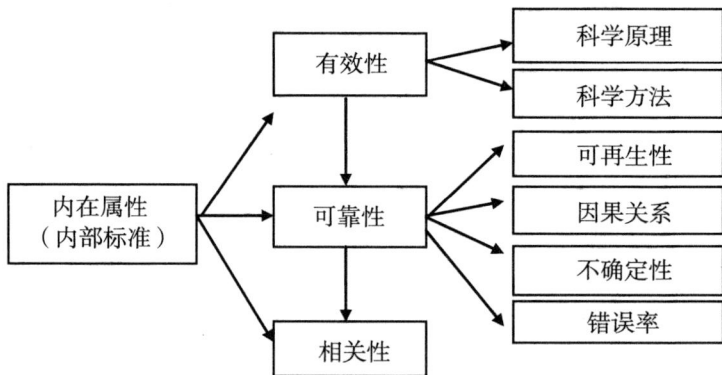

3. 日本医疗立法与判例规则的借鉴

日本立法对于医疗损害鉴定的审查标准中除设定了"见解是否具有普遍性"外，还关注到了鉴定意见的论证逻辑，即医疗损害鉴定意见的学科范围相关性的程度以及逻辑演绎过程。除此之外，其通过判例的形式弥合了医疗损害鉴定意见科学性审查的漏洞。医学鉴

---

① ［美］霍华德·科尔曼、埃里克·斯温森著：《DNA 技术在案件中的应用》，北京物证技术研究中心 1999 年，第 89~93 页。

② Maletskos，Spielman：Introduction of New Scientific Methods in Court，Law Enforcement，Scientific and Technology，957-958（S. A. Yefsky ed. 1967）.

③ 张南宁：《科学证据可采性标准的认识论反思与重构》，载《法学研究》2010 年 1 期。

④ Gary Edmond, Judicial Representations of Scientific Evidence, 63Mod. 1 Rev. 231（2000）.

定也经常遭遇无法依据医学上的合理根据作出明确鉴定的困难。换言之,一方面正因为医学上的经验法则不明确,所以才需要医学鉴定①;另一方面,这也导致了基于医学知识的局限性而无法作出明确意见的情况出现。由此法律的逻辑理性则显得尤为重要,法的价值的发挥可以弥补医学知识运用的局限。日本 1997 年"中性粒细胞减少事故"判决②乃运用法的价值弥补科学性审查漏洞的典范,最高法院指出本案鉴定意见只不过陈述了医学领域中的一个假说,且不论从医学观点上应该如何评价,至少从诉讼证明的观点看,原审既认定 a 给患者服用的多种药物中某个药物或者多个药物相互作用是本案发疹原因,就不应拘泥于具体起因药物的特定。③ 本案从医学的角度无法判断具体由何种药物引起患者死亡,因果关系的判定中断于医学理性的同时代局限,因此科学性审查面对鉴定意见的失效无能为力。此时运用法的价值判断则可以从技术理性的层面解决因果关系的判定。

(二) 医疗损害鉴定意见科学性的质证规则

结合以上分析,我国在专家辅助人、鉴定人出庭制度的前提下,可以从以下几个方面对医疗损害鉴定意见科学性审查建立规范化的质证规则:(1) 鉴定意见医学依据是否被"普遍承认";(2) 鉴定意见是否符合医学与法学逻辑;(3) 判断医疗过失时是否根据理性人标准。

首先,针对第一项,上文已经阐述了医疗损害鉴定中"普遍承认"标准的必要性,而在操作层面需要明确的是"普遍承认"的判断标准。在美国遵循弗赖伊规则的司法辖区中,提出该证据一方必须通过调查科学出版物、法院判决书或实践运用的方式,或者通过出示有关科学家就他们的同事的意见所作的证词的方式来证明普遍承认的存在。有的法院将其明确地解释为:"只要该专家证言所依据的科学知识在该科学社群领域被其多数成员认可,即达到普遍承认标准。"④ 因此,可以通过举证医学依据来自于权威的杂志、教科书以及普遍的实践依据以证明其已被普遍承认。日本福冈高判 1982 年的判例对此问题有所解释:作为新疗法发表的作品,为正在进行试验的作品,在检讨远期成绩、比较自然经过、确认治疗效果与副作用、经医学会一致认定后,再进行普及、教育,开始作为临床专门治疗方法确定下来。⑤ 可见医学依据的来源材料必须具备足够的权威性、实践性以及可检验性。

其次,医疗损害鉴定既要符合法自身的理念、规律、逻辑和技术要求,也要遵循医学自身的学科规律。⑥ 鉴定意见需要符合医学逻辑是指鉴定所运用的医学知识在案件的适用上是合适且有效的,即鉴定依据符合相应的医科范围。因为医疗损害鉴定涉及的是整个医疗过程,并不是简单的对伤残级别的传统法医鉴定,丰富的临床经验以及高度分化的专业知

---

① 夏芸:《日本医疗诉讼改革及对鉴定意见的评价》,载《证据科学》2009 年第 3 期。
② 基本案情:患者因感冒在 a 诊所服用多种药物后出现中毒性皮疹,a 诊所在未明确诊断情况下介绍患者到 b 医院治疗,b 误诊为风疹并予以对症治疗。之后患者在诉外国立医院被确诊为"药物中毒性中性粒细胞减少性症",不日死于败血症。一审认为患者死于"药物过敏性中性粒细胞减少症",但根据全部证据无法确定究竟何种药物是原因药物,不能肯定 a 与 b 的过失。
③ 夏芸:《日本医疗诉讼改革及对鉴定意见的评价》,载《证据科学》2009 年第 3 期。
④ Paul C. Giannelli, Edward J. Imwinkelried, Scientific Evidence, 3rd ed., Matthew Bender & Company, pp. 17 - 20 (1999).
⑤ 夏芸:《日本医疗诉讼改革及对鉴定意见的评价》,载《证据科学》2009 年第 3 期。
⑥ 陈小嫦:《基本原则视角下的医疗损害鉴定制度改革》,载《江西社会科学》2014 年第 3 期。

识对于鉴定过程而言至关重要。现代医学发展迅速，中华医学会目前共有 83 个专科分会，学科间的知识差异巨大，隔学科如隔山。鉴定意见的作出必须根据医疗过失中涉及的专科归入合理的学科范围，并且要求由该领域的专科医师运用范围内的知识对医疗过程作出专业评价。此外，医疗损害鉴定是医学专家运用医学知识对临床医疗资料进行加工的结果，证明的过程必须符合逻辑推理的基本要求："医疗过失是违反注意义务的行为"为大前提，"被告的行为构成医疗过失"为小前提。在日本 1997 年"中性粒细胞减少事故"原审判决中，法官就忽略了医疗损害鉴定的大前提，实际上因果关系的论证逻辑在于注意义务的违反与损害结果之间的程度关联。

最后，医疗损害鉴定的对象是医师的医疗过程，在判断医师的医疗行为是否存在过失时，鉴定人需要一个应然的医疗标准来评价医师的实然行为是否符合标准。那么这个应然的医疗标准也会存在科学性审查的问题。医师的医疗水平主要受地域差异以及当时的医疗水平的影响，因此在判断医疗过失时要围绕这两点展开。基于中国医疗发展水平极度不均衡，随着地域的经济发展水平不同，医院的设备以及人员素质存在很大的差异。临床医疗水平并不是唯一、统一的标准，而应当根据诊疗当时该医师所属医疗机构的性质、所在地域的医疗环境特性等情况作出法律价值判断后决定。医疗过失的判断应当在排除客观不能的基础上遵循客观理性人的标准，即要求医师的行为应当符合该评级的其他同行在相同情况下应当采取的技能与注意。该技能以及注意可以通过证明一般性的医疗惯例或者同等级医院的医疗实践予以统一，如在日本 2006 年"MRSA 感染死亡"案件中法院认定当时选用第三代头孢菌素类广谱抗生素来应对葡萄球菌的感染，在一般医院的做法中符合一般理性的标准。然而，对于当时的医疗水平是关于一般实践的科学还是可检验的科学的问题上，笔者认为医疗过失判定下的"当时医疗水平"标准应当建立在可检验科学的基础上。面对水平等级较高的医院应当在"当时的医疗水平"层面赋予更大的注意义务，不能仅仅因为某医疗行为是该临床领域的一般实践惯例而忽略本身应该遵循的已通过检验的理论科学。临床实践惯例也许会因为讲究效率或专业上疏忽大意而形成，但该惯例不是最优的选择，最优的选择已经在权威的医学文献有所阐释或者已经载入相关的医疗指导文件中。鉴定人应该推定高评级的医院应知或者已知该医疗措施的存在，那么由此引起的医疗损害结果就应当要求医师为其不遵循最优选择承担不利的诉讼后果。

三、医疗损害鉴定意见的庭审质证规则的运行保障

（一）同行评价理念的贯彻推进

根据《医疗事故处理条例》（2002 年），由医学会主持进行的医疗事故技术鉴定一直因其专家组成员多是由本地区医学界的专家、医师、学者组成，与涉事医院有着千丝万缕的联系而深受诟病[①]，医学会同行评价的中立性与公正性备受质疑。然而，同行评价是鉴定意见科学性保障的重要影响因素，在专业技术问题的判断上，日本、德国、荷兰、美国的医

---

① 高桂林、张靖：《对我国医疗损害技术鉴定制度的思考》，载《河北法学》2010 年第 1 期。

疗损害鉴定模式都采同行评价的原则①。医疗行为鉴定是对过去业已存在的医疗行为过程进行重建和技术分析，鉴定专家必须懂得相关的临床学科的理论和知识，具有该学科的实际操作经验。缺乏临床经验的法医无法对诊疗措施的选择、手术指征的掌握等医疗行为作出客观、合理的评价②。可见，医疗损害鉴定需贯彻同行评价的原则以实现鉴定意见的科学性。

质证规则的建立既能解决医学会的中立性问题也可以缓解司法鉴定机构的压力，更可避免将医疗损害鉴定划分给法医鉴定机构这一违反同行评价的反科学之举。其紧紧围绕着医疗损害鉴定意见的科学性进行逐层深入剖析，从实体上保证了鉴定公正，以充分的论据、逻辑理性回应了当事人的质疑，从而完成了医学会进行医疗损害鉴定的正当性论证。同时，重建医学会进行医疗鉴定的主导地位相当于将同行评价的理念融入到鉴定主体选择上，避开了美国罗伯特规则中同行评价在可采性标准中的操作性问题。

（二）鉴定依据科学性标准的更替机制

我国法律未规定判断鉴定方法及技术手段、医学理论是否过时的标准，也没有规定新的科学技术运用于医疗损害鉴定过程的更替程序。医学知识随着医学界对人体研究的深入会不停地进行更新，淘汰落后的、错误的甚至是被误认为定律的现行普遍做法对于医疗损害因果关系的认定起着关键性作用。随着科学技术的不断发展，医疗损害鉴定所运用的技术标准的范围也应随之而增加。更替机制可以依靠医学会的统一制定来完成，医学会的专家组都是由有经验、有权威的临床医师组成，一方面他们对于医学界的最新发展有足够的敏锐性；另一方面对于应用医学的实践有较为成熟的识别基础，可以满足医学依据的可检验性。因此，具有全国性的中华医学会可以通过定期出版指导性刊物阐述前沿的临床理论与实践，专门针对医疗损害鉴定中常用的医学技术、实践科学进行定期的审查，对错误的"普遍惯例"予以更正，并添加当时最优的诊疗手段与技术。同时，国家的财政对此应进行适当的扶持，将中华医学会公布的标准作为"普遍承认"的医疗标准。

四、结语

医疗损害鉴定意见科学性的审查之所以作为一个单独的领域进行讨论是由医学知识的特殊性以及现实中医患关系紧张所引发的紧迫性决定的，而本文拟建立的质证规则建立在我国的专家辅助人出庭的基础上。由于质证规则的三个标准是结合医疗行为本身的特征分别从医学的临床性、医学分科知识运用的恰当性以及医疗过失的理性标准出发而构筑的，但此三标准分类的方法毕竟不是建立在医疗实践的基础上，将有可能缺乏全面性。随着我国医疗损害鉴定意见科学性审查标准的全面建立，应该在制定质证标准的同时吸纳临床专家组、司法鉴定人以及法官组成标准拟定组，从综合评判的角度对此作出最符合客观规律的、可行的审查标准。同时，应该同步完善专家辅助人制度以及解决鉴定人出庭率低的现实问题，合理地将两者与质证规则科学连接，突破案卷中心主义下对医疗损害鉴定意见科

---

① 刘鑫、梁俊超：《论我国医疗损害技术鉴定制度构建》，载《证据科学》2011年第3期。
② 李平龙、肖鹏：《我国医疗损害鉴定制度研究述评（2002-2012）》，载《证据科学》2013年第2期。

学性的"形式审查",建立专家辅助人质证过程中的科学切入点。综上,我国立法应当更多关注医疗损害鉴定意见科学性审查中技术理性层面的制度构建,争取让鉴定人出庭、专家辅助人制度与质证规则双管齐下,相互补充,相互促进,以全面、科学、公正地审查鉴定意见。

（作者单位：中山大学法学院）

非法口供排除规则实施问题研究[*]

王　彪

完整意义上的非法证据排除规则包括实体性规则和程序性规则，其中实体性规则由两部分组成，即非法证据和排除规则；程序性规则包括程序发生的时间、启动方式以及救济机制等方面的内容。[①] 从这个意义上讲，2010 年"两高三部"联合制定的《关于办理刑事案件排除非法证据若干问题的规定》（以下简称《非法证据排除规定》）的出台，标志着非法证据排除规则的正式确立。2010 年以来，司法实践中有很多排除非法证据的成功案例。[②]与此同时，非法证据排除规则在实施中仍存在很多问题。对此，可从三个方面予以考察，即实体性规则、程序性规则和保障性规则。由于我国并未确立实质意义上的非法实物证据排除规则，[③] 且从调研的情况来看，实践中的非法证据排除问题主要涉及非法口供的排除。因此，本文主要研究非法口供排除规则的实施问题。

一、实体性规则的范围不明

根据相关规定，采用刑讯逼供等非法方法收集的犯罪嫌疑人、被告人供述，应当排除。据此，非法口供的排除范围有以下几个问题需要明确：何谓"刑讯逼供等非法方法"？通过威胁、引诱、欺骗等非法方法获取的供述是否应当予以排除？通过非法限制人身自由的方法获取的供述是否应当予以排除？审前重复性供述是否应当予以排除？

首先是对刑讯逼供等非法方法的理解。根据 2012 年发布的最高人民法院《关于适用〈中华人民共和国刑事诉讼法〉的解释》（以下简称 2012 年《法院解释》）第 95 条的规定，刑讯逼供是指肉刑或者变相肉刑，其他方法是指其他使被告人在肉体上或者精神上遭受剧烈疼痛或者痛苦的方法。调研发现，很多司法实务人员认为，这一规定较为抽象，实践中容易产生争议。为进一步明确何谓"刑讯逼供等非法方法"，最高人民法院 2013 年发布的《关于建立健全防范刑事冤假错案工作机制的意见》（以下简称《高法意见》）规定，采用刑讯逼供或者冻、饿、晒、烤、疲劳审讯等非法方法收集的被告人供述，应当排除。但由于《高法意见》属于指导性文件，仅具参考意义。实践中，相关人员对刑讯逼供等非法方法的不同理解仍然存在。此外，《高法意见》的相关规定仍有待明确，如审讯多长时间才构成疲劳审讯？调研过程中，各部门普遍反映有必要明确疲劳讯问的时间界限。

[*] 本文系 2015 年国家社会科学基金一般项目《认罪认罚从宽实施程序研究》（15BFX072）；中国法学会 2014 年度部级法学研究课题《非羁押诉讼的中国模式研究》［CLS（2014）D077］；2014 年重庆市社科规划一般项目《非羁押诉讼的时间探索与制度构建研究》（2014YBFX114）。

①　高咏著：《非法证据排除程序研究》，中国法制出版社 2014 年版，第 2~3 页。
②　王彪：《非法口供排除规则威慑效果实证分析》，载《法治研究》2014 年第 9 期。
③　闫永黎、张书勤：《论非法实物证据排除规则的构建》，载《中国刑事法杂志》2013 年第 7 期。

其次是通过威胁、引诱、欺骗等非法方法获取供述的排除问题。威胁是指在讯问过程中，侦查人员对犯罪嫌疑人施以的如不如实供述，其本人利益或相关利益将会遭受损害的言行。有学者认为，只有那种严重的威胁，导致犯罪嫌疑人精神上剧烈痛苦，被迫供述的，才属于排除范围。① 有学者则认为，威胁一般会引起恐惧，产生精神痛苦，所获证据应予以排除。但威胁情节轻微的，可以作为瑕疵证据对待，不予排除。② 还有学者认为，通过威胁方式获得的供述是否排除应考虑威胁的性质和程度。③ 调研过程中有人认为，刑事诉讼法和相关司法解释并没有明确规定通过威胁方法获取的供述应当予以排除，因此通过威胁方法获取的供述只有在真实性存在问题时才应排除。还有人认为，使用威胁方法造成犯罪嫌疑人精神剧烈痛苦的，可以将其认定为与刑讯逼供相当的"等非法方法"，相关供述应当排除。

司法实践中，已有排除通过威胁方法获取供述的案例。如北京一中院审理的郭宗奎等人涉嫌贩卖毒品案，郭宗奎当庭表示："我说的话，是警察恐吓后我才说的。他们拿我闺女吓唬我，我特别害怕。"合议庭认为公诉人当庭出示的证据不够确实充分，郭宗奎 2011 年 8 月 21 日的供述是侦查人员非法取得的可能性不能排除。合议庭决定：在后续的法庭调查阶段，公诉人不得宣读 2011 年 8 月 21 日郭宗奎所作的供述。④ 与此案不同的是，实践中，当辩护人以侦查人员通过威胁方法取证为由提出排除非法证据的申请时，一些法庭往往对此不予理睬。

引诱是指侦查人员给予犯罪嫌疑人一定利益以换取其供述的取证行为。欺骗是指侦查人员故意隐瞒真相或者虚构事实以消除犯罪嫌疑人的抗拒心理，促使其供述的取证方法。通过引诱、欺骗方法获取的供述是否应当排除，理论界有不同观点。有学者认为，司法解释实际上排除了利用引诱、欺骗方法获取的证据被作为非法证据酌定排除的可能性。⑤ 有学者则认为，一旦引诱、欺骗手段的使用带来了精神上的剧烈痛苦，则应视为排除的对象。使用亲情、家庭关系进行引诱与欺骗的做法，已触动了人类良知的底线，超出了公众伦理道德的可接纳边界，应通过适用非法证据排除的方式坚守人类良知的底线。⑥ 还有学者认为，如果引诱、欺骗的行为严重违法或者严重违反道德、可能造成犯罪嫌疑人虚假供述，由此获得的供述应当排除。⑦ 由于立法规定模糊，理论上存在争议，通过引诱、欺骗方法取得的供述是否应当排除以及如何排除，公安司法人员确实可能有困惑。实践中，很多被告人或者辩护律师提出，侦查人员在讯问犯罪嫌疑人时，有威胁、引诱或者欺骗行为，请求法庭排除相关供述。面对这一申请，法庭一方面难以判断相关讯问行为中是否有威胁、引诱或者欺骗的因素；另一方面对于通过威胁、引诱或者欺骗手段获取的供述是否要排除也

---

① 龙宗智：《我国非法口供排除的"痛苦规则"及相关问题》，载《政法论坛》2013 年第 5 期。

② 陈光中、郭志媛：《非法证据排除规则实施若干问题研究——以实证调查为视角》，载《法学杂志》2014 年第 9 期。

③ 杨宇冠：《我国非法证据排除规则实施问题研究》，载《法学杂志》2014 年第 8 期。

④ 刘晓燕、杨清惠：《实体审理前先启动非法证据排除程序——北京一中院开庭审理新刑诉法预热第一案》，载《人民法院报》2012 年 9 月 15 日第 3 版。

⑤ 龙宗智：《我国非法口供排除的"痛苦规则"及相关问题》，载《政法论坛》2013 年第 5 期。

⑥ 程雷：《非法证据排除规则规范分析》，载《政法论坛》2014 年第 6 期。

⑦ 黎宏伟：《非法证据排除与侦查谋略——以"威胁、引诱、欺骗"获取供述为例》，载《云南大学学报》（法学版）2014 年第 4 期。

存有疑虑。

再次是通过非法限制人身自由的方式获取供述的排除问题。实践中，有的办案单位未依法采取强制措施就非法拘禁犯罪嫌疑人、被告人。例如，H 省 H 市何某某贩卖毒品案，在立案前被非法限制人身自由，且审讯时间长达 29 个小时，该次供述最终被法院排除。有的在采取强制措施超过法定期限后仍非法羁押犯罪嫌疑人、被告人。这种逼取口供的方法明显违反法定程序，且严重侵犯犯罪嫌疑人、被告人的人权。然而，由于立法没有明确规定通过这种方法获取的供述是否应当排除，实践中当辩方提出排除相关供述时，公诉机关往往认为非法限制人身自由并非法定的排除理由，因此极力主张相关供述的真实性。对此问题，法官往往不知所措，各地法院的处理情况也存在不同。

最后是重复供述的排除问题。重复供述的排除问题，是指某次供述系刑讯逼供所得，与该供述内容相同或相近的后续供述该如何处理的问题。反复多次讯问以固定口供，并掌握供述变化情况，是侦查讯问的基本要求。实践中，侦查人员对犯罪嫌疑人的讯问往往不止一次，所形成的讯问笔录也不止一份，被告人在审前往往会作出数份内容相同或相似的供述。根据一般经验，侦查人员即便在某个案件中的某次讯问中存在刑讯逼供行为，一般也不会在每次讯问时均有刑讯行为。但如采用刑讯逼供等非法方法迫使犯罪嫌疑人供述，势必对犯罪嫌疑人造成严重的心理影响，以致此后讯问即使不采用刑讯逼供等非法方法，犯罪嫌疑人也仍会在前述心理影响下继续供述。

重复供述的排除问题具有一定的普遍性，如笔者调研的某省法院系统，2013 年 1~8 月共有排除非法证据的案例 14 件，全部是口供排除问题，其中有 10 件就涉及重复供述。[①] 然而，由于立法对重复供述的排除问题没有明确规定，导致不同法院对该问题有不同的处理方式。实践中，有些法官根本就没有意识到重复供述的排除问题，有些法官虽对此问题有所认识，但出于种种考虑不愿排除重复供述，还有些法官在决定是否排除重复供述时主要考虑重复供述是否真实可靠。[②] 实践中有排除重复供述的案例，如 J 省有多个排除全部重复供述的案件。但总体上来说，法官倾向于不排除重复供述，如 C 法院 2013 年 1 月至 2014 年 6 月期间排除非法证据的 24 例案件，全部排除的是非法供述，但没有 1 件排除重复供述，最终大部分案件依据重复供述定罪。[③]

二、程序性规则的混乱模糊

首先是非法证据调查程序的启动问题。非法证据调查程序的启动模式有两种，即申请启动模式和职权启动模式。[④] 根据有关规定，无论是申请启动还是职权启动，启动非法证据调查程序的条件都是法官对证据收集的合法性有合理理由的怀疑。立法规定的启动主体和启动方式较为明确。然而，调研发现，实践中存在非法证据调查程序启动难的问题，很多辩护律师抱怨法官不愿启动证据合法性调查程序。一方面，司法实践中排除非法证据的案

① 王彪：《审前重复供述的排除问题研究》，载《证据科学》2013 年第 5 期。
② 孙长永、王彪：《审判阶段非法证据排除问题实证考察》，载《现代法学》2014 年第 1 期。
③ 王彪：《非法口供排除规则的反思与重构》，载《法律适用》2015 年第 5 期。
④ 王彪：《一审阶段排除非法证据程序问题研究》，载《人民司法》2012 年第 19 期。

例均是依申请启动的，没有一件是法官依职权启动；另一方面，在被告方申请排除非法证据的情况下，法官往往利用证明标准的模糊性而随意拒绝启动证据合法性调查程序，甚至在一些已有充分证据证明确实存在刑讯逼供的情况下，仍不启动非法证据调查程序。① 在被告方坚持要求启动非法证据调查程序而法官拒绝启动的情况下，很容易造成法官与辩护方的冲突。

其次是证据合法性调查的时间问题。根据《非法证据排除规定》的相关规定，对于证据合法性的调查应当遵循"先行调查"原则或证据能力优先于证明力原则。然而，在司法行政化的背景下，这一规定可能会导致法庭审判不时地中断。为了提高诉讼效率，一些法官就会继续以往的做法，对争议证据进行传统的举证、质证活动，然后在判决书中一并作出相关决定。在这种情况下，很容易引起"辩审冲突"。例如，在贵州小河案中，因为非法证据排除的顺序之辩法官与律师就发生了激烈的冲突。② 或许是为了避免冲突，2012 年《法院解释》对证据合法性调查的时间作了灵活的规定，但对于在证据合法性问题解决前是否允许对争议证据进行宣读、质证的问题却没有规定。实践中，法庭往往对证据合法性问题进行调查后，并不立即给出结论，而是对争议证据进行传统的法庭调查活动，然后在裁判文书中与案件的实体问题一起给出证据合法性调查结论，甚至有些法庭对于证据合法性问题在裁判文书中也没有给出任何回应。对此问题，有学者认为，我国非法证据排除的是定案根据而不是证据资格。因此，在对案件实体问题作出裁判时一并对非法证据排除问题作出裁断的做法符合我国当前的司法体制及实际情况。③ 笔者曾经也持类似的观点。④ 有学者则认为，即使在不适用先行调查原则的情形下，法院也要遵循证据能力优先于证明力的原则。⑤ 换句话说，在对证据收集合法性的调查结束前不能对证据宣读、质证。调研发现，由于证据合法性调查与公诉犯罪事实的法庭调查不分，法官在排除非法证据的同时，已经接触了非法证据，非法证据的内容已在法官的脑海中产生了一定的影响。⑥ 对此问题如何处理，需要进一步予以明确。

最后是检察机关在二审举示新证据的问题，在浙江章国锡案中，二审法院以同步录音录像和侦查人员为据，推翻了一审判决，认为刑讯逼供不存在。⑦ 章国锡案的做法可能会产生两个弊端，一是不利于司法公信力的提升，在现有的司法环境下，二审法院改变一审判决并认定刑讯逼供不存在的做法难免会引起诸多猜疑；二是为了避免改判，法官在决定是否排除非法证据时会更加谨慎。对于检察机关在二审时举示新证据的情况如何处理，也需要进一步予以明确。

---

① 陈光中主编：《非法证据排除规则实施问题研究》，北京大学出版社 2014 年版，第 47 页。

② 唐宁：《政协委员被控涉黑三年三审——贵州黎庆洪案重审疑云》，载《民主与法制时报》2012 年 1 月 16 日 A3 版。

③ 顾永忠：《我国司法体制下非法证据排除规则的本土化研究》，载《政治与法律》2013 年第 2 期。

④ 胡红军、王彪：《审判阶段非法证据排除的若干疑难问题》，载《法律适用》2014 年第 8 期。

⑤ 陈瑞华：《非法证据排除程序再讨论》，载《法学研究》2014 年第 2 期。

⑥ 王彪：《非法证据对法官心证的影响与消除》，载《证据科学》2015 年第 4 期。

⑦ 苏家成、俞露烟：《非法证据排除程序的适用》，载《人民司法》2012 年第 18 期。

三、保障性规则的严重匮乏

调研发现，实践中法院排除非法证据往往以公诉方举证不能排除非法取证的合理怀疑为由，而几乎没有认定侦查机关非法取证的案例。具体来说，法院排除争议证据，很多是因为侦查机关违反取证地点、录音录像规定等导致无法排除非法取证的嫌疑。因此，取证地点、录音录像等保障性规则对于预防非法取证有着重要的意义。从比较法的角度来看，一些国家规定违反保障性程序所获取供述应当作为非法证据予以排除，美国的米兰达规则就是一个典型代表。有学者将这些程序规则称为面向程序的事前预防性规则，并认为这些规则有助于预防违法取证行为的发生。①

在 2012 年修改刑事诉讼法过程中，田文昌律师曾明确提出立法应规定凡在所外提讯皆为违法，最终该建议没有被采纳。② 但为了进一步压缩侦查机关违法取证的空间，2012 年刑事诉讼法对讯问地点和录音录像问题均作了规定。中央政法委于 2013 年发布的《关于切实防止冤假错案的规定》对于上述规定予以重申。然而，违反上述规定是否需要承担相应的程序性制裁的后果仍不明确。《高法意见》在上述规定的基础上，明确规定除情况紧急必须现场讯问以外，在规定的办案场所外讯问取得的供述，未依法对讯问进行全程录音录像取得的供述，以及不能排除以非法方法取得的供述，应当排除。客观地说，《高法意见》为重大程序违法规定了明确的后果，具有一定的积极意义。然而，相关部门领导认为，上述规定不符合刑事诉讼法的规定，"在规定的办案场所以外讯问取得的供述应当予以排除"的观点混淆了违法证据与需要排除的用非法方法收集的证据的界限，"未依法对讯问进行全程录音录像取得的供述应予排除"的观点则是混淆了违法与应当排除的用非法方法收集的证据的界限。③

从实践中排除非法证据的案例来看，绝大部分是因为录音录像存在问题或者无正当理由在看守所外讯问。例如，2013 年 1 月至 2014 年 6 月，C 市法院共有 24 例排除非法证据的案件，有 8 件因为同步录音录像存在问题，有 10 件因无正当理由在看守所外讯问。然而，由于理解上的问题，在上述 18 例排除非法证据的案件中，法官的排除理由并不相同，有的法官直接以未全程同步录音录像或者所外审讯为由排除相关供述，有的法官则以未全程同步录音录像或者所外审讯从而无法排除非法取证的合理怀疑为由排除相关供述。从全国的调研情况来看，对于未全程同步录音录像或者所外审讯的，是否应当排除相关供述，不同地方的做法也不相同，排除理由也不完全一样。因此，对于这一问题，也需要进一步予以明确。

四、非法口供排除规则的重构

根据上面的分析可以发现，无论是实体性规则，还是程序性规则，抑或是保障性规则，

---

① 吴宏耀：《非法证据排除的规则与实效——兼论我国非法证据排除规则的完善进路》，载《现代法学》2014 年第 4 期。

② 张军、姜伟、田文昌著：《新控辩审三人谈》，北京大学出版社 2014 年版，第 145 页。

③ 朱孝清：《刑事诉讼法实施中的若干问题研究》，载《中国法学》2014 年第 3 期。

都存在一定的问题。因此，为有效保障人权，贯彻党的十八届三中全会作出的《关于全面深化改革若干重大问题的决定》中"严格实行非法证据排除规则"的决定，非法口供排除规则应当予以重构。

首先是实体性规则的范围扩张问题。从比较法的角度来看，鲜有将应当排除口供的取供手段限定于"刑讯逼供等非法方法"，自白任意性规则是法治发达国家的共同选择。结合调研情况来看，笔者认为，一方面应当尽可能地列举非法取证的手段，规则的明确有助于司法实务人员把握，避免产生争议；另一方面，对于殴打、冻、饿、晒、烤等不做程度上的要求。此外，对于威胁、引诱、欺骗等非法方法需明确规定程序性制裁的后果，总体思路是区分威胁与引诱、欺骗，对于威胁方法的限制应该更多、更严。此外，对于威胁、引诱、欺骗方法，需要注意区分合法的讯问策略与非法的威胁、引诱、欺骗，要确保在保障犯罪嫌疑人权利的同时能够有效追诉犯罪，因此只能规定在特定情形下通过威胁、引诱、欺骗等非法方法获取的供述应当予以排除。此外，对于通过非法限制人身自由的方法获取的供述的排除问题以及审前重复性供述的排除问题均需作出明确规定。

其次是程序性规则的完善问题。就非法证据调查程序的启动而言，现有规定问题不大，但需要进一步加强法官的中立性，对此可以从诉讼理念的更新、考核指标的调整等方面着手。就证据合法性调查的时间问题，从原则上来说，对于证据合法性问题的调查，应当先行于案件实体问题，在特定的情形下，也可以先行调查案件实体问题，但对证据合法性存疑的证据的调查应坚持证据能力优先于证明力的原则。① 因此，建议规定在对证据合法性问题作出明确结论前不得对争议证据进行传统的举证、质证。就检察机关在二审举示新证据问题，可以考虑确立二审证据失权制度，② 如规定检察机关在一审期间收集的与证据收集合法性相关的证据材料，未按照法律规定移送、出示的，在二审中不得出示。

最后是保障性规则的确立问题。对于未全程同步录音录像以及所外审讯的后果，《高法意见》已经有所规定，但一方面《高法意见》作为规范性文件，不具有法律效力，且相关部门对此明确表示反对；另一方面，《高法意见》的规定过于绝对。因此，应进一步研究未全程同步录音录像或者所外审讯需要排除相关供述的范围。除此之外，讯问未成年人没有合适成年人在场的或者讯问犯罪嫌疑人没有进行权利告知的，所获取的供述是否应当予以排除、如何排除应当进一步予以明确。另外，还可以考虑逐步建立讯问犯罪嫌疑人时律师在场制度，并明确规定讯问时律师不在场的程序性制裁后果。

（作者单位：西南政法大学法学院）

---

① 陈瑞华：《非法证据排除程序再讨论》，载《法学研究》2014 年第 2 期。
② 纵博：《"非法证据排除第一案"二审的若干证据法问题评析》，载《法治研究》2013 年第 5 期。

刑事附带民事诉讼制度实施问题研究

——以检察机关职能作用为视角

尹孟良

刑事附带民事诉讼制度作为一种特殊的诉讼制度，一度被置于边缘化的境地，加之理论界和实务界对该制度的认识不一，导致刑事附带民事诉讼在理论基础、立法规定、实践操作等方面存在诸多问题。基于此，2012 年修改的刑事诉讼法对附带民事诉讼部分进行了多处修改，这对进一步完善我国的刑事附带民事诉讼制度起到了重大的推动作用。然而，因受立法冲突、"刑事优先"传统、认识分歧（如仅在性质上就有"综合诉讼说"、"特殊民事诉讼说"、"民事诉讼说"之争）等影响，刑事附带民事诉讼制度在司法实践中遭遇了重重困境。[①]

一、刑事附带民事诉讼制度的现行法律规定解读

刑事附带民事诉讼，是指公安司法机关在刑事诉讼的过程中，在解决被告人刑事责任的同时，附带解决被告人的犯罪行为所造成的物质损失的赔偿问题而进行的诉讼活动。[②]

2012 年 3 月 14 日，第十一届全国人民代表大会第五次会议审议通过《关于修改〈中华人民共和国刑事诉讼法〉的决定》。从横向上看，此次修法涉及诸多方面，修改幅度也很大，但涉及附带民事诉讼的仅有三个条文，从全面完善刑事附带民事诉讼制度的角度讲明显是着力不够。但从纵向上看，1996 年修改的刑事诉讼法第一编第七章"附带民事诉讼"中只有两个条文，而此次修法对附带民事诉讼作出了三处修改，并将条文总数增至四条，修改的相对幅度还是很大的。一是将"被害人的法定代理人、近亲属"纳入权利主张的主体范围，完善了提起附带民事诉讼的主体，有助于解决司法实践中因被害人死亡或者丧失行为能力而导致的附带民事诉讼提起不能或提起争议等问题，体现了对被害方权利保障的重视，同时也有利于提高诉讼效率，保障诉讼公平。二是对附带民事诉讼中的保全措施及其适用程序进行了完善。针对非实物性财产日益普遍的情况，增加"冻结"这一措施，使保全更具可操作性和实效性，对避免和减少空判并息诉止争具有积极作用，体现了对被害方权利的保障。三是明确可以进行调解，丰富了法院审理附带民事诉讼的方式。调解以尊重诉讼双方当事人意愿为原则，附带民事诉讼中对调解的肯定，即是对双方当事人主体地位的肯定，体现出对被害方诉讼主体地位的强化。但此次修法也存在一些不足：一是对精

---

① 肖乾利、代松：《检察机关提起刑事附带民事诉讼的司法困境与立法完善》，载《甘肃政法学院学报》2011 年第 7 期。

② 陈光中主编：《刑事诉讼法》，北京大学出版社 2012 版，第 230 页。

神损害赔偿问题进行了规避，修改后的条文并未将精神损害赔偿纳入附带民事诉讼赔偿的范围之内。二是虽然对保全措施进行了修改和完善，但并没有将"先予执行"纳入保全措施之中，这与刑事案件发生后被害方所面临的生产、生活困境，急需赔偿的状况不相适应。三是对司法实践中存在的附带民事诉讼判决执行难以及由此引发的上访等问题未能作出相应的回应，在判决执行保障上存在立法空白。

二、刑事附带民事诉讼制度实施中存在的问题及原因

刑事附带民事诉讼制度并非我国所独有，它存在于法国、德国等诸多国家和地区，因此其存在具有一定的现实合理性，而且在具体的实施中，附带民事诉讼在提高诉讼效率、节省诉讼资源，减轻被害方讼累并维护其合法权利，维护法院裁判的统一性和权威性等方面都发挥了重要作用。但受制于观念、立法和司法实践等方面的因素，我国的附带民事诉讼制度在实施中还存在诸多问题。

（一）检察机关提起附带民事诉讼状况不理想

刑事诉讼法中明确规定，如果是国家财产、集体财产遭受损失，检察院在提起公诉的时候，可以提起附带民事诉讼，因此检察机关提起附带民事诉讼是一项法定的职权。法律作此规定的目的在于防止国家财产、集体财产在受到犯罪行为侵害后因无人提起损害赔偿请求而致国家财产、集体财产失去保护。但在司法实践中，这一法律规定实施得并不理想，长期以来，检察机关提起刑事附带民事诉讼工作一直处于停滞的状态，直到 2002 年，四川古蔺县检察院才在全国首次对一起失火案提起刑事附带民事诉讼并获成功。[①] 以河南省为例，对全省检察机关 25 个办案较多的基层检察院抽样调查，从 1979 年到 2003 年长达 24 年间，均未发现检察机关提起公益性刑事附带民事案件诉讼的案例。[②] 笔者所在的河北省检察机关也存在类似的情况，很多基层检察机关在提起附带民事诉讼上还处于空白，而且在新修改的刑事诉讼法实施后，这种状况也并没有得到好转。

原因在于：一是检察机关在附带民事诉讼中的法律定位不明确。学界对检察机关在附带民事诉讼中的法律定位存在争议，有公益代表人说[③]、法定代理人说[④]、国家公诉人说[⑤]和民事原告人说[⑥]等多种观点。法律定位的不明确使得立法中难以对检察机关在附带民事诉讼中的职权作出较为具体的规定，进而导致检察机关在提起附带民事诉讼中面临困惑。二是相关法律规定、司法解释之间存在冲突。由于附带民事诉讼的立法比较粗疏，对该诉讼相关问题进行司法解释就显得甚为必要，但由此也带来二者相互冲突的问题。如最高人民法院《关于适用〈中华人民共和国刑事诉讼法〉的解释》第 142 条的规定将"被告人非法占有、处置国家财产、集体财产"的行为排除在附带民事诉讼之外，与刑事诉讼法第 99 条

---

① 肖乾利、国建：《检察机关提起刑事附带民事诉讼面临的困境与立法完善》，载《法学杂志》2010 年第 7 期。
② 马春燕：《我国公益性刑事附带民事诉讼制度研究——以检察机关为视角》，吉林大学 2011 年硕士学位论文。
③ 许建丽：《检察院刑事附带民事诉权存废之争》，载《政治与法律》2007 年第 4 期。
④ 陈国庆：《修改后刑事诉讼法实施疑难问题解答》，中国检察出版社 1997 年版，第 134 页。
⑤ 孙洁冰：《刑事诉讼行政诉讼附带民事诉讼制度研究》，重庆大学出版社 1990 年版，第 47 页。
⑥ 王敏远主编：《刑事诉讼法》，社会科学文献出版社 2005 年版，第 250 页。

之规定存在冲突。再如，刑事诉讼法与民事诉讼法的相关规定也存在冲突。民事诉讼法第15条规定，机关、社会团体、企业事业单位对损害国家、集体或者个人民事权益的行为，可以支持受损害的单位或者个人向人民法院起诉。根据民事诉讼法第15条之规定，检察机关可以"支持"受损单位起诉，而并非刑事诉讼法中规定的"提起"附带民事诉讼。三是激励引导机制不完善。部分检察机关的内部考核评价机制中缺乏对提起附带民事诉讼的考核，使得检察机关开展此项工作的积极性不高。

（二）刑事附带民事诉讼中被害方权利保障机制不健全

刑事附带民事诉讼是专为被害方在遭受犯罪行为侵害之后请求赔偿而设，有助于及时、有效地保护被害方的合法权益。检察机关在实施该项诉讼中亦应坚持尊重和保障人权的原则，依法履行查明、告知、听取等各项职责，注重保障被告人权利与保障被害方权利的平衡。但在司法实践中，检察机关参与附带民事诉讼案件的程度不高，对附带民事诉讼中被害方的关注不够。如部分检察机关在听取被害方意见时，只注重听取与刑事诉讼部分相关的内容而容易忽视附带民事诉讼部分的事实、证据和诉讼请求等内容；在履行《人民检察院刑事诉讼规则（试行）》中规定的"查明"义务时主动性不够，在履行"告知"义务时存在告知方式单一、告知效果不理想等问题。

原因在于：一是刑事诉讼中的公诉权运行与附带民事诉讼中的私权行使存在差异。刑事诉讼法以犯罪人、犯罪行为和刑事责任为中心，在以犯罪为本位的法律体系中，更注重的是抽象正义的实现，更注重的是在惩罚罪犯的同时保障罪犯的人权。[①] 附带民事诉讼在本质上应属于民事诉讼，其调整的是平等民事主体之间的法律关系。因此，检察机关在执法办案中会习惯性地认为依法行使公诉权是其本职所在，而容易将附带民事诉讼看作是分外之事，进而导致对附带民事诉讼中被害方的关注不够。二是刑事诉讼中片面强调对被告人权利的保障。不可否认，与公检法等国家机关相比，犯罪嫌疑人、被告人在诉讼中处于弱者地位，其合法权利面临被侵犯的危险，且超期羁押、刑讯逼供等行为在一定程度上确实存在。刑法学大师冯·李斯特曾指出，"刑法是犯罪人的宪章"，那么何为刑事被害人的权利保护宪章？[②] 当我们热衷于保护刑事被告人权利的时候，却淡漠了对刑事被害方的保护。三是相关立法过于原则，使得检察机关在具体操作中无法有效开展刑事被害方权益保护工作。

（三）刑事附带民事诉讼中的调解不到位

修改后的刑事诉讼法规定，人民法院审理附带民事诉讼案件，可以进行调解，这不仅是对最高人民法院原有司法解释精神的吸收，也是对调解在处理附带民事诉讼纠纷中重要作用的肯定。在司法实践中，及时有效地开展调解工作对保障被害方合法权益、提高诉讼效率、修复被破坏的社会关系和减少附带民事诉讼判决执行负担等都会产生积极而重要的影响。但从目前刑事附带民事诉讼调解工作的现状看，附带民事诉讼调解工作主要在审判环节进行，甚至有的完全在审判环节进行。不少地方的检察机关在审查起诉阶段并未开展

---

① 赵可主编：《犯罪被害人及其补偿立法》，群众出版社 2009 版，第 26 页。
② 梁化成：《刑事附带民事诉讼对被害人救助的不足及解决路径》，载《安徽警官职业学院学报》2014 年第 2 期。

这项工作。[①] 同时，部分开展附带民事诉讼调解工作的检察机关在调解中也存在着诉讼双方主体不全或遗漏、对被害方委托手续审查不够仔细、征求诉讼双方意见不够充分的问题。

原因在于：一是检察机关开展附带民事诉讼调解工作的法律规定不够明确。虽然检察机关内部已建立起了"检调对接"[②] 的工作机制，但修改后的刑事诉讼法只是明确规定法院在审理附带民事诉讼案件中可以进行调解，并未对检察机关如何开展附带民事诉讼调解工作作出明确规定。二是"赔钱减刑"的争议。由于法律尚未对检察机关在附带民事诉讼中开展调解作出硬性规定，加之社会公众容易误将调解看作是"赔钱减刑"，部分检察官抱着"多管一事不如少管一事"的心态，对附带民事诉讼在审查起诉阶段的调解存有消极心理，担心因开展此项工作会给检察机关带来负面影响。

（四）刑事附带民事诉讼的法律监督机制不完善

宪法第129条规定，中华人民共和国人民检察院是国家的法律监督机关。因此，检察机关对刑事附带民事诉讼进行法律监督是宪法赋予的职权。而在司法实践中，附带民事诉讼在刑事案件中的适用率很高。以一个基层检察院为例，枣庄市峄城区检察机关自2008年至2012年以来，受理审查起诉各类刑事案件859件，涉及刑事附带民事诉讼案件476件，刑事附带民事诉讼案件占全部刑事案件的半数以上。[③] 面对如此大量的附带民事诉讼案件，检察机关能否实现及时、全面、有效的法律监督直接关乎诉讼当事人合法权益的保障。但在具体工作中，部分检察机关对附带民事诉讼案件存在庭前、庭上、庭下和庭后监督缺位或监督流于形式的情形，导致赔偿数额与量刑处置关系失衡、案件延期审理增加诉讼当事人讼累、法院裁判权滥用和判决执行不力引发新的社会矛盾等一系列问题的发生。

原因在于：一是"重刑轻民"的传统观念。在古代，我国在处理刑事案件时，都是将刑事部分与民事部分一并处理，这种刑民合一的法律传统即将民事部分作为刑事案件的附属来对待。加之检察机关以办理刑事案件为主，"重刑轻民"观念还在影响着部分检察干警的执法办案工作。二是检察机关内部机构设置和检察干警专业能力与附带民事诉讼监督不匹配。检察机关内部实行公诉部门与民事行政检察部门分别设立，而在刑事附带民事诉讼案件中公诉部门参与整个过程，民事行政检察部门并不直接参与诉讼。同时，刑事案件与民事案件在法律关系、证据标准和举证规则等方面都存在差异，公诉部门对民事部分的处理不够专业，而民事行政检察部门在人员配备和专业知识上也有所欠缺。三是附带民事诉讼调解的赔偿数额与量刑幅度缺乏统一规定，使得检察机关在进行调解监督、判决和裁定监督时，对"以钱买刑"与"被害方谅解"的区别把握不准，导致案件监督质量不高。

---

① 柴建国、赵智慧：《审判、检察机关刑事附带民事诉讼调解职能的整合》，载《国家检察官学院学报》2010年第6期。

② "检调对接"工作机制，是指检察机关的公诉、民行等相关部门在履行法律监督职能的同时，在刑事和解、执行和解工作中引入人民调解，建立刑事（执行）和解与人民调解衔接机制。

③ 周均增：《缺失、解构、探索：论法治思维下的刑事附带民事诉讼法律监督》，载《第九届国家高级检察官论坛论文集：法治思维与依法独立行使检察权》，载中国知网。

三、刑事附带民事诉讼制度的完善

（一）转变观念

一是强化由权力本位向权利本位转变的观念。附带民事诉讼制度的价值不仅仅在于解决因犯罪行为而引发的损害赔偿问题，其更为重要的是保护诉讼双方当事人尤其是被害方的合法权益。因此，在附带民事诉讼的立法、司法过程中，我们不能仅仅立足于便于解决纠纷、易于履行职责，更应当着重考虑如何维护和实现诉讼当事人的合法权益。最高人民法院周强院长提出在司法工作中也应树立和运用互联网思维，而"用户思维"就是互联网思维中的一个重要方面，用户思维强调要从用户的角度进行产品设计，以提高和优化用户体验为目的。就附带民事诉讼制度来讲，公权力机关树立"用户思维"就是树立以诉讼当事人为中心的理念，在相关立法、司法解释和执法办案中由"我认为"向"您想要"转变，将便于诉讼和保障附带民事诉讼当事人的合法权益落到实处。二是强化民事部分与刑事部分并重的观念。我国现行立法将刑事被害方因犯罪行为遭受损失而主张损害赔偿的请求置于刑事诉讼中一并处理的做法，并不代表在刑事附带民事诉讼制度中，刑事部分就比民事部分更重要。而且从刑事被害方的角度讲，对刑事被告人处以刑事处罚和判处其赔偿被害方损失都是其诉求的重要组成部分。三是在检察机关提起的附带民事诉讼中，树立程序原告与实体原告相分离的观念。国家财产、集体财产因犯罪行为而遭受损失时，其财产损失并不等于检察机关的财产损失，因此从实体上看，检察机关好像与此事没有太大的关系。但作为法律监督者的检察机关在程序上有提起附带民事诉讼，保护国家和集体财产的义务。

（二）积极推动完善附带民事诉讼立法和司法解释工作

一是完善检察机关提起附带民事诉讼的条件。在国家财产、集体财产损失程度上进行较为明确的规定，可规定为"国家财产、集体财产遭受较大损失时，检察机关可以提起附带民事诉讼"，并由司法解释对"较大损失"进行具体规定。二是扩大检察机关提起附带民事诉讼的范围。在职务犯罪案件中，当被告人对国家财产、集体财产造成损失而通过追缴又不能弥补全部损失时，可考虑通过检察机关提起附带民事诉讼的方式让被告人用其合法财产进行赔偿，以此来保护国家财产、集体财产免受损失。三是推动被害人国家补偿制度法制化。随着经济的高速发展，我国已经具备了建立被害人国家补偿制度的物质基础，将被害人国家补偿法制化有助于避免各地在实施被害人国家补偿时的不规范、不统一等问题，也有助于解决被害方"不闹不补、越闹越补"的问题，保障被害人国家补偿的正当性、统一性。

（三）完善附带民事诉讼案件调解机制

司法实践中，很多以简易程序提起公诉的案件因为民事问题没有及时解决而在庭审时转变为普通程序，严重影响了诉讼效率，也增加了当事人的讼累。同时，在大量的重刑特别是死刑案件中，因为在庭审前未能就民事赔偿问题调解到位，给检察机关的量刑建议和法院的裁判带来了不确定性和潜在的上访压力，因此在刑事附带民事诉讼案件中开展调解工作显得甚为重要。一是建立和完善诉前调解引导机制。在审查起诉阶段进行调解具有一些特定的优势，如案件的事实、证据相对比较确实、充分，被害方的悲愤情绪随着时间的推移有所缓解，审查起诉阶段没有庭审时控辩双方的激烈对抗，因此检察机关可以引导案件的双方当事人在一个相对适合的时机就民事赔偿问题进行调解。二是完善各级检察机关在调解中的衔接配合机制。附带民事诉讼案件调解的重点应放在基层检察机关，因为基层检察机关在开展调解工作中具有上级检察机关所不具有的地缘、亲缘资源优势，便于联系人民调解委员会、村民委员会、居民委员会等调解机构或个人。无论死刑案件还是其他刑事案件，通常一审阶段都是刑事附带民事诉讼赔偿调解的最佳时机。[①] 调解成功的，基层检察机关应将包含赔偿数额、被害方态度等内容的调解协议告知上级检察机关。基层检察机关调解不成的，上级检察机关亦不应放弃，而应更全面地掌握案件事实、证据情况，掌握案件双方当事人最新的情绪、态度等信息，继续开展调解工作，形成上下级检察机关联动，充分发挥各自的优势，共同做好附带民事诉讼案件的调解工作。

（四）完善附带民事诉讼中的法律监督机制

哪里有审判权（含执行权）的运行，哪里就应有检察院的监督，检察监督的触角应当分布于刑事、民事、行政诉讼的全过程。[②] 一是在检察机关提起的附带民事诉讼案件中，加强公诉部门与民行部门的配合。当国家财产、集体财产因犯罪而遭受损失时，公诉部门可商请民行部门就介入调查、财产损失取证、犯罪行为与财产损失因果关系证明等内容进行分工合作，提高起诉质量，为国家和集体挽回财产损失。二是完善监督模式。检察机关在办理疑难、复杂刑事案件中可以采取公诉部门主导、民行部门协助的合作监督模式，这样公诉部门可以集中精力审查刑事部分，民行部门协助公诉部门审查附带民事部分。对于附带民事部分存在疑难、复杂情形的，可以采取民行部门检察官和公诉部门检察官共同出庭，并由民行部门检察官对附带民事诉讼部分的审理进行监督，提高检察机关对附带民事诉讼案件的监督质量。三是推行附带民事诉讼案件调解公诉人在场机制。公诉人在场可以有效制约法官的权力，防止强迫调解、不合理赔偿等问题的发生，同时通过在场监督也可以全面掌握赔偿与量刑之间的关系，对法院的刑事量刑判决是否公正进行监督。

（作者单位：河北省人民检察院）

---

① 柴建国：《农民犯罪状况、发展趋势、成因及预防对策研究》，载《比较法在中国》（2006年卷），社会科学文献出版社2006年版，第357页。

② 汤维建：《检察监督应贯彻诉讼全程》，载《检察日报》2012年3月8日。

第二部分

刑事诉讼原理研究

论刑事诉讼契约与我国传统刑事法理论的共存

曾友祥　吴月红

中国共产党十八大报告提出构建社会主义和谐社会，十八届四中全会通过的中共中央《关于全面推进依法治国若干重大问题的决定》提出："认罪认罚从宽制度，既包括实体上从宽处理，也包括案件程序上的从简处理"；"要健全依法维权和化解纠纷机制，建立健全社会矛盾预警机制、利益表达机制、协商沟通机制、救济救助机制，畅通利益协调、权益保障法律渠道"。2016 年 1 月 22~23 日，中央政法委工作会议提出："2016 年要在借鉴诉辩交易等制度合理元素基础上，抓紧研究提出认罪认罚从宽制度试点方案。"刑事诉讼契约迎合了我国构建和谐社会的要求，更与我国的政治背景有着共通之处。

一、刑事诉讼契约的界定

概念是人类思维的方式，也是人类认识的成果，它以内涵与外延相统一的方式构成主体对客体的规律性把握。在我国，"契约"起源于经济法领域，传统的契约概念专属民商法学的意义。法律概念中的契约有两层含义：一是数人间达成合意，这一缔结"契约"的过程"暗示必须按照所有各方都能接受的原则来划分利益才算恰当"。[1] 二是该合意行为及合意内容为法律所承认具有法律效力，承诺人负担作为或不作为的债务。诉讼契约是私人之间以直接或间接地对现在或将来出现的民事诉讼或强制执行施加某种影响、引发法律效果为目的的合意。随着国家中心主义的动摇、个体本位理念的产生以及社会对民主的普遍重视和积极探求，西方国家的当事人主义、协商、个人意志、交易、契约等理念开始渗入到公法领域。在各国刑事诉讼中，"契约"主要涉及两种模式：其一是公私合作模式：在被告方与司法机关之间进行的协商性司法[2]；其二是私力合作模式：在加害人和受害人之间达成某种合意。诸如辩诉交易、刑事和解、起诉裁量、合意取证等制度正逐步瓦解着刑事诉讼的刚性，并"打破了刑事诉讼与民事诉讼的传统界限"[3]，越来越多的轻微刑事案件呈现出"民事侵权化"的处理倾向[4]。刑事诉讼契约指刑事诉讼程序启动前或启动中，在刑事诉讼法的框架下，自然犯罪的犯罪嫌疑人、被告人与被害人，以协商、沟通、会谈等为手段，犯罪人通过真诚悔罪、弥补损失等方式实现与在公权力机关的监督和保障下和与被害人就刑事、民事权利的处分、与诉讼有关的程序及相关事项达成刑事诉讼契约协议，刑事诉讼契约协议经司法机关认可后，对于犯罪人刑事责任的免除、减轻具有积极影响力的一种刑

---

① ［美］罗尔斯著：《正义论》，何怀宏等译，中国社会科学出版社 1988 年版，第 14 页。
② 马明亮：《正义的妥协——协商性司法在中国的兴起》，载《中外法学》2004 年第 3 期。
③ 陈瑞华：《刑事诉讼的私力合作模式——刑事和解在中国的兴起》，载《中国法学》2006 年 5 期。
④ 陈瑞华：《司法过程中的对抗与合作——一种新的刑事诉讼模式理论》，载《法学研究》2007 年第 3 期。

事诉讼制度。其法律属性主要有：一是刑事诉讼契约是一种刑事案件纠纷解决方式。无论控辩双方契约的对象是程序问题还是实体问题，其目的都是在寻求刑事案件纠纷的解决。二是刑事诉讼契约是公法契约。公法契约通常是指普通民众个人与代表国家行使权力的机关订立的契约。刑事诉讼契约的订立以发生刑事诉讼法效果为目的。三是刑事诉讼契约是刑事诉讼行为。刑事诉讼行为是主体在意志支配下进行的旨在引起刑事诉讼法上效果为目的的行为。所以，刑事诉讼契约完全符合刑事诉讼行为的特征。首先，从刑事诉讼契约的主体看，它是控辩双方在协商的基础上作出的意思表示。其次，从刑事诉讼契约存在的阶段看，它存在于从侦查机关立案侦查到法院作出裁判之前的整个阶段，属于刑事诉讼程序中的法律行为。最后，从刑事诉讼契约的效果看，它能对诉讼的进程或者实体结果产生影响。

二、刑事诉讼契约刍议

在英美法系国家，具有契约因素的刑事纠纷解决机制对解决犯罪引发的各种社会问题起到了良好的社会效果，使得我国众多犯罪学者和刑事法学者怦然心动。然而，我国学界对刑事诉讼契约的争议颇大。肯定者认为：第一，在我国深厚的文化背景、现实基础下，刑事诉讼契约与无讼、厌讼、和为贵的法律文化传统、和谐社会理念、国家决策层的意旨相吻合；第二，刑事诉讼契约应对犯罪的理念符合最新的犯罪学研究成果。域外的实践效果也表明其在防控犯罪、保障受害人利益、提高司法效率、降低社会成本等方面有显著效果，引进刑事诉讼契约具有迫切的现实需要。质疑者认为：第一，刑事诉讼契约以成熟的法治和法律信仰为背景，是西方市民运动强大的产物，而我国市民社会尚未成熟且处于法治现代化进程，刑事诉讼契约去专业化、去程序化、削弱国家刑事处罚权的做法会冲淡当前的研究方向和刑事法制建设的重心；[①] 第二，国外有实证研究表明，刑事诉讼契约在实效上并非如传说般显著；第三，刑事诉讼契约与我国现行刑事法理论有诸多冲突，贸然引入会冲击现行刑事法律制度，动摇社会正义的根基。笔者认为，肯定者和质疑者都未完全建立起对刑事诉讼契约主要内容和形式方面的统一认识。我国具有构建刑事诉讼契约机制的制度基础：我国 2012 年刑事诉讼法扩大了简易程序的适用范围，增设附条件不起诉、当事人公诉案件和解制度；实践基础：劳教废止后，政法机关如何对社会治安实施有效管理？劳教制度改革后处置轻微违法犯罪行为手段不足的问题如何解决？于是在司法实践中多地积极探索具有契约精神的"轻刑快审机制"。[②] "轻刑快审机制"的推行进一步落实了宽严相济的刑事政策，更好地实现了刑罚与教育相结合的刑罚目的，既得益于恢复性司法理论地位的不断提升，反过来也使刑事诉讼体系的封闭性进一步消除。

三、刑事诉讼契约与我国刑事法理论的共存

马克思唯物主义认为，任何新事物的产生和发展都会面临旧事物的层层阻挠。中国刑

---

① 张平：《"恢复性"的背后——恢复性司法的法理学批判》，载《贵州警官职业学院学报》2008 年第 2 期。

② 2015 年 12 月 8 日，青海西宁城东区法院经过 15 分钟公诉、审判，依法判决被告人娘某犯妨害公务罪，判处拘役 4 个月。此案从立案到判决，仅用时 6 天。这是青海西宁基层法院系统实行轻微刑事案件快速审理机制的一个缩影。

事法理论主要包括：刑罚权理论、国家本位理论、罪刑法定原则、罪责刑相适应原则以及无罪推定原则。质疑刑事诉讼契约者认为，刑事诉讼契约作为一种新的纠纷解决机制，与众多传统刑事法基本理论相冲突。在理论上探析刑事诉讼契约与刑事法基本理论的共存问题，是刑事诉讼契约实践的首要关卡。

（一）刑罚权、国家本位

在刑法理论上，刑罚权的起源有神授论和契约论之争。神授论以君权神授论为理论基础，认为刑罚权为神授。随着社会的发展，神授论淡出刑法学者的辩讲台。契约论为启蒙思想家所倡导，他们认为刑罚权来自社会契约的缔造者。贝卡利亚指出："原始人类，本属战争状态，只因为人民后来都厌恶战争而渴望和平，才各自天赋自由之权利中，割让一部，以契约的方式委托给他人（即主权者），并让其承担保护之责。于是，主权者对于违反契约者，有处罚之权。因此，刑罚权的起源，只不过是人们所割让的自由权之一部分的综合而已。"[1] 在确定刑罚权的合理限度问题上，刑法理论有报应主义和功利主义两种争论。报应主义认为，刑罚本质上是对犯罪的一种报应，刑罚权的行使职能限于实现社会报应，其是从已然之罪去寻求刑罚权的合理限度，关注的是刑罚权行使的社会公正性。而功利主义认为，刑罚并非是对犯罪的报应，而是为了达到一定社会目的而采取的手段，因此刑罚权的行使应该是为实现一定的社会功利价值。在实现社会功利价值的手段上，龙勃罗梭认为，对于犯罪人，应该根据不同的情形，分别采取不同的措施。可见，一方面，传统刑法理论所秉承的刑罚权专属垄断原则在契约论理论渊源和市民社会权利回归的现实要求中，其合理性基石已经岌岌可危；另一方面，传统刑罚建立在报应主义的基础上，其在刑法目的和限度上也面临功利主义和刑法谦抑理论的冲击。此外，社会犯罪实证也不断表明，单纯通过报应性刑罚惩治和震慑犯罪，不足以达到防控犯罪的良好效果。刑事诉讼契约作为一种纠纷解决机制的新生事物，并非和传统刑事法理论不可共存，刑事诉讼契约是为了弥补传统刑法理论的缺陷而诞生，主张在自愿的基础上组织犯罪人和受害人会面、谈判、协商、和解，通过犯罪人赔礼道歉、补偿损失等手段获得受害人谅解，从而免于刑罚，使因犯罪受损的社会关系尽可能恢复到原状。

我国刑事诉讼模式建立在国家本位基础之上。犯罪一旦发生，就会同时侵害国家、社会、个人三方的利益，甚至很多犯罪虽仅侵犯私人利益，但国家为了维护刑罚权，往往将对私人权益的侵害上升为对国家利益的侵害而施加刑罚。有学者认为，犯罪行为相对于一般违法行为具有严重的社会危害性，国家公权力的介入能更有效地保障国家和公民利益。笔者认为，我国国家公权力的介入是以国家与犯罪人的对立为中心，以国家利益为本位，是一种"国家—犯罪人"的线性构造。它过度强调犯罪是对国家利益的损害，忽视了受害人的参与权和话语权，并不能使受害人的利益在国家公权力的介入和主导下得到有效保障。若增设刑事诉讼契约这一纠纷解决机制，使国家刑罚权在让渡一部分给受害人的同时，赋予受害人在刑事诉讼活动中的参与权和处分权，使受害人有权以其获得的刑事处分权作为筹码与犯罪嫌疑人进行和解谈判，从而使自己因犯罪受损的利益得到补偿。这样对犯罪嫌疑人和社会都会起到无足轻重的作用。对犯罪嫌疑人而言，其可通过与受害人会面认识到

---

① 陈兴良：《论刑罚权及其限制》，载《中外法学》1994 年第 1 期。

错误，并承担责任，设法弥补。对社会而言，受害人与犯罪人的契约谈判消除了双方尖锐的矛盾，最大限度地实现了共赢，社会关系得以恢复。所以刑事诉讼契约符合我国社会主流价值的发展方向，更能满足当前保护被害人利益这一迫切的现实需要。

（二）罪刑法定原则

罪刑法定原则即"法无明文规定不为罪，法无明文规定不处罚"。罪刑法定原则产生的思想渊源是三权分立学说和思想强制说，思想基础是民主主义和尊重人权主义。民主主义要求：什么是犯罪，对犯罪如何处罚，必须由人民群众决定，具体表现为由人民群众选举产生的立法机关来决定；尊重人权要求：为了保障公民的自由，必须使得公民能够预测自己行为的性质和后果，故什么是犯罪，对犯罪如何处罚，必须在事前明文规定。[①] 质疑刑事诉讼契约违背罪刑法定原则者认为，罪刑法定原则要求认定犯罪和处理犯罪问题要具备确定性和预见性，而刑事诉讼契约破坏了这种确定性和预见性。首先，刑事诉讼契约启动的前提是当事人自愿，当事人自愿与否将直接挑战这种确定性和预见性；其次，在刑事诉讼契约中，犯了相同罪行的犯罪人面对不同的受害人（如心理承受力）或者受害情况相同的受害人面对不同的犯罪人（如经济状况），达成的契约将呈现出很大的差异性，是对刑法确定性和预见性的违背。笔者认为，若从罪刑法定原则的思想基础分析，刑事诉讼契约并未违背罪刑法定原则：一方面，罪刑法定原则的民主主义要求什么是犯罪、对犯罪如何处罚，必须由人民群众决定。刑事诉讼契约并未违背该要求。第一，对于"什么是犯罪必须由人民群众决定"。若我们将刑事诉讼契约这一新的纠纷解决机制作为一种补充模式整合于正式的刑事司法模式中，此时刑事诉讼契约这一纠纷解决机制仍然是在传统刑法规定的罪行体系下运行，因为刑法的制定是人民群众共同决定的结果，因此，刑事诉讼契约不存在违背"什么是犯罪必须由人民群众决定"的原则要求。第二，对于"对犯罪如何处罚应由人民群众决定"。从某种层面上说，决定某类犯罪适用何种程序处理已经是人民群众（在认同刑事诉讼契约价值功能的基础上）作出的决定。这里的"处罚"是实体上具体量刑的处罚还是程序上适用程序的处理，需要作出解释。本文认为，我们应采用目的解释的方法予以解释，即在社会认同了刑事诉讼契约的价值功能后，赋予其处理某类刑事案件的处分权。所以，这里的"处罚"应解释为适用何种司法模式（传统刑事司法或刑事诉讼契约）处理。另一方面，其尊重人权要求，为了保障公民的自由，公民必须能事先预测自己行为的性质和后果，故什么是犯罪，对犯罪如何处罚，必须在事前明文规定。笔者认为，如果将刑事诉讼契约作为传统司法模式的补充模式，刑事诉讼契约并未违背公民对自身行为性质的事先预测要求，因为一旦刑事诉讼契约启动，启动的同时就已说明案件已进入到正式的传统刑事司法模式，而在传统刑事司法模式中，什么是犯罪显然是刑法早已明文规定的，所以此时刑事诉讼契约并未违背罪刑法定原则。至于"对犯罪如何处罚必须事先明文规定"，前文已从目的解释的角度论述了"处罚"的内涵与外延，在社会认可刑事诉讼契约的价值功能并将其纳入法律明文规定后，就解决了相关的预测性和明确性问题。

---

① 国家司法考试辅导用书编辑委员会：《国家司法考试辅导用书》，2014 年 5 月第 1 版，第 2 卷，第 4~5 页。

（三）罪责刑相适应原则

罪责刑相适应原则在我国刑法理论界和实务界有众多铁杆粉丝，刑事诉讼契约要想成功突破该理论的限制实属不易。在讨论该问题前，首先要对罪责刑相适应原则所倡导的价值理念进行分析和反思。罪责刑相适应的渊源可追溯到刑事古典学派所缔造的罪行均衡论。以贝卡利亚为首的刑事古典学派猛烈抨击中世纪刑罚的野蛮，主张刑罚的轻重应与犯罪的轻重相适应，为当时在废除酷刑、减轻刑罚方面作出了不可磨灭的历史贡献。但由于片面强调通过刑罚报复威慑犯罪，其对犯罪的防控效果饱受批评。随后，应运而生的实证学派犯罪学在理论和实证上均证实了古典学派罪行均衡论"重惩罚、轻矫正"的报复主义在防控犯罪上有许多缺陷，并认为，犯罪是各种社会问题共同作用的结果，对于犯罪结果的发生，社会也应当承担一定的责任，应综合各种社会手段共同矫正犯罪、防控犯罪。然而，实证学派否定了以犯罪作为量刑的客观基础，这就难免导致量刑的主观擅断，破坏法制的统一和稳定。[①] 在两派观点的激烈碰撞下，折中派横空出世，它们既维持刑罚的报应震慑性，又重视采用综合性措施防控犯罪。刑事诉讼契约缔造者从折中派观点中受益匪浅，并关注到受害人利益在国家本位主义刑罚中被严重忽视的现状，主张国家应弱化刑罚惩治震慑信仰，向市民社会让渡部分刑罚处分权，通过刑事诉讼契约手段修复因犯罪受损的社会关系，使受害人利益得以补偿，使犯罪人的人身危险性得以矫正并回归社会。

可见，从刑罚目的和现实需求上看，罪责刑相适应原则一味强调刑罚的打击威慑作用，而不考虑使犯罪发生后受损的社会关系恢复原状，其本身的合理性也应受到质疑，而刑事诉讼契约秉承了刑罚理论和犯罪学理论的新成果，在实证上也被证明在防控犯罪、保护受害人利益从而修复受损的社会关系方面是效果显著的。因此，其存在合理性便不言自明。

（四）无罪推定原则

无罪推定是刑事诉讼领域的一项基本原则，指任何人在未经法院证实和判决有罪之前，都应视为无罪。质疑刑事诉讼契约违背无罪推定原则的学者认为，刑事诉讼契约主张加害人自我承认罪行，向受害人道歉，希望得到谅解，这不是有罪推定么？[②] 这种理解是有失偏颇的。联合国基本原则第 7 条"只有在有充分证据指控罪犯及受害人和罪犯自由和自愿同意的情况下才可使用恢复性程序"，第 8 条"受害人和罪犯通常应就案件所涉事实达成一致意见作为恢复性程序的基础，不应在随后的法律诉讼中将罪犯的参与用作认罪的证据"，可见恢复性司法中并未违反无罪推定原则。而刑事诉讼契约作为恢复性司法的一种形态也未违反无罪推定原则。原因如下：首先，根据基本原则可知，若要启动刑事诉讼契约，条件之一也应该是"有充分证据指控犯罪"，而无罪推定原则是指在没有证据或证据不足以证实犯罪的情况下认定犯罪成立，二者有重大区别。其次，罪犯参与刑事诉讼契约的基础是"受害人和罪犯通常应就案件所涉基本事实达成一致意见"，可见刑事诉讼契约中关于犯罪

---

① 王晨：《面临冲击的罪刑相适应原则》，载《法律学习与研究》1992 年第 5 期。
② 张平：《"恢复性"的背后——恢复性司法的法理学批判》，载《贵州警官职业学院学报》2008 年第 2 期。

事实问题，是双方一致认定的，并不是契约过程中强迫犯罪人自认犯罪事实。再次，罪犯在刑事诉讼契约中就犯罪基本事实与受害人所达成的一致意见，并不作为随后的法律诉讼中将罪犯的参与用作认罪的证据。最后，刑事诉讼契约是在受害人和罪犯双方均自由和同意的情况下才使用的，对罪犯而言，其对是否采用刑事诉讼契约有自由决定权。

另外，刑事诉讼契约的适用前提是"有充分证据指控犯罪"，在此基础上罪犯自愿供述犯罪事实并与受害人达成一致意见，若这违反了无罪推定原则，则我国刑事诉讼程序中的"自首"、"坦白"是否也是无罪推定中的一种呢？退一万步说，我国刑事诉讼法第12条规定的"未经人民法院依法判决，对任何人都不得确定有罪"是否是对无罪推定原则的确立，在理论界和实务界还存在着较大争议。

四、刑事诉讼契约与我国刑事诉讼共存的构造模式

刑事诉讼契约与刑事诉讼之间的关系决定着刑事诉讼契约机制能否长久存在，影响着刑事诉讼程序的正常运作。目前，对刑事诉讼契约与现行刑事诉讼的关系主要有三种设计进路：一是替代模式。即认为刑事诉讼契约作为一种新的纠纷解决机制，将逐步取代现行刑事诉讼制度和刑罚制度，成为刑事纠纷的主要解决方式。此理念在大陆法系是以新社会防卫理论为代表的，如格拉马蒂卡认为应当否定犯罪和刑罚，并取消整个刑事司法体系。尽管后来马克安塞尔修正了格拉马蒂卡的某些极端观点，认为现阶段取消刑罚是不现实的，但是仍主张使用恢复性司法、保安处分在内的替代性措施，逐步取代刑罚，"摆脱监狱"。[1]在欧美则是以恢复性司法的开山人物霍华德·泽赫为代表。泽赫在其早期著作中也将刑事诉讼契约作为可以全面取代和覆盖传统刑事诉讼体系的一种恢复性司法模式。[2] 二是平行模式。将刑事诉讼契约这一纠纷解决机制独立并平行于正式刑事司法体制中的平行模式。三是将刑事诉讼契约这一纠纷解决机制整合于正式刑事司法模式内部的补充模式。在平行模式中，刑事诉讼契约在刑事司法体制之外运作，不受正式刑事司法体制的约束，作为一种结果，平行模式关注社区利益，特别是那些参与契约过程的各方利益，并不关心刑事司法体制的利益，也不对个案的判决产生影响。这种模式独立于正式的刑事司法体系，是由民间主导的采用非正式的程序处理犯罪行为。所以，该模式下的刑事诉讼契约虽冠名为"司法"，却不具备司法的基本属性。在补充模式中，需要寻求启动程序和影响刑事司法程序，并与刑事司法程序保持同步，寻求对法庭判决产生影响或为之提供一种替代性的方式，或利用刑事司法体制来帮助，监督或执行刑事诉讼契约中达成的协议。在这一模式下，刑事诉讼契约被纳入了国家正式刑事司法程序，从形式上看，刑事诉讼契约既有司法之名，也有司法之实。

我国现代化法治建设尚处于起步阶段，公民民主权利意识有待提高，刑事诉讼契约在我国更是处在起步阶段，面对的问题复杂多变，但我们不能望而却步，为了适应快速的社会结构以便与国际社会接轨，建立多元化的纠纷解决机制是摆在刑事诉讼改革面前的问题。平行模式下刑事诉讼契约所依附的与之相配套的社会组织尚不发达，在现实条件下，我国

---

① ［法］安塞尔著：《新刑法理论》，卢建平译，香港天地图书有限公司1989年版，第10~124页。
② Howard Zehr：Changing Lenses：A New Focus for Crime and Justice. Herald Press，1990，p. 181.

宜采用补充模式，即将刑事诉讼契约机制以补充的方式设置在现行刑事诉讼程序中，同时将刑事诉讼契约作为一种辅助性的纠纷解决机制来考量，在辩证参照联合国基本原则所倡导的运作程序的基础上引进吸收，然后结合本国文化传统、司法制度、法治水平、现实需求等具体国情制定具体程序模式，利用司法机关的专业性、权威性指导刑事诉讼契约的健康发展。

（作者单位：华南理工大学法学院）

审判中心主义在我国刑事诉讼中的构建

韩 红 田 慧

刑事审判中心主义作为司法改革的新要求，标志着我国刑事诉讼体制逐步由侦查中心主义向审判中心主义的转型，这必将是我国刑事诉讼上的一次历史性变革。审判中心主义表现为在我国整个刑事诉讼阶段中以法院的审判阶段为中心，它并不是强调以法官为中心，而是强调以法院的审判活动为中心，将以侦查为中心过渡到以审判为中心，侦查、起诉等审前程序被看作是为审判程序提供服务的程序。对于审判中心主义概念的界定，一些学者持有不同的观点，如孙长永教授的观点是"审判中心主义应该具有两个含义，第一层含义是在刑事诉讼的全过程中，应该以审判为中心，侦查、审查起诉等审前程序并不具有确定犯罪嫌疑人罪责的法律效力；第二层含义是在所有的审判程序中，应该以第一审审判程序为中心，其他程序都是以第一审审判程序为基础"。[①] 而陈卫东教授的观点是"审判中心主义应当包含四个方面，一是法院有权决定罪犯是否有罪；二是关于犯罪嫌疑人、被告人的程序性权利的侦查和起诉行为都应该由法院作出裁判决定；三是法院应该以'审判'的方式作出裁决；四是第一审程序是所有程序中最为重要的程序，因为第一审程序是最为全面、完整的程序"。[②] 结合以上两位教授的观点，笔者认为审判中心主义主要包括两层含义：一是审判程序是整个刑事程序的中心，只有审判阶段的法院才有最终决定被告人是否有罪的权力；二是在所有的审判程序中，要以第一审审判程序为中心，其他程序要以第一审程序为基础，不能代替第一审程序，也不能完全重复第一审程序的内容。

本文在对坚持刑事审判中心主义的必要性进行探究的基础上，总结我国推行审判中心主义面临的困境，试图对我国相关诉讼制度的完善提出一些建议，推行审判中心主义，不仅需要司法体制的改革，同时也需要相关法律法规的完善，以此作为推动我国刑事诉讼制度发展的动力。

一、坚持刑事审判中心主义的必要性

目前大多数国家普遍将刑事审判中心主义作为刑事诉讼制度的一项司法原则，坚持刑事审判中心主义的必要性主要表现在：

（一）司法公正的要求

司法公正作为人类永恒追求的目标，理所当然地包含以审判为中心的程序性变革。司法公正包括司法公平和司法正义，随着我国法律文化的不断推进，法律只能在不断发展的

---

① 陈瑞华著：《刑事审判原理论》，北京大学出版社 1997 年版，第 15 页。
② 孙长永：《审判中心主义及其对刑事程序的影响》，载《现代法学》1999 年第 8 期。

正义中寻找与其相适应的内容，将正义视为法律制度所应当具备的一种优良美德，而理想的法律又大多是正义的化身。审判是独立地判断被告人有无刑事责任及罪责轻重，并给予被告人获得公正审判的程序，以实现法治及正义的要求。[①] 司法公正应该包括实体公正和程序公正两个方面。刑事诉讼的本质是国家权力与个人权利之间的冲突，在解决这一冲突上应当确立国家尊重和保障个人权利的义务以及个人遵守国家法律义务的标准，当国家认为个人触犯国家法律时，应当由独立公正的法院通过审判程序来裁决，这样国家与个人间的冲突就能从实体上和程序上得到解决。在这一点上，刑事审判中心主义有助于更好地解决公权力机关与个人之间的矛盾关系，以便于实现实体公正和程序公正。

（二）程序正义的要求

坚持刑事审判中心主义，体现了程序正义的要求。程序正义体现在以下两个方面：第一，出于打击犯罪和保障人权的需要，国家需要通过相关的立法来明确法定的程序，保障程序上的正义；第二，当公安机关、人民检察院或者法院采取限制犯罪嫌疑人或者被告人的人身自由，或者说对他们的行为采取强制性措施时应该遵循有关的法定程序。除根据法定程序外，国家不得对个人判处刑罚，因此需要以独立公正的审判权来有效地制衡侦查权和起诉权，在这一点上，法院独立、公正地行使审判权也是确立审判中心主义的条件之一，如果法院的审判权受控于侦查、审查起诉权，那么事实上就并不存在什么法定程序，而是有关机关进行强权政治的手段。

（三）司法独立的要求

司法独立是许多法治国家的本质要求，司法独立对于案件的公正裁判、实现公平正义、保障当事人的合法权益具有举足轻重的作用。法院真正的独立审判，需要提高法院在国家整个体制中的地位，使得法院可以抑制来自于侦查机关、检察机关或者其他有关机关的干扰，在这一点上，坚持以刑事审判为中心，恰恰体现了司法独立的要求，从而使法院能够公正地裁决案件。

（四）防范冤假错案的要求

坚持审判中心主义的诉讼制度改革，在一定程度上有利于防范冤假错案的发生。与"审判中心主义"相对的是"侦查中心主义"，从长期的司法实际情况来看，在侦查阶段案件就已经确定了，这使得法院的审判程序形同虚设，法院在审判阶段只是对侦查结果进行确认，庭审程序如此形式化，很难防止冤假错案的发生，而坚持刑事审判中心主义能够有效"防止事实不清、证据不足的案件或者违反法律程序的案件'带病'进入起诉和审判程序，造成起点错、跟着错，错到底"。[②] 同时，坚持审判中心主义不仅能够保障审判前的司法公正和程序正义，改变之前"未审先判"的错误做法，而且还能逐步形成以法院为中心的刑事诉讼格局，从而维护当事人的合法权益，减少冤假错案的发生。

---

① 陈卫东：《以审判为中心推动诉讼制度改革》，载《中国社会科学报》2014 年 10 月 31 日 A5 版。
② 孟建柱：《主动适应形势新变化　坚持以法治为引领　切实提高政法机关服务大局的能力和水平》，载《人民法院报》2015 年 3 月 18 日第 1~3 版。

二、刑事审判中心主义在我国的困境

从我国目前的刑事司法状况来看，在我国刑事诉讼中，审判阶段并没有被置于中心地位，法院也并没有审判中心主义所要求的地位和权威，刑事审判中心主义在我国推行还面临着困境，主要表现在以下几个方面：

（一）传统的侦查中心主义和卷宗主义的影响力根深蒂固

事实上，我国目前仍然是以侦查程序为中心，真正决定犯罪嫌疑人和被告人命运的程序是侦查程序，而不是审判程序，[①] 以获取口供为目的的侦查中心主义正是不采用刑事审判中心主义的结果。另外，受侦查中心主义的影响，侦查机关认定提出起诉意见并移送审查起诉的案件，几乎都被检察机关提起公诉，又几乎都被法院判定有罪。

侦查中心主义在我国刑事诉讼中主要体现在以下几个方面：第一，在刑事审判程序中所采用的证据基本上都是在侦查程序中收集的，而且法院采纳这些证据时只是简单地进行机械性的审查。第二，虽然侦查阶段是对犯罪嫌疑人最有可能采取强制措施的阶段，并且在此阶段犯罪嫌疑人的权利也是最需要保障的阶段，但是我国的刑事诉讼法在此阶段除了批捕权的决定主体不包括公安机关外，其他强制措施的决定主体均包括公安机关在内。第三，侦查机关在侦查终结后就进行表彰请功的做法，在一定程度上也印证了我国刑事诉讼主要以侦查为中心的机制。而卷宗中心主义则是侦查中心主义的外在表现，也就是说，在审判过程中，除被告人出庭受审之外，几乎没有证人、鉴定人、侦查人员出庭作证，接受质证，法庭审理完全是围绕侦查机关收集形成的书面卷宗材料展开的，法院的定罪量刑也是在这个基础上展开的，面对这些书面的卷宗材料根本无法进行有效的质证，尤其是刑事诉讼法修改之前这方面的问题更为突出。受侦查中心主义的过度影响，审判法官对侦查的卷宗材料的依赖性大大提高，审判法官主要审阅庭外的卷宗材料，不大关心庭审中的事实和证据的有关判定，不大关心控辩双方关于证据和事实的质证。其实只有审判程序才是决定被告人有罪与否及罪责轻重的关键程序。[②]

（二）流水式的作业机制，使得审判程序并没有被放在整个刑事诉讼程序的中心位置

我们都知道，公安机关、检察机关和法院这三个机关之间是"分工负责、互相配合、互相制约"的流水式作业模式，法院作为整个流水式模式的最后阶段，只是最后进行处理而已，实质上对侦查权和起诉权并没有严格制约，"法院对审判程序的司法控制十分微弱"，[③] 如公安机关在对犯罪嫌疑人的人身或者财产采取强制措施时，并不需要经过法院的审查同意，公安机关内部可以自行决定，再如检察机关一旦提起公诉就一定能够引起法院的审判程序，法院对于检察机关的提起公诉没有进行驳回的权力。因此我们明显可以看到法院似乎对公安机关和检察机关没有产生任何的影响，这三个机关各自干自己的工作，对

---

① 孙长永著：《侦查程序与人权》，中国方正出版社 2000 年版，第 23 页。
② 徐静村主编：《刑事诉讼法学》（上），法律出版社 1997 年版，第 247 页。
③ 陈瑞华：《二十世纪中国之刑事诉讼法学》，载《中外法学》1997 年第 6 期。

应的法院的审判程序并没有被置于中心地位。

(三) 证人出庭率低的庭审现状

证人出庭作证能够保证证人证言接受控辩双方的充分质证，它不仅有利于更好地实现诉讼公平，也是确立审判中心主义的重要环节。但在现有的司法程序中，由于经济的、社会的、历史的原因以及公民的法律意识低下，使得在庭审过程中，书面审理成为了常态，证人不出庭作证成为了惯常事件，据有关的调查数据显示，刑事审判中证人出庭率普遍在5%以下，有的地方甚至不足1%。[①]

(四) 缺少有效而又规范的证据规则体系

审判中心主义和证据裁判原则之间具有相辅相成的紧密联系，证据裁判原则要求案件事实的认定要以证据为依据，审判作为审查证据的关键阶段，假设没有审判中心主义的格局，那么该原则将很难落实，而审判中心的实现同样需要证据裁判原则的贯彻与落实。由于我国目前没有关于刑事证据方面的单独立法，导致证据规则体系不完善。证据裁判原则要求对没有达到法定证明标准的案件，必须宣告被告人无罪，[②] 但是证据裁判原则在我国刑事诉讼司法理念中经常被忽视，我国虽然已经初步确立了证据裁判原则。但是该原则在我国刑事诉讼中的具体落实上还存在着不完善之处，如证据裁判原则在高位阶法律上的缺位以及司法办案人员的证据裁判意识普遍低下等，导致了近年来诸多冤假错案的发生。

(五) 公安机关和检察机关的工作考核机制存在不合理、不科学之处

由于长期受侦查中心主义的影响，我国刑事诉讼制度上存在着这样一种现象，侦破案件、抓获犯罪嫌疑人作为公安机关和检察机关相关人员进行立功表彰的条件，而对法院作出的关于被告人定罪量刑的情况的生效裁判没有纳入立功表彰的条件，法院在审判阶段的重要作用并没有得到充分的发挥，我国刑事诉讼程序上的此种常态做法在很大程度上助长了侦查中心主义，从而导致审判中心主义的这一理念在我国刑事诉讼法上进行贯彻还是举步维艰。

三、完善相关诉讼制度以构建刑事审判中心主义

坚持刑事审判中心主义，就要将审判阶段作为整个刑事诉讼的中心环节，侦查阶段和审查起诉阶段只是为审判阶段提供准备和服务的。要推进刑事审判中心主义的诉讼制度改革，就必须要强调以庭审为中心，避免庭审活动的形式化，即借鉴西方国家的直接言词原则、全面贯彻证据裁判规则以严格合法的采信证据，完善证人出庭作证制度等。笔者就构建审判中心主义并结合国外的相关规定对我国相关诉讼制度的完善提出了以下建议：

---

① 陈卫东著：《刑事诉讼法实施问题调研报告》，中国方正出版社2002年版，第2页。
② 陈光中、郑曦：《论刑事诉讼中的证据裁判原则——兼谈〈刑事诉讼法〉修改中的若干问题》，载《法学》2011年第9期。

（一）完善审判结构

确立以审判为中心的诉讼机制，应该完善审判结构。首先，以审判为中心，应该建立预审法官制度，要求在侦查机关需要采取强制侦查措施的时候，应该像国外一些国家那样，实行"令状主义"，即必须要在法官事先同意的基础上才能采取这些强制性侦查措施，所有的侦查行为都要接受司法审查，对权利受到侵害的人进行司法救济，从而通过法院的审查权来限制侦查机关的侦查权。其次，以审判为中心，应该进一步实行以庭审为中心。2013年第六次全国刑事审判工作会议上提到，审判案件要以庭审为中心，庭审中心主义和审判中心主义虽然有所不同，但是二者之间却有着千丝万缕的联系，庭审中心主义是实现审判中心主义的主要路径。第六次全国刑事审判工作会议上提到的庭审中心主义可以说为2014年党的十八届四中全会上提到的审判中心主义奠定了基础，此次会议上提到，"审判案件应当以庭审为中心，事实证据调查在法庭，定罪量刑辩论在法庭，裁判结果形成于法庭"，其突出体现了庭审这一环节的重要性，即意味着增强了控辩双方的对抗性，因此笔者认为有必要对我国刑事诉讼制度中的辩护制度进行一定的完善，提高辩护质量，实现控辩双方的平等对抗，充分发挥庭审功能。

（二）规范证人出庭制度

证人出庭率低的根本原因在于证人出庭制度上存在不完善的地方。从立法的角度来考察，2012年修正后的刑事诉讼法虽然在证人的资格与义务、证人的保护与作证补助方面有了相应的完善，但是有关证人出庭方面的规定仍有不完善之处，如虽然刑事诉讼法第61条规定了对证人的保护，但是对其保护力度却十分微弱，在这一点上我国应该借鉴国外的规定实行证人贴身保护，适当加强事后保护，重大案件的证人作证后，实行证人移居制度（在经济条件允许的情况下），同时笔者认为还应当进一步规定证人申请保护的程序，如应该规定向哪个机关申请保护以及公检法三机关的具体职责是什么。有学者曾说："证人权利的保障，是社会文明、民主发展的必然要求，是刑事诉讼顺利进行的必然要求，也是推进审判方式改革的需要"，[①] 因此保障证人权利对刑事诉讼的顺利进行至关重要。再如在证人出庭作证的标准上，"正当理由"四个字会使得一些证人千方百计地想各种理由以不参加出庭，这样就使得证人出庭作证回到开始的状态。另外，刑事诉讼法应该对不出庭作证的证人由此提交的证据作出一律不予采纳的刚性规定。证人出庭作证是保证司法公正的途径之一，也是确立审判中心主义的重要条件之一。因此，在中国的现实国情下，对刑事诉讼证人制度方面的改革目标应该作出明确的刚性规定，保证应该出庭作证的证人必须出庭，对于必须出庭作证的证人不出庭作证的，对其提交的证据一律不予采纳。

（三）确立直接言词原则

直接言词原则是直接审理原则和言词原则概念的合并，贯彻执行直接言词原则不仅对我国刑事诉讼程序实现实体公正、程序公正及诉讼效率的提高具有很高的价值，而且对审判中心主义的确立更是具有举足轻重的作用。我国虽然在一定程度上已经借鉴了域外国家

---

① 孙孝福著：《刑事诉讼人权保障的运行机制研究》，法律出版社2001年版，第177页。

关于直接言词原则的合理因素，并在一部分条文中得以体现，但仍存在庭审形式化、证人出庭率低以及审判分离等现象，其根本原因就是在我国尚未真正确立直接言词原则。因此，笔者认为要想在刑事审判程序中真正地确立直接言词原则，就应当将该原则写入刑事诉讼法中，作为刑事审判的基本原则。在我国建立符合国情的言词原则就应该适当地限制传闻证据，所有的言词原则都应当由亲身经历案件事实的人出庭作证，接受控辩双方的询问、质证，以保证证据的原始性和真实性。另外，如前文所述，刑事诉讼法应该对证人出庭率低的问题作出刚性的规定，因为保证证人出庭是对直接言词原则的具体落实。"在本轮司法改革中，中央明确要健全司法责任制，通过完善主审法官、合议庭制，完善审委会制，由裁判者负责。"[1] 完善审委会制有利于贯彻直接言词原则，并从根本上解决"审的不判、判的不审"的审判分离现象，真正实现由审判者进行裁判。

（四）完善证据裁判原则

党的十八届四中全会通过的《关于全面推进依法治国若干重大问题的决定》中提到，"全面贯彻证据裁判原则，严格依法收集、固定、保存、审查、运用证据，完善证人、鉴定人出庭制度，保证庭审在查明事实、认定证据、保护诉权、公正裁判中发挥决定性作用"。建立健全证据裁判原则，首先要改变证据裁判原则在我国高位阶法律上缺位的现状，在以后修改刑事诉讼法中应该首先开宗明义地规定证据裁判原则，即"认定犯罪事实，应当以证据为依据"，从而强化证据裁判原则在刑事诉讼理念中的地位；其次要严格贯彻疑罪从无原则和非法证据排除规则，使法官敢于公正独立地作出无罪判决和排除非法证据，实现法院的审判程序对起诉行为和侦查行为的倒逼；最后，在全面落实证据裁判规则的情况下，我国要仿照法国建立预审法官制度的做法，将预审法庭视为中立的第三方介入审前程序中，对与当事人有关的强制侦查行为进行庭前审查，以确定控方证据是否存在合理根据，更好地防止不当追诉行为，从而维护被追诉人的合法权益。

（五）完善公安工作和检察机关工作的考评机制

刑事审判中心主义不仅仅是刑事诉讼法的一项原则，更应作为一个刑事诉讼理念需要我们去遵循。在司法实践中，我国刑事诉讼出现的常态为，一个刑事案件一旦被侦破，公安机关和检察机关就会很快召开表彰大会，对相关的人员进行表彰，而恰恰是因为我国刑事诉讼制度上存在这样一种常态，使得审判中心主义在一定程度上陷入困境，使得侦查中心主义在我国诉讼制度中比较盛行。因此，从目前的现状来看，十分有必要完善公安机关和检察机关工作的考核机制，应该遵循刑事案件在经过法院作出生效裁判后才得到确定的理念，才能对相关的人员进行表彰。

结　　语

推行以审判为中心的诉讼制度改革是十八届四中全会提出的司法改革的新要求，主要是针对我国目前存在的"侦查中心主义"这一根深蒂固的现实情况提出的新要求，这一新

---

① 卞建林：《"以审判为中心"的内涵有必要厘清》，载《检察日报》2015年7月6日第3版。

要求的提出对现行的侦查、审查、起诉的程序以及现行的证据规则的完善都具有十分重要的影响。虽然我国贯彻刑事审判中心主义尚存在诸多困境，但推行刑事审判中心主义不可能一蹴而就，需要我国相关刑事诉讼制度的逐步完善。因此，在立足我国基本国情的前提下，再适当、合理地借鉴域外对我国有益的相关规定，才能逐步实现刑事审判中心主义，才能真正地贯彻落实司法改革的新要求，更好地实现司法公正、程序正义和司法独立以及防范冤假错案的发生。

（作者单位：黑龙江大学法学院）

法律适用及其正当程序

洪　浩　迟大奎

法律如何克服恣意，保持理性，取得文明，是法学领域的重大课题。在此，不禁引出对程序的思量，程序的对立物是恣意，分化和独立是程序的灵魂。程序的分化与独立使程序的功能自治得以产生，并以此成为限制恣意的基本制度原理。① "程序是一种为获得约束性的决定而被短期地、临时性地建构起来的特殊类型的社会系统。正是由于这种功能，程序被或多或少地从一般的社会角色语境中分化出来。就是这种角色分化使得它们具有了正当化的功能。"② 因此，程序的自治功能表现为，诉讼两造的实体争议被置于居中并居于其上的第三方裁决、释法说理、平等对话、独立判断的"法的空间"得以形成。司法程序通过公开的方式，在法律适用、法律论证的过程中营造相对独立、平等的对话空间，为法官提供诉讼资料，并将抽象的法律规范适用于具体的案件事实，形成终局裁判，保障理性选择，克服恣意，保障价值决策的正当性、纠纷处理的终局性。

一、实体形成与程序形成之界分

"程序法并不是助法，而是具有实体内容形成作用的法的重要领域。"③ 我国"重实体、轻程序"的司法理念备受批判，"重实体"的理念在于将实体的司法结果作为整个司法程序的关注焦点，而忽视正当程序在实体形成中的价值，这种不计后果追求实体结果的偏执行径实际上是一种不文明，因为其常常背离司法的人道性。但是，对"重实体"的批判也不代表可以摒弃一切实体问题而只专注于程序的正当性，因为实体问题也可以作为实体形成过程而存在。

诉讼的实体形成与程序形成并不是孤立的，而是不可分的同一诉讼整体的两个侧面，即实体形成过程应当被理解为诉讼状态面，程序形成过程则应当被理解为法律关系面。诉讼的实体面是作为诉讼客体的案件和实体法在程序发展过程中逐步形成的过程，是实体的法律关系从形成到确定而浮动的法律状态。诉讼的程序面则是指在诉讼中，除去实体面之后纯粹的程序过程，包括为了实现诉讼的实体形成而实施的各种诉讼行为以及实施相应诉讼行为时必须满足的诉讼条件，诉讼行为的效力在于导致诉讼权利义务的产生，因此对于程序面也已作为法律关系来把握。④

---

① 季卫东著：《法治秩序的建构》，中国政法大学出版社 1999 年版，第 15~17 页。

② ［德］尼克拉斯·卢曼著：《法社会学》，宾凯、赵春燕译，上海人民出版社 2013 年版，第 312 页。

③ ［日］谷口安平著：《程序的正义与诉讼》（增补本），王亚新、刘荣军译，中国政法大学出版社 2002 年版，第 6 页。

④ 徐静村著：《刑事诉讼法学（上册）》（第三版），法律出版社 2004 年版，第 96~97 页；Shigemitsu Dando：Japanese Criminal Procedure, translated by B. J. George Jr., Fred B. Rothman Co. 1965. p. 128.

实体形成过程是作为诉讼客体的案件在程序发展过程中逐步形成的过程，即在侦查阶段初期是主观嫌疑，因得到足够的证据证实而成为客观嫌疑，公诉的提起使诉讼客体特定化，并通过当事人的攻击和防御对案件事实进行审查，在法官达到内心确信时作出终局裁判，并且列明证明犯罪事实的证据、适用的法律条文以及量刑的决定，以使实体法律关系得到最终确定。程序的本质在于，其是由前后相继的诉讼行为而连接成的统一整体，实行一定诉讼行为以规范性（抽象性）诉讼权利义务为依据，而诉讼行为的效力在于推动实体形成，同时又使得实效性（具体性）诉讼权利义务关系得以形成，也即程序形成。实体形成与程序形成的二元划分使得研究程序的内在价值成为可能。一方面，实体形成有赖于诉讼行为的实施，换言之，二者是形式之于内容、手段之于目的之间的关系；另一方面，实体面又对程序面发挥着重要影响，某些特定的诉讼行为的实施、诉讼程序的进行是无法与实体法的有关规定相脱离的，如提起公诉的条件、起诉的范围、辩护的范围以及诉讼期间是否经过等。尤为重要的是，实体面与程序面并不是简单的目的和手段之间的关系，二者互为前提，尤其是在证据领域关照得最为直接。实际上，通过法的诸要素形成的"法的空间"是以实体形成过程和程序形成过程为基础的二维空间。

二、法律适用、自由心证与实体形成之统一

在诉讼程序中，法官作为法律适用的主体，一方面要获取可适用于案件事实的完整法律规范作为大前提；另一方面要获取作为判决小前提的案件事实，对具体的案件事实和抽象法律规范进行"涵摄"或"等置"获得法律裁判。在法学方法论中，一般将法律适用作为法官的逻辑思维形式予以考察。

从法律适用与自由心证的统一来看。一方面，依据证据裁判原则，为获取作为小前提的案件事实，法官需要依循"自由心证"审查判断证据。司法活动中的证明即是运用证据资料，按照推理演绎的逻辑思维判断事实真相的发展过程。在法律适用过程中（法方法论意义上），有"间接的重要事实"和"直接的重要事实"之分，诉讼法上的大部分证据蕴含的只是"间接证据"，它们是从"迹象"（Indizen）中推出有待确定的直接的主要事实的证据。[1]"迹象"即表明这些事实是过去发生的事实，"有待确定"即指它们在法律上可能是无用的，对于诉讼中的证据所蕴含的事实与实际发生的事实需要进行非常有限的可靠的推论才能建立联系。间接的重要事实与直接的重要事实之间的关系在于，后者是程序本身的证明目标，它取决于法律规范和它的事实构成，是"根据法律事实构成作事实推论的事实"，其必须通过可靠的经验推论，即其需要通过运用间接重要事实的因果推论才能证立。因此，从逻辑上讲，诉讼中的证据都是间接的重要事实。为了进一步明确诉讼中的证据与法律适用中作为形式逻辑小前提的事实之间的关系，可以做以下理解：实际上发生的事实必须被"陈述"出来（即经过证据调查、交叉询问以及直接言词审理，将证据方法所蕴含的证据信息用直观的、可理解的方式表达出来），而"作为陈述的案件事实"即是证据所蕴含的证据信息。刑事诉讼中的证据一般至少包括两方面的含义，一是证据方法；二是证据资料。证据方法是含有证据资料的物品或人；证据材料是对证据方法进行调查而获得的

---

[1] ［德］卡尔·恩吉施著：《法律思维导论》，郑永流译，法律出版社2013年版，第55页。

内容，即证据信息。① 在作为陈述的案件事实与实际发生的案件事实之间也存在一个逻辑关系：小前提是"具有间接证据性质的事实"，大前提是"具有盖然性的规则（经验法则）"，经过此逻辑推论而得出的结论具有"相当可能"，仅具有似真性。诉讼法中的"被证实"意指"法院就一项事实主张的正确性获得确信"。②

"自由心证"作为探寻实体真实的手段，是从反对纠问制诉讼模式下的法定证据制度发展而来。自由心证的特征在于对证据证明价值的判断、对证据信息的运用，法律不预先规定，完全由法官凭借理性、良知以及逻辑经验进行判断，并达到内心确信的程度。自由心证的证据制度克服了法定证据制度将证据的内容与形式割裂开来，放弃了逻辑与经验、束缚了法官主观能动性发挥的弊端。

另一方面，法律适用中与小前提相连接的大前提来自于制定法，在从制定法获取完整法律规范时，我们是以制定法是统一的法律秩序，"法条具有相同的、和谐的、关联着的思想整体"为语境而展开的。③ 在获取大前提时，会遇到如下困难：其一，法律中诸多法条不是单纯并列的，而是在制定法中分开放置，因多数为不完全法条，所以在对具体案件进行判断时需要对法条进行整合、规整；其二，抽象的法律概念的内容和范围需要具体化；其三，在法条规整与案件事实流动性之间存在无法避免的分歧。对于上述问题的解决涉及法学方法论的核心，即解释的问题。获取抽象的法律规范并不能与案件事实截然分离，法律的适用是一种对向交流的过程，正如拉伦茨所言："法律家的工作通常不是始于就既存的案件事实作法律上的判断，毋宁在形成——必须由他作出法律判断的——案件事实时，就已经开始了。"④ 法官获取法律规范并形成法律判断，其实际上是在规范构成要件与案件事实间"目光之相互流转"，法律解释也是法官心证形成的要素之一。

从自由心证与实体形成之统一来看。实体形成包括两个不可分离的方面，即案件事实与法律判断。一方面，案件事实的获取来自于对证据资料的评价。不同的诉讼模式下，对于证据资料的获取有不同的路径。在法官依职权探知案件事实的模式下，法官主动收集并审查判断证据的证据价值并依靠逻辑与经验推导获取"直接重要的事实"。因此，实体形成有赖于依靠法官积极主动推进诉讼进程，这既是法官的权力，也是其义务。而在实行辩论主义的诉讼模式下，作为实体形成手段的诉讼资料的获取皆得益于控辩双方积极地主张事实和提出证据，实体形成由控辩双方积极推动。但无论是在哪种模式下，法官的"心证"都是实体形成的核心，控辩双方证据申请的动力来源在于，通过积极的主张事实和提出证据以影响法官心证形成以有利于己方。另一方面，法官的心证是一个"从制定法中获得作为具体实然决定的有关处以刑罚的实然决定"⑤ 的过程。自由心证制度包括两个方面：一是自由判断原则，法官在审查判断证据的证明价值、获取证据信息的过程中，不受程序性规则的拘束。二是内心确信原则，法官通过对证据的审查判断而"真诚地确信"，由此判定事实。由于案件事实与法律规范密不可分，案件事实确定之时，也就是法律判断形成之时。法官心证的形成与实体法律规范相关，应当避免陷入"自由心证"只是寻求案件事实认定

① 徐静村著：《刑事诉讼法学（上册）》（第三版），法律出版社 2004 年版，第 153~154 页。
② ［德］卡尔·拉伦茨著：《法学方法论》，陈爱娥译，商务印书馆 2013 年版，第 184~185 页。
③ ［德］卡尔·恩吉施著：《法律思维导论》，郑永流译，法律出版社 2013 年版，第 74 页。
④ ［德］卡尔·拉伦茨著：《法学方法论》，陈爱娥译，商务印书馆 2013 年版，第 160 页。
⑤ ［德］卡尔·恩吉施著：《法律思维导论》，郑永流译，法律出版社 2013 年版，第 48 页。

合理性的误区。大多数诉讼法学者一般将"自由心证"的适用范围限制在法官事实认定的小前提中。通过这种交叉视角,我们进一步深化了对"自由心证"适用范围的认识:法官在法律适用中,对于案件事实的获取和完整法律规范的发现过程中,程序法不为其设定预定的规则。但是作为小前提的事实认定与法律规范密不可分,法官心证必须受到实体法的约束,也即刑事诉讼程序中的案件事实是犯罪构成要件"指导"下的事实。因此,法官自由心证的范围贯穿于整个法律适用过程中。

三、事实认定及其正当程序

"实现实体法内容的方法归根结底是由程序法所规定的诉讼过程,实际上程序法对这个过程进行的调整结果总会归结到实体法上去。换言之,诉讼的实际效果由于诉讼程序或具体过程的差异可能有极大的不同。"[①] 在古代纠问式诉讼中,对于案件事实的追求走向了一个极端,为了追求案件事实可以不择手段,被追诉人作为诉讼客体,成为受审讯的对象,偶有程序性规定,但只是规范官员推进诉讼的指令性规定,被追诉人并不直接享有程序性利益。因此,追求实体真实的界限在于正当程序。

"真实性并不只是经由程序产生,但却非常可能在程序中产生。"[②] 实体形成离不开程序的运作,为了确保查明案件真实,诉讼程序的设计及运作应当保障事实认定的合理性。一方面,诉讼程序为法官的实体心证形成输送"间接的重要事实"。在欧陆成文法国家,控辩双方及诉讼参与人提出证据申请,法官在审查的基础上作出是否准予的裁判并以此为基础证据提出以备法庭调查。另一方面,在从"间接的重要事实"经过可靠的推理形成"直接的重要事实"并以此使法律判断得到推理性证立的过程中,需要通过证据调查程序并依靠法官的自由心证作出评判。虽然自由心证制度在法官推理性证立过程中不设定任何限制,但刑事诉讼程序为防止法官恣意心证,同样为法官心证设定了外围的、客观的程序性界限:其一,只有经过严格证明获取的证据资料才能成为法官裁判的基础,即作为法官心证基础的"间接重要事实"必须是具有证据能力的法定证据形式,并经过法定的调查程序,直接、公开的言词审理。其二,要求法官公开心证的内容,以求得事后审查,保障实体法律适用的正当性。实际上法院的事实认定是法律上的事实探究,需要受到程序性规则的制约,如基于"证据收集程序正当"的非法证据排除规则、基于"证据采信的经验"的传闻证据禁止以及严格证明法则等。

程序的设计和运作应当保障作为推论基础的"间接重要事实"的可靠性、所以依托的证据方法的可行性以及最终获取"直接重要事实"的可能性,而这些事项都应该是在事实认定过程中,诉讼程序所要完成的任务。法庭审理过程中控辩双方可以申请证人、鉴定人出庭作证,提出证据,并且当事人和辩护人、诉讼代理人如果发现新的证据或对现有证据产生疑问,认为有必要重新取证或补充的,可以向法庭申请新的证人到庭、调取新的物证,申请重新鉴定或者勘验、检查,法庭认为有必要的,应当准予。被告人或其辩护人提出一

---

① [日] 谷口安平:《程序的正义与诉讼》(增补本),王亚新、刘荣军译,中国政法大学出版社 2002 年版,第 6 页。

② [德] 考夫曼著:《法律哲学》(第二版),刘幸义等译,法律出版社 2011 年版,第 302 页。

项证据申请，法官应当如何裁判，何为法庭所认为之"必要"？例如，被告人向法庭申请出示一项证据，法官当庭驳回其证据申请，或没有任何理由，或理由仅在于证据并无证据价值可言、对心证形成无所助益等，法官驳回证据申请或法院拒绝协助调取证据的裁判是否合理呢？我们认为法官的这些行为都可能违反了证明预断禁止规则。因为当事人证据申请的直接目的在于能够将该项证据提交到法庭进而开启证据调查，而最终目的在于为其诉讼主张提供正当性依据，以影响法官心证，获得有利于己的裁判。不能将其他证据的调查结果作为判断该证据之价值的依据，未经过证据调查程序前，法官不得就证据价值做预先的判断。"若当事人就具证明必要之事实主张提出合法之证据申请，原则上法院即应予以调查。"① 对于证据申请所涉证据有无价值的判断，应当在证据调查程序中依靠法官自由心证来完成。

同时，证明预断禁止原则在适用上当然有例外。如果证据申请所主张之事实，法院已经获取相同之心证，得依据法官就其他证据进行调查而形成的心证，预判证据对实体形成的价值，并以证据申请对于心证之形成毫无益处而驳回。但是，任何已经通过先前证据调查获取的心证，都有可能在提出反对证据时加以推翻，破除法官的"确信"，厘清疑点并推进实体真实之发现。因此，对于待证事实之反对事项提出证据申请，如果该证据方法适当、能够达到削弱或驳斥法官确信的程度等标准，则法官不能预断驳回。②

法官的裁判行为本质上是一种诉讼行为，而程序形成有赖于诉讼行为之进行。因此，法官对证据申请的程序性裁判的正当性直接决定了作为心证之实体形成，其既要维护被告人的程序利益，又要确保"间接事实"的可靠性，这就涉及法官如何理解及运用"合法性标准"。裁判的合法性标准既包括形式的合法，如书面或口头申请、明示证据调查的内容、证据申请的时间等；同时也包括实质的合法，即证据申请所涉及的证据符合关联性规则、待证事实之重要性、未被排除规则所禁止以及不得拖延诉讼等。因此，证明预断禁止规则的精神实质在于：一方面保障当事人获得提出有利于自己的主张和证据以及反驳对方提出之主张和证据的机会，体现正当程序的理念，维护被告人的程序利益；另一方面，对法官来讲则是输送"间接的重要事实"，以保障"心证"的形成。应该说，我国出现的冤假错案，在一定程度上都存在类似的问题，致使案件"间接的重要事实"无法进入诉讼程序，不仅不利于被告人诉讼利益的保障，更影响了作为心证的实体形成过程。

四、法律判断及正当路径

与小前提相连的大前提的获取，需要通过法律解释来实现。法律解释的作用在于，将制定法中分开放置的法律规范拉近、整合，明确法律概念的内容，通过对案件事实的探究，使抽象法律规范的适用范围具体化。因此，实体法及其解释、可靠的经验法则和证据信息等构成了法官心证的实体内容。

诉讼程序对于法律判断正当化的保障作用在于，将法官法律判断的结果及理由公开于

---

① 姜世明：《民事证据法实例研习（一）》，台湾正点文教出版顾问有限公司 2005 年版，第 96 页。

② 吴祚丞、许辰舟：《刑事证据法则理论体系与实务之研究》，中国台湾地区司法年报第 23 辑第 12 篇，2003 年印行，第 64~66 页。

判决内，以备事后审查，尤其是通过上诉审中的法律审。获取法律规范、形成法律判断与案件事实获取并不能截然分离，而诉讼程序在法律适用的过程中却始终关注于以自由心证为依据的案件事实获取的外围规则，程序的规则并不直接适用于法官解释法律、获取案件事实。例如，辩论主义原则的机能在于法官不能将控辩双方未主张的事实作为裁判的基础，即使法官可以依职权查明案件实体真实，其也必须受控诉范围的限制，不能超越控诉的范围进行裁判。反之，即控辩双方所主张之事实范围为法官获取"间接重要的事实"设定了界限，法官的裁判范围必须受控辩双方事实主张的限制。然而，辩论原则只是适用于法官事实获取的程序规则，对于法官通过解释获取法律规范而言，控辩双方的法律适用意见并不能拘束法官。究其原因在于适用法律只能是法官的职权，假使控辩双方的法律适用意见能够对法官形成直接的约束，那么就会出现多方裁判主体而导致诉讼角色的异位。因此，在法官通过法律解释获取抽象法律规范的过程中，程序实际并不能进行直接的规制，程序的保障具有明显的事后性。另外，演绎推理为模型的法律适用以法官的思维脉络为主线，呈现出一种"权威—命令"式的风貌。虽然控辩双方的法律适用意见不能约束法官，但司法程序却使法官有机会"兼听则明"，程序形成过程必须保障法官有充分听取控辩双方的法律适用意见的机会，司法程序的三方诉讼构造出天然的蕴含法律论证的结构。

法律论证的核心要点在于，依靠当事人提出对于获得正当性裁判有所助益的观点（论题），以厘清问题的相关脉络并解决法律问题，通过充分的辩论而形成共识正当化。作为实体形成的法官心证必须依靠正当程序的作用才能理性、有序形成，正当程序也具有使实体形成获得正当性的独立价值。法官自由心证的形成必须依循正当程序，司法文明有赖于通过程序理性克服法官实体形成的恣意。因此，正当程序的设计与运行必须包含以下基本要素，才能为法官自由心证的形成提供可正当化保障。第一，偏见排除。偏见可能来自于法官自身的"预断"，也可能来自于外部的"干预"，它们都有可能扭曲法官心证的形成，造成司法不公。因此，司法必须中立且独立。第二，平等对抗。程序的构造应该能够为实体论据建立提供平等法律论证的框架，通过公开的直接言词审理为论证双方提供参与机会平等、反驳机会的平等。第三，论题建立的可靠性保障。需要合理建构证据规则，将不相关、错误率极高的论据（证据）排除于论证之外，同时论据的获取也应当遵循程序理性，禁止为使法官获得有利于己的心证而不择手段。第四，合意性和容错性。法官心证与程序参与人在论证中的合意密不可分，法庭论证中没有疑问的实体论题应当成为裁判的基础。当论证达到饱和状态而实体形成无法达到可证立的程度时，为使实体错误引起的伤害降至最低，应当坚持有利于刑事被告方的实体处理。第五，证明负担的分配。既要对诉讼主张者设定证明负担并提出理由，也要为提出异议方设定负担。因为，虽然反驳更易达成共识，使实体形成获得共识正当化，但反驳本身不能论证出实体，反驳也必须以论证建立为依据。第六，程序的终局性。法官心证以论题被百分之百地证成而终结程序是最理想的状态，但实体论证的前提依据仅具有似真性，因此必须设定低于理想状态的适度标准终结论证程序，达到这个标准即"被视为真实"。第七，事后性的保障。由法官心证形成的主观性所决定，无论是"排除合理怀疑"，还是"内心确信"的证明标准都具有明显的主观性。因此，必须使心证的结果客观化，法官必须公开心证形成的过程，包括内部证成和外部证成，以备事后审查。

五、结语

程序形成可以保障实体的实现并为案件实体形成提供可正当化的路径，但是这一过程究竟如何运作，很少有人进行深入的研究。这种交叉研究的视角，突破了程序法的研究框架，从法学方法论的研究成果中汲取有益成分，但我们只是以程序"应当如何"的角度进行立论，实践中的程序不一定能与应然的程序相吻合。在我国，程序法被"架空"的现象并不少见，这也是很多学者提出的"程序失灵"问题。我们认为，法律适用不仅仅在于实体法的适用，也包括程序法的适用，正当程序之形成依托于程序法法律适用机制的建构。

（作者单位：武汉大学法学院；武汉大学诉讼制度与司法改革研究中心）

对抗式诉讼与刑事庭审实质化

——基于网络庭审实录的实证分析与比较

胡　铭

　　法庭作为实现"看得见的正义"的核心场域，庭审模式改革一直是备受关注的问题，特别是在审判中心主义的大旗下，刑事庭审更是成为了焦点与重心。刑事庭审的完善方向主要有两种观点：一是走向对抗式模式，由平等武装的双方当事人在中立的法官面前进行控辩对抗，强调消极的法官和纠纷解决之诉讼目的；二是回归职权主义模式，采行非当事人对立的基本构造，强调积极的法官和查明案件事实之诉讼目的。这背后实际上是借鉴英美法系当事人主义，还是在秉承大陆法系职权主义的传统进而回归事实真相查明主义，理论争议的背后则是价值论等法哲学层面的思考，以及试图通过理论研究推动立法修改的冲动。本文的研究无意于加入价值论层面的争论，也不想提出法律修改的意见，而是尝试从法教义学的立场来分析我国现行刑事诉讼法所确立的庭审模式，然后通过实证研究来审视实践中的刑事庭审，在此基础上一窥我国刑事审判实质化的未来走向。

一、法教义学层面的中国刑事庭审

　　抛开价值论层面的争议，本文首先从我国现行立法入手来审视我国的刑事庭审，尝试从法教义学的层面展开解释。"法教义学家应当从那些无须检验就应当接受为真实的假设为出发点，他思考的是'既有给定'（ex datis），这是他与更多以批判为使命的法哲学家的区别所在。"① 也就是说，本研究是基于对现行立法的充分尊重的基础上进行的分析，是一种体系内的自我批判，而不同于从现行刑事诉讼法体系外部开展的颠覆性批判，其崇尚刑事法秩序的安定而拒绝对现行法律的过多指责，也不以修法建议为导向。尝试如考夫曼所言的，"即使它在进行批判时，比如说批判性地检验一条法律规范，教义学也总是在现存体系本身固有的范围内开展论证。"② 从法教义学层面来看，我国刑事诉讼法已经初步确立了对抗式庭审模式，1996 年和 2012 年两次刑事诉讼法修改皆沿着这一方向迈进，而审判中心主义的改革方向从刑事政策层面提供了政治支持。

　　首先，基于文义解释，我们可以看到我国刑事诉讼法的两次修改对于庭审模式有着共同的指向。1996 年刑事诉讼法修改时对审判方式进行了重大变革，引入了对抗式诉讼，重新配置了控辩审三方职能。具体表现在：（1）为防止法官先入为主，采用了主要证据复印件移送主义，即第 150 条规定："人民法院对提起公诉的案件进行审查后，对于起诉书中有

---

① ［德］沃尔福冈·弗里希：《法教义学对刑法发展的意义》，赵书鸿译，载《比较法研究》2012 年第 1 期。

② 转引自白斌：《论法教义学：源流、特征及其功能》，载《环球法律评论》2010 年第 3 期。

明确的指控犯罪事实并且附有证据目录、证人名单和主要证据复印件或者照片的，应当决定开庭审判。"（2）强化控方举证的力度，借鉴对抗式诉讼中庭审交叉询问和对证据的调查、辩论程序。如156条规定，公诉人、当事人和辩护人、诉讼代理人经审判长许可，可以对证人、鉴定人发问。第157条规定，公诉人、辩护人应当向法庭出示物证，让当事人辨认，对未到庭的证人的证言笔录、鉴定人的鉴定结论、勘验笔录和其他作为证据的文书，应当当庭宣读。这就改变了过去由法官直接调查证据的方式，转而强调法官的居中地位。（3）弱化了法官的庭外调查权。第158条第2款规定："人民法院调查核实证据，可以进行勘验、检查、扣押、鉴定和查询、冻结。"这将以查明真相为导向的法官庭外调查权限制为六种方式，取消了搜查等更体现法官积极性权力的调查权。

通过2012年修法，我国刑事诉讼法继续沿着对抗式庭审方向迈进。这主要表现在：（1）改革卷宗移送制度并保障律师阅卷权。新刑事诉讼法第181条实质上确立的是法官庭前程序性审查机制，这与1979年刑事诉讼法第108条的规定有三方面重大差别：其一，不提审被告人；其二，不在庭前审查阶段调查核实证据；其三，法官不在庭前对案件进行实质处分。[①]（2）建立庭前会议制度。新刑事诉讼法第182条规定，在开庭以前，审判人员可以召集公诉人、当事人和辩护人、诉讼代理人，对回避、出庭证人名单、非法证据排除等与审判相关的问题，了解情况，听取意见。通过庭前会议来保障控辩双方的程序参与权，明确争议点以确保法庭审判集中高效进行，这便实质性地提高了庭审对抗的程度。（3）强化证人出庭，确立专家辅助人制度。新刑事诉讼法第187条第1款一直是关注的焦点，其规定："公诉人、当事人或者辩护人、诉讼代理人对证人证言有异议，且该证人证言对案件定罪量刑有重大影响，人民法院认为证人有必要出庭作证的，证人应当出庭作证。"这便确立了有争议的关键证人出庭制度，同时新刑事诉讼法还规定了人民警察出庭和鉴定人出庭制度，引入了专家辅助人，[②]这些都是对抗式庭审的基本要求。此外，新刑事诉讼法还扩大了简易程序的适用范围，通过案件分流为庭审实质化提供保障，并延长了审限为对抗式庭审争取了时间。

其次，基于目的解释，我国刑事诉讼法试图确立的是实质化的庭审模式。1996年刑事诉讼法对审判程序进行修改是通过引入对抗制以推动庭审实质化，对此是有共识的。参与修法的全国人大法工委黄太云曾指出，1996年庭审改革针对的是法院在开庭前对案件进行实质审查，且由审判人员审问被告人、出示物证、宣读证人证言。这样混淆了庭前审查与开庭审理的界限，易使法庭先入为主。同时，一些案件由于法院内部事先请示、协调，合议庭作用难以发挥，形成先定后审、先判后审、审者不判、判者不审，导致开庭审理走过场。[③] 正是为了解决上述问题，才有了1996年修法引入对抗制庭审模式。

对于2012年刑事诉讼法对庭审程序的改革，全国人大常务会副委员长王兆国在对2012年刑事诉讼法修正案（草案）作说明时指出："审判是决定被告人是否构成犯罪和判处刑罚的关键阶段。修正案草案进一步完善了审判程序中的重要环节。"[④] 这是具有法律效力的

---

① 汪建成：《刑事审判程序的重大变革及其展开》，载《法学家》2012年第3期。

② 胡铭：《鉴定人出庭与专家辅助人角色定位之实证研究》，载《法学研究》2014年第4期。

③ 黄太云：《刑事诉讼制度的重大改革——刑事诉讼法修改的几个重大问题述要》，载《中国法学》1996年第2期。

④ 王兆国：《〈中华人民共和国刑事诉讼法修正案〉的说明》，载《人民日报》2012年3月9日第3版。

立法理由说明，其明确了庭审的关键性地位，也说明修法是要保障庭审的这种关键性地位。全国人大法工委副主任郎胜就 2012 年刑事诉讼法修改回答记者提问时，针对证人出庭问题指出："当出现证词至关重要，法庭要判明案情，对这个证词又存在很大争议的时候，法庭可以决定这个证人出庭，控辩双方，比如检察机关和律师也可以申请法院要求某位证人出庭。在这种情况下，证人应当履行义务，出庭接受法庭的质证。"这里是将包括强制证人出庭制度等相关改革作为保障被告人对质权的需要，也是实现庭审实质化的需要。对此，"在立法过程中普遍认为，证人证言是刑事诉讼的重要证据，对于查明案件事实真相和正确定罪量刑关系重大。现行法律对证人作证义务的规定过于笼统，对哪些证人应当出庭作证、不出庭的法律后果没有明确规定。司法实践中，证人出庭率低，导致庭审中的质证、辩论形同虚设，庭审改革流于形式。"[①] 可见关于证人出庭相关修法的目的是明确的，针对的就是庭审流于形式的弊病。时任最高人民法院院长王胜俊指出："要在庭审中引导控辩双方围绕争议关键和存疑问题展开法庭调查与辩论，要通过高质量的庭审活动，把人民法官的司法能力和审判作风展示在法庭，展示在诉讼各方和社会公众面前，确保审判效果，维护司法公正，树立司法公信，提升司法权威。"[②]

最后，从刑事政策的角度来看，审判中心主义的诉讼制度的改革方向必然要求庭审实质化。在刑事法有权解释体系中，无论是全国人大常委会，还是最高人民法院和最高人民检察院，其解释活动都受到党和国家的刑事政策的指导。审判中心主义作为当前党和国家的一项重大决策，对我国刑事诉讼的发展具有关键性的意义。党的十八届四中全会通过的中共中央《关于全面推进依法治国若干重大问题的决定》要求："推进以审判为中心的诉讼制度改革，确保侦查、审查起诉的案件事实证据经得起法律的检验。全面贯彻证据裁判规则，完善证人、鉴定人出庭制度，保证庭审在查明事实、认定证据、保护诉权、公正裁判中发挥决定性作用。"[③] 上述要求从政策层面为我国刑事诉讼法的未来发展指明了方向，而审判中心主义显然要以庭审为重心，庭审的重要意义被凸显出来，而承载着庭审实质化重任的对抗式诉讼以及相应的证人、鉴定人出庭、证据裁判规则等便具有了内在的法治逻辑。

二、网络庭审实录所透视出的中国刑事审判

我国刑事审判在司法实践层面的样态需要通过实证研究来解读。[④] 本研究的基本思路是在内地和香港同时征集志愿者，以网络庭审实录为观察对象，通过问卷调查和比较来审视不同背景的参与调查人对我国刑事审判模式的认识。之所以选择香港的志愿者作为对照组，主要是考虑到香港具有普通法的背景，能够从普通法法域的视角来审视我国的刑事审判。参与调查人分为四组，分别是内地法律背景组（简称 C1 组）、内地非法律背景组（简称 C2组），香港法律背景组（简称 H1 组）、香港非法律背景组（简称 H2 组）。这样的取样方

---

① 黄太云：《刑事诉讼法修改释义》，载《人民检察》2012 年第 8 期。

② 王胜俊：《认真学习贯彻修改后刑事诉讼法 不断开创刑事审判工作新局面》，载《人民日报》2012 年 3 月 28日第 8 版。

③ 《中共中央关于全面推进依法治国若干重大问题的决定》，人民出版社 2014 年，第 23 页。

④ 本文的实证研究由浙江大学法学院和香港中文大学社会学系联合课题组共同完成，香港中文大学社会学系钟华副教授参与了问卷调查的组织工作，美国俄克拉荷马州立大学社会学系梁斌副教授参与了问卷设计等研究工作。

式，使得本研究不仅可以比较中国内地民众和身处普通法系的香港人对于中国刑事审判的不同认识，而且可以比较法学背景和非法学背景的参与调查人之间对该问题的认识。后者实际上比较了不同知识背景下，特别是法律人与非法律人对于中国刑事审判的不同认识。调查中，C1 组回收有效问卷 236 份，C2 组 230 份，H1 组 24 份，H2 组 40 份。所选取的网络庭审案例均来源于中国法院网。随机选取了中国法院网上的两个刑事审判案例，①调查的方式是参与调查人先观看网络庭审实录，然后根据所观看内容完成问卷调查。

（一）积极的法官还是消极的法官

对抗式诉讼的典型特点是消极的法官和争斗的当事人。那么，中国的刑事审判中法官是什么样的角色呢？为了对法官在刑事庭审中的表现做一个评价，参与调查人被问及法官的语言、法官的中立性、法官的总体表现问题。表 1 中显示的是对上述问题表示不满意的被调查人数量与比例。数据显示，上述三个问题中，C1 组对法官表现不满意的要多于 C2 组非法学背景的参与调查人。访谈显示，不满意主要集中于法官在审判中表现出的中立性不足，并且认为法官偏向于作为追诉方的检察官。

关于法官的语言和法官的中立性问题，香港和内地参与调查人的回答相接近：多数人对法官的这两项表现表示满意，但法律背景组与非法律背景组比较起来，不满意的比例更高一些。当评价法官的总体表现时，香港的参与调查人的评价与内地组有所差异：H1 组似乎对法官表现出更多的宽容（12.5%不满意），低于 H2 组（15%不满意）。不满意的主要原因包括：有罪推定、偏向检察官、很少提供辩护的机会、没有解释为什么两位被告人的量刑有所不同。有意思的是，上述对于法官表现的批评主要是来自 H2 组。

表 1　对法官表现的评价

	对法官语言不满意	法官中立性不足	法官总体表现欠佳
C1 组	46（19.4%）	9（3.8%）	9（3.8%）
C2 组	17（7.3%）	11（4.7%）	23（10%）
H1 组	5（20.8%）	8（33.4%）	3（12.5%）
H2 组	3（7.5%）	6（15%）	6（15%）

问卷中还涉及对人民陪审员的评价。对于人民陪审员在法庭中的表现表示不满的比例非常高，这主要归因于人民陪审员在审判中的消极表现。几乎所有（2 人除外）的内地参加调查人对人民陪审员的表现都不满意。在香港的问卷中，对人民陪审员的表现同样多数持否定态度，除 1 人外都选择了不满意。两地调查所发现的共性是参与调查人都没有看到人民陪审员在这两个案例审判中的积极作用。

（二）对控辩对抗的评价

参加调查人被要求评价检察官、被告人及其律师在刑事庭审中的表现。表 2 中列举的

---

① 两个案例分别是：（1）北京海淀法院审理的八人冒充报社人员骗宣传费 36 万被诉案，http://www.chinacourt.org/zhibo/zhibo.php? zhibo_id＝2942；（2）上海一中院审理的一起走私普通货物案，http://www.chinacourt.org/zhibo/zhibo.php? zhibo_id＝2962。最后访问日期 2015 年 9 月 23 日。

是不满意检察官、被告人、辩护律师的表现的数据。该数据显示，对于检察官在法庭上的表现，非法律背景组和法律背景组的评价有所差异：C2 组对检察官的不满意比例（12.1%）要高于 C1 组（5.1%）。对检察官表示不满意的被调查人指出，检察官只是走形式，没有对辩方提出的问题做回应，并不真正关注被告人。

在内地的问卷中，C1 组和 C2 组对于被告人的自我辩护和辩护律师的自我辩护的不满意比例差不多，都是在 30%~40%。参与调查人对于被告人和辩护律师的表现不满意的主要原因包括：被告人没有行使自身的权利，被告人处于被动地位，他们没有积极、努力地自我辩护（如有的被告人甚至否定辩护律师的无罪辩护）。相比之下，认为辩护律师表现不佳的主要原因是没有提交证据，没有为了被告人的权益而努力，不够专业，庭前没有与被告人充分沟通，辩护不得力。

对于检察官的表现，H2 组只有 1 人批评检察官只是在遵循某种形式，2 位持否定态度的 H1 组参与调查人则认为检察官的控诉过于简短，并不能充分证明被告人有罪。

与内地的问卷类似，H1 组有将近 40% 的人对被告人和辩护律师在法庭上的表现不满意。但是，在这个问题上，H2 组似乎比 C2 组更为宽容：H2 组只有大约 20% 的人对被告人及其律师表示不满意。对被告人表现的批评主要包括：被告人的自我辩护非常不充分，所有被告人做有罪答辩，不少被告人放弃了自我辩护的权利。对辩护律师的表现不满意的理由主要包括：辩护律师与被告人的意见不一致，放弃了做最后陈述的权利，放弃或突然改变了其辩护意见，很少提供客观证据，等等。

表2　对检察官、被告人、辩护律师表现的评价

	不满意检察官的表现	不满意被告人的表现	不满意辩护律师的表现
C1 组	12（5.1%）	92（38.9%）	85（36%）
C2 组	28（12.1%）	92（40%）	70（30.4%）
H1 组	2（8.3%）	9（37.5%）	9（37.5%）
H2 组	1（2.5%）	9（22.5%）	8（20%）

（三）对于刑事庭审的总体评价

以开放式问题的形式，参与调查人表达了对我国刑事庭审的总体评价，指出了刑事庭审存在的问题，具体内容如表3所示。在内地的问卷中，两组参与调查人最关注的问题集中于三个方面：（1）刑事审判程序过于形式化。（2）被告人的自我辩护和律师的辩护都显得乏力。实际上，多数被告人在法庭上显示的是非常"合作"的态度，如供述有罪，被告人和律师的辩护对审判结果都没有实质影响。（3）控辩双方失衡，法官倾向于检察官而不是持中立立场。有所差异的是，法律背景组提出了对法庭证据的关注，这多少显示出法学专业训练的影响。但 C1 组和 C2 组对两个共性的问题都没有给予关注：其一是多名被告人同时参加审判，其潜在的利益冲突问题；其二是没有证人出庭作证，违反了质证权保障和言词对辩的要求。而这两个问题在英美法系国家的刑事审判中都是很受关注的。

在香港的问卷中，两组都关注到了辩护乏力和审判程序的形式化问题，这与内地的参与调查人所认识的是一致的。但是，没有香港的参与调查人提到法官缺乏中立性。香港的

参与调查人似乎更加关注内地刑事审判与香港刑事审判的差别。例如，H2 组有人具体指出，内地法官没有在法庭开庭时询问被告人先前的犯罪记录，而香港法官通常会问。香港的参与调查人都关注到了被告人的隐私权问题，并建议庭审实录的上网应事先得到被告人的同意或者遵循某种标准，如仅限于严重刑事犯罪。关于证据方面，香港 C2 组有人的评论指出了没有证人出庭作证的问题。

表 3 对刑事庭审的总体评价

	涉及的评价
C1 组	庭审被法官、检察官支配，缺乏控辩对抗的实质内容，像演戏 很少涉及证据问题，审判过于形式化，没有实质意义 辩护不利，辩护律师过于消极，没有发挥作用
C2 组	僵化的程序，按部就班，形式化，没有太多实质性内容 被告人态度很好，都没有充分行使自己的权利，被告人处于不利地位，而律师几乎没有作用 缺乏中立的裁判者，没有充分保护被告人的权益，法官的提问过于简单
H1 组	辩护很弱以及没有充分的法庭辩论，被告人做了有罪答辩 和香港的法律实践不一样 审判过于形式化 没有注意保护被告人的隐私权
H2 组	僵化的程序，按部就班，形式化，没有太多实质性内容 被告人做有罪答辩，其权利被忽视 和香港的法律实践不一样 没有证人出庭作证 相同案件被告人的量刑有所不同，对原因没有作出清楚的解释 没有保障被告人的隐私权（在庭审实录中过多报道被告人的个人信息）

三、迈向庭审实质化的中国式对抗制刑事诉讼

（一）缺乏庭审实质化的中国刑事审判

上述问卷调查从一个侧面显示了参与调查人对于我国刑事审判程序的认识，其评价给我们展示的是尚缺乏庭审实质化的中国式对抗制刑事诉讼。参与调查人通过观察两个案例后对我国刑事审判程序提出的批评性意见具有一定的现实意义。指出的问题主要包括：其一，看到两个案件的审判程序都体现出僵化、形式化的特点，像安排好的戏剧，没有实质意义的辩论，并且已经有了可预见的结果。其二，被告人的自我辩护和律师的辩护都明显处于弱势，没有形成一种真正的对抗。其三，注意到庭审中的控辩失衡，也就是说法官显然是倾向于检察官的控诉，而不是听取辩护意见。

上述对于中国刑事审判程序的评价虽然不是系统、精确的，却可以在一定程度上印证我国刑事诉讼法学界之前对于该问题的研究。如法官具有追诉倾向且缺乏足够的中立性，

检察官在法庭上明显处于优势地位，对被告人辩护权的有效保障做得不够等问题，显示出我国刑事审判程序尚未真正形成学者们所主张的控辩平等对抗、法官中立裁判的对抗式诉讼模式。这两个案例的庭审实录也大体显示出我国刑事审判仍具有较强的纠问色彩，甚至是"流水作业"式构造，即从警察侦查、检察官起诉到法官审判都具有国家追诉、合作式打击犯罪的特点。

（二）通过庭审实质化迈向中国式对抗制刑事诉讼的基本思路

对抗制并不单纯指向当代英美的刑事诉讼，而是共同指向英美法系和大陆法系的诉讼制度。如同弗兰克法官所言："在最低限度的意义上，所有西方世界的司法制度都是对抗制的，因为在这些国家，当事人都是对立的，都是与国家进行对抗，都有机会获得一个中立且独立的法官听取其意见，都能获得站在其立场上的法律代理人的代理。"[1] 从英国的审判和法庭的性质来看，"刑事审判本质上是对抗式的，但是对被告人的起诉的案件被要求以公正、客观的方法提起"。[2]在德国，传唤必要证人出庭是审判长的责任。控辩双方都可以向法庭推荐专家证人，辩护方也可以自己请专家证人。[3] 在欧陆，当存在证人证言时，传统上将证人证言视为决定刑事被告是否有罪的最重要的证据来源之一。在一些欧洲司法域，两个相互印证的证人证言被认为已经足够认定有罪。[4]可以说，对抗制是刑事司法文明共通的规律。

从法律层面来看，我国现行立法的精神和具体规定都是要走对抗式路径，并且力推实质化的庭审。而上述实证调查又显示出我国刑事审判尚存在诸多差距。可见，主要问题并不是出在立法，而是司法实践的问题。[5] 因此，我们无须对刑事诉讼法提出更多的修改建议，而应力求刑事司法实践能够严格地遵循法律所确立的对抗式诉讼，这背后既有理念问题，更有技术性改良的空间。从理念层面来看，一是践行无罪推定理念，强调辩方的平等武装权；二是弱化纠问色彩，强调法官独立行使审判权；三是证人以言词形式作证，强调被告人的质证权；四是扩大司法透明，强调民众在刑事司法中的参与权。从技术层面来看，首先，律师有效辩护权保障是实现控辩平等对抗的前提；其次，在法官独立行使审判权和科学责任担当之间应寻找平衡点；再次，建立有争议的必要证人出庭制度，限制笔录证据的证明力；最后，尝试通过量化方式推动司法的公开透明，使法庭真正成为展示"看得见的正义"之场域。

（作者单位：浙江大学法学院）

---

① 转引自易延友：《对抗式刑事诉讼的形成与特色》，载《清华法学》2010 年第 2 期。

② Craig M. Bradley, ed., Criminal Procedure: a Worldwide Study (second edition), Carolina Academic Press, 2007, p. 180.

③ 同上，pp. 266-267.

④ Sarah J. Summers, Fair Trial: The European Criminal Procedural Tradition and the European Court of Human Rights, Dissertation der Rechtswissenschaftlichen Fakultat der Universitat Zurich, 2007, p. 141.

⑤ 胡铭：《司法公信力的理性解释和构建》，载《中国社会科学》2015 年第 4 期。

建立以审判为中心的诉讼制度研究

况继明　刘　悦

一、建立以审判为中心的诉讼制度的意义

建立以审判为中心的诉讼制度是我国依法治国的基本治国方略的重要组成部分，是司法机关对诉讼规律认识提升的重要体现。建立以审判为中心的诉讼制度，是实现刑事诉讼法保障人权，避免冤错案件发生的重要手段。建立以审判为中心的诉讼制度，要求案件审理由审判机关把关，不受行政机关、社会团体和个人的干涉。

（一）依法治国

建立以审判为中心的诉讼制度是我国依法治国的必然要求。中国共产党第十八届中央委员会第四次全体会议首次以全会的形式专题研究部署全面推进依法治国的基本治国方略。会议通过的《关于全面推进依法治国若干重大问题的决定》提出要推进以审判为中心的诉讼制度改革。

建立以审判为中心的诉讼制度是我国司法机关贯彻依法治国的指导思想，也是司法机关对诉讼规律不断认识提升的重要体现。最高人民法院在 2015 年发布的《关于全面深化人民法院改革的意见——人民法院第四个五年改革纲要（2014—2018）》中也对建立以审判为中心的诉讼制度的必要性和发展改革路径作出了全面规定。意见中明确指出，建立以审判为中心的诉讼制度，可以确保庭审在保护诉权、认定证据、查明事实、公正裁判中发挥决定性作用，实现诉讼证据质证在法庭、案件事实查明在法庭、诉辩意见发表在法庭、裁判理由形成在法庭的以审判为中心的诉讼过程。

（二）保障人权

建立以审判为中心的诉讼制度可以保障人权，保障人权可以有效避免冤错案件的发生。保障人权在诸多刑事实体价值中居于核心地位，是正义的底线[①]。当一个无罪的人被错判有罪时，正义必然无法实现。保障人权在刑事诉讼程序中主要强调保障犯罪嫌疑人、被告人的人权。犯罪嫌疑人、被告人在刑事诉讼中处于天然的弱势地位，需通过一系列的刑事诉讼制度保障犯罪嫌疑人、被告人的合法权利。保障人权需坚持对被追诉人进行无罪推定和提供一系列措施保障其合法权利。

无罪推定原则要求对犯罪嫌疑人、被告人在被法院宣判有罪之前，都应该在法律上视

---

① 宋英辉等著：《刑事诉讼原理》，北京大学出版社 2014 年版，第 13 页。

其为无罪。目前我国基本确立了无罪推定的原则。依据我国刑事诉讼法规定，不得强迫任何人证实自己有罪。证明被告人有罪的义务由侦查机关和检察机关承担，并且严禁采用刑讯逼供以及其他非法方式收集证据。

无罪推定原则还要求向犯罪嫌疑人、被告人提供一系列保障性措施，保障其作为合法公民所享有的权利。例如，2012年刑事诉讼法的修改将法律援助的时间提前至侦查阶段，强化辩护律师的会见、阅卷、调查举证和意见表达等权利，将监视居住作为羁押替代性措施等①，通过以上举措，保障犯罪嫌疑人、被告人在刑事诉讼程序中的权利。

（三）诉讼案件由审判机关把关

建立以审判为中心的诉讼制度需要审判机关把关，对案件的审理结果直接负责。审判机关把关要求刑事诉讼的重心转移至法庭庭审阶段，突出法庭庭审的重要性，强调法官裁判的作用。通过审理案件的法官对控辩双方提交的证据进行质证和辩论，控辩双方提出自己的诉求并对对方主张进行反驳和辩论，法官对案件进行公正审理。

审判机关对案件把关并居中裁判是建立以审判为中心的诉讼制度的关键。审判机关把关要求当法官作出有罪判决时，证据的总体证明力应当达到使法官对案件指控的事实达到排除合理怀疑和内心确信的程度②。我国刑事诉讼法就证明标准作出了以下规定：检察机关的证明责任必须达到定罪和量刑的事实都有证据证明，据以定案的证据均经法定程序查证属实。综合全案考虑，证据对认定事实已排除合理怀疑。

二、建立以审判为中心的诉讼制度的前提条件——让审理者裁判，由裁判者负责

司法系统对内去行政化、对外减少不正当的干预并树立司法权威是建立以审判为中心的诉讼制度的前提条件。

（一）去行政化

我国法院的行政色彩过于浓厚，影响法官独立判案的贯彻落实。建立以审判为中心的诉讼制度需去行政化，将案件的事实认定和法律适用的权利回归于合议庭和主审法官。

避免法官在办理案件中过多地受到行政因素的干扰，让审判权回归合议庭和主审法官应从以下三个方面入手：一是要保证各级法院的独立性，避免上级法院对下级法院的不正当干预，改革法院不合理的考评体系。依据我国法律规定上下级法院属于监督与被监督的关系，但是在实践操作中，上下级法院通常处于领导与被领导的关系。二是要保证法官的独立性，避免本级法院内部的行政领导。严格法官的责任制，淡化对法官的行政管理。借鉴其他国家做法，在法院内设立类似法官委员会或者法官会议的机构，负责法院重大行政事务的决策③。三是要改革法院审判委员会制度。我国刑事诉讼法规定对疑难、复杂、重大案件合议庭难以作出决定的，交由审判委员会讨论决定。审判委员会制度一方面让法官独

---

① 宋英辉等著：《刑事诉讼法修改的历史梳理与阐释》，北京大学出版社2014年版，第5页。
② 宋英辉等著：《刑事诉讼原理》，北京大学出版社2014年版，第14页。
③ 宋英辉等著：《刑事诉讼原理》，北京大学出版社2014年版，第49页。

立对案件进行审判流于形式；另一方面违反刑事诉讼直接言词的原则。直接言词原则要求法官只能依据经过法庭庭审的证据作为裁判基础①，通过对证据的审查，当事人的质证和辩论等认定案件事实和适用法律，不能通过法院内部的讨论完成对案件的裁判。

（二）减少不正当干预

建立以审判为中心的诉讼制度还需要确保法院的独立性，减少司法体统之外的不正当干预。法院独立尤其要注意避免行政机关对法院的干预。保证法院的独立性需要从以下几个方面来加强完善：一是需要确保法院的经费和物质保障不受行政机关的制约。法院完全独立于行政机关，脱离行政机关对法院的限制。二是建立独立的法官任命、罢免、豁免制度和考核体系。

减少不正当的干预，还应避免社会舆论过分影响司法独立。刑事审判工作区别于政府对社会事件的行政管理或治理，刑事审判将剥夺当事人的财产权和人身自由权，甚至是生命权。近些年来，由于经济的飞速发展，民意通过某些渠道呈几何式传播易于对司法造成舆论压力，并且民意的内容有时无法与法律适用一致。避免民意过度影响司法，保障司法独立是建立以审判为中心的诉讼制度的前提条件之一。

（三）树立司法权威

法律必须被信仰，否则它将形同虚设②。司法权威是建立以审判为中心的诉讼制度的前提条件之一，亦是实现司法公正和高效的必要条件。依法治国的标志之一就是建立社会主体普遍敬仰、遵从和依归为特征的司法权威③。

要树立司法权威，应当从以下三个方面完善：第一，树立司法权威需要提升公安、司法机关的专业素养。提升刑事诉讼活动主体的专业素养，较高的专业素养能够比较准确地辨别事实真伪，精准地把握法律的精神价值，从而正确适用法律，这有利于刑事诉讼目的的实现并树立司法权威。第二，树立司法权威需要判决内容公开（涉及国家机密、商业秘密、个人隐私除外）。公开判决内容能够让当事人和诉讼参与人及社会公众了解法官作出裁判的案件事实和法律依据，一方面让当事人了解法官作出裁判的依据，有利于息讼止争，节约司法资源；另一方面，让社会公众了解法官作出裁判的依据，有利于社会公众知法、守法、敬畏法治，树立司法权威。

三、公检法三机关角色不能错位

我国刑事诉讼法规定公检法三机关各司其责、分工负责、相互配合、相互制约。各司其责、分工负责是指公安机关、检察机关和审判机关根据刑事诉讼法的规定，在法律规定的权限范围内分别行使职权，各司其职、各司其责，既不能相互替代，也不能相互推诿。相互配合是指公安机关、检察机关和审判机关在分工负责的基础上，使案件的处理能够上

---

① 刘广三主编：《刑事证据法》，中国人民大学出版社 2015 年版，第 70 页。
② ［美］伯尔曼著：《法律与宗教》，梁治平译，三联书店 1999 年版，第 28 页。
③ 卞建林：《我国司法权威的缺失与树立》，载《法学论坛》2010 年第 1 期。

下衔接，协调一致，共同完成查明案件事实，正确使用法律的任务。相互制约是指公安机关、检察机关和审判机关应当按照诉讼职能的分工和程序上的设置，相互约束、制衡，以防发生错误或及时纠正错误，做到不错不漏，不枉不纵。[①]

（一）公安机关

公安机关是我国的治安保卫机关，是各级人民政府的组成部分，同时也是刑事司法机关。依据我国刑事诉讼法规定，公安机关在发生刑事案件后拥有侦查、拘留、执行逮捕、预审、执行和监督等职权。在刑事程序中，公安机关作为最主要的侦查机关，其主要任务是通过采取各种侦查措施和手段，发现犯罪，查明案件事实，抓获犯罪嫌疑人。换言之，公安机关在刑事程序中的主要作用是通过必要的侦查手段，将社会生活中已经发生的犯罪事件纳入刑事诉讼的轨道，保证国家刑罚权的实现。此外，通过公安机关侦查职责的行使，可以对犯罪行为进行规律性的追究，避免检察机关滥用其公诉垄断权力[②]。

公安机关应当在法律规定的范围内进行刑事侦查活动。我国 2012 年修订的刑事诉讼法完善了侦查措施，赋予侦查机关必要的侦查手段，强化侦查措施的规范、制约和监督。例如，将传唤和拘传的时间延长至 24 小时，有利于公安机关第一次讯问犯罪嫌疑人就能够获得有效信息，提高破案效率[③]。2012 年修订的刑事诉讼法第 148~152 条增加了技术侦查措施的内容，对技术侦查、隐匿身份侦查和控制下交付等措施作出了规定。

公安机关在从事刑事侦查活动时要严格遵守法律的规定，不得跨越法律规定的职权范围进行侦查活动。公安机关从事的刑事侦查活动，从功能上来说是为了收集足够的证据，证明犯罪事实和抓获犯罪嫌疑人，为检察机关提起公诉提供保障，因此从这个维度上来说，公安机关应该注重和检察机关的配合，保证刑事诉讼的流程运行正常。

（二）检察机关

西方国家的司法独立一般指的是以法院独立为核心的司法独立。在我国，司法独立不仅包含法院独立，同时也包含检察院独立。我国刑事诉讼法规定检察机关独立行使检察权。在刑事诉讼中，检察机关既是侦查机关，又是公诉机关，同时还是法律监督机构，具备三重角色。

检察机关作为国家唯一的公诉机关，在建立以审判为中心的诉讼制度中发挥着重要的作用。没有起诉就没有审判，审判阶段的诉讼客体应当由起诉来界定。一方面检察机关作为国家代表行使追诉权，相比个人追诉有着不可比拟的优越性。另一方面，检察机关行使起诉权在体现国家行使追诉权的同时也体现了控辩双方平等对抗，审判中立的诉讼构架。检察机关在行使侦查权和追诉权的同时，还应当注重维护保障犯罪嫌疑人、被告人的合法权利。

（三）审判机关

法院作为国家的审判机关，依法独立行使审判权。建立以审判为中心的诉讼制度就是

---

① 宋英辉等著：《刑事诉讼法修改的历史梳理与阐释》，北京大学出版社 2014 年版，第 7 页。
② 宋英辉等著：《刑事诉讼原理》，北京大学出版社 2014 年版，第 17 页。
③ 李震：《公安机关刑事侦查程序完善研究》，载《理论学刊》2013 年第 11 期。

建立以法院为中心的诉讼制度，强调法院庭审审判的重要性，旨在通过庭审对证据的审查和质证，诉讼当事人和诉讼参与人的辩论，让居中裁判的法官形成心证，对案件进行公正审判。

建立以审判为中心的诉讼制度，需要做到以下两个方面：一是确立诉讼当事人的主体地位，让诉讼当事人和诉讼参加人充分进入刑事诉讼程序并依法行使诉讼权利。保障当事人的诉讼主体地位需要当事人获得听审的机会，同时及时告知当事人在诉讼过程中享有的诉讼权利。诉讼当事人，特别是犯罪嫌疑人、被告人在刑事诉讼中，面对专门的国家司法机关，处于天然的弱势地位，因此保障犯罪嫌疑人、被告人的合法权利得到有效行使尤为重要。我国 2012 年修订的刑事诉讼法将律师介入阶段提前到侦查阶段，同时将法律援助的范围扩大到尚未完全丧失辨认或控制自己行为能力的精神病人、可能被判处无期徒刑的人，并通过完善律师的会见权等方式以保障犯罪嫌疑人、被告人的诉讼权利。二是法官对案件的审理需要改变查明的证明观，转向证明的证明观。依据刑事诉讼法规定的证明标准对案件作出裁判：定罪和量刑都有相应的证据证明，定罪量刑的证据都经过法定程序查证属实，综合全案证据，对认定的事实已排除了合理怀疑。

四、对策措施

建立以审判为中心的诉讼制度是我国当前司法改革和发展的必由之路。综合来看，要建立以审判为中心的诉讼制度，需要完善从刑案以审判为中心、民案以庭审为中心和非法证据排除三个方面以及加强立法和司法解释来进行。

（一）刑案以审判为中心

在刑事诉讼各阶段，刑事审判阶段作为整个刑事诉讼的中心，侦查、起诉等审判前程序被视为审判程序的准备阶段：只有在审判阶段，在诉讼参与人的共同参与下，经过公正的司法程序，被告人的刑事责任才能得到公正的、权威的、最终的确定[1]。刑事案件中建立以审判为中心的诉讼制度关键在于扭转以侦查为中心的刑事诉讼模式。要做到以审判为中心，则法官在对案件的事实审理和法律适用的过程中遵循证据裁判、自由心证、直接言词和集中审理四大原则。

证据裁判要求法官对案件事实的认定，必须有相应的证据予以证明，没有证据或者证据不充分的，不能认定犯罪事实[2]。证据裁判原则要求法官对案件进行事实审理时，除证据以外的东西都不得作为认定事实的依据，不具备作为事实认定的资格。要求裁判的证据必须具有关联性、客观性和可采性。法官据以裁判的证据必须经过法庭调查和质证。

自由心证原则要求法官对法庭经过调查和质证的证据进行取舍，对证据的证明力大小以及对案件事实的认定规则等，由审理案件的法官按照自己的良心、理性形成内心确信，以此作为案件事实的认定[3]。自由心证要求充分发挥法官的能动性，对法庭庭审过程中，依

---

① 王敏远：《2012 年刑事诉讼法修改后的司法解释研究》，载《国家检察官学院学报》2015 年第 1 期。
② 刘广三主编：《刑事证据法》，中国人民大学出版社 2015 年版，第 59 页。
③ 刘广三主编：《刑事证据法》，中国人民大学出版社 2015 年版，第 65 页。

据证据认定案件的事实，形成自由心证。自由心证要求做到法官个人的独立和法院独立，排除来自外部和法院内部的干扰。自由心证还要求坚持无罪推定的原则，要求法官改变查明的证据观，以证明的证据观来进行断案。要求法官在判决被告人之前，都将被告人视为无罪之人，避免产生不必要的偏见和歧视。

以审判为中心的刑事程序还要求法官坚持直接言词的原则。直接言词原则要求当事人和其他诉讼参与人提出的证据，必须在法官面前以口头或者言词的形式经过辩论和质证并经过法庭调查才能作为裁判的依据。要求刑事案件的审判应该以言词的形式进行法庭审理和法庭采证，强调当事人、其他诉讼参与人、法官的亲历性和突出法官对证据的调查收集和判断采纳。通过让控辩双方能够在法庭上充分陈述主张和观点，让法官据以裁判的证据得到充分的辩论质证。直接言词原则的适用，能够通过当事人的口述将案件事实的有关情景（画面）在法庭再现，保证了以证据为基础让法官进行自由心证，对刑事案件的审判具有重要的指导意义。

（二）民案以庭审为中心

建立以审判为中心的诉讼制度要求民事案件以庭审为中心。民事案件以庭审为中心要求对民事案件的审理经过充分的审前程序，一个案件经过一次开庭审理即告终结。民事案件以庭审为中心具有节省司法资源、增加当事人对诉讼的满意度和贯彻直接言词等诉讼原则等优势①。以庭审为中心的民事审判制度将民事案件的审理分为审前程序和庭审两个部分。要求在审前程序之中完成所有事务性工作，如我国民事诉讼司法解释中规定，在我国庭前会议的内容包括明确原告的诉讼请求和被告的答辩意见，审查当事人的诉讼请求，根据当事人的申请决定是否调查收集证据或是证据保全，进行证据交换并归纳争议焦点和进行调解。保证在法庭庭审时让当事人双方进行充分质证和辩论主张诉讼，法官居中裁判。

（三）排除非法证据

建立以审判为中心的诉讼制度，旨在建立以法庭审理为核心的诉讼制度。法庭审理的核心是对证据的审理，要求法官作出裁判只能够依据当庭审理的证据。也就是说，建立以审判为中心的诉讼制度关键在于法官对证据的审理。何种证据能够成为法官据以裁判的证据对建立以审判为中心的诉讼制度具有举足轻重的作用。

我国 2012 年修订的刑事诉讼法第 54 条规定了非法证据排除规则，即采用刑讯逼供等非法方法收集的犯罪嫌疑人、被告人供述和采用暴力、威胁等非法方法收集的证人证言、被害人陈述，应当予以排除。收集物证、书证不符合法定程序，可能严重影响司法公正的，应当予以补正或者作出合理解释；不能补正或者作出合理解释的，对该证据应当予以排除。同时规定公安司法人员采用非法方法收集证据的追责措施，即对于确有以非法方法收集证据情形的，应当提出纠正意见；构成犯罪的依法追究刑事责任。并在法庭审理过程中，赋予法官对可能存在采用非法方式收集的证据进行法庭调查的权利。明确当事人和其他诉讼参与人申请排除非法证据的权利。规定检察机关证明证据收集合法性的义务，并规定如不能证明证据合法性则证据将以非法证据的形式被排除的法律后果。但在司法实践中，各地

---

① 刘万洪：《民事审理的集中化研究——以庭审程序为中心》，载《现代法学》2011 年第 4 期。

人民法院排除非法证据的案例却是很少的。这其中的原因不排除司法机关行政化趋势凸显，公检法三机关配合有余、制约不足以及没有贯彻以审判为中心的诉讼制度。

完善相关法律是建立以审判为中心的诉讼制度的重要方式手段。可以从立法、司法解释两个维度对建立以审判为中心的诉讼制度进行完善。

（四）国家立法

立法方面，尽管 2012 年修订的刑事诉讼法通过制定非法证据排除规则、完善法律援助内容和程序等方面的内容，在建立以审判为中心的诉讼制度方面已经取得了巨大的进展与成就，但是仍有需要进一步改进的内容。一是需要确立不得强迫任何人自证其罪的原则。允许犯罪嫌疑人、被告人保持沉默。二是建立和完善令状制度。我国目前只有逮捕令做到了提请和批准的分离，其他的强制措施由一个部门自行作出并批准，为了进一步完善对犯罪嫌疑人、被告人权利的保护，对国家公权力机关权力的限制，应当建立并完善相关的令状制度，将强制措施的提起和批准的权利进行分离，以做到对强制措施的适度适用。三是明确落实检察院作为法律监督机关的职责。法律监督权作为检察机关检察权的一个重要组成部分，权利的行使状态欠佳。应从立法的角度细化检察机关法律监督的内容、条件、方式、法律后果等。四是完善证据规则，尤其应当确立法官在证据基础上进行自由心证的规则。但是实践中由于没有确立法官依据证据进行裁判的规则，以及传统以侦查为中心的刑事诉讼程序，导致审判的重要性在刑事诉讼中没有得到足够重视。五是完善公安机关的职责，对司法独立的规律通过具体的法律制度予以规范，完善司法机关的人事任免和经费保障措施。

（五）司法解释

司法实践中案件情况千差万别且十分复杂，将抽象的刑事诉讼法律条文适用于具体案件时，时常需要制定技术性规范或者对法律条文作出解释。但是应注意在进行司法解释的时候，就仅属于技术性规则的作出司法解释[1]。刑事诉讼的司法解释应当遵循以司法为中心的原则[2]。司法解释在建立以审判为中心的诉讼制度中可以从以下两个方面进行完善：一是加强对公安机关、检察机关和审判机关在侦查、审查起诉和审判活动中技术性规定的解释。我国传统刑事诉讼程序中以侦查为中心，由于缺乏对侦查、审查起诉和审判的限制性规定，故需要在此方面作出完善，防止公安司法机关对权利恣意使用侵害当事人的合法权益。通过司法解释，将法律规定的内容变得具体化和有可操作性[3]。二是通过对犯罪嫌疑人、被告人等诉讼当事人和诉讼参与人诉讼权利保障作出技术性的司法解释。对当事人权利的保护是刑事诉讼法和刑事诉讼法司法解释的重中之重。三是重视对公检法三机关职权划分的司法解释。

（作者单位：云南省高级人民法院）

---

[1] 宋英辉等著：《刑事诉讼原理》，北京大学出版社 2014 年版，第 42 页。
[2] 王敏远：《2012 年刑事诉讼法修改后的司法解释研究》，载《国家检察官学院学报》2015 年第 1 期。
[3] 王敏远：《2012 年刑事诉讼法修改后的司法解释研究》，载《国家检察官学院学报》2015 年第 1 期。

从念斌案看禁止双重危险在我国的确立

李玉华

一、问题的提出

我国对禁止双重危险的研究大约开始于 20 世纪末诉讼法学界对刑事司法准则和国际公约的研究。[①] 研究的侧重点在于用禁止双重危险改造我国的再审制度，成果之一体现在 2001 年 10 月 18 日最高人民法院《关于刑事再审案件开庭审理程序的具体规定》的出台。该司法解释通过规定"再审不加刑"防止原审被告人面临更多的危险，这是对禁止双重危险一定程度的体现[②]。成果之二体现在最高人民法院 2002 年 9 月 10 日颁布的《关于规范人民法院再审立案的若干意见（试行）》，该司法解释通过规定申请再审的时间来限制再审的开启，进一步体现了禁止双重危险的精神。[③]

之后的研究高潮是从 2003 年 10 月第十届人大常委会将刑事诉讼法的再修改列入立法规划到 2012 年 3 月刑事诉讼法修改通过之前。这个时期的研究主要是想借刑事诉讼法修改之际将禁止双重危险原则吸收到立法之中。[④] 但是，2012 年修改之后的刑事诉讼法并没有将禁止双重危险予以吸收。学界在遗憾之余很快趋于平静，接受现实，毕竟刑事诉讼法刚刚修改，需要关注的新问题很多。

但是，2014 年念斌案的发展变化又将禁止双重危险问题提到了公众的面前。由于该案影响大，第一次让公众感觉到禁止双重危险问题如此真切、如此迫近。而与无罪判决后再次立案侦查的念斌案形成对照的是再审制度的开启有时又显得非常困难，如 1996 年发生的内蒙古呼格案在 2005 年真凶出现 9 年多以后的 2014 年 11 月才进入再审。

[①] 始于 1998 年中国签署《公民权利和政治权利国际公约》。代表性成果有杨宇冠：《论禁止双重危险原则》，载《北京市政法管理干部学院学报》2000 年第 3 期；李玉华：《论禁止双重危险与我国刑事再审制度的改革》，载《河北经贸大学学报》2001 年第 3 期；陈瑞华：《刑事诉讼中的重复追诉问题》，载《政法论坛》2002 年第 5 期；秦宗文：《一事不再理的法理与立法选择》，载《现代法学》2004 年第 5 期；宋英辉、李哲：《一事不再理原则研究》，载《中国法学》2004 年第 5 期；等等。

[②] 该司法解释第 8 条规定："除人民检察院抗诉的以外，再审一般不得加重原审被告人（原审上诉人）的刑罚。"

[③] 该意见第 10 条规定："人民法院对刑事案件的申诉人在刑罚执行完毕后两年内提出的申诉，应当受理；超过两年提出申诉，具有下列情形之一的，应当受理：（一）可能对原审被告人宣告无罪的；（二）原审被告人在本条规定的期限内向人民法院提出申诉，人民法院未受理的；（三）属于疑难、复杂、重大案件。不符合前款规定的，人民法院不予受理。"

[④] 代表性成果有王敏远：《刑事诉讼法应确立禁止双重危险原则》，载《中国社会科学院院报》2007 年 7 月 31 日第 6 版；王敏远：《刑事诉讼法学研究的转型——以刑事再审问题为例的分析》，载《法学研究》2011 年第 5 期；熊秋红：《联合国人权公约与中国刑事诉讼法的修改》，载《刑事司法论坛》(第一辑)，第 169~185 页；陈学权：《禁止双重危险原则的发展趋势》，载《人民法院报》2005 年 2 月 2 日；等等。

二、什么是禁止双重危险中的"危险"

念斌在被判无罪之后，又被侦查机关重新立案，限制出境。重新立案是不是双重危险？禁止双重危险是现代法治国家刑事诉讼中普遍确立的一项原则，但是由于不同国家的刑事诉讼制度不同、面临的犯罪形势不同，在禁止双重危险原则的贯彻上也呈现出不同。具体体现在"第一重危险"和"双重危险"的界定上。

（一）什么是第一重危险

禁止双重危险原则起源于早期的罗马法和教会法，17世纪在英国形成了禁止双重危险的现代形态。最具有代表性的表述有两个：一个是美国《宪法修正案》第5条"任何人均不得因同一犯罪而被迫两次遭受生命或身体上的危险"；另一个是联合国《公民权利和政治权利国际公约》第14条第7款"任何人已依一国的法律及刑事程序被最后定罪或宣告无罪者，不得就同一罪名再予审判或者惩罚"。

英美法系国家普遍采纳禁止双重危险原则，与之相对应，大陆法系国家大都确立了"一事不再理"原则，从禁止双重危险和一事不再理原则的含义和主要内容来看，两者的精神是相通的，只是侧重点有所不同[1]，适用的范围有所不同。其实，即使都是英美法系国家，禁止双重危险的适用范围也不尽相同，即使同一国家不同时期的适用范围也不相同。因此，从一定意义上也可以说禁止双重危险是当今世界法治国家普遍采用的一项刑事诉讼原则。

禁止双重危险中的"危险"，是刑事诉讼中的犯罪嫌疑人、被告人由于被追诉而面临的不利境遇，如身体上的种种限制和精神上的不快；由于被追诉而带来的生活或者工作上的种种不便和影响。具体表现为：担心被定罪而产生的焦虑；被采取强制措施而人身自由受到限制或者被剥夺；由于参与诉讼活动不能按计划出行等；无辜而被错误定罪的风险……

根据禁止双重危险原则，第一重危险是被追诉者依法应当承受的。什么是被追诉者必须忍受的第一重危险呢？概括而言，就是一次完整的刑事追诉所经历的种种危险。其核心问题是：第一重危险的终点在哪里？在大陆法系国家，"第一重危险"通常是指整个刑事诉讼追诉的过程，直至法院生效的裁判作出，有可能经历两次审判或者三次审判，视各国的审级制度而定。[2]

在英美法系的大多数国家，第一重危险通常是指整个刑事诉讼追诉的过程，直至一次有效的裁判作出[3]，如英国、加拿大、澳大利亚、新西兰等。有效的裁判可能是无罪裁判，也可能是有罪裁判，但是需要符合两个条件才能有效："第一，被告人必须是由拥有管辖权的法院作出无罪或有罪裁判，原法庭审判程序不存在越权问题。第二，虽然原无罪判决或

---

① 一事不再理原则更加着眼于法的稳定性；禁止双重危险原则的侧重点在于使被告人不会因为同一行为遭受两次危险，维护被告人的合法权益。

② 大陆法系实行两审终审的国家有葡萄牙、丹麦等；实行三审终审的国家有法国、德国、意大利、日本等。

③ 在英美法系中，也有一些制度可以对生效裁判进行补救，如人身保护令、调卷令、禁审令、履行职务令等。

有罪判决是由有管辖权的法院作出的，但是原审判程序如此异常和不规范，以致无效，对这样的案件进行重新审判，不存在双重危险问题。"①

而在美国，对第一重危险的界定与其他英美法系国家不同，表现得比较复杂。在早期的美国法中，第一重危险的终点也是判决的作出；1833 年以后，第一重危险的终点不再是法院作出判决。根据美国现行判例法，只要刑事诉讼进入庭审阶段，就视为已经存在危险，但也有例外，如出现悬案陪审团或因陪审员生病等特殊情况，则可以重新审判。

（二）双重危险

"双重危险"是指两次或两次以上的危险。关于"双重危险"的界定不同国家存在差异。关键取决于"第二重危险"的起点在哪里。

在我国诉讼法学界，人们习惯于将裁判生效后的再审看作第二重危险的开始。其实，这是一种望文生义的误解。第二重危险是任何可能导致一个人被再次审判的追诉行为，如立案、侦查、起诉和再审。

美国联邦大法官布莱克（Justice Black）在格林诉美国（Green v. United States）一案的判决中写道："（禁止双重危险的）深层理念——一种至少在益格鲁-美利坚的法律原则体系中深深根植的理念是，拥有各种资源和权力的国家不应当被允许因为一个公民一项被指控的犯罪，而反复作出试图使他得到定罪的努力，以致把他置于尴尬、消耗和使其意志遭受痛苦磨难的状态之中，迫使他生活在一种持续的焦灼和不安全状态之中，同时增加即使他无罪，但也会被判定有罪的可能性。"② 在法国，1808 年的拿破仑刑事诉讼法典认为双重危险也不限于审判，而是规定"任何被依法判决无罪的人，均不得因同一行为再次被拘禁或再次被起诉"。③

三、禁止双重危险在我国确立的前景

（一）禁止双重危险在我国的确立是发展的必然

禁止双重危险是刑事诉讼内在价值规律的要求。禁止双重危险有利于保障被告人的权利；有利于维护判决的有序性和稳定性；有利于诉讼经济。④

禁止双重危险的确立是由我国刑事诉讼法的发展阶段决定的。禁止双重危险是一个国家的刑事诉讼发展到高级阶段的产物，在初级阶段是不可能产生的。禁止双重危险至少已经在 50 多个国家的宪法中得到了确认。20 世纪 60 年代，美国学者西格勒指出："很显然，在刑事诉讼尚处于不成熟的发展阶段的国家，我们不可能发现禁止双重危险的概念，但是，对于文明的国家而言，这样一种原则应当是被牢固确立的。综观判例法和许多国家的法典，

---

① 张毅著：《刑事诉讼中的禁止双重危险规则论》，中国人民公安大学出版社 2004 年版，第 191 页。
② 张毅著：《刑事诉讼中的禁止双重危险规则论》，中国人民公安大学出版社 2004 年版，第 29 页。
③ 张毅著：《刑事诉讼中的禁止双重危险规则论》，中国人民公安大学出版社 2004 年版，第 32 页。
④ 详见李玉华、姜阁：《论禁止双重危险与我国刑事再审制度的改革》，载《河北经贸大学学报》（综合版）2001年第 3 期。

结论是：确实，这样一种概念或多或少通常都是被承认的。"[1]

我国的刑事诉讼理念及立法随着中国社会的快速发展而不断发展，1979年我国第一部刑事诉讼法典通过以后，1996年、2012年先后两次进行了修改，不断吸收世界先进理念及成果。与此同时，我国还加入了许多国际公约。在这一快速的发展过程中，禁止双重危险在我国也经历了一个由鲜为人知到知之较多、由难以接受到逐步接受的过程。禁止双重危险在我国立法中的确立也是发展的必然。

（二）我国确立禁止双重危险的模式选择

1. 一般禁止加例外是最佳的选择

我国引进禁止双重危险的总体思路应当是：维护生效裁判的权威性，使不该开启的重复追诉程序难以开启；明确可以重复追诉的条件、情形及程序，使应该开启的程序正常开启。

由于历史的原因，我国并无禁止双重危险适用的历史传统。但历史发展到今天，互联网的发展加速了全球化的发展。在法律观念上也有了越来越多的相同之处。禁止双重危险的适用也是如此。从禁止双重危险在世界范围的运用情况可以看出，其正在从绝对走向相对；大多数国家的立法采用一般禁止加例外的方式确立该原则，其中以英国的适用最具代表性。

后发的优势在于可以全面地观察与借鉴他国发展的经验，少走弯路。由于两大法系的融合以及人权保障观念的发展，英国的一般禁止加例外的模式值得我们借鉴。在英国，由于司法改革考虑到社会正义和被害人的利益，2003年刑事审判法规定了禁止双重危险的例外。对此，也有不同的观点，但是自2005年实施以来，禁止双重危险例外的运行效果良好，并没有出现例外引入立法时人们所担心的情况。[2] 由于我国刑事诉讼制度的不同，在借鉴吸取其合理精神时，也要注意中国化。禁止双重危险的引入不应当机械地套用某一国家的法律，而应汲取其合理的精神内核，结合我国的具体制度进行落实。我国确立禁止双重危险时，在立法上可以作如下表述："根据我国刑事诉讼法的规定，对一刑事案件已经作出生效裁判后，不得就同一案件事实再次进行刑事追诉或审判，法律另有规定的除外。"

2. 需要说明的几个问题

（1）第一次危险的终点。在我国，生效裁判的作出是第一次危险的终点。如果生效裁判还没有作出，那么不管处于刑事诉讼的什么阶段均不构成危险，更无基于此的双重危险。例如，作出不立案、不起诉决定或者一审裁判未生效或者死刑案件未经核准等。这既符合国际公约的规定又符合我国刑事诉讼的审级制度规定。

（2）同一案件事实。在我国确立禁止双重危险原则后，除法律规定的情况外，判决生效以后，既不能以相同的罪名进行重复追诉，也不能更换罪名进行重复追诉。

（3）再次追诉或审判。再次审判，是指法院生效裁判作出之后的审判。再次追诉具体包括为审判之目的而发动的可能引起审判的追诉活动，如立案、侦查（包括讯问、搜查、

---

① 张毅著：《刑事诉讼中的禁止双重危险规则论》，中国人民公安大学出版社2004年版，第54页。

② 参见 Keir Starmer, Finality in Criminal Justice: When Should the CPS Reopen a Case? Crim. L. R. 2012, 7, p. 532.

扣押、查封、拘传、监视居住、取保候审、拘留、逮捕等）、起诉等。

这里需要说明的是，由于我国的刑事诉讼制度与西方主要国家不同：如我国存在立案制度，强制措施也有所不同，因此具体表述亦有不同。除审判之外，有可能导致审判的重复追诉行为一般也是禁止的。这样规定是为了更好地保护被追诉人的合法权益。当然，这里也有被告人与被害人利益的平衡问题。

为什么要明确重复立案、侦查、起诉等追诉行为呢？因为这些行为虽然不是再次审判，但是同样能够引起再次审判给人带来的诉讼上的危险，如焦虑、自由被剥夺或者受到限制等，而且从诉讼法律规定来看，继续发展下去就会走到审判阶段，还会面临无辜定罪的风险。念斌案的发生已经显示了这一点。

四、禁止双重危险例外的探讨

禁止双重危险从绝对走向相对是一个趋势，相对于一般原则，禁止双重危险的例外是更值得研究与探讨的问题。《公民权利与政治权利国际公约》并没有对禁止双重危险的例外作出规定。《欧洲人权公约》第 7 号议定书第 4 条第 2 项对禁止双重危险的例外规定具有重要的指导意义。[①] 现代在绝大多数国家禁止双重危险原则不仅适用于已经作出无罪判决的案件，而且适用于已经作出有罪判决的案件。我国确立禁止双重危险原则时，其适用范围也应当明确为有罪判决的案件和无罪判决的案件。相应地，其例外的讨论也分两种情况进行。

（一）无罪判决的例外

对于无罪判决，出于维护裁判权威和被追诉人人权的考虑一般是不会对被告人再行追诉和再审的，这是两大法系国家普遍的做法。但是，考虑到现实案件的复杂性、被害人与被告人利益的平衡，社会安全与公正的需要，一些国家也规定了严格的例外。例如，英国 1996 年刑事程序和侦查法第 54 条规定，如果原无罪判决是一项由于某人在有关诉讼程序中干扰或恐吓陪审员或证人而致，那么对原被作出无罪裁判的被告人可以重新进行审判。英国 2003 年刑事审判法规定，对法定最高刑为终身监禁，且犯罪对被害人或社会的危害后果特别严重的故意杀人、强奸、贩毒等 29 种犯罪，在发现新的和令人信服的证据证明原无罪判决确实存在错误的情况下，允许对被判决人再次追究。

什么是"新的和令人信服"的证据呢？英国 2003 年刑事审判法第 78 条将"新证据"解释为"在原审被告人被宣告无罪的程序中没有提出（如果是在上诉审程序宣告无罪的，在与该程序有关的先前程序中也没有提出）的证据"；"令人信服的证据"是指"可靠的；实质性的；并且置于案件的重要争议背景之中，它对证明不利于被判决无罪的人的案件具有高度的证明力"。"重要争议"，"指在宣告此人无罪的程序中有争议的事项，如果是在上诉审程序中宣告无罪的，还包括从先前的程序到上诉审程序中一直有争议的其他任何事

---

① 《欧洲人权公约》第 7 号议定书第 4 条第 2 项规定："如果有表明新的或新发现的事实的证据，或者如果在原诉讼程序中有根本性的瑕疵，有可能影响案件的结果，前款规定不应妨碍根据有关法律和刑事程序对同一案件的重新开启。"

项"。① 但令人信服的证据在英国的司法实践中是容易发生争议的，如DNA证据、被告人后来的承认等比较容易得到认同；而目击者证言、鉴定人证言这两种证据的可信度却容易受到怀疑。②

结合我国的具体情况，无罪裁判不受禁止双重危险原则限制的例外情形应当严格界定为三种情形：

一是公安司法人员贪赃枉法的。如公安司法人员收受被告人或其亲友，或其委托人的好处或者接受请托，贪赃枉法致使实施犯罪行为者被判无罪的。这种情形适用于所有犯罪，不管轻罪还是重罪。目的在于确保司法公正，防止公安司法人员被利用。

二是原追诉程序中存在严重瑕疵导致被告人被判无罪的。如证人、鉴定人作伪证，被害人虚假陈述等。

三是发现有可能推翻无罪裁判的令人信服的新证据。这种例外仅限于"有被害人的严重暴力犯罪案件"，如故意杀人、抢劫、强奸、严重诈骗等。目的在于保护被害人的利益，实现司法公正。

（二）有罪判决的例外

相对于已经生效的有罪判决，拟提起的重复追诉或再审可以分为有利于被告人的和不利于被告人的。

1. 有利于被告人的再审

对原判有罪的，有利于被告人的再审可以分为两种情况：一是有可能改判无罪的。二是有可能轻判的。

对于第一种情况，也就是通常所说的"冤案"，当然应当成为禁止双重危险的例外，这也是世界各国的普遍做法。无罪判有罪的，对于被定罪的人及其家庭来说是一场灾难，一旦发现，不论何时都应当及时纠正，尽其所能将损失降至最低。

对于第二种情况，即有可能轻判的，应当适用禁止双重危险原则，不设定例外。根据我国刑事诉讼法的规定，有罪裁判在生效之前有经过两级法院两次审判的机会。即使再审，结果也通常不会发生质的变化。如果再审，既浪费司法资源，又影响判决的权威性和稳定性。

2. 不利于被告人的重复追诉或再审

这里不利于被告人的重复追诉或再审是指对原已经生效的有罪判决，有可能重判的。对该类案件是否设置例外要分情况：其中的普通案件，适用禁止双重危险原则，原判决已经生效就不再启动重复追诉和再审，即使被告人真的轻判了，考虑到已有过两审的机会，况且又是普通案件，为了维护判决的稳定性和权威性就不再重复追诉或再审，如盗窃案。

而对于有被害人的严重暴力犯罪案件，如故意杀人、抢劫、强奸、严重诈骗等案件，如果原追诉程序有重大瑕疵或者办案人员贪赃枉法导致被告人被轻判或者有令人信服的新证据证明被告人应当重判的，可以重复追诉或再审。

---

① 孙长永等译：《英国2003年刑事审判法及其释义》，法律出版社2005年版，第78页。
② Kenneth G. Coffin, Double Take: Evaluating Double Jeopardy Reform, Notre Dame L. Rev. February, 2010. p. 785.

五、重复追诉与再审的程序控制与救济

基于维护审判的权威性和稳定性，基于保护被追诉者权益的需要，确立禁止双重危险原则；基于司法公正，基于保护被追诉人和被害人的需要，又规定了禁止双重危险的例外。为了防止例外被滥用而最终危害禁止双重危险原则，有必要对例外情形下的重复追诉和再审进行程序上的控制与救济。

（一）程序控制

在英国，2003 年刑事审判法（CJA）确立了禁止双重危险的例外，但是这些例外的适用也有一些程序控制，在不同的阶段需要检察长（DPP）本人的同意。尽管警察可以进行一些重新调查（例如，通过询问科学家对当庭出示的证物重新进行交叉询问质证），但是警察实施以下行为时需征得检察长（DPP）本人的同意：逮捕或者讯问被判无罪者；搜查该人或者其房屋或交通工具；扣押其财产；提取指纹或者生物样本。申请推翻无罪判决的上诉也需要先征得检察长（DPP）的同意。[1]

在我国，重复追诉的行为包括再次立案、侦查、起诉和审判。目前，我国刑事诉讼法规定了应当立案而不立案的监督[2]；最高人民检察院的司法解释还规定了不应当立案而立案的监督[3]。后者主要是针对司法实践中公安机关插手经济纠纷的问题，而不是针对重新追诉的问题。笔者认为，基于重新追诉的立案应当进行必要的程序控制，建议实行审批制：对于侦查机关立案进行重新追诉的，需要检察监督部门审批。

对于再审的启动要进行更为严格的限制，可以从三方面着手：第一，规定法院只能是审查决定是否再审的主体，而不能是主动提起不利于被告人再审的主体。因为允许法院提起不利于被告人的再审，不仅违背了控审分离的原则，也违背了禁止双重危险的原则。第二，对检察院提起的不利于被告人的抗诉，不应当一律开启再审，而应当由法院审查决定是否再审。第三，"将当事人的申诉权改造为申请再审权，不仅有利于诉访分流，而且有利于把申请再审案件纳入诉讼程序，并为构建再审申请之诉打下基础"[4]。

（二）救济

有权力就应当有救济。被追诉人如果认为再次立案、侦查、起诉、审判等行为错误，侵犯自己合法权益的，可以向同级人民检察院提出申诉。作为法律监督机关的人民检察院应当及时受理，并及时查明情况，对相关部门提出建议进行监督，并将处理结果告知申诉人。申诉人如果对人民检察院的处理决定不服，可以向上一级人民检察院申请复议。

---

[1] Keir Starmer：Finality in Criminal Justice：When Should the CPS Reopen a Case？Crim. L. R. 2012，7，pp. 531-532.

[2] 刑事诉讼法第 111 条。

[3] 《人民检察院刑事诉讼规则（试行）》第 554 条、第 555 条、第 557 条和第 558 条。

[4] 江必新：《完善刑事再审程序若干问题探讨》，载《法学》2011 年第 5 期。

六、结语

禁止双重危险是刑事诉讼中的普遍原则，也必将在我国得到确立。但是，"实事求是、有错必纠"以及"强调打击而不能放纵犯罪"的思想和观念影响着禁止双重危险在我国确立的进程以及适用的效果。从个案的角度来说，适用禁止双重危险可能会放纵犯罪，但是从整体上说适用禁止双重危险不仅可以保障人权，维护判决的稳定性，节约诉讼资源，还可以调动公安司法机关在裁判生效之前的工作积极性。我们应当以念斌案为契机，努力推动禁止双重危险在我国早日确立。

（作者单位：中国人民公安大学法学院）

以审判为中心：刑事诉讼元素权重的调整审视

林　林　林润宇

中国共产党第十八届中央委员会第四次全体会议审议通过的《关于全面推进依法治国若干重大问题的决定》（以下简称《决定》）提出"推进以审判为中心的诉讼制度改革，确保侦查、审查起诉的案件事实证据经得起法律的检验"[①]，习近平总书记在关于《决定》的说明中将"推进以审判为中心的诉讼制度改革"作为十个需要说明的问题之一。[②] 可以说这项决定的提出为今后司法改革尤其是诉讼制度改革指出了明确的努力方向，并从促进国家治理体系和治理能力现代化的角度丰富了有关司法改革的理论建构和顶层设计。本文从当下刑事诉讼运行机制的现状出发，对现行刑事诉讼模式进行分析，理性解读以审判为中心的初始意蕴，并从影响审判中心实现的元素变量的角度进行探究，提出调整现行元素权重分配结构，以期对实现改革愿景有所裨益。

一、不能承受之重：当下刑事诉讼运行机制的弊端反思

"以审判为中心"，显而易见是针对刑事诉讼而言。由于历史和现实的原因，我国刑事诉讼实践中存在着一种"司法惯性"：侦查阶段认定的事实和证据在很大程度上影响甚至决定了案件的实体结果和法院的判决，而审判在一定程度上有"走过场"之嫌，审判虚化、审判沦为侦查结论的程序核对员，这即是我国现行司法实践中存在的"侦查中心"模式。

"侦查中心"模式有利于高效率打击犯罪，顺利实现国家刑罚权；但同时也存在着诸多弊端：一是庭审形式化严重，庭审虚化成为常态。"侦查中心"模式关注于对侦查成果的维护和认可，对审判程序尤其是庭审程序缺乏关注。审判对侦查成果进行确认宣读，造成的最直接后果是法庭审判异化为"按脚本演奏的司法剧目"，先定后审、庭外裁决极容易演变成家常便饭，法庭审判形同虚设。二是国家司法权被空置，难以实现对侦查权的司法控制，人权保障弱化。"侦查中心"肇始于打击犯罪的初衷，尤其是在刑事案件高发期，"维稳"的目的需要使得侦查权更加强势，加之审前程序中司法审查严重缺位，导致审判权对侦查权的制约微乎其微，极易形成侦查权对人权的侵犯。三是科学合理的诉讼架构缺失，难以保障案件公正裁决。"侦查中心"强化了侦控职能，审判丧失独立决断的空间和期待可能性，司法传统和固有思维牵制着审判权在正常轨道的运行方式，原本应当由控辩审三方组成的"审理居中"的诉讼结构扭曲，使得相对于侦查机关处于弱势的被告方更加无力，控辩严重失衡，形式正义已然欠缺，基于此而期待实现的实质正义目标自然很难保证。"侦查

---

① 《中共中央关于全面推进依法治国若干重大问题的决定》，人民出版社 2014 年版，第 23 页。

② 习近平：《关于〈中共中央关于全面推进依法治国若干重大问题的决定〉的说明》，人民出版社 2014 年版，第 58~59 页。

中心"下的庭审活动过于依赖侦查卷宗笔录，证人、鉴定人很少出庭，辩护律师难以发挥实质性作用，法庭基本维持侦控方的结论，实质审判难以实现。

"侦查中心"模式引发庭审虚化，本质上导致侦查权对审判权的抽离架空，违背了"未经人民法院依法判决，对任何人都不得确定有罪"所体现的精神。重塑调整"侦查中心"诉讼模式成为司法改革应当加以解决的关键之举，正是在这个背景下，以审判为中心的诉讼制度改革首次被提上官方议程，成为司法改革的重头戏。

二、法治视野下的诉讼改革：以审判为中心的内涵厘定

以审判为中心，并非从根本上否定现行公检法三机关"分工负责、互相配合、互相制约"的运作机制，而是从司法理念、制度设计、实践操作上对"分工负责、互相配合、互相制约"进行的重大改良和深度修正。

本文认为，以审判为中心，是以审判活动为中心，而非以法官、法院或者审判权为中心，也绝非要在司法改革中为法院扩权。以审判为中心的诉讼制度改革是针对"侦查中心"诉讼模式的彻底扭转，还原本应归属于审判机关的职能。以审判为中心的诉讼制度改革，理应重塑审判权威，发挥审判作为"守护公正的最后一道防线"作用，彻底修正"侦查中心"模式对审判权威的忽视。

以审判为中心的本质是刑事案件的事实认定和法律适用以审判为最终评判标准，诉讼程序的聚焦点应当为审判活动，侦查、起诉的成果必须经过审判程序的检验。换言之，审判应当是案件处理的终极标准和权威依据，犯罪嫌疑人有罪与否、罪重罪轻等核心问题皆以审判为标杆，而侦查、起诉只是审判的准备阶段，皆服务于审判，审判改变对侦查、起诉的事实认定是以审判为中心的题中应有之义。

我们可以从以下三个角度来理解以审判为中心的内涵：

（一）充分实现人民法院的定罪量刑权，保障刑罚权的落地生根

以审判为中心，根本目的是使国家司法权回归本位，换言之，就是保障案件的实体处理权在人民法院的审判，将被"侦查中心"模式架空的司法裁判权还给人民法院，使"未经人民法院依法判决，对任何人都不得确定有罪"的精神贯穿整个刑事诉讼活动，保障刑罚权落地生根。我们认为这里包含两个层面的理解：一是司法理念的改变。在实践中，存在着一些以侦查为中心的做法，如案件告破后，法院尚未作出判决，有关方面即召开庆功表彰大会，给侦查人员授奖、提职、加衔。在这种已然背景下，如果法院判被告人无罪，就要承受来自各方面的压力。这种传统意义的认为侦查破案后抓获的犯罪嫌疑人就是真实意义的犯罪人的司法理念亟须改变，在审判中心模式下，无论司法工作者还是一般社会大众，都应当纠正这种偏向的司法认知，案件告破并不意味着真实的罪犯已经确定，只有法院的判决才是连接案件真相和真实犯罪者的权威纽带。诚然，要做到这一点不仅需要法院顶住压力、独立审判，敢于"冒天下之大不韪"作出与侦查机关认定不同的判决，同时需要侦查机关转变惯性思维，把侦查破案与给犯罪嫌疑人打上"罪犯"的烙印划清界限，敬畏人民法院的裁判权威。二是诉讼运行模式的转变。审判中心模式强调一切定罪量刑在审判活动，侦查、起诉对事实的认定和证据采信都只是参加审判的"前奏"，其中必然存有不

确定性，只有案件到了审判阶段，通过开庭审理、控辩举证质证等审判活动才能综合全案证据认定案件事实，人民法院作出无罪或者与侦控机关不同事实认定的有罪判决是合乎司法逻辑的。因此，审判中心模式下的人民法院作出的无罪判决率应当会在一个时期内上升，这种变化改变了过去"公安做饭、检察端饭、法院吃饭"的传统局面，对于公安"做的饭"，法院可以"吃"，也可以"另起炉灶"。

（二）实现"控辩裁"等腰三角形式的诉讼架构，确保多种司法元素有效参与

由控辩裁三方组合而成的诉讼构造是实现司法公正最合适不过的程序设计。在实行当事人主义模式的英美法系国家，控审分离、控辩对抗、法官中立裁判的等腰三角形构造是诉讼程序的基本样态，也是保证裁判公正的理想模式。我们认为这种诉讼架构在当下的刑事司法实践中还远未实现。我国司法实践中以侦查笔录作为定案根据的通常做法，使得1996年刑事诉讼法修改时适当引入的对抗制审判模式成为虚设。尽管2012年的刑事诉讼法修改取得了相当大的进步，但是在这一问题上并未得到根本改变，全案移送的卷宗移送方式反而进一步加剧了案卷笔录中心的影子。提出以审判为中心的诉讼制度改革，首要则是在诉讼架构的模式上实现控辩裁三方参与的基本构造，这是实现审判中心所必须具备的诉讼样态。

（三）发挥庭审在审判程序中的核心作用

贯彻审判中心的关键点在于实现真实的庭审核心，让涉及定罪量刑的所有证据都在庭审中展示，并由控辩双方开展举证、质证、辩论，使得案件真相在庭审中逐步还原，从而为法官的独立公正审判打下基础。以审判为中心要更加强调贯彻证据裁判原则，确保认定的案件事实必须建立在证据基础之上，且证据必须要经过法庭示证、质证并符合法定要件。确立证据裁判原则，能有效限制法官的恣意擅断，为法官心证的形成提供证据基础，保障法官自由心证的合理性，解决法官"拍脑袋"断案的问题。以审判为中心的诉讼制度改革进一步明确了证据能力的标准，对于承担指控犯罪重任的检察机关来说，应当加强证据与待证事实的关联性说理，同时加大非法证据排除力度，力争犯罪指控体系"无瑕疵、无漏洞、无违法"。以庭审为核心，也要防止在审判程序中长期存在的"包括庭前交换意见，调查核实证据，集体讨论案件，内部层层报批，甚至党委协调等在内的一整套庭审前的活动，由此造成'先定后审'的严重问题"[1]。

三、破与立：影响审判中心实现的变量探究

如何确立以审判为中心的合理的庭审结构，我们可以从影响元素权重的角度来分析影响以审判为中心的变量，从而对控辩裁三方的元素权重进行探讨，以期更清晰地得出重构控辩裁关系的路径。

在侦查中心模式下，控方变量由强大的侦查元素和强势的起诉元素叠加而成，辩方变量是由微弱渺小的被告人自行辩护元素与难以充分发挥作用的辩护人辩护元素叠加而成，

---

[1] 卞建林著：《刑事诉讼的现代化》，中国法制出版社2003年版，第321页。

裁判方变量是由难以保持中立而与控方存在"千丝万缕"联系的审判方裁判元素组成。作为侦查中心模式下的各方元素权重，我们可以用图 1 做一个大致的比较。

从图 1 我们可以看出，原本应当处于等腰三角形顶点的裁判方元素倾斜至控方元素方向，且与控方元素存在许多关联交集。表现在司法实践中则为作为审判方的人民法院难以保持中立审判，与作为侦控方的人民检察院、公安机关存在着共同关切，对于公安机关侦查、检察机关起诉的案件很难作出意见相左的判决。另外，图 1 中辩方元素的权重占比微弱，几乎很难做到与控方元素权重相同的比例，形式意义的控辩平等尚不能保证，实质的结果公正更是难以企及。

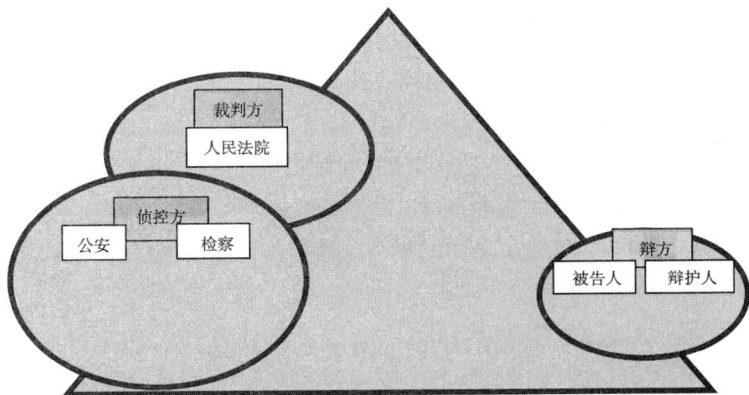

图 1

为了实现审判中心，构建符合正义理念的诉讼架构，我们应当对图 1 的各元素权重分配进行矫正，将其还原至本应有的分配模式。对此，可以从以下几个方向对图 1 模式作出重构的努力。

在图 2 中，我们提出可以采取措施将图 1 中的裁判方元素拉回其本应所处的等腰三角形顶点位置，减少太过强大的控方元素权重和大力增加微弱的辩方元素权重。具体论之，我们可以通过保障控裁分立、平衡控辩力量、提升辩护权重三个途径来实现诉讼元素变量的科学合理分配。

（一）矫正裁判方位置，保障控裁分离

建立审判中心的根本在于推动审判在刑事程序中的终局权威。当然，这并不意味着对审判权不需要进行必要的制约。然而，过度的制约和监督不仅不能保证审判公正，反而会导致外部因素对审判的不当干扰，制约审判中立。如公安机关以"维稳"为由对法院审判施加压力，检察机关以"法律监督"为名对法院审判造成心理暗示，如此种种，对审判机关而言，其往往在内心和表象上皆倾向于控方，对辩方呼声难以顾及。追求以审判为中心的前提是确保审判中立。要实现这一目标，关键在于解决好以下两个问题：

1. 妥善处理检察机关与人民法院的法律监督关系。根据法律规定，只有检察机关对法院审判活动的法律监督，不存在人民法院对检察机关的监督。这对"审判中心"提倡的"审判权威"有一定的冲击，因为在审判中存在两个合法的权威："审判权威"与"法律监督权威"，检察机关理应处理好两个"权威"的界限以便在诉讼制度框架内有效解决控审

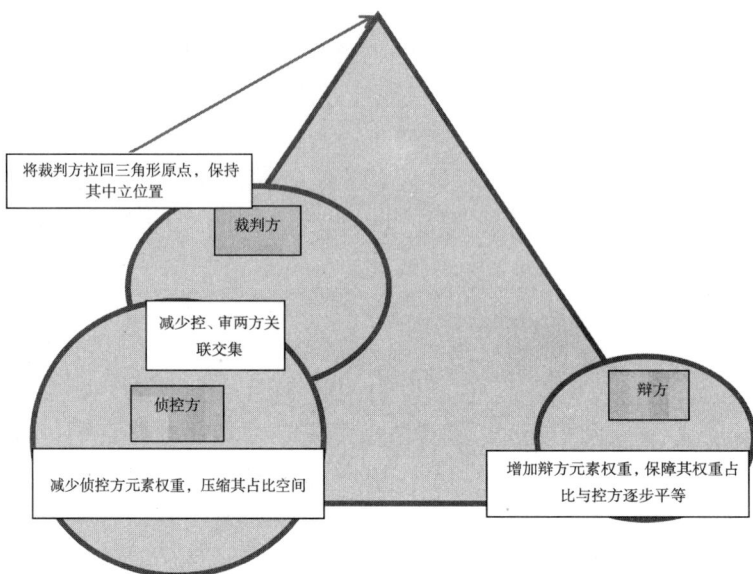

图 2

冲突。"以审判为中心"并没有改变宪法和诉讼法确定的职权配置格局，亦没有否定检察机关在审判阶段行使诉讼监督权的权力基础。检察机关对人民法院的诉讼监督是程序意义上的制约，这种制约意义在于监督人民法院依法审判，确保审判程序的法治运行，其立足于宪法制度创制基础之上，检察机关理应坚持并树立法律监督权威。检察机关对审判活动的法律监督有严格的操作标准和行使规则，当检察机关的法律监督与审判权遭遇理念上的碰撞时，应当在监督权的程序倾向性与审判权的实体倾向性之间找到合适的落脚点，维护审判权的正常运行，防止法律监督对审判权造成不当的损害。

2. 落实控审分离的司法规则，在控审之间保持一定程度的张力。审判中立则是控审分离的目标路径和实质衍生，这对我国同为"政法机关"语境下的检法机关来说更是如此。实践中，受"流水线"式诉讼结构的局限性和"重打击、轻保护"的惯性思维影响，往往在发生影响大、关注度高的案件之后，公检法机关以联合办案的形式参与诉讼，这种违背司法规律的诉讼模式造成了一定程度的司法不公，甚至导致冤假错案发生，严重损害了司法机关的公信力。究其原因是违反了控审分离的司法架构。2013 年 10 月 9 日，最高人民法院下发了《关于建立健全防范刑事冤假错案工作机制的意见》，其中第 23 条规定，严格依照法定程序和职责审判案件，不得参与公安机关、人民检察院联合办案。这项意见的提出充分展示了人民法院维护审判中立的理念和信心，对以往广受诟病的人民法院参与公检两家联合办案的诉讼体制提出了革新。①

（二）合理调节侦控权重，平衡控辩配置

职权主义模式的传统决定了仅仅依靠辩方自身努力很难完全实现控辩平等实质化，倘

---

① 最高人民法院：《关于建立健全防范刑事冤假错案工作机制的意见》，http://www.chinacourt.org/law/detail/2013/10/id/147221.shtml，最后访问于 2015 年 9 月 20 日。

若优势明显的侦控方在履行己方责任的同时能一并隐性地减弱控诉痕迹，而不再将视野局限于力证被告人罪行，则能从侧面为辩护力量的提升创造更多空间。一是增加控方的举证范围，建立全面客观的证据开示制度。在控方阵营，存在行使侦查权的公安机关和行使起诉权的检察机关两大组成元素①，现行职权主义诉讼模式下检察机关大都重视运用侦查机关收集的证实犯罪嫌疑人、被告人有罪、罪重证据，并在法庭中出示。我国刑事诉讼法第50条明确规定："审判人员、检察人员、侦查人员必须依照法定程度，收集能够证实犯罪嫌疑人、被告人有罪或者无罪、犯罪情节轻重的各种证据……"然而实际情况却是检察机关和侦查机关出于指控犯罪的共同意愿，在收集有罪、罪重证据方面合作密切，在收集无罪、罪轻证据方面则显得不甚积极，没有履行客观与诉讼关照义务，这既是当下职权主义模式的弊端之一，也是实现审判中心的实践障碍。对此，我们认为检察机关应当转变司法理念，回归"法律监督机关"的原始定位，而非将视野局限于控诉方。检察机关理应建立全面客观的证据开示制度，通过庭前会议、法庭举证等环节将侦查机关收集的一切与案情有关的证据都予以展示，实现证据在审判程序的"一览无余"。通过建立无罪、罪轻证据的开示制度并逐步实现规范运行，检察机关在实现指控犯罪的前提下既能完全担任其"法律监督者"的角色，遵守客观公正义务；又能为辩护方行使辩护权增加借鉴素材，加大辩护力量在诉讼架构中的比重；另外还能缩减控辩双方在庭审阶段的争议区间，减少控辩双方在认定事实中不必要的对抗交锋，提高诉讼效率。二是保障指控体系的合法有效，确保指控质量。审判中心要求侦查、起诉工作都为开庭审理做准备，侦查、起诉阶段的事实认定和证据采信都应当以法庭审判的标准为参照，因此对审前阶段的证据采纳提出了很高的标准。如此，检察机关在公安机关提请批准逮捕犯罪嫌疑人之前可以提前介入侦查，与公安机关共商侦查策略、提出取证意见以及在审查逮捕阶段向公安机关发出补侦提纲，这对公安机关的侦查破案和后续的侦查终结、移送起诉大有裨益。通过这些方式加大对证据收集合法性的监督，从法庭质证的角度提出收集、固定证据的法律建议，保障指控体系合法坚实。三是加大审前非法证据排除力度，将控方证据违法的消极影响最低化。作为从根本上消除刑讯逼供动力源的"黄金钥匙"，非法证据排除规则一直以来都被视为审判机关的"专利"，只有当被告人和辩护律师提出对检察机关出示的指控证据合法性持有异议并请求启动非法证据排除程序时，法庭才可能考虑对证据是否属于刑讯逼供等方式取得进行调查，而这也仅仅是小概率事件，最终决定权仍掌握在法官手中。要实现以审判为中心，其前提必定是减少裁判方和控方的利益相关点，而在当下的司法实践语境下要做到这一点只能从提升控方观点本身的合法性做起。当控方的指控体系达到几近完美无瑕，不存在非法证据的程度时，在法庭之上面对辩方的质疑，法官才有信心启动非法证据排除程序，避免出现"排除非法证据与控方（公安、检察机关）关系僵硬、不排除则有违审判中立原则"的尴尬。诚然，要做到这一点，对于承担法律监督职能的检察机关，应当承担更多责任。检察机关应当在审查起诉中把好证据入口关，对于有违法嫌疑的证据必须要求公安机关予以补正或者作出合理解释，不能补正或者作出合理解释的，应当严格排除，防止非法证据出现在法庭之上，

---

① 按照我国法律规定，绝大多数刑事案件都由公安机关负责侦查，检察机关的自侦案件和其他由国家安全机关、军队保卫部门、监狱、海关负责立案侦查的刑事案件除外。限于本文研究视角，本文将有关侦查机关、侦查程序的研究限于公安机关的侦查，对检察机关在内的其他有刑事案件侦查权的法定机关，本文不作讨论。

将非法证据排除工作完成于审前阶段，减少控方与裁判方的利益关联，将裁判方权重拉回其本应所处的诉讼架构位置。

（三）逐步改变诉讼理念，增加辩方权重

刑事辩护是以审判为中心诉讼制度改革的一个重要方面，辩护职能是近现代刑事诉讼的三大职能之一，而且是不可缺少、更不可忽视的一种诉讼职能，更是防范刑事冤假错案的一支重要力量。[1] 我国刑事诉讼法总则设专章第四章"辩护与代理"赋予辩护方很大的权限，包括被告人自行辩护、委托辩护、指定辩护以及规定辩护人的阅卷权、会见通信权、申请调查取证权、辩护律师调查取证权等，然而现实中这些规定的落实情况却不尽如人意。造成这些规定难以落实的主要原因莫过于公安、检察机关甚至人民法院对辩护方尤其是辩护律师持有"天然的敌意态度"，认为辩护工作是对司法工作的妨碍，因此设置多重关卡阻碍辩护工作的合法顺利实施。因此，辩方元素受到包括控裁两方在内的合力压缩，其权重比例自然呈微弱趋势。所以，减少控裁两方对辩方元素的压缩空间，让辩方元素保持其原本应有的空间范围，从另一角度而言则是增加了现有条件下辩方元素的权重。

对控方而言，公安机关、检察机关应当理性看待、尊重和充分保障辩护律师的执业权利。辩护律师依法参加刑事诉讼、为刑事被追诉人提供刑事辩护是合理配置刑事诉讼各方职能，保障处于天生弱势地位的被追诉方与以国家机器面目出现的强大控诉方"平等武装"的有效途径。律师的介入并非对侦控方工作的干扰，律师的参与通过对侦查、审查逮捕、审查起诉工作"挑刺"进而倒逼侦控行为更加专业高效，将追诉权对被追诉人权利可能造成的侵害程度降至最低，保障实体公正与程序公正。对裁判方而言，人民法院司法理念转变是首要条件。法官应当将疑罪从无原则贯彻审判活动始终，而不应对被告人持旧有的先入为主的思维，对于律师的辩护意见要注重全面核实，促进案件真相还原，绝非阻挠律师依法发表辩护意见。其次，在短时间内难以改变控辩双方力量悬殊状态的情况下，人民法院可以适当增加对辩方的"关照"，允许辩方有更多空间发表观点，实现法官"兼听则明"。对辩护方而言，加强自身素养，提升辩护能力，改良内部因子，是提升辩方元素权重的核心。作为辩护方的主要力量，律师行业的整体建设还待改进。当前我国律师行业良莠不齐，辩护质量令人担忧，严重制约着依法治国进程。在全面推进依法治国的背景下，作为社会主义法治工作队伍的一员，律师队伍的行业规范化发展迫在眉睫，需加强律师事务所管理，充分发挥律师协会的自律作用，促使律师执业行为逐步规范化，同时设置相应机制监督律师严格遵守职业道德和职业操守，强化准入、退出管理，严格执行违法违规执业惩戒制度。唯有当辩护方本身内部发生了质的提升，发生了内因转变，辩方权重才会有稳定的增量。

四、结语

《决定》提出推进以审判为中心的诉讼制度改革，是对现行司法体制机制的重大改良和完善，也是破除司法顽疾、重振司法权威、提升司法公信力的必经之路。只要我们厘清各

---

[1] 樊崇义：《以审判为中心的概念、目标和实现路径》，载《人民法院报》2015年1月14日第5版。

方诉讼元素权重，重建以审判为中心、控辩相对相当的诉讼架构模式，就能回归控辩裁三方原有的运行轨道，通过诉讼模式的转变追求实质公平正义的目标。同时，实现审判中心主义是一项长期而艰巨的改革任务，不仅需要依托当下的司法体制改革总体任务的开展，也寄希望于我国刑事诉讼法律法规的立法完善。实现审判中心需要理论工作者和司法实务界的共同担当与求索，我们期待并相信这一饱含公平正义火种的诉讼模式早日在刑事司法实践中大放光彩，努力让人民群众在每一个司法案件中都感受到公平正义。

（作者单位：中国政法大学比较法学研究院；浙江省杭州市桐庐县人民检察院）

刑事和解反悔的性质与类型研究

刘少军

当前，在刑事和解的司法实践中，当事人出于各种原因对之前达成的和解协议予以反悔的现象较为突出。笔者把这种现象概括为"刑事和解反悔"，其是指在刑事和解协议达成后，当事人出于各种原因不接受或不履行协议规定的内容，对协议内容予以反悔，请求司法机关重新处理的行为。刑事和解反悔通常发生在和解协议达成后，甚至是协议内容履行完毕以后。但无论哪一种情况，都意味着之前国家有关专门机关与当事人为达成和解协议所付出的各种努力付诸东流，涉及刑事程序本身的安定与诉讼效率以及被告人刑事责任的最终确定等诸多方面的问题，因而和解反悔本身不应当被提倡。但是一味地禁止当事人对和解协议提出反悔，不仅不符合司法实践的具体情况，而且也不利于当事人合法权益的维护以及案件的公正公平处理。刑事和解反悔既是一项亟待解决的司法实践问题，也是一个崭新的理论研究领域。由于对刑事和解反悔的研究离不开对之前和解协议性质的分析，本文拟在明确刑事和解协议性质的基础上，对刑事和解反悔的性质与类型进行探讨，从而为刑事和解反悔的规范化处理奠定基础。

一、刑事和解协议的性质

刑事诉讼法规定的刑事和解协议是加害人与被害人在平等、自愿、合意的基础上达成的，其本质属于契约，这点在我国理论界和实务界已基本达成共识。然而刑事和解同时还符合私法契约和公法契约的特征，理论界对和解协议所属的具体契约类型意见不一，争议较大。有学者认为，刑事和解协议根本上是一种较为纯粹的民事契约。[①] 也有学者持不同意见，认为刑事和解发生在公诉案件中，必然与纯粹的私法契约存在区别。他们从公法契约的角度对刑事和解协议的性质进行了分析，认为刑事和解协议在种属关系上属于"契约"的一种，而在宏观角度的归属上应定位为公法视野下的刑事契约。但与典型的公法契约——辩诉交易相比，刑事和解协议又有其特殊性，故认定刑事和解协议为非典型的公法契约。[②] 笔者认为，刑事和解协议尽管是刑事诉讼过程中加害人与被害人在国家公权力的介入下达成的协议，但改变不了其民事契约的本质。理由如下：

第一，刑事和解协议与民事契约具有同质性。刑事和解协议的民事契约特征首先体现在和解协议的主体地位平等。加害人与被害人享有平等启动和解的权利，双方在和解过程中权利对等。其次，和解协议贯彻意思自治原则。适用刑事和解的前提条件是加害人的真诚悔罪、赔礼道歉与赔偿损失，被害人接受和解协议也必须出于自愿。如果加害人与被害

---

① 姚显森：《公诉案件中当事人和解协议效力扩张及法律规制》，载《现代法学》2013 年第 5 期。
② 张凌、李婵媛：《公法契约观视野下的刑事和解协议》，载《政法论坛》2008 年第 6 期。

人有任何一方不愿和解，都不能适用该程序。最后，和解协议以民事责任为主要内容。我国《民法通则》第 134 条规定了民事责任的主要承担方式，其中包括赔偿损失、赔礼道歉。这些责任承担方式既可单独适用，也可以合并适用。刑事和解本身就是加害人真诚悔罪，通过赔礼道歉、赔偿损失等方式与被害人达成和解协议的过程。

第二，刑事和解协议与刑事契约具有不同质性。一般认为，公法契约包括宪法契约、行政契约、刑事契约以及国际法契约四种类型。公法契约要求当事人一方必须是公权力代表，因为"公法领域的契约精神存在于私主体与公权力之间，目的是保证公权力与私权利的良性互动"。主体的不平等性是公法契约的重要特征。刑事契约也不例外。辩诉交易就是典型的刑事契约。然而，就刑事和解而言，其虽有国家公权力的参与，但其缺乏刑事契约成立的基本条件。因为和解协议是加害人与被害人之间达成的，尽管国家公权力在其中发挥着一定的引导和监督作用，但协议本身并不是由公权力一方主体与被害人或者加害人之间达成的。协议双方的地位完全平等。此是其一。其二，和解协议不以刑事责任的承担为主要内容。刑事责任是刑事法律规定的，因实施犯罪行为而产生的，由司法机关强制犯罪者承受的刑事惩罚或单纯否定性法律评价的负担。[①] 刑事责任是犯罪人对国家所负的责任，具有强制性，当事人不能对此进行约定。和解协议中涉及对加害人从宽处理，只是当事人在协议中表达的愿望以及加害人期望得到的结果，最终如何处理还是取决于办案机关对法律的具体适用。我国《人民检察院刑事诉讼规则（试行）》第 513 条规定，双方当事人可以就赔偿损失、赔礼道歉等民事责任事项进行和解，并且可就被害人及其法定代理人或者近亲属是否要求或者同意公安机关、人民检察院、人民法院对犯罪嫌疑人依法从宽处理进行协商，但不得对案件的事实认定、证据采信、法律适用和定罪量刑等依法属于国家公权力机关职权范围的事宜进行协商。其三，和解协议对公权力机关不产生必然的约束力。我国刑事诉讼法第 279 条对和解的效力作出了规定：对于达成和解协议的案件，国家有关专门机关不是必然作出从宽处理的决定。国家有关专门机关会根据犯罪分子所犯罪行的危害程度、行为人的主观恶性深浅，同时考虑加害人与被害人之间达成和解协议的情况，对案件作出综合的处理。和解协议对国家有关专门机关只具有参考作用，并无约束力。从这一角度而言，刑事和解协议不能归属于刑事契约。

二、刑事和解反悔的性质

由于刑事和解协议的本质是加害人与被害人之间签订的民事契约，主体是加害人与被害人，反悔应当属于一方或双方当事人对民事责任承担约定的推翻或修正，其本身并不涉及国家公权力机关。然而，刑事和解不同于一般的民事契约，国家公权力机关对于加害人刑事责任的处理一定程度上是建立在当事人和解协议的基础上，因而当事人对和解协议的反悔也会影响到加害人刑事责任的判定与案件的最终处理。然而，由于司法实践中导致当事人一方或双方提出反悔的原因纷繁复杂，根据不同的反悔情况，刑事和解反悔呈现出不同的性质特征。

首先，刑事和解反悔是当事人一方或双方对之前达成的和解协议效力的否定性评价，

---

① 高铭暄、马克昌主编：《刑法学》，北京大学出版社 2010 年版，第 217 页。

是主张和解协议无效的行为。在实践中，因当事人一方欺诈、加害人胁迫，或第三方施加压力等理由而提出的反悔，从内容上看，是对和解协议内容的不认可或完全推翻，其本质均是当事人主张和解协议无效的行为。对于合同的无效，我国合同法第52条明确规定了几种具体情形。当事人欺诈和加害人胁迫符合无效合同第1项和第4项规定，即当事人一方以欺诈、胁迫的手段订立合同，损害了国家利益或者社会公共利益，因而属于无效合同，和解协议自始无效。因为刑事和解是犯罪处置的一种方式，加害人刑事责任承担的方式与幅度不仅涉及对加害人个人的教育改造，更涉及国家利益、社会利益的维护。如果当事人一方以欺诈、胁迫的手段逼迫对方当事人和解，既侵害了对方当事人的合法权益，也对惩罚犯罪的国家利益与维护社会公共安全的社会利益造成了严重的损害。同时，当事人欺诈、加害人胁迫以及第三方施加压力进行的刑事和解行为违反了刑事诉讼法规定的自愿合法原则，构成了对法律强制性规定的破坏。正是基于此，我国最高人民法院《关于〈适用中华人民共和国刑事诉讼法〉的解释》（以下简称《解释》）第499条明确规定和解协议只要违反自愿原则即可宣告协议无效。

其次，刑事和解反悔是当事人一方或双方提出的对协议内容的修正和补充。除基于当事人主观原因导致和解协议反悔的之外，还包括因一些客观因素的发生导致当事人不得不变更或解除协议的情形。其中，加害人的履行不能和被害人的情势变更都不是当事人主观意志能左右的，在协议生效后发生的致使协议内容不能按约定履行或履行后导致显失公平或协议目的不能实现的客观情形。在此情况下，当事人对和解协议的效力本身并不存在疑问，当事人双方并未否定之前的和解协议的效力，只是由于客观因素的出现无法履行或者无法完全履行和解协议内容，有必要对和解协议本身通过变更或者解除程序予以修正或补充。《关于适用〈中华人民共和国合同法〉若干问题的解释（二）》（以下简称《合同法解释（二）》）第26条对情势变更原则进行了规定。刑事和解协议也属于民事契约的一种，因而在当事人履行协议内容过程中，如果一方基于情势变更提出反悔的，有关专门机关应当依据公平原则，并结合案件的实际情况确定对和解协议予以变更或解除，从而达到修正和补充协议内容的目的。

最后，刑事和解反悔是违约责任存在情形下的权利救济措施。一般来说，刑事和解协议是加害人与被害人之间基于自愿合法原则签订的加害人如何承担民事责任的契约，双方当事人应当遵守协议内容，履行约定义务。协议中明确包含了加害人与被害人所欲获得的诉讼利益。除无理由的反悔以外，当事人反悔往往都是因为期待的诉讼利益的丧失或无法实现。在一方当事人故意不履行和解协议存在违约的情况下，如果不认可另一方当事人的反悔行为，势必会加剧加害人与被害人之间的矛盾，引发诉讼程序的不稳定以及对刑事和解立法宗旨的偏离。因此，在对方当事人存在违约情形下一方当事人的反悔，实则是对己方合法权益的自我救济，也是刑事诉讼程序本身防范冲突升级和保持程序稳定的必由之路。

三、刑事和解反悔的类型

以反悔有无正当理由为标准对刑事和解反悔的类型进行划分，对于有正当理由的反悔，国家有关专门机关应当接受当事人的反悔，重新根据案件具体情况对被告人的刑事责任和民事责任进行判定。反之，对于无正当理由的反悔，原则上不予支持。

（一）有正当理由的刑事和解反悔

有正当理由的刑事和解反悔主要包括两种情况：一种情况是和解协议是违反自愿原则达成的，之后当事人一方提出反悔。另一种情况是协议达成后发生情势变更，当事人一方予以反悔的。就第一种情况而言，其又可以具体细分为两种情形。

1. 当事人欺诈。首先是加害人欺诈。刑事和解以加害人真诚悔罪为前提，赔礼道歉和赔偿损失只是悔罪的表现形式。加害人是否真诚悔罪，有时难以仅通过其外部表现作出准确的判断。加害人欺诈主要表现为三种情形：一是加害人在前期刑事和解中存在欺诈行为，如对赔偿金真实数额的隐瞒[①]。二是加害人以真诚悔罪和积极赔偿损失的假象来骗取和解，一旦获得刑罚上的从宽处理后，便拒不履行和解协议。这一般存在于分期履行和解协议的情况中。三是协议履行完毕后，侮辱或打击报复被害人。这种情形构成了对被害人的再次伤害。笔者认为，被害人以加害人欺诈为由提出和解反悔的，应当予以支持。因为加害人欺诈违背了刑事和解适用的前提条件即加害人真诚悔罪，使得刑事和解协议的达成欠缺最基本的合法性。此是其一。其二，加害人欺诈违反了契约的自愿原则，使被害人在被蒙蔽的情况下作出了错误的意思表示。其三，加害人欺诈实质上是以降低人身危险性的假象骗取被害人的谅解与刑罚上的从宽处理，是亵渎国家刑罚权的行为，是损害公民个人利益与国家利益、社会公共利益的行为，和解协议应当自始无效。

其次是被害人欺诈。在实践中，由于刑事和解可以有效避免刑事附带民事诉讼程序存在的赔偿低、执行难问题，被害人为了尽可能多与快地从加害人处获得赔偿，追求利益的最大化，有时会以原谅加害人为幌子与加害人进行刑事和解。实则是借刑讹钱，并无原谅之意，事后再通过各种方式干预司法机关对加害人刑事责任的追究。被害人欺诈违背了契约的自愿原则，因为加害人真诚悔罪并积极赔偿是以被害人原谅加害人并承诺不追究或者从轻追究其刑事责任为条件的，而被害人欺诈导致加害人期待的诉讼利益并未得到实现，在此种情况下，加害人和解并非其真实意思的表达。同时，被害人欺诈违反了契约的诚实信用原则。诚实信用原则贯穿于当事人和解的始终，是和解协议得以完满履行的保证。刑事和解协议中的两条主线即加害人真诚悔罪与被害人真心原谅，其中任何一条主线的断裂都会导致和解协议的无效。被害人欺诈意味着其并未原谅加害人的行为，这必然导致和解协议无效。在这种情况下加害人提出和解反悔的，应当得到支持。同时，对加害人刑事责任的重新追究应当适当考虑其在和解过程中的认罪态度以及积极履行协议的表现。

2. 当事人胁迫。这主要有两种表现方式。一是加害人胁迫或乘人之危。所谓乘人之危，是指一方当事人乘对方处于危难之机，为谋取不正当利益，迫使对方作出不真实的意思表示，严重损害对方利益的行为。乘人之危实际上也属于胁迫的一种方式。在刑事和解中，身体受到犯罪行为侵害的被害人，往往面临亟须治疗且需要花费大量医药费的现实困境，如果加害人以和解为赔偿条件迫使被害人和解，这就是典型的加害人乘人之危。无论是何种形式的加害人胁迫都包含一个共同特点，即被害人本身并不愿意和解，但受到加害人胁迫不得不与加害人和解。与加害人欺诈相比，加害人的胁迫更加直观地体现出加害人并无真诚悔罪之意。且被害人意思表示不自由、不真实，和解协议违反了自愿原则。这不

---

① 陈斌：《刑事和解中被害人反悔的情形及应对》，载《中国检察官》2015 年第 3 期。

仅不能全面弥补被害人的物质损失，抚慰其心理创伤，反而会加深被害人内心的恐惧感，恶化加害人与被害人之间的矛盾。加害人胁迫不仅违反了当事人和解的生效条件，也直接背离了当事人和解所追求的价值目标，因而此种当事人和解协议无效。被害人提出反悔的，办案机关应当支持。

二是被害人漫天要价。被害人漫天要价实则是被害人胁迫的一种表现。如果加害人不能按照被害人要求的数额进行赔偿，被害人就不会与加害人进行和解，加害人将无法在刑事责任承担上享受从轻处理的待遇。这种隐形的压力有时会迫使加害人不得不违心和解。北京市海淀区人民检察院在一份关于刑事和解的实践报告中提到，因为案件不同，被害方与加害方双方条件及责任不同，即便加害人全部同意了被害方提出的要求，也不能肯定地认为被害方的条件是合理的。该院办理过多起加害方致被害方耳膜穿孔造成轻伤的案件，双方协商的赔偿额从人民币 3000 元到 60000 元不等，上下限之间竟有 20 倍的差距。北京市东城区人民检察院检察长王立也认为在赔偿协议过程中存在被害人漫天要价的问题。同时，该报告还显示，有些加害人或其亲属出于加害人就业、升学等考虑，看似自愿其实并非情愿地接受了显然过高的赔偿数额。尽管被害人漫天要价并不必然导致加害人对和解协议的反悔，有些赔偿能力较强的加害人只要能够获得刑罚上的善待，并不在意赔偿金的数额，但对于一些经济条件并不宽裕的加害人来说，可能就会违心接受被害人提出的过高的赔偿数额。然而，在实际的履行过程中，加害人就存在负担不起提出反悔的可能。对于此类反悔的情况，不能当然判定和解协议无效，应视具体情况而定。

第二种情况是和解协议达成后发生情势变更的。我国《合同法解释（二）》第 26 条对合同的情势变更原则作出了规定。情势变更应具备两大条件：一是发生了情势变更的客观事实；二是情势变更使继续履行合同必然导致显失公平或合同目的不能实现。也有学者提出情势变更导致合同不能履行也是其表现形式之一。由于刑事和解协议的本质就是民事契约，当事人在履行协议的过程中也有可能发生情势变更的情况，使协议不能履行或者继续履行会出现显失公平或协议目的不能实现的结果。具体表现为以下两种情形：

（1）加害人的履行不能。履行不能以加害人有悔罪表现并愿意履行责任为前提。但在实际的履行过程中，可能会出现加害人主观原因以外的客观因素导致加害人履行能力丧失的情形。例如，在以财产为履行标的的情况下，加害人承诺给予被害人特定数额的赔偿金或转移特定产权于被害人，但在履行的过程中，加害人破产或产权被征收以及发生其他非基于加害人主观原因而使履行标的丧失的情形，从而使加害人不能按照原有的和解协议履行义务。另外，在加害人向社会或者被害人提供劳务服务的过程中，也可能会出现非出于加害人个人原因导致加害人人身受到限制或受到损害的情形，使其丧失了履行能力，和解协议无法继续履行。在此情况下被害人与加害人都有提出和解反悔的可能。对于此种情况，应当认定当时签订的和解协议有效，当事人如果主张反悔的，可以允许他们重新和解。此外，为保障和解当事人双方的合法权益，我国应尽快完善被害人补偿制度以及建立多元化的悔罪替代措施。

（2）被害人的损失扩大。一般来说，刑事和解协议的签订都是基于对案件当时具体情况的认识，在此基础上加害人与被害人基于自愿合法原则对损失赔偿问题进行了约定。然而，在和解协议履行的过程中或者和解协议履行完毕后，被害人的损失可能会随着时间的推移呈现出加重的趋势。例如，受到身体侵害的被害人，在协议达成后，其伤情日趋严重。和解协议中双方当事人达成的赔偿数额并不能完全弥补被害人的伤情损失。此时，被害人就可能会以继续履行协议导致不公的理由而主张反悔。在此情况下，可以允许双方当事人重新和解或变更和解内容。

（二）无正当理由的刑事和解反悔

1. 加害人无正当理由的反悔。一般来说，刑事和解协议达成后除非存在被害人违约的情况，否则加害人是不会轻易提出反悔的。但也不能就此排除实践中存在的少数加害人无正当理由反悔的情形。例如，加害人以赔偿过多为由提出反悔（非基于被害人的漫天要价），此种情形主要以加害人主动提出并赔偿为前提，如加害人后来以赔偿过高为由提出反悔，就有存在诱使被害人和解的嫌疑。这种反悔情况显然不能得到支持。同时，还存在当事人在签订和解协议后，加害人以未获得从宽处理为由提出反悔的情形。对加害人来说，签订刑事和解协议的目的就是获得刑罚上的宽缓处理，如加害人履行了自己的义务却没有获得自己期待的利益，实则是对加害人的双重处罚，其内心的不平感会驱使其提出反悔。针对此情况，有学者指出应视当事人具体约定的内容而定。如果被害人与加害人之间并没有具体的约定，被害人有书面请求公检法机关减免加害人刑罚的行为就可以认定被害人已经履约。如果二者之间有具体的约定，如约定加害人在履行赔偿义务后，被害人应请求国家有关专门机关减免加害人的刑事责任，而事后被害人并未向国家有关专门机关提出从轻处罚加害人的建议，则要看国家有关专门机关最后有无对加害人从宽处理。一般来说，国家有关专门机关都会对与被害人达成和解协议的加害人给予从宽处理的待遇，这种情况出现的可能性较小。然而，却存在国家有关专门机关从宽处理的幅度与加害人的心理预期不一致的情况。对于此点，笔者认为，只要被害人表达了对加害人从宽处理的建议，即使结果公检法机关没有按照被害人的建议办理，被害人的义务也已履行完毕，不存在违约的情形。如何对加害人进行从宽处理，是国家有关专门机关自由裁量权范围内的事项，与被害人无关。加害人如以此点为由提出反悔，便不应当给予支持。

2. 被害人事后的变量性反悔。所谓"事后的变量性反悔"，是指被害人在和解合意达成后，基于他人的怂恿或其他意愿，认为自己没有得到足够的权益或赔偿，而要求增加赔偿数额，当这种要求被加害人拒绝时所提出的"和解反悔"的情形。事后的变量性反悔不同于被害人欺诈：被害人欺诈是指被害人并无和解的真实意愿，其目的仅是尽快获得经济赔偿，一旦目的实现便重新行使自己的诉权。而被害人事后的变量性反悔体现在事后，被害人在和解前与和解过程中并不存在欺诈的心理，而是在事后由于其他原因不满足既有的赔偿而提出的反悔。例如，被害人在获得赔偿后又以赔偿不足以弥补全部损失而提出反悔。[①] 事后的变量性反悔与情势变更都在一定程度上表现为被害人不满足于原有的赔偿，但二者的区别在于前者是基于被害人的主观原因，后者是因为确实发生了客观事实从而导致既有的赔偿不能满足其实际损失。被害人的事后变量性反悔对刑事和解的稳定性提出了挑战，破坏了加害人参与刑事和解的积极性，同时也冲击了国家解决刑事纠纷的严肃性，导致司法资源的浪费。针对此种反悔情形，国家有关专门机关不应当予以支持。

（作者单位：安徽大学法学院）

---

① 游自豪：《谅解反悔在刑事和解中的认定》，载《人民法院报》2015年第5版。

论刑事诉讼法的溯及力

——以聂树斌案件为切入点

宋志军

随着山东省高级人民法院就聂树斌案（以下简称聂案）召开复查听证会，尤其是聂案卷宗材料的不断披露，该案的社会关注度再一次提高。社会对聂案关注的焦点之一就是刑讯逼供以及非法证据排除问题，有人发文"理性分析聂树斌被刑讯逼供的可能性"，有学者指出"聂树斌案五大疑点已撕裂原证据证明体系，理应重新公正审判"，也认为聂案存在刑讯逼供的重大可能性。笔者在此无意讨论聂案刑讯的可能性，而是由此想到了一个问题，即聂案能否适用非法证据排除规则？由此引发了对于 2012 年修订的刑事诉讼法及司法解释所确立的证据规则是否适用于聂案再审复查甚至可能的再审程序的思考，进而探讨刑事诉讼法溯及力的相关理论问题。

一、刑事诉讼法溯及力的基本理论问题

（一）刑事诉讼法溯及力的内涵

在刑事法领域，刑法的溯及力是针对刑法溯及既往的效力，刑法生效后，对它生效前未经审判或判决未确定的行为是否具有追溯适用的效力。如果具有适用效力，则是有溯及力；否则就没有溯及力。对于同属于刑事法的刑事诉讼法而言，溯及力的概念和原则可借鉴刑法相关规定及其理论。在民国时期和我国台湾地区的刑事诉讼法学教材中几乎都有关于溯及力的论述。"刑事诉讼法的追溯力即时间效力，是刑事诉讼法效力之一种。刑事诉讼法的效力，系指刑事诉讼法适用之范围，亦即刑事诉讼法规范之人、事、时、地的效力。刑事诉讼法即为实现刑法之程序法，故其效力范围原则上亦与刑法效力所及之范围相当。"[①]也就是说，刑事诉讼法的时间效力，与一般法律相同，自施行时发生效力，废止时失效。关于这一问题学术界和司法实践中并不存在问题，在此不论。对于刑事诉讼法时间效力的另一方面，即溯及既往的效力，有从新原则与混合主义两种观点。有学者认为，"新法既经施行，发生效力，则凡一切诉讼程序应依新法之规定。即在旧法时代所着手之事件，于新法发生效力后，概应依新法为之。刑事诉讼法亦如刑法不溯既往，故于旧法时代所为之程序，虽于新法施行后亦完全适法有效"。[②]这种观点所主张的是"从新原则"，新法对于旧

---

① 林山田：《刑事程序法》（增订四版），台湾五南图书出版公司 2001 年版，第 97 页。林钰雄：《论刑事诉讼之目的》，载《政大法学评论》第 61 期，1996 年 6 月。

② 徐朝阳：《刑事诉讼法通义》，范仲瑾、张书铭点校，中国政法大学出版社 2012 年版，第 8 页。

法时期所进行的诉讼程序没有溯及力。主张混合主义的学者认为，"唯在本法（修正）施行前，已开始诉讼程序之刑事案件，而在本法（修正）施行后，诉讼程序尚在进行而未终结者，则究竟应适用旧法或新法的规定，继续进行程序？根据原理，刑事诉讼法系达成行使刑罚权目的之程序规定，对于被告之利益影响较小。且新法一般均较旧法为进步，故已经开始侦查或审判之案件，除有特别规定外，其以后之诉讼程序应依修正刑事诉讼法终结之，即采从新原则"。① 有学者进一步分析认为，这并非否定在旧法下所为诉讼程序之效力，仅新法施行后，嗣后之诉讼程序原则上须依新法之规定进行而已，这是混合主义。② 还有学者认为此仅系形式上用语不同，二者均不否认依旧法所为诉讼程序之效力。③ 笔者认为，上述观点明确了未决案件进行过程中遇到刑事诉讼法修正时采用从新原则，新法对旧法下所为诉讼程序之效力并不否定。然则，对于已由发生法律效力的判决确定的案件启动再审程序时及重新审理过程中如何评价之前的诉讼行为、证据行为以及事实认定标准等问题并未解决。

按照刑法不具有溯及力原则，新的刑事法律不能适用于其生效之前实行的（犯罪）行为。这源于刑法关于溯及力的规定。法院判例，一方面以法律条文的表述为依据；另一方面基于"新法被推定优于旧法"以及"新法的目的始终是要确保最佳司法"之考虑，承认有关司法组织、诉讼程序以及公诉时效的程序法可以立即适用，甚至立即适用于其生效之前实行的犯罪，但是，如果立法者宣告"新法不适用于其生效之前实行的（犯罪）行为"，或者规定有某种过渡性措施，则不在此限。根据这一规则，只要尚未就案件的实体作出判决，有关司法组织与管辖权的法律就均适用于其生效之前实行的犯罪的审判。同样，有关本义上的诉讼程序的法律，也就是说，与诉讼的进行步骤有关的法律，可以立即适用于其颁布之前就已经提起的诉讼，但条件是法院对案件尚未作出终局裁判，或者新法的立即适用不会损害"受控告人"或"被告人"已经取得的权利，或者不会引起依据旧法符合规定地完成的行为无效。

很多学者对于刑事诉讼法溯及力的观点只涉及犯罪行为发生后法律发生有利变化，裁判时如何适用法律的问题，但没有考虑法律发生有利变化时，是否可以溯及地变更或者撤销已经生效的判决。如果溯及地变更、撤销生效判决，则与生效判决的既判力相冲突，不仅动摇判决的安定性，而且还会影响司法的权威。但如果不溯及适用，一方面不利于更好地保护人民的利益；另一方面诉讼的迟早在案件中发挥了重要的作用，有违平等原则。因此，如何处理刑事诉讼法的溯及力和判决的既判力之间的矛盾，成为值得关注的问题。

（二）刑事诉讼法溯及力与既判力之冲突

关于刑事诉讼法溯及力与既判力之冲突，有学者认为，"刑事诉讼法得对于其实施以前既成立而未经裁判之犯罪适用之，诉讼法有溯及既往之效力。溯及既往云者，非谓实

---

① 褚剑鸿：《刑事诉讼法论》（下册）（修订五版），台湾商务印书馆 2001 年版，第 28 页。
② 蔡墩铭：《刑事诉讼法论》，台湾五南图书出版公司 1999 年版，第 25 页。黄东熊、关景芳：《刑事诉讼法论》，台湾三民书局 2004 年版，第 34 页。
③ 陈健民著：《刑事诉讼法要论》，中国人民公安大学出版社 2009 年版，第 19 页。

施以前已经断结之案适用新法，乃谓未经判决即判决而未终结之案，适用新法也。例如中国用刑讯；若今日实施新刑事诉讼法，停止刑讯，则前日发生之案件，未经用旧法断结者，当改从新法，不用刑讯。若新法实施以前，案已终结，再以新法追改其从前所实施之种种手续，此例为各国所无。盖判决确定，则诉讼终了，已超离于诉讼法范围之外，虽有新法，无所用之。诉讼事件，跨于诉讼法实施之前后时，实施以前所为诉讼手续，不背当时之法律者，仍有效力，是盖出于尊简便之宗旨"。① 笔者认为，这一观点阐明了刑事生效判决的既判力与溯及力之间的关系。国外处理这一冲突的办法有三个：一是既判力优先于溯及力，即变更后的新法对其施行前已经终审的判决无溯及力，如瑞士；二是溯及力优先于既判力，即变更后的新法对其施行前已经终审的行为具有溯及力，如西班牙；三是折中性的，部分溯及部分不溯及，如意大利。② 有学者认为，我国的司法资源有限，司法权威也亟待确立，所以选择"既判力优先于溯及力"的模式比较妥当，将来随着人权保护程度的提高，选择折中模式则可能更为理想。③ 笔者认为，刑事诉讼法与民事诉讼法、行政诉讼法相比，它面临的问题更加复杂，尤其是当出现像聂案、呼格吉勒图案等已经发生法律效力的判决是否启动再审程序，启动再审程序之后以其生效裁判作出之后新修订之刑事诉讼法裁判等问题，因为涉及"纠正冤案"这一牵动人心的主题而变得更为复杂，而不仅仅是既判力是否优于溯及力这么简单。但值得注意的是，即使是纠正冤假错案，也应当在遵循程序法定原则的前提下，平衡既判力和溯及力的冲突。笔者认为，假如聂案经过复查决定启动再审程序，在适用修订后的刑事诉讼法尤其是证据规则裁判时，则应注意新规则的溯及力问题。

二、刑事诉讼法溯及力的原则

刑法第 12 条关于溯及力的规定采取的是"从旧兼从轻"原则。其理论根据是符合罪刑法定原则。从旧表明了对行为时不受处罚的行为，不能适用裁判时的法律给予处罚；即使行为时应受处罚的行为，原则上也应按行为时的法律处罚。这正体现了定罪判刑以行为时有法律明文规定为限的思想。另外，罪刑法定原则包含着保障行为人的自由的观念，因此当适用新法有利于行为人时，应例外地适用新法。刑事诉讼法的基本原则是程序法定和无罪推定，这在一定意义上与罪刑法定原则的精神是一致的，即有利于行为人（被告人）的原则。程序法规范的内容主要是针对刑事诉讼专门机关规定的如何进行诉讼的授权性和限权性的规定。刑事诉讼法新与旧的时间界限是双重的：法律生效的时间和判决裁定生效时间。前者与聂案无关，当然也不在本文探讨之列。聂案属于 20 年前就已经生效且执行完毕的案件，该案中刑事诉讼法的新与旧，是以法院受理再审申诉之后为标准，随着案件的进展，目前是山东省高级人民法院再审复查程序的时间。因此，程序违法原则决定刑事诉讼法的溯及力原则上"从旧"还是"从新"。2012 年刑事诉讼法第 242 条又将严重程序违法，

---

① 冈田朝太郎口授，熊元襄整理：《刑事诉讼法》，吴宏耀点校，中国政法大学出版社 2012 年版，第 18~19 页。

② 参见瑞士刑法第 2 条、西班牙刑法第 24 条、意大利刑法第 2 条。

③ 胡建淼、杨登峰：《有利法律溯及原则及其适用中的若干问题》，载《北京大学学报》（哲学社会科学版）2006 年第 6 期。

可能影响公正审判的作为启动再审的理由。因此，违反程序的判断标准是什么，就值得探讨。到底是按照 2012 年之后的刑事诉讼法，还是以当时的为标准。1979 年、1996 年、2012 年刑事诉讼法对于程序合法性的要求不同，如果"从新"，那么有一些按照 1979 年、1996 年的"旧刑事诉讼法"规定进行的诉讼行为就是"违法"的。如果采用"从旧"的原则，聂案启动再审之后仍然用 20 年前的审判程序显然不当。因此，刑事诉讼法的溯及力不能简单套用刑法溯及力的原则，而应当独辟蹊径。

刑事诉讼法溯及力的界定标准与刑法不同，这是由其程序法自身的特性决定的。刑法的溯及力是一元制，即以行为人实施行为的时间为界限。而刑事诉讼法溯及力的界定标准除时间之外，还要根据规则的属性及内容来界定，因此原则上应当采用二元制：刑事诉讼专门机关所进行的诉讼行为，以行为时的法律规则为准，即"从旧"。同时，由于证据规则不仅仅是程序问题，往往还会影响案件实体及公共利益之保障，也应当"从旧"；涉及对公民权利保障的理念及原则，采用"从新"，如无罪推定原则，尽管 1979 年刑事诉讼法并未规定无罪推定，但是无罪推定不仅具有立法层面的意义，而且还具有伦理层面的意义，也就是其更符合人道、更符合正义以及人性中对真与善的追求。人们可能跟不上法律的变化，但是有些亘古不变的人类共同的伦理规则是稳定的、延续的，这就是法律的变动性与连续性的问题。回到聂案，如果启动再审程序之后，确实存在据以定罪的证据不确实、不充分，或者证明案件事实的主要证据之间存在矛盾的情形，则应当适用无罪推定原则，作出疑罪从无的处理。另外，从适用对象来讲，刑事诉讼法也比刑法复杂。刑法规定何种行为是犯罪以及对犯罪如何处罚的问题，其所指的行为人是犯罪学层面上的"实施犯罪行为的人"；而刑事诉讼法所规定的"程序"是约束国家权力、赋予诉讼参与人程序权利，通过制约国家权力而防止其滥用而侵犯公民合法权益甚至人权，从宏观上说，是保障人权。尤其是 2012 年刑事诉讼法增加了"尊重和保障人权"，为刑事诉讼法的适用增加了更为丰富的内容，同时也使其溯及力问题变得多元。

法律程序在形式上是"人们进行法律行为所必须遵循的法定的时间与空间上的步骤和形式"，但本质上反映的是社会中的利益关系，现代法律程序的本质就是要利益相关者通过程序进行交涉以公平分配利益，公正解决利益纷争。① 因此，刑事诉讼法并不仅仅是时间、步骤等"程序"，还有利益公平分配和利益交涉过程及其结果的内涵。由此可以找出刑事诉讼法溯及力的基本原理和规律。刑法中的溯及力只有实体法的意义，而刑事诉讼法的溯及力既有程序法的意义，又有实体法的意义。第一，程序法具有适用实体法的功能，或者使实体法在程序中运作并产生结果的功能，因此程序运作本身并不仅仅是程序问题，还有由此产生的实体结果。易言之，一个人有罪还是无罪，构成何罪以及如何量刑的实体的结果虽然根据刑法关于罪与非罪、此罪与彼罪等的规定，但是证明犯罪的证据、程序、证明标准、证明责任以及疑罪从无等规则和制度却是刑事诉讼法所特有的。从这个层面说，刑事诉讼法的溯及力不仅涉及程序行为的效力，而且涉及实体问题。而这一实体问题并不是这一"行为"刑法是否认为是"犯罪"的问题，而是按照刑事诉讼的证明标准和程序规则某一犯罪嫌疑人、被告人甚至是已经被判处刑罚的罪犯是否"有罪"的问题。第二，刑事诉讼程序溯及力所影响的不仅是程序行为的效力，而且还影响依"旧法"所规定的程序所判

---

① 谢佑平主编：《程序法定原则研究》，中国检察出版社 2006 年版，第 13~14 页。

定的某人有罪与无罪。最典型的就是证明标准、无罪推定原则以及非法证据排除规则等的适用所产生的直接后果：冤假错案的推翻问题。

在刑法溯及力原则中在从旧的基础上"兼从轻"，刑事诉讼法溯及力是否也存在从轻的问题呢？笔者认为，这就是刑事诉讼法溯及力的有利推定，即当刑事诉讼法出现是否有溯及力的不明状态时，则推定有利于被追诉人的新规则具有溯及力。相当于刑法溯及力原则中的"从轻"。有学者认为，新法或旧法何者有利于行为人，则非所问，此与刑事实体法不同，故刑法"裁判前之法律有利于行为人者，适用最有利于行为人之法律"之规定，自不可类推适用于本法。所有尚未判决确定之程序，全部依修正后之新法继续审理。依旧法业已审理之部分，亦无须再依新法更新审理。此之适用新法，仅限于新法施行后之诉讼程序，故无溯及既往之情事。[①] 刑法溯及力原则是从旧兼从轻，轻即有利于行为人。刑事诉讼法当然也有从轻的问题，如无罪推定原则衍生出了"存疑有利于被告人"的精神。然而，刑事诉讼法的从轻不仅仅是实体处理上的从轻，还包含程序上的有利于被告人。刑事诉讼法的价值是实体正义与程序正义并重。刑法和刑事诉讼法在正义追求上有共同点，即实体正义。而刑事诉讼法具有独特的程序正义的价值。因此，在新旧刑事诉讼法适用问题上还要研究程序正义上"新与旧"的问题。正义的内涵和标准也是随着历史发展而不断发展的，标准也在不断提升。因此，对程序正义的理解也应当以历史的和发展的眼光去理解程序正义，同样也要用历史的眼光去看待冤错案件，这也是刑事诉讼法技术性规范在是否违法及排除上"从旧"的理论基础。

三、证据规则：刑事诉讼法溯及力的例外

刑事诉讼法的溯及既往的突出问题就是程序法的变更并非绝对不影响人们的信赖利益。国内法理学界对此有较为深入的研究，[②] 某些国家的判例也对此有所涉及。例如，联邦德国宪法法院 1983 年 3 月 22 日的裁判认为：人民对于程序法会产生信赖利益，此种信赖利益也应当予以相同保护。我国台湾地区也有学者认为，"即使程序规定亦可能创设信赖地位，尤其是在已经系属的程序或者已经发生之程序状态之范围内的信赖地位。……即使在一定的范围内，信赖程序法规定之存续，从宪法来看，比信赖实体的法律地位之维持较不值得保护；但在个别案件中，程序法上地位因意义及其重要性，亦可能与实体法上之地位一样，在相同的程度内，同样值得保护。故程序从新原则也有例外，其适用结果不得损害公法上之信赖保护原则"。这种观点具有一定的合理性。然而，笔者认为，并非所有的程序法溯及既往都会影响信赖利益。

我国大陆刑事诉讼法并未规定刑事诉讼法效力的例外情况。我国台湾地区"刑事诉讼法施行法"第2条规定："凡修正刑事诉讼法施行前，已经开始侦查或审判之案件，除有特别规定外，其以后之诉讼程序，应依修正刑事诉讼法终结之。""刑事诉讼法施行法"第5条、第6条规定了例外情形。因此，修正"刑事诉讼法"施行前，倘若案件原得上诉于第三审，因修法而不得上诉，或属简易程序、附带民事诉讼之案件，而已系属于各

---

① 林山田：《刑事程序法》（增订四版），台湾五南图书出版公司 2001 年版，第 103 页。
② 杨登峰、韩冰：《法不溯及既往原则的地位和适用的例外》，载《金陵法律评论》2009 年春季卷。

级法院者，仍应依施行前之法定程序终结，此乃从新原则之例外，采从旧原则。① "刑事诉讼法施行法" 第 7 条之 3 规定的是程序从新原则：修正通过的 "刑事诉讼法" 施行前，"已系属于各级法院之案件，其以后之诉讼程序应依修正刑事诉讼法终结之。但修正刑事诉讼法施行前已依法定程序进行之诉讼程序，其效力不受影响"。台湾地区的上述规定值得借鉴。笔者认为，刑事诉讼法溯及既往的例外情形主要有三种：一是关于管辖的程序规定。如果有机关已经按照现行的法律规定就某些犯罪行为立案处理，新法对诉讼受案范围及管辖等予以修改，按照新法重新变更诉讼受案范围及管辖将影响当事人信赖利益，给国家公权力资源造成一定的浪费，所以这类程序规定不应溯及既往。二是依再审程序、简易程序审理的案件。三是刑事证据规则。由于篇幅所限，本文仅对证据规则作为溯及力例外进行分析。

　　刑事证据规则既规定了证据的种类、证据资格及证据审查判断规则，也规定了举证责任及证明标准，等等。证据规则的变化往往会引起证据能力、证据审查判断、证明标准的变化，尤其是对于证据不足的认识及其处理原则、理念方面的变化。所以，证据规则的变动很可能导致实体权利的变动并进而影响公众对法律确定性及生效判决确定性的信赖利益。因此，证据规则也应作为程序法溯及既往的例外。需要进一步讨论的问题是，证据规则是否也涉及权利实体？由于某些证据规则的适用，尤其是证据排除规则的适用，可以最终阻止对犯罪人判处刑罚，从一定程度上说，这涉及实体权利。以非法证据排除规则为例。在非法证据排除规则的适用问题上，因其既涉及侦查人员的行为，又涉及公民的人权保障。在这种情形之下，可采用溯及力的二元制：一部分 "从旧"，另一部分 "从新"。"从旧" 是针对侦查程序中纯技术性的程序规范，如诉讼期间、侦查讯问的规则（如讯问地点、讯问未成年人时合适成年人在场等规则）、辨认规则等可操作性、技术性规范，应当以侦查行为发生时的法律和司法解释为准。如果诉讼程序已经结束，即使新法对操作规范进行了修改，提出了更高的要求，除非是案件正在诉讼程序中且有补正的必要和可能，否则也不能适用新法。因此，对于程序违法的认定要 "从旧"。除此之外，从纠正错案的角度来说，对证据标准的把握原则上可 "有限从旧"。"从新" 是就审判程序后续处理程序规范而言的。与 "从旧" 相比，"从新" 更加复杂，尤其是非法证据排除规则的适用，它充分体现了人权保障和实体真实之间发生价值冲突时如何作出合理的选择。笔者认为，仅仅从非法证据排除规则出发，或者仅从人权保障出发都无法找到合理的出路。应当结合设置再审程序以及非法证据排除规则的初衷。再审程序是对生效判决、裁定的纠错程序，无论是再审程序的启动，还是再审之后的改判，都离不开 "确有错误"，然而错误有两种，一种是实体错误——认定事实、适用法律错误导致的无罪定有罪、轻罪重判、重罪轻判；另一种是 "程序错误"，笔者认为一般性的程序性错误尚不足以引起再审，而是程序错误导致事实认定错误且影响定罪量刑的才可以启动。再结合最高人民法院《关于适用〈中华人民共和国刑事诉讼法〉的解释》第 389 条关于再审案件经过重新审理后处理的四种情形之中并未提及由于程序性错误而发回重审或者改判。将启动再审的条件和再审后的处理两者结合在一起来看，单纯的程序性错误不足以改判，也更不能说单纯的程序性错误是冤案和错案。聂案的焦点是其是否是 "冤案"，

---

① 陈健民著：《刑事诉讼法要论》，中国人民公安大学出版社 2009 年版，第 20 页。

而对冤的理解当然是无罪判有罪才是严格意义上的冤，当然轻罪判重罪也是冤，但聂案成为公众关注的案件显然是因为前者。因此，我们应从这个意义上去寻求讨论的起点。笔者认为，非法证据排除规则不适用于像聂案这种生效判决发生在 1996 年、2012 年刑事诉讼法修正前的案件。如果刑讯导致虚假供述而错判有罪，这里的虚假口供当然不能作为定罪证据；如果刑讯并未导致虚假供述，则以非法证据排除规则为依据排除该口供是不适当的。假如聂案启动再审程序，查明其口供系刑讯逼供所得，且有其他证据证明其供述为虚假，违心招供了强奸杀人的事实，对该口供的排除是因为其不具有客观性而排除，是鉴真之后的"排除虚假证据"而不是"排除非法证据"。

（作者单位：西北政法大学刑事法学院）

刑事诉权基本问题论纲[*]

谭庆德　谭新宇　张　政

刑事诉讼法第二次修正之初，有人赞曰"中国刑事法治正在雄起"。然而修正后的刑事诉讼法实施已近三年，"冤狱门"、"教授法官对骂门"、"捅刀门"的报道此起彼伏，有人指责司法腐败、有人呼吁回归理性、有人预言"司法再这么懒下去，刀子还会见红！"[①] 中国的刑事法治到底怎么了？中国刑事法治的司法权威哪里去了？此时人们才发现，"原来法治那玩意儿根本就没有雄起过！"[②] 刑事法治也很难说已经雄起过了。随着我国刑事法治建设的进一步发展，人们发现刑事司法权威是我国法治建设过程中面临的一个巨大瓶颈，它的建立离不开刑事诉讼基础理论研究的创新和刑事司法制度配套改革措施做支撑。本文选择我国刑事诉讼理论研究中较薄弱的刑事诉权理论的基本问题进行初步研究，试图能为我国刑事诉讼法治权威的推进作出些许努力。

一、刑事诉权的概念界定

从某种意义上讲，"刑事诉讼乃谓诉权之活动，即本于诉权以求国家刑罚权之实行"。[③] 刑事诉权是刑事诉讼的特有概念，也是刑事诉讼的基本理论范畴之一。刑事诉讼中的国家专门机关、当事人及其他诉讼参与人启动、参与刑事诉讼的正当性的合理根据，有赖于此理论提供一个合理的解释。因此，刑事诉权概念的提出与界说、特征及其构成要件，是刑事诉权理论的最基本问题。由于刑事诉讼要解决犯罪与刑罚这种特定性质的纠纷，使得刑事诉讼必然具有民事诉讼、行政诉讼所不具备的特质。刑事诉权作为启动这种解纷机制的"钥匙"，也会因此而具有民事诉权和行政诉权所不具备的独特内涵。

（一）刑事诉权概念界说

1. 我国学界关于刑事诉权概念的几种表述

长期以来，我国理论上对于诉权问题的研究主要集中在民事诉讼领域，刑事诉讼领域对诉权问题的研究相对冷清，所以关于刑事诉权的概念界定也相对受到冷落。从笔者现在掌握的资料来看，由于研究视角的不同，学者们对刑事诉权的概念界定有不同的表述。

---

[*] 本文系谭庆德主持的山东省高校人文社科研究计划资助项目"被追诉人刑事诉权保障机制研究"（项目编号：J11WB03）与山东省社会科学规划研究项目"刑诉法修正后被追诉人刑事诉权保障研究"（批准号12CFXZ04）的系列成果之一。

[①] http://www.chinalaw124.com/zuijiagongzheng/20150912/12233.html，最后访问日期：2015年9月12日。

[②] 张伟：《"捅刀门"撕开法治的裤裆》，http://www.aiweibang.com/yuedu/50328285.html，最后访问日期：2015年9月13日。

[③] 陈瑾昆著：《刑事诉讼法通义》，法律出版社2007年版，第3页。

就笔者掌握的现有资料而言，我国较早关于刑事诉权问题的表述，萌芽于民国时期。那时，受西学东渐的影响，有学者注意到了欧陆法系学者对诉权问题的研究，在给诉权下定义时附带地谈到了刑事诉权的概念。例如，陈瑾昆先生认为："盖凡称曰诉权，合民刑事概括言之，不外请求以判决确定权利。……民事诉权固可分为形式与实质二者……刑事诉权亦可同一论之。于实质诉权存在之时，法院固有谕知科刑判决之义务，即实质诉权不存在之时，只需检察官曾经起诉，则不问其是否合法，法院即有判决之义务，此即刑事诉权之功用也。"① 在此，陈先生仅附带地提及了刑事诉权，认为它和民事诉权"可同一论之"，将刑事诉权也分为形式上的刑事诉权和实质上的刑事诉权两种类型，指出了刑事诉权的功用在于请求法院对是否犯罪与应否科刑问题作出裁判。此外，蔡枢衡先生也对刑事诉权进行了初步界定②。

我国新中国成立初期至"文化大革命"爆发前，我国大陆法学研究受苏联影响，民事诉讼法学者对民事诉权的研究基本上照搬苏联诉权理论，而刑事诉权的研究几乎是空白。"文化大革命"期间以及之后至90年代以前，我国诉权理论的研究几乎处于停滞状态，刑事诉权理论的研究也不例外。20世纪90年代初，受民事诉权理论研究的启发，国内刑事诉讼法学界有学者率先展开了对刑事诉权问题的研究，认为刑事诉权"是刑事诉讼活动得以产生、存在和运转的驱动力"③，但对刑事诉权含义的理解过于狭窄，"基本局限于基于刑罚权而产生的控诉权，使刑事诉权等同于控诉权"④。90年代以后，随着民事诉权理论研究的复苏，有学者又开始关注刑事诉权问题的研究。进入20世纪后，有学者对于诉权理论难以进入刑事诉讼领域的原因进行了精确的分析⑤，这些努力都试图对刑事诉权作出较为明确的界定，主要观点如下：

观点一，刑事诉权是指当刑事犯罪发生时，社会主体通过诉讼的形式请求国家保护自己权益的根据。

观点二，刑事诉权是指在犯罪行为发生时，国家通过立法赋予社会成员或公益代表（公诉机关）请求审判机关通过审判方式惩罚犯罪和保护合法权益的权利。

观点三，刑事诉权是指社会权利主体按照法律预设程序，请求法院对犯罪嫌疑人有罪或无罪及其是否给予刑罚的主张进行公正裁判的权利。

观点四，刑事诉权是指刑事诉讼当事人进行诉讼，实施诉讼行为，并请求人民法院对刑事案件和刑事附带民事案件依法作出公正裁判的权利。

观点五，刑事诉权是指在刑事诉讼中控辩双方进行诉讼的基本权能，它在动态的程序运行中体现为个案中控辩双方诉讼权利的行使和保障，在静态的法律规定中，以各种具体的规范化的诉讼权利为表现形式。

这些观点从不同侧面研究刑事诉权，触及刑事诉权概念所内含的某些量的规定性和质的规定性，但总的说来，这些定义也有某些不周延的因素：观点一指明了刑事诉权与"犯罪"有关，产生于"刑事犯罪发生时"，是社会主体请求"国家"保护"自己权益"的

① 陈瑾昆著：《刑事诉讼法通义》，法律出版社2007年版，第218页。
② 蔡枢衡：《刑事诉讼法教程》，1947年版，第99、113页。
③ 徐静村、谢佑平：《刑事诉讼中的诉权初探》，载《现代法学》1992年第2期。
④ 孙宁华：《诉权理论对刑事司法改革的启示》，载《西南师范大学学报》（人文社会科学版）2004年第5期。
⑤ 汪建成、祁建建：《论诉权理论在刑事诉讼中的导入》，载《中国法学》2002年第6期。

"根据"，将诉权与刑事诉讼相关联，基本指明了刑事诉权的主要内涵。但美中不足的是，该观点用语不够周延，可能会导致理解上发生歧义：首先，关于刑事诉权的存在时间，是"犯罪发生时"才存在还是由国家法律预设存在而在犯罪发生时由潜在的诉权开始转变为实际享有的诉权？其次，"请求国家保护"中的"国家"只是一个抽象概念，具体向国家中的哪个机关或个人提出这种请求？是司法机关还是行政机关？最后，"社会主体"用语模糊，理解上也会出现偏差，个人、组织、国家机关、社会团体、人民团体、政党都可以涵盖于"社会主体"之下，再结合该观点出现的背景，从实体法上讲，当时我国刑法尚未修改，未规定单位犯罪，犯罪主体只能是"自然人"，尤其是对刑法学上所谓的"无被害人案件"，由于没有"自己"的利益要保护，那么追诉机关追究被告人刑事责任的正当性根据何在？观点二至观点四，这三者的共同点是对刑事诉权存在空间的认识过于狭窄，即它们只套用了民事诉权的概念，将解纷机关仅仅限定在"审判机关（法院）"的范围（当然，如果是指在刑事诉讼中最终意义上由审判机关对于刑事纠纷作出生效的裁决，笔者并不反对），这在民事诉讼中甚至在行政诉讼中是合适的，因为参加诉讼的国家机关只有审判机关（法院）。但用来界定刑事诉权行使所指向的对象——审判机关，将法院作为刑事诉权指向的唯一国家机关，与刑事诉权多机关参与的现实不符。至少在我国未必准确，因为在我国刑事诉讼中参加刑事诉讼的国家机关不止审判机关（法院），尚有侦查机关和起诉机关，社会主体能否向审判机关以外、参与刑事诉讼的国家机关行使刑事诉权呢？至少这个问题在这三种观点中是不明确的。同时，观点二中"合法权益"这一用词，还有"同义重复"问题，因为"权益"是指"应当享受的不容侵犯的权利与合法利益"。再者，从内容上看，观点二和观点三将刑事诉权理解为控方的起诉权和实体请求权；观点四也过于褊狭，将刑事诉权等同于程序发动权；观点五对刑事诉权的存在状态进行了分类，分为动态和静态两种情形，也未将刑事诉权行使的指向限定在审判机关（法院）内，在这一点上相对比较全面，但将刑事诉权限定在"刑事诉讼中"，不能回答"为什么可以提起诉讼"这一诉权的根本性问题，否认了起诉前刑事诉权的客观存在，这是其美中不足的一点。总之，这五种观点都有这样或那样的不足，有必要对刑事诉权的概念进行重新界定。

2. 刑事诉权概念界说

"刑事诉权"属广义诉权的下位概念，从属于广义诉权，是广义诉权不可或缺的重要组成部分。可对刑事诉权进行如下界定：即刑事诉权是指刑事纠纷的当事人（包括自然人、单位和国家）因自己的权益受侵害，依法请求国家专门机关通过诉讼方式依正当程序解决该刑事纠纷和附带民事纠纷并最终由裁判机关依法作出裁决的宪法性基本权利。从最终意义上讲，刑事纠纷的最终解决机关应当是法院，但在审前程序中，又不限于法院。为进一步明确刑事诉权的概念，有必要对刑事诉权的内涵进行以下建构：

（1）刑事诉权行使所针对的对象是国家设立的解决刑事纠纷的专门机关。包括但不限于狭义上的"法院"。正如英国学者所言："要准确地界定'司法权'是什么从来都不十分容易。"在此背景下，刑事司法权的界定也是相对艰难。同时，"法院"的含义也不像往日那样清晰。英国法官曾经说道，"法院"的内涵在今天已经获得了极大的扩展，没有必要以为只有一个机构名为法院，它才应当是法院；只要它在听取证据之后行使这样意义上的司法职能，即它得根据提议方与反对方之间的证据，对有关权利义务问题作出裁决，它们就足以可被称为"法院"了，而无须是一个严格意义上的法院。显然，现在很多行政机关每天都在行使这种职能。刑事诉权就是刑事侵权纠纷的当事人向刑事司法机关（在我国包括公安机关、检察机关和人民法院）主张解决刑事纠纷的请求权。

（2）刑事诉权是以宪法为基础和保障的一种宪法性基本权利。在现代法治社会，"有权利必有救济"，否则就没有权利可言。在文明社会，权利救济方式有多种，但诉讼救济是最普通、最常见的权利救济方式。若没有诉讼救济，宪法和法律赋予国民的各种权利就只能是虚幻的权利，如镜中花、水中月。因此，诉权和受其保护的生命权、自由权和财产权等，理当同时规定于宪法之中上升为权利主体的宪法性基本权利。我国宪法应当顺应潮流，确认争议主体享有诉权，从而彰显诉权的宪法性地位和价值。

（3）刑事诉权是刑事诉权主体进行刑事诉讼，实施刑事诉讼行为的权利。这种权利是诉权主体通过启动并推动诉讼进行的一系列诉讼权利来体现并具体化的。刑事诉权是对诉权主体的具体诉讼权利的高度抽象与概括，它不单单指某一具体的诉讼权利，在刑事诉权具体化之后，就贯穿于整个刑事诉讼过程的始终。诉权主体在刑事诉讼过程中的所有诉讼权利的总和，构成一个完整的刑事诉权。只有被赋予了这种权利的主体，才有可能享有刑事诉权，也只有被赋予了刑事诉权的主体，其启动并推动刑事诉讼程序进行才有正当性基础。

（4）刑事诉权包括程序含义和实体含义两方面的内容。

刑事诉权应当包括程序含义和实体含义两个方面。就二者的关系而言，程序含义的刑事诉权是实体含义上的刑事诉权的实现方式和途径，而实体含义上的刑事诉权的实现是程序含义上的刑事诉权行使的目的和意义。

（二）刑事诉权的特征

刑事诉权也有其自身的特征：

（1）刑事诉权既是刑事诉讼当事人依法享有的权利，也是国家追诉机关（本文认为含侦控机关）依法享有的权力（利）。国家侦控机关由诉讼法明确规定作为诉讼中的专门机关，在民事诉讼法和行政诉讼法中是不存在的。

当事人之所以被赋予刑事诉权，是因为他们和刑事纠纷或者刑事附带民事纠纷有切身的利害关系，案件的处理结果与他们的合法权益直接相关。如果法律不赋予这些诉讼主体以刑事诉权，就无法切实维护其合法权益。

国家追诉机关之所以被赋予诉权，是因为自从国家以社会秩序维护者的面孔并以强权的形式取得了对社会大众的管理者的身份起，它就始终有义务尽一切努力来维护大众的生命、健康、自由、财产等合法权益免遭犯罪行为侵犯。这是国家追诉机关将绝大部分或者全部刑事纠纷纳入刑事诉讼轨道、启动刑事追诉程序的合法性、正当性基础。

（2）刑事诉权的内部关系具有复杂性，如何处理好国家诉权（侦控权力）与个体诉权（利）的关系始终应当是刑事诉权理论关注的焦点所在。

刑事诉权内部的复杂性表现在刑事诉权的主体具有多元性：既有国家诉权主体，又有个体诉权主体；个体诉权主体既可能是控方诉权主体，也可能是辩方诉权主体。关于国家刑事诉权（刑事侦控权力）与个体刑事诉权（利）的关系，本文的基本观点是：国家刑事诉权（力）是手段，个体刑事诉权（利）是目的。权力是权利的一种衍生形态，是人民向国家让渡权利的结果，因此权力没有高于权利的理由。因此，国家刑事诉权的存在目的仅仅在于在国家裁判权面前平等、公正地保护个体刑事诉权及其所体现的合法权益。

（3）对于当事人诉权主体而言，刑事诉权是基本人权在刑事诉讼中的具体化。基本人权是人之所以为人而应当享有的一种抽象的、普遍的、不可随意剥夺的权利，其内涵十分丰富。尽管东西方国家对于人权的具体含义理解上仍有分歧，但无论东西方国家都普遍承认人权的存在，尤其是人的生存权、发展权、财产权、获得幸福权已经成为国际上公认的人权的重要内涵。在刑事诉讼中，犯罪嫌疑人、被告人往往是被指控涉嫌实施了犯罪的人，但他作为人在刑事诉讼中应当具有的人权却不应被随意剥夺，法律赋予其刑事诉权的目的在于确认并切实保障其人权不受非法侵犯。同时，作为当事人的自诉人、被害人的人权也应当在刑事诉讼中得到平等保护，从而使其被犯罪行为侵犯的权利得以恢复，使犯罪行为得到应有的惩罚，在此意义上，法律必须赋予自诉人、被害人刑事诉权。综上，就当事人而言，无论法律赋予哪方当事人以刑事诉权，目的都是保障其基本人权，都是法律维护其基本人权的具体表达形式。为此，必须树立权力法定与权利推定理念。权力法定意味着国家任何权力包括刑事侦控权的行使都必须以法律有明文规定为限，同时权力法定还意味着对国家公共权力包括刑事侦控权的行使者而言，对其义务可以在必要的时候作出某种扩大推定，从而达到限定公权力行使边界的效果。任何权利立法都不可能像流水账那样把人们应当享有的权利一一列举出来。那些没有"入账"的权利要靠推定来发现和确认。

（4）刑事诉权具有阶段性。刑事诉权在刑事诉讼的侦查阶段、起诉阶段和审判阶段甚至执行阶段都存在，其最集中、最典型的存在阶段是审判阶段。由于刑事诉权存在于刑事诉讼领域，国家专门机关在刑事诉讼领域的介入程度非常深远。总之，与民事诉权、行政诉权不同的是，刑事诉权具有阶段性：在立案、侦查和起诉阶段，刑事诉权主体可以通过实施诉讼行为进行诉讼来体现自己依法享有的刑事诉权，在审判阶段，刑事诉权主体诉权的集中表现则是请求裁判机关依法作出公正的裁判。而且唯有在审判阶段，刑事诉权主体的刑事诉权才体现得最全面、最充分，控辩双方都希望裁判机关能够通过公正审判就发生在他们之间的刑事侵权纠纷作出不偏不倚的裁判，切实维护己方的合法权益。

（5）刑事诉权是诉权的后盾。诉权的性质与其所在部门法的性质具有不可分割性。宪法诉权、民事诉权或者行政诉权分别对应宪法部门、民商法部门和行政法部门。不可否认的是，刑事侵权行为是性质最严重的侵权行为，刑法是区分犯罪与一般侵权行为的基本法，也是其他部门法的后盾法。而刑事诉讼法作为保障刑法实施的程序法，当然也是其他程序法的后盾法。与此紧密相关，刑事诉权也就成为其他种类诉权的后盾诉权。

二、刑事诉权的构成要件

刑事诉权本身作为一种概念比较抽象，从这个意义上说，它只是一个外壳，必须用一定的要素把它填充起来，即为刑事诉权塑型。这些用来为刑事诉权塑型的要素，就是刑事诉权的构成要件。

（一）刑事诉讼中当事人适格的解说

刑事诉讼中当事人适格问题的一种解释——程序当事人地位的确立

讨论刑事诉讼中的当事人适格问题，必须注意到民事诉讼和刑事诉讼中当事人的范围是不同的。刑事诉讼中的"当事人"包括被害人、自诉人、犯罪嫌疑人和被告人、附带民事诉讼的原告和被告。在我国刑法于 1997 年修改后，法定的单位犯罪开始出现，因而刑事诉讼中当事人的范围扩大到自然人和单位。但是，问题的关键在于，在刑事诉讼中对于绝大多数案件行使侦查权、起诉权的侦查机关和公诉机关却并不被立法者认为是当事人的范畴，他们是专门追诉犯罪的国家机关，有高于当事人的诉讼地位。这与民事诉讼中的当事人双方都平等地在诉讼这个平台上展开攻击和防御、法官居中裁判这种典型的"三方组合"不同，在我国立法机关，就刑事诉讼中的公诉案件而言，国家机关（侦查和起诉机关）介入诉讼行使各种刑事追诉权追诉犯罪却不是当事人，而被赋予当事人地位的被害人却连起诉的权利也没有，在诉讼角色上出现了错位。诉讼结构也就变成了只有被追诉人一方当事人和中立的裁判方法院而没有追诉一方当事人的畸形诉讼结构，这是违背刑事诉讼"三方组合"的结构原理的。

因此，针对刑事诉讼中的侦查机关、公诉机关为什么具有诉讼当事人资格的问题，借鉴民事诉权构成要件中的诉讼担当或诉讼信托理论，确立刑事诉权中的"程序当事人"概念，也许能使这个问题获得一个较合理的解释。

（二）刑事诉权中诉的利益

刑事诉讼作为一种解纷机制，是国家产生后专门用来解决由于发生刑事争端而产生的犯罪与刑罚问题的法律装置。在国家犯罪观的理念下，犯罪首先被统治阶级认为是对国家利益和国家所代表的全社会利益的严重侵害，是对国家赖以存在的重要社会秩序和法律秩序的践踏，所以在国家看来，除国家有能力、有必要对这种纠纷通过诉讼的方式予以彻底解决之外，其他社会主体均无能为力，因而这种纠纷绝大多数的处理权被国家独揽，一般不允许"私力救济"或通过"私了"的方式由当事人双方自行解决。但是，由于刑事的复杂性加之犯罪毕竟直接侵害的是被害人的实体权益，如果所有的案件均由国家通过诉讼的方式解决，不仅任务繁重，而且对于某些特殊类型的刑事犯罪如果国家一概包揽，还可能会对国家利益的维护和社会秩序的安定产生负面影响，因此有些国家允许一定范围内的刑事犯罪由当事人自己选择解决方式，承认被害人对于犯罪有诉的利益。只是对绝大多数严重侵犯国家利益和社会公共秩序的犯罪，国家不允许通过刑事诉讼以外的方式解决，因为国家认为它的利益受到了犯罪行为的侵害，它与该刑事纠纷具有实质上的利益。

由于国家是个抽象的实体，不能自己去实施侦查犯罪、追捕犯罪嫌疑人、起诉被告人等诉讼行为，于是通过诉讼信托将自己侦查和追诉犯罪的权力交由国家专门设立的侦查、检察机关这些原本与犯罪没有诉的实体利益的机关去行使，从而赋予了这些专门机关代表国家追究犯罪的职权和职责，使这些专门机关代表国家取得了诉的利益，因而成为程序意义上刑事诉权的适格当事人，可以实施侦查、起诉等追诉职权。

（作者单位：青岛大学法学院；天津市滨海新区汉沽人民检察院）

简论刑事诉讼模式及其中国转型

谭世贵

20世纪六七十年代以降，模式分析方法盛行于社会科学多个领域，跃升为强势的话语体系，法学研究亦浸染着浓厚的模式论印迹。作为中国法学范式研究的重要成果，诉讼模式在相当程度上影响和左右着二十多年司法改革的路径选择和关系整合。司法改革陷入僵局促使学者质疑诉讼模式的正当性，反思其局限性，"对于模式的判断和研究往往基于对诉讼体制表象的观察，进而根据反映在诉讼程序中的某些特征框定其为某种诉讼模式，不可避免地会流于肤浅，不能深入问题的本质，建构模式的努力往往会沦为狭隘和薄弱的理论建构。"① 这种批评确有一定的道理，但没有从根本上撼动诉讼模式论的支配性地位。

一、刑事诉讼模式的含义阐释

尽管关于诉讼模式含义的表述因人而异，但其指称诉讼程序展开过程中诉讼主体的权力配置及其相互关系却是基本的学术共识。采用诉讼模式论阐释刑事诉讼程序中的权力配置和程序安排细化而成刑事诉讼模式。详言之，刑事诉讼模式，是指为实现刑事诉讼过程中的特定诉讼目的而在控诉方、辩护方和裁判者之间所形成的法律地位和相互关系的权力配置模式。刑事诉讼模式通过建立可视化的权力关系框架廓清了法院、检察院、犯罪嫌疑人或被告人等诉讼主体的法律地位以及彼此之间的关系安排，它是认识和剖析刑事诉讼中诉讼主体权力配置的基本工具，应当予以全面解读和细致分析。

第一，诉讼目的决定和支配刑事诉讼模式的建构和展开。诉讼目的是立法者在制定法律时所期望达到的理想结果或者法律状态，是支撑诉讼程序运行的决定性理念。刑事诉讼模式所意欲建构的诉讼主体之间的权力配置和程序安排亦是实现刑事诉讼目的的重要渠道，受到刑事诉讼目的的约束和支配，不同的目的选择决定了刑事诉讼模式的差异。另外，刑事诉讼目的的真正实现有赖于刑事诉讼模式的实然运作条件，刑事诉讼模式反过来对刑事诉讼目的施加一定的影响和制约。

第二，刑事诉讼模式适用于特定的程序阶段。刑事诉讼是动态的程序装置，包含侦查阶段、审查起诉阶段、审判阶段和执行阶段。一般认为，刑事诉讼模式主要适用于侦查阶段、审查起诉阶段和审判阶段。刑事执行程序因为围绕被告人刑事责任问题所展开的控诉、辩护和裁判三方的诉讼关系业已结束，无法研究刑事执行程序中的诉讼模式问题。②

第三，刑事诉讼模式解决的是诉讼主体之间的权力配置关系。高度提炼刑事诉讼的基本结构要素，划定法院、检察院、犯罪嫌疑人或者被告人的法律地位，理顺控诉、辩护和

---

① 高志刚：《民事诉讼模式正当性反思——一个实践哲学的反思》，载《法学论坛》2011年第1期。
② 李心鉴著：《刑事诉讼构造论》，中国政法大学出版社1991年版，第9页。

裁判三方的相互关系是刑事诉讼模式的核心要务。刑事诉讼模式的实质就是抽象表达诉讼主体于程序展开过程中所形成的权力配置关系，到底是优先保护追究犯罪行为人刑事责任的检察院的国家公共权力，还是侧重保护被追诉的犯罪嫌疑人或者被告人的权利，法院都应于其间如何保证平衡以及在三者之间凝结而成何种关系安排等均借助于刑事诉讼模式抽象而明确地表达出来。具体而言，检察院负责控诉被告人触犯刑事法律而应予追究刑事责任，辩护方就控诉方提出的诉讼主张提出反驳进而形成对抗，法院专司案件之审判，控诉职能和裁判职能各司其职、相互分离，法官以中立裁判者的身份确保控辩两造的地位平等，检察院没有提起刑事公诉，法院不得主动介入到案件中来。刑事诉讼模式所作的权力配置和关系安排主要表现在事实认定、证据适用和程序推进三个层面。发现事实真相是判定犯罪嫌疑人或者被告人是否有罪以及如何量刑的前提，支配着刑事诉讼权力体系的运作和展开。事实发现维度的不同追求，型塑出不同的刑事诉讼模式。在有的刑事诉讼模式中，检察院处于绝对的主导地位，相对而言，犯罪嫌疑人或者被告人居于附属地位，控辩双方地位严重不对等；在有的刑事诉讼模式中，检察院与犯罪嫌疑人或者被告人地位完全平等，各自以其事实发现能力向法官进行陈述和展示，甚至相互之间彼此合作协同解决纠纷。证据是证明案件事实的手段和根据，不同的刑事诉讼模式决定了不同的证据收集方式和证据适用样态。有的刑事诉讼模式采纳警察或者检察院以不正当的方式收集到的刑事证据，有的刑事诉讼模式摒弃违法取得的瑕疵证据，还有的刑事诉讼模式排斥刑事证据规则的适用。程序推进的权力归属亦是衡量刑事诉讼模式的重要指标，既有将程序推进的权力交由作为当事人的检察官和犯罪嫌疑人或被告人的刑事诉讼模式，也有主要依托作为裁判者的法官来推进诉讼程序的刑事诉讼模式。

二、刑事诉讼模式的演变与类型

刑事诉讼制度是历史发展的产物，其间伴随着不断的发展与变革过程，刑事诉讼模式亦是动态的话语体系，不断优化、适时更新。20 世纪 60 年代，美国学者帕克将刑事诉讼模式与刑事诉讼目的有机地勾连起来进而创造性地提出了"犯罪控制模式"和"正当程序模式"两种相互对立的诉讼模式，从而引发了刑事诉讼模式的研究热潮。犯罪控制模式以惩罚和抑制犯罪为出发点，警察被赋予了相当充分的犯罪控制权，诉讼程序应是高效快速的环环相扣的流水作业程序，最终服务于发现事实真相和维护社会公共秩序的需要。正当程序模式则以保障个人的人权为出发点，反对行政性的事实发现程序，限制国家公权力的不当利用，切实维护犯罪嫌疑人或被告人的权利。[①] 帕克的诉讼模式类型划分奠定了现代刑事诉讼模式研究的根基，具有里程碑的意义。

1970 年，约翰·格里菲斯进一步发展了帕克的诉讼模式论。在他看来，无论是犯罪控制模式，还是正当程序模式，在本质上都应当归属于"争斗模式"，差别在于前者追求犯罪控制的实际效果，后者侧重于犯罪控制的程序规制。在此基础上，他提出了与争斗模式相对立的"家庭模式"——一种以治疗理念和教育理念为脉络的模式。格里菲斯看透了帕克的诉讼模式的实质，并试图探究新型模式，蕴含着一定的反思理性和探索精神。遗憾的是，

---

① 陈瑞华著：《刑事诉讼的前沿问题》（第三版），中国人民大学出版社 2011 年版，第 344~345 页。

他所提倡的家庭模式只适用于少量的未成年人犯罪案件而不能适用于大多数的一般刑事案件，因而无法成为具有普适性的刑事诉讼模式。

达玛什卡以其融贯两大法系的精湛功力梳理出两条主线：一条主线是权力的组织方式，依此可分为处于等级结构的精英群体采纳技术性标准运作的科层式权力和非专业化的决策者群体采纳共同体标准运作的协作式权力；另一条主线是司法程序的运作，依此可分为纠纷解决型程序和政策实施型程序，前者将司法程序界定成当事人支配程序进展的诉讼两造平等对抗的竞技场，后者将司法程序塑造成公共官员控制程序展开和事实发现维度等的调查程序。他将这两条主线相互融合进而形成了几种不同的诉讼模式。①

当事人主义与职权主义是当前最受刑事诉讼学者青睐的诉讼模式划分方法。在当事人主义诉讼模式中，司法程序被建构成为诉讼两造仪式化平等对抗的竞技场域，检察官和被告人在严格的诉讼程序中各自提出事实主张和出示证据材料，于诉讼之中交互辩论和对抗，居中的法官不主动调查证据，而是依据双方提供的事实主张和法律观点裁断案件，生成合理的判决。在职权主义诉讼模式中，发现实体真实和惩罚犯罪支配着整个诉讼程序，警察和检察官为追究犯罪拥有广泛的公共权力，法官有权主动调查收集证据，公权力主体在诉讼程序中居于主导地位，限制犯罪嫌疑人和被告人行使诉讼权利。一般认为，英美法系采用当事人主义的诉讼模式，大陆法系奉行职权主义的诉讼模式，日本和意大利则实行兼具当事人主义和职权主义的混合诉讼模式。

学者往往纠结于诉讼模式下的子模式之选择。其实，当事人主义与职权主义奉行共同的对抗理念，都只是对抗式司法的一种表现样态。那么，在对抗式司法之外是否还存在着与之对立的不同诉讼模式呢？在我们看来，任何诉讼模式均是成组出现的，不能只以一种模态存在。对抗式司法有其合理的存在空间，与之相对的合作式司法就应以合理的样态为人们所认识和重视。况且，英美法系的辩诉交易和我国的刑事和解也印证了合作式司法的现实存在。鉴于此，笔者将刑事诉讼模式划分为对抗式诉讼模式与合作式诉讼模式两种基本类型。

1. 对抗式诉讼模式

所谓对抗式诉讼模式，是指刑事诉讼中的控辩双方就案件所涉及的事实主张、证据材料和法律适用相互争执和对抗，法官居中作出终局性裁断的诉讼模式。对抗是对抗式诉讼模式的基本基调，也是现代刑事诉讼法典的理论预设。无论是当事人主义还是职权主义，均以对抗理念为程序展开的主脉络，涵盖于对抗式诉讼模式之下。有学者亦采用对抗式诉讼模式的术语表达，② 其实只是指称英美法系所实行的当事人主义诉讼模式，与笔者所界定的对抗式诉讼模式有所不同。

对抗式诉讼模式具有以下特征：第一，对抗式诉讼模式以控辩双方对抗为结构要素。对抗构成了对抗式诉讼模式的基本氛围。"对抗式的，或对抗（Adversary），是用来指代这样的情形：两方或多方当事人之间存在利益冲突，他们承担了收集信息并在听证中提交信息的主要责任。"③ 换言之，控诉方和辩护方被置于相互对立、相互抗争的地位，他们围绕

---

① ［美］达玛什卡著：《司法和国家权力的多种面孔》，郑戈译，中国政法大学出版社 2004 年版。
② 陈卫东、张月满：《对抗式诉讼模式研究》，载《中国法学》2009 年第 5 期。
③ ［美］迈克尔·贝勒斯著：《程序正义——向个人的分配》，邓海平译，高等教育出版社 2005 年版，第 18 页。

着要件事实、证据材料和法律观点相互攻击和防御，以便压倒另外一方，进而取信于法官。对抗式诉讼模式应当建立在两种基础之上：一是国家对犯罪行为进行追诉；二是犯罪嫌疑人或者被告人进行无罪答辩或者罪轻答辩，否则将丧失控辩双方对抗的前提基础。对抗为控诉方和辩护方施加了外在压力，促使其为获得胜诉裁判而积极地挖掘案件事实，出示有利证据，发表针锋相对的法律意见，发挥着极强的资源调动和权力或权利运用的功效。第二，控辩双方居于诉讼的主导地位。在对抗式诉讼模式下，控诉方和辩护方控制和决定着诉讼的走向和结果。控诉方担负着证明被告人有罪以及罪责轻重的责任，需要向法官提供充足的证据证明要件事实的成立，辩护方无证明被告人无罪的义务，然而为获得更加有利的裁判结果往往会提供一定的证据反驳控诉方的指控，整个诉讼流程在控辩双方的攻击和防御中不断前进。控辩双方掌控诉讼请求的指控范围、要件事实的发现力度、证据材料的收集能力和法律观点的对抗程度，引导和支配诉讼程序的进展。为此，现代法治国家设计出无罪推定原则、非法证据排除规则、沉默权规则等程序安排，以保障对抗式诉讼模式的稳健运作。当然，在作为子模式的当事人主义和职权主义中，控诉方和辩护方的支配力度有所区别。第三，法官的裁判受制于控辩双方的对抗。法官在对抗式诉讼模式中居于中立的裁判者地位，平等对待控诉方和辩护方，不能有所偏袒。法官的裁判应当建立在充分考量控辩双方提出的事实主张、证据材料和法律意见的基础上。控诉方和辩护方的攻击防御行为约束法官的裁判行为，法官不得僭越检察官指控的犯罪事实和罪名范围恣意裁判。控辩双方的对抗行为规制法官的裁判行为，使得控辩审三者结合成为有机的程序系统和诉讼结构。

2. 合作式诉讼模式

合作式诉讼模式，是指刑事诉讼中的程序主体在充分考虑各自利益诉求的合理性和可接受性的基础上进行一定的妥协、协商和合作，形成纠纷解决共识的诉讼模式。合作式诉讼模式引入新型的合作理念和合作精神，寻找程序主体间的共识而非歧异，在协同共治中实现刑事纠纷的正当解决，颠覆了对抗一统诉讼的传统利益格局，标志着现代刑事诉讼发展到新的历史阶段。英美法系的辩诉交易制度和我国的刑事和解制度是合作式诉讼的两大典型例证。

合作式诉讼模式具有以下特征：第一，合作式诉讼模式以合作为基本结构要素。合作式诉讼模式在充分考察实然的制度运作样态的基础上提炼和概括出新型的结构要素——合作，作为规制整个刑事诉讼构架的基础。"合作是社会互动的一种方式，指个人或群体之间为达到某一确定目标，彼此通过协调作用而形成的联合行动。"① 共同的行动、分工的协作、一致的目标和达成的共识是合作的核心要素。现代刑事诉讼意识到，通过实体利益和程序利益的可交换性和可兑现性，可以实现程序主体间的利益共赢，从而逐渐吸纳了合作的理念和精神。犯罪嫌疑人或被告人进行有罪答辩是合作式诉讼模式运作的前提条件。合作是持续性的关系调整过程，程序主体为实现共同的利益目标，相互之间展开激烈的辩论、让步沟通和协作，牺牲一定的利益换取对方的妥协，形成纠纷解决的共识。合作主体应当恪守契约精神和程序伦理，实施体现共同意志的行为规则和合作共识。程序主体之间的多元合作势必冲击以对抗为基础所构建起来的相关程序规则，非法证据排除规则、交叉询问规

---

① 夏征农、陈至立主编：《辞海》（第六版），上海辞书出版社 2009 年版，第 862 页。

则和证明责任规则等在合作式诉讼模式中均无法适用。第二，参与合作的程序主体比较广泛。对抗式诉讼模式所建构的是检察官与被告人的对抗格局，忽视被害人的程序参与，而合作式诉讼模式有多种表现形式，既有检察官与被害方之间的合作，亦有侦查机关与犯罪嫌疑人之间的合作，更有被害方与犯罪嫌疑人或者被告人之间的合作。质言之，参与合作式诉讼模式的程序主体有检察官、侦查机关、被害人及其近亲属和犯罪嫌疑人或被告人，适用主体相当广泛。提倡合作式诉讼模式的重要意义不仅在于张扬合作理念和合作精神，更为重要的是将被害人及其近亲属作为重要的程序参与者，极大地丰富和拓展了刑事诉讼中的关系范畴。第三，刑事案件处理结果呈现出轻刑化和多样化。罪责刑相适应是法官处理刑事案件应当秉持的基本原则，有多严重的犯罪行为，就有多严重的刑事处罚。在合作式诉讼模式中，犯罪嫌疑人或被告人进行有罪答辩的目的在于换取侦查机关、检察机关或审判机关的免予处罚、从轻或者减轻处罚，没有这样的利益交换，可能无法换来犯罪嫌疑人或被告人的有罪答辩。一旦达成合作共识，"刑事追诉机构一般会采取诸如终止刑事追诉、采取轻缓追诉措施、寻求法院判处轻刑等带有一定'优惠性'的举措"。[1] 一方面，合作式诉讼的案件有多种处理结果；另一方面，犯罪嫌疑人或者被告人所受处罚相较既定的处罚有所减轻，这正是合作式诉讼模式备受青睐的魅力所在。

三、转型过程中的中国刑事诉讼模式

30 多年来，我国刑事诉讼法历经两次重大修改，在指导理念和制度安排上均有重大变化。相应地，刑事诉讼模式正在发生激烈的转型。根据笔者的观察和分析，我国刑事诉讼模式的转型有两种形式：一是不同诉讼模式之间的转型；二是诉讼模式内部的子模式之间的转型。

（一）不同刑事诉讼模式之间的转型

我国的刑事诉讼模式正在经历着从对抗式诉讼模式到合作式诉讼模式的重大转型。毋庸置疑，对抗式诉讼模式长期支配和统治着我国的刑事诉讼制度，立案程序、侦查程序、审查起诉程序和审判程序均以控诉方与辩护方的对抗为基础，证据制度、辩护制度和强制措施等为此提供重要的制度保障。随着对抗式诉讼模式的弊端逐渐为人们所认知和省思，法学理论界和司法实务界开始探索填补对抗式诉讼模式漏洞的新型诉讼模式，由此发展并生成更具实践理性的合作式诉讼模式。代表和体现合作式诉讼模式的是刑事和解制度。

刑事和解是一种以协商合作形式恢复原有秩序的案件解决方式，它是指在刑事诉讼中，加害人以认罪、赔偿、道歉等形式与被害人达成和解后，国家专门机关对加害人不追究刑事责任、免除处罚或者从轻处罚的一种制度。[2] 作为司法实务部门的智慧结晶，刑事和解制度高度倡扬被害人与犯罪嫌疑人或被告人的诉讼合作，将民事诉讼中的合作理念导入刑事诉讼之中，进而从根本上改变了刑事诉讼中的主体关系和利益格局。就实践样态来说，既有被害人与犯罪嫌疑人或被告人之间的和解，也有侦查机关与犯罪嫌疑人之间的和解，更

---

① 陈瑞华著：《刑事诉讼的前沿问题》(第三版)，中国人民大学出版社 2011 年版，第 363 页。
② 陈光中、葛琳：《刑事和解初探》，载《中国法学》2006 年第 5 期。

有检察机关与被告人之间的和解。多样化的合作形式增强了刑事和解制度的利用率和认可度，产生了良好的实践效果。2007年1月至2008年6月的一年半时间内，上海市在刑事诉讼的不同阶段利用当事人和解处理的轻伤害案件，立案、侦查阶段为92.9%，审查起诉阶段为3.3%，审判阶段为3.8%。①

在取得良好的法律效果后，刑事和解制度逐渐得到正式承认。最高人民检察院于2006年出台的《关于在检察工作中贯彻宽严相济刑事司法政策的若干意见》正式肯定了刑事和解制度，最高人民法院于2010年出台的《关于贯彻宽严相济刑事政策的若干意见》第40条更是明确规定，对于可公诉也可自诉的刑事案件，检察机关提起公诉的，人民法院应当依法进行审理，依法定罪处罚。对民间纠纷引发的轻伤害等轻微刑事案件，诉至法院后当事人自行和解的，应当予以准许并记录在案。人民法院也可以在不违反法律规定的前提下，对此类案件尝试做一些促进和解的工作。2012年修订的刑事诉讼法开辟专章建构刑事和解制度，具体规定了刑事和解的适用条件、适用范围、和解协议的审查以及和解案件的处理等。刑事和解的法律化标志着合作式诉讼模式的正式建立。从对抗式诉讼模式到合作式诉讼模式的转型意味着合作式诉讼模式得到确立和重视，但是不能忽视对抗式诉讼模式，对抗式诉讼模式与合作式诉讼模式仍共存于我国的刑事诉讼之中。随着刑事和解适用范围在司法实践中的不断扩大，可以预见合作式诉讼模式在我国有逐渐充实和兴盛的趋势。

（二）刑事诉讼模式内部的子模式之间的转型

不同的刑事诉讼模式之间正在经历转型，同一诉讼模式内部的子模式之间也在发生着同样的转型。就对抗式诉讼模式而言，职权主义弱化，当事人主义兴盛；就合作式诉讼模式而言，呈现出私力合作模式与公力合作模式相融合的趋势。

职权主义深深刻印于我国的刑事诉讼之中，公检法三机关在流水线作业中控制着事实发现、证据调取、法律适用和程序展开的进程，追诉者和受追诉者处于权力不对等和信息不对称的地位。为矫正职权主义可能出现权力恣意侵犯受追诉者的弊端，利用正当程序保障受追诉者的合法权益，我国刑事诉讼适当吸收了当事人主义制度的精髓。1996年修订的刑事诉讼法允许律师于移送审查起诉之日起介入公诉案件，2012年修订的刑事诉讼法进一步将公诉案件犯罪嫌疑人、被告人委托辩护人的时间提前至侦查机关第一次讯问或者采取强制措施之日，从而较好地保障了犯罪嫌疑人的辩护权。为防止公安机关或者检察机关拒绝移送无罪或者罪轻的证据材料，我国早在1996年修订的刑事诉讼法中就赋予了辩护人申请检察院或法院调取这些证据材料的权利，以弥补辩护方取证能力的不足，强化控辩平衡。2012年修订的刑事诉讼法第49条明确规定公诉案件中被告人有罪的证明责任由人民检察院承担，第50条更是新增了"不强迫自证其罪"的原则。这与无罪推定原则密切相关，体现了立法者保护被告人权利、约束检察院权力的当事人主义诉讼思维。确立非法证据排除规则是当事人主义革新刑事诉讼的重要内容。2012年修订的刑事诉讼法不但将非法证据排除规则的适用范围从言词证据扩展到实物证据，而且明确了刑讯逼供的证明责任——检察机关证明证据收集的合法性。非法证据排除规则不仅有助于抑制公权力机关的违法取证行为，而且有助于保障犯罪嫌疑人或被告人的正当权利，增强程序正义意识，将追诉者和受追诉

---

① 黄京平：《刑事和解的政策性运行到法制化运行》，载《中国法学》2013年第3期。

者的诉讼行为纳入到正常轨道之内，推动当事人主义的顺畅运转。当然，我国刑事诉讼的转型仍然在进行过程中，职权主义和当事人主义同时影响着刑事诉讼，在认识和理解某项制度安排时应当深入透析隐藏在其背后的理念和精神。

认真分析刑事诉讼法所确立的刑事和解制度，可以发现其仅指被害方与犯罪嫌疑人或被告人之间的私力合作，而排斥公安机关、检察机关与犯罪嫌疑人、被告人之间的公力合作。事实上，公安机关或者检察机关参与刑事和解运作的情况并不在少数。有学者的实证调查表明，公安机关参与刑事和解的案件主要集中于交通肇事、轻伤害、盗窃抢夺、过失犯罪和经济犯罪五种案件，案件处理结果中，不予立案的占 8.9%，向检察机关提出从宽处理建议的占 28.40%，撤销案件的占 62.70%。[①] 由此可见，刑事和解的合作形式在司法实践中已被大大拓展。可以说，在一定意义上，在合作式诉讼模式中，私力合作模式和公力合作模式两者交相辉映、相互辅助。

（作者单位：浙江工商大学法学院）

---

① 徐启明、孔祥参：《公安机关刑事和解实证研究》，载《中国人民公安大学学报》(社会科学版) 2014 年第 2 期。

以效率为价值导向的刑事速裁程序论纲

汪建成

自 2014 年 6 月全国人大常委会授权在北京、上海、广州等 18 个城市开展刑事案件速裁程序试点工作以来，上述地区的法院、检察院等有关部门积极开展轻微刑事案件速裁程序试点工作。各试点机关积极探索、勇于创新，进行了卓有成效的改革，积累了大量有益的经验，目前正进入中期评估和总结阶段。然而，从试点情况来看，在一些重大问题上各地做法不一，有的争议还很大。如何在这些重大问题上逐步达成共识，形成比较成熟的改革和立法建议，是下一步应当重点关注的问题。

一、刑事速裁程序的价值取向

刑事速裁程序的构建与其价值取向密切相关。在我国刑事诉讼法已经规定了普通程序和简易程序的情况下，如果再增加一种速裁程序，必定是其价值取向与普通程序和简易程序有明显的不同，否则其设立就失去了正当性基础。

笔者认为，我国现行刑事诉讼法所规定的普通程序和简易程序的价值取向存在着重大差异。普通程序的价值取向是公正，为此程序的正当性、完整性、公开性、自治性和可救济性是普通程序构建的必然要求，为了保证公正价值的实现，普通程序中不仅要充分保障诉讼各方的程序参与权，而且要实行严格的证明规则。而这些都是以大量的司法投入为基础的，程序越正当，诉讼成本就越高，而在特定的时间点上一国的司法资源是定量而不是变量，这就一定会出现程序的正当化和司法资源之间的紧张关系。正因为如此，在一国的刑事审判程序体系中，普通程序其实是一种"看上去很美"的程序，但其真正适用的范围只能是少量的案件，而不可能成为刑事审判程序的常态，否则刑事司法将难堪其负。有鉴于此，一种在对普通程序适当简化的基础上而形成的简易程序便应运而生，我国修订后的刑事诉讼法已经将简易程序扩展适用到了基层人民法院审理的被告人自愿认罪的所有刑事案件。简易程序在庭前准备程序、审判组织和法庭审判程序上比普通程序进行了很大的简化，审理期限也相应比普通程序短很多，因此简易程序已经将效率作为其重要的价值取向。但简易程序仍然将公正价值作为其重要追求，因此在检察官出庭、审判方式、证明标准、审级制度等问题上与普通程序相比并无重大区别。由此看来，简易程序在价值取向上是公正与效率价值兼顾。如果说普通程序和简易程序足以满足刑事司法的需要，自然没有探讨速裁程序的必要。但问题是司法实践已经表明，简易程序的扩展适用并没有从根本上缓解刑事司法资源严重不足的状况，一种更加追求效率的程序设置必须提上日程，近年来经人大授权在部分城市开展的轻微刑事案件速裁程序的试点工作就是这一现实诉求的根本反映。因此，与现有法律规定的普通程序和简易程序的价值取向不同，速裁程序的价值取向就是效率。总之，在价值取向上，普通程序取位公正、简易程序取位公正与效率兼顾、速裁程序则取位效率，三位一体构成了完整的刑事审判程序的价值取向。

因此，应当将效率作为刑事速裁程序构建的根本价值取向，而不应当赋予速裁程序以其他价值诉求，否则不仅刑事速裁程序的特点无法形成，其所期待的节省司法资源的功能也难以实现。在试点过程中，有的地方提出，要在刑事速裁程序中引入社会调查报告制度，对于可能判处缓刑、管制的被告人需要调查其对所居住社区的影响；也有一些地方在适用速裁程序时应当取得被害人的同意和谅解。笔者认为，这些做法显然模糊了速裁程序与未成年人诉讼程序和刑事和解程序的界限，与刑事速裁程序的效率价值取向相去甚远。

在轻微刑事案件的处理上，不同国家有不同的做法，大陆法系国家通常设立了处刑命令（处罚令）程序对被告人自愿认罪的轻微刑事案件进行审理，英美法系国家则通过辩诉交易制度对被告人认罪的案件免除烦琐的陪审团审判。我国目前正在试点的刑事速裁程序本质上就是一种"有控制范围的辩诉交易"，其出发点是为了解决程序公正与司法资源之间的紧张关系。因为在特定的时间点上，一个国家的刑事司法资源是恒定的，对刑事司法实践中的所有案件都平均用力，可能会导致重大的被告人不认罪的案件质量得不到保证。[①] 我们需要明确刑事速裁程序的功能定位就是一种快速审理程序，就是为了解决刑事司法实践中长期存在的平均用力现象，过度追求在速裁程序中进行社会调查、取得被害人同意，可能反而会损害这一程序的存在价值。

当然，刑事速裁程序中要坚守四个基本底线：一是被告人自愿认罪；二是被告人同意适用速裁程序；三是对被告人从轻或减轻处罚；四是保持控辩裁的基本程序构造。这四个底线中，第一和第二个实际上是适用速裁程序的条件，第三个是适用速裁程序的结果，第四个是使速裁程序仍然保留审判程序的特质所需。在这四个底线的基础上，速裁程序的价值取向就具有正当性。

二、以效率价值为导向的刑事速裁程序

以效率价值为导向，刑事速裁程序构建中的若干重大问题便能够形成一些比较清晰合理的思路，现择其要者论之。

（一）关于速裁程序的适用范围

速裁程序只能适用于轻微刑事案件，而且笔者主张其适用范围应控制在可能判处 1 年以下有期徒刑、拘役、管制或者依法单处罚金的案件。这类案件以提高效率作为优先考虑，不会对公正价值造成太大的牺牲，容易为社会大众所理解和接受。而对于可能判处 1 年以上有期徒刑的案件，如果被告人自愿认罪，还是应当以修订后的刑事诉讼法所规定的简易程序审理。但这里的"可能判处 1 年以下有期徒刑、拘役、管制或者依法单处罚金"应当以案件的实际情况而论，而不应当以刑法中的法定最高刑而论，否则会极大地压缩速裁程序的适用空间。

那么对于速裁程序的罪种要不要做限定呢？实践中有些试点单位在罪种上进行限定。有的进行列举式规定，规定速裁程序适用于其规定所列举的若干种甚至十几种刑事案件；

---

① 汪建成：《〈刑事诉讼法〉的核心观念及认同》，载《中国社会科学》2014 年第 2 期。

有的不对可以适用速裁程序的罪种进行列举，但对不适用速裁程序的罪种进行列举。例如，有些地方规定恐怖活动犯罪、黑社会性质组织犯罪和行贿罪等犯罪不适用速裁程序。笔者认为，只要将速裁程序的范围限定在可能判处 1 年以下有期徒刑的案件即可，而没有必要再对其适用罪种进行限定。因为一些严重的犯罪自然不可能判处这么低的刑期，而且前文所列的恐怖活动犯罪、黑社会性质犯罪往往都是共同犯罪，也不可能有的适用普通程序而有的适用速裁程序。而对于行贿罪，有一些情节比较轻微的，完全可能判处 1 年以下有期徒刑甚至较轻的刑罚，同时这类案件出于反腐败的需要而恰恰需要通过速裁程序鼓励其自愿认罪。

（二）关于强制措施

对于适用刑事速裁程序的刑事案件犯罪嫌疑人、被告人，应当在速裁程序中尽量采用传唤、拘传等保证到案的措施，取保候审、监视居住在必要时可以使用，但要严格控制拘留、逮捕等羁押性强制措施的适用。这类案件中犯罪嫌疑人、被告人自愿认罪，基本不存在妨碍诉讼活动正常进行的可能性，证据也不太可能发生变化，没有对犯罪嫌疑人、被告人进行羁押的必要性。而且，由于刑事速裁案件中最终对被告人多适用缓刑、罚金等非监禁刑，如果不慎重适用羁押性强制措施，就很容易出现"刑期倒挂"，羁押时间决定判刑结果，导致在速裁程序中很难实现量刑均衡和刑罚轻缓化的目标。关于羁押性强制措施的控制，笔者认为应当从两个方面予以强调：第一，降低羁押性强制措施的适用比率。从各地试点情况来看，速裁程序的羁押率比简易程序的羁押率要稍低一些，但是不少地区羁押率仍然在 50% 以上。由于适用速裁程序的案件都是属于案情简单的轻微刑事案件，通常属于过失犯罪，对被告人所能判处的刑罚也仅是罚金、管制、拘役或 1 年以下有期徒刑，因此其羁押比率控制在 20% 以下比较合适。第二，实在无法避免羁押性强制措施的适用的，应当尽量缩短对犯罪嫌疑人的审前羁押时间。为了实现这一目标，可以考虑对速裁案件的审前程序设置较短的办案期限，如可以规定公安机关一般应当在 10 天内侦查终结，检察机关一般应当在受理案件后 10 天内提起公诉。这种缩短侦查、审查起诉期限的做法在传统的简易程序中并不存在，可以作为速裁程序的一个重要改革创新点。

（三）关于证明标准

刑事诉讼涉及公民的基本权利和自由，法律对刑事诉讼中的定罪活动设置了高于民事诉讼和行政诉讼的证明标准，控方必须将案件事实证明到确实充分、排除合理怀疑的程度。但是，在刑事诉讼内部，是否应当完全适用唯一的证明标准呢？理论界有学者提出了阶层论的证明标准说，认为基于不同证明对象应当适用不同的证明标准。[①] 对于适用刑事速裁程序的轻微刑事案件，笔者认为证明标准可以适当降低，沿用"两个基本"（基本事实清楚、基本证据确实）的证明标准即可。因为轻伤害、交通肇事、寻衅滋事等轻罪案件存在发案快、过程短暂、现场灭失快、微量痕迹物证难收集的特点，证据链很难达到普通案件的证明程度，而这些案件中被告人已经自愿认罪，对某些事项的证明可以进行简化、省略，这种证明标准的降低可以看作是被告人基于诉权处分权对自己权利的一种让渡和对检察官证

---

① 汪海燕、范培根：《论刑事证明标准层次性——从证明责任角度的思考》，载《政法论坛》2001 年第 5 期。

明义务的主动降低，并无损害程序公正和案件客观真实之可能，相反却是适应轻罪案件审判需要和提高诉讼效益的必由之路。而且，在轻罪案件中设置低于普通刑事案件的证明标准也符合国际惯例，英美法系国家通常也根据罪行轻重而适用不同的证明标准。但是，我们同样需要注意，在速裁程序中降低证明标准的同时，还必须有一套确保被告人自愿认罪的保障机制：必须为被告人提供律师帮助，通过律师向被告人解释速裁程序的含义和意义，以保证被告人能够在是否认罪的问题上作出理性的选择；法官必须在法庭上对被告人进行当面询问，考察被告人自愿认罪的真实性和可靠性。只有一套确保被告人自愿认罪的保障机制得以建立完善，在速裁程序中对证明标准的适当放松才具有正当性基础。

（四）关于审理方式

关于刑事速裁程序的审判方式，目前实践中有一些积极的探索，如普遍适用独任制进行审判；开庭时间更为灵活，可以根据当事人申请在夜间或者休息日开庭；通知和送达程序更为简便；省略法庭调查和法庭辩论；尽量实现对案件进行当庭宣判；裁判文书的制作可以按照格式化的裁判文书进行简化；等等。这些做法都是符合速裁程序的改革要求的，也是符合刑事诉讼的基本原理的，但是有一些审判方式改革却是值得商榷的。例如，在试点过程中，有些地方法院尝试探索书面审理方式，规定提讯后直接作出判决，不再开庭审理。笔者不赞同这种做法，因为它完全使速裁程序丧失了审判程序的特质。这种放弃开庭审理的审判模式有点类似于大陆法系国家的处刑命令程序，但是德国的处刑命令中所适用的刑罚基本上没有自由刑，往往都是罚金等财产刑，与我国正在试点的速裁程序不是完全相同的。此外，对轻微刑事案件进行开庭审理仍然是有必要的，因为这些轻微案件有可能恶化成严重犯罪，开庭审理对被告人是一次法制教育的过程，有利于被告人及时纠正违法犯罪的错误思想，在刑罚执行完毕后及时回归社会。

实践中有些地方尝试视频开庭的做法，这种做法可能会面临法官审判亲历性质疑，因为它难以保障法官对被告人认罪的自愿性和真实性予以审查。有些地方还探索了集中开庭的审判方式。对这一做法要做具体分析，如果可以适用速裁程序的案件比较多，采取这一方式当然是可行的；但如果适用速裁程序的案件并不多，为了实现集中开庭，往往等待数月才凑够集中开庭所需要的若干案件，可能导致前面案件的被告人长时间不能得到判决结果，反而影响了诉讼效率的提高和速裁程序功能的发挥。总之，刑事速裁程序法庭审判的重点应当放在对被告人是否认罪、是否承认犯罪事实、是否有悔罪表现的审查上，开庭审理、一案一审的审理方式还是应当坚持，而对于诉讼文书的宣读、证据的举证质证等环节可以适当予以简化。

（五）关于法律援助

刑事速裁程序克减了被告人的诉讼权利，法律援助与律师帮助因此显得更为重要。不少地区试点工作方案中也提出建立值班律师制度，但需要强调的是：并不是所有人都可以充当值班律师，应当建立准入制度，完善相应的保障机制，保障犯罪嫌疑人、被告人可以获得高质量的法律援助服务。首先，要严格值班律师的选任条件，应当选择业务素质高、责任心强、具备一定年限刑事办案经验的律师，组建全国统一的辩护律师数据库，并且向社会公众、犯罪嫌疑人、被告人公开。有学者认为，在基层法院出庭的辩护律师，必须具有一般律师业务 3 年以上的从业经历，并经过专门的辩护业务培训和品行考核，获得刑事辩护资格。① 笔者认为，速裁程序中值班律师也应当从设置类似准入条件的辩护律师数据库中挑选。其次，要建立健全值班律师内部管理制度，明确值班律师的法律地位、服务标准和行为规范，确保值班律师工作质量。按照司法部《关于切实发挥职能作用做好刑事案件速裁程序试点相关工作的通知》的要求，值班律师的职责主要是"提供法律咨询和建议，告知犯罪嫌疑人、被告人适用速裁程序的法律后果，帮助其进行程序选择和量刑协商，依法维护其合法权益"。因此，实践中通常认为值班律师不是当事人的辩护人，不应由值班律师承担出庭辩护职责。但是，犯罪嫌疑人、被告人因经济困难或其他原因没有委托辩护人的，公检法机关应按照有关法律规定告知犯罪嫌疑人、被告人有权向法律援助机构申请法律援助。最后，应当提供充分的法律援助经费，保障辩护律师在速裁程序中提供法律援助的自愿性。有研究指出，自 1999 年到 2011 年，我国政府拨付的法律援助经费占财政收入的比例在 0.0011% 至 0.0122% 之间，而法治发达国家和地区的这一数据一般在 1% 至 0.1% 之间。② 因此，我国的法律援助经费投入仍然有提高的空间，只有用于办案的案均法律援助经费能够合理地满足律师从事法律援助的金钱成本和时间成本，才能够期待速裁案件中法律援助质量的提高。

（六）关于审级

刑事速裁程序的价值取向就是要提高诉讼效率，因此从审级构建的角度来看，速裁程序应当适用一审终审，因为适用速裁程序的被告人自愿认罪，而且其事先已经同意量刑建议，事后不满法院量刑判决的很少，没有必要再单独针对速裁程序设立二审程序。但是，不设置上诉程序的一个前提是法院对被告人进行了从轻、减轻处罚，被告人不仅对定罪服判，而且对量刑也感到满意。从实践中的试点情况来看，绝大多数速裁案件的被告人都服从法院的判决和量刑，但也有极少数被告人对判决本身没有意见，只是因为不愿投监服刑、需要外出处理个人事务等案外因素而提出上诉。因此，要妥善解决速裁程序一审终审和被告人有效救济之间的冲突，必须建立两个配套机制：第一，法院要依法对适用速裁程序的被告人从轻、减轻处罚，尽量判处非监禁刑、缓刑，绝不能在检察机关的量刑建议范围之外判刑。第二，尊重被告人的程序处分权和参与权，在启动程序之前取得被告人的同意；在程序结束之后，仍应允许被告人对速裁程序之适用表示异议。在德国的处刑命令程序中，被告人在收到法院签发的处刑命令后 2 个星期内可以提出异议，案件可以转为一般诉讼程序审理。③ 可以在我国速裁程序的构建中借鉴这种机制：如果被告人在收到判决后对量刑不服，可以对适用速裁程序提出异议，进而转为传统的简易程序或普通程序审理，以获得再次救济的机会。通过更为复杂、精密的简易程序和普通程序对提出异议的被告人进行救济，比用简单、粗略的速裁二审程序对被告人进行再次审理显然更加公正，正是从这个意义上，我们可以说对速裁程序设置一审终审的审级构造，并不意味着对被告人基本权利的损害，而恰恰是对被告人基本权利更好的保障。

---

① 冀祥德：《刑事辩护准入制度与有效辩护及普遍辩护》，载《清华法学》2012 年第 4 期。
② 陈永生：《刑事法律援助的中国问题和域外经验》，载《比较法研究》2014 年第 1 期。
③ ［德］克劳思·罗科信著：《刑事诉讼法》，吴丽琪译，法律出版社 2003 年版，第 605 页。

（七）关于量刑

由于犯罪嫌疑人、被告人选择刑事速裁程序是以认罪放弃沉默权和克减诉讼权利为代价的，因此有必要从量刑上对犯罪嫌疑人、被告人予以优惠，才可以引导更多符合条件的犯罪嫌疑人、被告人自愿认罪和选择适用速裁程序，真正发挥速裁程序在繁简分流和提高诉讼效率方面的作用。通过量刑优惠激励更多的被告人自愿选择适用简单的程序大抵是各国通例，如意大利刑事诉讼法第 459 条第 2 款就规定，如果被告人选择适用处罚令程序，公诉人可以要求适用相对于法定刑减轻直至一半的刑罚。① 在我国速裁程序的量刑问题上，有两个基本问题需要注意：第一，应当从立法上明确规定适用速裁程序的案件可以从轻或减轻处罚，避免使用"从宽处罚"这类政治性用语。虽然一般认为"从宽处罚"包括从轻、减轻或者免除处罚，② 但还是使用更加具体、明确的法律用语比较合适。第二，法院在开启速裁程序之前可以对检察院的量刑建议进行审查，如果经审查认为量刑建议不当，则可以将速裁程序转为简易程序或普通程序，但是一旦开启并决定按照简易程序审理，就必须在检察机关的量刑建议范围内作出判决。

（八）关于速裁程序法官

司法实践中基本确立了由审判员一人独任审判速裁案件的做法，但由于实行独任制审判，法庭调查、辩论减少，而通常又要求实行当庭宣判，对法官的要求应当更高，并不是任何人都可以担任刑事速裁程序案件的法官。在确定审理刑事速裁案件的法官方面，应当构建一个合理的法官遴选机制：首先，应当由年龄在 45 周岁以上的资深法官主审，这些法官业务素质较高、阅历更丰富，在被告人认罪自愿性的审查上更有保障；其次，可以考虑由面容慈祥、态度较为温和的法官主审，这样可以更好地实现庭审的教育、威慑效果，降低被告人对法官乃至整个法制的敌视态度，对轻微刑事犯罪被告人有较好的教育、感化作用；最后，应当在各基层法院建立起一支专门从事刑事速裁程序审判的法官队伍，以利于他们不断积累速裁程序的经验，同时保持同速裁程序检察官和值班律师之间的联系，以利于需要速裁案件的集中排期审理。

（九）关于裁判文书

关于速裁程序的法律文书，试点实践中有两种不同的做法：一种是采取格式化的裁判文书，即主要文字提前都已经统一打印好，只需要因案而填写相应的被告人姓名、起诉指控的罪名、法院所判的刑期即可；另一种做法是仍然分案制作判决书，但要相对简化一些，如只写主文，不写本院查明的事实部分和判决理由部分。笔者赞同第二种做法，由于我国的速裁程序案件有可能适用自由刑，不宜适用格式化的裁判文书，而且虽然本院查明的事实和判决理由部分可以不写，但有关被告人认罪的自愿性和真实性审查内容，以及检察机关指控犯罪的犯罪事实及其证据，法院对该指控的确认都是应当写的，而这些内容就一定会因案而异，而不可能适用统一的格式化法律文书。

---

① 《意大利刑事诉讼法典》，黄风译，中国政法大学出版社 1994 年版，第 165 页。
② 张淼：《从宽处罚的理论解析》，载《法学杂志》2009 年第 5 期。

（十）关于速裁程序与刑事和解程序的关系

修订后的刑事诉讼法规定了公诉案件的刑事和解程序，而且其适用范围与试点中的速裁程序是重合的。那么，应当如何处理两种程序之间的关系？笔者认为，刑事和解程序与刑事速裁程序的价值取向是不同的，前者重在被害人救济和法秩序恢复，后者则重在诉讼效率。因此在实践中，凡是符合刑事和解程序的案件，都应当首先考虑适用和解程序，这类案件一定要以被告人积极赔偿并取得被害人谅解作为前提条件；而如果被告人没有能力赔偿不能取得被害人谅解的案件，如果其犯罪情节轻微到可以判处 1 年以下有期徒刑，只要被告人自愿认罪，并同意适用速裁程序审理的，则仍然可以适用速裁程序进行审理。实践中有些地方将取得被害人谅解作为适用速裁程序的先决条件，显然是混淆了速裁程序与和解程序的界限，如果这一做法成立，使用现有的刑事和解程序足矣，还有什么必要进行速裁程序的试点呢？

（作者单位：北京大学法学院）

论侦查权规制的基本路径

——以侦查程序改革为视角的初步思考

潘金贵

　　侦查程序是刑事诉讼中矛盾冲突最为尖锐的阶段——权力行使与权利保障之间的对立在此阶段体现得最为明显。当前学界关注的热点是如何推进以审判为中心的诉讼制度改革，笔者认为，该项改革的基本理念是通过诉讼结构的科学化调整，以制度或机制的革新为基本手段，实现确保审判公正的基本目标，其重心有二：一是审判程序的改革；二是审前程序围绕如何推进以审判为中心进行改革，而改革的关键不应是前者，而应当是后者，其中尤以侦查程序的改革为重中之重——简言之，改革的核心应当是实现刑事诉讼制度从"侦查中心主义"向"审判中心主义"的转变。应当看到，无论在何种诉讼模式下，虽然形式上审判是决定犯罪嫌疑人、被告人命运的阶段，但实质上真正决定其命运的阶段在于侦查，侦查的质量基本可以决定案件的结果——"中外的历史已经反复证明，错误的审判之恶果从来都是结在错误的侦查之病枝上的。"① 在笔者看来，我国的刑事审判程序固然存在一些不足，对其进行改革也有必要性，但最亟须改革的是侦查程序，而改革的重点应当是进一步强化对侦查权的合理规制。

　　2012 年刑事诉讼法对侦查程序进行了较大的改革，改革的基本态势即是对长期过于强大的侦查权进行了一定的规制。其后，我国对侦查权进行规制的努力一直处于"进行时"，这从中央政法委、"两高"先后出台关于防范冤假错案的系列规定以及最高人民法院正在拟订关于非法证据排除方面的司法解释②等可见一斑。这充分反映出立法者以及相关部门已经认识到侦查权滥用带来的严重危害性和对侦查权进行规制的现实必要性，从中可以看出刑事司法理念的重大革新。然而，如何对侦查权进行规制？其基本路径是什么？如何处理侦查权规制中的权力与权利的平衡问题？如此等等，需要从理论上加以提炼和厘清。故此，本文拟结合侦查程序改革的相关情况，就侦查权规制的基本路径问题进行探讨，以资有益于立法和实践。

一、侦查权规制的基本路径之一：以权利对抗权力

　　"权利这个词的历史并不久远，但它蕴含的观念却可追溯到圣经时代。"③ 在侦查阶段，权利与权力之间呈现出典型的此消彼长态势：侦查权强大则权利弱小，权利极易受到践踏；

---

① 李心鉴著：《刑事诉讼构造论》，中国政法大学出版社 1992 年版，第 179 页。
② 王殿学、吴笋林、尚黎阳：《非法证据排除规则有望尽快出台》，载《南方都市报》【微博】2015 年 3 月 12 日。
③ ［美］艾伦·德肖维茨著：《你的权利从哪里来》，黄煜文译，北京大学出版社 2014 年版，第 13 页。

侦查权被规制则权利得到扩张，权利能够得到尊重。由于侦查程序的相对封闭性，侦查阶段是权利最易受到侵犯的最危险的阶段，因此如果要规制侦查权的滥用，首要的途径应当是合理地、适度地扩充权利，通过权利的保障来对抗侦查权力的滥用，从而形成权利对权力的有效制约。具体而言，这种规制主要可以通过两个方面的措施来实现：

其一，扩大侦查阶段犯罪嫌疑人及其辩护律师的诉讼权利。刑事诉讼中的辩方权利包括两个层次的内容：一是犯罪嫌疑人的固有辩护权利，如沉默权、获得律师帮助权等；二是基于犯罪嫌疑人的辩护权而派生的辩护律师的诉讼权利，如会见权、阅卷权、调查取证权等。因此，应当从扩大犯罪嫌疑人的固有诉讼权利和扩大辩护律师的诉讼权利两个方面来实现权利对权力的对抗和约束。2012 年刑事诉讼法在扩大侦查阶段犯罪嫌疑人及其辩护律师的诉讼权利方面作出了巨大的努力，取得了长足的进步，值得充分肯定。尤其需要指出的是，在侦查实践中，辩方诉讼权利的保障程度也得到了极大的提高，侦查人员对于权利保障在思想理念上也有了很大的转变和认可。例如，笔者所在的 C 市 F 县公安机关规定周六、周日律师也可以依法会见在押犯罪嫌疑人，更为充分地保障了律师的会见权。

其二，建立侦查阶段犯罪嫌疑人及其辩护律师权利受到侵害的救济机制。法谚云："没有救济就没有权利。""人类的权利自始就是与救济相联系的。……在英美国家，'救济先于权利'是英美人士最为得意的法律作品"。① 由于侦查权力与辩方权利的天然对抗性，而侦查权力较之辩方权利又处于天然的优势，因此侦查机关滥用权力的现象在各国侦查实践中都是存在的。应当看到，如果仅仅是扩大了权利，却不建立起权利受损的救济机制，则权利极易受到权力的侵害而荡然无存，反之权力拥有者会更加滥用权力，形成恶性循环。所以，要实现辩方权利对侦查权力的规制，必须建立辩方权利受到侵害的救济机制，亦即侦查机关必须对其侵犯辩方权利承担不利的法律后果。这种救济可以分为两种方式：一是侦查终结之后的救济，即通过诉审机关的诉讼活动对侦查机关侵犯辩方权利的不当诉讼行为予以矫治来实现救济，这是常见的方式；二是侦查终结之前的救济，即在侦查过程中就通过有关机关或者辩方的相关诉讼活动来实现对权利的救济，这在一些国家的立法中有所体现。例如，2012 年刑事诉讼法增加了关于辩护人认为公安机关、人民检察院及其工作人员阻碍其依法行使诉讼权利的，有权向同级或者上一级人民检察院申诉或者控告。人民检察院对申诉或者控告应当及时进行审查，情况属实的，通知有关机关予以纠正的规定，就体现了对侦查机关侵权行为及时予以救济的精神。

二、侦查权规制的基本路径之二：以权力调控权力

侦查权作为一种强大的国家权力，仅仅依靠权利保障是无法实现对其有效规制的，另一重要的途径即是通过刑事司法权力的优化配置，通过其他国家权力来对侦查权力的行使进行调控，这是"权力分工与制衡理论"的内在要求。由于国家权力所具有的强制性，这种"以权力调控权力"的模式对侦查权规制的效果无疑更为显著。我国刑事诉讼法所规定的公检法三机关关系中的"互相制约"，在一定意义上也包含了通过检法机关的权力行使来对侦查机关的权力进行规制的应有之义。由于这种模式和前述"以权利对抗权力"的模式

---

① 程燎原、王人博著：《权利及其救济》，山东人民出版社 1993 年版，第 368 页。

均属于对侦查权的外部力量制约，可以合称为侦查权规制的外部模式。具体而言，这种规制主要可以通过两种机制来实现：

其一，建立对侦查行为的司法审查制度来实现对侦查权行使的动态规制。由于侦查行为的实施往往直接关涉到犯罪嫌疑人的基本权利，因此为了防止侦查机关滥用权力，从国际准则和法治国家的经验来看，对于逮捕、羁押、搜查、扣押等强制侦查行为，原则上都要经过司法官员的审查批准。"司法对侦查程序进行介入对于规范和控制侦查权的行使，保护被追诉方的权利和自由，支撑侦查程序的诉讼构造具有非常重要的意义。"① 应当看到，这种"事前审查"的动态规制机制较之于违法侦查行为发生之后的"事后补救"机制法律效果无疑更好，因此"以权力调控权力"模式的重点应当放在对侦查行为的事前调控机制的构建上。需要指出的是，司法审查制度的确立与西方的"司法至上"理念有很大的关系，牵涉到司法权威、司法权与行政权之间的关系等一系列复杂的法律、政治问题，因此，一个国家能否确立该制度还必须考量该国的法律、政治基础。② 这一点对于中国侦查程序的改革来说尤为重要。刑事诉讼法再修正没有建立对侦查行为进行规制的司法审查制度，在一定程度上与我国政治格局中长期存在的"大公安、小法院"不无关系。不过，2012年刑事诉讼法修改、增加的第79条、第86条关于人民检察院审查批准逮捕的条件、程序细化的规定，即使不能称之为严格意义上的司法审查，但是或许可以视为对侦查程序中加强对重大侦查行为进行审查和规制的改革尝试。至于刑事诉讼中强调的人民检察院对侦查活动的法律监督权，固然属于外部监督的一种形式，但是并无司法审查的实质，实践中也没有起到动态规制的作用，该权力的宣示意义大于实际价值。

其二，建立对违法侦查行为的程序性制裁机制来实现对侦查权行使的静态规制。任何制裁机制都是一种"亡羊补牢"的举措，只不过鉴于"事前预防"客观上也存在一定的难度，因此"事后补救"的机制依然是必要的、重要的。如果违法侦查行为不能受到必要的制裁，其结果就不仅是权利受损，而且是违法加剧，侦查人员实施违法行为更会有恃无恐，滥用侦查权的现象更会愈加严重。在英美法中，排除规则、撤销起诉制度以及"撤销原判"制度构成了三种最重要的程序性制裁制度。而在大陆法中，有关刑事诉讼行为的无效制度属于其主要的程序性制裁措施。③ 刑事诉讼法再修正在建立对违法侦查行为的程序性制裁机制方面作出了巨大的努力，其中最为值得肯定的是在法典层面上对非法证据排除规则作出了明确规定，尤其是规定审前程序中在侦查、审查起诉时发现有应当排除的证据的，应当依法予以排除，不得作为起诉意见、起诉决定的依据，无疑是一个重大创举，虽然与很多国家的做法不同，但确有其实践意义，也体现了立法者严格非法证据排除规则的意旨。此外，"两高"关于刑事诉讼法实施的规则和解释中有相当数量涉及非法证据排除的条文；关涉非法证据排除的"两个证据规定"以及中央政法委、"两高"先后出台的关于防范冤假错案的系列规定中涉及非法证据排除的相关规定等，进一步细化了非法证据排除规则，增强了其可操作性。侦查程序的基本功能就是收集证据，非法证据排除规则可以说是对侦查机关取证过程中的非法行为进行规制的最佳法律装置。当前需要重点解决的是如何在司法实

---

① 陈永生著：《侦查程序原理论》，中国人民公安大学出版社2003年版，第327页。
② ［美］基斯·威廷顿著：《司法至上的政治基础》，牛悦译，北京大学出版社2010年版，第6页。
③ 陈瑞华著：《程序性制裁理论》，中国法制出版社2005年版，第161页。

践中严格贯彻非法证据排除规则，以防其成为"镜中花、水中月"。总的看来，我国非法证据排除规则的贯彻差强人意，如笔者曾经对数个基层法院进行过实证调研，结果从刑事诉讼法再修正到笔者调研的两年之间，这些基层法院审判实践中就没有一例非法证据排除的案件。① 不过，也有实务部门的研究成果表明，虽然在批捕阶段尚无非法证据排除的案例，但是在审查起诉和审判中，有的省市的司法实践中也存在一些排除非法证据的案例，这也表明了司法实务部门对于贯彻非法证据排除规则所作的努力，值得肯定。②

三、侦查权规制的基本路径之三：强化权力内部调控

鉴于侦查权的基本特点和侦查程序的特殊性，对侦查权的规制应当以外部规制为主，但是理顺侦查权的内部权力运行机制，强化权力的内部调控，从而形成侦查权规制的内外合力，亦是重要的一环。应当看到，对于侦查机关而言，外部规制具有一定的被动性，而内部规制则是其内部的原因力，具有主动性，有时内部规制的效果可能比外部规制更好。具体而言，主要可以从两个方面强化侦查权行使的内部调控。

其一，强化上下级侦查机关之间的权力运行内部调控机制。侦查权在本质上属于行政权，上下级侦查机关之间属于领导与被领导的关系，这可以称之为侦查权的内部纵向调控。这种内部纵向调控由于存在"上命下从"的行政隶属特征，有时比外部控制更为直接有效。内部纵向调控主要通过上级侦查机关对下级侦查机关的重大侦查行为进行领导、指挥、审批等方式来实现。例如，《公安机关办理刑事案件程序规定》要求采取技术侦查措施必须报设区的市一级以上公安机关负责人批准，即是对技术侦查行为的一种纵向调控；检察机关职务犯罪侦查改革中试行的"职务犯罪侦查一体化模式"，即是对职务犯罪侦查活动进行内部调控；职务犯罪侦查中，对犯罪嫌疑人的审查批捕由上一级检察机关进行，也是对职务犯罪侦查活动进行内部调控的一种体现。

其二，强化侦查机关自身的权力运行内部调控机制。这种调控首先是通过立法上的制度设计来对侦查机关的权力行使进行规制。例如，2012 年刑事诉讼法规定公安机关执行拘留后，应当立即将被拘留人送看守所羁押，至迟不得超过 24 小时；逮捕后，应当立即将被逮捕人送看守所羁押；犯罪嫌疑人被送交看守所羁押以后，侦查人员对其进行讯问，应当在看守所内进行；传唤、拘传犯罪嫌疑人，应当保证其必要的饮食和休息时间；侦查人员在讯问犯罪嫌疑人的时候，可以对讯问过程进行录音或者录像，对于可能判处无期徒刑、死刑的案件或者其他重大犯罪案件，应当对讯问过程继续录音或者录像等改革举措，就充分体现了对侦查权行使进行规制的意旨。其次是可以通过侦查机关内部工作机制的建构来加强对侦查部门权力行使的规制，这可以称之为侦查权的内部横向调控。如公安机关的法制部门就负有对侦查部门的侦查活动是否合法的审查职责，笔者在调研中曾经就有法制部门负责人谈到在案件审查中排除了非法证据的案例；再如公安机关的督查部门在一定程度

---

① 潘金贵：《基层法院适用非法证据排除规则调研报告——以四个基层法院为样本》，载潘金贵主编：《证据法学论丛》（第三卷），中国检察出版社 2014 年版，第 250 页。

② 吴继生、胡红军、王彪：《审判阶段非法证据排除问题的规范与实证》，载潘金贵主编：《证据法学论丛》（第二卷），中国检察出版社 2013 年版，第 199 页；重庆市人民检察院课题组：《检察环节证据合法性审查实证研究》，载潘金贵主编：《证据法学论丛》（第三卷），中国检察出版社 2014 年版，第 262 页。

上也负有对侦查活动进行监督的职责；等等。侦查实践中，这种内部横向调控机制尽管效果不如其他调控机制明显，但是有其存在的实际意义。

四、侦查权规制：徘徊在权力与权利之间（代结语）

刑事诉讼法再修正对侦查程序的一系列重大改革，无疑是我国针对长期以来侦查权力过大，侦查权存在滥用现象而对侦查权进行规制，确保侦查权依法行使，加强人权保障的重大进步。当然，我国要健全侦查权行使的规制机制，尚有漫长的改革之路要走。

侦查权规制的难点在于如何处理好权力行使与权利保障之间的冲突与平衡。对于立法者而言，既要实现对侦查权的合理规制，又要实现对犯罪嫌疑人权利的充分保障，或许更多会面临"鱼与熊掌不可得兼"的困境。通过我国侦查程序改革中的一些制度设计亦可窥见立法者这种"徘徊在权力与权利之间"的矛盾心理。一个国家在不同的历史时期，对于侦查权的规制会在权力与权利之间作出不同的价值选择。因此，侦查权规制的根本路径，或许就是"根据具体的社会条件寻求侦查需要与人权保障的动态平衡"[1]。

（作者单位：西南政法大学法学院）

---

[1] 孙长永著：《侦查程序与人权保障———中国侦查程序的改革和完善》，中国法制出版社 2009 年版，第 5 页。

宽严相济刑事政策下的公诉权规范运行研究

王媛媛

党的十八大强调，依法治国是党领导人民治理国家的基本方略，法治是治国理政的基本方式，要更加注重发挥法治在国家治理和社会管理中的重要作用，全面推进依法治国，加快建设社会主义法治国家。党的十八届四中全会审议通过《关于全面推进依法治国若干重大问题的决定》，立足于我国社会主义法治建设实际，直面我国法治建设领域的突出问题，强调以依法治国推进国家治理体系和治理能力现代化，并明确提出了全面推进依法治国的指导思想和基本原则。检察机关作为国家法律监督机关，担负着建设法治中国的重要责任和光荣使命，以法治思维和法治方式进一步规范检察权的运行，切实提高司法公信力，检察机关任重而道远。在这一背景之下，公诉权的规范运行更为有效地贯彻和体现宽严相济的刑事政策自然成为公诉理论研究的重要课题，本文将从以下几个方面对宽严相济刑事政策视野下公诉权如何规范运行的若干问题进行初步探讨。

宽严相济刑事政策与检察机关公诉权

宽严相济刑事政策作为我国的基本刑事政策，有着深厚的历史渊源和鲜明的本土特征，是继惩办与宽大相结合、严厉打击刑事犯罪的刑事政策之后，新中国刑事政策的新发展。它是国家基于预防犯罪、控制犯罪以保障自由、维持秩序、实现正义的目的而制定、实施的准则、策略、方针、计划以及具体措施的总称。近年来，最高司法机关及时、有效地通过发布的刑法司法解释也是党和国家刑事政策的具体体现，将其运用于司法实践中，指导各级司法机关工作。这一政策是在创建和谐社会背景下进行刑事政策调整的表现，是对"严打"刑事政策的理性反思，是有效节省刑罚资源的重要举措，也是适应公众对于犯罪容忍度增强后的政策调整，对缓解社会冲突、防止社会对立、构建和谐社会具有重大意义。

公诉权，即刑事追诉权，是检察机关运用公权力对违反刑事法律构成犯罪的人诉请国家审判机关依法追究其刑事责任的权力。公诉权在世界各国几乎都是检察机关独享的一种国家权力，是检察权的一种标志性权力。在我国，法律赋予公诉权行使一定的自由裁量权，包括对符合法定条件的未成年人刑事案件附条件不起诉权和对符合法定条件的当事人和解的公诉案件的不起诉权；人民检察院提出抗诉的再审案件，需要对被告人采取强制措施的，由人民检察院依法决定。因此，赋予检察机关公诉权，有利于准确适用法律，保障诉讼顺利进行，也有利于防止司法权的滥用，保障被告人的合法权益。

宽严相济刑事政策与公诉权规范运行的辩证统一

毋庸讳言，关于公诉权的法律制度与刑事政策的价值目标存在着一定的冲突。基于人权保障的理念，罪刑法定原则之下的关于公诉权的法律制度具有安全性的特点，理想主义者将刑法视为一个可以自洽的逻辑体系。然而，现实的司法实践表明法并不是万能的救世主，所出现的误判风险在所难免，其中表现为如何规制公诉权滥用的问题。公诉权包括不起诉裁量权、审判请求权、刑罚请求权等权力形态。刑事司法解决的是丰富与灵动的现实问题，基于现实的社会保护考虑，法的社会适应性需要以正义之名的刑事政策精打细算。由于人权保障是刑事司法的价值追求，由此引发了矛盾和冲突。总结为一句话，就是现实生活需要的法律是确定性和灵活性的统一，但从法律的滞后性来看二者又不能兼顾。在双重需要面前，人们不得不对理想与现实进行调和：一方面，关于公诉权的法律制度虽偏重人权保障但并不是排斥、削弱社会保护，刑法仍一如既往地承担着社会保护的重任；另一方面，现代社会的刑事政策虽然偏重于社会保护和犯罪控制，但其作用已经不是单纯地追求社会保护和惩罚犯罪，而是多元的，同样发挥着自由保障的作用。正是这种生活的需要以及机能上的相互交叉，决定了它们具有融为一体的前提和基础。二者的结合才能更好地为公民权利的保护和国家利益的维护保驾护航。[①] 刑事政策与依法行使公诉权的辩证统一是它们各自实现自己功能和发展的双向需要。

第一，刑法本身的封闭性和非自足性有赖于刑事政策的激活和弥补。传统的犯罪论打造的刑法体系，通常由各种刑法教义性概念组成，其一旦形成，便形成了与政治和社会分离的封闭性。例如，许霆案，继而引发的各地域的"许霆案"、躲猫猫等，国家法律不能有效地依据正常条款认定。这种对号入座式的司法固然有利于形式意义的刑事法治实现，但未必能够取得刑法适用的社会效益。如果司法仅仅倚重纸上来去的法律，就极易形成脱离现实的本本主义、教条主义，裁判往往经不起"所以然"的追问。刑事政策的缺席或者说离开刑事政策价值选择的刑法体系，刑法不可避免地导致现实适应力的缺失，由此形成的司法裁判结果，无法实现法律效果与社会效果的动态平衡。所以，封闭的体系妨碍了我们对刑法问题的解决：一方面，这种封闭体系阻塞了教义学与刑事政策价值选择之间的联系；另一方面也阻塞了它与社会现实的联系，而它们之间的通道本应是相通的。况且，无论如何，"刑法是行使国家权力的一种形式，因而也就是一种政治。"[②] 试图将刑法规范的适用与政治、社会彻底分离，其设想近乎于天真。刑事司法如果不与时代联系，不解决时代提出的课题，仅仅满足用玄妙、晦涩的语言构造的抽象体系要求，不但使法律无法有效运行，而且有可能在发展了的社会面前失去其存在的价值，表面上虽然保持了"纯化"，但在"纯化"中自我封闭和僵化，不能为社会发展提供现实的指向。而刑法一旦无法满足社会保护的需要，人们对刑法的有效性就会产生怀疑。近年来，一些典型案例是否需要提起公诉尚存争议，由此带来机械执法的困窘，其根源不在于形式上的法律依据适用错误，而是缺乏刑事政策考虑所致。适时将现行刑事政策引入，搭建了公诉权规范运行与灵活现实之间的联系，在刑事政策与法律的不断对话中，赋予了刑法规范在司法适用过程中的生命力，打破了法律制度体系中存在的过于僵化和封闭性的弊端，在一定程度上形成了公诉权运行中某种程度的开放性，有助于在社会保护与人权保障之间实现动态的平衡。实际上，我国

---

① ［德］克劳斯·罗克辛著：《刑事政策与刑法体系》，蔡桂生译，中国政法大学出版社 2011 年版。

② ［美］马库斯·德克·达博：《积极的一般预防与法益理论》，杨萌译，载陈兴良主编：《刑事法评论》（第21卷），北京大学出版社 2007 年版，第 466 页。

也有学者对此有敏锐的认识，由于"法律本身具有难以克服的非圆满性，在法律适用的实践检验下，法律文本往往凸显形形色色的法律漏洞"。[①] 法律适用必须解决填补法律漏洞的现实问题。作为指导法律适用的司法政策，往往对法律漏洞具有一定的填补作用。倘若说检察官在个案处理中在微观上填补法律漏洞，司法政策则在宏观上填补法律漏洞。换句话说，虽然刑法体系是现今惩治犯罪的主要实体法依据，但刑法本身具有抽象性的特点，如果将其绝对化，实际上就封闭了刑法体系，刑法就无法接受由外界社会变化而发出的刑法调整信号。"正是借助于刑事政策这一渠道，刑法的规范世界才得以与外在的社会发展形成互动，从而避免发展上的盲目性。"[②] 所以，享有公诉权的检察机关在处理具体案件时，为获得其适应性和新的生命力，离不开相关的司法解释。而如何解释法律，存在着各种方法，方法的选用离不开刑事政策的指导和支持。刑事政策拓展、丰富了司法观察与分析的范围，对检察机关有效行使公诉权及时调整进而满足不断进步的正义诉求具有助推作用。

第二，刑事政策需要在法治的框架内发挥作用。刑事政策只有借助于刑事法律规范，才能得以贯彻并可期待地发挥作用。刑事政策与刑事法律规范相分离地平行发展，可能存在着两种截然不同的后果：一是刑事政策作用的发挥不受任何约束。刑事政策具有开放性、客观性、可操作性和灵活性的特点就可能被发挥到极致，社会保护、政治秩序危害的需要使刑事政策全面侵入刑事法律规范而变得恣意，刑法可能被钳制、被边缘化和被阉割，乃至最后形成刑事政策取代刑法、刑法服从于刑事政策之后果。例如，20 世纪八九十年代的刑事司法实践，在贯彻"严打"、"从重从快"的刑事政策过程中，出现了不少背离刑法规范片面从重而任意出入人罪和任意加重刑罚的现象。公诉权的滥用使其应有的人权保障机能遭受了空前的困厄。所以，在国家明确"依法治国"的背景下，刑事政策这种一马平川式的恣意必将受到抵触和质疑；二是刑事政策的作用遭到排斥而无法发挥作用。1997 年修订后的刑法施行以后，以严格的规则主义、法条主义为主导的形式标准受到追捧并得以彰显。绝对形式标准神话建构下的司法适用完全为三段论的形式逻辑所左右，刑法文本的解析逐渐演变成一种"文字游戏"和"符号逻辑"，司法陷入法律教条主义、形式主义的泥潭。例如，对未成年人犯罪"教育为主、惩罚为辅"的刑事政策，一段时间内就遭到严罚主义的抵制。在司法实践中，对未成年人犯的刑事责任追究，不该起诉而起诉，通过普通的刑事诉讼程序，最终落实到各种刑罚方法的制裁上。即使存在着个别典型案件通过暂缓不起诉、刑事和解等制度对涉案的未成年人予以从宽处理，也因为缺乏常态化的操作规定而变得随意和尴尬。因此，从刑事政策本身的发展看，需要适应法治社会的新形势，通过与刑事法律规范结盟，将自己的诉求转化为刑事法律规范中构成要素的内容，从而赋予刑事政策可控性和正当性，并使其稳定地发挥作用。

现行公诉权运行存在的问题剖析及解决对策

在法治社会中，提起公诉必须满足法定的实体性诉讼条件和程序性诉讼条件。前者是指刑法方面的事项满足了进行实体性审判的要求，即已获得的证据证实拟起诉的对象有较

---

① 刘武俊：《司法政策：刚柔相济的社会调整机制》，载《北京日报》2012 年 9 月 3 日第 19 版。
② 孙国祥：《论司法中刑事政策与刑法的关系》，载《法学论坛》2013 年第 6 期。

大的犯罪嫌疑，同时基本排除其违法阻却事由；后者则是指符合起诉的程序性要求，如管辖、时效、被告人在案等。基于程序法治的原则，变更公诉、重新起诉也应当符合法定的诉讼条件。此外，公诉权的行使还必须符合宽严相济的刑事政策的规定，也就是说，在法定的起诉裁量情形中，检察机关应当慎重斟酌案件的具体情况，合理权衡和兼顾国家利益、社会利益与当事人利益，进而作出妥当的处理。据此，检察机关故意或者过失违反法定的诉讼条件或者宽严相济的刑事政策而实施公诉行为的，就构成了公诉权的滥用。在我国当下的司法实践中，公诉权滥用主要表现为不该起诉而起诉、随意变更公诉和恣意重新起诉等。

第一，不该起诉而起诉。"不该起诉而起诉"是指违反提起公诉的法定实体性诉讼条件和程序性诉讼条件或者刑事政策规定，对应当不予起诉的案件而提起公诉的情形。此类公诉权滥用行为大体上又可以区分为如下几种情况：一是犯罪嫌疑明显不充分时的起诉；二是违背起诉便宜主义的精神，对明显适宜于不起诉处理的案件提起公诉；三是违背法律平等适用精神的差别性起诉或者歧视性起诉，尤其表现于共同犯罪案件的处理中；四是基于应当排除而没有排除的非法证据提起公诉；五是将本应做法定不起诉的案件提起公诉；六是违背管辖的有关法律规定，将案件提交不具有管辖权的法院审理，以达到对被告人定罪量刑的目的。

对于以上问题，以宽严相济的形势政策为指导，酌情设置庭前审查程序对保障被告人的合法权益和防止检察机关滥用起诉权起到了重要的作用。具体做法为：检察机关对于侦查终结的案件，如果其认为该案件属于刑事诉讼法规定的法定不起诉案件，则可以直接作出不起诉的决定；如果经审查后认为应当作出酌定不起诉的决定或证据不足不起诉的决定，则应当制作酌定不起诉或证据不足不起诉意见书，将案件材料和意见书交由预审法官审查，并最终由其对案件作出处理。

第二，随意变更公诉。随意变更公诉在检察机关公诉权的行使上表现为撤回公诉的滥用。撤回公诉是指检察机关在提起公诉后，发现本不应该或不必要起诉时，撤回已经提起控诉的活动。实践中，由于撤回公诉并不意味着错案，不存在赔偿问题，所以已经异化为检察机关规避法院无罪判决和对被告人进行重复追诉的一种常规性诉讼手段。更严重的是，检察机关撤诉后，有时并不撤销案件或者做不起诉决定，而是将被告人取保候审，悬置案件，或补充侦查，或另案侦查，从而损害了犯罪嫌疑人、被告人的合法权益，因而无论在律师界还是理论界，检察机关的撤诉权都处于"人人喊打"的境地。这就违背了"两高"司法解释等刑事政策的初衷，撤回公诉本来主要是基于诉讼经济和使被告人尽早脱离讼累的目的而确立的一项制度。

由于其在我国刑事诉讼法中都没有直接性的规定，而主要是由"两高"的司法解释加以明确和规范的。由于相关的程序规定和制约机制不完善，实践中变更公诉权的滥用相当严重，损害了检察机关的公信力。这就需要刑事诉讼法及时将刑事司法解释转化为法律规定，具体规定为：法官在决定是否准许检察官撤回起诉时，应当赋予被告人以程序选择权，将被告人的同意作为允许撤回起诉的必要条件之一，诉讼经济的考虑不能优位于被告人权益的切实保障。[①] 另外，还需注意检察机关只有在发现不存在犯罪事实、犯罪事实并非被告

---

① 龙宗智：《论公诉变更》，载《现代法学》2004年第6期。

人所为或者不应当追究被告人刑事责任时才可以撤回起诉，而经法庭审理后发现案件事实不清、证据不足的，禁止检察机关撤回起诉，以防止检察机关借撤回起诉来规避法院的无罪判决。

第三，恣意重新起诉。在我国刑事起诉、一审、二审和救济程序中，几乎都存在着检察机关恣意重新起诉的现象，案件由此不能正常终结，被追诉人处于严重的法律不安全状态。在审查起诉阶段主要表现为：检察机关以酌定不起诉形式作出处理后，被不起诉人不服而进行申诉或者信访，由此可能会惹恼检察机关，进而对同一事实又提起公诉；或者依据刑事诉讼法的规定作出存疑不起诉决定后，在未收集到新证据的情况下，对同一事实又提起公诉。在一审阶段的实践中主要表现为：如在张某与另两人涉嫌共同贪污一案中，一审中检察机关以事实、证据有变化为由撤回起诉，后对此三人都作出不起诉决定，但由于张某对不起诉决定不服而一直申诉，5年后检察机关在原证据的基础上对张某再次以贪污罪向法院提起公诉。在二审中主要表现为：负责指控的检察机关发现案件事实不清、证据不足时，往往习惯于与二审法院进行沟通，商请二审法院以事实不清、证据不足为由发回重审，待案件发回重审后，再撤回起诉，并在补充侦查后重新起诉，或者将被告人取保候审，使案件悬置不决，导致被告人的身份长期处于不确定状态，被告人难以摆脱自由受限制或者被剥夺的状态。在救济程序阶段，由于我国不采行一事不再理原则或者禁止双重危险原则，法院的生效裁判没有既判力，检察机关可以原审在事实认定或者法律适用方面存在错误为由启动再审抗诉权，以致实践中也出现了滥用现象。主要表现在：再审启动没有节制，针对寻求国家赔偿的错案被告人等的报复性再审抗诉……这对于法院裁判的稳定性和司法机关的权威性都构成了冲击。

当不起诉决定作出后，检察机关只有在发现新事实或者新证据或者有属于再审原因的情形后，才可以提起公诉。与此同时，为提高此制度设计的正当性和防范其适用的随意性，以宽严相济的刑事政策为指导，立法应当严格酌定不起诉的适用程序，规定检察机关在作出酌定不起诉决定前必须取得法官的同意。此外，鉴于存疑不起诉的立法不足及其适用实践中存在的问题，应当在适度降低提起公诉标准的基础上废除存疑不起诉制度，以消除其滥用的可能性。

总之，刑事政策与公诉权的行使功能上的差异导致在刑事司法中贯彻刑事政策与适用公诉权的法律规范一直被认为处于一种矛盾、紧张的状态，学界或将其视为水火难容，或将其看作互不来往的平行线。如何厘清刑事政策与公诉权的规范运行的关系，人们分歧巨大，远未达成共识。实际上，根据本文的介绍，在刑事法治的基本原则框架下，基于实质违法性的分析视角，公诉权的规范运行与刑事政策可以实现融合与统一。一方面，公诉权的规范运行的适用需要刑事政策的襄助，刑事政策的渗透不可避免；另一方面，刑事政策的强势需要受到一定的约束。刑事政策的诉求融入犯罪论体系，促使公诉权的规范运行安全性的机制与政策灵活性应达至某种妥协与平衡，以携手成为现代刑事法治的实践性逻辑。

（作者单位：黑龙江省人民检察院检务督察处）

庭审实质化视野下的辩护有效化研究

卫跃宁　　宋振策

辩护有效化要求被告人不仅要能够获得律师恪尽职守的专业辩护，而且辩护律师的诉讼权利能够得到有效行使，其合法合理的辩护意见能够被法院采纳。辩护有效化不仅关注辩护的"量"，更强调辩护的"质"；不仅要求律师保证"质"，更强调法院实现"质"。试想辩护律师的业务水平再高、尽职态度再好，如果其诉讼权利的行使处处受到阻碍，其合法合理的辩护意见难以得到采纳，那么辩护怎么会实现理想效果，辩护又怎么能称得上有效呢？

一、辩护有效化是庭审实质化的核心要义

当前，正在推进的以审判为中心的诉讼制度改革既要求调整和优化审判与侦查、审查起诉的外部关系，确保侦查、审查起诉的案件事实证据经得起审判的检验，又要求全面实现庭审的直接化、言词化和实质化，保证庭审在查明事实、认定证据、保护诉权、公正裁判中发挥决定性作用。这两个方面犹如"车之两轮"、"鸟之两翼"，相互制约、相辅相成，必须协同推进，不可偏废。但是，前一方面的实现要困难一些，因为这触及了公检法三机关的关系，必然伴随着侦查权、检察权和审判权的优化配置，"改革要触动利益比触动灵魂更难"；而庭审实质化改革的目标是庭审构造的合理化与庭审方式的现代化，相对容易实现。

庭审实质化改革的出发点和落脚点在于真正确立并巩固控审分离、控辩平等对抗、审判中立的诉讼构造。虽然我国在1996年修改刑事诉讼法时引入了对抗制审判的合理因素，但是由于一直奉行不平等的压制型诉讼，犯罪嫌疑人、被告人的诉讼地位没有真正"主体"起来，在某些方面仍然存在"被客体化"的现象，这集中体现为犯罪嫌疑人、被告人及其辩护律师的诸多诉讼权利中有些没有得到法律承认，有些被法律规定得模棱两可，还有些得不到有效行使和救济，导致辩方根本没有足够的"防御武器"与控方平等对抗，加之三机关分工负责、互相配合、互相制约的宪法关系落实得有很大偏差，法院在某些方面丧失了应有的中立性，导致诉讼构造呈现出倾斜扭曲的态势，辩方只能在三机关的"夹缝"中求生存。长期以来，辩护律师在法庭上行使法定诉讼权利受到阻挠和刁难，发表质证辩论意见被随意打断或者强行"被闭嘴"，当庭遭受人身恐吓和威胁甚至被报复性追诉的现象屡见不鲜；有些案件即使法官允许辩护律师充分发表意见，但对其合法合理的辩护意见熟视无睹，不予采纳；刑事辩护"老三难"还没有得到彻底解决，又出现了"新三难"（发问

难、质证难、辩论难),[①] 这些问题归结为一点就是法庭辩护没有实现有效化。因此,要彻底根除庭审"走过场"的弊端,就必须着力强化辩护职能,防止辩护"走过场",特别是在高速捕率与长羁押期的现状下,被告人并不具备自我辩护的客观条件,强化律师的专业辩护、保证律师能够在庭审中有效发挥作用显得尤为迫切。

需要明确的是,中国语境下的辩护有效化根源于中国刑事诉讼的实际情况,并非美国"有效辩护"或者"无效辩护"制度的单纯引进。美国的"有效辩护"侧重于要求律师尽职尽责,尤其是对死刑案件的辩护,联邦最高法院通过判例发展出的"无效辩护"规则主要是对律师不尽职辩护的程序性制裁,法官无故阻挠律师行使权利、无视律师辩护意见的情况在美国是很少见的;而中国的辩护有效化侧重于强调法院发挥保障性作用,保证辩护律师的法定诉讼权利能够兑现,保证辩护意见能够对被告人的定罪量刑施加实质影响,防止辩护流于形式。

二、辩护有效化的内在要求

(一) 辩护有效化要求提高法律援助辩护的"量"和"质"

辩护有效化内在蕴含的前提是辩护普及化,而且普及的是律师的专业辩护。如果庭审中缺少了律师的专业辩护,被告人难以应对检察机关的强大攻势,控辩双方根本无法实现平等对抗,更谈不上辩护有效化。现阶段实现辩护普及化所面临的形势是非常严峻的,律师辩护率不但没有增长,反而呈现出下降的趋势。"在刑事案件中,有辩护人参与的,特别是有律师参与辩护的案件所占比例,已经低到不能再低。前几年的调查数据是30%,近两年的调查显示已降至约20%。"[②] 这个数字远远落后于欧美法治发达国家的水平,与我国快速增长的经济总量和发展水平也是不相适应的。在现代风险社会,一个人无论地位有多高、权力有多大都是潜在的被告人,都有遭受刑事追诉的风险。因此,要真正实现尊重和保障人权,就必须着力提高律师辩护率,特别是扩大法律援助辩护的范围,保证被告人获得律师帮助权利的实现。"2012年刑事诉讼法的修改已经扩大了法律援助的范围,但总的来说还是偏窄,与国际标准相比更是差距很大。"[③] 从可能判处的刑期来看,我国的强制法律援助辩护还局限于数量很少的无期徒刑、死刑案件,且刚刚从死刑扩展到无期徒刑,死刑案件被告人在决定生死的死刑复核程序中仍然得不到法律援助。另外,对于经济困难和其他原因申请法律援助的审查过于严格,缺少明确的标准和有效的救济渠道,导致申请法律援助非常困难。根据现行刑法的罪刑设置,强制法律援助辩护的范围至少应当扩展为可能判处5年有期徒刑以上刑罚的案件,而且死刑复核程序也应当包括在内。

除了"量"的要求,法律援助辩护还需要"质"的提高。虽然法律援助机构指派的都是律师,但是由于费用较少、激励不足等原因,律师的积极性不是太高,对案件的辩护不

---

① 孟建柱:《依法保障职业权利 切实规范职业行为 充分发挥律师队伍在全面依法治国中的重要作用》,载《长安》2015年第9期。

② 澎湃新闻网:《专家:律师参与辩护的刑案低至两成,应扩大指定辩护范围》,http://m.thepaper.cn/newsDetail_forward_1386344?from=timeline&isappinstalled=1,最后访问时间:2015年9月23日。

③ 陈光中:《完善的辩护制度是国家民主法治发达的重要标志》,载《中国法律评论》2015年第2期。

够尽职。相对来说，有些法律援助机构的专职律师经验丰富，而且受考评机制的影响，法庭辩护质量和效果比律师事务所为"完成任务"而委派的律师要好一些。要保证法律援助辩护的"质"，在主观方面，必须着力提高律师队伍的业务能力和职业道德，建立委托人评价督促机制；在客观方面，还必须完善法定程序，营造有利于律师履行辩护职能的司法环境。

（二）辩护有效化要求保障辩护律师的诉讼权利真正得到实现

"对于一个无法获得律师有效帮助的被告人来说，其境况与根本没有律师帮助的当事人一样糟糕。"① 在庭审中，辩护有效化不仅要求律师恪尽职守，还要求辩护律师依法享有的知情权、申请权、会见通信权、阅卷权、收集证据权和质证权、辩论权等诉讼权利落实到位，促使"纸面权利"真正转变为"现实权利"。近期，最高人民法院、最高人民检察院、公安部、国家安全部、司法部出台的《关于依法保障律师执业权利的规定》（以下简称《规定》）对辩护律师依法享有的权利及其行使作出了详细规定，对公检法机关增加了许多保障义务，在很多方面有进步之处。但是，作为辩护律师有效进行庭审质证、辩论前提的会见通信权、阅卷权与收集证据权还存在一些不足。《规定》允许看守所对律师与被告人的往来信件进行必要的检查②，要求律师查阅涉及国家秘密的案卷需要得到批准③，这些解释都是对刑事诉讼法的突破④，对律师的法定权利施加了不当限制，有"自我授权"、"越权立法"的嫌疑，实践中很可能被异化滥用。刑事诉讼法对于侦查阶段律师的收集证据权含糊其词，《规定》也延续了模糊处理的做法⑤。"为了保证辩护律师能够提供有效辩护，我国应当吸收外国的经验，以法律解释的形式明确侦查阶段律师有权收集证据。"⑥

辩护律师在庭审中享有的申请调取证据权、质证权和辩论权三项重要权利能否得到有效行使至关重要。《规定》对三项权利的行使设置了一定的保障措施，但是申请调取证据权仍然缺少有效的救济，可以考虑增加向上一级法院申请复议的救济机制，上一级法院应当在受理申请后3日内对一审法院不予调取证据的决定进行审查，认为有错误应当予以撤销并要求一审法院重新审查，认为没有错误的应当书面说明理由。对于由侦控机关掌握的有利于被告人的无罪、罪轻的证据材料，如果律师一审申请调取未获同意，二审再申请调取时可能会由于各种主客观原因而灭失或者"人为消失"，因此刑事诉讼有必要增设证据保全制度，即使不同意调取在法庭上出示，一审法院也应当根据律师申请或者依职权对有利于被告人的关键证据予以保全。法庭质证、辩论流于形式是庭审的痼疾，由于证人、鉴定人不出庭等因素的制约，辩护律师在多数情况下是对控方提供的书面证据被动地予以否认，

---

① ［美］韦恩·R. 拉费弗、杰罗德·H. 伊斯雷尔、南西·J. 金著：《刑事诉讼法》，卞建林、沙丽金译，中国政法大学出版社 2001 年版，第 661 页。

② 《关于依法保障律师执业权利的规定》第 13 条。

③ 《关于依法保障律师执业权利的规定》第 14 条第 4 款。

④ 刑事诉讼法第 37 条第 1 款关于辩护律师通信权的规定，以及第 38 条关于辩护律师阅卷权的规定，都没有施加例外性限制。

⑤ 《关于依法保障律师执业权利的规定》第 19 条第 1 款允许辩护律师向正在服刑的罪犯收集与案件有关的材料，没有明确将侦查阶段排除在外，但是第 2 款又规定罪犯属于被害人或者其近亲属、被害人提供的证人的，应当经人民检察院或者人民法院许可，与刑事诉讼法一样将公安机关排除在外。

⑥ 陈光中：《我国刑事辩护制度的改革》，载《中国司法》2014 年第 1 期。

质证缺少针对性、规则性与有效性，质证过程中控辩双方形不成对席辩论，律师对定罪量刑发表辩论意见时经常被法官无故打断或者勒令缩短时间，甚至被要求庭后提交书面意见作为替代。针对上述问题，《规定》要求"律师可以就证据的真实性、合法性、关联性，从证明目的、证明效果、证明标准、证明过程等方面，进行法庭质证和相关辩论"，"法官不得随意打断或者制止律师按程序进行的发言"。但这些规定还需要针对不同种类证据的属性制定详细的可操作的质证规则，对质证权的行使加以合理引导，对于法官滥用庭审指挥权的行为应当在法官惩戒规范中予以明确，给予相应的制裁。

《规定》还为辩护律师"创设"了一项新的权利，即庭审交流权[1]。我国的刑事法庭格局是将被告人与辩护律师分别设置席位、隔离化审判，被告人与其律师不能及时私下交流意见，只能被动接受律师的询问。"控、辩、审三方共同构成一张法网，将被告人作为'众矢之的'网在其中，或者成为一把大伞，将被告人罩在其下。这种状况发人深省，此种法庭审判的实质仍是'审讯'或者'审问'，而非其他。"[2] 因此，允许被告人当庭与其律师交流，有利于促进两者成为共同体，改变不科学的庭审构造，加强辩方的防御能力。但是，目前庭审交流权掌握在审判长手中，且仅局限于两种明确列举的情况，有必要对被告人提出遭受刑讯逼供等非法取证、对关键性证据提出异议以及与辩护律师的意见发生分歧等情况予以明确列举，而且经辩护律师或被告人申请，审判长应当许可交流。这样可以通过庭审交流权的行使最终推动法庭席位设置的根本变化。

（三）辩护有效化要求辩护律师合法合理的辩护意见能够被采纳

辩护律师在庭审中最重要的作用是通过发表质证、辩论意见与指控意见形成对抗，以促使案件事实真相的还原与查明。如果辩护律师的质证辩论权在法庭上得到了充分行使，但是法官对其合法合理的意见置若罔闻，不予采纳，裁判文书中仅仅以一句"辩护意见与本案事实不符"作为理由，那么辩护显然达不到预期效果。因此，有必要对法院是否采纳辩护意见进行一定的程序规制，对辩护意见是否合法合理设置一定的标准，对法院采纳与否的标准也予以总结和明确，对不予采纳合法合理辩护意见的行为给予程序性制裁。

目前来看，辩护意见的采纳情况仅是第二审法院审查的内容之一，法律和司法解释并没有对不采纳合法合理辩护意见的情况规定不利后果，这不利于督促一审法院慎重对待辩护意见。刑事诉讼法第227条对一审法院违反法定诉讼程序的情形规定了撤销原判、发回重审的程序性制裁，其中一种情形是"剥夺或者限制了当事人的法定诉讼权利，可能影响公正审判的"，未来修改法律时可以对其进行扩充，将剥夺、限制律师法定诉讼权利以及未采纳律师合法合理的辩护意见的情形纳入其中。另外，应当删除"可能影响公正审判"的限制，因为这种表述本身就有问题，既然剥夺、限制了法定诉讼权利，那么至少是已经违背了程序公正，甚至还会影响实体公正；而且这种表述的内涵是非常模糊的，"可能性"怎样评估，恐怕难度很大，对其强行解释只能陷入循环解释的陷阱。增设程序性制裁肯定在一定程度上会拖延诉讼、降低效率，但这是彻底转变庭审方式、强化辩护职能所必然作出

---

[1] 《关于依法保障律师执业权利的规定》第33条规定："法庭审理过程中，遇有被告人供述发生重大变化、拒绝辩护等重大情形，经审判长许可，辩护律师可以与被告人进行交流。"

[2] 卞建林、李菁菁：《从我国刑事法庭设置看刑事审判构造的完善》，载《法学研究》2004年第3期。

的牺牲。另外，还需要进一步加强裁判文书的说理性。法官对于是否采纳律师质证、辩论意见的理由必须详细加以说明，要依据法律规定、经验法则和逻辑推理得出结论，绝不能一句话就完事。否则，难以让被告人及其辩护律师认同接受法院的裁判，也难以防止法官恣意行使裁量权，更不利于第二审法院对一审裁判的审查。

（四）辩护有效化要求塑造新型审辩、诉辩关系

辩护有效化还受制于以控辩审三方相互关系为基础发展出的诉讼环境和诉讼生态，良性的诉讼环境和诉讼生态可以潜移默化地促进辩护的有效化，而恶性的审辩、诉辩关系则会污染诉讼环境和诉讼生态，甚至严重扭曲诉讼构造，当下存在的律师"死磕"法官、法官驱逐律师的现象就说明了问题的严重性。中央政法委书记孟建柱在全国律师工作会议上提出，要推动司法人员和律师构建彼此尊重、平等相待，相互支持、相互监督，正当交往、良性互动的新型关系。要实现这个目标，首先要彻底更新司法理念，充分认识到律师对于防范冤假错案、加强人权司法保障、规制司法权力、推动法治现代化的重要作用。

当前，司法人员对律师存在四种非正常心理：一是"警惕性心理"，认为律师介入必然会影响案件办理的进度与结果，带来一系列麻烦，必须对律师进行阻挠和压制；二是"歧视性心理"，认为律师的专业能力和素质不高，属于"讼师"、"讼棍"之流，为社会所不屑，总是以居高临下的态度颐指气使地对待律师；三是"不平衡心理"，认为律师赚钱比自己多，生活比自己好，刻意对律师行使权利施加限制，不让案件达到律师预期的效果；四是"利用性心理"，认为通过律师作为中间人收受贿赂、接受吃请比较隐蔽安全，以各种方式变相暗示律师给予好处。司法人员的理念不更新、认识不深化，思想就会停留在视律师为"洪水猛兽"的旧有框架中，戴着"有色眼镜"看待律师，对律师抱有天然的敌意，根本谈不上平等相待、良性互动。

法律职业共同体的形成能够促进法官、检察官与律师相互交流、相互理解、相互支持，清除构建新型审辩、诉辩关系的心理障碍。为此，必须完善法官、检察官遴选制度，吸收大量优秀律师进入法官、检察官队伍，增强彼此交流，强化彼此认同。健康良性的审辩、诉辩关系还有赖于法律职业伦理规范来维护，必须健全法官、检察官和律师的职业伦理规范和惩戒制度，对正常的履职交往行为予以引导，对不道德的违规行为予以惩戒。

（五）辩护有效化要求增强辩护律师业务能力和职业操守

"被告人有权得到律师百分之百的忠诚。"[①] 域外各法治国家都要求辩护律师尽最大能力为被告人的利益服务，从实体和程序上为被告人做无罪或者罪轻的辩护，这是辩护律师的忠实义务以及职业操守的要求。例如，日本的辩护律师要履行"真实义务"与"诚实义务"，辩护律师服从于通过保护人权来揭示真实的程序目的，诚实地为被告人的利益开展辩护活动。[②] 一方面，我们要加强发挥律师协会作为行业自律组织的作用，对律师进行业务指导与培训，提高律师的业务能力和整体素质，督促律师在执业过程中尽职尽责；另一方面，

---

① ［美］约书亚·德雷斯勒、艾伦·C.迈克尔斯：《美国刑事诉讼法精解》（第二卷·刑事审判），魏晓娜译，北京大学出版社 2009 年版，第 92 页。

② ［日］田口守一著：《刑事诉讼法》，张凌、于秀峰译，中国政法大学出版社 2010 年版，第 188 页。

要完善律师职业道德准则和执业行为规范，设置禁止事项，明确划出"红线"，对违法违规执业的律师进行惩戒。辩护律师要切实遵守职业道德和执业规范，严格自律，不能同时为多个存在利益冲突的被告人辩护，不能抱着侥幸心理与法官、检察官"勾肩搭背"搞权钱交易、甘当"司法掮客"，有意见应当通过法定方式理性表达，不能"闹庭"、"罢庭"，甚至聚众冲击法庭。辩护有效化还需律师与委托人之间相互信任，这也是律师职业伦理的当然要求，司法人员绝不能引诱、鼓励犯罪嫌疑人、被告人告发辩护律师，律师也应当对知悉的委托人的情况予以保密，否则辩护律师与委托人之间互相提防、互相告发，不仅辩护不能实现有效化，而且辩护制度的根基也会被动摇，甚至整个社会都会陷入令人恐惧的信任危机。

（六）辩护有效化要求法官合理平衡被害人意见对裁判结果的影响

被害人要求加重处罚或者不同意减轻、从轻处罚的意见，特别是其通过上访、媒体等诉讼外渠道表达的求刑意见，对辩护有效化有很大程度的掣肘、消解作用。被害人的求刑意见是其惩罚、报复、弥补等心理动机的外在表现，这种意见表达是人性使然，应当得到允许并提供合法表达渠道，但是一旦被害人通过非诉讼途径甚至是极端化的方式表达意见，对案件裁判结果的负面影响是很大的，特别是会左右被告人可能被判处死刑的"命案"，这是由我国的特殊国情决定的。如果法官无法合理地对被害人的求刑意见与律师的辩护意见进行平衡，受被害人极端化意见表达形成的政治压力、"舆论审判"的左右，作出不合法的裁判或者"留有余地"的裁判，那么即使律师辩护得再好，辩护效果也没有最终实现。为此，我们需要努力营造良好的法治环境，运用法治思维和法治方式处理被害人的意见表达，加强被害人在诉讼程序中意见陈述权的保护，赋予被害人柔性的量刑建议权，做好对被害人释法解疑的工作，但也不能一味满足被害人的不合理要求，法院要支持法官顶住各种压力公正裁判，确保依法独立行使审判权。

三、辩护有效化的外部制约

虽然辩护有效化是庭审实质化改革的关键，但是其实现又受到整个庭审制度以及刑事诉讼制度的制约。必须从辩护有效化的具体要求入手，辅助结合具体的诉讼制度、规则和程序进行庭审方式的整体变革，以辩护的有效化推动庭审的实质化，以庭审的实质化保障辩护的有效化。具体而言：

第一，法官必须恪守中立地位。在英美对抗式审判下，司法权已经从国家权力中分离出来，实现中立，法院成为国家与个人利益冲突中立的调停者与裁判者，而不是国家机器或者国家利益的"代言人"。这种"任何人不得担任自己案件法官"的司法中立理念无疑对我国公检法三机关配合有余、制约不足问题的矫正有相当大的借鉴意义。法官应当扮演在控辩双方之间分配正义的消极中立角色，而且由于辩方天然处于弱势地位，更应当对其进行适当的倾斜保护。消极是针对审问式诉讼下法官过度干预庭审的弊端而言的，消极不是要求法官完全放弃庭审的指挥权，而是要求法官及时地总结争议焦点，准确地把控庭审节奏，理性地引导控辩对抗，最终让自己明辨是非、分清曲直、形成心证，法官要认识到庭审指挥权是克制的、有界的，莫要盲目地发挥能动作用。法官必须尊重司法规律，恪守消极中立，尽量督促控辩双方推动诉讼的进行，保障辩方权利得到有效实现，定罪量刑判断权与裁量权的行使要集中到庭审上，而不能在庭前、庭后分散开来、无孔不入。

第二，全面完善和严格落实庭前会议、关键证人出庭和非法证据排除等重要制度。庭前会议是辩护律师了解控方证据、掌握指控思路、增强防御能力的重要途径，也是庭审实质化的制度保障。但是，实践中庭前会议的召开率很低，效果也并不理想，一方面是由于法律对庭前会议制度的设计非常粗糙，许多应有的功能没有得到强调；另一方面，"作为对抗制庭审模式的产物，庭前会议与我国偏职权主义的庭审结构存在着一定程度的紧张关系，其实践效果大打折扣也是自然而然的事情"。[①] 因此，有必要对该制度进行改造与完善，调动各方面的积极性，加强与庭审程序的衔接，真正让被告人及其辩护律师在庭前会议中受益。关键证人出庭和非法证据排除是律师进行有效辩护的有力"武器"，但这两项制度落实得并不理想，证人出庭率、非法证据排除率都没有显著提高。辩方仅享有申请权，而没有启动权，辩护律师仅在名义上可以行使权利，实质上却难以达到应有的效果，这怎么可能实现辩护有效化呢？未来的改革还需要明确庭审指挥权的界限，法官不能一味地"大包大揽"，要更多地放权于辩方。新制度的落实还需要新理念作为内在支撑，因为制度落实的关键在人，如果审判、检察和侦查人员不认同现代法治理念，仍然视司法为专政工具、"刀把子"，就会受制于"司法惰性"，最终结果还是"上有政策、下有对策"。

第三，适时建立刑事辩护准入制度，提高律师执业门槛。随着经济社会的发展，我国的律师队伍迅速壮大，"近几年，全国律师队伍以每年2万名的速度增长，去年年底达到27万多人，律师事务所达到2万多家"。[②] 与此同时，律师队伍也出现参差不齐、鱼龙混杂的问题，律师之间在业务能力和职业道德上相差很大，这不利于统一辩护尺度，有效发挥辩护职能，切实维护委托人的合法权益。"如同只有获得专业资格的人才能做医生给病人治病一般，只有获得刑事辩护专业资格的律师方能做辩护人。"[③] 因此，有必要率先在经济发达地区实行刑事辩护准入制度，提高对刑辩律师实践经验、业务能力和道德素质的要求，建立推荐选拔程序与惩戒退出机制，促使优秀人才进入辩护律师队伍，倒逼难当重任的律师退出，从而实现刑事辩护的高度专业化。在加强法律援助辩护的同时，辩护专业化不会影响犯罪嫌疑人、被告人获得律师帮助权的实现，反而有利于实现辩护有效化，构建法律职业共同体，进而优化诉讼环境，实现国家法治现代化。

第四，完善律师执业保障制度，对追究律师刑事责任进行严格的程序规制。要想律师尽心尽力地履行辩护责任，还必须对律师在履职活动中的人身安全进行全面保护，消除律师的畏难情绪和后顾之忧。目前来看，不仅刑法第306条设有专门针对辩护人的罪名，而且刑事诉讼法对追究律师刑事责任也缺少完善、严格的程序控制。近些年来，以辩护人妨害作证罪、诈骗罪、敲诈勒索罪等各种罪名，采取威逼利诱等各种手段，对律师发动追诉进行打击报复的案件也时常见诸报端。2012年修改的刑事诉讼法增设了专门条款对辩护人涉嫌犯罪实行异地侦查，但是并没有赋予涉嫌犯罪的辩护人申请管辖变更的权利，也没有

---

① 左卫民：《未完成的变革 刑事庭前会议实证研究》，载《中外法学》2015年第2期。

② 孟建柱：《依法保障职业权利 切实规范职业行为 充分发挥律师队伍在全面依法治国中的重要作用》，载《长安》2015年第9期。

③ 冀祥德：《刑事辩护准入制度与有效辩护及普遍辩护》，载《清华法学》2012年第4期。

设置相应的救济渠道；另外，涉嫌犯罪的辩护人的羁押地点也不应当处于其所承办案件的侦查机关控制之下，《规定》第 40 条将通知律师事务所或律师协会的时间规定为采取强制措施后的 48 小时内，这显然过长，这 48 小时极有可能发生侵犯人权的侦查行为。如果律师曾经承办过变更管辖后的侦查、检察机关办理的案件且阻碍了该机关追诉职能的实现，那么律师可否再次申请变更管辖或者对相关办案人员申请回避，如何防止负责指定管辖的上级侦查机关也屈从于外部政治压力？辩护人涉嫌犯罪的案件是否需要在关联案件审理结束后再行审理？这些都需要进一步完善，目的是促使辩护律师履职的程序保障更加严密，不致被"钻空子"。

（作者单位：中国政法大学刑事司法学院）

以审判为中心的诉讼制度改革之思考

吴　靖

中共中央《关于全面推进依法治国若干重大问题的决定》（以下简称《决定》）提出，"要推进以审判为中心的诉讼制度改革，确保侦查、审查起诉的案件事实证据经得起法律的检验，保证庭审在查明事实、认定证据、保护诉权、公正裁判中发挥决定性作用。"[①] 这是我们党从全面推进依法治国，加快建设社会主义法治国家，坚持严格司法，确保刑事司法公正的现实需要和长远考虑所作出的重大改革部署，也是破解制约刑事司法公正突出问题、加强人权司法保障的必由之路。[②] 准确把握以审判为中心的诉讼制度改革的要义，在司法实践中逐步更新观念并深入贯彻实施，具有十分重要的意义。

一、什么是"以审判为中心"

习近平总书记在关于《决定》的说明中明确指出："我国刑事诉讼法规定公、检、法三机关在刑事诉讼活动中各司其职、互相配合、互相制约，这是符合中国国情的，具有中国特色的诉讼制度，必须坚持。"但这一原则在实际执行中并不理想，三机关之间或多或少存在"配合有余、制约不足"的问题，特别是审判程序难以有效发挥对其他诉讼程序的制约作用。《决定》提出推进以审判为中心的诉讼制度改革，目的就是要切实发挥审判程序应有的制约、把关作用，形成一种倒逼机制，促使公检法三机关办案人员树立案件必须经得起法律检验、庭审检验的理念，严格依法规范侦查和起诉活动，既要从源头上防止案件"带病"进入审判程序，以更加有效地防范冤假错案，又要有效避免因人为失误、失职甚至渎职，导致有罪者未能受到法律的应有制裁，造成客观上放纵犯罪或者打击不力的现象发生。

什么是"以审判为中心"？法学专家、教授们对此有不同的解读。樊崇义教授认为，"以审判为中心，是在我国宪法规定的分工负责、互相配合、互相制约的前提下，诉讼的各个阶段都要以法院的庭审和裁决对于事实认定和法律适用的要求和标准进行，确保案件质量，防止错案的发生。"[③] 陈卫东教授认为，"以审判为中心，实际上是审判中心主义的体现，在实体意义上，定罪权属于法院，其他机关无权决定被告人是否有罪；在程序意义上，所有关涉犯罪嫌疑人、被告人的重大权利的侦查、起诉行为都必须由法院作出裁决，且法

① 习近平：《关于〈中共中央关于全面推进依法治国若干重大问题的决定〉的说明》，人民出版社 2014 年版，第 59 页。
② 沈德咏：《论以审判为中心的诉讼制度改革》，载《中国法学》2015 年第 3 期。
③ 樊崇义：《解读"以审判为中心"的诉讼制度改革》，载《中国司法》2015 年第 2 期。

院裁决的作出必须以审判的方式进行"。① 最高人民法院常务副院长沈德咏认为，"推进以审判为中心的诉讼制度改革，实际上是要实行以司法审判标准为中心。也就是说，从刑事诉讼的源头开始，就应当统一按照能经得起控辩双方质证辩论、经得起审判特别是庭审标准的检验，依法开展调查取证、公诉指控等诉讼活动，从而确保侦查、审查起诉的案件事实证据经得起法律的检验"。②

笔者认为，刑事诉讼法第 2 条规定了刑事诉讼法的任务，"保证准确、及时地查明犯罪事实，正确应用法律，惩罚犯罪分子，保障无罪的人不受刑事追究，教育公民自觉遵守法律，积极同犯罪行为作斗争，维护社会主义法制，尊重和保障人权，保护公民的人身权利、财产权利、民主权利和其他权利，保障社会主义建设事业的顺利进行"。按照这个逻辑，以审判为中心，简而言之，就是说确认指控犯罪事实是否发生、被告人是否承担刑事责任应当由法官通过审判进行，具体来说，主要包含三个层面的含义：

（一）审判是整个刑事诉讼程序的中心

从诉讼阶段上看，刑事诉讼制度的设计应当以审判为中心。以审判为中心是以庭审为中心的前提基础。在刑事诉讼环节中，以审判为中心主要是相对于以侦查为中心而言。综观世界各国的司法模式，采取对抗式诉讼模式的国家更容易以审判为中心，因为控辩双方的力量尽可能地达到平衡，更容易形成控辩审三角诉讼结构，也更容易以庭审为中心。现代法治国家都是以审判为中心，我国试图构建以审判为中心的诉讼制度，是基于目前诉讼制度的设计使审判权相对弱化，没有达到其应有的效果，侦查权相对于审判权而言，过于扩张。加之辩护权的限制导致的结果是侦查权诉讼化较弱，侦查活动不围绕审判活动展开。进一步可能会导致刑讯逼供、暴力取证、非法搜查扣押的现象频繁发生。从该层面上来说，刑事诉讼程序是以审判为中心，而不应当是以审前程序为中心。

（二）一审是整个审判体系的中心

从审级制度上看，刑事诉讼制度的设计应当以一审为中心。审判程序主要包括一审程序、二审程序、死刑复核程序和审判监督程序。一审程序是认定案件事实和采信证据的关键环节，是其他审程序的基础，由此应该以一审为中心。法庭审判所要解决的根本问题是案件的事实认定和证据的采纳与排除，一审距离案件发生时间最近，是继审查起诉之后的第一道工序，各类证据，特别是证人证言，距离案发时间越短，其真实性和可靠性就越高，对案件事实的认定越准确。审级越高，对证据的采信越困难，对事实的认定越容易出现偏差，案件事实的认定和证据采纳的活动应尽量在一审中完成。从该层面上来说，审判体系是以一审为中心，而不应当是以上级审为中心。

（三）法庭审判是整个审判程序的中心

相对于庭审前的准备和判决文书的送达，庭审是整个审判活动的中心环节。在庭审中，控辩双方在法庭上陈述己方主张，针锋相对，影响法官的判决，得出对己方有利的判决。

① 陈卫东：《以审判为中心推动诉讼制度改革》，载《中国社会科学报》2014 年 10 月 31 日 A5 版。
② 沈德咏：《论以审判为中心的诉讼制度改革》，载《中国法学》2015 年第 3 期。

审判机关主要靠正确地定罪、量刑来实现国家赋予的刑罚权，而定罪和量刑活动主要在庭审活动中进行。因此，审判活动要以庭审为中心，庭审前的准备和判决文书的送达都要围绕庭审来进行。与庭审中心相对应的是司法实践中的"庭下审"和"书面审"。庭审主要包含两层含义：一是审判活动在控辩双方及相关诉讼参与人的参与下，在法庭上完成；二是法官在法庭审理过程中，充分听取控辩双方的主张后形成了心证。没有在法庭上形成心证的"庭下审"，及没有控辩双方和相关诉讼参与人参加的"书面审"，都与庭审中心相违背，也是不符合诉讼程序的，必须予以改革。从该层面上来说，审判程序是以庭审为中心，而不应当是以庭下活动为中心。

二、为什么要推进以审判为中心的诉讼制度改革

（一）以审判为中心，是优化诉讼结构的现实需要

在中国的刑事诉讼中，公安机关由于历史原因成为政法系统的"龙头老大"，检察机关则稳居法律监督机关的宪法地位，其监督对象也包括法院。因此，长期以来，公安机关、检察机关在中国现实政治生态中的地位均高于法院。也由于在刑事诉讼流程中居后的机关处于相对弱势的位置，其对前一诉讼流程的制约不免乏力，于是形成了"以和为贵"的局面。对于侦查中犯下的错误，很难期待通过法庭审判予以纠正。例如，中国近年来披露的一系列冤假错案，究其原因，公安机关在侦查过程中的行为偏差固然是祸首，但根据分工负责、互相配合、互相制约的结构设计，如果审判的制约机制能够有效发挥作用，即使侦查结论错误，也不至于最终导致冤假错案的发生。因此，冤假错案的发生在很大程度上是审判对侦查的制约作用失灵所致。[①]

在一个时期内，有人大力鼓吹"以侦查为中心"，"公安是做饭的，检察院是端饭的，法院是吃饭的"，"强势的公安，优势的检察，弱势的法院"流行一时，司法审判的权威丧失了，司法公正不见了。我国目前的刑事诉讼程序仍属于侦查中心主义模式，侦查活动是整个刑事诉讼程序的重心，审判活动本应作为犯罪嫌疑人权利的最后一道保障，却常常沦为侦查机关罪名认定的附庸，这与审判中心主义的制度要求是背道而驰的。以审判为中心，就是要纠正这些错误的理解和做法，摆正公检法三机关之间的关系，构建一个以审判为中心的科学、合理的诉讼构造。[②]

（二）以审判为中心，是提升庭审质量的必然要求

何家弘教授曾指出，在刑事诉讼过程中，庭审本应是中心环节，是决定诉讼结果的环节，因为刑事诉讼的基本任务就是要确定被告人是否有罪，而这项任务就应该在庭审环节完成。然而，在当下中国的刑事诉讼中，庭审不是"中心"，甚至也不是"副中心"。[③]

---

① 魏晓娜：《以审判为中心的刑事诉讼制度改革》，载《法学研究》2015 年第 4 期。

② 陈光中：《推进"以审判为中心"改革的几个问题》，载《人民法院报》2015 年 1 月 21 日第 5 版。

③ 何家弘：《从"庭审虚化"走向"审判中心"》，载《中国审判理论研究会刑事审判理论专业委员会 2014 年年会论文集》，第 3 页。

当前，庭审形式化问题在刑事诉讼中具有一定的普遍性。[①] 法官对证据的审查和对案件事实的认定主要不是通过法庭调查而是通过庭审之前或者之后对案卷的审查来完成的。庭审在刑事诉讼中未能发挥实质性作用，可有可无。实践证明，庭审如果不能实现实质化，其他所有的诉讼程序运转都会成为毫无意义的"空转"，程序正义也就无从谈起，严重者势必会酿成冤假错案。反之，如能重视发挥庭审的实质作用，真正做到事实证据调查在法庭，定罪量刑辩论在法庭，裁判结果形成于法庭，就能够为公正裁判奠定可靠的基础。以审判为中心，必须力戒庭审形式主义，保证庭审质量。

（三）以审判为中心，是监督侦查行为的有效途径

从我国的诉讼流程来看，侦查程序是最为重视的阶段，这与西方国家重视审判程序不同。公安机关的侦查在整个刑事诉讼中起到了决定性作用，但是，侦查程序却是诉讼中最为薄弱的环节，法治化程度较低。[②]

司法实践中，冤案错案的发生大多开始在侦查阶段。在刑事诉讼中，侦查权力过大，有些情况下侦查程序本身就严重侵害了公民的基本人权。正如丹宁勋爵所讲"侦查权也可能被滥用，而这种权力一旦被滥用，任何暴政都要甘拜下风"。[③] 在侦查阶段，侦查机关主要通过强制措施来保证侦查活动的顺利进行，强制措施又涉及基本人权，因此必须严格规范强制措施的实施。新刑事诉讼法对强制措施的规范有重大意义，但是强制措施不受诉讼化控制的局面并未改善，仍然存在很多问题。在我国现有的强制措施中，除逮捕要由检察机关批准外，其他强制措施的实施均可由公安机关自行决定、自行执行，而且缺乏相应的司法审查、对采取强制措施后的监督和有效的救济，以致司法实践中刑讯逼供、暴力取证、非法搜查扣押的现象发生。[④]

（四）以审判为中心，是保障辩护权益的最佳选择

刑事辩护是以审判为中心诉讼制度改革的一个重要方面，辩护职能是近现代刑事诉讼三大职能之一，而且是不可缺少更不可忽视的一种诉讼职能。刑事辩护制度贯彻情况，是一个国家一个民族尊重和保障人权、民主与法治进步与否的重要标志。

当前，我国的刑事辩护工作与人民群众的要求还有相当的差距。一是刑辩不到位，尚有50%~70%的刑事审判辩护律师缺位；二是到位的刑事辩护尚未达到实质化，实体辩护和程序辩护均残缺不全；三是法律援助工作还处在艰难的推进中，无效辩护制度尚未建立。[⑤] 以审判为中心的诉讼制度改革，必然要求刑事辩护律师工作进入实质化，充分保障被告人的辩护权益，更有利于法官"兼听则明"，查明案件事实，作出公正裁决。

---

① 何家弘：《亡者归来——刑事司法十大误区》，北京大学出版社 2014 年版，第 181 页。
② 陈卫东：《侦查程序改革的问题与对策》，载《人民检察》2008 年第 24 期。
③ ［英］丹宁勋爵著：《法律的正当程序》，刘庸安等译，法律出版社 1999 年版，第 108 页。
④ 樊崇义、张中：《论以审判为中心的诉讼制度改革》，载《中州学刊》2015 年第 1 期。
⑤ 樊崇义：《解读"以审判为中心"的诉讼制度改革》，载《中国司法》2015 年第 2 期。

三、如何推进以审判为中心的诉讼制度改革

在我国，侦查中心主义被诟病已久，以审判为中心的诉讼制度远未形成，且在司法实践中还存在着较多的问题和阻力，然而以审判为中心的诉讼制度改革是一项系统工程，需要多方的配合和努力。推进该项诉讼制度改革，应重点做好做实以下几个方面：

（一）突出庭审的中心地位

庭审是以审判为中心诉讼制度改革的核心，更是以审判为中心的关键环节。所谓庭审中心主义，全国第六次刑事审判工作会议上指出，"审判案件以庭审为中心，事实证据调查在法庭，定罪量刑辩论在法庭，判决结果形成于法庭，全面落实直接言词原则，严格执行非法证据排除规则"。我们要按司法规律办案，要全力维护公正、高效、权威的司法裁判，尤其是要认识到，人民法院的审判工作不只是走程序或办手续，人民法院的庭审是刑事诉讼的最后一道工序，是刑事诉讼的结果。庭审过程和结果的价值目标是公平和正义，审判的亲历性、中立性、程序终局性决定了我们必须坚持以审判为中心，公检法三机关在诉讼中的职能和职责并非平分秋色，司法规律和诉讼规则要求必须坚持庭审中心主义，以实现真正的审判独立。只有这样，才能把审判定位为最后一道防线，形成的裁判才具有权威性。

（二）全面贯彻证据裁判原则

在刑事诉讼中，控辩审各项诉讼职能的行使，要做到以审判为中心，就必然要坚持证据裁判原则。证据是诉讼的基石，是保证案件质量的核心，其重要性不言而喻。坚持证据裁判原则必须解决三个问题：一是必须紧紧围绕本案证明对象收集证据。证据收集不全将导致该证明的问题没有证明，甚至关键证据缺失，使庭审不能顺利进行。按证据法学的说法就是对证明对象中犯罪构成要件的事实缺少证据证明。任何一种犯罪在证明对象中，都必须解决"七何"要素，即"何人、何事、何时、何地、何方、何因、何果"，这七个要素缺少任何一个都无法证明犯罪的构成问题。即每一个"何"，每个犯罪构成要件事实，都有确实可靠的证据加以证明，才能称之为"充分"。二是必须严把严格依法收集、固定、保管、移送、出示、质证、辨认、认证等运用证据的各个环节，以保证证据的证明力和证据能力。三是严格依法排除非法证据。在证据收集这一环节，特别要注重案发后客观性证据的收集。最高人民法院发布的《关于建立健全防范刑事冤假错案工作机制的意见》第9条规定："现场遗留的可能与犯罪有关的指纹、血迹、精斑、毛发等证据，未通过指纹鉴定、DNA鉴定等方式与被告人、被害人的相应样本作同一认定的，不得作为定案的根据。涉案物品、作案工具等未通过辨认、鉴定等方式确定来源的，不得作为定案的根据。对于命案，应当审查是否通过被害人近亲属辨认、指纹鉴定、DNA鉴定等方式确定被害人身份。"该规定对预防冤假错案起到了"闸门"作用。[①]

---

① 樊崇义：《解读"以审判为中心"的诉讼制度改革》，载《中国司法》2015年第2期。

（三） 切实贯彻疑罪从无原则

证据裁判原则是证据规定中的"帝王条款"，支配所有的犯罪事实认定。[①] 审判中贯彻证据裁判规则，一般会出现两种结果：一种是据以定案的证据确实、充分，应当依法判决被告人有罪或无罪；二是据以定案的证据不足，应作出指控罪名不成立的无罪判决。从这个意义上讲，疑罪从无是证据裁判原则的内在要求。[②] 在审判中贯彻疑罪从无原则，既可以保障被追诉人的人权，有效地控制侦查权，还可以平衡控辩双方的力量。目前，法治国家都确立了疑罪从无原则，我国在推进以审判为中心的诉讼制度改革过程中，各级法官更应强化人权保护理念，在裁判时贯彻疑罪从无原则。

（四） 培育一支精干的司法官队伍

以审判为中心的诉讼制度，需要培育一支职业化、专业化和精英化的司法官队伍。因此，一是要完善法官、检察官的招录、遴选机制，在严格司法人员选任条件的基础上，健全司法人员遴选的准入制度，面向社会公开选拔高层次法律人才，扩大从执业律师和法学教授等其他法律职业共同体成员中的遴选范围，从而优化司法官队伍的整体结构。二是要优化法官、检察官的培训机制，从更客观的角度分析当前司法工作存在的不足，并有针对性地加以完善，丰富培训内容、拓宽培训渠道，尤其要加大对司法机关工作人员职业伦理操守及综合素养的培训力度，为构建法律职业共同体奠定基础。三是要建立科学合理的法官、检察官办案质量考评机制，废止当前有违司法规律的考评制度，取消任何形式的排名排序，保证考评机制真正调动司法机关工作人员的积极性，以保证办案质量。四是要加大对法官、检察官职业的保障力度，构建合理的薪酬待遇与奖惩制度，以此激发职业荣誉感、强化使命感与责任感。[③]

（作者单位：山东省高级人民法院）

---

① 林钰雄：《刑事诉讼法》，台湾学林文化出版社 2003 年版，第 79 页。
② 张军：《刑事证据规则理解与适用》，法律出版社 2010 年版，第 40 页。
③ 叶青：《以审判为中心的诉讼制度改革之若干思考》，载《法学》2015 年第 7 期。

利害关系人参与违法所得没收程序的完善

薛颖文　许文楚

出于惩治贪污腐败、恐怖活动等犯罪的需要，新刑事诉讼法增设犯罪嫌疑人、被告人逃匿、死亡案件违法所得没收程序。该程序涉及利害关系人参诉之处只有寥寥数语，最高人民法院和最高人民检察院出台的司法解释细化了利害关系人参诉的规定，"为其规范运行提供制度保障"。[①]这些司法解释增强了违法所得没收特别程序的可操作性，然而在关涉利害关系人参诉的程序设计上依然存在着可完善之处。反思利害关系人参与违法所得没收程序的不足，从程序规范层面明确利害关系人的诉讼权利、畅通其权利救济渠道、促进违法所得没收程序的良性运行，势在必行。

一、利害关系人参与违法所得没收程序的制度设计

现行法规定犯罪嫌疑人、被告人的近亲属和其他利害关系人都享有参与违法所得没收程序的诉讼权利。一旦犯罪嫌疑人、被告人的近亲属主张拟被没收财产的所有权，犯罪嫌疑人、被告人的近亲属是当然的利害关系人。"其他利害关系人"，则是"对申请没收的违法所得提出所有权的权利主张者"。[②] 从现行最高人民法院《关于适用〈中华人民共和国刑事诉讼法〉的解释》（以下简称《法院解释》）来看，只要存在违法所得，就可以申请启动违法所得没收程序。故而在普通刑事案件中，犯罪嫌疑人、被告人逃匿或者死亡的，司法机关启动违法所得没收程序，利害关系人也可申请参与诉讼。

（一）利害关系人参诉的时间和方式

1. 参诉时间

利害关系人参与违法所得没收程序的目的在于维护自身合法的财产权利。一般而言，利害关系人参诉的时间越早，越有利于维护其合法权益；反之，则不利于维护其合法权益。根据现行制度设计，利害关系人参与该程序的时间是在人民法院受理人民检察院提出的违法所得没收申请后的6个月的公告期内。在这期间内的任何时间，利害关系人都可以向管辖法院提出参诉申请。不过，为了切实维护利害关系人合法的财产权益，即使利害关系人在6个月公告期届满后才向管辖法院提出参诉申请，只要利害关系人在提出申请时向管辖法院说明其未能在公告期内提出参诉申请的合理理由，并提供证明被申请没收的财产系其所有的证据材料，人民法院也应当受理。

---

① 陈瑞华、黄永、褚福民著：《法律程序改革的突破和限度——2012 年刑事诉讼法修改述评》，中国法制出版社 2012 年版，第 270 页。

② 《法院解释》第 513 条第 1 款。

2. 参诉方式

根据现行法规定，利害关系人参诉的方式是向管辖法院提出申请。至于申请的形式，现行法并未作出明确规定。从诉讼原理来看，即使利害关系人提出口头申请，只要提供了相应的证据材料，人民法院也应当受理并记录在案。至于庭审时的参诉方式，利害关系人既可以亲自参诉，也可以委托诉讼代理人参诉。

（二）利害关系人参诉的审判方式

现行法只规定了人民法院审理违法所得没收案件的组织形式是合议庭，并未明确规定利害关系人参诉的庭审方式。对此，《法院解释》作出了有益的弥补：利害关系人参诉的，人民法院应当开庭审理；反之，人民法院"可以"不开庭。可见，利害关系人参诉与否直接影响人民法院的审理方式。不过，利害关系人接到通知后无正当理由拒不到庭，或者未经法庭许可中途退庭的，可以转为不开庭审理，但还有其他利害关系人参加诉讼的除外。①

（三）利害关系人的庭审活动

在合议庭开庭审理违法所得没收案件时，出庭的利害关系人可以在庭审中依法维护自身的合法权益。在法庭调查阶段，利害关系人及其诉讼代理人可以在出庭的检察员宣读违法所得没收申请书之后，就违法所得没收申请书中涉及犯罪嫌疑人、被告人实施犯罪行为的事实、涉案财产信息等事项发表意见。在法庭调查阶段，在检察员向法庭举证后，利害关系人就检察员的举证发表意见，并就涉案财产不符合没收条件出示有利于自己的证据。在法庭辩论阶段，利害关系人及其诉讼代理人在检察员发言之后发言并同检察员展开辩论。

（四）利害关系人的证明责任

根据现行司法解释的规定，利害关系人对涉案财产主张所有权，应当提供该涉案财产归其所有的证据材料，否则利害关系人并不能获得参诉资格。可见，在公告阶段，其他利害关系人需就涉案财产所有权承担初步举证责任，即承担形式上的证明责任。与之相应，公告阶段人民法院只审查证据材料是否完备，即人民法院对证据只进行形式审查，不审查证据材料的真实性。在庭审中人民检察院承担拟没收违法财产案件的举证责任，但这并不排斥利害关系人的举证责任。利害关系人承担其对涉嫌财产合法所有抗辩的证明责任，并在利害关系人不能证明该涉案财产合法且归其所有时，承担不利的诉讼后果。

二、利害关系人参与违法所得没收程序的检讨

尽管《法院解释》细化了现行法的抽象规定，使得利害关系人参与违法所得没收程序更具有可操作性，然而现行立法和司法解释中依然存在着诸多的问题。这些问题的存在影响着利害关系人参与违法所得没收程序及其合法财产权益的保障。检视利害关系人参与违法所得没收程序存在的缺陷，深入剖析其背后的深层原因，乃是进一步完善现行违法所得没收程序之基础。

---

① 《法院解释》第514条第2款。

（一）存在的缺陷

1. 利害关系人分类未细化

现行司法解释采取概括式加列举式的方式，将利害关系人界定为犯罪嫌疑人、被告人的近亲属和其他利害关系人；同时，将其他利害关系人定义为"对申请没收的违法所得主张所有权的人"。而实践中存在多种特殊的利害关系人，如合法财产和违法财产混同的利害关系人、享有拟没收财产中部分所有权的利害关系人以及善意第三人。遗憾的是，现行司法解释并未梳理清楚这些特殊的主体，尤其是善意第三人。违法所得没收程序是否适用善意取得以及法院应当遵循何种程序认定善意第三人和排除恶意第三人，成为司法解释的空白。

2. 审前阶段利害关系人知情权保障不足

公安机关和人民检察院启动违法所得没收程序，提出没收意见和没收申请时，利害关系人应当知悉被列为违法所得的财产状况。这是利害关系人行使诉讼权利的前提。然而，利害关系人享有完全的知情权，以司法机关履行相应的告知义务为前提。事实上，在审前阶段，利害关系人"被封锁于程序之外"[①]，几乎不享有知情权。一方面，侦查机关未全面掌握利害关系人的情况可以不列明利害关系人，[②] 且没收违法所得意见书和申请书未列明利害关系人的，不属于材料不全而需补送材料的情形。在这种情况下，利害关系人几乎无法获知涉案财产的相关信息。另一方面，现行司法解释并未要求侦查部门公开包含拟没收财产的种类、数量、地点等详细信息的调查结果，利害关系人只能在公告阶段才能获知没收财产的信息。

3. 利害关系人的证明标准不明确

根据司法解释的规定，违法所得没收程序中的证明对象包括犯罪嫌疑人、被告人的犯罪行为、死亡或逃匿的事实以及拟没收财产与犯罪行为的联系的证明责任均由人民检察院承担，利害关系人只需要承担该涉案财产为其合法所有的证明责任。然而，利害关系人证明涉案财产为其合法所有，是采用证据确实充分的证明标准，还是借鉴优势证据标准，抑或是还有其他选择？司法解释未予明确。此外，善意第三人参与违法所得没收程序，主张涉案财产系其善意取得的，则该善意第三人该如何承担举证责任以及适用何种证明标准，亦不得而知。

4. 利害关系人救济机制不足

从公正和效率的角度考虑，违法所得没收程序中的利害关系人权利救济方式，应当涵盖利害关系人财产权利受国家权力行使影响的范围。然而，遗憾的是，现行法赋予利害关系人可以对没收裁定提起上诉，却未明确利害关系人对确有错误的已生效的没收裁定是否能够申请再审，以及在没收裁定确有错误的情况下，应遵循何种程序返还利害关系人被没收的财物。在这种情况下，利害关系人几乎无法援用救济措施维护自身合法权益。

---

① 毛兴勤：《构建证明标准的背景和思路：以违法所得没收程序为中心》，载《法学论坛》2013 年第 2 期。

② 江必新：《最高人民法院关于适用〈中华人民共和国刑事诉讼法〉的解释理解和适用》，中国法制出版社 2013 年版，第 245 页。

（二）原因剖析

1. 违法所得没收程序性质不明

违法所得没收程序究竟是刑事程序，还是民事程序？我国立法界和理论界对该程序的性质仍未有定论。有学者认为，违法所得没收程序属于民事诉讼程序。理由是违法所得没收程序的核心在于确认拟没收财物的权利归属处理财物和确认刑事责任相分离，具有独立性，相当于民事中的确权之诉。也有学者认为，没收程序理应属于刑事程序。无论如何，违法所得没收程序性质不明确，毫无疑问不利于利害关系人行使诉讼权利和履行诉讼义务，更不利于维护其合法的财产权益。

2. 配套措施不完善

（1）查封、扣押、冻结机制"失控"。查封、扣押、冻结涉案财物是违法所得没收程序的重要环节。在我国，公检法三机关均有权在相应的诉讼阶段适用查封、扣押、冻结措施。多元的查封、扣押、冻结决定主体，使得违法财产的查封、扣押、冻结趋于复杂化，加之我国既未确立查封、扣押、冻结涉案财物的司法审查原则，也未借鉴比例原则，[1] 司法机关的查封、扣押、冻结行为难免有"失控"的现实风险。在违法所得没收程序中，一旦司法机关不充分考虑利害关系人的合法财产权益，过于宽泛地采取查封、扣押、冻结措施，就必然与违法所得没收程序的价值理念相悖。

（2）财产保全措施单一。我国司法机关的查封、扣押、冻结措施既是固定犯罪证据的侦查手段，也是财产保全措施，具有双重的司法属性。然而，此种财产保全措施过于单一，缺少诸如财产接管、申请排除等保全措施，而无法涵盖涉案财产保全的应有范围。实践中，财产形态具有多样性和复杂性，如何妥善保管涉案财物、保持特殊财物的价值以及降低利害关系人财物被减损的风险并非无足轻重。在违法所得没收程序中，案件的公告与审理通常要耗费较长的时间（逃匿的犯罪嫌疑人通缉一年不能到案以及六个月公告期），财产保全措施不完善，可能会导致利害关系人财产价值蒙受更大的损失，进而减损司法机关的公信力。

三、完善利害关系人参与违法所得没收程序的举措

鉴于利害关系人参与违法所得没收程序存在的诸多问题，影响到利害关系人诉讼权利的保障和财产权利的保护。从保障利害关系人的合法诉讼权利和财产权益出发，可以从以下几个方面完善利害关系人参与违法所得没收程序。

（一）明确违法所得没收程序的性质

现行法确立了违法所得没收程序，却并未明确该程序的性质。该程序的性质不明朗，势必影响该程序功能的发挥，也势必影响该程序参与主体的诉讼活动。因此，明确违法所得没收程序的性质乃是完善该程序的重中之重。对于该程序的性质，笔者认为，违法所得没收程序应当属于刑事程序而不是民事程序。首先，没收的性质决定了该程序的非民事属

---

[1] 李长坤著：《刑事涉案财物处理制度研究》，上海交通大学出版社2012年版，第154页。

性。没收是法院代表国家收缴犯罪嫌疑人、被告人违法所得的一种强制方式，理应属于"没收财产"刑罚的题中应有之义。这显然是刑事属性的强烈体现，而不具有民事性质。其次，程序的属性应当由该程序所处理的"纷争"性质决定，而不能由保障该程序运作的程序规则决定。正如刑事程序的核心是解决被追诉者的刑事责任，而民事程序解决的是平等主体之间的人身、财产关系一样。最后，该程序有别于普通刑事程序的特殊性并不能改变该程序的本质属性。违法所得没收程序的特殊性恰恰是其刑事程序本质属性之外的特殊之处，即犯罪嫌疑人、被告人不在案，并且案件的实体定罪问题并未作出结论，而直接对其违法所得的财产作出没收的裁决。违法所得没收程序刑事属性的确定有助于该程序各项规则和制度的顺利运作。

（二）明确善意第三人的利害关系人地位

《联合国反腐败公约》中明确规定，特别没收需充分考虑善意第三人的程序参与权和合法财产利益，并特别强调缔约国不能以损害善意第三人合法权利为目的解读公约相关条文。国际合作的特别没收，也将请求国是否保证了善意第三人享有知情权，并在没收程序中，按照正当程序的要求对待善意第三人的相关事项纳入财产所在国的司法主管机构审查范围。此外，善意第三人也被美国2000年民事没收改革法列为利害关系人，其对拟没收财产主张合法所有的抗辩是抗衡司法没收的正当理由之一。可见，尊重善意第三人的程序参与权、保障其合法财产权益是国际社会一贯的立场。鉴于我国现行"粗放式"界定利害关系人，忽略了司法实践中利害关系人的复杂性，更损害了利害关系人合法财产权益的保护。明确善意第三人的利害关系人地位，是合理界定利害关系人范围的首要举措。为此，笔者认为，可以借鉴美国"无辜所有者抗辩"的做法，将善意第三人列为利害关系人的特殊类型是一种不错的现实选择。

（三）扩充利害关系人的诉讼权利

1. 保障利害关系人的知情权

鉴于当前利害关系人审前知情权保障不足的现状，笔者认为可以从以下两个方面有针对性地保障利害关系人的知情权：首先，公安机关和检察机关启动违法所得没收程序以及采取查封、扣押、冻结措施时应当尽到告知义务，使利害关系人及时知悉案件进展情况和财产状况。其次，人民检察院向人民法院提出没收申请的，要同时以书面形式告知利害关系人参诉方式，以及应诉所需准备的证据材料，以便利害关系人及时参诉。

2. 拓宽利害关系人救济渠道

鉴于现行利害关系人异议权局限于没收裁定的现状，笔者主张，对于没收意见书以及没收申请书，利害关系人理应有权向公安机关和检察机关提出异议。这是因为公安机关和检察机关作出的没收意见书以及没收申请书直接关涉到利害关系人合法的财产权益，利害关系人对此种意见书或者申请书提出异议当属保障诉讼参与人合法权益的题中应有之义。同时，利害关系人所提异议也更有利于公安司法机关审慎启动违法所得没收程序，可以在一定程度上防止没收程序的滥用，从而保障利害关系人的合法财产权益。

在赋予利害关系人异议权的同时，还应当明确赋予利害关系人对没收违法所得裁定的再审申诉权。对于已过上诉期限而确有错误的裁定，应当允许利害关系人向人民检察院提起申诉或者向人民法院申请再审。此外，对于利害关系人合法财产权益因违法所得没收程序运行所遭受的财产损失，应当赋予利害关系人提出赔偿申请的权利。

（四）明确违法所得没收程序的证明标准

鉴于我国现行法和司法解释未明确规定违法所得没收程序证明标准的现状，明确违法所得没收程序的证明标准是违法所得没收程序正常运作的必然要求。对于违法所得没收程序证明标准问题，笔者认为，违法所得没收程序具有独特性，即没收违法所得的审理程序带有某些民事程序的特征，而不宜适用案件事实清楚、证据确实充分的证明标准。这是因为违法所得没收程序适用定罪证明标准，不仅加大了惩治贪污贿赂犯罪以及恐怖活动犯罪的难度，而且与确立该程序的立法初衷相悖；而且也更不利于保护利害关系人合法的财产权益。此外，域外民事没收程序的立法经验也为我国提供了良好的借鉴蓝本。为此，笔者主张违法所得没收程序的证明标准应当适用优势证据标准。

（五）完善相关配套机制

1. 健全查封、扣押、冻结制度

完善查封、扣押、冻结制度，仅仅依靠司法机关转变侦查观念并不现实，关键是确立查封、扣押、冻结制度中的司法审查原则。作为一项国际通行的法治原则，司法审查原则主要指由法院审查查封、扣押、冻结措施是否具有合法性。问题是我国现阶段完全确立司法审查原则仍存在着较大的制度障碍，而且搜查、扣押的决定权问题不是单纯的司法控制问题，还必须考虑到搜查、扣押的性质和功能。[①] 为此，笔者主张，当前可以由人民检察院对公安机关的查封、扣押、冻结权力行使中国特色的"司法审查"权。这样可以在尽可能小范围触动现行制度的前提下，使得查封、扣押、冻结制度趋向司法控制，避免行政权力对公民私权的过分干预。

2. 建立多样性的财产保全措施

鉴于财产保全措施单一不能胜任司法实践需要的现状，笔者认为应当建立多样化的财产保全措施，做好查封、扣押、冻结物品的保管与保值工作，[②] 以尽量减少国家司法强制权力对私人合法财产权的不利影响。为此，可以根据利害关系人的申请，在其缴纳保证金的情况下，以利害关系人或其指定的第三人保管财物的方式来代替司法机关直接控制财物；对于司法机关查封、扣押、冻结不动产可能导致利害关系人的生产、生活出现重大困难的，司法机关可在登记机关限制物权变更登记的同时，允许利害关系人继续使用不动产；或以不影响利害关系人重大利益的保全方式代替。

此外，司法机关应以更宽容的态度对待涉案财物的价值折抵和变现。在诉讼终结前，在不影响诉讼和损害各方利益的前提下，允许权利人出售价值易受时间波动影响的涉案财物，或者准许利害关系人变卖或处置共有财产。这样既有利于案件诉讼进程的顺利进行，也有利于维护利害关系人的合法权益。

（作者单位：西南政法大学法学院；广州市海珠区人民法院）

---

① 朱拥政著：《刑事诉讼中的财产权保障》，中国人民公安大学出版社 2009 年版，第 189 页。
② 李长坤著：《刑事涉案财物处理制度研究》，上海交通大学出版社 2012 年版，第 156 页。

论"法院独立"在法院改革推进策略中的优先性

——以刑事冤错案防范与纠正为视角

徐 阳

一、"法院独立"相对于"法官独立"的优先性

司法改革的原动力在于人民群众对司法公正的要求与司法机关实现司法公正的能力之间的矛盾。遵循对症下药的现实逻辑,在法院改革中,最能够提升法院实现司法公正能力的体制改革,就应作为改革进程中优先实施的举措。刑事诉讼中的冤错案是司法不公之渊薮,对冤错案形成的现实逻辑进行反思,得出的一个共识性的结论是,司法体制层面国家权力的倒置配置是刑事诉讼中冤错案不能得到有效防范或纠正的根本原因。而这一体制问题主要体现在法院受到地方权力干预、独立性不足方面。

我国刑事诉讼过程在纵向上分化为立案、侦查、起诉和审判几个阶段。在程序的纵向结构中,后一个诉讼阶段对前一个阶段案件的处理要进行审查和纠错,整个诉讼过程应呈现出"递进式"制约的状态。法院处于程序末端,作为"收官"的审判机关,对案件处理负总责。法院应遵循法律排除其他任何机关和个人的干扰,对案件进行公正审理。法院公平地对待控辩双方的诉讼主张,有权彻底否定控诉方的诉讼主张,作出无罪判决,保障无辜公民不受刑事追究,避免冤错案发生。刑事诉讼过程不是各国家机关权力形成合力的流水线,而是一场层层设卡的障碍跑。法院是这场比赛的裁判者,公安机关和检察机关是参赛者,裁判者的权威不可撼动,如果参赛者比裁判更强势,依据规则输了比赛,还可以与裁判讨价还价,裁判者怎能公正执法?

可是,在我国冤错案的形成逻辑中,却呈现出参赛者"绑架"裁判的情况——立案绑架逮捕、逮捕绑架起诉、起诉绑架审判,刑事诉讼程序纠错机制失灵,程序运行是一错再错、将错就错的过程。依据程序逻辑本应是递进式制约成就"审判中心主义",实际运作却成了反向制约的"侦查中心主义"。国家权力结构中的权力配置逻辑——"弱法院、强公安"消解了程序理性的逻辑。

法院独立性不足,权威性缺失的根源何在?在人民代表大会政体下,人大产生一府两院,公安机关是地方政府的组成部分,法院的级别高于公安机关。然而,公安机关因行使保一方平安的职能,为地方政府所倚重,为地方党委所庇护,因而获得了更多的政治资源。而地方党委掌握法院领导的人事任免权,地方政府掌控法院经费,法院没有足够的资源与之抗衡。当法院与公安机关在案件处理上意见相左时,法院少有坚持法律标准公正处理,往往服从"大局"妥协退让,牺牲公正的底线。而在大部分冤错案中,所谓"大局"既非

适用法律的立场分歧，也非地方司法政策的调整，只是政治大棒下的狭隘部门利益而已。所有冤案的直接起因几乎都是侦查机关错误立案后对被追诉者的刑讯逼供、屈打成招，但公安机关没有自我纠错，当然也会给法院施加压力，使其成为文过饰非的同谋。在有的案件处理中，尽管有罪证据明显存在疑点，当地政法委却以"媒体已对案件进行了正面报导、判决无罪影响公安机关形象"为由，要求法院作出有罪判决。[①] 在法院独立性不足的情况下，证据不足无罪判决的疑罪从无逻辑被置换为了疑罪从轻的有罪逻辑，无罪推定防范冤案的功能失灵，疑罪从有的体制性违法成为常态。[②] 法院如果不能摆脱地方权力的牵制，审判中心、审判实质化等旨在树立司法权威的改革举措在倒置的权力结构中都将无从实现。

2012年刑事诉讼法设立的非法证据排除规则，可谓遏制刑讯逼供、防范冤案的一剂良药。但两年来此规则的实施效果却不容乐观。笔者曾对L省S市两级法院就非法证据排除规则的适用进行调研，结果是两年来这一规则从来没有在正式判决中被援引适用过。有少量案件中存在非法口供隐性排除的情况，一般在庭前会议上，检察机关同意不将非法口供作为证据在庭审中出示，判决中则不再写明非法证据排除的任何内容。有学者对西部某省5个中级人民法院及其辖区的基层法院的非法证据排除规则的适用进行调研。在2013年1月至8月间，被调研地区非法证据排除案件共14起，但没有一起案件的被告人被宣告无罪。[③] 非法证据排除规则抑制刑讯逼供最强的威慑力应体现为完整的程序制裁：因口供被排除导致证据不足，法院作出无罪判决，进而启动对侦查机关和侦查人员追责的程序。但我们看到的却是这一规则在适用中的效力衰减，甚至衰减到这一规则的效力可以被忽略，侦查机关和侦查人员得以规避被追责的风险。非法证据排除规则的适用效果有悖于立法初衷，其背后的牵动因素与疑罪从有的体制性违法完全相同：由于体制中的反向牵动力导致程序脱离了法定轨道、偏离了方向。"法院因缺乏独立性而无力承担督导侦查违法的重任"，[④] 只有使法院脱离地方权力的牵制，消除对程序的反向牵制，程序运行才能进入正轨。

对刑事冤错案的成因倒查发现，因法官或法院领导徇私枉法、徇情枉法刻意制造冤错案的很少；法官在原审中形成错误心证、完全没能发现证据中的疑点、对冤错案毫无洞察的更是少之又少。许多冤错案的诉讼程序都是非常规操作。例如，佘祥林案件中将这起杀人命案降格至基层法院一审，判处佘祥林有期徒刑15年；[⑤] 河南李怀亮案件，曾被降格至基层法院一审，后又改变管辖由中级法院一审，直至2013年，该案二审宣告李怀亮因指控证据不足无罪，历时12年之久；[⑥] 2014年福建省高级人民法院二审宣告证据不足无罪的念斌案，[⑦] 也经历了8年时间，其间念斌四次被判死刑。在非常规的诉讼过程中，面对有罪证据存疑的高度疑似冤案，法院被法律与体制要素反复拉扯、徘徊犹豫，不能及时决断。由

---

① 叶飙：《"铁案"疑藏"沪版佘祥林"》，载《南方周末》2013年4月4日A2版。

② 何家弘教授组织的一项关于刑事错案原因的调查中，在1715份调查问卷中，有866人认为上级机关或领导干涉是产生错案的原因，认为行政机关干涉是产生错案原因的有604人。何家弘、何然：《刑事错案中的证据问题——实证研究与经济分析》，载《政法论坛》2008年第2期。

③ 王彪：《非法口供排除规则威慑效果实证分析》，载《中国人民大学复印报刊资料·诉讼法学、司法制度》2015年第1期。

④ 吴宏耀：《非法证据排除的规则与实效》，载《现代法学》2014年第4期。

⑤ http：//news.sohu.com/20050331/n224942832.shtml.

⑥ http：//news.qq.com/a/20130426/000066.htm.

⑦ http：//news.qq.com/a/20140822/001023.htm.

此司法正义最终失落，即便得以实现，也付出了非常高昂的成本。

导致刑事冤错案的成因是多方面、多层次的，但在很多因素和体制要素相聚合后，便扩张了其妨碍司法公正的负面牵动力。有学者认为不合理的考评机制和奖惩机制是导致冤错案的原因之一，[①] 但其论证中却忽略了不应忽略的体制因素在其中的"发酵"作用。例如，公安机关和检察机关将法院作出无罪判决作为业绩考评的扣分事项。其目的在于促使公安机关、检察机关按着审判的标准严格依法办案，提高办案质量。但为何在实践中却演变成了一种反向力量——公安机关向法院施压规避无罪判决，其中的原因耐人寻味。其根本原因并不在于考核指标和考核机制是否合理，而在于公案机关有可凭借的政治资源，向法院施压获得最大化的部门利益。有学者认为中国目前处于"压力型"司法状态，来自于被害人、媒体与公众的舆论压力，成为促成冤错案出现的因素之一。[②] 但是对单纯的舆论压力法院并非没有免疫力，当地方权力借助舆论之悠悠众口干预司法决策时，法院往往才会无招架之力。舆论通过政治权威的扬声器向法院施压，有学者说这是中国司法政治动力学的路径。[③]

可见，在促成冤错案的各种因素中，地方权力干预司法是诸因素之要害枢纽。只有着眼于这一因素的治理，刑事诉讼中的控审关系才能回归程序理性，程序正常功能才能得以发挥。以去地方化的改革举措构建法院独立的制度保障，可以起到牵一发而动全身的功效。在中共中央深化司法改革规划中，去地方化已经成为首要着力点，主要体现为以下两个方面：第一，推动省以下地方法院人财物统一管理。从去地方化的理想目标看，法院人财物由中央统管应是最佳方案。省级统管虽是初步举措，但其影响力之巨，可以想见。我国绝大部分刑事案件第一审在基层法院和中级法院进行，由省级法院统管人财物，在很大程度上加大了地方干预的政治半径，为法院独立审判、排除地方权力干扰提供了保障。第二，尝试跨行政区划设置司法区。最高人民法院设立巡回法庭，审理由最高人民法院管辖的重大行政和民商事案件；探索跨行政区化的人民法院，北京第四中级人民法院已经成立跨行政区划审理重大的刑事、民事、行政案件。2015 年 2 月颁布的最高人民法院《关于全面深化人民法院改革的意见》中明确指出的跨行政区划的改革举措有："构建普通类型案件在行政区划法院受理、特殊类型案件在跨行政区划法院受理的诉讼格局。将铁路运输法院改造为跨行政区划法院，主要审理跨行政区划案件、重大行政案件、环境资源保护、企业破产、食品药品安全等易受地方因素影响的案件。"突破行政区划设置司法区是破除司法地方化的有效举措，也是西方法治发达国家司法区设置的惯例。由于司法区调整必须以法院组织法为依据，目前只能在现有法律基础上，充分利用已有法院建制中的跨行政区因素开展改革探索。可以预见的是，经过跨行政区审理案件的局部尝试积累经验后，全国范围内的司法区重构势在必行。

---

① 李建明著：《刑事司法错误——以刑事错案为中心的研究》，人民出版社 2013 年版，第 222 页。
② 李建明著：《刑事司法错误——以刑事错案为中心的研究》，人民出版社 2013 年版，第 229 页。
③ 孙笑侠：《司法的政治动力学——民众、媒体、为政者、当事人与司法的关系分析》，载《中国法学》2011 年第 2 期。

二、应谨慎对待为实现法官独立而去行政化的改革举措

（一）为实现法官独立去司法行政化并非完全去司法科层化

我国许多学者都将法院司法行政化作为法官独立的大敌，甚至将去行政化作为遏制司法腐败的路径。[①] 在法院体系中司法管理行政化程度与法官自主性之间的确成反比关系，但如果在司法行政化与司法不公、司法腐败之间建立常态、必然的关联性，也的确将其过度"妖魔化"了。法院作为法官的组织体系，一定程度的行政化是不可避免的，任何国家都概莫能外，主要体现在如下方面：第一，处理法院经费使用、人员调配、案件分配等法院内部事务，必然依靠一定的行政手段。第二，法官科层在各国普遍存在，是一种法官职业激励机制。在我国法官受到公务员法调整，法官的职级有 12 级，同一法院法官的职级也有严格区分，并且法官的业绩评价和晋升作为法院内部事务，行政领导有很大的影响力。西方发达国家虽然弱化了法院内部法官的职级差别，在法院内部管理上淡化法官之间的从属关系，但上下级法院法官的科层仍然存在，上级法院法官的待遇高于下级法院法官。上级法院会从下级法院遴选优秀法官，法官的晋升就是得到入职上级法院的机会。法官职业群体适度的科层制构造，对法官自觉提高素养形成一种激励导向。第三，各国普遍存在的审级制度也是法院体系科层化的体现。各国的审级制度可能有差别，但审级制度的基本功能均是上级法院通过审判方式对下级法院进行监督，推行统一的司法政策。

依照韦伯的论述，形式合理性的法律和科层制的社会管理体系是西方社会现代化最突出的特征。[②] 并且，科层制在法律施行中极具工具意义上的合理性。科层是建立在规则和程序基础上的权威结构。在韦伯社会学理论中，法理型统治对应着官僚制统治方式，在这一合法统治方式中，每一个公务员的职责和权力都是科层式体系的组成部分，上级官员监督下级官员的绩效，下级官员可以对上级的监督行为申诉。在以韦伯为代表的西方法社会理论中，科层制是推行法治秩序的利器，它绝非权力滥用和司法腐败的渊薮。在中国语境中，之所以有人将科层制与司法腐败联系在一起，源于科层制的工具属性。当处于司法科层顶层的权力受到不当的干扰、偏离了法治的方向时，腐败的权力也很难受到来自科层底层的抵制，结果可能造成体制性违法。

科层制带来的负面影响也就是过度追求工具理性可能产生的困境。形式合理性的现代法治可能形成排斥实质合理性的"铁笼"。制度殖民生活世界，人被制度结构化，主体自主性丧失。[③] 科层制中的人可能产生"平庸的恶"，组织成员热衷于保持自己在体系中的地位，而并非自身行为目标的合理性，容易陷入按部就班行事的繁文缛节，失去进取心和创造力。被科层制过度挤压的法官群体，可能仍不失法律专家的专业性，但也可能会"缺乏自主精神、缺乏道德力量、依赖感强、遇事推诿、不愿承担责任、工作质量低下"。[④]

---

① 李拥军、傅爱竹：《"规训"的司法与"被缚"的法官——对法官绩效考核制度困境与误区的深层解读》，载《法律科学》2014 年第 6 期。

② 李猛等编：《韦伯：法律与价值》，上海人民出版社 2001 年版，第 84 页。

③ ［德］哈贝马斯著：《沟通行动理论》，洪佩郁、蔺青译，重庆出版社 1994 年版，第 71 页。

④ 张建伟：《等级制与法官》，人民法院出版社 2004 年，第 54 页。

　　然而，科层制的最大优势在于它可以形成强大的系统执行力，为贯彻政令提供保证。"科层式的决断和官僚制的效率为国家计划的实现提供可靠的工具。一旦高层确立了一项政策，对政策的坚决执行相对而言是比较肯定的；政策执行中的死角能够比较迅速和利落地得到妥善处理。"① 笔者以为，在执政党以政治权威推动司法体制改革的模式中，恰恰应当发挥司法科层的体系优势，以最高司法权威之辐射力，破除地方权力干预司法的障碍，促进司法政策目标的实现。目前最高人民法院已在深圳和沈阳设立两个巡回法庭，正是对这一思路的有益尝试。在刑事冤案纠正方面，更应注重发挥司法体系的整体纠错功能。有些国家动用法院体系资源来克服冤案纠错中的现实障碍。例如，法国最高法院设专门委员会审查事实再审案件，这个委员会有权进行调查、听证、对质等活动，并宣布停止判决的执行。② 我国有些冤案纠正过程受到来自地方权力的强力抵制，当离正义只有一步之遥时，纠正程序却停滞不前。河北聂树斌案件就陷入了这样的僵局，2014 年最高人民法院已指令山东省高级人民法院对聂树斌案进行复查。这一再审申诉复查方式应在制度上常态化：对于原审由省法院审理的再审申诉案件，如果可能涉及罪及无辜的，应突破现有的"由原审法院受理申诉"自我纠错的格局，最高人民法院应直接受理申诉并审查，或由最高人民法院指定原审法院之外的省法院对申诉案件进行审查。此外，证据不足无罪判决、非法证据排除等法律适用中，有控审权力对峙的体制因素介入，并且体制性违法已常态化，正是最高人民法院应以明确的政策导向加以校正的重点，以求破旧立新，形成法治新常态。具体的举措可以考虑在严格限定条件并进行上诉审查的前提下建立第三审审级，直接由最高人民法院形成有政策导向作用的判决，加大推行司法政策的力度。

　　即便法院科层化不能避免，法官独立的底线也必须坚守。作为法官制度的理想目标，我们要遵循一个一般规律，即优秀的法官不是制度驯化出来，而是制度养成的。要实现"以法官为中心"的法院理想图景，至少应在如下方面有所体现：第一，在法院内部管理上应淡化层级，体现法官自主管理原则。同一法院法官的职级不应有太大差异，法院内部行使司法行政事务管理权的官员，由法官选举产生，或由法官选举产生委员会，集体行使权力，或由法官会议对行政事务进行民主决策。第二，法官遴选、晋升等事务由专门机构管理或提供专业建议，与法院内部管理相分离。例如，美国律师协会设有联邦司法委员会，联邦法官任命前要送交该委员会评审，其评定对总统任命法官有重要的参考价值。③ 第三，形成完善的法官职业保障机制。凡法官职业保护事项，受法官法调整，即非法院内部管理事项，法院内部管理权止步于此，不能僭越。例如，法官工资待遇、不得随意被调离岗位、非经法定程序不得被罢免等。

（二）为实现法官独立而去司法行政化的改革不能一蹴而就

　　西方国家推崇的司法权威以法官人格威望为核心形成，我国长期以来以"人民法院为人民"作为司法正当性的根基，没有法官精英文化，反而有着深厚的集体主义文化情结。

---

① ［美］米尔伊安·R. 达马什卡著：《司法和国家权力的多种面孔》，郑戈译，中国政法大学出版社 2004 年，第 276 页。
② 程荣斌主编：《外国刑事诉讼法教程》，中国人民大学出版社 2002 年，第 250 页。
③ 甄树青：《法官遴选制度比较研究》，载《外国法译评》1999 年第 4 期。

在无法官独立文化和制度传承的条件下，以西方法官独立的标准化建制复制法官独立制度，恐怕并非明智之举。伯尔曼认为，一项法律制度要获得完全的效力，必须使人们相信法律制度是他们自己的，而仪式、传统、权威和普遍性四种要素赋予法律以神圣性，并强化民众的法律情感。① 法官独立制度的核心目标是保障法官职业群体的司法地位，使司法权威和公正司法之间形成良性互动。而司法权威地位并不是法官群体的一厢情愿，也不是制度能够直接赋予的权能，它是一个社会文化概念。制度如果脱离社会现实而自说自话，运行的效果就可能与其理想目标南辕北辙。

在我国法院改革中，在统合法院体系与法官自主关系方面，应对如下我国语境因素进行谨慎考量：其一，法官职业素质地区之间的差异性显著。经过 30 年的法律专业教育培养，我国已拥有了大量法律专业人才，很多人已从事法官工作。但是，法律人才地区分配不均衡仍是一个突出的问题。优秀的法律人才没有向中小城市、落后地区流动。这使得很难在全国范围内设置统一的符合法官独立需要的法官入职门槛和遴选方法。其二，我国人情社会的人际关系结构仍然存在。并且，越是在基层法院的法官，越容易被人情关系所裹挟。即便是在体制上抵制了地方权力的干扰因素，法官也仍会为人情因素所困。将法官个人暴露在人际网络之中，以其一己之力对抗人情社会压力，对实现司法公正可能有害无益。其三，我国处于社会转型期，群体性事件、新型纠纷、舆情案件等特殊案件不断出现。压力型司法要求法官应具有更高的司法决策能力，这往往超出了"平庸"法官的能力范围。因此，发挥法院体系对个体法官的监督与保护功能，在中国司法环境中十分必要。一方面，"以行政弥补司法"。"在司法要素不足的情况下，以行政手段做适当弥补，以维系基本的司法公正。"② 通过法院内部管理流程中对重点人和重点案件的督导，在案件处理质量上更有保障，也能避免司法政策把握上的偏颇。另一方面，以行政对抗外在压力。以法院整体的资源对抗外来干扰，增强了法官个人的抗压能力，对法官是体制上的保护。目前法院推行的领导干预案件记录制度就是一种以行政方式抵制干扰的方式。

可见，实现法官独立的理想目标，不可能通过制度变革一蹴而就，这与其说是理想向现实的妥协，不如说是一种渐进累积的实现路径。当下作为阶段性目标的"法官独立"应适度而为，为实现法官独立需要去除的是那些有违司法规律、明显钳制法官自主性、不利于提高法官素养的行政化因素，主要集中在以下方面：第一，减少法院行政领导职数，弱化行政层级。削减部门的副职，减少法官的上级。在规模较小的法院，撤销业务庭，以合议庭为审判单元。第二，法官遴选、晋升等事项由省法院统管，法院行政领导对本院法官人事管理事务不得干预。第三，法官业绩考核科学化，破除"刷数据"规训法官的考核方式。例如，在考评指标上设置合理的区间，对于超出合理区间上下线的情况，进行实质的质量评查。③ 对法官业绩考评应从"结果导向"向"结果与过程并重"导向转变。④ 第四，合理配置庭长、院长、审判委员等行政要素与法官个体要素的关系，实现独立审判与适度监督之间的平衡。充分考虑法官素质的实际状况，不同地区法院的审判权运行方案应有所

① ［美］伯尔曼著：《法律与宗教》，梁治平译，三联书店 1991 年，第 39 页。
② 龙宗智、袁坚：《深化改革背景下对司法行政化的遏制》，载《法学研究》2014 年第 2 期。
③ 张明楷：《刑事司法改革的断片思考》，载《现代法学》2014 年第 2 期。
④ 重庆市高级人民法院课题组：《审判管理转型研究》，载《中国法学》2014 年第 4 期。

区别。基本规律是：基层法院行政要素适度增加，中级法院以上行政要素适度削弱；普通案件行政要素适度削弱，敏感案件行政要素适度增加。法官与庭长、院长、审委会之间的权责应明晰，根据实际需要明确设定由法官或合议庭直接作出裁判案件和需经行政流程审核、讨论的案件范围。[①] 高素质法官集中的法院，还应以审判长联席会议、专业法官会议等组织形式发挥对法官的专业咨询、指导作用。审判权的流程应以文字的方式全面记录，所有参与的主体都应承担相应的责任。在法官群体素质提升的前提下，合理设置法官员额，构建法官职业保障制度。

（作者单位：辽宁大学法学院）

---

① 顾培东：《再论人民法院审判权运行机制的构建》，载《中国法学》2014年第5期。

论不起诉效力的维护[*]

杨　明

　　根据现行法律和司法解释的规定，检察机关决定不起诉之后，就同一案件事实对同一个人再起诉是可能的；案件起诉到法院后检察机关又撤诉的，再次起诉虽然有较为严格的限制，但是依然有可能。检察院拥有国家对犯罪的告诉权，决定着对犯罪的惩罚数量和力度，现行程序法在追求有罪必罚、罪刑相适应的实体公正过程中，走到了一个极端，忽视了程序公正的维护。不起诉决定类似于无罪判决，是一个有利于被追诉者的准司法决定，应当具有一定的稳定性与权威性。有学者认为："应当说，检察机关作出不起诉决定后，因发现原决定发生错误，而对同一案件该作提起公诉的决定，这确实有点无可非议。""但是，对于同一嫌疑人的同一行为，检察机关作出的不起诉决定已经发生了法律效力，嫌疑人本人也已经回归正常的社会生活，而过了一段甚至较长时间之后，检察机关又对其提起公诉，而这种重新提起的公诉又没有次数上的限制，这种做法难道真的具有正当性吗？"① 笔者理解这就是非议。这种矛盾观点的展示恰恰说明了不起诉后再起诉的合理性和无理性并存。否定不起诉决定，再一次对被不起诉人发起国家追诉，不仅涉及被起诉对象的诉讼权益和实体利益，更涉及司法权是否专横的敏感问题。

一、修正不起诉决定异议权

　　现行刑事诉讼法规定，不起诉案件如果有被害人，不起诉决定书应当送达被害人，如果被害人不服，有权向检察院申诉或者向法院起诉；如果是公安机关移送起诉的案件，不起诉决定应当通知公安机关，公安机关认为不起诉决定错误时，有权向检察机关申请复议、复核。刑事诉讼法第 173 条第 2 款还赋予了被酌定不起诉的人向检察机关申诉的权利，因为酌定不起诉是有罪免罚的结论。所有这些申诉、复议及复核申请，检察机关都应当受理，通过审查证据、事实、理由等，决定是否维持不起诉决定。《人民检察院刑事诉讼规则（试行）》第 424 条规定："人民检察院发现不起诉决定确有错误，符合起诉条件的，应当撤销不起诉决定，提起公诉。"维护不起诉决定的权威性，必须考察导致不起诉的各种诱因。

（一）公安机关的异议权应当取消

　　从公安机关与检察机关的立法定位来看，公安机关负责刑事案件的侦查工作，在收集到充分证据并查获犯罪人后，将案件提交检察机关审查决定起诉，而不能由公安机关直接向法院移送起诉。其理论根据就是公安机关侦查后的结论往往因为不能发现自身的错误，

* 本文受辽宁大学博士科研启动资金资助。

① 陈瑞华著：《问题与主义之间——刑事诉讼基本问题研究》，中国人民大学出版社 2003 年版，第 337 页。

而可能将一个公民轻易送上法庭。检察院正是基于这样的考虑而产生，它的作用就是慎重地控诉犯罪。所以，纠正侦查机关的错误、权衡控诉犯罪的利弊之后决定是否起诉，是检察机关的重要权力与功能。法律如果再一次逆转制约方向，又允许侦查机关反过来制约检察机关，不仅违背了权力制约的设计初衷，更会因为太多的"相互制约"而使程序倒流，影响诉讼效率。这种反向制约也几乎不能发挥作用，因为公安机关的复议、复核申请需要检察机关的审查与认定。以存疑不起诉决定为例，检察院认为公安机关收集的有罪证据不充分，存在合理怀疑，检察院无法进行控诉，于是决定不起诉。公安机关对此决定不满，无非是认为有罪证据充分，可以进行公诉。公安机关在不起诉决定后申请复议、复核，对证据的充分性进行说明，就能导致检察院对证据判断的改变吗？证据是否充分是一个自由心证的过程，每一个人之间都可能有差异，检察官对有罪的合理怀疑不会因为公安机关的反对而消灭，甚至认为原来的怀疑不再合理。合理怀疑的判断依据的是经验与逻辑，这些是由检察官的个人经历和判断能力决定的，不会因为有人反对而改变。更何况证据不足不仅仅是检察官的个人判断，还经过了检察长或者检察委员会的认可。《人民检察院刑事诉讼规则（试行）》第403条第1款规定："人民检察院对于二次退回补充侦查的案件，仍然认为证据不足，不符合起诉条件的，经检察长或者检察委员会决定，应当作出不起诉决定。"

（二）当事人的异议权应当调整

按照《人民检察院刑事诉讼规则（试行）》的规定，双方当事人对不起诉决定的申诉期为7天，收到不起诉决定书后7天内提出申诉的，必然引起检察机关再一次的审查程序；7天后提出申请的，也是受理的，只是"审查后决定是否立案复查"。停留在检察院内部的这种审查，没有法庭审判的证据展示、双方对峙、立论与反驳等程序，对不起诉不满的当事人难以充分表达自己的诉求，更没有公开透明的正当程序保障，实现推翻不起诉决定的可能性极小。何况不起诉决定往往是检察长或者检察委员会决定的。除了存疑不起诉，法定不起诉、酌定不起诉也需要检察长或者检察委员会决定。《人民检察院刑事诉讼规则（试行）》第401条第1款规定："人民检察院对于公安机关移送审查起诉的案件，发现犯罪嫌疑人没有犯罪事实，或者符合刑事诉讼法第十五条规定的情形之一的，经检察长或者检察委员会决定，应当作出不起诉决定。"第406条规定："人民检察院对于犯罪情节轻微，依照刑法规定不需要判处刑罚或者免除刑罚的，经检察长或者检察委员会决定，可以作出不起诉决定。"诸多专业人员及组织审查案件证据后得出"证据不足"、"不需要判处刑罚"、"不需要追究刑事责任"的结论，岂能因为当事人的反对就改变？看似保护当事人权利的救济程序实则几乎不能发挥作用。对当事人意见的重视不一定赋予其对不起诉的异议权。

1. 当事人对酌定不起诉的异议权应当前置。酌定不起诉适用于犯罪情节轻微，依照刑法规定不需要判处刑罚或者免除刑罚的情况，是有罪免罚的决定。这种情况的不起诉确实容易引起双方当事人的反对，被不起诉人对不起诉决定的不满，往往是针对认定他构成犯罪；被害人对不起诉的不满，往往是对构成犯罪的加害人没有被送上法庭、没有被定罪处刑。虽然理论界一致认为酌定不起诉不是有罪的结论，但是根据《人民检察院刑事诉讼规则（试行）》第408条的规定，不起诉决定书的"案件事实"部分，"包括否定或者指控被不起诉人构成犯罪的事实以及作为不起诉决定根据的事实"。酌定不起诉书不当然否定犯罪事实，一个明确记录其犯罪事实的法律文书，能让人放心它是无罪的结论吗？尤其是当犯罪嫌疑人认为自己的行为不构成犯罪时，这种反对就会十分强烈。与其让他在不起诉后申诉，不如让他获得审判的机会，使其能够通过法庭审判的正当程序，摆事实、讲道理，充分行使诉讼权利。即便是审判后法庭依然认定他的行为构成犯罪，法庭上的充分表达及与对方的论辩都有可能消化他的不满，欣然接受有罪判决结果。所以，酌定不起诉决定作出之前，应当征求犯罪嫌疑人的意见，只有在他充分了解酌定不起诉的法律性质及后果的情况下，同意这种不起诉时，才可以决定不起诉。否则，就应当起诉。有被害人的案件，酌定不起诉决定也应当征得被害人的同意。因为这种不起诉毕竟是认定犯罪嫌疑人的行为构成犯罪，只是依照刑法的特殊规定可以免除刑罚而已。被害人对免除刑罚的法律适用不一定赞成，这事关他切身利益的维护，他应当有权发表意见，应当有权获得法庭审判的机会。所以，被害人反对酌定不起诉的案件，也应当移送法庭审判。事前征得当事人同意的酌定不起诉，不需要再赋予其事后的异议权，这是诉讼主体意思自治的原则性要求。

2. 被害人对存疑不起诉、法定不起诉的异议权应当取消。存疑不起诉是检察机关对证据自由裁量的结果，即检察院认为侦查机关收集的有罪证据不足以支持有罪判决，存在无罪的可能性。这种专业判断应当是垄断性的，不能因为被害人的反对而改变。法律赋予当事人对此种不起诉异议权，引发检察院申诉部门审查公诉部门的专业结论，一旦认为存疑不起诉错误，决定起诉后，出庭支持公诉的还是原来的检察官，这种逼迫公诉人控诉不合格的犯罪的做法，有违司法活动规律的要求。实践中确实存在由于被害人的强烈要求而迫使检察院勉强起诉的案件，控诉方对是否构成犯罪尚且底气不足，判决结果就可想而知了。司法资源非常珍贵，如此浪费当属法律程序设计之过。法定不起诉被害人不能提出异议，是由于法定不起诉的几种情形都属于依照刑法规定不应当追究刑事责任的情形，对于诸如已过追诉时效期限、属于告诉才处理的犯罪等特殊情形，只有充分了解法律规定和案件详细情况的检察官才可能作出正确判断，被害人的反对往往认为自己受到了犯罪的侵害，没有惩罚犯罪就不合理。而对追诉时效、法律规定免予追究刑事责任等规定则往往不了解，也不能理解。所以，他的反对很难有针对性，而仅仅只是出于个人利益的保护需要。此时即便是赋予被害人申诉权，也不可能使检察院发现不起诉决定错误而进行纠正。

二、慎重变更不起诉决定

（一）变更不起诉决定之乱象

1. 检察机关主动变更不起诉决定的范围不清。在没有申诉、复议及复核申请时，最高人民检察院的相关司法解释仅仅针对存疑不起诉规定了检察机关主动改变不起诉决定的权力。《人民检察院刑事诉讼规则（试行）》第405条规定：“人民检察院根据刑事诉讼法第一百七十一条第四款规定决定不起诉的，在发现新的证据，符合起诉条件时，可以提起公诉。”依照“权力有授权才合法、权利不禁止即合法”的原理，其他不起诉决定不能由检察机关主动改变。但是，最高人民检察院的司法解释似乎并没有始终贯彻只有存疑不起诉才可以再起诉的精神，《人民检察院刑事诉讼规则（试行）》第459条规定：“在人民法院宣告判决前，人民检察院发现具有下列情形一的，可以撤回起诉：（一）不存在犯罪事实的；（二）犯罪事实并非被告人所为的；（三）情节显著轻微、危害不大，不认为是犯罪的；（四）证据不足或证据发生变化，不符合起诉条件的；（五）被告人因未达到刑事责任年龄，不负刑事责任的；（六）法律、司法解释发生变化导致不应当追究被告人刑事责任的；（七）其他不应当追究被告人刑事责任的。对于撤回起诉的案件，人民检察院应当在撤回起诉后三十日以内作出不起诉决定。需要重新侦查的，应当在作出不起诉决定后将案卷材料退回公安机关，建议公安机关重新侦查并书面说明理由。对于撤回起诉的案件，没有新的事实或者新的证据，人民检察院不得再行起诉。新的事实是指原起诉书中未指控的犯罪事实。该犯罪事实触犯的罪名既可以是原指控罪名的同一罪名，也可以是其他罪名。新的证据是指撤回起诉后收集、调取的足以证明原指控犯罪事实的证据。"从上述七个撤诉的根据可以看出，撤诉后的不起诉不局限于存疑不起诉，还包括法定不起诉。

2. 不起诉决定后追诉程序再启动随意。根据《人民检察院刑事诉讼规则（试行）》第459条的规定，撤诉后检察机关必须作出不起诉决定，但是认为"需要重新侦查的，应当在作出不起诉决定后将案卷材料退回公安机关，建议公安机关重新侦查并书面说明理由"。"需要重新侦查"没有限定性的规定，这就可能导致检察机关撤诉后决定不起诉，马上又以需要重新侦查为由移送公安机关再一次发动对同一犯罪嫌疑人的攻击。没有经过撤诉过程的不起诉决定是否也可以如此这般？都是不起诉决定，是否经过了撤诉的过程，应当不影响决定的性质。如果是允许不起诉决定之后随意再一次启动侦查程序，对于犯罪嫌疑人来说，不起诉决定就是一个临时决定、暂缓决定，从某种角度看，还具有一定的欺骗性。不起诉决定没有终结诉讼的效力，立法确立不起诉制度时追求的保障人权、稳定社会关系等重要法律价值，便不可能实现。

（二）不起诉随意变更的原因及危害

1. 对不起诉错误成本的忧虑。司法解释之所以对不起诉之后的再侦查、再起诉不肯放弃，主要是出于对实体公正的向往。有罪必罚、罚当其罪是我们一直以来的主要目标，放纵犯罪是我们承受不起的沉重包袱。每一个不起诉都是放弃控告的决定，每一个不起诉决定都有可能是错误的，一旦错误就是放纵犯罪，就是对被害人的不公正处理，就是对社会秩序维护的失职。而有些犯罪人由于其反社会性较强，不起诉后可能继续实施危害社会行为，所以又有必要纠正错误的不起诉，惩罚犯罪人，消灭这种社会危险。没有进入审判阶段的不起诉一般不具有"既判力"的效力，只要出现了新的有罪证据，大多数国家就都允许再次追诉，撤回公诉也允许在判决作出之前操作。与判决生效后的再次追诉有很多法律限制不同，不起诉或者撤回公诉后的再度控告，由于发生在裁判没有形成的阶段，"出尔反尔"的再起诉对司法权威造成的影响不是很大，而客观公正地控诉犯罪是公诉机关达到维护社会秩序目的的有效方式。

2. 再起诉的非理性与副作用。惩罚犯罪是国家的责任，之所以规定办案期限、办案程序，就是为了约束国家追诉权的行使。惩罚犯罪的权力必须依照法定程序行使，必须在规定的时间内完成，否则就会损害其他法益。国家追诉犯罪的权力一旦没有"笼子"的圈禁，就会变成脱缰的野马，殃及无辜。对一个已经被不起诉的人，再一次发动攻击，涉及敏感的重复追诉问题。国家权力没有在第一个程序中实现有效控诉犯罪的任务，是一个失误或者是错误，这个失误或者错误应当由谁来承担不利后果，法律的归责原理一般应当遵循过错原则，国家应当为自己的追诉不力埋单。国家对犯罪行为的重复起诉，表达着对自身过错的宽容和对犯罪人利益的忽视，这种对同一犯罪行为的不同表态，对于犯罪人来说之前的不追诉难免有欺骗的色彩，并且这样规定是让一个弱者为强者的过错承担不利后果，这明显有悖道德要求。"我们似乎可以认为，法律和道德代表着不同的规范性命令，然而它们控制的领域却在部分上是重叠的。从另一个角度来看，道德中有些领域是位于法律管辖范围之外的，而法律中也有些部门在很大程度上是不受道德判断影响的。但是，实质性的法律规范制度仍然是存在的，其目的就在于强化和确使人们遵守一个健全的社会所必不可少的道德规则。"① 重复起诉一个犯罪人，即使是发现了新的证据使原来的案件事实发生了改变，也不当然具有合理性，因为国家追诉犯罪的活动必须有限度。在法定的程序中没有完成控诉犯罪的任务已经是一个"渎职"的记录，如果再允许无休止地追查犯罪，对于犯罪人来说不具有道德依据。

无休止的追诉权是浪费司法资源和制造错案的原因，更有株连无辜之嫌。对于国家来说重复追诉也未必就能够获得最佳效果，对个案投入的司法资源不应当是无限的，更何况国家司法机构结论的权威性也会因"朝令夕改"受到影响，司法的威信必然因此下降。另外，"在刑事诉讼中，被告人与国家之间存在一种刑事法律关系。在这一关系中，国家拥有丰富的人力与物力资源，而被告人以一己之单薄力量，处于极为不利的地位。如果允许国家反复努力，对被告人的同一行为定罪处刑，则必将迫使该公民陷于精神上的窘迫、时间与金钱上的消耗以及人格上的严重折磨，使其处于持续的焦虑与危险之中。这样，往往即使是无辜者也极有可能被定罪"。② 被追诉者的有效对抗是纠正错误追诉的重要因素，当追诉反复进行时，本就处于弱势地位的犯罪嫌疑人、被告人会变得更加弱小，错案也就会因此产生。另外，刚刚或者很久前被宣告不被追诉刑事责任的人，以一个无罪者的面孔融入了正常的社会生活，而某一天检察官又因同一事实对他提出了有罪的控告，这样的处遇不仅会让他无所适从，也会殃及他人。他可能已经娶妻生子，可能已经升学提干，再一次被追诉，会使他的家人、单位面临窘迫。新分析实证主义法学的代表拉兹认为："法治的第二个价值在于它为人们提供这样的能力，即选择生活形态和形式、确定长期目标并有效地指引人们的生活走向这些目标的能力。""更重要的是法律尊重人的尊严，将人当作能为他自己的前途进行计划和设计的人。尊重人的尊严包括尊重他的自主和控制自己前途的权利。"③

（三）再起诉的限制

检察机关正式作出不起诉决定后，如果发现新的证据或者发现法律适用错误，就会希望改变不起诉决定，起诉原来案件的犯罪。刑事诉讼法明确规定控诉犯罪的责任由起诉方承担，没有成功告诉不是犯罪嫌疑人、被告人的过错，所以反复、多次地允许对其就同一事实进行起诉，就明显违背法律责任的归责原则和司法伦理。但是，如果绝对禁止再次起诉，又无法摆脱放纵犯罪可能带来的危险。"顾此失彼"时的权衡与选择，最好还是宽严相济、区别对待、轻轻重重。

---

① ［美］博登海默著：《法理学——法律哲学与法律方法》，邓正来译，中国政法大学出版社2004年版，第399页。
② 陈兴良：《禁止重复评价研究》，载《法治论丛》1993年第6期。
③ 沈宗灵著：《现代西方法理学》，北京大学出版社1992年版，第167~168页。

1. 不起诉之后的移送侦查应当严格限制。《人民检察院刑事诉讼规则（试行）》第459 条规定的撤诉后不起诉，并且可以退回公安机关重新侦查，意味着检察机关可以无休止地针对一个人进行追诉。由于再次的侦查程序启动，被不起诉人可能再一次被拘留、逮捕，基于一个行为承受双重危险甚至多重危险，这是正当程序十分忌讳的设计。不起诉决定相当于无罪判决，一旦作出就应当立即发生法律效力，由于是有利于被追诉者的结论，不经过特别严格的程序，不得改变。只有这样才能树立司法结论的权威性，才能通过法律对弱势者的倾斜性保护展示法律的人道主义色彩。人权保障关注的焦点是被追诉者的境遇，如果案件发生了张冠李戴的情况，对一个犯罪嫌疑人不起诉后又针对案件事实或者其他人展开侦查，便没有重复追诉问题，也就没有限制的必要了。所以，不起诉决定后的再次启动侦查，不能针对被不起诉人的同一行为。《人民检察院刑事诉讼规则（试行）》第 401 条第 2 款针对法定不起诉时规定："对于犯罪事实并非犯罪嫌疑人所为，需要重新侦查的，应当在作出不起诉决定后书面说明理由，将案卷材料退回公安机关并建议公安机关重新侦查。"所以，《人民检察院刑事诉讼规则（试行）》第 459 条规定退回公安机关重新侦查，不应当针对该条款规定的所有撤诉后的不起诉，只能针对"张冠李戴"一种情形。

2. 新事实、新证据的发现只能限于"偶然"。根据《人民检察院刑事诉讼规则（试行）》第 459 条的规定，检察院对已经撤诉决定不起诉的案件再起诉，必须依据新事实、新证据，该条款对新事实、新证据进行了严格的限制。这些限制性规定非常必要，但是由于该条款已经模糊授权检察机关移送公安机关再次侦查，新事实、新证据的来源并不排斥主动的收集与发现，所以即便是没有移送公安机关侦查的案件，检察机关在不起诉决定作出后进行调查取证工作，也是不违背该条款的整体精神的。从刑事诉讼法关于不起诉决定作出后的一系列法律效力的规定分析，从不起诉决定权的法理根据考察，不起诉应当具有终结诉讼的效力。新事实和新证据的发现不能在不起诉决定作出后刻意去寻找，那样必将无法阻止随意的重复追诉。只有由于他案或者其他"偶然"因素，发现了被不起诉人新的犯罪事实或者原不起诉案件事实的新证据，才可以针对已经决定不起诉的人再次提起公诉。

3. 新证据支持的再起诉只能限于重罪。发现被不起诉人新的犯罪事实，不论是漏罪还是不起诉决定后的新罪，对他提起公诉都没有忌讳。但是，如果是发现了原不起诉决定针对的案件事实的新证据，就涉及一事不再理原则了。对已经处理过的不允许"再理"，牺牲的是实体公正，允许再理牺牲的是程序公正。在实体公正与程序公正不可兼得的两难选择时，区别对待可以兼顾冲突的法律价值。对于轻罪，没有必要冒着撼动司法权威的风险锲而不舍地反复追诉；而对于重罪，则可以在加强程序控制后重复追诉。

4. 再起诉应由最高人民检察院批准。比例原则要求对轻重不同罪刑的犯罪采取不同的态度，刑法规定的追诉时效制度已经作出了示范。刑法第 87 条第 4 项规定了重罪不再追诉的情形及例外："法定最高刑为无期徒刑、死刑的，经过二十年。如果二十年以后认为必须追诉的，须报请最高人民检察院核准。"重罪的范围限定及最高人民检察院的批准程序控制，足以保证再起诉的正确适用。

5. 不起诉之后的再起诉应以一次为限。这是为了防止对打击犯罪的过分追求而牺牲太多的程序公正。

（作者单位：辽宁大学法学院）

刑事诉讼攻防要略

——关于刑事诉讼法实施问题的研究

孙长江 梁 愿 杨佩正

在刑事诉讼中，国家（公权）对犯罪行为进行侦查、审判，惩罚犯罪，是公共责任中一部分"沉甸甸"的责任。辩护权作为犯罪嫌疑人、被告人依法享有的一项诉讼权利（私权），在所有刑事诉讼权利中居于核心地位。当事实、证据和法律真正成为诉讼中独立起决定作用的要素时，控辩双方实质上是在诉讼程序中由审判方主导的博弈。

一、控辩审共守的底线

犯罪是一种"恶"，刑事诉讼则是证明、追究此种"恶"的过程。"以审判为中心"的诉讼模式，就是控辩双方在审判程序中向处于中立地位的裁判方提交证据请求裁判方解决其刑法所规定的罪与罚的诉求。在刑事诉讼中，控辩审三方及其诉讼参与人与这种恶的博弈中要有"善"的冲动，才能让人们更向往善。而人性、人道、人权是支持惩恶扬善的背后精神力量。人性是刑事诉讼法的理论的哲学基础，人文是刑事诉讼法的人文关怀的体现，人权则是由"人"而展开的刑事诉讼法的终极价值追求。人权、人性、人文是刑事诉讼法最终实现公平正义的载体。

（一）人权

1. 保障人权是刑事诉讼的价值基准

1789 年法国《人权宣言》宣称："每一个政治社会的目的皆是保护人的自然与不可战胜的权利。"1991 年，我国发布第一部《人权状况白皮书》，其中指出"人权"是个伟大的名词。2004 年宪法将"国家尊重和保障人权"写入宪法。今天，"尊重和保障人权"已经成为国家经济、政治、文化和社会发展的核心目标之一，在全面深化改革、全面推进依法治国的伟大历史进程中，人权具有价值基准的意义。国家应当肩负起人权保障的重任，将尊重和保障人权当作"治国理政的重要原则"。

2. 刑事错案是严重侵犯人权国家行为

人的基本人权或自然权利包括生命权、自由权、财产权、尊严权、获助权、公正权，人权的普适性要求每一个人都受到公平合理的对待。法律是人在社会生活之博弈中提炼出的制度、规则体系。任何一个国家具有人性的刑罚制度都应该是不仅要保护有罪者还要保护无辜者。在最近召开的全国律师工作会议上，孟建柱坦言，律师在刑事辩护中会见难、阅卷难、调查取证难"旧三难"问题尚未根本解决，又出现发问难、质证难、辩论难"新三难"。孟建柱所说的"六难"，说到底就是人权问题。就此而言，在刑事诉讼中所发生的刑事错案是国家对公民个人的侵权，是执法、司法人员用公权侵犯公民人权最严重的一种国家行为。

3. 防止冤及无辜是刑事诉讼的终极追求

在司法机关中有一种"司法理想"是办"铁案"。然而，几十年来我国各级法院已经审判了几千万名罪犯，每年都会出现被判决无罪或改判为轻罪的案件，冤假错案的发生已经屡见不鲜，并且发生概率的暗数很难精确计算。可以确定地说，没有哪一个案件是天衣无缝的，即使是看起来的"铁案"，也仍然有可能存在误判。这正是刑事辩护最广阔的战场。刑事诉讼法作为保障人权的大宪章，为犯罪嫌疑人、被告人及其辩护人规定的权利很多，刑事辩护涉及人权的环节也最多。每个人都可能犯罪。今天的被告人是他，明天就可能是你我。因此，刑事辩护律师在刑事诉讼的舞台上维护人权，应当以"宁鸣而死，不默而生"作为自身的职业伦理追求。

（二）人性

1. 人性是刑事诉讼法学的理论根基

"人性中固有的'恶'正是人类无法根除的动物本性。"[1] 这里所谓的对人性的不信任，不仅包括对作为国家权力对象的普通人的人性的不信任，而且尤其是指对国家权力具体执掌者的不信任。法官、检察官、律师乃至被追诉人、被害人都是人。刑事诉讼中，不仅犯罪嫌疑人、被告人表现出人性中固有的"恶"，即使是法律职业共同体中的控辩审三方人员，同样也会表现出人性中固有的"恶"。这种"恶"就是上文中所概述的对人权的漠视，如使用刑讯逼供等非法手段收集证据而致使酿成刑事冤假错案。

2. 人性会变异控辩审关系

法律职业共同体的兴衰荣辱受制于国家对法治的喜恶。孟建柱指出，律师执业必须坚守四条底线：遵守宪法法律、忠于事实真相、坚守执业纪律、坚持谨言慎行。司法人员和律师职业的天然联系决定了两者之间既不能搞简单的物理隔离，也不能搞庸俗关系学，更不能勾肩搭背、不分彼此、违法交易、搞利益输送。这是从正面隐喻并警示了法律职业共同体中的暗流。

3. 人性是把双刃剑

"人性就像一把刀，你用它烧饭劈柴，它就有益于社会；你用它谋财害命，它就有害于社会。"[2] 法律所设置规范体系的法律逻辑基点在于防止最坏情况的出现。所有层次上或者意义上的立法者在设计具体法律制度时，必须以防止最坏情况出现作为法的逻辑出发点，而绝不能试图以法律的名义追求理想的最佳状态。追求最佳状态是违背法的天性的。[3]

（三）人文

法律人应当具有强烈的人文关怀意识，这更是刑事诉讼中控辩审三方人员的底蕴。在

---

① 黄志军：《人性的消解及动物性的还原——论钱钟书文学的反人性神话》，载《泉州师范学院学报》2006年5月第3期。

② 程金华、李学尧：《法律变迁的结构性制约——国家、市场与社会互动中的中国律师职业》，载《中国社会科学》2012年第7期。

③ 袁红冰：《道德法律化——中国人治的特征和儒学反人性的政治根源》，载《贵州师范大学学报》（社会科学版）2003年第1期。

刑事诉讼的架构中，控辩审三方人员作为诉讼主体对被追诉人进行指控、辩护、审判，其内涵的人文关怀，主要在于向被追诉人施行，因为即使是恶人，在其被限制或剥夺了人身自由的时候，也仍然需要给予其善的对待，更何况恶人也有善良的一面，并且极其重要的是，在生效的有罪判决作出之前，对其推定为无罪。

1. 人文量度

刑事诉讼指向的目标是被追诉对象是否构成犯罪和应处刑罚。对此，控辩审三方既有共同遵循的规则，也有各自恪守的底线。① 刑事诉讼中各相关主体法律关系的处置，在公开审判的公共空间中，当然地裹挟着极其复杂的社会情境。尤其是在加害与被害的关联人群中，刑事诉讼处理的结果，"不仅会导致利益关系的实质性变动，而且还会带来人际关系及其网络的结构性变化。'打完官司一辈子不说话'的比比皆是。这样，案件双方当事人所处的共同体的压力，或者其背后的社会性权力，都是法官在处理纠纷时所不得不妥善考虑的。"②

2. 人文限度

化解利益冲突以维护社会稳定是目前的最大政治现实。刑事诉讼中的审判阶段，是控辩审三方相继跟进直至在法庭上同台竞技，共同承担着维护当事人合法权益、保障法律正确实施、促进社会公平正义的使命。因此，构建新型关系，彼此尊重、平等相待、相互支持、相互监督、正当交往、良性互动，共同促进社会主义法治文明进步，是人文精神的具体体现。尤其是控辩双方，不得冲撞法庭的底线，不能逾越规则的边界，不可"以其昏昏，使人昭昭"。无论有多少妙计，都必须在围绕、遵从法官指挥的前提下有理有力有节地施展自己的攻防策略。

3. 人文语度

语言环境是话语或文句的意义所反映的外部世界的特征。法庭是个特殊的语言环境。控辩审三方在庭审的过程中要对语言的表达与理解给予格外的注意。语言情感的表达与理解在韵律层面上涉及语调、语速、停顿、重音等。准确把握语言交锋中的情感信息，可以有效地提高庭审的质量与效率，在法庭上温和、体面地实现刑事诉讼的目的。基于人性原理，应当使犯罪嫌疑人、被告人在对其被指控的犯罪事实确证时，使其体面地受到审判。

二、法庭上博弈的取向

全面贯彻证据裁判规则，努力贯彻直接言词原则，做到事实调查在法庭、证据展示在法庭、控诉辩护在法庭、裁判说理在法庭，真正通过庭审来查明案件事实确保司法公正，是当前推进以审判为中心的诉讼制度改革，确保侦查、审查起诉的案件事实证据经得起法律检验的关键。

---

① 贺红强：《从法官和律师的冲突与合作视角看法庭秩序的失范与规范》，载《江西社会科学》2013 年第 10 期。

② 参见方乐：《司法行为及其选择的文化注释——以转型司法中的中国法官为例》，载《法律科学》2007 年第 5 期。

（一）确疑

1. 刑事辩护的灵魂

无罪推定原则和举证责任原则是刑事诉讼法最重要的原则。在刑事诉讼中依法调查或者收集证据以证明犯罪嫌疑人无罪、罪轻或减轻、免除刑事责任是刑辩律师的责任和使命。成功地展开刑事辩护，可以有效地约束和防止司法机关办案人员超越权力边界，实现对犯罪嫌疑人、被告人的权利保障。即被告人在被证实有罪之前是无罪的，并且证明被告人有罪的责任在检察官一方，同时证明必须达到超出合理怀疑的程度。证明犯罪事实，必须使事实判断者达到了对某种事实情况的确信与确认。

2. 证明标准的准则

公安司法人员运用证据证明案件事实应达到的程度，即证据达到什么程度方可进行某种诉讼活动或者作出某种结论，其证明责任方可解除。研究证明标准理论，完善证明标准体系，在司法实践中具有重要的指导意义。从刑事辩护技术上看，被控人与被害人之间并非总是有直接对应的因果关系，并非存在确定无误的被害事实就一定会有相对应的加害行为。许多案件即使看起来系犯罪嫌疑人、被告人的行为所致，如果指控的证据达不到法定证明标准——排除合理怀疑，即使真凶在案也不能定罪。刑事诉讼法的价值不仅体现于真凶得到追究，更重要的是防止冤及无辜。对于达不到法定证明标准的指控只能任其漏网，已成为刑事诉讼的主流观点。

3. 刑事追诉的基点

在基督教的观点看来，在审判过程中法官所犯下的任何一个作孽的失误，都会引发危及法官个人灵魂的现实危险，是"为自己建了一座地狱之牢"，因此将"对事实的怀疑"作为不确定良心的一个呼声，必须倾听服从合理怀疑规则。刑事追诉的起点是刑事立案。刑事辩护所指向的是刑事指控。刑事司法实践中，受我国司法传统和制度定式的影响，公检法三机关在刑事诉讼中形成了默认互相配合的权力格局、办案逻辑和惯性思维。"由于在被审讯中可能出现的慌乱，甚至最聪明的被告人也会忘记强调那些可能使他们从本案中摆脱出来的事实或者忘记用不在现场的证明来证实他们无罪"，"怀疑应该导致宣告无罪。因为损毁一个无辜者的名誉或者监禁一个无罪的人要比释放一个罪犯更使人百倍地不安。避免裁判错误或至少可以减少裁判错误的唯一办法是提醒陪审员们：只有那些确凿无疑的材料才能作为判决的根据"。[1]

（二）证伪

1. 证伪的防错功能

证伪，是指通过证明活动使判断者认为某种叙述设定的事实不存在，从而导致了否定某种事实建构的意图。证伪可以防止人们将决定建立在虚假事实这种并无承受力的沙堆上，因此证伪是防错机制的基本要素构成。除了防错这种消极的、解构的功能外，证伪还有一种积极的、建构的功能，即通过排除各种反证来实现证明。证伪优于证实。甚至认为只有证伪才能真正推动科学发展。因为人们在不断地提出猜想式命题的同时，又不断进行反驳

---

① ［法］勒内·弗洛里奥著：《错案》，赵淑美、张洪竹译，法律出版社 1984 年版。

力图将其证伪。而对命题的每一次证伪都将科学向前推进了一步。①

2. 证伪的射程视域

伪证是错案之根，覆舟之水，刑法之所以将伪证行为入罪，概因其如此。但是由于我国刑法所设定伪证罪主体的狭窄和在刑事诉讼中对作伪证行为追诉标准的限定，刑法设计的伪证罪这一罪名远远不足以规范、防止和追究大量发生在诉讼过程中的伪证行为。与此同时，证伪从思维方式上，是一种"设置反方"视角。通过对正方的论点提出质疑或否定对正方的观点进行证伪。证伪对了正方的观点便被推翻；证伪错了则更加坐实了正方观点的正确性。从思维上讲"设置反方"是一种辩证的思维方法，是尊重生活辩证法的表现。②

3. 证伪的遵循标准

刑事诉讼法对"证据确实、充分"的证明标准确立了三个检验尺度，即定罪量刑的事实都有证据证明；据以定案的证据均经法定程序查证属实；综合全案证据对所认定事实已排除合理怀疑。"定罪量刑的事实都有证据证明"，是一种正向检验标准，是证实主义方法论的体现。"排除合理怀疑"的思维和认识方式，在方法论上就是证伪法，具有很强的可操作性，具有重要的方法论意义，它要求司法人员要注重收集犯罪嫌疑人、被告人无罪和罪轻的证据，注重听取犯罪嫌疑人、被告人的辩解和辩护律师的意见。③

（三）排非

"排非"即排除非法证据，是指在刑事诉讼中将违法获取的包括违反程序法、司法解释以及不符合法律规定的具有证据价值或案件真实情况的证据予以排除。

1. 非法证据冠有法定标识

道德的逻辑基点就是对人性善的信任，但是法律却不能相信。相反，在刑事诉讼的视野中，包括法官在内的任何人，都应受到适当的强制性规范的制约和监督，基于人性的弱点，在刑事诉讼中对人性的不信任体现于不仅包括诉讼参与人的不信任，尤其是对国家权力启动刑事诉讼程序之后具体办案人员的不信任。④ 刑事诉讼法第 54 条第 1 款已经明确规定证据排除的范围，以非法方法获取的非法言词证据和非法实物证据，原则上不具有证据能力，法庭不可采纳，从程序规范上设置了非法证据向诉讼程序浸入的隔离带。

2. 排非规则契合"尊重和保障人权"

排非规则契合了"尊重和保障人权"的宪法条款。加强人权保障已成为我国新时期依法治国的价值目标。刑事诉讼法所确立的排非规则，从规范体系上有效地遏制了刑事司法人员采取刑讯逼供等非法取证行为，进一步限制了侦查权等公权力的滥用，有力地维护了犯罪嫌疑人、被告人的合法权利，细化了"准确查明案件事实以惩罚犯罪"的诉讼目的和任务，通过排除以非法方法收集的证据加强和完善了人权保障，最大限度地保障了人权。

---

① 证伪方法（Falsify，Fasification）又称否证原则或证伪原则、猜想—反驳法是批判理性主义的基本学说。它是英籍奥地利哲学家波普尔（Karl Poper）于 1934 年在《科学探索的逻辑》一书中提出的。

② 参见李乔：《"设置反方"对科学决策很重要》，载《学习时报》2011 年 12 月 12 日。

③ 曹文智：《排除合理怀疑符合证伪方法论》，载《检察日报》2013 年 11 月 17 日第 3 版。

④ 参见袁红冰：《道德法律化——中国人治的特征和儒学反人性的政治根源》，载《贵州师范大学学报》2003 年第 1 期。

3. 排非实务并非纸上谈兵

侦查、起诉、裁判是人对人进行的诉讼，即便每一个办案人员都完美无缺，也不能避免会出现错误。况且办案人员不愿意倾听并隐藏有利于犯罪嫌疑人、被告人的事实和证据屡见不鲜，作为纸面上的规则与作为追诉行为的实践，常常不可同日而语。在刑事辩护中律师作为辩护人面对的是比自己强大得多的具有公权力背景的诸多公安、检察人员，在这种情况下进行刑事辩护，提出无罪、罪轻、轻罪的辩护意见，想想就知道该有多难。法律是一门艺术，它需要长期的学习和实践才能掌握，在达到这一水平之前，任何人都不能从事案件的审判。[①] 这就需要刑事辩护在刑事诉讼过程中具备极强的应变能力。

三、法律人攻防的取向

习近平最近说：中华民族一家亲，同心共筑中国梦。笔者理解，即使是对待犯了罪的人，也应当帮助他圆梦。在刑事诉讼中，控辩审三方人员应当具有精益求精的工匠精神和哺育孩子的慈母情怀。全国各级法院判处罪犯 2013 年 115 万人、2014 年 118.4 万人，法律人在此种境遇中，责任重大。

（一）懂政治，知法理

法律是一个时代政治、经济、文化的晴雨表，这从刑事诉讼法修改的痕迹中清晰可见。从实务立场、学术立场和政治立场去思考同一个问题，定能得到互补。法律人如果缺乏敏锐的政治触觉，不能从法理上感知法律法规本身的立改废便是各种利益关系博弈的结果，则断断不可能有所作为。

（二）谋方略，用"道"理

方略是方针、策略和计划，需要"道"的理念。办理案件，无论宏观、微观，都存在方略问题，都存在"道"的问题。方略是一种战略，相对于战术而言。"兵书上说得好：战略与战术乃两个全异之行动。战术是关于战斗诸种行动之指导法战略乃连系配合各种战斗之谓。战略为作战之根源即创意定计；战术乃实行战略所要求之手段。"介入刑事诉讼的办案人员是国家权力和公民权利的持有者和维护者，不能靠小聪明、小把戏逞一时一事之能事。

（三）会沟通，讲情理

被介入到刑事诉讼中的所有诉讼参与人，都是在人与人之间发生法律关系。必须形成特定环境之内的话语体系，不同人独特的表述方式应当对应共同的文化和思维系统，不可自说自话。

（四）钻学术，通原理

法律体系浩如烟海。如果没有相关领域、视角的法学功底，就不可能将被犯罪所侵害

---

① ［美］罗斯科·庞德著：《普通法的精神》（中译本），法律出版社 2001 年版，第 42 页。

的社会秩序加以平复。"学术研究是国家命脉所系。""一个国家如果在学术文化方面落后在其他方面也就不能不落后。因此，打长远计，中国的救星也恐怕还在学者们。"① 精通法律、尊重法律、忠诚法律是法律职业共同体人共同操持的价值观，如此，就连犯罪者也会对你心生敬意。

（五）精技艺，会料理

刑事案件几十个人甚至是上百人参与怎么能没有漏洞？刑事诉讼中的侦查、起诉、审判的过程，既是控辩审三方博弈的过程，又是比知识、比智慧、比信息、比功夫的过程。庖丁解牛的道理在于"彼节者有间"，即是说牛身上任何一个最严密的关节都会有空隙。所以最严密的事情都有漏洞、都有缺点、都有空隙。刑事诉讼中会遇到许多复杂的情形，因此要始终把握大要点，保持自己的初心，才能游刃有余。

（作者单位：北京大成（沈阳）律师事务所；

天津市公安局保税分局；沈阳铁路运输法院）

---

① 阎国忠：《朱光潜的学术品格》，载《北京大学学报》（哲学社会科学版）1998 年第 2 期。

论刑事证据裁判原则的价值

张 弘

证据裁判是现代刑事诉讼制度的基石，是人类理性、智慧与文明在裁判领域的重要表征，是人类理性的复苏以及人类对理性更深层次的追求。证据裁判原则体现在诉讼过程中，以个体权力保障为出发点，兼顾群体和社会整体利益，彰显现代诉讼的理性、文明和公正。深刻剖析刑事证据裁判原则之价值，精确把握原则背后的立法精神，有助于我们在刑事诉讼过程中，尤其是在立法出现模糊、歧义或空白地带时，能够精准适用法律，进行合理裁判。

一、刑事证据裁判原则之基础价值——理性价值

对于理性的确切含义，在西方存在不同的认识。一种观点认为，理性通常都是表示必然联系的官能与功能。一个判断或一个结论，只有在它是以确定的、可靠的、明确的知识为基础的情形下，才能被认为是理性的。笛卡尔、康德、布兰沙德等都是这一观点的支持者。另一种观点认为，理性判断是建立在下述基础之上的:(1) 详尽考虑所有同解决某个规范性问题有关的事实方面。(2) 根据历史经验、心理学上的发现和社会学上的洞识去捍卫规范性解决方案中固有的价值判断。这种性质的理性判断可能既不是演绎的，也不是归纳的，更不是非使人相信不可的。不过因为它所依赖的是累积的理性力量，是从不同却相互联系的人类经验的领域中获得的，因而可能具有高度的说服力。前者为狭义的观点，后者为广义的观点。①

就司法裁判而言，上述两种观点均能够阐释理性对于裁判结果真实的意义。但狭义的观点仅仅从理性与判断之间的必然性出发，范围较窄。广义的观点认识到，司法领域中的理性证明与判断，建立在证据这一可靠经验事实的基础上，能够最大限度地导出准确的结果，但不可能得出具有"数理物理学逻辑"那般的必然性真实，而且裁判过程也必然包含立法者的价值取向，要求人们在可能相互抵触的社会价值之间作出选择。

在理性与正义的关系中，马克思认为，理性应当能够"对人类持有的某些价值予以规范上的保护——这些普遍价值乃深深植根于人类希望过好生活的基础之中"。② 将正义作为理性的外化，采取价值同一的观点。关于理性与法的关系，马克思认为，理性与理智、真理、合理性、合规律性、道德、正义应该是一致的，理性具有合理性，合理性是判断一种

---

① ［美］E. 博登海默著：《法理学——法律哲学与法律方法》，邓正来译，中国政法大学出版社 1999 年版，第259~260 页。

② ［美］E. 博登海默著：《法理学——法律哲学与法律方法》，邓正来译，中国政法大学出版社 1999 年版，第262 页。

法律制度正确与否的一个重要依据。马克思的理性还比较强调伦理道德，坚持维护正义的理性，就是要人们在从事法制活动的过程中主张正义，探讨的结果不仅应当是合乎真理的，而且寻求结果的途径也应当是合乎真理的，应当按照事物的本来面目说话，不颠倒是非，不枉法偏私，不卑躬屈膝，不撒谎骗人。①

在司法裁判领域，理性发挥了巨大的作用。理性的司法判断不仅具有准确认定事实的功能，而且具有程序正义的内涵。这表现在两个方面：首先，理性确立了正确的认识论态度。这种态度认为：第一，事件和事态发生并存在于人们的观察之外，真实的陈述是同事实相符的陈述；第二，对过去事件的当下认识，原则上是有可能的，认识意味着有保障地确信，满足了真实世界的陈述真实性的特定证明标准；第三，对过去事实的当下认识，典型地看，只能基于不完全的证据，因而对过去事实真实性的证明也只能是一个盖然性和可能性，而缺乏完全的确实性；第四，对过去事实的盖然性判断，一般来说，必须基于对外在世界通常事件过程的"库存知识"来进行，在特定条件下，"库存知识"依稀包括盖然性、公认的一般定理、专家意见以及社会的"普通意识"定论。理性在案件事实的认定上也具有指导意义。理性的观点强调，对事实的认定必须依据证据，由证据所做的推论是否有效，是由逻辑法则来规范的。对事实认定的程度只能在一个相对确定的盖然性范围内，裁判结果的正确性具有重要的社会价值。② 毫无疑问，理性与知识、规律、科学等内容有关，当缺乏这些条件时，不可能存在裁判领域中的理性。理性的裁判方式必然包含这样的要素：（1）人的关于概念、判断、推理等的思维能力；（2）科学、知识；（3）规律、内在必然性；（4）人的与感性相对的认识状态。符合上述要素的是现代的证据裁判原则。③

理性产生了司法领域的证据裁判原则。证据裁判的理性价值表现为，它同时具有满足结果正义与过程正义的双重价值。其一，证据裁判原则要求对裁判中事实的认定必须有依据，这就切断了一切反理性的认识成为裁判的依据，确保了证据证明中所必然存在的关于概念、判断、推理等的逻辑思维方法的运用，确保了前提事实的可靠性。作为裁判理性认识状态的裁判结果，也具有内在的必然性。其二，证据裁判中证据规则的制定，是对长期审判经验积累的尊重与确认，充分显示了作为理性的法所应遵循的价值取向。其三，证据裁判所要求的证据必须满足法定的使用条件。这一条件的设置附加了立法对正义目标的价值选择，体现了以正当的途径解决纠纷的理性价值，而且其中一些条件也同时具有剔除明显不可靠的或有误认危险的证据，因而具有保障以正义方式发掘真实的双重功能。其四，证据裁判原则承认裁判结果的盖然性，承认人类在认识能力上的有限性和司法裁判的特性，并不苛求绝对的确定性，允许当事人对证据进行复查与重新检验，并允许当事人有权基于证据的错误而请求救济。其五，证据裁判原则在证据责任的分配方面体现了实用和正义。证明责任理论有效刺激了当事人收集证据的积极性，防止国家滥用追诉权。证据裁判中的这些原则无疑是理性的体现，包含了理性所具有的理智、真理性、合理性、合规律性、道德性以及正义的诸多内涵。

---

① 薛伦倬主编：《马克思主义法学新探》，重庆出版社 1992 年版，第 142~145 页。
② 汤维建等译：《麦考密克论证据》，中国政法大学出版社 2004 年版，序言第 4~6 页。
③ 卓泽渊著：《法的价值论》，法律出版社 1999 年版，第 360 页。

二、刑事证据裁判原则之核心价值——真实性价值

在刑事诉讼目的理论上，实现"实质真实"这一目标曾在诉讼史上唯一存在并长期盛行。尽管以"不惜一切代价"和"不择手段"的方式去发现真实的观念已被绝大多数国家所摈弃，但"真实"对刑事诉讼所具有的举足轻重的作用，在很大程度上足以左右人们对程序设定的评价并体现司法威望及其在解决刑事冲突方面的功能。日本学者岸盛一指出："处罚无辜者，而真正的有罪者又无理由地放掉，不仅是该被告人的利害问题，也是国家、社会极为关心的问题。因此，在刑事诉讼法上，必须经常地发现实体真实。"① 历史上的各种裁判方式，无论如何演进，都不能脱离对真实目标的追求。而证据裁判正是以其最高的必然性保障了真实价值在裁判中的实现。

现代自由心证裁判主要通过两个方面实现对真实价值的保障：一是证据本身的证明作用；二是以证据规则来保障证据的可靠性。首先，证据本身具有理性的证明作用。以证据为媒介的推理方式建立在客观事实联系上，符合逻辑证明规律，能够最大限度地保障裁判结果的真实。其次，虽然证据规则的设立具有多种价值目标，但最重要的莫过于证据的真实性。证据规则通过排除危险的或可能导致不可靠的证据来尽可能保证作为推理基础的证据自身的可靠性。最佳证据规则、数量证据规则、补强证据规则、传闻证据规则、非法证据排除规则、自白规则等都具有保障真实的功能。

最佳证据规则是典型的对证据真实性的保障条款，其目的在于防止复制过程中存在的错误与伪造。该规则要求不得采纳文书原件之外的其他证据证明文书的内容，除非制定法有其他规定。美国判例认为，例外的考虑包括：（1）对精确信息的需要；（2）提供原件的难易程度；（3）铭刻内容的繁简情况。② 我国对原始证据的要求既包括文书证据，也包括实物。补强证据规则也是担保证据真实性的规则。该规则的主要目的在于增强特定证据的可信性，防止对案件事实的误认，同时也具有保护被告人权利的作用。补强规则要求，对某些证明力显然薄弱的证据应有其他证据印证才可以作为定案根据。在英美法系中，下面几种证据需要补强：（1）被告人庭外自白如果用于证明被告人有罪。（2）共犯的证言或一般陈述用于证明被告人的罪行。（3）被害人的证言。大陆法系立法一般明文规定，对被告人的有罪供认，必须有其他证据印证，不能单独作为定罪证据。我国刑事诉讼法明确规定，只有被告人供述，没有其他证据的，不能认定被告人有罪并处以刑罚。口供必须有补强证据才能据以定罪。补强证据应具备证据能力，证明力也应当达到一定的程度。自白与补强证据相结合能够证明犯罪事实。传闻证据规则设立的主要目的之一也是保障真实性。传闻被称为"故事中的故事"或"他人嘴里的故事"，传闻过程中的人为因素导致传闻的可信性大受质疑，排除传闻的唯一理由应是缺少交叉询问以及观察证人举止的机会。而交叉询问的价值正是对证言真实性的考察与揭示。我国没有设立传闻之间规则，有必要将其列入证据规则的构建设想中。此外，非法证据排除

---

① ［日］高田卓尔：《刑事诉讼法》，青林书院新社1971年版，第182页，转引自宋英辉著：《刑事诉讼目的论》，中国人民公安大学出版社1995年版，第48页。

② 刘晓丹主编：《美国证据规则》，中国检察出版社2003年版，第344~345页。

规则也具有促进结果准确性的功能。

证据裁判原则不仅通过证据规则保障证据的可靠性，还通过若干证据调查程序来保障真实。在证据调查方面，日本刑事诉讼法规定，对自白证据的调查，必须在对其他证据调查之后才能进行。

三、刑事证据裁判原则之文明体现——正义价值

正义是一个富有感情色彩的大词，历来是司法领域中永久的话题。"正是正义的观念，把我们的注意力转移到了作为规范大厦组成部分的规则、原则和标准的公正性与合理性之上。"① 在司法领域，正义包含两个层面的意义：一是实体正义；二是程序正义。实体正义是指法对权利义务和责任的规范应当具有明确性和合理性；程序正义则要求以公平正当的手段来解决纠纷，通过程序过程中的"善"来体现程序的正义品质。证据裁判同时承载了实体正义与程序正义的双重内涵，具有保障实体正义与程序正义的双重价值。

实体法是确立主体权利义务与责任的法律规范。证据裁判中证据和证明的运用，包含了若干关于实体权利义务的设定：证明对象、证明标准、证明责任、证据能力、相关性规则等。证明对象的范围是刑法关于犯罪构成要件的相关事实。在事实认定的过程中，证明标准则是解决负有证明责任义务的主体举证到何种程度才可以卸去证明负担，获得法庭支持的规范。"排除合理怀疑"和"内心确信"是认定犯罪事实的最高标准，为裁判者指明了裁判的主客观认定目标。与证明标准密切相关的是证明责任。证明责任无疑是证据裁判中最重要的实体性规范，是一个典型的义务性规范，在义务主体达不到法定证明标准时，义务主体承担不利后果。从封建时代的有罪推定到现代裁判的无罪推定，正是通过由被告人负担证明自己无罪的责任到由国家负担证明被告人有罪的责任的转换，正义的价值才得到确立和完美体现。证据能力以及相关性规则的规定基本上都是实体性规范。为防止对被告人造成偏见，立法直接限制了品格证据、相似事实，事后补救措施等在经验方具有一定相关性证据的采用。证据法在这些规范中体现了正义的价值取向。

程序正义在证据裁判中主要通过两个环节来实现：一是证据能力的限制；二是证据调查的程序和内容。证据能力是现代证据裁判原则中集中体现正义价值的重要部分，是立法附于证据以实现其刑事政策目的和价值选择的载体。立法对证据能力的限制主要基于三个方面的理由：一是保障证据的真实可靠性，获得准确的裁判结果；二是保障取证手段的正当性以及对证据择用的合理性，保障人权与其他更高的社会利益；三是保障裁判的迅速有效性，实现诉讼经济以及避免多余信息对裁判者的误导。非法证据排除规则是正义价值保障体现的最响亮的声明。立法设定的证据能力通过对若干具有证明力的证据的排除，表达了如此理念：真实需要实现，但必须以正义的方式实现。非法证据之所以会被拒绝使用，因为取证过程本身就是非正义的。传闻规则除了保障证据的真实性外，还充分保障被告人的对质权，体现了立法对被告人程序参与权以及对被告人利益的关注。特权规则保障的是除真实价值以外的其他社会价值。这些利益包括：任何人不被强迫自证其罪的权利、家庭信任关系、职业信赖关系、公务保密等。对这些利益的保障，使得证据裁判显示出超越其

---

① 刘晓丹主编：《美国证据规则》，中国检察出版社 2003 年版，第 261 页。

自身价值的善，是一种理性正义的体现。

程序正义要求裁判必须依照诉讼原则进行，如以公开的方式赋予当事人充分陈述与辩论的机会，以影响裁判结果的形成。而这些原则是通过法庭证据调查得以实现的。英美法系与大陆法系以不同的方式但相同的精神使程序正义的部分内涵在法庭证据调查中得以实现。

英美法系的证据调查由当事人主导和控制，对证据的调查需要受到一系列证据规则的规范。有关询问证人的方式包含了交叉询问规则、意见规则、专家证言、传闻规则等。在主询问中禁止诱导性措辞，是因为证人可能在不自觉中接受了错误的暗示；意见规则禁止证人就所观察的事实发表主观性评论，以防止错误信息误导裁判者；专家证言可以帮助法官解决知识能力以外的专门性问题。当事人可以通过反询问、弹劾证据在调查过程中充分发挥诉讼权利，最大限度地以自己的观点影响裁判结果。大陆法系非常重视法庭证据调查。直接审理原则要求裁判法官必须亲自参与调查以直观感觉考察证据的可靠性与证明力。言词原则排除证人的书面陈述与警察的侦查笔录，要求证人亲自出庭接受调查，实际上既审查了证据的可靠性，又保障了控辩双方对证据的直接调查权与对质权。除法定情形外，违反直接与言词调查原则的证据不具有证据能力。此外，大陆法系的法官拥有一定的自主调查权，在一定程度上能够平衡控辩双方在取证资源与能力上的差异，也有助于真相的查明，具有保障公平与真实的价值。

四、刑事证据裁判原则之必要考虑——经济性价值

刑事裁判的机能在于以快速有效的手段寻求真相并进行依法处理。如果程序烦琐，行动迟缓，那么被告人获得迅速有效裁判的权力必然受损。因此，高效率的裁判机制是现代裁判理性和公正的体现，也是评价和重建一项刑事审判程序时所要考虑的重要标准。"法的价值，并不仅限于秩序、公平和个人自由这三种。许多法律规范首先是以实用性、以获得最大效益为基础的。简言之，即使个人付出的代价减少到最低的限度。"① 在法律上，实用性永远会被考虑在内，尽管这并非法律的首要目的，却是必要的考虑。

波斯纳率先将经济学引入司法领域，先后发表了《法律的经济分析》和《证据法的经济分析》，他认为正义的第二种意义就是效益。波斯纳指出，事实发现的因素除了人的认识能力以及认识作为主观见之于客观的基本特征之外，还有两个重要的因素，这就是事实发现的成本和法律制度价值目标的多重性。在波斯纳看来，证据法乃至法律制度的价值目标，不仅仅是追求真实，还有追求真实的成本。他在《证据法的经济分析》一文中对事实发现的成本分析、成本收益分析、社会成本分析、机会成本分析、激励分析、效率分析等进行了分析，全方位地揭示了事实发现的效率维度。波斯纳认为，准确性问题非常重要，在裁判中证据占据核心地位，"威慑力与准确性密切相关，而准确性又在证明过程中占据了核心地位，加上在经济学家的眼里，法律的概念就是为了追求富有效率的行为而设计的配置激励因素之制度，因此，在对证据法进行经济分析之时，威慑力所起的作用乃是举足轻重的。既然在审判中准确地认定事实对于法律在效率传递中的激励

---

① ［美］斯坦、香德著：《西方社会的法律价值》，王献平译，中国人民公安出版社 1990 年版，第 2 页。

因素方面至关重要，那么，裁判的准确性就不仅仅具有道德价值和政治价值，而且也具有了经济价值"。① 虽然波斯纳的观点未获得普遍认同，但这个独特的声音却凸显了经济性价值在证据裁判中的意义。

证据裁判中充分考虑了裁判的经济性价值，通过对证据规则与证明方式进行规制，控制了证据证明的庞杂性，而保持了证明过程的紧凑性，删除了多余、费时、不经济的证据因素，对于若干常识性事实设定免证范围，为不同利益设置了严格度不同的证明方式。证据裁判的经济性价值主要通过相关性规则、免证事实和证明方式来实现。

1. 相关性规则。美国联邦证据规则第 403 条规定了将不相关的证据、相关但浪费时间的证据以及重复出示的证据予以排除。如此，一方面，当事人在取证时可以撇开无关的证据而仅仅围绕有关的证据进行收集；另一方面，在法庭质证时，法官可以直接将表面无关的证据剔除，节省诉讼时间。同时，对方当事人也可以要求排除无相关性的证据。从该条款的引申意义看，相关性微弱的证据也很有被排除的危险，因为证明价值不大，反而有浪费时间与误导的嫌疑。同时，相关但拖延时间、浪费时间以及重复出示的证据都可能被排除，这一方面提示当事人在取证过程中应当从最优价值的证据中选取，避免无谓的重复取证；另一方面也赋予法官一定的自由裁量权，法官可综合证据情况考评证据的质和量，缩短诉讼周期。波斯纳认为，无相关性的证据不但社会收益为零，而且其误导陪审团而产生私人收益，这一私人收益很可能会带来社会的负收益，反而可能会误导陪审团作出错判。误判必然带来社会的负效益，这无疑是对诉讼资源和社会成本的浪费。我国最高人民法院《关于刑事诉讼法的解释》中也规定，在法审中，如果当事人申请调查的内容与案件无关或关系不大，法官有权拒绝调查。控辩双方的发问与本案无关或者方式不当的，法官应当制止。双方出示的证据应当向审判长说明拟证明的事实，如果与案件无关或者明显重复，法官可以不予准许；这些内容同样适用于对证人和鉴定人的调查。

2. 免证事实。司法裁判中的免证事实一般包括司法认知、推定和自认。这些免证事实是通过人类长期实践被多次证明为有效的法律规则，它也属于理性证明的范畴，并不构成对证据裁判主义的背离，而是一种变通和补充②。免证事实大大节省了诉讼资源，也在一定程度上降低了由于证据困难而造成的裁判困难，从诉讼经济的角度来讲，是具有相当合理性的。免证事实在英美司法裁判中占有重要地位，当事人有权申请对某项事实进行免证，而且法官也有相当主动的认知权力范围。在英美法系刑事裁判中，法庭上的自认可以直接构成事实认定的基础，极大地减轻司法负担。大陆法系一般承认民事诉讼中的自认，而不承认刑事自认的免证效力。对于被告人的有罪供述，仍然要求证据补强。我国尚未建立起科学完善的免证制度，诉讼法上未赋予当事人申请免证的权利与程序。因而加强对免证范围的研究，培养司法人员的免证意识和习惯，有利于法庭审理过程的简洁明快，保障重点，节约诉讼资源。

3. 证明方式。基于诉讼经济原则，大陆法系国家对不同事实采用了严格证明和自由证

---

① ［美］理查德·A. 波斯纳著：《证据法的经济分析》，徐昕、徐昀译，中国法制出版社 2001 年版，序言第 9~20 页。

② 何家弘、刘品新著：《证据法学》，法律出版社 2004 年版，第 271 页。

明的不同方式。定罪的事实采用严格证明方式，严格考察证据能力并采用法定的调查程序，有的国家对量刑事实也采用严格证明；程序事实或证据性事实通常采用自由证明，采用宽松方式调查证据能力，体现了诉讼资源的优化配置，既有利于保障诉讼中有关重大问题的准确性，又可以实现经济效益的价值，是对公正与效益的合理平衡。

（作者单位：西安交通大学法学院）

刑事证明方法新表述的法解释学问题

周洪波

在旧刑事诉讼法中未出现，但在新刑事诉讼法和最高人民法院《关于适用〈中华人民共和国刑事诉讼法〉的解释》（以下简称《最高法院司法解释》）中出现的"合理解释"、"印证"或"相互印证"、"根据一般生活经验判断"和"符合常理"等表述都是从证明方法的角度来界定证据规则；可以认为，这是试图从证明方法的角度来具体化证明标准的理解和把握的一种规范努力。不过，这种努力在理论前提上似乎没有对诉讼证明认识论逻辑的清晰认识，这就是目的地不同，过程也必然有异，因此证明标准的类型不同，其所适配的证明方法类型（或模式）也必然有异。从认识论逻辑来看，关于刑事证明方法的一些新表述是存在不少问题的。

一、"印证"或"相互印证"的解释问题

"印证"或"相互印证"这种表述在我国刑事诉讼法中从来没有出现过，在《最高法院司法解释》的 7 个法条中共出现了 10 次。如第 74 条规定，对证人证言的审查，应看"证言之间以及与其他证据之间能否相互印证，有无矛盾"。其他的还有第 78 条、第 83 条、第 105 条、第 106 条、第 109 条等。

"印证"或"相互印证"这种表述出现在关于刑事诉讼法的司法解释中，《最高法院司法解释》是第一次。之所以有这样的法律解释现象，在于之前：一方面，理论上对我国刑事证明（话语）实践传统的"提炼"和"发酵"。这就是说，有学者指出我国的刑事证明存在着一种与其他法治国家显著有别的司法（话语）传统，并将这种传统在理论上提炼概括为"印证证明模式"或"印证法"，属于自由心证的一种"亚类型"，即强调证据对案件事实的印证和证据之间的相互印证；[①] 之后，有不少学者进行了理论跟进，在肯定这种理论概括的前提下，对我国刑事证明的司法传统进行了进一步的分析，尽管都指出了实践中存在的一些问题，但多对印证法的适切性持基本的肯定立场。[②] 另一方面，有关部门针对专门案件的办案规则的司法解释的"试水"和"前奏"。即可以说正是与前一方面的原因有关，最高人民法院、最高人民检察院等五部门于 2010 年联合出台的《关于办理死刑案件审查判断证据若干问题的规定》第一次正式在"法律文本"中使用了"印证"和"相互印证"这些表述来表达证据规则。在其中的 8 个法条中共出现了 11 次"印证"或"相互印证"的

---

① 参见龙宗智：《印证与自由心证——我国刑事诉讼证明模式》，载《法学研究》2004 年第 2 期。

② 代表性的，参见谢小剑：《我国刑事诉讼相互印证的证明模式》，载《现代法学》2004 年第 6 期；李建明：《刑事证据相互印证的合理性及其限度》，载《法学研究》2005 年第 6 期；陈瑞华：《论相互印证规则》，载《法商研究》2012 年第 1 期。

表述。

尽管"印证"或"相互印证"进入《最高法院司法解释》似乎有着较为充分的"前期准备"，然而在笔者看来，理论和实务上对概念的运用和有关理解却存在以下几个方面的问题：

首先，"印证"或"相互印证"是被滥用的概念，在实质上其被泛泛地理解为了多个证据的综合判断，包括了常识理解的印证和佐证。"印证"或"相互印证"在日常用语中较为常见，而且其意一般有共识，也较好理解，即指印证者与被印证者或相互印证者之间具有同一性（完全的或部分的）。按常识的理解，诉讼中的印证或相互印证的证据情形，如证人A说看见被告人杀人了，证人乙也说看见被告人杀人了，两个证人的证言内容具有同一性，所以说两个证言之间能够相互印证。然而，我国的证据法理论和实务在使用这种表述时，其所指却不仅仅限于常识的理解。这主要表现为两种情形：一种是有些论者虽然在描述印证法的特征时是按常识的理解，即认为相互印证的证据之间要具有"内含信息同一性"的特征，但是其所认为的证据相互印证情形中，有些实际上却不属于此种情形。例如，在证明盗窃案时，被告人在案发现场留有指纹、案发当晚被告人住在被盗房间的隔壁房间、被告人在案发后几个月所实施的另一起盗窃案的作案手段与该案的盗窃手段一致，就被论者认为证据之间能够相互印证。① 然而，实际上却并非如此，因为这些证据不仅在事实的命题表述层面不一致，而且它们所指称的现象存在也各不相同。另一种是有些论者无论是在描述上，还是在案例分析上，都不认为证据内容具有同一性是印证的必然要求，而是认为各证据之间能够相互支持、相互说明，其证明指向协调一致，没有矛盾，共同指向同一待证事实，就是印证或相互印证。② 两种情形，区别只在于概念描述不同，相同的是实质上都将本不属于（相互）印证的证据情形也视作了印证。质言之，是把佐证也视作了印证。所谓佐证，按常识理解就是，各证据在内容上不具有同一性，但都能够指向同一待证事实，因而各证据在证明上能够起到彼此辅助/辅佐，加强对方证明力的作用。在我国司法实践中，佐证用得极多，但多被错误地说成了"（相互）印证"。在我国证据法学理论上，偶尔会提到佐证，但似乎也没有将其与印证区分。③ 简单地说，目前理论和实务上所理解的"印证"或"相互印证"包括了常识上理解的印证和佐证，实质上是泛指依据多个证据综合判断认定事实，因而区别于依单一证据（孤证）定案。

其次，对作为所谓"印证法"可用的相关证据范围有着不同的表述和理解，因而对概念的实质理解不统一。根据相关性的不同类型，可以将证据分为实质证据和辅助证据，辅助证据可以分为案中辅助证据或具体关联的辅助证据、案外辅助证据或抽象关联的辅助证据。实质证据，就是在事理上被认为可能或实际为证明对象即待证事实（我国理论和实务上常常随意地将证明对象称为"案件事实"或"案件真实情况"等）④的存在或发生而形成的痕迹事实，如关于犯罪行为的证人证言、赃款赃物、作案工具等；辅助证据，就是在

① 参见龙宗智：《印证与自由心证——我国刑事诉讼证明模式》，载《法学研究》2004年第2期。

② 参见李建明：《刑事证据相互印证的合理性及其限度》，载《法学研究》2005年第6期；张少林、卜文：《刑事印证之研究》，载《中国刑事法杂志》2010年第2期。

③ 参见陈瑞华：《论证据相互印证规则》，载《法商研究》2012年第1期。

④ 参见周洪波：《"客观真实"：一种有限度的哲学申辩》，载《西南民族大学学报》2008年第1期；《修正的事实说：诉讼视野中的证据概念新解》，载《法律科学》2010年第2期。

事理上有证明作用，但属于前者之外的证据；具体关联的辅助证据，就是在事理上被认为是作为证据的生成性原因的事实，同时被与待证事实之间有具体的因果关系的事实所留下的痕迹事实，如被认为是犯罪的准备行为或善后行为所留下的痕迹事实，关于购买犯罪工具、毁灭证据的证言等；其他的辅助证据则属于抽象关联的辅助证据，如关于被告人、证人的日常行为的证言、品格证据等。① 具体关联的辅助证据还可以待证事实的发生或存在为时间分界点，分为之前的具体关联辅助证据和之后的具体关联辅助证据。有学者将实质证据称为与案件事实有直接联系的证据，将辅助证据称为间接关联的证据，把待证事实之前的具体关联辅助证据称为案发前的间接联系证据，将待证事实之后的具体关联辅助证据称为案发后的间接联系证据；论者指出，我国理论上一般认为印证的证据范围限定是与案件有直接联系的证据，实务上通常把与案件有直接联系的证据和案发前的间接联系证据都视为属于印证法可用的证据，而论者认为用于印证法的证据应该包括与案件有直接联系的证据和案发前后有间接联系的证据。② 另外值得指出的是，对可用于印证的相关证据范围，许多论者都存在着表述和实际理解的不一致，即多是在案例分析时实际理解的证据范围比表述所指的更宽。由此可见，即使认为应以所谓的印证法作为刑事证明的基本方法，但对哪些证据属于印证法的可用范围却有多种不同认识。

最后，没有澄清刑事证明方法与证明标准之间的认识论逻辑关系，因而没有清晰和准确地说明我国刑事证明方法的实质特征及其独特性。毫无疑问，我国的理论和实务对刑事证明方法的理解与其他法治国家有着重大的区别，在笔者看来，只有从证明方法与证明标准之间的认识论逻辑关系角度才说得清楚这种区别。从认识论逻辑着眼，这里需要说明的是，唯一结论真实标准和或然性真实标准所适配的证明方法的基本区别有二：一是相关证据的范围有别。前者，其证据一般只限于实质证据，后者，其证据包括实质证据和辅助证据。之所以有这种区别，是因为后者对待证事实的证明始终都不可能实现唯一结论的真实。例如，关于被告人在案发前购买作案工具的证言，始终不可能证明被告人一定实施了犯罪行为，因为人有选择自由，所以被告人在案发前随时都可以"放下屠刀，立地成佛"。换言之，一旦形成唯一结论真实的证明时，在认识论上必然是仅仅将待证事实所留下的"痕迹"事实视为证据。正因为如此，如前所述，我国理论上一般将相关证据理解为与案件有直接联系的证据。二是裁判心证的形成有别。前者，不可能按自由心证裁判，因为一旦形成唯一结论的证明，所有人的判断都是一样的；后者，可以允许一定的自由心证裁判，因为或然性真实的判断有一定的模糊性，不同的人可能对证明结论有不同的认识。如果说长期以来我们将唯一结论真实作为普遍的证明标准，而不同于其他法治国家一般将或然性真实作为证明标准，那么这两个方面的区别就应当是我国与其他法治国家在刑事证明方法的规范要求上的关键区别。

通过上面的分析，对于《最高法院司法解释》所规定的"印证法"规则而言，需要指出的是：一方面，按目前我国理论和实务对"印证"或"相互印证"的理解，这些表述进入司法解释文本可能会导致这样一些法律后果：其一，如果将"印证"或"相互印证"泛

---

① 参见周洪波：《实质证据与辅助证据》，载《法学研究》2011 年第 3 期；《迈向"合理"的刑事证明——新〈刑事诉讼法〉证据规则的法律解释要义》，载《中外法学》2014 年第 2 期。

② 参见李建明：《刑事证据相互印证的合理性及其限度》，载《法学研究》2005 年第 6 期。

泛地理解为依据多个证据综合判断定案，那么这样的规定就基本上没有多少意义。因为正如有学者所言，这对诉讼证明来说，基本上是无须表述但不言自明的要求。① 其二，由于目前对可用于所谓"印证法"的相关证据范围有多种理解，因此可能导致不同的裁判者对同一规则的实际操作不统一，即对于同样的案例证据情形，有的裁判者认为达到了法律规定的"印证法"规则要求，而有的裁判者却不这么认为。其三，如果认为所谓的"印证法"不排斥自由心证，《最高法院司法解释》所规定的"印证法"规则无疑与其规定的唯一结论真实的证明标准是不相适配的。其四，因为论者没有将"印证法"放在证明标准的认识论逻辑中来理解，所以《最高法院司法解释》所规定的"印证法"规则很容易被形式化地运用，不仅导致在没有达到证明标准的情况下认定事实（尽管支持"印证法"的论者提醒应警惕和防止这种现象），而且导致规则运用的"乱象"——即在运用这些规则时不同的裁判者所掌握的证据数量边界不一。

另一方面，从语言的规范使用来说，应当"拨乱反正"，按常识观念来理解"印证"或"相互印证"的意涵，相应地，将来应在法律文本中取消这些语词。如果按对"印证"或"相互印证"的日常理解，在诉讼证明中，可"印证"或"相互印证"的证据情形都是极为有限的。在此意义上，无论证明标准是实行唯一结论的真实还是实行或然性的真实，《最高法院司法解释》所规定的"印证法"规则肯定都是不敷所用的，无疑也不符合最高人民法院的司法解释意图——从最高法院的有关言论来看，也基本上是将"印证法"规则泛泛地理解为（多个）证据的"综合审查判断"。② 从诉讼证明的规律来说，"印证法"都只应被视为诉讼证明的"备选项"而不是"必选项"。因此，《最高法院司法解释》规定，以"印证法"作为某些证据被采信的前提条件都是不合适的，应当予以废止。

二、"合理解释"、"根据一般生活经验判断"和"符合常理"的解释问题

"合理解释"这种表述既出现在了法典中，也出现在了《最高法院司法解释》中，而"根据一般生活经验判断"和"符合常理"这两种表述则只是出现在《最高法院司法解释》中。应该说，这些表述能够进入法典和司法解释文本，都是因日常的认识论习惯和表述习惯使然，也就是说，基本上是"下意识"的，当然也具有法律的合理性。然而，对其应该如何进行具体的运用，以及如何实现法典和司法解释文本中各规则之间的内在逻辑融贯等问题，理论和实务上都没有明确的认识。因此，特别需要进行相关的分析和解释。将这些表述的解释问题放在一起来讨论，主要是考虑到这些表述所确定的证明方法在本质上都应属于同一种类型的与或然性真实标准相适配的证明方法。

刑事诉讼法中出现的"合理解释"，即第 54 条第 1 款规定："采用刑讯逼供等非法方法收集的犯罪嫌疑人、被告人供述和采用暴力、威胁等非法方法收集的证人证言、被害人陈述，应当予以排除。收集物证、书证不符合法定程序，可能严重影响司法公正的，应当予以补正或者作出合理解释；不能补正或者作出合理解释的，对该证据应当予以排除。"《最

---

① 参见陈瑞华：《论证据相互印证规则》，载《法商研究》2012 年第 1 期。
② 参见江必新主编：《最高人民法院关于适用〈中华人民共和国刑事诉讼法〉的解释理解与适用》，中国法制出版社 2013 年版，第 61 页。

高法院司法解释》第71、73、77、82、89、94条分别规定，书证有更改或更改迹象、物证或书证的收集有程序瑕疵、证人证言的收集有程序瑕疵、讯问程序有瑕疵、勘验或检查笔录存在明显不符合法律及有关规定的情形、视听资料或电子数据的制作或取得有疑问的，有关证据在能够作出"合理解释"或说明的情况下，可以采信作为定案的根据；第78条规定，证人当庭证言与其庭前证言有矛盾，但其能够作出"合理解释"，并有相关证据"印证"的，应当采信庭审证言。《最高法院司法解释》中的"根据一般生活经验判断"表述，就是第75条第2款规定："证人的猜测性、评论性、推断性的证言，不得作为证言使用，但根据一般生活经验判断符合事实的除外。"《最高法院司法解释》中的"符合常理"表述就是第80条规定，对被告人的供述和辩解应当着重审查的内容之一是"被告人的辩解内容是否符合案情和常理，有无矛盾"。

虽然"合理解释"、"根据一般生活经验判断"和"符合常理"在具体表述上有差别，但就本质而言，在笔者看来，都可以称为情理推断的证明方法类型。[1] 所谓情理推断的证明方法，就是运用或然性的"常情常理"[2] 这种事理，而非必然性的自然客观之理，在证据事实与待证事实之间建立推理证明关系；常情常理，就是常见的情况和常见的道理，进而言之，即一般人或大多数人所见的行为方式规律和自然现象规律。情理推断的证明方法的核心特征就是其在证明结论上只能形成或然性的真实。因为其在证明推理时所运用的事理是常见的行为方式规律和自然现象规律，而不考虑人之行为的所有可能性和自然现象存在和变化的所有可能性，所以依据有些证据情形，在情理上能够形成事实确信，判断者知道在一般或大多数情况下这种事实确信应该是真实的，但并不能保证必然真实。例如，国外的一个案例可以特别典型地说明情理推断的这种特征，这就是被告人被控对其所住宾馆的隔壁房客实施了盗窃。控方有证据证明在被告人身上搜出了被盗物。被告人不否认拿了他人的东西，但他辩称并不是为了实施盗窃，而是为了引起他人注意从而好与他人交朋友。但法庭认为被告人的辩解不合情理，从而判决被告人犯罪事实成立。[3] 从该案中可以看出，被告人所辩解的事实，从人的行为可能性上来说是可能的，但一般人不会以其所说的方式交朋友，所以尽管控方没有证据能够证明被告人的辩解一定是假话，但依据情理推断，应该是假话。

如前所述，情理推断的证明方法与匹配于唯一结论真实的客观证明方法的具体区别主要有两个方面：一方面是前者的相关证据范围比后者的广泛，即前者的证据一般限于实质证据，而后者的证据包括实质证据和辅助证据；另一方面是前者的裁判有一定的自由心证权力，而后者则不然。按此，前述几个法条中的"合理解释"、"根据一般生活经验判断"和"符合常理"的具体证明方法应该是：

所谓"合理解释"，对于刑事诉讼法第54条和《最高法院司法解释》第71、73、77、82、89、94条而言，就是首先由证据收集人或制作人作证，说明为什么某一证据内容是真实的，即便出现了这些情形：物证、书证的收集不符合法定程序，可能严重影响司法公正

---

① 参见周洪波：《客观证明与情理推断——诉讼证明标准视野中的证明方法比较》，载《江海学刊》2006年第2期。

② 参见周叔厚：《证据法》（第三版），台湾三民书局1995年版，第333页。

③ 参见王亚新：《刑事诉讼中发现案件真相与抑制主观随意性的问题——关于自由心证原则历史和现状的比较法研究》，载《比较法研究》1993年第2期。

的；书证有更改或更改迹象；物证或书证的收集有程序瑕疵；证人证言的收集有程序瑕疵；讯问程序有瑕疵；勘验或检查笔录存在明显不符合法律及有关规定的情形；视听资料或电子数据的制作或取得有疑问的等。对于《最高法院司法解释》第78条而言，首先由证人在作出当庭陈述并主张其当庭陈述是真实的后，进一步解释为什么作出了不同于庭前陈述的证言。当然，是否属于"合理解释"，不是由作证人（刑事诉讼法第54条和《最高法院司法解释》第71、73、77、82、89、94条为证据收集人或制作人，《最高法院司法解释》第78条为证人）自己说了算，还依赖于两个方面的证明方法行为，即：一方面，要由提出证据的诉讼一方用证据来证明作证人进行了"合理解释"。具体的方法：一是以其他实质证据来进行印证或佐证，即表明，从情理上来说，进行"合理解释"时所欲采信的证据的证明指向，与其他实质证据的证明指向能够协调一致。二是以辅助证据来进行佐证。后一种方法又可以进一步细分为三种：其一，通过对作证人所了解的事实细节进行询问或讯问，从其对细节事实回答的清晰性和流畅性来推断其陈述的诚实性。因为从情理上讲，对细节事实回答的清晰性和流畅性较好时，作证人的诚实性一般较强。其二，通过对作证人过去的日常行为、习惯性行为证据或品格证据来推断其陈述内容的真实性。例如，证人一贯行为端正，那么其作证内容的真实性也较高。其三，通过对作证人在作证时即时表现的观察（"察言观色"）来推断其陈述的诚实性。例如，作证人作出了保证或宣誓、陈述时神情镇定等，一般使人更容易相信其陈述是真实的。值得特别指出的是，《最高法院司法解释》第118、211条规定证人、鉴定人作证时应当出具保证书，就应该是按这样一种证明方法原理来制定的。另一方面，对"合理解释"的证明是否成功，也不是由进行证明的诉讼一方说了算，而是最终由裁判者来进行判断。因为情理推断的或然性特征，是否属于"合理解释"，往往不会有明确的答案，会出现判断分歧，所以需要由裁判者来独立裁量。

同样的道理，所谓"根据一般生活经验判断"和"符合常理"，也是首先由证人作出猜测性、评论性、推断性的证言（例如，证人说，看见被告人开车在马路上行驶，估计车速明显不低于当地路段所限时速），由被告人作出供述或辩解，然后进行两个方面的证明方法行为，即：一方面，由提出证言的诉讼一方根据前述几种方法证明证言是符合事实的，由控方根据前述几种方法证明被告人的供述和辩解是否符合常理①。另一方面，证明是否成功，由裁判者独立裁量。

通过上面的分析，可以认为如果要使"合理解释"、"根据一般生活经验判断"和"符合常理"这些表述得到合理、有效的运用，需要进行两个方面的法律解释工作，即：一方面，对这些表述的具体运用方法进行解释。应该说这些表述的意思在常识上并不难理解，但是从我国的证据法理论和刑事证明实务来看，这些表述的法律规定却没有得到很好的运用。典型的表现就是，所谓"合理解释"，常常沦为作证人的自说自话，而没有对作证人所作解释的合理性进行必要的证明；即便进行了一定的证明，但运用作证人的日常行为证据、品格证据、作证表现证据等来进行证明的方法也基本上没有得到法律和实践的认可。因此，有必要按上述的理解来对这些表述进行一些细化的解释。

另一方面，对刑事诉讼法和《最高法院司法解释》中与这些表述有关联的其他法条作

---

① 根据被告人不承担说服意义上的证明责任（举证责任）的法理，被告人无须对自己辩解"符合常理"承担证明责任；如果控方否定，则应由控方承担证明辩解不"符合常理"的证明责任。

出修改和进行进一步的解释。在这方面，需要做的工作很多，这里仅举几例进行说明。需要修改之处：其一，《最高法院司法解释》第 105 条 "结论具有唯一性" 的规定。如果要按 "结论具有唯一性" 这种标准认定事实，那么因为按 "合理解释"、"根据一般生活经验判断"、"符合常理" 等方法作出证明和判断无法实现 "结论具有唯一性"，所以它们都没有最终的法律效力。相反，要使后者具有实际法律效用，就应废止 "结论具有唯一性" 这种证明标准规定。其二，刑事诉讼法第 60 条中的 "凡是知道案件情况的人，都有作证的义务" 这种表述。按情理推断证明方法，证人常常并不局限于知道待证事实（"案件情况"）的人。例如，在证明被告人涉嫌盗窃罪的证明中，知道被告人平时偷偷摸摸的人，或是知道某一目击盗窃事实的证人的品格的人，都可以作为证人，他们的证词都可以对待证事实起到一定的辅助证明作用，虽然他们并不是知道待证事实的人。因此，不能以 "知道案件情况" 作为成为证人的前提条件，而是以在其所知事实对待证事实具有证明作用（情理推断意义上的）为证人资格的基本条件。

需要作出进一步解释的地方：其一，刑事诉讼法第 48 条中 "可以用于证明案件事实的材料，都是证据" 这种表述。按我国理论和实务对证据范围的习惯理解，所谓 "可用于证明" 的证据一般局限于实质证据，就是通常所说的 "案件痕迹" 证据。如果承认情理推断证明方法的合法性，那么 "可用于证明" 的证据就不应局限于习惯的理解，而应包括实质证据和辅助证据。其二，刑事诉讼法第 49 条的规定，即 "公诉案件中被告人有罪的举证责任由人民检察院承担，自诉案件中被告人有罪的举证责任由自诉人承担"。对于这里的 "举证责任" 应该明确为说服责任，而进一步解释在哪些情况下被告人需要承担设置争点意义上的提出证据责任。在某些情形下，虽然证明没有形成唯一结论，但常常很容易被许多人认为在情理上应该属实，如果按匹配于唯一结论真实标准的客观证明方法，被告人无须承担任何证明责任，只需 "静待" 控方进一步完成证明；不同的是，如果按情理推断，被告人就需要对证据提出 "合理怀疑"，否则对方的证明就容易被认定为事实。在明确情理推断证明方法的合法性的前提下，被告人应当承担提出证据的责任，但在什么情形下应当承担，则可以通过法律解释来明确。

（作者单位：西南民族大学法学院）

第三部分

刑事司法改革研究

坚持主办检察官制度改革方向

陈卫东

党的十八大之后，主任检察官办案责任制改革成为一项重要内容。最高人民检察院于2013 年 12 月印发了《检察官办案责任制改革试点方案》，党的十八届四中全会通过的《关于全面推进依法治国若干重大问题的决定》（以下简称《决定》）中也明确要"完善主审法官、合议庭、主任检察官、主办侦查员办案责任制，落实谁办案谁负责"。实践中，主任检察官制度在全国范围内进行了试点。尽管这项改革有其进步意义，但通过研究发现以"主任检察官"为方案进行改革并不彻底，应将主办检察官制度作为检察官办案责任制改革的方向。

一、主任检察官运行中存在的问题

不可否认，主任检察官在理论上有其积极价值，[①] 在试点过程中显示出积极的效果：第一，简化了案件行政化审批程序，办案效率获得显著提升；[②] 第二，进一步提升了案件质量。[③] 另外，在提升专业化办案水平，调动检察官工作积极性，增强职业荣誉感和责任感以及优化人才培养等方面，主任检察官制度改革都初见成效。[④]

尽管如此，主任检察官也存在着一些问题从根本上影响着改革的成效，具体而言：

（一）主任检察官改革没有也无法解决与部门行政负责人之间的复杂关系

主任检察官改革，尽管突出了主任检察官的地位和作用，以主任检察官为核心形成一个办案组织负责案件的办理，但依然保留了部门负责人的职位和权力。虽然表面上好像是将检察权与检察行政事务权予以区分，以进一步理顺检察权的内部运行机制，但在具体运行中，部门负责人仍旧拥有影响案件办理的权限，如部门负责人对主任检察官办理的案件，认为主任检察官作出的决定不当时，可以提出本人的倾向性意见，部门负责人可以将本人

---

① 王守安：《完善主任检察官办案责任制》，载《检察日报》2014 年 12 月 19 日第 3 版。

② 以上海市浦东新区检察院刑检部门为例，2012 年浦东新区检察院受理批捕案件数 3713 件，同比上升 37.4%；受理公诉案件数 5625 件，同比上升 72.8%，均为历史最高。在如此庞大的案件量之下，不仅没有错捕、错诉案件，反而在业绩上有了新的进展：全年追捕同比上升 126%，移送涉嫌犯罪线索同比上升 178%。而北京市检察院第一分院公诉二处的数据显示，2009 年该处结案率为 82.86%，2010 年为 92.6%，2011 年达到 98.73%，2012 年在收案率上升 79.7%的情况下，结案率达到 97.9%，改革逐渐深入取得的效果较为明显。

③ 以上海市闵行区检察院为例，该院自试行主任检察官制度以来未发现一起错案，2012 年公诉案件的审结率达到99.5%，审查逮捕案件期限由平均 6.5 天降至 5.4 天。而北京市检察院第一分院公诉部门办理的 A 类案件，自实行主任检察官制度以来也在逐渐上升，2008 年为 30 件，2009 年为 35 件，2010 年为 37 件，2011 年为 63 件，2012 年则达到 118件。

④ 张栋：《主任检察官制度改革应理顺"一体化"与"独立性"之关系》，载《法学》2014 年第 5 期。

的倾向性意见同主任检察官的意见，以及主任检察官联席会议意见一并呈报检察长，供检察长参考。这实际上变相地允许了部门负责人案件核阅权的存在，主任检察官仍旧会受到部门负责人的影响，主任检察官与办案部门负责人之间的关系仍旧没有厘清。特别是在检察机关内部行政体制没有作出完全改变的情况下，主任检察官不能、不敢，甚至不愿意独立办案，而重新回归行政化的办案模式。[①]

（二）主任检察官改革没有也不能彰显检察官办案的主体地位

在主任检察官的主导下，由其他检察官共同组成一个办案组，由主任检察官领导办案组的做法也需要进一步考量。在此种办案模式下，主任检察官并不亲力亲为组内的所有案件，其领导和指挥组内的其他检察官办理案件，并由主任检察官为组内的所有案件负最终责任。总体而言，这种改革仅仅是强调了一部分遴选出来的少数的"主任检察官"的独立自主性，但忽视了其他大多数办案检察官的独立自主性。可见，这种改革与以往的行政审批制并未有实质性区别，只不过位于承办检察官之上的不再是"部门负责人"而是"主任检察官"而已，具体办案的检察官都不能决定案件的处理结果。实际上，这种改革不但没有去行政化进而实现检察官的独立自主性，反而可能"变本加厉"使得行政化色彩更浓。[②]这似乎又走回了"办案者无权，有权者不办案"的改革起点，并不能从根本上彰显检察官办案的独立自主性。

（三）主任检察官改革没有明确检察官与检察长和检察委员会在执法办案中的职责权限

主任检察官改革对检察官、检察长和检察委员会在执法办案中的职责权限没有进行明确，甚至在一些试点省市的试点方案中，也未对三者的职责权限予以明确。这就不由得使人产生一定的困惑，在执法办案过程中，在实现检察独立的道路上，检察官的独立性究竟该如何体现？不解决检察长、检察委员会和主任检察官之间的职责权限，强调检察官的独立自主性就是一句空话。

（四）主任检察官的称谓体现的是行政性的上下级关系

主任检察官中的"主任"一词，具有极强的行政色彩，体现的仍旧是行政性的上下级关系，这与淡化行政色彩，突出承办检察官独立自主性的改革取向并不一致。而事实上，"主任检察官"这一称谓源自于我们的认识误区。"主任检察官"这一词是舶来品，源自于对国外检察官称谓的翻译，更为恰当的译法应当为"首席检察官"。在德国，首席检察官是检察首长的代理人，既办理案件，也处理一些行政事务，但是其对其他检察官办理的案件并不具有决定权。在我国台湾地区"主任检察官"制度也存在着误区，不仅在称谓上，在运作中行使的职权也是行政化的案件核阅权，案件的处理原则上需要经过"主任检察官"的核阅和盖章才能够生效。因此，台湾地区学者就明确地指出"主任检察官"只不过是检

---

① 张栋：《主任检察官制度改革应理顺"一体化"与"独立性"之关系》，载《法学》2014年第5期。

② 我们要防范形成一个强势的主任检察官带领一组唯唯诺诺的检察官这样一种弱势格局。参见张栋：《主任检察官制度改革应理顺"一体化"与"独立性"之关系》，载《法学》2014年第5期。

察首长指挥监督检察官的"行政幕僚"而已，根本就是"空的"、"是盖章"的。① 这也就意味着我们是用意味着处理行政事务的具有行政色彩的"主任检察官"来称谓专门负责案件办理、强调独立自主性的检察官是不恰当的。

二、主办检察官制度的比较优势

通过对主任检察官改革的分析，我们认为其不足以"落实谁办案谁负责"的办案责任制，更不能彰显检察官的独立地位。既然是办案责任制，就该将责任与案件挂钩；既然是检察官办案责任，就应当将责任与检察官挂钩；既然是要追究责任，就应当将责任与职权挂钩。

与主任检察官改革相比，笔者一直主张将"主办检察官制度"作为检察改革的方向。所谓"主办检察官制度"，就是承认每一个具体承办案件的检察官的独立性，由具体承办案件的检察官独立自主决定案件的处理结果，每个承办案件的检察官就是"主办检察官"。

主办检察官制度的优势在于：

（一）主办检察官制度承认了每一个个体检察官的独立性

与主任检察官是遴选出来的少数被赋予独立自主性的检察官，且拥有指挥监督办案组内的检察官职权不同，在主办检察官制度下，任何一个办理案件的检察官都是"主办检察官"，其都可以在法律和检察长授权范围内独立自主地决定案件的处理结果。主办检察官是检察官办理案件时的称谓，并不是一个职务，其职责权限就是办理案件。"主办检察官是检察机关根据执法办案需要设置的一种执法岗位，而不是职务；是一种能力席位，而不是一个机构；主办检察官的办案决定权来源于法律规定、检察长授权。"② 可见，主办检察官能够从整体上赋予每一个个体检察官以独立自主性。

（二）主办检察官制度削弱了检察机关内部的行政等级体系

在主办检察官制度下，主办检察官办理案件的时候，除了法律明确规定需要检察长或者检委会作出决定或者授权的事项，主办检察官在执法办案中还有着完全的自主性。这就协调好了主办检察官与部门负责人之间的关系，废除了部门负责人的案件审核权。这就可以削弱检察机关内部的行政等级体系，将个体的检察官从繁杂的行政层级中解放出来，更加符合检察改革的方向。

（三）主办检察官制度强调了司法亲历性

司法讲究亲历性。在主办检察官制度之下，每个办理案件的检察官都是"主办检察官"，都可以独立自主地决定案件的处理结果；在办案检察官之上并不存在"主任检察官"或者"部门负责人"等来决定案件的处理。这就去除了萦绕在检察官之上的各种行政审批

---

① 参见林山田：《刑事诉讼法改革对案》，台湾元照出版公司2000年版，第356页。

② 郑青：《对主办检察官办案责任制的几点思考——以湖北省检察机关的改革实践为范本》，载《人民检察》2013年第23期。

或变相的行政审批，确保了司法的亲历性，实现了由办案者来决定案件处理的目标，契合了司法规律。

（四）主办检察官的称谓更加科学

与主任检察官的称谓相比，主办检察官的称谓更加科学。主任检察官的称谓具有局限性，并不适宜推广到所有的检察业务中。而主办检察官的称谓则并不存在这一问题，可以推广到所有的检察业务中。

而且，与"主任检察官"给人更多的是行政化的指挥监督权限不同，主办检察官这一称谓体现的是一种办理案件的职责权限，不具有行政化色彩。更为重要的是，将主办检察官与案件直接挂钩，强调了检察官办案的亲力亲为，更多体现的是专业性和职业性。

（五）主办检察官制度真正实现了权责的统一

在主办检察官制度下，真正决定案件结果的是每个亲自处理案件的检察官，即主办检察官。这就彻底实现了"让办案者决定，让决定者负责"的检察改革目标，真正做到了权责一致。这有助于激发检察官的办案积极性，为检察官队伍专业化、职业化、精英化建设打下基础。[①]

三、主办检察官制度改革中需要注意的几个问题

主办检察官改革的过程中需要注意的问题，主要是在未来的改革过程中需要明确的权限。也就是说，在未来的改革中，应当如何正确处理检察官与检委会以及检察长的权力界限，如何正确处理检察官独立与检察一体的关系。

（一）检察官独立与检察一体之间的关系

要求检察官独立办案并承担责任，并不意味着否定检察一体或者排斥检察长的领导，实际上检察官独立仍然是在一体化的检察体制之下的独立，仍然要接受检察长的领导。但是基于对检察官办案独立性的最低保障，必须要将检察长的领导纳入法治轨道，即实现检察长指令的法治化。[②] 具体而言：首先，应当统一检察长指令的行使，明确检察长的指令应当以书面的形式作出，如果因为时间紧迫而无法及时作出，应当在事后第一时间补正。其次，赋予指令执行人以一定的异议权，提醒检察长注意指令可能存在的不合法、不合理的地方。但是提出异议并不意味着可以不执行检察长的指令，恰恰相反，只要检察长作出的指令，相关检察官即便有异议也必须支持。但如果事后证明检察长指令有误而检察官又及时提出异议的，则检察官无须就执行错误指令承担责任。需要指出的是，不管是检察长的指令，还是检察官提出的异议，都应当附卷备查。最后，明确检察长错误指令或者违反程序作出指令的责任，并规定追责程序，这有助于实现检察权运行的透明性、规范性，也会

---

① 徐汉明、金鑫等：《主办检察官负责制的框架设计与核心要素——关于湖北省检察机关试行检察长领导下主办检察官负责制的考察》，载《人民检察》2013年第19期。

② 陈卫东：《司法改革背景下的检察改革》，载《检察日报》2013年7月23日。

提高检察长下达指令的审慎性，避免不必要的干预。

（二）检察官与检委会之间的关系

对于检察官与检委会之间的职责权限范围，尚没有明确的界定，在相关法律规范中也找不到明确的答案。例如，我国刑事诉讼法第 87 条规定："人民检察院审查批准逮捕犯罪嫌疑人由检察长决定。重大案件应当提交检察委员会讨论决定。"《人民检察院检察委员会组织条例》第 4 条规定，检察委员会讨论决定重大案件和其他重大问题。[①] 但是何为"重大案件"并没有清晰的界定。这种界定方式容易为检察委员会不当介入留下制度隐患。特别是在我国的现实司法环境下，承办案件的检察官受现行的业务考核和责任追究体系的限制，甚至是法外干预或者社会舆论的影响，在案件处理过程中往往面临着巨大风险，承受着巨大压力，更希望通过检察委员会使得不利后果从其个人转由检察委员会集体承担。如果不界定好检察委员会讨论的"重大案件"的范围，检委会作为避难所的责任分担和风险转移的隐形功能更加突出。这就会从根本上影响主办检察官制度的改革成效。所以在未来主办检察官的改革中，要明确检察官与检委会之间的权责划分，特别是要界定好检委会讨论案件的范围和界限。

（作者单位：中国人民大学法学院）

---

① 《人民检察院检察委员会组织条例》(2008 年修订) 第 4 条将检察委员会讨论的重大案件和其他重大问题细分为八项，分别是：（一）审议、决定在检察工作中贯彻执行国家法律、政策和本级人民代表大会及其常务委员会决议的重大问题；（二）审议、通过提请本级人民代表大会及其常务委员会审议的工作报告、专题报告和议案；（三）总结检察工作经验，研究检察工作中的新情况、新问题；（四）最高人民检察院检察委员会审议、通过检察工作中具体应用法律问题的解释以及有关检察工作的条例、规定、规则、办法等；省级以下人民检察院检察委员会审议、通过本地区检察业务、管理等规范性文件；（五）审议、决定重大、疑难、复杂案件；（六）审议、决定下一级人民检察院提请复议的案件或者事项；（七）决定本级人民检察院检察长、公安机关负责人的回避；（八）其他需要提请检察委员会审议的案件或者事项。

审判中心主义改革相关问题辨析

郜占川

党的十八届四中全会通过的《关于全面推进依法治国若干重大问题的决定》（以下简称《决定》）首次提出"推进以审判为中心的诉讼制度改革"，被认为是一项重大的司法改革举措。《决定》出台后，法学理论界和司法实务界均给予足够的重视，解读性质的文章数量蔚为壮观，其中不乏真知灼见，相信这些研究成果能为推进改革提供有益的参考。笔者特别关注了实务界人士发表的观点，在为实务界对推进审判中心改革充满信心而且纷纷提出可操作性的方案点赞的同时，也明显感受到在一些关键性问题上的摇摆甚至回避态度，由此对改革能否成功充满隐忧。鉴于此，笔者拟对实务界在几个关键问题上存在的一些消极理念予以批判性分析，以期扩大改革共识。

一、"以审判为中心"与三机关配合、制约原则

最高人民法院常务副院长沈德咏同志在《中国法学》2015 年第 3 期发表的《论以审判为中心的诉讼制度改革》一文（以下简称"沈文"），应该是当前司法机关高层对审判中心改革少有的公开、权威解读。文章一开始就针对三机关配合制约原则明确指出，"这是符合中国国情、具有中国特色的诉讼制度，必须坚持"。进而较深入地分析了这一原则在实践中存在的问题。作者明确指出，推进以审判为中心的诉讼制度改革，无须也不会改变三机关配合制约的基本原则。既然无须对这一基本原则进行改革抑或是改良，那么由这一原则直接或间接导致的系列问题如何克服？遗憾的是，文章并未就完善这一基本原则提出可操作的改革方案[①]。笔者同时注意到，最高人民法院已列出改革的时间表：提出到 2016 年年底推动建立以审判为中心的诉讼制度，形成定位科学、职能明确、运行有效的法院职权配置模式。明确时间表，凸显的是改革的魄力和勇气，但一味迁就"国情"，又反映出改革中的迟疑、暧昧态度。可见，仍有必要对这一原则做进一步的批判分析。

（一）来自实践中的反馈：配合与制约并不兼容

推进"以审判为中心"的诉讼制度改革，其实质是将诉讼构造回归到其应然位置。何为应然的诉讼构造？现代法治国家的实践一再证明，严格意义上的诉讼是三方组合（可形象地称之为"等腰三角结构"），争议的两造在法律上地位平等，裁决者（法官）居于其

① 基金项目：国家社科基金一般项目"审判中心主义改革进程中检察权同步司法化研究"（项目编号：15BFX062）。当然，即便是最高司法机关领导，其在学术刊物上公开发表的观点，理论上也仍属于个人观点。但其所产生的效应不啻于其代表最高司法机关在公开场合的讲话。从这个意义上讲，公众从官员发表的文章评判其所代表的部门的立场和思路，应无可厚非。

间，踞于其上，处于超然、中立的地位。就刑事诉讼而言，代表国家行使追诉权的检察机关与被告人为争议的两造，从诉讼法理上讲，两者在法律上地位平等①。作为中立的审判方，应该不偏不倚地倾听双方的意见、同等对待双方的请求，不应该预设立场，进而打破这种三方结构。我国刑事诉讼法确立的公检法分工负责、互相配合、互相制约的原则，在特定时期的刑事司法中发挥了重要的作用，但是其副作用也是有目共睹的②。因此，要辩证地甚至用批判的眼光看待这一原则。作为一项刑事诉讼的基本原则，只对参与诉讼的公权力机关之间的关系予以明确，显然将作为诉讼主体的犯罪嫌疑人、被告人视为诉讼客体，沦为三机关"配合"之下的治罪对象。因为我们从各个时期披露的冤错案件中几乎都有三机关联合办案的影子，该原则的另一重要义——制约则系统性失灵。

（二）三阶段平分秋色的地位导致诉讼中心偏离

党的十八届四中全会明确提出推进"以审判为中心"的诉讼制度改革，其言外之意当然是目前刑事诉讼并不是以审判为中心，法学界将其概括为"侦查中心主义"、"卷宗中心主义"等。无论是"侦查中心主义"还是"卷宗中心主义"，均传递出这样一种信息，就是法院的最后裁判均建立在充分依赖侦查阶段形成成果的基础上。为什么会出现这种结果呢？原因是多方面的。例如，审判权威及公信力不足，特定背景下侦查机关的地位过于强势，直接言词原则证据规则的缺失，等等。但有一个直接原因，则是各个诉讼阶段分工负责、平分秋色的机制使得诉讼程序沦为线性程序，前后程序之间依次推进，每个程序都有各自相对独立的诉讼任务。特别是由于未能建立强制侦查的司法审查机制，法院很难制约公安、检察机关，甚至不得不通过降格处理、"留有余地的判决"等变通的方式消化侦查机关做的"夹生饭"。

（三）改革目标：制约就是配合

诚然，司法改革要尊重历史，但决不能视问题而不见，甚至抱有叶公好龙、讳疾忌医的态度。"审判中心"不能靠上级命名，也不能靠他人推举，只能靠各级法院通过自己的行动来实现③。最高人民法院已经就此项改革制定了明确的时间表，理应付诸切实可行的改革行动，而沈文几乎没有提出明确的改革路径，他认为"推进以审判为中心的诉讼制度改革，目的就是要切实发挥审判程序应有的制约、把关作用，形成一种倒逼机制，促使公检法三机关办案人员树立案件必须经得起法律检验、庭审检验的理念，严格依法规范侦查和起诉活动，既要从源头上防止案件'带病'进入审判程序，以更加有效地防范冤假错案，又要有效避免因人为失误、失职甚至渎职，导致有罪者未能受到法律的应有制裁，造成客观上

---

① 这种平等有赖于无罪推定原则的确立方能以权利的形式去实现或寻求救济。这些表述堪称我国刑事诉讼法教科书对"刑事诉讼"概念的经典表述，笔者坚信，当前我国的公安司法人员群体对这些理念应能接受，但不能很好地落实到司法实践中，主要原因之一就是三机关配合制约原则的存在。

② 对强制侦查权的司法审查机制付之阙如，是造成无数冤假错案的根源。尤其是在"严打"期间，配合制约原则很可能倒向无条件的配合，制约作用消失殆尽。

③ 参见何家弘：《从侦查中心转向审判中心——中国刑事诉讼制度的改良》，载《中国高校社会科学》2015 年第 2 期。

放纵犯罪或者打击不力的现象发生"。① 笔者认为，上述观点无疑是正确的，但是其所描述的良好愿景如何形成？可依赖的路径是什么？不得而知。笔者以为，当务之急是在不废除这一原则的情况下，对其进行釜底抽薪式的改良。可行的举措有两条：一是下决心建立强制侦查措施的司法审查机制，这是刑事法治的潮流和必然要求，甚至从防范冤假错案的角度而言，建立强制侦查司法审查机制，本属亡羊补牢之举；二是切实淡化三机关之间的配合，使该原则成为货真价实的制约原则，笔者相信，有朝一日司法实务界或可达成这样的共识：制约就是最大的配合。

二、"以审判为中心"与诉讼各阶段坚持同一证明标准

沈文还明确表达了这样一个观点："以审判为中心，其实质是在刑事诉讼的全过程实行以司法审判标准为中心，核心是统一刑事诉讼证明标准。"② 作者指出，尽管法律规定的证明标准是统一的，但在实际执行中，在侦查、审查起诉和审判三个阶段往往是各有各的理解、各有各的把握。这里可以析出几个问题：一是尽管现行刑事诉讼法沿袭了以往的立法例，将侦查终结、提起公诉、审判定罪的证明标准都表述为"事实清楚，证据确实、充分"，司法实践中是否都应当按照刑事诉讼法第 53 条的规定理解"证据确实、充分"，有无可行性，其可能导致的弊端是什么？二是我国刑事诉讼各阶段应否确立不同层次的证明标准。

（一）刑事诉讼各阶段统一证明标准：科学乎？可行乎？

1. 一元制化的证明标准与认识规律相悖。对于我国绝大多数刑事公诉案件而言，都要经历立案、侦查、起诉和审判等程序，每一程序的启动都要具备相应的最低证据条件，这就是证明标准问题。从立案到作出判决，程序依次推进，相应地公安司法人员对案件的认识也逐步深入。因此，从认识论的角度讲，刑事诉讼各阶段的证明标准应呈现出逐步提高的递进态势。事实上，域外的刑事诉讼立法中无不体现了这一规律。譬如，在英美证据法上，依证明所需的确定性程度划分，证明标准由高到低可大致分成九个层次：（1）绝对的确定性——任何法律目的均不做此要求；（2）排除合理怀疑——刑事案件中为有罪认定所必需；（3）明晰且有说服力的证明——适用于某些民事案件以及某些管辖法院对死刑案件中保释请求的驳回；（4）优势证明——适用于多数民事案件以及刑事诉讼中被告人的肯定性抗辩；（5）可成立的理由——适用于逮捕令状的签发、无证逮捕、搜查及扣留、控诉书和起诉书的发布、缓刑及假释的撤销，以及对公民逮捕的执行；（6）合理相信——适用于"阻截和搜身"；（7）有合理怀疑——无罪释放被告人的充足理由；（8）怀疑——适用于调查的开始；（9）没有信息——不能采取任何措施。③ 这种划分标准值得借鉴。我国台湾地区"刑事诉讼法"亦采取了分层次的立法方式，如该法第 251 条对提起公诉的条件规定为："检察官依侦查所得之证据，足认被告有犯罪嫌疑者，应提起公诉。被告之所在不明者，亦

① 沈德咏：《论以审判为中心的诉讼制度改革》，载《中国法学》2015 年第 3 期。
② 沈德咏：《论以审判为中心的诉讼制度改革》，载《中国法学》2015 年第 3 期。
③ 龙宗智著：《相对合理主义》，中国政法大学出版社 1999 年版，第 301 页。

应提起公诉。[①]"但是，反观我国的刑事诉讼立法，自 1996 年刑事诉讼法第一次修订时，就对移送起诉、提起公诉、有罪判决的证明要求作出相同规定，均适用"事实清楚，证据确实、充分"的标准。一些学者敏锐地发现诉讼各阶段证明标准混合存在的问题，早在刑事诉讼法修订前就提出了相对科学合理的立法建议[②]。但是在 2012 年修订中对 1996 年刑事诉讼法的相关表述予以保留，只是对"证据确实、充分"作出了较为具体的解释。甚至立法本意亦倾向于刑事诉讼各阶段均适用同一证明标准[③]。

美国著名证据法学者约翰·威格摩尔（John Wigmore）曾有过一个经典的论断：交叉询问制，毫无疑问是有史以来为发现真实所发明的最伟大的利器。或许这一观点过于绝对，但透露出这样一种信息：在诉讼各方参加的庭审阶段，通过对质诘问等方式，更容易揭示事实真相。这与我国传统哲学所提倡的"兼听则明，偏信则暗"是相一致的。事实上，侦查阶段为不公开调查阶段，受制于侦查主体的立场和追诉倾向，极易忽视对犯罪嫌疑人有利的证据的收集，而在此阶段由于辩护律师参与度有限，尽管一些犯罪嫌疑人本属无辜，也很难瓦解强大的侦查机关建构的"有罪"证据体系，这也是冤假错案大都发生在侦查阶段的原因所在。因此，我们应该秉持这样的认识，由于时间的一维性和案件事实客观上的不可逆性以及侦查人员主观上认识能力的局限性，要求侦查终结时必须达到事实清楚、证据确实充分的证明标准不现实，也不合理[④]。同样，在起诉环节也存在类似的情形，故对证明标准不宜提出与审判阶段同样的要求。

2. 一元化的证明标准使审前程序成为刑事诉讼重心，与审判中心改革相悖。司法实务中有观点指出："检察机关在职务犯罪侦查阶段对于事实认定和法律适用的标准虽不等同于审判阶段的证明标准；但是应以审判阶段的标准作为参照，应向审判阶段的标准'看齐'，切实做到合法证据收集在侦查阶段，非法证据排除在侦查阶段，瑕疵证据补正在侦查阶段，严格证明标准在侦查阶段。"[⑤] 这段论述貌似言之成理，但忽略了我国刑事诉讼中或明或隐的各种因素，譬如备受诟病的绩效考核制度，三机关配合有余、制约不足的关系，影响性案件造成的政治恐慌等，这些因素的共同作用导致审前程序中追诉机关的客观性不足，甚至保持着天然的治罪倾向。在审判阶段排除非法证据的案例都少之又少，寄希望于非法证据排除在侦查阶段，岂不是一厢情愿。而作者所谓的"参考"一语更是模棱两可的表述，是参考后就高还是就低，均不明确。在我国现实刑事司法中，真正决定被追诉人命运的阶段不是审判阶段，而是侦查阶段，审判不过是对侦查结果的正式"确认"活动[⑥]。这种认识甚至被司法实务部门的高层人士予以体认："中国的刑事审判实际上是一种以案卷笔录为中心的裁判模式"，这种庭审模式很大程度上变相剥夺了被告人的质证权，弱化了庭审功能，法庭审判流于形式，几乎成为对侦查卷宗的审查和对侦查结论的确认过程。法官天然

---

① 吴宏耀、种松志主编：《中国刑事诉讼法典百年》（下册），中国政法大学出版社 2012 年版，第 1027 页。

② 典型的有，陈卫东教授在刑事诉讼法修改前提出的立法建议，即对侦查终结的证明标准做了适当的调整。参见陈卫东主编：《模范刑事诉讼法典》（第二版），中国人民大学出版社 2011 年版，第 326 页。

③ 参见全国人大常委会法制工作委员会刑法室编：《关于修改中华人民共和国刑事诉讼法的决定：条文说明、立法理由及相关规定》，北京大学出版社 2012 年版，第 52 页。

④ 陈卫东主编：《模范刑事诉讼法典》（第二版），中国人民大学出版社 2011 年版，第 327 页。

⑤ 张云霄、范庆东：《职务犯罪侦查如何适应以审判为中心》，载《检察日报》2015 年 8 月 18 日第 7 版。

⑥ 参见李昌盛：《走出"逮捕中心主义"》，载《检察日报》2010 年 9 月 23 日第 3 版。

地对侦查卷宗有一种依赖甚至迷信的心理，难以从根本上消除"侦查中心主义"的影响①。产生并维持"侦查中心主义"地位的因素不一而足，但是拔高侦查终结及移送审查起诉的标准，无疑是很重要的原因，因为在这一目标的指引下，侦查机关极尽侦查之能事，奉行"够罪才捕"、"够罪即捕"的做法，侦查终结即意味着"构成犯罪"，而审判阶段直接审理原则难以有效贯彻，甚至是不愿意贯彻②，依赖形式上"够罪"的卷宗审理并下判。近些年来披露的冤假错案用血的事实一再证明，即便是按照"证据确实、充分"的高标准建立的控方证据体系，也丝毫经不起历史的检验。

3. 一元化的证明标准加剧了侦控机关的证明责任，从而使违法侦查成为必然现象。前已述及，沿用一个证明标准而无相应的纠偏机制，侦查阶段酿成冤错案件几乎是难以避免的，这在域外也有实例。日本曾经以"精密司法"、有罪判决率高达99%为荣，但由于"实行彻底的侦查"，造成审判流于形式、公诉权被滥用、冤假错案难以纠正等弊端③。一元化的证明标准为什么会造成冤假错案呢？原因是高证明标准对侦查机关提出了高要求，侦查机关除了受办案期限、绩效考核、侦查技术水平等客观条件的制约，还存在侦查人员人权保障意识不强、功利主义倾向突出等问题，在这些因素的综合作用下，违法侦查应运而生。在一些案件中，突破犯罪嫌疑人口供仍然是唯一"可行"的措施。传统的刑讯逼供逐渐绝迹，但新型的逼供方式层出不穷。虽然我国刑事诉讼法明确规定了非法证据排除规则，但对实体正义的过度青睐导致对程序违法行为给予了罕见的宽容。而恰恰又是对程序公正的忽视，导致一大批当初明显认为有瑕疵的案件在"真凶出现"、"亡者归来"的情况下才被证明是错案，法院也不得不一次次吞咽侦查机关酿成的苦果。

（二）确立分层式证明标准迫在眉睫

由于本文的写作初衷在于指出问题并做力所能及的分析，至于提出可行的对策则非作者的侧重。针对不同诉讼阶段适用同一证明标准的弊端，已然清晰可见。因此，应从认识规律、证明责任、保证办案质量、防范冤错案件、兼顾司法效率等多个角度综合考量，构建各阶段具有层次性的证明标准。在具体细化证明标准时，应充分吸纳学界的研究成果，广泛借鉴域外成熟的立法例。事实上，国内学者对这一问题给予了应有的关注，一些研究成果也颇有见地。例如，有学者认为，移送审查起诉的证明标准只要达到"有定罪的可能"即可——这是侦查阶段在"惩罚犯罪"和"保障人权"之间选择的比较合适的切入点④。至于提起公诉的证明标准，似可以确定为内心确信标准，即检察人员根据经验、理智和良心，认为本案的证据已经足以令其相信被告人实施了被指控的犯罪，并预测该案的审判结果有较大的定罪可能性时，即可提起公诉⑤。谈及证明标准，笔者拟做适度延伸，认为鉴于当前侦查权过于强大、对强制侦查行为的事后司法审查明显力度不足的现状，有必要对警察盘查、搜查、扣押、监听、枪支使用等行为的启动设置相应的启动条件（心证门槛），并

① 参见张立勇：《强化审判中心地位　切实防范冤错案件》，载《人民法院报》2013年8月21日第5版。
② 我国现行刑事诉讼法规定的证人出庭的三个条件中，最具决定性的条件则是"人民法院认为有必要"。据笔者访谈一线审判人员，大多认为法院主观上的确不希望证人出庭，原因是既徒增工作量，而且容易出现翻证现象。
③ 参见肖慎明：《日本的"精密司法"与错案预防》，载《人民法院报》2013年5月17日第5版。
④ 李学宽等：《论刑事证明标准及其层次性》，载《中国法学》2001年第5期。
⑤ 李进国、王道峰：《刑事证明标准应具有阶段性和层次性》，载《检察日报》2008年9月22日第3版。

辅之以令状主义，逐步纳入司法审查范围，方为"以审判为中心"的题中应有之义。

三、"以审判为中心"与审判监督

最高人民检察院检察理论研究所所长王守安同志撰文指出："'以审判为中心'与检察机关对审判活动的诉讼监督并不矛盾。"他认为"以审判为中心"并没有改变宪法和诉讼法确定的职权配置格局，没有否定检察机关在审判阶段行使诉讼监督权的权力基础，"以审判为中心"的诉讼模式强调的是审判阶段对案件处理的关键作用，但审判阶段的诉讼活动仍然要接受检察机关的诉讼监督，二者并无矛盾①。笔者以为，作者从检察机关的立场出发，为检察机关权力行使的合法性作出论证本无可厚非，而且四中全会决定的确没有改变宪法和诉讼法确定的职权配置格局，亦未否定检察机关的审判监督权，但这并不等于检察机关行使审判监督权与其公诉人角色不相冲突，也不等于这种角色冲突的庭审格局能凸显审判的中心地位。实际上，这里涉及两个亟待厘清的问题。

（一）公诉人角色与监督者角色如何协调

推进以审判为中心的诉讼制度改革，核心要义是要使庭审实质化，要让裁判结论形成于法庭。上述结论的成立还需具备一个前提条件，那就是司法的权威性或者说是法庭的权威。我国 1996 年刑事诉讼法确立的对抗式庭审方式改革并不成功，很大原因就在于未能吸收对抗制的精髓：审判中立、控审分离、控辩平等这三个要素缺一不可。但是由于公诉人在审判中以"超诉讼角色"出现，本身就是对诉讼构造的冲击甚至破坏，监督机关同时为公诉机关和侦查机关，由此而使控诉主体挟监督权面向审判，在此种态势下，审判的中心地位以及权威性和独立性恐难有效维系②。当下的问题是如何有效协调两种随时发生冲突的角色。寄希望于检察官的个人理性、修养显然是徒劳的。或许我们应该从塑造法院权威、尊重法院终局裁判的立场出发，将检察机关审判监督职能予以改造。那就是按照一些学者提出的主张，将"提出纠正意见"、抗诉、开展法官职务犯罪侦查等被解释为刑事审判监督职能的各种检察职权还原为诉讼职能③，在诉讼的框架内依法行使，从而在维护审判中心地位的同时避免出现"法官之上的法官"。

（二）如何走出监督的怪圈

"谁来监督监督者"，这是权力制约构造中的难题。当前刑事庭审中公诉人的超诉讼角色在一定程度上打破了控辩平衡的态势（原本就是法检配合有余，再加上监督这重砝码），最终只能恶化被告人的处境，这显然与司法改革的初衷相悖。具有检察机关工作经历的龙宗智教授坦言，检察机关基于诉讼监督权对法院实施的审判监督，存在法理合理性的缺陷，有悖于现代诉讼的基本构架与性质，有悖于诉讼运作的一般性规律，在实践中产生了相当

---

① 王守安：《以审判为中心的诉讼制度改革带来深刻影响》，载《检察日报》2014 年 11 月 10 日第 3 版。
② 龙宗智：《"以审判为中心"的改革及其限度》，载《中外法学》2015 年第 4 期。
③ 刘计划：《检察机关刑事审判监督职能解构》，载《中国法学》2012 年第 5 期。

的负面效应①。而且，无论是近年来刑事司法实践中出现的冤假错案，还是时时见诸各种媒体头条的"律师死磕"、"将律师驱逐出庭"等事件，均未见到检察机关这一监督者应有的作为，甚至其监督作用尚不如媒体。因此，笔者建议借推进以审判为中心的诉讼制度改革，打破监督的怪圈，让诉讼按照司法规律进行，同时让司法公开的步子迈得更大一些，将监督司法的任务主要委诸公众，因为只有公众才不会预设立场，亦不会先入为主。譬如，对更多的典型案件进行庭审直播，让社会公众直观地了解法庭审判的过程，为实现"审判中心"提供外部助力②。

（作者单位：甘肃政法学院）

---

① 转引自刘计划：《检察机关刑事审判监督职能解构》，载《中国法学》2012 年第 5 期。

② 何家弘：《从侦查中心转向审判中心——中国刑事诉讼制度的改良》，载《中国高校社会科学》2015 年第 2 期。

审判中心背景下的庭前程序再思考

郭 华

党的十八届四中全会确立了"推进以审判为中心的诉讼制度改革"的基本目标与总体方向。这一诉讼制度改革目标与方向作为司法改革的重要课题不仅引人注目，而且备受法学界与司法实务界的深度关注，甚至成为炙手可热的司法改革的讨论话题。基于"以审判为中心的'诉讼制度改革'"的整体考虑以及"审判中心"因这些"边缘制度"不协调被侵蚀的忧虑，再加上庭前程序作为审判程序的起始和前提的基础地位，有必要在推进以审判为中心的诉讼制度改革背景下对庭前会议制度予以省察，以便能够塑造出维护"以审判为中心"的审判程序构造，以期有利于"以审判为中心"目标的实现。

一、庭前会议制度在司法实践中的现状

无论是1979年刑事诉讼法还是1996年刑事诉讼法均未规定庭前会议制度。我国的庭前会议可以说是缘起于司法实践的尝试，当然也不乏理论界的不断呼吁。例如，2001年年初，山东省寿光人民法院就刑事案件庭前证据开示、庭前会议改革进行了初步尝试，引起了国内理论界和司法界的高度重视。为深化刑事审判方式改革，提高刑事案件审判工作的质量和效率，2004年河南省安阳市中级人民法院刑一庭试行了庭前会议制度。2012年刑事诉讼法修改肯定了司法实践的这一做法，将其确立为一项诉讼制度。我国刑事诉讼法第182条第2款规定："在开庭以前，审判人员可以召集公诉人、当事人和辩护人、诉讼代理人，对回避、出庭证人名单、非法证据排除等与审判相关的问题，了解情况，听取意见。"最高人民检察院《人民检察院刑事诉讼规则（试行）》第430条至第432条就庭前会议作了进一步规定，明确了参加庭前会议的公诉人为出席法庭的公诉人，公诉人通过参加庭前会议，了解案件事实、证据和法律适用的争议和不同意见，解决有关程序问题，为参加法庭审理做好准备。最高人民法院《关于适用〈中华人民共和国刑事诉讼法〉的解释》对庭前会议的可选择性提起情形的补充性规定，特别规定了在开庭审理前，当事人及其辩护人、诉讼代理人申请排除非法证据的，人民法院经审查，对证据收集的合法性有疑问的，应当召开庭前会议。由于这一制度的立法架构不同于国外的证据展示制度，也有别于国外的预审程序，其价值功能等问题难免在理论上产生一些分歧与争议，就实践而言也存在不少的问题。据中国政法大学诉讼法学研究院在江苏省司法机关进行调查的数据显示，2013年前10个月，江苏省各级检察院处理刑事案件6万多件，一共召开庭前会议217件，适用比率约为0.36%。其中苏州市检察院处理刑事案件11487件，召开庭前会议的共有35件，适用比率约为0.30%；泰州市检察院处理刑事案件2495件，召开庭前会议的共有13件，适用比率约为0.52%；无锡市检察院处理刑事案件7500件，召开庭前会议的共有16件，适用比率

约为 0.21%。① 司法实践中庭前会议的实施状况与理论界的高度赞誉相比，确有相形见绌的场景。

由于立法对庭前会议审议范围规定得不明确，有些地方将其异化为"小庭审"，增加了重复开庭的工作量；而有些地方对本该在庭审中解决的实体性问题放在庭前会议中进行调查，甚至对证据内容、证明力等开展质证，之后再正式开庭审理，等于开了两次庭，造成"庭前实体审，庭审走过场"的现象，在一定程度上架空了庭审程序，有损程序公正，② 存在理论上不断纠缠与实践中不断异化的趋势。

二、庭前会议制度存在的问题与争议

尽管我国的庭前会议制度参考了国外庭前程序的规定，但因诉讼结构的不同采用不同的方式，即使是条文规定的一致，在实践中也不会产生相同的效果。我国理论界对此也存在不同观点与看法。有论者认为，庭前会议程序是为了避免审理期限过长而设置的庭前准备程序，最直接目的是提高审判效率，其建构应当紧紧围绕可能直接影响审判效率的问题展开，旨在为庭审扫清阻碍、保证庭审集中审理。这种观点似乎是以诉讼效率为圭臬，将追求审判效率的提高作为庭前会议制度设置的唯一目的，与庭审中心主义关系不大。也有论者认为，我国刑事诉讼法第 182 条第 2 款构建的具有我国特色的庭前会议制度承载了公正与效率价值，具有资讯功能、强化庭审中心地位功能、程序分流功能以及防止庭前预断的功能。还有论者进一步认为，应当在庭前会议中听取控辩双方对非法证据排除的意见，在正式庭审中决定是否启动非法证据排除程序。如果在庭前会议中发现证据的合法性存在较大争议，特别是出现了刑事诉讼法第 57 条规定的需要侦查人员出庭的情形，应当在庭前会议中完成对争议的收集和整理工作，留待审判中进行裁判。更有论者对此制度作出总结并认为，在庭前会议制度的构建与完善中，立法者应当以防止庭审法官预断、促进司法公正为第一位的价值目标，至于效率，则是庭前会议制度价值体系当中不可或缺的必要补充。那种以效率作为唯一价值或者主要价值的做法无法有效发挥庭前会议制度本身可能具有的潜在功能。只有具备了这一指导思想，构建出来的庭前会议制度才会有一以贯之的灵魂，才会避免各项具体组成部分彼此之间相互冲突和矛盾的问题，也才会最大化地助推刑事诉讼制度人权保障目标的实现。③

我国的刑事庭前会议制度的立法预设着重强调其配合正式庭审程序的从属功能，在庭前程序中不具有独立的制度意义，因此在立法上仅限"审判人员可以召开"而忽视了控辩双方的诉求，在一定意义上未能体现人权保障与公诉规制的价值功能。在庭前会议制度中，法官是程序的主导者，控辩双方对程序的启动无程序选择权，在一定程度上违背了诉讼参与原则。庭前会议作为法官听取当事人意见和了解案件情况的制度，需要在证据异议、确立争点、管辖异议等与审判相关的实体和程序问题为开庭审判作出把握，但对制度的启动不仅体现职权主义的意愿，也应当尊重当事人选择，增强当事人对该制度的参与权，否则

---

① 杨宇冠：《非法证据排除与庭前会议实践调研》，载《国家检察官学院学报》2014 年第 3 期。
② 孙谦：《关于修改后刑事诉讼法执行情况的若干思考》，载《人民检察》2015 年第 7 期。
③ 吕升运：《刑事庭前会议的程序定位与价值导向》，载《天津法学》2014 年第 3 期。

有违司法公正原则之嫌。我们认为，对庭前会议的价值功能的理解，仅仅依靠对刑事诉讼法第 182 条第 2 款的理解是不够的，因为它规定得过于简略而没有体现制度的意义，还需要对司法实践的规范性规定予以剖析与司法实践予以考察。

就庭前会议制度而言，程序的设置与当事人的参与权有关，也与制度的适用范围有关，2012 年刑事诉讼法对这些问题未作规定，为此最高人民法院在《关于适用〈中华人民共和国刑事诉讼法〉的解释》中进行了细化。该解释第 183 条将庭前会议的适用范围限定为四类案件，即"当事人及其辩护人、诉讼代理人申请排除非法证据的"；"证据材料较多、案情重大复杂的"；"社会影响重大的；需要召开庭前会议的其他情形"。该解释第 184 条又将庭前会议了解情况和听取意见的事项进一步细化为"管辖，回避，非法证据排除，辩方申请调取辩护性证据材料，控辩双方提供新的证据，对出庭证人、鉴定人和专家辅助人的名单有异议，申请不公开审理以及附带民事诉讼调解等"内容。据中国社会科学院法学研究所 2013 年在山东省巨野县主持的一项调查显示，在被调研的 105 起刑事案件中，只有 6 起案件法院曾召开过庭前会议，庭前会议的适用比率仅为 5.7%，且会议目的不明确，作用不明显。庭前会议在实践中用之甚少，其所承载的提高庭审效率、集中审理功能的发挥不明显，致使 2012 年刑事诉讼法增加了刑事庭前会议制度改变我国庭前程序长期无所作为的希冀在实践中并未完全变成现实。其主要原因是，我国庭前会议仅对回避、出庭证人名单和非法证据排除等问题提出意见，由于缺乏程序性法律后果要件而在处理方式上仅限于"了解情况、听取意见"，不允许作出具有任何裁决性意义的结论，实际上并不解决任何实际问题，庭前会议势必成为"见面会"或者"通气会"。然而，在目前的实际操作中，有的法院对于庭前会议的作用和性质的把握存在偏差，存在盲目扩大庭前会议内容的倾向，在庭前会议中进行法庭调查解决实体性问题，如被告人是否认罪，被告人是否存在自首立功等情节，使得庭前会议成为一次实质上的开庭活动。有的法院在庭前会议上讨论证据的客观性和关联性的问题，使得庭审质证程序形同虚设，影响了审判中心主义的贯彻。

对庭前会议的价值定位主要有两种不同意见。有论者认为，庭前会议不是公诉审查程序，而是公诉审查结束、法院作出开庭审判裁断后的一个非必经程序，属于法官自由裁量选择的程序。从目前研究情况来看，庭前会议的价值定位的分歧原因主要集中在以下方面：一是庭前会议程序意义不明朗导致价值定位不清。庭前会议虽然具备由控诉、辩护和裁判三方组成的诉讼构造，但是刑事诉讼法赋予该制度的功能是解决与审判相关的程序性问题且仅仅是"了解情况，听取意见"，不具备通过诉讼形式解决控辩争议的功能，并不具备严格意义上的诉讼程序所产生的实质性法律效果，诉讼特征不明显，导致对其价值定位时相对困难。如果我国庭前会议仅限于"了解情况、听取意见"，控辩双方或者一方在庭前会议上对有争议的问题不提出异议，而在庭审时再提出有根据的反驳时，法官一般不得限制与禁止，随后还要进行法庭调查，这样庭前会议制度价值就荡然无存。即使控辩双方在庭前会议达成的某些合意或者不发表意见，因其没有相应的效力约束，仅仅依靠所谓的"庭前会议笔录"，难免庭前会议本身会"走过场"、形式化，成为一种可有可无的程序或者无端消耗司法资源的摆设，徒增诉讼成本。

在审判人员处理庭前会议所涉程序性争议问题的权限上存在不同观点。有论者总结为两种意见。"一种意见认为审判人员可以裁决，当事人和检察机关如果不服，可以上诉和抗诉；另一种意见认为审判人员只能'了解情况、听取意见'，而不能裁决。""审判人员不能行使裁决权并不意味着无所作为，他完全可以而且应当积极地沟通协调，引导乃至促进控辩双方达成合意，以尽可能多地解决所涉问题，但必须以合法、自愿为原则，防止违反法律精神，或者把自己的意志强加于人。对于难以达成合意的问题，则留待庭审中去解决。"① 也有论者对此根据采用"合意模式"而"非决定模式"予以架构。"对控辩双方无争议的事项，经双方签字后确认该合意的效力，在正式庭审中不再重复。对于控辩双方表达意见后仍有争议的事项，庭前会议不作决定，留待庭审解决。但有两个例外：一是对于辩方在庭前会议中申请变更强制措施的；二是辩方在庭前会议中申请向被害人及其近亲属、被害人提供的证人取证的，法院应依法作出决定；不同意申请的，应当告知申请人并说明理由。"② 理论上的论述并未得到实践认同，相反在司法实践中还存在混淆庭前审查制度与庭前会议制度观点以及程序上混用的做法。究其实质而言，公诉案件的审查制度与庭前会议制度二者在性质上迥然不同。公诉审查制度是为了防止公诉权的滥用，是案件能否进入审判程序的过滤或者筛选程序。而庭前会议制度主要是为庭审服务的，是案件进入审判程序之后进行的一种庭审准备程序。从制度的逻辑和程序的时序上来看，前者是后者的逻辑前提和先行程序。由于庭前会议的召开，必须等到公诉审查程序结束、法院决定开庭审判后才有可能，所以作为一种庭前准备程序，庭前会议原则上没有必要再行涉及公诉审查的内容，否则很容易导致制度之间的混淆和功能上的紊乱。

二是庭前会议程序意义的忽略与控辩双方参与权的缺失导致程序异化。庭前会议程序的意义在于法官与控辩双方在阅读案卷基础上进一步了解各自的看法，致使其在庭审中做到心中有数，其作为程序应当体现控辩审参与意识，不宜完全由法官依职权独揽程序权力，这样会导致法官启动程序的任性，由于控辩双方及其他诉讼参与人无权提出庭前会议动议，程序启动与否完全受制于法官，程序参与权明显处于缺失状态，违反了公正程序的基本要求。尽管最高人民法院《关于适用〈中华人民共和国刑事诉讼法〉的解释》在细化刑事诉讼法的规定中规定审判人员根据案件情况，可以通知被告人到场，但因这一解释没有相应的程序以及救济措施，在具体操作中有可能会将被告人"可以到场"异化为被告人"可以不到场"，有侵犯或者剥夺被告人参与权之嫌。有论者认为，对于社会影响巨大或者卷宗数量非常多的案件，审判人员可以决定召开庭前会议；对于控方或辩方提议召开庭前会议的案件，审判人员可以要求提议方提供书面文件，说明提议召开的理由，并征求对方意见，从而作出判断；对于控辩双方都未提议的案件，审判人员可以在辩方阅卷后开庭前，向辩方了解是否有排除非法证据等程序性问题，是否有新的证据提交，主动出击，加强对案件信息的掌握。这里还需要提及的是，由于法律没有对庭前证据开示及庭前会议效力作出规定，理论上存在辩方不选择庭前会议而坚持在庭审中提出非法证据排除或提交新证据，这种情况的解决，有赖于司法实务部门之间的协调和相关司法解释的出台，③ 因此理论上探讨这一制度以及在推进以审判为中心的诉讼制度改革过程中予以完善这一制度仍有必要。

有论者认为，2012 年刑事诉讼法修改对于庭前会议的形式并没有进行规定，若强制要求以开庭方式举行会议，则有可能带来庭前会议变为庭审的担忧，但若形式过于随意，则

---

① 朱孝清：《庭前会议的定位、权限与效力》，载《检察日报》2014 年 8 月 13 日第 3 版。

② 莫湘益：《庭前会议：从法理到实证的考察》，载《法学研究》2014 年第 3 期。

③ 方洁、张君：《论庭前会议程序的改进》，载《中国刑事法杂志》2013 年第 12 期。

可能令当事人及辩护人、诉讼代理人轻视该程序的意义，同样也会令庭前会议的设立形同虚设。同理，庭前会议的效力若无定论，也会影响庭前会议的适用。[①] 为了实现刑事诉讼的控辩平等及保障人权的基本要求，从辩方处于弱势诉讼地位的现实考虑，法官主动召集庭前会议的，应当以辩护律师参与为条件，但被告人放弃权利除外。在此方面可以借鉴国外的做法。例如，《美国联邦诉讼规则》第 17.1 条"庭审前会议"规定："在提交大陪审团起诉书或检察官起诉书后，法庭根据当事人申请或自行裁量，可以命令召开一次或数次会议考虑有助于促进审判公开和审判效率的事项。在会议结束时，法庭应对达成协议的事项准备和提交备忘录，会议中被告人或其律师所做的承诺，除非形成书面并由被告人和其律师签字，否则不能作为不利于被告人的证据使用。本规则不适用被告人没有律师代表的案件。"从保障辩方的权利而言，这一做法值得我们参考。

三、审判中心背景下庭前会议制度完善的再思考

在司法实践中，有些刑事案件侦查中存在的非法取证现象在庭前程序中是能够得到充分证明的，这部分证据理应在庭前程序中加以排除，而不是纵容这些涉嫌非法的证据一直持续到法庭审判终结，影响甚至左右着法官的思维。[②] 由于庭前会议未赋予法官裁判权，以至于应否赋予法官对与审判有关的问题裁决权成为架构该制度的争点，尤其是非法证据能否在此程序排除问题成为理论与实践争执的焦点。

我国刑事诉讼法第 54 条第 2 款规定："在侦查、审查起诉、审判时发现有应当排除的证据的，应当依法予以排除，不得作为起诉意见、起诉决定和判决的依据。"从此条规定的逻辑来分析，在整个刑事诉讼的过程中均可以启动排除非法证据。那么，这是否适用庭前会议程序呢？有论者认为，"非法证据问题最好在法庭正式审理之前得到解决，以避免非法证据进入事实裁判者的视野，影响法官的自由心证。法庭审判主要是针对案件的实体问题，而非法证据的排除是一个程序问题，应当先于实体问题得到解决。因此，为了充分发挥庭前会议在非法证据排除规则实施中的重要作用，法律应当明确规定要求被告人及其辩护人在庭前会议中及时提出排除非法证据的申请"。[③] 也存在所谓"有限排除"的折中主义的观点。"对于当事人、辩护人等提出排除申请的非法证据，公诉人同意排除的，则不需要推迟到庭审过程中予以解决；如果公诉人不同意的，则要到法庭上加以解决。当然，从根本意义上而言，这并不属于典型意义上的非法证据排除，只是公诉人自由裁量运用证据的结果。"[④] 检察机关的规定似乎沿用此种思路。例如，《人民检察院刑事诉讼规则（试行）》第 432 条规定："当事人、辩护人、诉讼代理人在庭前会议中提出证据系非法取得，人民法院认为可能存在以非法方法收集证据情形的，人民检察院可以对证据收集的合法性进行证明。需要调查核实的，在开庭审理前进行。"然而，司法解释并未明确地采纳这一观点。对在庭前会议上控辩双方已经达成一致的事项和人民法院、人民检察院已经依法作出决定的

---

① 安琪：《庭前会议制度实证研究》，载《湖北警官学院学报》2014 年第 10 期。

② 刘晶：《刑事庭前准备程序的反思与重构》，载《东方法学》2014 年第 3 期。

③ 杨宇冠等：《非法证据排除与庭前会议的实践调研》，载《国家检察官学院学报》2014 年第 3 期。

④ 陈卫东、杜磊：《庭前会议制度的规范建构与制度适用——兼评〈刑事诉讼法〉第 182 条第 2 款之规定》，载《浙江社会科学》2012 年第 11 期。

程序性问题，如管辖、回避、不公开审理、非法证据排除等事项，在没有新的事实或证据情况下，法庭应当予以维持。[①] 这种维持与作出排除的裁决在性质上不同，但有新的事实或证据以及存在正当理由的情况下在庭审中不能维持，应当经过庭审质证与辩论来确定。庭前会议解决问题的重点应当聚集在可能导致庭审中断等影响庭审顺利进行的问题上，非法证据排除不仅仅是一个程序问题，排除与否还涉及部分实体权利，其问题的复杂性远非庭前会议程序能够解决，况且庭前会议对此一旦裁决而与庭审中发现的情形不一致，如何处理又成为新的问题，因此未经法庭充分审判不宜对非法证据作出裁判，这样做与我国审判中心也不违背，符合推进以审判为中心的诉讼制度改革的基本要求。

（作者单位：中央财经大学法学院）

[①] 孙谦：《关于修改后刑事诉讼法执行情况的若干思考》，载《人民检察》2015 年第 7 期。

《刑法修正案（九）》实施后如何善待律师权利

——兼论泄露案件信息罪和扰乱法庭秩序罪的理解与适用

韩　旭

一、《刑法修正案（九）》对律师执业行为规制存在的问题

（一）泄露案件信息罪存在的问题

针对近年来发生的律师在办理不公开审理案件中违规泄露当事人隐私、不当披露案情这一较为突出的问题，为了保护国家秘密、商业秘密和个人隐私，保障诉讼活动依法独立公正地进行，修正后的刑法第308条之一第1款规定："司法工作人员、辩护人、诉讼代理人或者其他诉讼参与人，泄露依法不公开审理的案件中不应当公开的信息，造成信息公开传播或者其他严重后果的，处三年以下有期徒刑、拘役或者管制，并处或者单处罚金。"这一规定将泄露案件信息行为"入罪化"，加大了对该类行为的保护力度，实现了对不公开审理案件中包括个人隐私在内的案件信息的刑法保护，有利于实现对当事人权益和司法利益的保护，具有一定的现实性和必要性，应当说是刑事立法上的一个进步。但是，由于法规范之间缺乏协调性、法条的含糊性以及律师执业行为边界的不清晰，导致在对该法条理解和适用上仍面临一系列问题。

一是法律规范之间缺乏协调性。我国刑事诉讼法第46条规定："辩护律师对在执业活动中知悉的委托人的有关情况和信息，有权予以保密……"在刑事诉讼法未将辩护律师保密作为法定义务予以规定的情况下，此次《刑法修正案（九）》抛开刑事诉讼法的既有规定于不顾，将泄露案件信息行为"入罪"，不仅导致实体法与程序法在同一事项上的冲突，使辩护律师在此问题上无所适从，而且使得该罪名的设立和适用缺乏正当性、合法性依据，从而影响该法条的实施效果。[①]

二是"依法不公开审理的案件中不应当公开的信息"范围具有相当的不确定性。"泄露案件信息罪"中的"案件信息"是指"依法不公开审理的案件中不应当公开的信息"。对于"依法不公开审理的案件"比较容易理解和把握，根据三大诉讼法的规定，是指有关国家秘密案件、个人隐私案件、当事人申请不公开审理的涉及商业秘密的案件以及审判的

---

①　在《刑法修正案（九）》实施中可能会发生被追诉人及其辩护人以刑事诉讼法赋予"保密权"为由对"泄露案件信息罪"的指控进行抗辩的情形。

时候被告人不满 18 周岁的案件。① 根据刑法第 308 条之一第 2 款之规定："有前款行为，泄露国家秘密的，依照本法第三百九十八条的规定定罪处罚。"因此，泄露内容属于"国家秘密"的，成立"泄露国家秘密罪"而非"泄露案件信息罪"。据此，"泄露案件信息罪"中"依法不公开审理的案件"主要是指涉及个人隐私案件、未成年人犯罪案件和申请不公开审理的离婚案件、涉及商业秘密案件。该罪通常发生在这四类案件的诉讼过程中应无异议，问题的关键是这四类案件中哪些信息属于"不应当公开的信息"？"不应当公开的"标准是什么？范围如何界定？是"依法律规定"不公开还是"依司法解释、规范性文件、行业规范"不公开？抑或是"依办案机关的要求"不公开？等等，这些问题在立法上均不明确。就担任辩护人、诉讼代理人的律师而言，其在"依法不公开审理的案件"中"不应当公开的信息"范围依据不同法律规定和司法解释性文件、行业规范的要求而不同。根据律师法相关规定，律师对在执业活动中知悉的委托人和其他人不愿泄露的有关情况和信息，应当予以保密。对泄露商业秘密或者个人隐私的，给予相应的纪律惩戒。中华全国律师协会制定的行业规范扩大了律师应予保密的信息范围，将"与案情有关的信息"，"摘抄、复制的材料"，"同案犯罪嫌疑人的情况和意见"等均列为保密范围。例如，《律师职业道德和执业纪律规范（修订）》第 23 条规定，律师不得借职务之便违反规定为被告人传递信件、钱物或与案情有关的信息。《律师参与刑事诉讼办案规范（试行）》第 44 条规定："律师摘抄、复制的材料应当保密，并妥善保管。"第 47 条规定："律师与犯罪嫌疑人通信时，不得向犯罪嫌疑人提及同案犯罪嫌疑人及其亲友的情况和意见。"最高人民法院、最高人民检察院、公安部、国家安全部、司法部最近联合发布的《关于依法保障律师执业权利的规定》也将"案件重要信息和案卷材料"作为"不应当公开的信息"予以强调。该规定第 14 条第 4 款规定，律师不得违反规定，披露、散布案件重要信息和案卷材料，或者将其用于本案辩护、代理以外的其他用途。此外，最高人民法院《关于适用〈中华人民共和国刑事诉讼法〉的解释》第 249 条规定："法庭审理过程中，诉讼参与人、旁听人员应当遵守以下纪律：……（三）不得对庭审活动进行录音、录像、摄影，或者通过发送邮件、博客、微博客等方式传播庭审情况，但经人民法院许可的新闻记者除外；……"该司法解释则将庭审信息作为出庭律师禁止披露的内容，进一步扩大了"不应当公开的信息"范围。综上所述，除保守国家秘密外，律师保密的范围大致分为商业秘密、个人隐私和案件信息。对于"商业秘密"的内容，反不正当竞争法第 10 条明确规定，商业秘密是指不为公众所知悉、能为权利人带来经济利益、具有实用性并经权利人采取保密措施的技术信息和经营信息。对于"个人隐私"，通常理解为不涉及"公共领域"和"公共利益"个人私生活范畴，包括我国律师法规定的"委托人和其他人不愿泄露的有关情况和信息"，其实就是公民享有的隐私权。未成年人保护法第 39 条第 1 款规定："任何组织或者个人不得披露未成年人的个人隐

---

① 刑事诉讼法第 183 条第 1 款规定："人民法院审判第一审案件应当公开进行。但是有关国家秘密或者个人隐私的案件，不公开审理；涉及商业秘密的案件，当事人申请不公开审理的，可以不公开审理。"第 274 条规定："审判的时候被告人不满十八周岁的案件，不公开审理。但是，经未成年被告人及其法定代理人同意，未成年被告人所在学校和未成年人保护组织可以派代表到场。"民事诉讼法第 134 条规定："人民法院审理民事案件，除涉及国家秘密、个人隐私或者法律另有规定的以外，应当公开进行。离婚案件，涉及商业秘密的案件，当事人申请不公开审理的，可以不公开审理。"行政诉讼法第 54 条规定："人民法院公开审理行政案件，但涉及国家秘密、个人隐私和法律另有规定的除外。涉及商业秘密的案件，当事人申请不公开审理的，可以不公开审理。"

私。"第 58 条规定："对未成年人犯罪案件，新闻报道、影视节目、公开出版物、网络等不得披露该未成年人的姓名、住所、照片、图像以及可能推断出该未成年人的资料。"可见，未成年人身份信息也属于个人隐私的范畴。在认定"泄露案件信息罪"问题上，商业秘密和个人隐私的内容、范围比较容易理解，而较难把握的是"案件信息"即"案情"，一般以案卷材料为载体，律师披露案情的内容、对象、范围以及披露到何种程度等均缺乏明确的规则，实务上做法也不一致。例如，刑事诉讼中辩护律师向当事人披露案情或者将复制的案卷材料交给当事人及其近亲属查阅是否属于泄露案件信息？律师在开庭前能否将辩护词或者起诉书的内容在网上予以公布？辩护词、起诉意见书、起诉书和案卷材料等是否属于泄露案件信息罪中的"不应当公开的信息"？等等，这些问题都有待从制度规则上予以明确。①

（二）扰乱法庭秩序罪存在的问题

《刑法修正案（九）》在原刑法第 309 条扰乱法庭秩序罪的基础上增加规定了两项罪状：侮辱、诽谤、威胁司法工作人员或者诉讼参与人，不听法庭制止，严重扰乱法庭秩序的；有毁坏法庭设施，抢夺、损毁诉讼文书、证据等扰乱法庭秩序行为，情节严重的。《刑法修正案（九）》增加上述两项规定，具有非常强的目的性和指向性，意在对近年来频频出现的"死磕派"律师"闹庭"现象进行刑法规制。在律师界强烈的反对声中，最终通过的《刑法修正案（九）》虽然将"草案"中"其他严重扰乱法庭秩序的行为"的兜底规定予以删除，代之以"有毁坏法庭设施，抢夺、损毁诉讼文书、证据等扰乱法庭秩序行为，情节严重的"这一具体、明确的罪状，在一定程度上避免了扰乱法庭秩序罪沦为一个"口袋罪"，防止公权力利用该规定对律师进行职业报复。但是，《刑法修正案（九）》仍然保留了"草案"中关于"侮辱、诽谤、威胁司法工作人员或者诉讼参与人，不听法庭制止，严重扰乱法庭秩序的"规定，该项规定在实践中仍然存在着被滥用的可能。"侮辱、诽谤、威胁"用语均带有很强的主观色彩，实务上容易被司法人员作扩张解释。譬如，律师因不满法官在法庭上的表现而当庭发表批评性意见、当庭提出抗议或者言词过于激烈，就很可能被视作"侮辱"、"威胁"而获罪。又如，律师在控辩双方激烈辩论中带有人身攻击性的语言与"侮辱"的界限同样不是泾渭分明。因此，如何细化、完善扰乱法庭秩序罪的具体适用条件，如何有效划清"侮辱、诽谤、威胁"与辩护律师激烈甚至不当言词之间的界限，尚有待司法解释进一步明确。

二、《刑法修正案（九）》实施后对律师执业权利可能产生的影响

尽管立法部门相关负责人声称《刑法修正案（九）》相关条文不是针对律师群体的，但是从上述两个罪名增设和修订的情况看，其立法意图重点在于规范律师执业行为，希望通过刑罚制裁来维护法庭秩序、树立司法权威。可以预料的是，《刑法修正案（九）》的实施必然会对律师执业带来一定的影响。这种影响主要表现在两个方面：一方面律师执业

---

① 关于辩护律师向被追诉人及其家属披露案件信息的范围问题，可参见韩旭：《刑事诉讼中被追诉人及其家属证据知悉权研究》，载《现代法学》2009 年第 5 期。

中的不规范行为将逐步得到遏制，有助于促进律师业的健康发展，这可以称之为"积极影响"；另一方面律师执业尤其是开展刑事辩护活动可能会面临更大的职业风险，刑事辩护功能将受到抑制，由此带来新的"辩护难"问题，这可称之为"消极影响"。

（一）律师执业中不规范行为将逐步得到遏制

近年来律师执业中行为失范问题比较突出，在社会上造成了恶劣影响。例如，在轰动一时的李某某强奸案中，李某某的辩护人周某将庭审情况以微博、博客的方式向媒体披露，公开发布被害人有关妇科检查材料，公开发布鉴定结论、监控视频、警方照片等案件证据，并且对案件证据、其他辩护人的意见进行分析、评价。北京律师协会依据相关规定认定周某构成不当披露案情、泄露当事人个人隐私等违规行为，遂对其作出公开谴责的行业纪律处分，并建议司法行政机关给予相应的行政处罚。[①] 在福建念斌案中，被告人辩护律师张燕生 2010 年以来通过其新浪博客发表数十篇文章，披露了关于念斌案的具体案情、证据，发表了关于此案的法律意见，对司法机关及人员的评论、批评等言论。[②] 针对上述现象，在《刑法修正案（九）》起草过程中，多数人认为当前泄露审判信息和国家秘密的情况时有发生，一些不公开审理的案件尚未开庭，被害人信息等案情就被公布和炒作，不仅侵犯了当事人的合法权益，而且妨害了司法机关正常的司法运作，对其中造成严重后果或者情节严重的，应当追究刑事责任。[③] 由于律师协会的行业规范效力较低，加之相关规范较为模糊，即使发生律师违规行为，通常处理也较轻，有的甚至不了了之，未能对律师形成有效的约束机制，以至于律师界的违规行为屡屡发生却得不到有效遏制。此次《刑法修正案（九）》将之前律师的违规违法行为上升为犯罪，不惜动用刑罚手段予以规制，就是希望以此来遏制近年来愈演愈烈的律师违规行为。刑罚具有严厉性、最后性和保障性的特点，可以达到相关法律、行业规范所无法起到的效果。无论是增加泄露案件信息罪还是将"侮辱、诽谤、威胁"行为入罪，都无疑会对包括律师在内的诉讼参与人形成一定的威慑力，使他们在执业或参与诉讼过程中尽量保持自我克制，谨言慎行、不越雷池，律师执业中不当披露案情、侵犯当事人隐私权以及法庭上审辩冲突的乱象有望得到改变。从总体上看，《刑法修正案（九）》的实施将对规范律师执业行为产生一定的影响，起到积极的推动作用。当然，《刑法修正案（九）》中上述两罪的实施效果以及对律师执业行为可能产生的影响还有待观察和实践检验。

（二）律师从事刑事辩护或将面临更大的职业风险

在看到《刑法修正案（九）》实施可能对律师执业产生积极影响的同时，也不能忽视其实施过程中所存在的问题。

其一，"不应当公开的信息"范围和内容可能会被办案机关作扩大解释。这是该罪名在

---

① 参见《北京市律师协会行业纪律处分情况通报》，http：//beijinglawyers. org. cn/cac/4167. htm，最后访问日期：2015 年 9 月 21 日。

② 转引自杨先德：《刑事司法中律师庭外言论法律问题探讨》，载《政法论坛》2015 年第 2 期。

③ 参见《中华人民共和国刑法修正案（九）（草案）参阅资料》，第十二届全国人大常委会第十一次会议参阅资料（三），2014 年 10 月 27 日。转引自赵秉志、商浩文：《论妨害司法罪的立法完善——以刑法修正案（九）草案的相关修法为主要视角》，载《法律适用》2015 年第 1 期。

适用中最大也是最容易发生的问题。例如，刑事诉讼法第 37 条第 4 款规定，自案件移送审查起诉之日起，可以向犯罪嫌疑人、被告人核实有关证据。律师向犯罪嫌疑人、被告人核实证据可能会涉及"不应当公开的信息"问题。"有关证据"显然不是"全部证据"。然而，律师核实证据活动中究竟哪些证据可以披露？哪些证据不能披露？无论学理上还是立法上都没有一个清晰的界定。目前诉讼法学界在核实证据的范围问题上存在着较大的认识分歧。具有代表性的有以下三种观点：一是"阅卷权说"①；二是"客观证据说"②；三是"不一致证据说"③。在法规范层面，最高人民法院、最高人民检察院、公安部、国家安全部、司法部联合发布的《关于依法保障律师执业权利的规定》（征求意见稿）中本来对"有关证据"的范围是作出了解释性规定的，但遗憾的是正式公布的该联合性司法文件却仍沿袭了刑事诉讼法第 37 条第 4 款规定的原文，除此之外，还对律师披露案情和案卷材料作出禁止性规定。④ 由于这一问题没有得到解决，律师核实证据面临着更大的职业风险。以前律师违规披露案情，仅会受到行业纪律处分或者主管机关的行政处罚⑤，而一旦《刑法修正案（九）》实施后，律师同样的行为将可能承担泄露案件信息罪的刑事责任。最高人民检察院原副检察长朱孝清主张："如果辩护律师把案内不同或相反的证据告诉犯罪嫌疑人、被告人，那同样涉嫌泄露案件秘密、通风报信、帮助串供串证等违法犯罪。"⑥ 过去的司法实务中，曾经发生辩护律师因为把从法院复制的案卷材料交给当事人亲属阅览而以泄露国家秘密罪被追究刑事责任的案例⑦，虽然该案中辩护律师因审判阶段的案卷材料并非国家秘密而被二审法院宣告无罪，但是如果同样的情形发生在《刑法修正案（九）》实施后，该辩护律师就很可能会面临"泄露案件信息罪"的指控。笔者于 2014 年 8 月在 S 省 5 个市进行问卷调查，对 118 位辩护律师做了一项关于"您取得案卷材料或者证据材料后发现证据有疑问，是否会向在押当事人核实证据"的问卷调查。统计显示：有近 20% 的律师表示"不会核实"或者"不会认真核实"；在核实方式上，有 51% 的律师表示"采用综合概括的方式向当事人说明，不直接出示或者宣读证据"。仅有 30% 的律师表示"会向当事人出示或者宣读证据材料"。⑧ 统计结果表明，由于担心泄露案件信息，因而对本应核实的证据不进行核

---

① 参见陈瑞华：《论被告人的阅卷权》，载《当代法学》2013 年第 3 期。

② 参见孙谦：《关于修改后刑事诉讼法执行情况的若干思考》，载《国家检察官学院学报》2015 年第 3 期；朱孝清：《刑事诉讼法实施中的若干问题研究》，载《中国法学》2014 年第 3 期。

③ 参见陈光中主编：《〈中华人民共和国刑事诉讼法〉修改条文释义与点评》，人民法院出版社 2012 年版，第 33 页。

④ 该文件第 14 条第 4 款规定，律师不得违反规定，披露、散布案件重要信息和案卷材料，或者将其用于本案辩护、代理以外的其他用途。

⑤ 《律师职业道德和执业纪律规范（修订）》（中华全国律师协会）第 23 条规定："律师不得与犯罪嫌疑人、被告人的亲属或者其他人会见在押犯罪嫌疑人、被告人，或者借职务之便违反规定为被告人传递信件、钱物或与案情有关的信息。"第 45 条规定："对于违反本规范的律师、律师事务所，由律师协会依照会员处分办法给予处分，情节严重的，由司法行政机关关予以处罚。"《律师协会会员违规行为处分规则（试行）》（全国律协常务理事会）第 11 条规定，个人会员有下列行为之一的，由省、自治区、直辖市及设区的市律师协会给予训诫、通报批评、公开谴责……违反规定，携带非律师人员会见在押的犯罪嫌疑人、被告人，或者违反规定为其传递信息、信件、物品的。

⑥ 朱孝清：《刑事诉讼法实施中的若干问题研究》，载《中国法学》2014 年第 3 期。

⑦ 参见"河南省沁阳市人民检察院诉于萍故意泄露国家秘密案"案例，http://vip.chinalawinfo.com/newlaw2002/slc/slc.asp? db=cas&gid=33621758（北大法律信息网）。

⑧ 参见韩旭：《新刑诉法实施以来律师辩护难问题实证研究——以 S 省为例的分析》，载《法学论坛》2015 年第 3 期。

实或者不予认真核实。之前尚且如此，泄露案件信息罪入法后的情况便可想而知。因此，《刑法修正案（九）》实施后律师参与刑事辩护的风险不降反升，律师同样的行为将承担更大的责任、面临更严重的后果。这将在一定程度上架空刑事诉讼法赋予律师的核实证据权，被追诉人在刑事诉讼中的地位将进一步恶化，辩护权更难以得到保障。

其二，司法解释有可能降低《刑法修正案（九）》的入罪门槛从而使律师轻易获罪。根据以往的刑法实施经验，在刑法作出修改后尤其是增设新的罪名之后，最高司法机关便会出台相应的司法解释，对刑法中的"犯罪情节"、"后果"等抽象性规定、模糊性用语作出具体、细化的规定，以统一适用标准、指导司法实践。从泄露案件信息罪和扰乱法庭秩序罪的犯罪构成看，两个罪名既可能是结果犯，也可能是情节犯。因此，对结果或情节的判断直接决定犯罪成立与否。例如，泄露案件信息罪要求"造成信息公开传播或者其他严重后果"；公开披露、报道不应当公开的案件信息，要求具备"情节严重"。扰乱法庭秩序罪中的侮辱、诽谤、威胁司法工作人员或者诉讼参与人，要求达到"严重扰乱法庭秩序"的程度；对于毁坏法庭设施，抢夺、损毁诉讼文书、证据等扰乱法庭秩序行为，要求具备"情节严重"这一条件。至于何为"公开传播或者其他严重后果"、"严重扰乱法庭秩序"、"情节严重"等，都有待司法解释作出进一步规定。毋庸讳言，近年来少数律师的违规行为着实让司法人员"头疼"甚至深恶痛绝，律师在一些地方被视为"异己"和"麻烦制造者"。在此种背景下，最高司法机关在解释法律时能否坚守中立立场、会不会带有职业偏见和歧视都不无疑问。更让人疑虑的是，在这种偏见和歧视的影响下，不排除通过司法解释放宽定罪条件、降低入罪门槛的可能，以此使更多"不听话"的律师轻易获罪。果如是，不仅是司法的悲哀，也是法治的悲哀。

三、警惕《刑法修正案（九）》中追究辩护人刑事责任条款被滥用

如果说以前律师从事刑事辩护活动的风险来源于调查取证（涉嫌刑法第306条辩护人、诉讼代理人毁灭证据、伪造证据、妨害作证罪），那么随着《刑法修正案（九）》的实施，泄露案件信息和扰乱法庭秩序将会成为刑事辩护新的风险点。为了降低律师参与辩护的风险，警惕和防止《刑法修正案（九）》关于追究辩护人、诉讼代理人的法律条款被滥用，在理解和适用《刑法修正案（九）》时应当注意以下几个方面的问题：

（一）抑制刑罚冲动，保持司法克制

刑罚是一种不得已的"恶"，在适用中应当坚持比例原则，在使用较轻的惩罚措施能够达到制止违法效果的情况下，就不要使用对当事人权益造成重大影响的措施。刑法所具有的人权保障机能，是通过其谦抑性体现出来的。尤其是对立法时就备受争议的新增设罪名

或者罪状，在"由轻改重"之后，其司法适用更应慎重。[①] 对于泄露案件信息的行为，律师法、未成年人保护法等相关法律均将其作为违法行为而给予行政处罚；而对于扰乱法庭秩序的行为，最高人民法院《关于适用〈中华人民共和国刑事诉讼法〉的解释》第250条根据情节轻重，已分别规定了警告、训诫、强行带出法庭以及罚款、拘留等司法措施。如果上述措施足以制止违法违规行为，就无须刑法化。因此，在具体适用时，应注意行政处罚、司法强制措施与刑事处罚之间的过渡和衔接，尽量多适用非刑罚化的处罚措施，只有在迫不得已的情况下作为最后手段才可以动用刑罚手段。如果刑罚过度适用，不仅会挫伤律师办理刑事案件的积极性，使目前刑事案件律师参与率低的现状雪上加霜，而且会导致刑事辩护环境的进一步恶化，律师不敢依法大胆进行"真辩"，控辩关系严重失衡，辩护职能将渐趋萎缩，冤假错案自然难以避免。

（二）注重情节权衡，合理适用"但书"

如上所述，无论是泄露案件信息罪还是扰乱法庭秩序罪，均有"情节严重"的法定要件。因此，在罪与非罪问题上，司法办案人员应注意审查判断并区分案件情节，对于虽有泄露案件信息或者扰乱法庭秩序行为发生，但是没有造成严重后果或者恶劣的社会影响、有认错悔过表现以及因一时冲动、情绪失控而发生言语冲突或者法庭指挥、决定确系违法而律师依法据理力争、进行言词抗议等情形，可以适用刑法第13条"但书"的规定，以"情节显著轻微危害不大的，不认为是犯罪"进行处理。必要时，可以向律师所在的律师协会进行通报，并向律协或者司法行政机关发送要求予以纪律惩戒或者行政处罚的司法建议。

（三）善意适用法律，防止曲意释法

正确适用法律的前提是准确理解法律，理解法律也包括对法律作出解释性规定。有关刑法适用的司法解释无论将来是由中央政法各机关联合作出还是由最高人民法院作出，解释者都必须怀有良善之心，防止脱离立法精神作任意的扩张解释，避免陷整个律师界于不利境地。同时，应注意平衡惩治律师违法违规行为与保障辩护权正当行使的关系。尤其是在律师因核实证据、披露案卷材料可能涉嫌泄露案件信息的问题上，应尽快明确律师核实有关证据的范围、方式等。在相关规定出台之前，不宜将证人证言、被害人陈述甚至同案人口供排除在可以核实的证据范围之外。即便因律师核实证据包括将案卷材料交给被追诉人阅览而导致翻供，也不应追究律师泄露案件信息罪的刑事责任。

[①] 立法起草过程中，有意见认为，增设泄露案件信息罪应当慎重。该条主要是针对律师等披露案件信息的情况进行的规定，关于禁止披露不公开审理案件中不应公开的信息，律师法相关的规章、行业规范都有明确的规定，从加强职业规范管理的角度就可以解决问题。在当前律师的执业环境和法治环境较差，辩护权得不到有效保障的情况下，片面强调和动用刑法来维护司法权威，是否符合当下中国的实际情况，需要进一步研究。参见《中华人民共和国刑法修正案（九）（草案）参阅资料》，第十二届全国人大常委会第十一次会议参阅资料（三），2014年10月27日。转引自赵秉志、商浩文：《论妨害司法罪的立法完善——以刑法修正案（九）草案的相关修法为主要视角》，载《法律适用》2015年第1期。关于立法过程中两罪的争论，还可参见周光权：《〈刑法修正案（九）〉（草案）的若干争议问题》，载《法学杂志》2015年第5期。

（四）坚持控辩平等，避免厚此薄彼

法庭是一个由控辩审三方组成的场域，控辩平等是程序正义的基本要求和具体体现。裁判方的独立、公正体现在对控辩双方的平等对待上，既包括程序上的平等，也包括实体上的平等。程序上的平等不仅可以维护控辩平衡、塑造法官的中立形象、树立司法权威，而且有利于避免和减少审辩冲突以及因冲突升级所导致的法庭秩序混乱，从而预防扰乱法庭秩序行为的发生。实体上的平等主要是刑法适用上的平等，它既是一项刑法原则，也是一项宪法原则。[①] 针对"侮辱、诽谤、威胁司法工作人员或者诉讼参与人，不听法庭制止，严重扰乱法庭秩序的"的情形，扰乱法庭秩序罪的主体既可能是作为辩护人、诉讼代理人的律师，也可能是作为公诉人、出庭检察人员的检察官。实践中，检察官在法庭上侮辱、诽谤、威胁律师、被告人、证人等诉讼参与人的情况也并非鲜见。[②] 很多时候，主持庭审的法官都是"睁一只眼闭一只眼"，任由公诉人滥行权力，公诉人俨然法庭上的第二法官，法庭的中立性、权威性丧失殆尽。这种状况希望在《刑法修正案（九）》实施后能够得以改变。对于检察官侮辱、诽谤、威胁诉讼参与人，法官能否像对待律师一样及时制止，并在制止无效且严重扰乱法庭秩序时启动刑事追责程序，既关乎刑法是否能够一视同仁地实施，也是对法官依法独立行使职权"成色"的检验。对检察官而言，虽然其肩负着代表国家出庭指控犯罪的神圣使命，但是在法庭这个特殊的场域内，为了保证"游戏"的公平进行，检察官应克服自身在道德上的"优越感"，"放下身段"与辩护律师"平起平坐"，以"诉讼一方当事人"的心态和角色投入到"游戏"中，自觉接受规则的约束。

（五）适用管辖回避，坚守程序正义

泄露案件信息也好，扰乱法庭秩序也罢，其妨碍的都是办案机关的司法利益。因此，办案机关与案件处理结果产生了实质上的利害关系。任何人不得作为自己案件的法官，这是"自然正义"的基本要求。正是基于此，刑事诉讼法对追究律师妨害作证罪刑事责任程序作出了特别规定，即"违反前款规定的，应当依法追究法律责任，辩护人涉嫌犯罪的，应当由办理辩护人所承办案件的侦查机关以外的侦查机关办理。辩护人是律师的，应当及时通知其所在的律师事务所或者所属的律师协会"。设置特别程序，"有利于防止侦查机关滥用律师伪证罪的规定，随意对辩护人立案侦查和采取强制措施，使辩护人能更加放心大胆地依法履行辩护职责，维护犯罪嫌疑人、被告人的合法权益"。[③] 泄露案件信息罪、扰乱法庭秩序罪与辩护人、诉讼代理人妨害作证罪在犯罪主体上都可能是律师，侵犯的客体都可能是诉讼活动的顺利进行等司法利益，尤其是泄露案件信息与串供之间可能会产生犯罪竞合。因此，上述三个罪名之间具有某种同质性。既然律师涉嫌妨碍作证罪适用指定管辖、异地管辖等特别程序，那么律师涉嫌泄露案件信息罪、扰乱法庭秩序罪同样应当适用这一程序。为了防止原办案机关先入为主、避免职业报复行为发生，维护基本的程序公正，对

[①] 刑法第 4 条规定："对任何人犯罪，在适用法律上一律平等。不允许任何人有超越法律的特权。"宪法第 33 条第 2 款规定："中华人民共和国公民在法律面前一律平等。"

[②] 在李庄案一审法庭上，公诉人在没有证据的情况下竟然抛出李庄"嫖娼门"事件，该公诉人之行为即涉嫌对被告人进行"诽谤"。

[③] 王尚新、李寿伟主编：《〈关于修改刑事诉讼法的决定〉释解与适用》，人民法院出版社 2012 年版，第 35 页。

律师涉嫌上述犯罪的，原负责侦查、审查起诉和审判的办案机关应当集体回避，实行异地管辖，由原办案机关以外的办案机关办理，具体可由上一级公安机关指定其他公安机关立案侦查。如果原办案机关是检察院或者法院，那么应当将律师涉嫌犯罪的线索或者证据材料移送同级公安机关，由同级公安机关报上一级公安机关指定管辖。

（作者单位：四川省社会科学院法学研究所；四川省司法制度改革研究基地）

以审判为中心，以证据为核心构建新型侦诉审辩关系

贺恒扬　杨　飞*

　　推进以审判为中心的诉讼制度改革，是党的十八届四中全会为完善司法权力运行机制作出的重要部署。在前不久召开的全国检察机关第五次公诉工作会议上，曹建明检察长明确指出，这项改革对侦查、逮捕、起诉、审判等刑事诉讼各个环节都提出了新的更高要求，尤其是给检察工作带来了全方位的影响，公诉部门更是面临着巨大挑战。公诉工作必须坚持以证据为核心，发挥好诉前主导、审前过滤、庭审指控、人权保障等作用，更加注重构建科学合理的新型诉侦、诉审、诉辩关系，才能适应以审判为中心的诉讼制度改革，才能依法全面履行公诉职能，促进司法的公平正义和刑事诉讼活动的顺利进行。

一、推进以审判为中心的诉讼制度改革的重要意义

　　推进以审判为中心的诉讼制度改革，符合诉讼规律和司法规律。长期以来，我国刑事诉讼的实际重心在侦查阶段，案件的实质调查和全面调查都在这一阶段完成；我国诉讼制度的总体现状是"以侦查为中心"的流水线诉讼模式，[①]"以案卷为中心"的法官审理模式，"下级服从上级"的行政决策模式，"辩护形式化"的刑事辩护模式；而这样的诉讼制度，本质上与诉讼规律、司法规律并不契合。以审判为中心是法治国家诉讼制度的基本特征。要彻底解决刑讯逼供、超期羁押、控辩失衡、庭审虚化、裁判无权威等问题，必须摒弃过去以侦查为中心的诉讼制度，依法推进以审判为中心的诉讼制度改革。

　　推进以审判为中心的诉讼制度改革，有利于防范冤假错案，促进司法公正。过去实践中往往过分强调以侦查为中心，过分强调审前的作用，侦诉审配合多制约少，监督制约作用没有发挥，庭审虚化，导致事实不清、证据不足的案件或者违反法律程序的案件'带病'进入起诉、审判程序，造成起点错、跟着错、错到底。推进以审判为中心的诉讼制度改革，就是要切实发挥审判程序应有的终局裁断功能及其对审前程序的制约引导功能，纠正公检法三机关"配合有余、制约不足"之偏，纠正以侦查为中心的诉讼格局之偏，让庭审在刑事诉讼中起到决定性作用，通过严格的程序公正来保证实体公正的实现。

　　推进以审判为中心的诉讼制度改革，有利于人权的司法保障。在过去以侦查为中心的诉讼模式下，在相对封闭的侦查和审查起诉阶段，识别、发现和阻止刑讯逼供等非法取证行为非常不易，犯罪嫌疑人、被告人的合法权益往往得不到充分保障，推进以审判为中心的诉讼制度改革，就是让诉辩审三方充分地参与庭审，一切有关定罪、量刑的事实、证据

---

　　* 贺恒扬，河南省人民检察院党组副书记、副检察长，全国首批检察业务专家，河南省法学会副会长；杨飞，河南省人民检察院公诉一处副处长。

　　① 参见樊崇义、张中：《论以审判为中心的诉讼制度改革》，载《中州学刊》2015 年第 1 期。

都在法庭上公开展示、质证、辩论、认证、适用，通过庭审，尽可能客观、全面、公正地呈现出一个真实、完整的案件事实。公诉人必须在法庭上依法履行证明被告人有罪的举证责任，证据必须达到"确实、充分"的标准；被告人及其辩护人享有充分的辩护权，有权对控方证人当面质证，也有权提出有利于被告人的证据，还有权对司法机关的办案程序是否合法提出质疑，要求排除非法证据等；是否认定被告人有罪、是否处以刑罚以及如何处以刑罚，最终也完全由法官根据庭审情况作出判决。

二、以审判为中心的诉讼制度的科学内涵

以审判为中心，本质上是以庭审为中心。在全国检察机关第五次公诉工作会议上，曹建明检察长明确指出："以审判为中心，并没有改变公检法在办理刑事案件中分工负责、互相配合、互相制约的宪法原则；以审判为中心，并非弱化检察监督；并非弱化审前程序；也并非弱化庭审指控职能。""以审判为中心实质是以庭审为中心，庭审将成为审判过程的决定性环节。"以审判为中心，是就侦查、审查起诉和审判这三个诉讼程序之间的相互关系而言的，而不是就公检法三机关之间的相互关系而言的。审判是在法庭主持下，由诉辩双方和其他诉讼参与人共同参与的诉讼活动，没有起诉指控就没有法庭和审判，案件裁判的结果虽然是由法庭作出，但裁判的基础取决于诉辩双方庭上的质证和辩论情况。因此，把以审判为中心简单地理解为以法院为中心，或者片面地理解为以法官为中心，都是对这项改革的一种误读。以审判为中心，既不是以法院为中心，也不是以法官为中心。换句话说，以审判为中心，就是以庭审为中心，让庭审在刑事诉讼中起到决定性作用。

以审判为中心，其实质是以证据为核心。证据在刑事诉讼中具有极其重要的基础和核心地位，一方面，整个诉讼活动包括侦查、起诉、审判，始终都在围绕证据的收集、审查、质证、认证、适用进行，没有确实、充分的证据，就不能算是侦查终结，就不能提起公诉，更不可能有合法、客观、公正的审理判决；另一方面，无论是否认定被告人有罪，对被告人是否处罚以及如何处罚，完全依据法庭上对定罪证据、量刑证据的调查、质证、认证的情况。以审判为中心，实质上就是一切刑事诉讼活动包括审判都要围绕证据这个核心运行。

以审判为中心，强调庭审活动必须实质化。庭审实质化就是避免庭审走过场，把举证、质证、辩论、认证和判决都在庭上完成或形成，而不是在庭外作出。庭审实质化的标志可以概括为三句话：即事实证据调查在法庭，定罪量刑辩论在法庭，裁判结果形成在法庭。"事实证据调查在法庭"，是指对刑事案件的事实认定，应当以法庭调查的事实、证据为基础，未经法庭调查的事实、证据不得作为认定案件事实的依据；"定罪量刑辩论在法庭"，是指对被告人定罪量刑，法官要在法庭上组织诉辩双方就定罪量刑问题展开充分辩论，并以此作为定案的重要参考；"裁判结果形成在法庭"，这是最重要的一点，既然要求"事实证据调查在法庭"，"定罪量刑辩论在法庭"，那么就应该"裁判结果形成在法庭"，否则前两项要求就失去了意义。做到了以上三个方面，就是达到了庭审实质化的标准，否则就是庭审走了形式。

三、面对改革公诉工作存在十个方面的不适应

公诉工作面对以审判为中心的诉讼制度改革，至少存在着十个方面的不适应。

一是对适用直接言词证据原则不适应。过去，开庭之前证据都已收集固定，庭上公诉人对庭前证据特别是言词证据简单出示；庭审实质化之后，对证据有异议尤其是对言词证据有异议的，被告人当庭的供述或辩解如果与庭前说法不一致，公诉人再简单地出示庭前证据要么不起作用，要么证明力被削弱或者证明方向有变化，法庭就可能按照直接言词原则采信当庭的供述或辩解，对于这样一个形势，公诉人不适应。

二是对当庭启动非法证据排除程序不适应。由于过去没有统一的非法证据标准、无法合理确定非法证据的排除范围，再加上对侦查取证合法性及其说明材料的核查缺少经验，现在一旦当庭启动非法证据排除程序，公诉人就会非常被动。

三是对证据瑕疵、程序瑕疵可能给裁判结果带来的负面影响不适应。过去证据有点瑕疵庭上不会有大的影响，程序上有点毛病庭上也不会影响实体问题，现在到法庭上都成了问题。辩护人一旦提出来，公诉人就会应接不暇，无法应对。

四是对法官在庭审中更趋中立的定位不适应。过去在法庭上，审判长往往在情感上认同公诉人，明显倾向于公诉人，给指控犯罪创造一个良好的庭审环境；今后在法庭上，面对诉辩双方的对抗，法官则更加中立了，公诉人比以往显得更为"孤单"，不太适应与辩护方的"单打独斗"。

五是对被告人、证人、鉴定人、侦查人员在法庭上的证词和意见发生变化不适应。过去的习惯做法是证人证言、鉴定人意见庭前事先准备，书面意见都在卷宗里面，证人、鉴定人不需要出庭作证，证据一般不会有变化；可是现在证人、鉴定人、侦查人员需要出庭作证，当庭作证时也可能会修正原来的意见，很可能影响法庭的认定，对于这种变化，公诉人感到不适应。

六是对律师在法庭上更为激烈的对抗不适应。过去，在法庭上诉辩双方的角逐中，公诉人往往义正词严、占据绝对优势，现在提倡平等对抗，律师在法庭上会毫不掩饰自己的观点，公诉人如果在证据或程序方面存在一些问题，可能就会被辩得淋漓尽致，对于这种情况，公诉人觉得不适应。

七是对单纯定罪之诉转变为定罪量刑之诉不适应。过去提起公诉的目标，基本上是认定被告人构成具体犯罪即可，公诉人主要出示定罪证据，量刑证据不是重点，刑罚裁量主要是法官、法院的事；今后量刑证据出示质证在法庭，量刑建议和意见辩论在法庭，量刑结果形成在法庭，对于这种变化公诉人也觉得不适应。

八是对绝大多数情况下需要独立决定案件有关事项不适应。过去，对重大疑难复杂案件和庭审中突发的疑难问题、复杂情况，公诉人往往是庭外向上层层汇报、公诉部门集体研究把关、直至报请检察长决定，庭审实质化以后，更多的情况下要求公诉人当庭就要对突发问题及时决定如何处理，对于这种情况，公诉人明显不能适应。

九是对可能出现的更多的诉讼风险不适应。过去，庭审往往走形式，更多的情况是法官庭下详细阅卷后形成裁判意见，还有不少案件是合议庭向审判委员会汇报后，由审判委员会讨论决定，检法两院庭外的沟通协调往往更为重要；庭审实质化以后，更多是审判法

官或者合议庭当庭形成裁判意见，甚至更多的裁判意见当庭予以宣判，检法两院不再或者绝大多数情况下不再就具体案件的处理进行庭外沟通协调，公诉方承担的诉讼风险更大，对这种情况，公诉人明显不适应。

十是对向更趋高度规范化的诉讼过程的转变不适应。过去，因案多人少、任务繁重，公诉人有时对当事人诉讼权利的保障、办案时限的严格遵守、法律文书及工作文书的规范化程度等方面的细节问题可能重视不够，辩护人、法庭也没有过多关注；庭审实质化以后，当事人对检察机关保障诉讼权利行使的要求更高，辩护人对办案程序、法律文书、司法规范等的细微瑕疵的注意力更为集中，往往会进行更多的纠缠，公诉方在这方面承受的压力将会更大，可能不适应。

四、如何构建新型诉侦、诉审、诉辩关系

构建科学合理的新型诉侦、诉审、诉辩关系，公诉工作首先要主动实现三个转变。

一是从查明事实转变到证明事实。公诉人要准确定位，明白侦查工作是查明事实，审查起诉的主要任务是证明事实，是在侦查的基础上，审查侦查查明的事实是否存在，证据是否确实充分；并且在法庭上依法履行证明事实的责任。

二是从依赖人证转变到依靠客观性证据。人类历史的发展，社会制度的进步，司法制度的发展演变经历了三个阶段，即从神证、到人证、再到客观性证据证明阶段。公诉人的思维方式也要转变，要重视客观性证据，注重对人证、物证、技术性证据等综合分析判断，不断提升审查、调取、甄别、分析判断、补强、运用案件客观性证据的能力。

三是从依赖庭前证据转变到依靠庭审证据。过去公诉人举证质证主要在庭前做好充分准备，法庭上只是走程序，今后庭前证据尤其是言词证据，都要经过当庭质证才能作为认定事实的依据。特别是辩护人更多地介入后，法庭上被告人翻供、证人翻证、专家证人或鉴定人意见发生变化的情况增多，公诉人如果仍然仅仅依赖庭前的证据，就可能应对不了庭上的证据变化，应对不了庭上的不利局势，公诉人要转向依靠庭审证据，提升对证据发生变化的预判能力，对庭审突发问题的应对能力，以及与证人、鉴定人、侦查人员的沟通能力，等等。

具体来讲，要做到以下三个方面：

第一，强化诉前主导——推动建立新型诉侦关系。我国刑事诉讼的构造，是诉辩双方平等对抗，审判方居于其间、居于其上的"三角结构"。① 其中"指控犯罪"既包含公诉职能，也包含侦查职能，由于提起公诉、出庭支持公诉由检察机关承担，所以在审前程序中，公诉为中心，侦查从属于这一中心。我国检警关系既不是一体化，也不是检察领导侦查，在共同完成指控犯罪职能时，以公诉为中心，加强"公诉提前介入侦查、引导取证"将成为新型诉侦关系的不二选择和实现路径。在审前阶段，公诉要加强主导作用，主动介入侦查，做到适当介入、适时介入、适度介入，加强引导取证，促进侦查由"抓人破案"向"证据定案"转变；通过出席现场勘查、参加讯问和案件讨论等方式，对收集证据、适用法律提出意见，监督侦查活动是否合法，力争在移送审查起诉前解决证据的确实充分和合法

---

① 龙宗智：《理性对待检察改革》，载《人民检察》2012 年第 5 期。

性问题；健全联席会议、侦查质量评析通报、邀请侦查人员旁听法庭审理等诉侦沟通机制，促进侦查人员增强正当程序和证据意识，夯实案件质量基础；同时，注意尊重侦查活动的专业性和规律，防止越位、越权、越界，避免把引导、监督变成领导、指挥。

第二，注重审前过滤——推动建立新型诉审关系。一方面，认真把好"四关"，即事实关、证据关、程序关和适用法律关，对达不到起诉标准的案件在审前依法进行分流，防止事实不清、证据不足或者违反法定程序的案件"带病"进入审判程序，防止把矛盾推向审判环节；另一方面，充分利用庭前会议，把一些不需要或者不宜在法庭上浪费时间、耗费精力的问题进行过滤、予以解决，包括被告人的思想动向、回避问题、一些瑕疵问题、律师提出的意见和建议，以及被告人认罪案件的分流等，法庭上只解决实质性问题。公诉人在庭上还要尊重法官的居中裁判地位，尊重法官对庭审节奏的把握和为推进庭审进行作出的决定，庭审中发现审判活动违法，除不立即监督纠正、事后无法弥补的情况外，还应当记录在案并在庭审后依法提出监督意见。

第三，尊重律师权利——推动建立新型诉辩关系。进一步更新司法理念，充分认识到律师也是国家法治工作队伍的重要组成部分，是法律职业共同体的重要组成部分，诉辩双方不是简单的控辩关系、对抗关系，维护社会公平正义、切实保障人权是诉辩双方共同的价值目标。公诉人要认真落实依法保障律师执业权利的规定，尊重律师在会见、阅卷、调查取证、收集证据等方面的权利；充分发挥辩护律师在全面查清案件事实、保障被告人人权等方面的积极作用，把认真听取辩护意见作为提高公诉案件质量、防范冤假错案的一个重要措施，认真审查核实律师提出的关键性意见，并在案件审查报告中作出说明；对辩护律师正确的意见和建议应当及时采纳、吸收，确保对案件依法作出更为客观、公允的处理；通过探索建立被告人认罪案件诉辩量刑协商制度、完善庭前会议制度，不断加强与律师的沟通协作，真正做到对抗而不对立、交锋而不交恶，推动形成彼此尊重、平等相待、相互促进、良性互动的新型诉辩关系。

（作者单位：河南省人民检察院）

以审判为中心诉讼制度改革
语境下的刑事证人出庭作证制度完善

侯建军　刘振会

中共中央《关于全面推进依法治国若干重大问题的决定》提出，要推进以审判为中心的诉讼制度改革，这对刑事证人出庭作证制度提出了全新的要求。笔者在深入分析论证以审判为中心诉讼制度改革价值取向的基础上，立足我国刑事证人出庭作证制度的实施现状，提出了改进完善的路径措施，以期对促进完善这一制度有所裨益。

一、以审判为中心的诉讼制度改革对刑事证人出庭作证制度的基本要求

"以审判为中心"诉讼制度改革的目标是确立审判在刑事诉讼中的核心地位和决定性作用，实现这一目标，需要从以下四个方面确立刑事证人出庭作证制度的价值取向。

（一）促进庭审实质化

"以审判为中心"的基本前提是审判实质化。[①] 审判实质化，只有通过庭审实质化才能实现，这就要求审判案件要以庭审为中心，切实做到事实证据调查在法庭，定罪量刑辩论在法庭，裁判结果形成于法庭。在此意义上，庭审就要进行充分的交叉询问、辩论，切实发挥举证、质证、认证各环节的作用，使庭审真正成为确认和解决罪、责、刑问题的关键环节。刑事证人出庭作证制度是实现庭审功能的重要途径，改革完善这一制度，必须以庭审实质化为基本价值取向。

（二）阻断审判与侦查、起诉的不当联系

我国刑事诉讼法中的"分工负责，互相配合，互相制约"原则，从法律上确立了"流水作业"的诉讼构造[②]，形成了"以侦查为中心"的诉讼模式。推进以审判为中心的诉讼制度改革就是要改革"以侦查为中心"的诉讼模式，构建以审判为中心的现代刑事诉讼构造。实现这一目标，首要的是要切断审判与侦查、起诉的不当联系纽带——书面证人证言。改革完善刑事证人出庭作证制度，应当把保障证人出庭作证，解除审判对侦查、起诉阶段书面证人证言的依赖，实现侦查、起诉标准服从审判标准作为重要目标。

[①]　孙长永：《审判中心主义及其对刑事程序的影响》，载《现代法学》1999 年第 4 期。
[②]　陈瑞华著：《刑事诉讼的前沿问题》，中国人民大学出版社 2011 年版，第 254 页。

（三）保障对质权的实现

当前，保障人权已成为我国刑事立法和司法所追求的重要价值目标。[①] 推进以审判为中心的诉讼制度改革，重要任务之一就是加强人权司法保障。对质权是刑事诉讼被告人享有的能够与不利于己的证人在庭上对质的权利[②]。从世界范围看，对质权作为被告人的一项基本权利，已经为世界各国普遍接受和认可。实现对质权的最直接途径，就是证人出庭作证，接受被告人面对面的直接对质。改革完善刑事证人出庭作证制度，应当把对质权作为人权保障的基本内容，予以充分关照和保障。

（四）促进实质正义与程序正义的衡平

长期以来，以实事求是、查明事实真相为主要内容的实质正义观一直是我国刑事诉讼制度的主导价值观。近年来，随着赵作海、佘祥林、呼格吉勒图等冤错案件的出现和纠正，司法理论界与实务界开始对这一实质正义观进行反思与矫正，以限制法官恣意裁判、保障当事人诉讼权利为主要内容的程序正义观越来越受到人们的重视。推行以审判为中心的诉讼制度改革，就是要通过诉讼制度的改革完善，实现程序正义与实质正义的衡平。刑事证人出庭作证制度是当事人平等对话、法官对证人面对面察言观色、证人充分完整地发表自己证言的重要载体，改革完善这一制度，应当以实现程序正义与实质正义最佳契合为重要价值追求。

二、我国刑事证人出庭作证制度与以审判为中心诉讼制度改革目标的恰适性考量

推行以审判为中心的诉讼制度改革，实质是在诉讼活动全过程实行以司法审判标准为中心，"确保侦查、审查起诉的案件事实证据经得起法律的检验"。[③] 从我国的立法、司法实践来看，刑事证人出庭作证制度取得了很大进步，但是与实现以审判为中心的改革目标相比，仍然存在一些不足和困难。

（一）立法取得重大进步，但仍存不足和缺憾

2012 年修订、2013 年实施的新刑事诉讼法及相关司法解释对证人出庭作证制度做了重大修改，形成了涵盖"证人出庭范围——强制证人出庭与例外——证人保护及经济补偿——拒绝作证的法律后果和救济"等内容的证人出庭作证机制，迈出了刑事证人出庭作证制度发展的一大步。但是，与审判实质化等审判中心要求相比，还有一些不足和缺憾。

1. 出庭证人的范围、条件弹性过大。根据新刑事诉讼法规定，证人出庭作证应当符合三个条件，即公诉人、当事人或者辩护人、诉讼代理人对证人证言有异议，证人证言对案

---

① 沈德咏：《论以审判为中心的诉讼制度改革》，载《中国法学》2015 年第 3 期。
② 易延友：《证人出庭与刑事被告人对质权的保障》，载《中国社会科学》2010 年第 2 期。
③ 沈德咏：《论以审判为中心的诉讼制度改革》，载《中国法学》2015 年第 3 期。

件定罪量刑有重大影响以及人民法院认为有必要①。但是，对"重大影响"与"必要"的标准并未作出规定，需由法官自主把握。这不仅增加了法官的决策负担，也容易造成不同案件证人出庭作证的标准不同而引起社会诟病。在司法实践中，法院往往陷于标准掌握过严、重要证人难以出庭与掌握过宽、浪费司法资源的两难境地，而且标准过宽、过严都影响证人作证的效果，不利于案件的公正裁判。

2. 未确立庭审证言效力优先原则。域外法治国家大都确立了传闻证据排除规则，即对于证人在法庭之外所作的陈述，无论其在法庭上是以书面形式提出还是由他人代为转述，都对该类证言的证据效力不予承认。我国新刑事诉讼法未对不出庭作证的证人证言效力作出规定，最高人民法院的司法解释也仅作出了保守规定，即"证人没有正当理由拒绝出庭或者出庭后拒绝作证，法庭对其证言的真实性无法确认的，该证人证言不得作为定案的根据"。而且，在传闻证据与当庭证言的效力上，最高人民法院司法解释持保守立场，即"证人当庭作出的证言与其庭前证言矛盾，证人能够作出合理解释，并有相关证据印证的，应当采信其庭审证言；不能作出合理解释，而其庭前证言有相关证据印证的，可以采信其庭前证言"。这一规定使证人出庭作证的效力与必要性大打折扣。

3. 强制证人出庭作证制度不完善。我国新刑事诉讼法首次确立了强制证人出庭作证制度，但是与国外的成熟制度相比，尚不完善。一是强制措施少，严厉程度不够。以恰当的制裁措施惩罚无正当理由拒不出庭作证的证人，并将刑事责任的承担作为最严厉的制裁措施是各主要法治国家的通常做法。相比而言，我国的强制措施较少，只有训诫和拘留两种，没有刑罚处罚措施，对证人出庭作证的威慑力有限。二是证人作证特免权不完整。美国规定了基于婚姻、公务、法律职业以及政治选举、宗教、商业秘密的作证特免权。意大利赋予近亲属免除作证义务的权利，并且还对因职务或职业原因知道情况而享有作证特免权的主体范围作了详细列举。我国新刑事诉讼法规定了强制证人出庭的例外情形，即被告人的配偶、父母、子女可以不受出庭作证的强制。但是，这一规定并不是完整意义上的证人作证特免制度。其一，主体范围过窄。强制证人出庭的例外情形仅包括被告人的配偶、父母、子女三类近亲属，而不包括同胞兄弟姐妹，以及其他可能因证人作证遭受危险的人。其二，权利不完整。只是免除了配偶、父母、子女强制出庭的义务，没有免除其作证的义务，也未排除上述亲属庭外证言的效力，不具有证据法上的实质意义。三是证人消极作证、恶意翻证等行为的惩戒措施缺失。证人被强制到庭后，拒不开口、提供模糊证言，甚至故意推翻庭前的真实证言（恶意翻证），会造成案件审理迟延，浪费司法资源等不良后果，应当进行必要的惩戒。我国新刑事诉讼法没有对上述行为作出惩戒规定，是一大缺憾。

4. 证人保护制度不够完善。与域外国家证人保护制度相比，我国新刑事诉讼法关于证人保护的规定还有一些不足。一是保护范围过窄。首先，保护对象范围过小。美国将应当出庭作证并且其本人或家人处于危险之中的证人及其家人纳入保护范围之中。德国证人保护范围及于证人、证人亲属和最亲近的人。而我国新刑事诉讼法规定的证人保护对象仅为证人及其近亲属，使人的其他亲属以及与其有其他亲密关系的人被排除在保护范围之外，难以得到有效保护。其次，案件适用范围过小。域外国家在证人保护上大多没有限制案件范围的规定。而我国新刑事诉讼法将证人保护的案件范围限定为危害国家安全犯罪、恐怖

---

① 参见刑事诉讼法第 187 条。

活动犯罪、黑社会性质组织犯罪、毒品犯罪四类案件，其他案件的证人保护成为法律真空。最后，保护的利益范围过小。美国证人保护的利益范围包括人身安全、名誉利益和财产利益。德国证人保护的范围包括人身和财产权益。而我国新刑事诉讼法仅有保护证人的人身安全的规定，难以满足证人权益保护需要。二是保护机制不健全。首先，保护机构职责不清。美国保护证人的官方机构是检察官执法办公室，并有许多民间组织辅助官方为证人提供保护。德国保护证人的任务由联邦警察局承担。而我国新刑事诉讼法规定，公安机关、人民检察院和人民法院均负有证人保护职责，但三机关职责分工不明确，如证人保护于何时开始到何时结束，处于不同诉讼阶段应当由哪个机关承担保护责任，应当采取何种措施等问题都缺乏具体的规定。其次，保护程序不明确。立法虽赋予证人向三机关申请保护的权利，却没有规定具体的申请保护条件和程序。最后，保护责任制度缺失。新刑事诉讼法没有规定违反证人保护职责的责任追究制度，缺乏对不履行保护职责的机关和人员的必要约束和惩戒。三是保护措施不健全。很多国家根据证人所面临的问题和危险性的大小对证人进行庭前、庭中、庭后的全方位多层次保护。如美国为保护证人制定了为证人安顿住所、提供医疗照顾和其他服务，为证人及其家人提供新的身份证明，进行 24 小时保护等措施。[1] 德国根据危险程度对面临危险的证人实行层层递进式的保护。[2] 而我国新刑事诉讼法在证人保护上只规定了四项具体措施和一项裁量措施[3]，且限于"诉讼中"，难以消除证人因出庭作证遭受打击报复的顾虑。四是奖励措施缺失。法律仅规定了证人作证的经济补偿制度，没有对如实作证证人的奖励性规定，不利于保护证人出庭作证的积极性。

（二）司法仍不乐观，实现以审判为中心诉讼制度价值目标的阻却因素仍然存在

自新刑事诉讼法实施以来，证人出庭作证制度的实施效果并不理想，证人出庭作证率仍处于较低水平。2014 年 1 月至 2015 年 8 月，山东省济南市某法院适用普通程序审理的 239 件案件中，只有 30 个证人出庭作证，没有一件案件强制证人出庭作证。究其根源，主要是审判中心主义的诉讼制度没有建立起来，影响证人出庭作证的因素仍然难以消除。

1. 实质正义观在司法人员中占主导地位消解了证人出庭作证制度的程序价值。当前，大多数司法机关和司法人员在刑事诉讼活动中仍然秉持实质正义观，"法律程序的正当性或者程序正义的合理性只能从程序对其所要产生的直接裁判结果的有利影响上得到证明"[4] 等认识根深蒂固。在证人出庭作证制度上，主要关注证人出庭对案件裁判的实体作用，而对被告人的对质权、接受公正审判权等程序权利并不重视。"法院和检察机关对于证人出庭问题实际上采取一种说起来重要但心头不以为然的态度，不仅证人可以不来，甚至司法官员还可能希望证人不来。"[5] 毛逸潇、袁继红对某市法院的调查结果显示，2013 年新刑事诉讼法实施至调查时，该院开庭审理的有证人出庭作证的案件共 18 件，实际出庭作证的 39 名

---

① 程宗璋：《关于证人制度的比较与思考》，载《乌鲁木齐职业大学学报》1999 年第 3 期。

② 谢秉绮：《试论秘密证人之保护制度》，载（台湾）《刑事法杂志》第 45 卷，第 67~68 页。

③ 刑事诉讼法第 62 条规定的诉讼中的证人保护措施为：（1）不公开真实姓名、住址和工作单位等个人信息；（2）采取不暴露外貌、真实声音等出庭作证措施；（3）禁止特定的人员接触证人、鉴定人、被害人及其近亲属；（4）对人身和住宅采取专门性保护措施；（5）其他必要的保护措施。

④ 陈瑞华：《程序正义论纲》，载《诉讼法论丛》1998 年第 1 期。

⑤ 龙宗智著：《刑事庭审制度研究》，中国政法大学出版社 2001 年版，第 257 页。

证人中，由公诉机关提出出庭申请的仅 5 人次，占总数的 12.8%，由辩护人申请证人作证的占绝大多数。①

2. "卷宗中心主义"诉讼模式限制了证人出庭作证制度的功能发挥。目前，审判活动主要围绕卷宗进行，法官在庭前查阅案卷，在庭审中核实案卷，最后又依据案卷形成裁判结果。② 证人出庭作证与否并不重要，其当庭证言与其之前记录在卷的书面证言相比，对法官的影响并不大。出庭作证的证人发现，自己只不过是这场饕餮盛宴中的一个走秀者，一种彰显"正义是看得见"的工具。正如学者何莉所言："'笔录中心主义'刑事诉讼模式的最大特点是用以定罪的言词证据可以不经过庭审的当面质证，仅通过公诉方当庭宣读就可以作为定案的依据，这就从根本上否定了证人出庭作证的功能与作用，使证人出庭作证成为可有可无的'鸡肋'，从而导致了证人出庭制度的失灵。"③

3. 传统厌讼观念影响了证人出庭作证制度的实施效果。在我国，受儒家"和为贵思想"、"中庸之道理念"以及"和合哲学"的影响，人们普遍认为出庭是"过堂受审"的耻辱之事，会影响自己与当事人及其亲友的关系，降低自己的社会评价，往往持"多一事不如少一事"的心态，逃避作证。加之有的司法机关不重视对证人的人身、财产权利保护，甚至为取得证言，对证人刑讯拷问，使证人对作证充满恐惧之感，导致证人不愿意配合司法机关作证，即使在法律压力下提供证言，也不愿当庭提供证言，而是更愿意在庭前接受调查，制作证言笔录，有时甚至会以不出庭为条件提供书面证言。

三、以审判为中心诉讼制度改革语境下证人出庭作证制度的完善路径

改革完善刑事证人出庭作证制度，应当立足于以审判为中心诉讼制度的价值取向，以克服立法、司法困境为切入点，以保障被告人对质权、接受公正审判权，促进司法公正为终极目标。

（一）完善立法

建议从以下四个方面对现行法律进行修改完善：

1. 调整出庭证人的范围和标准。在立法中明确规定刑事被告人的对质权，以保障对质权为目标，区别案件类型，确定出庭证人的标准和范围。具体而言，在简易、速决程序案件中，被告人自愿认罪，意味着放弃了对质权，证人不需要出庭作证；在普通程序案件中，特别是在被告人对定罪量刑与控方有重大分歧，甚至作无罪辩护的案件中，对质权要予以充分保障，确保对分歧部分有重大影响的证人出庭，接受被告人的质证。死刑案件中保障被告人的对质权具有特殊的重要性，在确定出庭证人范围时，应该严格遵循有利于被告人的原则，确保对被告人有利的证人出庭作证。

2. 确立庭审证言效力优先原则。在我国，刑事诉讼要兼顾公正与效率，既要保障被告人的对质权等诉讼权利实现，也要最大限度地查清事实、准确定罪、恰当量刑。完全实行

---

① 毛逸潇、袁继红：《新刑事诉讼法视野下证人出庭实效观测》，载《江西警察学院学报》2015 年第 1 期。
② 参见沈德咏：《统一司法审判标准，推进严格司法——在中国审判理论研究会 2015 年理论研讨会上的讲话》。
③ 何莉：《新刑诉法视角下证人出庭制度失灵问题的解决建议》，载《河北法学》2013 年第 6 期。

传闻证据排除规则或直接言词原则，既不现实也无必要。建立与对质权相对应的庭审证言优先原则是理性务实的最佳选择。应当从立法上明确作出规定，对应当出庭作证的证人①，仅以其当庭作出的证言作为定案根据，其在庭审之外的书面证言，无论是侦查、检察机关制作的书面证言，还是辩方直接向法庭提供的书面证言，都不得作为证据使用。对于其他证人提供的书面证言，经过庭审诉辩各方质证后，可以作为证据使用。

3. 完善强制证人出庭作证制度。一是增加强制措施，在训诫、拘留之外，增加罚款、拘传等措施；情节严重的，给予刑事处罚。② 二是完善证人作证特免制度。主体上，除被告人的配偶、父母、子女外，增加被告人的同胞兄弟姐妹以及基于公务、宗教等因素有免证必要的人；权利上，赋予其完整的作证特免权，不仅可以不出庭作证，也可以在任何情况下不作证。三是增加消极作证、恶意翻证等行为的处罚措施。对出庭后不作证、模糊作证以及恶意翻证的，区别情况，给予处罚。情节较轻的，予以训诫、罚款或拘留；情节严重的，以犯罪论处，通过修改刑法，纳入刑罚处罚范畴。

4. 完善证人保护制度。一是扩大保护范围。将保护案件范围扩大为以现行立法规定的四类案件为重点的全部案件，将保护人员范围扩大为证人、证人的近亲属以及与证人有其他亲密关系的人，将保护利益范围扩大为人身安全、财产利益及其他利益。二是健全保护机制。改公检法三机关分段保护为公安机关一体保护，在公安机关中设置证人保护专门机构，无论是侦查、起诉还是审判机关作出的证人保护决定，都由其负责执行；规范保护程序，明确证人申请条件、裁决机关、保护机关与保护措施，使证人保护更加方便、快捷、有效；完善责任追究制度，细化责任追究情形和责任追究方式，督促保护机关和责任人员积极履职。三是健全保护措施，除现行法律规定的四项措施外，增加医疗照顾、住所迁移、异地安置、工作调整等必要措施，并将保护时间延伸到庭审结束后，以安全隐患完全消除为限，对特殊证人实行终身保护。四是完善对证人作证的经济补偿和奖励制度。除对证人给予公平合理的经济补偿外，对如实作证的证人给予一定的荣誉和物质奖励，促进形成积极作证的社会氛围。

（二）改进司法

建议从以下三个方面对司法工作予以改进：

1. 树立程序正义理念。"程序正义观念即使不是赋予审判正当性的唯一根据，也应当被认为是重要根据之一。"③ 司法机关和司法人员要树立实质正义与程序正义并重的理念，在追求实质正义的同时，充分关照程序公正的独立价值，从思想上、行动上对证人出庭作证给予充分的重视，最大限度地保证重要证人出庭作证。具体而言，检察机关应当主动申请对定罪量刑有重大影响的证人出庭，接受被告人及其辩护人的对质；法院应当对控辩双方的申请同等对待，在申请审查上，以形式审查为主，只要符合申请的形式要件，一般都予准许，尽量不以"必要性"标准，驳回作证申请。

2. 推行以庭审为中心的审判方式改革。庭审是审判的关键环节，庭审方式决定着刑事

---

① 即前述对质权中界定的出庭证人范围。

② 通过修改刑法确立具体罪名与刑罚标准。

③ 王亚新、刘荣军译：《程序的正义与诉讼》，中国政法大学出版社 1996 年版，第 11 页。

证人出庭作证的效果。只有推行以庭审为中心的审判方式改革，落实法庭辩论、司法中立、公开审判、集中审理等原则，才能使证人出庭作证对案件审理发挥实质性作用。念斌投放危险物质案不予核准死刑发回重审后的二审庭审为庭审实质化作出了最好注解。此次二审的两次公开开庭审理，12 位诉讼参与人，31 人次出庭作证或说明，每位出庭人员平均接受交叉询问近 1 个小时，使法庭真正成为审理案件的中心。通过这场高质量的庭审，证实了案件存在的疑点，最终作出了符合事实和法律的判决。① 应当以此为标准，深入推进庭审方式改革，促进证人出庭作证制度完善。

3. 完善证人出庭作证的配套制度措施。一是规范法官对于证人出庭例外情形认定的自由裁量权。最高人民法院司法解释规定了四种证人可以不出庭的情形，② 其中第四种"其他情形"是口袋性规定，司法实践中由法官自由裁量，容易造成实践标准的宽严失范，应当根据庭审实质化的现实需要，详细列举出具体情形，避免裁量的随意性。二是完善交叉询问规则。在法庭审理中，首先由提出证人的一方对本方证人进行主询问，然后再由对方进行反询问，并且在反询问中允许采取一定限度内的诱导式询问，以更有利于揭露对方证人的谎言，否定其虚假证言的证明力。三是建立证人宣誓制度。宣誓内容包括证人对法律和事实的忠实，如实回答各方的询问，对虚假陈述法律后果的承担等。方式为在法庭上口头宣誓，并在书面誓词上签字，以此强化作证责任意识，促使其如实提供证言。

（三）优化环境

"法律改革不仅要改变法制的硬件，而且要改变其软件。即不仅要输入先进的法典，而且要继受与之有关的伦理价值和思想观念，通过改造国民性使现代法律意识渗透到日常生活之中。"③ 证人出庭作证制度的建立和实施，除了需要建立健全一系列规则制度，还需要采取有效措施，培育法治文化和法治观念，在全社会形成愿意作证、支持作证、保护证人的良好人文环境。一是加强法制宣传教育。充分运用报刊、广播、电视、互联网等媒体，大力开展法制宣传教育，加大司法公开力度，运用庭审直播、裁判文书上网等多种形式，广泛宣传证人出庭作证的重要作用和重大意义，使公民真正认识到出庭作证是自己应尽的义务和义不容辞的责任，形成作证光荣、拒证可耻的道德风尚。二是建立证人法律援助制度。由法律工作者为证人作证、证人保护以及证人权益维护提供免费法律帮助，指导证人正确履行作证义务，消除证人作证的顾虑。三是建立证人作证社会救助制度。把证人纳入社会救助体系，设立证人作证保障基金，对无业人员等生活困难的证人，进行经济救助，确保每一个出庭证人都能得到社会的关怀。四是纳入社会征信体系。将公民作证情况作为社会征信体系的一项重要内容，把是否积极履行作证义务作为公民社会诚信度的重要标准，督促有作证义务的公民积极出庭作证。

---

① 沈德咏：《论以审判为中心的诉讼制度改革》，载《中国法学》2015 年第 3 期。
② 最高人民法院《关于适用〈中华人民共和国刑事诉讼法〉的解释》第 206 条规定，证人具有下列情形之一，无法出庭作证的，人民法院可以准许其不出庭：（1）在庭审期间身患严重疾病或者行动极为不便的；（2）居所远离开庭地点且交通极为不便的；（3）身处国外短期内无法回国的；（4）有其他客观原因，确实无法出庭的。
③ ［日］川岛武宜著：《现代化与法》，王志安、渠涛、申政武等译，中国政法大学出版社 1994 年版，第 6 页。

四、结语

我国新刑事诉讼法确立了证人出庭作证制度的基本框架，以审判为中心的诉讼制度改革为这一制度的发展完善提供了难得的历史机遇，相信在刑事诉讼理论界与实务界的共同努力下，规范完善的证人出庭作证制度一定会很快建立起来。

（作者单位：山东省高级人民法院）

论以审判为中心的审查起诉工作改革

李建明　陈　涛

中共中央《关于全面推进依法治国若干重大问题的决定》提出"推进以审判为中心的诉讼制度改革",为司法改革指明了重点。就检察改革而言,以审判为中心,意味着检察工作不能一直以法律监督自居,无视审判的中心地位,甚至给审判施加不当压力,而是要尊重司法规律,服从和维护审判这个中心。审查起诉是刑事诉讼的重要环节和检察工作的重要内容,其任务是对案件事实和证据进行严格审查,决定是否提起公诉的问题。面对"以审判为中心"的要求,审查起诉应该如何认定事实,如何取舍证据,如何作出诉与不诉的决定,这就是在推进以审判为中心的诉讼制度改革中公诉机关需要重点研究的问题之一。基于此,本文围绕以审判为中心的审查起诉工作改革需要改什么,怎么改等问题做初步探讨。

一、审查起诉应当以审判为中心的必要性

观察近年来一些被揭露出来的重大刑事错案,不难发现,刑事错案的发生与刑事诉讼中的公安机关、检察院、法院三机关都有关系,"公安机关错误侦查,检察机关错误批准逮捕和起诉,两级法院作出错误的有罪判决,演绎了一个完整的错案形成和发展过程"。[1] 在这种情形之下,不免让人产生一些疑问:检察机关长期以来都很重视错案预防,为什么处于刑事诉讼承前启后环节的审查起诉不能及时有效地发挥纠错功能,从而防范刑事错案?以往的研究对此问题进行过分析和反思,并达成了一些基本的共识。例如,认为检察机关难以独立办案,对案件的处理过分迁就社会舆论,过分屈从被害人压力,公检法三机关过分重视相互配合而轻视相互制约,以及对办案人员错案责任的规定过于严格等。[2] 毋庸置疑,这些反思具有客观的解释力,也非常深刻,但未涉及我国长期存在的侦查、起诉、审判三种权力的错位问题。诸如审查起诉等审前程序一直以来都是由强大且强势的侦查机关所主导,刑事诉讼的实践状况更接近"以侦查为中心"而不是"以审判为中心"。在此模式下,检察环节防范刑事错案的机制被严重弱化。

由于传统的刑事诉讼事实上实行"以侦查为中心",法院审判主要依据侦查机关所收集的在卷证据,审判的最终把关和最终裁判的权力常常流于形式,从而极大地影响了司法公正的实现。"'以审判为中心的诉讼制度改革'是在一系列冤错案件陆续被披露、社会各界广泛关注的大背景下提出的,是诉讼规律的基本要求,也是对各界避免冤错案件吁求的一

---

[1] 李建明:《刑事错案的深层次原因——以检察环节为中心的分析》,载《中国法学》2007年第3期。

[2] 参见陈永生:《我国刑事误判问题透视——以20起震惊全国的刑事冤案为样本的分析》,载《中国法学》2007年第3期。

种宏观上的制度回应。"① 因此，中央提出"以审判为中心"的诉讼制度改革要求，是对以侦查为中心司法现实进行反思的结果，反映了对司法规律的尊重。所谓"以审判为中心"，就是要确保审判活动在整个刑事诉讼程序中居于中心地位，使庭审成为审判的决定性环节，也就是要求庭审实质化。这也是落实刑事诉讼法第12条："未经人民法院依法判决，对任何人都不得确定有罪"的重要举措。既然只有审判阶段才能最终确定犯罪嫌疑人、被告人的刑事责任问题，那么侦查、逮捕、审查起诉等审前程序就应当围绕审判中事实认定、法律适用的标准和要求而展开，尊重审判的权力和结果，而绝不可以在有罪无罪、此罪彼罪以及量刑问题上对审判产生预设的效力。也只有这样，才能够从源头上有效地防止刑事错案。由此可见，审查起诉之所以应当以审判为中心，服务于审判活动，这既是确保审查起诉环节办案质量的必然要求，也是实现刑事司法公正的题中应有之义。

"审判中心体现了刑事司法规律，是公正司法的必然要求，是严格司法的题中之义。"② 检察机关的审查起诉工作作为连接侦查与审判之间的桥梁，是刑事诉讼中承前启后的一个环节，对防止刑事错案承担着重要职责。但就其实质而言，起诉只是向法院提出对犯罪嫌疑人定罪量刑的请求并提供依据和理由，并不是将自己通过审查得出的结论提交法院确认。因此，一方面，审查起诉应当以审判上的要求，对侦查机关移送起诉的案件进行严格的审查把关，确保审查起诉认定的案件事实和证据都能经得起审判阶段尤其是庭审的检验；另一方面，要求公诉机关理性地对待自己通过审查起诉对案件事实和证据的认定，自觉地接受审判阶段对审查起诉结果的最终的审查和判断，而不是将自己的认识结果甚至是侦查机关对案件的认定处理意见强加于审判，强加于法院。如果背离了以审判为中心的这个基本原则，审查起诉就会缺乏应有的压力和责任感，就不可能通过审查起诉积极而有效地对侦查活动实施监督，从而切实有效地在检察环节上防范冤假错案。

二、以审判为中心视野中审查起诉工作存在的问题

从目前检察机关审查起诉的实践出发，在以审判为中心的视野下审视现行审查起诉工作，不难发现主要存在以下几个方面的问题：

（一）不愿主动排除非法证据，"带病"举证

以审判为中心，意味着检察机关要以审判阶段的标准加强对庭前证据合法性的审查，主动排除非法证据。但是，从近年来启动非法证据排除程序的情况来看，在人民检察院审查起诉阶段，对于发现的犯罪嫌疑人、被告人供述和辩解等非法言词证据能够真正排除的很少。从审判的角度出发，某个证据属于非法证据，有时检察机关也可能意识到了这一点，却不愿意主动排除，仍"带病"举证。对当事人提出的非法证据排除申请，也存在走形式甚至置之不理的倾向。北京市尚权律师事务所曾经制作过一份新刑事诉讼法实施状况的调研报告，调研结果显示，在"非法证据排除"问题上，有42.1%的人表示"在审查起诉环

① 王守安：《以审判为中心诉讼制度改革对检察工作的影响》，载《人民检察》2014年第22期。
② 陈光中：《推进"以审判为中心"改革的几个问题》，载《人民法院报》2015年1月21日。

节中虽提出过申请，但公诉机关没有回应"。① 2013 年，北京市东城区人民检察院共受理审查起诉案件 1530 件 1931 人，审结 1449 件 1807 人，提起公诉 1360 件 1692 人；审查起诉阶段涉及非法证据排除的仅有 4 件，占审结案件的 0.28%。② 重要原因之一是，只要检察机关坚持认为不属于非法证据，审判阶段通常很难排除某个没有证据证明系非法取得的证据。是否排除非法证据，尽管法律上属于审判的权力，但事实上又常常取决于检察机关的态度。

（二）证据不够充分，但依然勉强起诉

以审判为中心，要求检察机关严格坚持"案件事实清楚，证据确实、充分"的证明标准，对于事实不清、证据不足的案件依法作出不起诉处理。如果坚持起诉，极易造成审判阶段的错案。坚持审查起诉的法定证明标准，理论与技术上并无多大困难。因为"犯罪事实、情节是否清楚，证据是否确实、充分"的判断，对于检察人员来说，属于其知识与技能的必然要求，难就难在是否能坚持这个标准，保证起诉案件的质量。在司法实践中，在有些案件的审查起诉环节，检察人员事实上也发现了证据不够充分的问题。此时，若坚持法定的证明标准，审查起诉就形成了一道防止带病审判、形成错判的坚固屏障。然而，有时审查起诉部门会考虑侦查机关已经对犯罪嫌疑人采取了羁押措施，如果作出不起诉决定，将犯罪嫌疑人释放，会引起国家赔偿甚至对案件承办人予以追责等问题，还有来自社会舆论和当事人的压力因素，以及办案机关的"面子"等问题。基于对这些问题的考虑，有时就会对证据不充分的案件仍作出起诉决定，人为地向法院输送"病案"。审查起诉部门之所以敢在证据不足的情况下勉强起诉，一个重要原因就是，审判通常不可能在未与公诉机关沟通协商的情况下，独立地依据法定的证明标准直接作出证据不足，指控的罪名不能成立的无罪判决。

（三）并无新的事实或证据，撤诉后重新起诉甚至变更管辖后重新起诉

最高人民检察院《人民检察院刑事诉讼规则（试行）》（以下简称《刑诉规则》）第 459 条第 3 款规定："对于撤回起诉的案件，没有新的事实或者新的证据，人民检察院不得再行起诉。"最高人民法院《关于适用〈中华人民共和国刑事诉讼法〉的解释》第 181 条第 1 款第 5 项也规定，人民法院裁定准许撤诉的案件，没有新的事实、证据，重新起诉的，应当退回人民检察院。然而，近年来发现的一些案例表明，③ 在司法实践中仍然存在着撤回起诉后以原事实和证据重新起诉的这种滥用起诉权的情况。极少数场合甚至还出现过检察机关在因证据不足被迫撤回起诉后，在没有收集到新证据的情况下，通过变更管辖重新起

---

① 参见北京市尚权律师事务所发布的《新刑诉法实施状况调研报告（2013 年度）》，http://www.sqxb.cn/content/details 16_ 1644. html，尚权刑辩网，2015 年 8 月 8 日访问。

② 参见蓝向东、申文宽：《非法证据排除规则实证分析》，载《中国检察官》2014 年第 12 期。

③ 例如，2008 年 10 月，某县检察院起诉指控陈某等 8 人涉嫌构成非法采矿罪、招摇撞骗罪和非法拘禁罪，某县法院开庭审理后，法院判决前检察要求撤诉。2009 年 1 月，检察院重新对陈某等人向法院起诉。2009 年 3 月，某县法院判决陈某犯非法采矿罪、招摇撞骗罪和非法拘禁罪，对邓某等其他被告人亦做了有罪判决。后陈某等人不服，向某市中级人民法院上诉。某市中级人民法院裁定一审判决事实不清，证据不足，发回某县法院重新审判。在发回重审过程中，某县检察院对全案进行了第二次撤诉。不久某县检察院又决定，不再对其中 6 名被告人起诉，而仅对陈某等两人以非法拘禁罪第三次起诉。参见万毅：《撤回起诉效力三问》，载《检察日报》2011 年 4 月 4 日。

诉，以此规避原受诉法院可能作出的无罪判决的极端情况。① 实践中之所以会发生这种情况，表面的原因在于检察机关和法院对"新事实、新证据"的审查把握不严。这正是为什么会发生案例中两次撤诉、两次再行起诉的不正常现象的直接原因。然而，深层次的原因却在于，检察机关对于审判中心地位缺乏必要的认同和尊重，而法院也未能切实履行居于诉讼中心地位而产生的应有职责。

（四）移送起诉时不全面移送证据材料，将有利被告人的证据隐匿不送

以审判为中心，要求强化审查起诉机关的证据裁判意识，必须全面收集和移送证明有罪无罪、犯罪轻重的各种证据材料。特别是对于可能有利于被告人的证据材料，审查起诉部门也应当全面移送。因为全面移送各种证据材料，不仅是基于检察机关客观义务的必然要求，而且是法院作出公正裁判的必要条件。修改后的刑事诉讼法回归全案卷宗移送制度，要求检察机关在起诉时"将案卷材料、证据移送人民法院"。《刑诉规则》第 395 条也规定，人民检察院对于犯罪嫌疑人、被告人有利的其他证据材料，应当移送人民法院。但是，确定"证据"范围的权力掌握在审查起诉部门手中，移送什么，不移送什么，主要由办案人员决定，这为审查起诉部门隐匿有些有利于犯罪嫌疑人、被告人的证据材料留下了充足的空间。实践中，检察机关通常只向法院移送一些证明犯罪嫌疑人有罪或罪重的证据，很少会主动移送罪轻或免除刑事处罚的证据，甚至故意隐匿一些可能被用于证明无罪的证据。这种情形既反映了检察机关的当事人意识，也反映了检察机关缺乏以审判为中心的意识。

三、以审判为中心视野下审查起诉工作的改革

以审判为中心推进诉讼制度改革，要求检察机关改革审查起诉工作的制度和机制，使审查起诉工作适用和服务于以审判为中心的诉讼模式。

（一）依据审判的要求和标准审查事实和证据

审查起诉具有对侦查活动检查、检验、过滤、纠错的功能，只有依据审判的要求和标准审查案件事实，取舍证据，包括及时排除非法证据，补正瑕疵证据，才能保障犯罪嫌疑人、被告人的合法权益，及时发现和纠正刑事错案，保证公诉的质量。为此，一要加强对非法证据的审查与排除。检察机关在审查起诉阶段发现侦查机关采用非法方法收集证据的，应当进行调查核实并及时予以排除，不得作为起诉决定的依据。审查起诉部门在提升审查判断能力，排除非法证据的同时，也要注意通过完善操作规程，保证自身收集证据的合法性问题，从源头上阻断非法证据进入审判程序。二要及时补正瑕疵证据。对不符合法定程序所收集的，在取证程序上存有瑕疵的物证、书证，以及在取证程序上存有瑕疵的证人证言、讯问笔录等言词证据，要及时退回侦查机关予以补正。如侦查机关对存在瑕疵的证据不能补正或无法作出合理解释，审查起诉部门应果断予以排除。作为改革，检察机关需要根据审判上的要求和证据标准，形成审查起诉的规范体系，而不能无视审判的要求和标准，自说自话地制定审查起诉的规范标准。

---

① 参见龙宗智：《论新刑诉法实施后的公诉变更问题》，载《当代法学》2014 年第 5 期。

（二）以审判思维决定是否起诉

坚持以审判为中心，就是要求审查起诉工作严格执行"确实、充分"的证明标准。检察机关虽无审判的权力，但可以而且应当以审判者的思维来决定是否起诉。审判思维认为，证据达不到确实、充分标准的，不可能也不应当作出有罪判决。用审判的思维来思考是否起诉，就应当遵循这样的逻辑：既然依法不可能也不应当作出有罪判决，那么就不应当提起公诉。只有用审判的思维来思考是否起诉的问题，才有可能防止案件"带病"进入审判程序。为此，审查起诉部门可以建立模拟审判的机制，对一些重大、疑难、复杂的案件进行"审判"，以审判的思维和审判者的责任意识对案件进行检验评判。如果无法形成认定有罪的内心确信，就应当作出不起诉的决定，而不得以当事人的角色意识，怀着诉讼求胜的目的和动机，以侥幸心理勉强作出起诉决定。

（三）全面收集和移送证据材料

在审判者的眼中，对被告人有利和不利的证据一样重要，都必须予以客观对待，高度重视。以审判为中心，要求审查起诉工作实行全面收集和移送证据的制度。所谓全面，意指检察机关审查起诉时，既要注重有罪、罪重证据的收集，也要重视对无罪、罪轻证据的收集；在案件移送环节，不管对犯罪嫌疑人不利还是有利，都要依法移送案件全部证据材料，严禁隐匿证据。正如最高人民法院副院长、大法官沈德咏所言："各有关部门都要以对法律和人民高度负责的态度，牢固树立办案必须经得起法律检验的理念，以查明案件事实、维护司法公正为目标，全面收集、固定、移送与定罪量刑有关的所有证据材料，尤其不能隐匿对犯罪嫌疑人有利的证据材料。"[1] 为此，检察机关应当在办案责任制中强化审查起诉部门及其办案人员全面收集和移送证据的责任内容，严厉禁止、坚决杜绝隐匿对犯罪嫌疑人有利的证据材料的行为。

（四）避免就案件事实认定与定性和法院沟通

以审判为中心的诉讼制度改革，要求进一步推进庭审的实质化，做到事实证据调查在法庭、定罪量刑辩论在法庭、裁判结果形成于法庭，确实保证庭审在查明事实、认定证据、保护诉权、公正审判中发挥决定性作用，[2] 也即庭审应当成为决定性环节。而要想使庭审实质化，让庭审成为审判的决定性环节，就需要防范"庭审以前"和"庭审以外"的活动架空庭审，从而使庭审流于形式。[3] 维护庭审的权威，保证庭审的作用，这是法院和检察机关共同的责任。为此，检察机关应当通过自己的诉讼规则，明确要求审查起诉部门服从公正审判的需要做好审查起诉工作，明确禁止就案件事实认定与定罪量刑等实质性问题与法院提前沟通。

（五）客观公正作出无罪不起诉决定

审查起诉工作中检察官行使自由裁量权具有正当性，但自由裁量权的行使仍应符合以

---

① 沈德咏：《论以审判为中心的诉讼制度改革》，载《中国法学》2015 年第 3 期。
② 参见卞建林：《解析审判中心视野下的诉审关系》，载《检察日报》2015 年 7 月 29 日。
③ 参见陈光中、魏晓娜：《论我国司法体制的现代化改革》，载《中国法学》2015 年第 1 期。

审判为中心的实质要求。以审判为中心，要求检察机关在审查起诉阶段发现明显不构成犯罪时，客观公正地作出无罪不起诉的决定，既不是勉强提起公诉，也不是作出罪行轻微不起诉或者证据不足不起诉的决定。尽管刑事诉讼法赋予了检察机关不起诉决定权，但是由于各种原因，在司法实践当中绝大多数检察机关一般都愿意对犯罪嫌疑人做疑罪不起诉决定，很少作出无罪不起诉决定。虽然刑事诉讼法规定的三种不起诉形式都同样具有终止诉讼的效力，但在审判的视野中，三种不同类型的不起诉对犯罪嫌疑人的权益影响不同，不能随意使用。当通过审查起诉，发现有证据证明犯罪嫌疑人无犯罪行为或者行为不构成犯罪时，应当作出无罪的不起诉决定，而不应当以疑罪不诉或相对不诉决定来替代。为此，需要上级检察机关加强对不起诉决定的事后审查监督，并将不起诉决定正确率纳入考评范围。

四、以审判为中心的审查起诉工作改革需要的支持条件

以审判为中心改革审查起诉工作，还需要检察机关必须积极地转变观念，自觉调整与侦查、审判机关的关系，形成合理的工作考评机制。这是保证审查起诉工作适应以审判为中心的需要所不可缺少的支持条件。

（一）观念转变：确立当事人角色意识

以审判为中心，要求检察人员从控辩平等、审判中立的诉讼构造中准确、理性地定位自己。在审查起诉阶段，检察人员应当淡化审判监督观念，确立当事人角色意识。因为作为当事人就必须以审判为中心，就必须尊重和维护审判的权威。[①] 由于传统观念的影响以及检察机关长期以来在刑事诉讼中所享有的优势地位，在司法实践中有些检察人员还没有正确把握自己的诉讼角色定位，潜意识中总觉得检察机关作为法律监督者，在诉讼地位上高人一等。这在办理审查起诉案件时也会无意识地对审查工作产生影响。例如，面对有问题的证据材料，却仍自信以检察机关独有的法律地位，可以让法庭采信。检察机关是宪法规定的法律监督机关，但这不妨碍检察机关以当事人的意识办理审查起诉案件和参与刑事审判活动。以审判为中心改革审查起诉工作，检察人员审查起诉过程中就应当具有当事人的角色意识，自觉地用审判的视野看待侦查终结所认定的案件事实、证据材料，正确地审查判断案件的法律适用问题。所谓当事人意识，检察人员不是非"胜诉"不可，而是应当尊重法院居中、独立的裁判地位，绝不能自持诉讼监督者，让诉讼地位的优越感抵消了审查起诉中应有的问题意识和责任意识，人为放松审查把关的尺度。

（二）调整关系：支持法院依法独立公正行使审判权

在刑事诉讼过程中，公安机关、检察机关、人民法院三机关分工负责，各司其职，各自独立依法行使职权。但是，只有法院才有定罪和量刑的权力，检察机关应当支持法院依法独立行使职权。除了法定程序内容以外，检察机关不得通过程序外活动，影响法院定罪

---

① 参见陈卫东、刘计划：《公诉人的诉讼地位探析——兼评检察机关对法院的审判监督》，载《法制与社会发展》2003年第6期。

量刑的职权行使。为此，要革除陋习，调整关系，形成新型诉审关系。当前正在进行的以审判为中心的诉讼制度改革，其重点是以庭审为中心，即主要通过庭审解决被告人的定罪量刑问题。为此，审查起诉部门要坚持实事求是、客观公正的办案原则，审查起诉过程中应着眼于通过依法进行的庭审活动依法公正解决被告人的刑事责任问题。特别要避免在审查起诉阶段就与法院进行不正当的沟通，让法官对将要进入审判程序的案件形成一定的先入为主的预断，或者事先给法官施加不当的压力，影响其依法独立公正地行使审判职权。

（三）破除陈规：改革审查起诉工作考评机制

近年来，法学界、实务界对审查起诉工作的考评机制展开了热烈讨论。一些学者认为当前评价体系存在行政色彩浓、体现司法权属性或检察业务内在规律不足等问题。审查起诉工作贯彻以审判为中心的要求，必须改革现行审查起诉工作考评机制，形成科学合理的考评机制。首先，要尊重司法规律，理性对待无罪判决、诉判不一、不起诉和撤回起诉案件。对无罪判决、诉判不一案件要足够重视，但不能将这两类案件简单等同于错案或起诉质量不高。撤回起诉和不起诉案件在一定情况下也可视为刑事诉讼的过滤机制，有利于防冤纠错和保障人权。当然，也要注意防止两者被异化为规避无罪判决的手段以及利用裁量权办关系案、人情案、金钱案。其次，应在评价内容上注重全面贯彻刑事诉讼法的各项要求，包括是否切实保障犯罪嫌疑人的诉讼权利，是否严格履行证明责任，是否依据法定标准作出起诉或不起诉决定，等等。最后，通过考评期间的科学设定，实现管理过程的动态与静态相结合，通过考评指标的合理配比实现定性与定量相结合，让考评机制在改进审查起诉工作和促进审查起诉工作管理的科学发展中发挥积极作用。

（作者单位：南京师范大学；江苏省常州市金坛区人民检察院）

办案质量终身负责制论纲

——以办理刑事案件质量终身负责制为视角

李佑标

2014 年 10 月，中国共产党第十八届四中全会通过了《关于全面推进依法治国若干重大问题的决定》（以下简称《决定》）。《决定》第一次以执政党最高政治文件的形式提出了"实行办案质量终身负责制"。但是，"办案质量终身负责制"是如何提出来的？它的基本内涵是什么？在实际运行中应当注意哪些问题？这便是本文所要阐述的问题。

一、办案质量终身负责制的缘起

（一）办案质量终身负责制的文献梳理

《决定》提出的"办案质量终身负责制"不是首创。在刑事司法规范性文件中早就有了类似的概念或者提法。

2013 年 8 月，中央政法委《关于切实防止冤假错案的规定》第 12 条规定："建立健全合议庭、独任法官、检察官、人民警察权责一致的办案责任制，法官、检察官、人民警察在职责范围内对办案质量终身负责。对法官、检察官、人民警察的违法办案行为，依照有关法律和规定追究责任。"

为了贯彻落实中央政法委《关于切实防止冤假错案的规定》，最高人民检察院于 2013 年 9 月发布了《关于切实履行检察职能防止和纠正冤假错案的若干意见》，其中就有"办案质量终身负责制"的文字表述。该意见第 24 条规定："深化检察官办案责任制改革，建立健全办案质量终身负责制。……"

不过，在最高人民法院出台的有关文献中，我们并没有发现"办案质量终身负责制"的表述。2013 年 10 月 9 日，最高人民法院印发了《关于建立健全防范刑事冤假错案工作机制的意见》，该意见第 27 条规定："建立健全审判人员权责一致的办案责任制。审判人员依法履行职责，不受追究。审判人员办理案件违反审判工作纪律或者徇私枉法的，依照有关审判工作纪律和法律的规定追究责任。"

与最高人民检察院和最高人民法院发布贯彻落实中央政法委《关于切实防止冤假错案的规定》的两个意见不同，公安部没有专门作出相应规定。但是，早在 2013 年 6 月 5 日，公安部发布了《关于进一步加强和改进刑事执法办案工作切实防止发生冤假错案的通知》，该通知第 4 条规定："……要建立冤假错案责任终身追究机制，对有故意或重大过失的执法办案人员，要依法追究责任。"

（二）办案质量终身负责制的学术初论

在法理上，如何看待"办案质量终身负责制"？学界的研究成果并不是十分丰富。经检索中国知网，只有若干篇学术论文。从中可以看出，学界对待这一制度也是持谨慎态度的，而且实务界发出的声音与上述刑事司法规范性文件的立场基本一致。

检察系统的论者在阐述检察官办案责任终身制时提出了应当在"严而不厉"观念的指导下建立健全检察官办案责任终身制的观点，并从排除角度提出了适用检察官办案责任终身制的"四无"条件，即无个体意志无终身责任、无重大过失无终身责任、无不法行为无终身责任、无控告申诉无终身责任。[①]

最高人民法院审判委员会专职委员胡云腾在阐述错案防范与司法问责时提出了"要正确把握司法错案问责追责的尺度"的观点。他指出："一段时间以来，鉴于冤假错案的严重危害性和广泛的社会影响性，一些人提出了对司法错案应当终身追责问责的观点，个别法院还出台了对办案人员终身追责问责的规定，有关部门也发布了办案机关和办案人员对错案终身追责问责的意见。对此，社会上也出现了不同的声音，一些司法人员也有不同看法。如何看待这个有争议的问题，笔者认为，应当高度关注、认真研究这个问题，坚持实事求是、一切从实际出发对待可能涉及的其他问题。"[②] 在他看来，这些可能涉及的问题主要包括以下六个方面：终身追责问责的价值取向，终身追责的法律性，终身追责与其他渎职责任不终身追究的统一性，终身追究刑事责任与终身追究纪律责任的协调性，终身追究的现实可行性，终身追究的有效性。

二、办案质量终身负责制的初步解读

（一）办案

顾名思义，办案就是办理案件的意思。具体而言就是指办理刑事、行政和民事案件。那么，谁来办案呢？当然是警察、检察官和法官。因此，这一问题似乎是一个再简单不过的问题，无须在学术上加以讨论。但是，只要结合我国的司法体制实际，我们就会发现其实不然。以办理刑事案件为例，侦查权、检察权、审判权由专门机关依法行使，人民法院、人民检察院独立行使审判权、检察权，以及公检法三机关分工负责、互相配合、互相制约是我国刑事诉讼法确立的三项基本原则，它表明在我国办理刑事案件的主体是公检法三机关，而非公检法三机关中的警察、检察官和法官。所以，《决定》指出："完善主审法官、合议庭、主任检察官、主办侦查员办案责任制，落实谁办案谁负责"，"明确各类司法人员工作职责、工作流程、工作标准"。这是实行"办案质量终身负责制"的首要前提，司法的亲历性要求办理刑事案件的主体应当是个体而非组织，法官、检察官和侦查员才应当是办理刑事案件的主体。但是，《决定》的上述文字体现的是刑事司法改革的目标，并非我国的刑事司法现实。在我国，人民法院和人民检察院还分别设立了审判委员会和检察委员会，

---

① 王勋爵、徐练华：《检察官办案责任终身制的证成》，载《人民检察》2014 年第 8 期。
② 胡云腾：《错案防范与司法问责刍议》，载《人民司法》2014 年第 13 期。

而审判委员会和检察委员会都是以组织体的形式出现的。对此，《决定》并没有提及。不过，这为司法改革预留了空间。因此，完善司法责任制便成为构建"办案质量终身负责制"的关键。

2015 年 3 月 24 日，习近平总书记主持中共中央政治局"深化司法体制改革、保证司法公正"第 21 次集体学习时发表了重要讲话。他指出："要紧紧牵住司法责任这个牛鼻子，凡进入法官、检察官员额的，要在司法一线办案，对案件质量终身负责。"① 上述论断表明，"办案质量终身负责制"语境下的办案主体应当与司法责任制的主体具有内在的一致性。2015 年 8 月 18 日，中央全面深化改革领导小组第十五次会议审议通过了《关于完善人民法院司法责任制的若干意见》（以下简称《最高法若干意见》）、《关于完善人民检察院司法责任制的若干意见》（以下简称《最高检若干意见》）。《最高法若干意见》、《最高检若干意见》已经分别于 2015 年 9 月 21 日和 28 日对社会公布。

从学理角度来看，要使办案主体与司法责任制的主体具有内在一致性，其途径就是应当按照权责一致原则，明晰办理案件的法官、检察官和侦查员的职责权限。以法官司法责任制为例，根据《最高法若干意见》，法官独任审理案件时，应当履行 4 项审判职责；合议庭审理案件时，承办法官应当履行 8 项审判职责，其中审判长除承担上述 8 项审判职责外，还应当履行 5 项审判职责。② 从法理角度而言，上述对于审判职责的设定实际上就是一种审判权力清单。审判权力清单既可以从正面规定，即规定哪些审判权力可以行使，称之为正面清单；也可以从反面规定，即规定哪些审判权力不能行使，称之为负面清单。因此，进一步来说，上述对于审判职责的设定模式为正面清单模式。此外，《最高法若干意见》还对院长、庭长的管理监督职责作了规定，但是，对于"办案"来说，它只具有程序性意义。由此产生的责任也是监督责任，而不是办案责任，因而只能"依照干部管理有关规定和程序办理"。③

为了厘清办案人员与审判委员会、检察委员会在办案上的职责权限，《最高法若干意见》第 9 条规定，审判委员会只讨论涉及国家外交、安全和社会稳定的重大复杂案件，以及重大、疑难、复杂案件的法律适用问题。在这里，审判委员会"办案"的职责权限只限于两类：一是涉及国家外交、安全和社会稳定的重大复杂案件。对于这类案件，既可以讨论事实的认定问题，也可以讨论法律适用问题；二是涉及法律适用的重大、疑难、复杂案件。《最高检若干意见》第 11 条规定了检察委员会讨论决定案件的范围，除了与《最高法若干意见》规定的审判委员会讨论案件的范围表述基本相同外，还增加了一项"下一级人民检察院提请复议的案件"，这一规定主要是基于上下级检察机关是领导关系而规定的。但是，审判委员会、检察委员会讨论、决定案件时的责任主体仍然应当是个体。正因为如此，《最高法若干意见》第 31 条规定，审判委员会委员对其本人发表的意见及最终表决负责。同理，检察委员会讨论决定案件时的责任主体也应当是个体。

---

① 习近平：《以提高司法公信力为根本尺度 坚定不移深化司法体制改革》，载《人民日报》2015 年 3 月 26 日第 1 版。

② 参见《最高法若干意见》第 15 条、第 16 条和第 17 条。

③ 根据《最高检若干意见》第 32 条第 2 款规定，司法责任包括故意违反法律法规责任、重大过失责任和监督管理责任。这就意味着监督管理责任被纳入了办案质量终身负责的范围。

（二）质量

"质量"往往在两种含义上使用：一是指"表示物体惯性大小的物理量"；二是指"产品或者工作的优劣程度"。[①] 对于"办案质量终身责任制"中的"质量"应当是在上述第二种含义上使用，因此可以将"产品或者工作"替换为"案件"，即"案件的优劣程度"，申言之，即刑事案件、行政案件和民事案件的优劣程度。对此，在有的司法规范性文件中往往称之为"案件质量"或者"办案质量"。那么，如何界定"办案质量"呢？《决定》将"办案质量终身责任制"与"错案责任倒查问责制"相并列。这就意味着对于没有达到办案质量的，应当承担错案责任。因此，承担办案质量终身责任的案件应当是指错案。

对于承担办案质量终身责任的错案应当如何认定？司法实务中一般采取"主观过错与客观行为相一致原则"。即在主观上要求有违法办案的故意或者重大过失，在客观上要求有故意违法办案行为或者有重大过失且造成严重后果的行为。限于篇幅，在此仅以刑事错案为例作一讨论。对于"办案质量终身责任制"意义上的刑事错案应当是指司法人员由于故意或者重大过失而导致的在认定刑事案件事实或者适用刑事法律上确有错误的刑事案件。认定刑事案件事实或者适用刑事法律上确有错误仅指罪与非罪（但因证据不足而被判处无罪的除外）、罪重与罪轻的确有错误。同时，从诉讼程序上来说，错案应当是相对于生效裁判而言的。因此，应当以再审程序确认为准。《最高检若干意见》对于检察官司法责任的规定存在着超出"错案"的嫌疑，[②] 由此可能导致承担办案质量终身责任的泛化。

（三）终身

"终身"在字面上可以被解释为"终生"，即"一生"、"一辈子"。[③] 因此，"办案质量终身责任制"语境下的"终身"就是指办理某一特定案件的司法人员的"一生"。有一种观点认为，"办案质量终身负责制，是指法官、检察官、警察各自对办理的案件承担法定责任，这种责任从办案之日起一直延续终身"。[④] 在上述表述中，"终身"的起点时间被界定为"办案之日"。但是，"终身"是由于追究责任才产生的，如果办理的案件没有构成错案，则不存在责任产生问题。因此，"终身"具有时间上的一维性，应当从办案人员办理案件构成错案的时候开始到办理错案的司法人员生命结束的时候终止。同时，这里的"终身"还不受办理错案的司法人员的工作岗位、工作职务和工作单位的变动，以及辞职、退休等的影响。

但是，"办案质量终身责任制"中的"终身"是否不受追诉或者诉讼时效的限制呢？有论者认为，在办案责任终身制的适用范围上应当体现恰当的谦抑性，遵循从严设定的原则，对于造成严重后果、造成严重影响或者存在严重情节的，虽然该行为可能超过追诉期限，但检察官办案责任终身制不因期限而受影响。[⑤] 也有论者提出了不同观点，认为"根据

[①] 中国社会科学院语言研究所词典编辑室编：《现代汉语词典》（第五版），商务印书馆 2005 年版，第 1757 页。
[②] 《最高检若干意见》第 42 条第 2 款规定："对检察人员承办的案件发生被告人被宣告无罪，国家承担赔偿责任，确认发生冤假错案，犯罪嫌疑人、被告人逃跑或死亡、伤残等情形的，应当核查是否存在应予追究司法责任的情形。"
[③] 中国社会科学院语言研究所词典编辑室编：《现代汉语词典》（第五版），商务印书馆 2005 年版，第 1767 页。
[④] 《办案质量终身负责制是一个"牛鼻子"》，载《北京青年报》2015 年 4 月 11 日第 2 版。
[⑤] 王勋爵、徐练华：《检察官办案责任终身制的证成》，载《人民检察》2014 年第 8 期。

刑法的规定，犯罪的追诉需在追诉时效内进行，由此，超过追诉时效的错案刑事责任便不能再追究；根据民法的规定，民事权利的司法主张也需在诉讼时效内提出，否则原告将丧失胜诉权。由此，超过诉讼时效的错案民事责任的承担，以当事人的自愿为原则，权利人丧失了司法裁判的胜诉权"。①

上述观点均有一定道理。实行"办案质量终身负责制"与我国刑法规定的追诉时效和《民法通则》规定的诉讼时效似乎存在着冲突。但是，从法理学上关于法律适用冲突的裁决规则来看，上述问题是不难解决的。因为目前关于"办案质量终身负责制"的规定都不是法律规范层面的文本，《决定》是党的规范性文件，《最高法若干意见》和《最高检若干意见》则是司法规范性文件。因此，"办案质量终身负责制"无疑应当受到追诉时效和诉讼时效的制约。不过，上述分析是一种实然性分析。从应然角度来看，就要看"办案质量终身负责制"有无必要不受追诉时效和诉讼时效的限制，这应当是另外一个论题。如果说追诉时效或者诉讼时效是一个原则的话，那么我们现在讨论的问题则是关于对这一原则的例外论题。就追诉时效而言，刑法规定超过 20 年后如果认为仍然必须追诉的，可以报请最高人民检察院核准后予以追诉；就诉讼时效而言，《民法通则》规定的最长诉讼时效为 20 年，如果有特殊情况的，人民法院还可以延长诉讼时效期间。因此，我们认为"办案质量终身负责制"不存在不受追诉时效和诉讼时效限制的必要性问题。

（四）负责

"负责"在汉语中是一个动宾短语，其字义就是"担负责任"的意思。② 对其重点应当把握的是"责任"这一名词的含义。在法学研究中，"责任"可以在多重含义上被使用。例如，有论者认为，"除去刑事、行政、民事责任等法律责任外，若错案责任人是中国共产党党员，则还要承担相应的党纪责任"。③ 但是，我们认为，"办案质量终身负责制"语境下的"责任"有着特殊的内涵，它应当是指法律责任，而不是指伦理责任或者道德责任，以及党纪责任。因为伦理责任或者道德责任与法律责任最大的区别在于责任实现的非强制性，而党纪责任与法律责任的最大区别则在于二者的调整对象不同。

在"办案质量终身负责制"的语境下，对于"法律责任"要讨论的问题可以包括法律责任的种类和法律责任的承担。就法律责任的种类而言，应当包括刑事责任、民事责任和纪律责任三种。就法律责任的承担而言，应当关注的是法律责任的共同承担问题。例如，《最高法若干意见》第 30 条第 1 款规定："合议庭审理的案件，合议庭成员对案件的事实认定和法律适用共同承担责任。"第 31 条还规定，审判委员会改变合议庭意见导致裁判错误的，由持多数意见的委员共同承担责任，合议庭不承担责任。审判委员会维持合议庭意见导致裁判错误的，由合议庭和持多数意见的委员共同承担责任。除此之外，有无共同承担法律责任的情形，也是存在着讨论空间的。例如，《最高法若干意见》第 31 条第 3 款规定："合议庭汇报案件时，故意隐瞒主要证据或者重要情节，或者故意提供虚假情况，导致审判委员会作出错误决定的，由合议庭成员承担责任，审判委员会委员根据具体情况承担部分

---

① 宗会霞：《办案质量终身负责制的价值证成与规范运行》，载《政治与法律》2015 年第 3 期。
② 中国社会科学院语言研究所词典编辑室：《现代汉语词典》（第五版），商务印书馆 2005 年版，第 427 页。
③ 宗会霞：《办案质量终身负责制的价值证成与规范运行》，载《政治与法律》2015 年第 3 期。

责任或者不承担责任。"在上述文本中虽然没有使用"共同"的字眼，但是其隐含着共同承担法律责任的推论，那就是合议庭成员共同承担法律责任，以及合议庭与审判委员会共同承担法律责任。对于公安、检察机关的办案组织，以及检察委员会在办理案件时也存在上述共同承担法律责任的问题，同样也值得我们予以关注。

三、办案质量终身责任制的实践运行

（一）办案质量终身负责与制度形成

"办案质量终身负责"之后还有一个非常重要的"制"字作为落脚点。因此，"办案质量终身负责制"不是"办案"、"质量"、"终身"和"负责"的简单组合，而是保障上述内容的实施的各种制度的总和。贯彻落实办案质量终身负责制，首先应当正确理解与处理办案质量终身负责制与错案责任倒查问责制的关系。有论者认为，对于案件质量责任制而言，办案质量终身负责制与错案责任倒查问责制之间是实体规范与程序规范之间的关系。[①] 上述结论不无道理。但是，《决定》将二者并列则表明，前者是后者的必要前提，而后者是前者的必然后果。从逻辑学角度来看，二者之间构成"有—有"或"无—无"关系。前者是从肯定的角度而言，后者是从否定的角度而言。其次，应当逐步建立与健全同办案质量终身负责制相适应的主体制度与配套制度。办案质量终身负责制应当是由主体制度与配套制度共同构成的制度体系。如果我们将司法责任制定位为办案质量终身负责制的主体制度的话，那么办案质量终身负责制的配套制度还应当包括外部配套制度与内部配套制度。其中，外部配套制度可以包括《决定》中规定的领导干部干预司法活动，插手具体案件处理的记录、通报和责任追究制度，司法人员履行法定职责保护制度，以审判为中心的诉讼制度，以及落实罪刑法定、疑罪从无、非法证据排除等法律原则的法律制度等；内部配套制度应当由公安、检察和审判机关根据其司法业务类别、办案组织等具体情况作出相应规定。例如，《最高法若干意见》中的随机分案为主、指定分案为辅的案件分配制度，人事、经费、政务等行政事务集中管理制度，专业法官会议制度，法官履职保障制度等。

（二）办案质量终身负责与责任豁免

实行办案质量终身负责制并不意味着不存在责任豁免问题。[②] 办理案件的司法人员只对其在履行司法职责的范围内对办案质量终身负责。"从司法规律的要求来看，发现错案后应当纠正与有错案需要追究责任，是两回事。"[③] 因此，办案质量终身负责制是有条件的、相对的，而不是无条件的、绝对的。司法人员依法履行司法责任的行为受法律保护。有论者则进一步推论，认为豁免与追责之间应当是原则与例外的关系。[④] 对此，我们不能苟同。对于构成办案质量终身负责制语境下的错案，应当坚持"有错必纠"原则，因而不宜将豁免

① 宗会霞：《办案质量终身负责制的价值证成与规范运行》，载《政治与法律》2015 年第 3 期。
② 《最高法若干意见》第 28 条列举了审判责任豁免的八种情形。
③ 王敏远：《破解司法责任制落实中的难点》，载《人民法院报》2015 年 9 月 26 日第 2 版。
④ 贺小荣：《如何牵住司法责任制这个牛鼻子》，载《人民法院报》2015 年 9 月 23 日第 5 版。

与追责之间界定为原则与例外的关系。

（三）办案质量终身负责与公安办案

实行办案质量终身负责与公安机关执法工作密切相关。公安刑事和行政执法质量是实行办案质量终身负责制的重要组成部分。目前，《最高法若干意见》和《最高检若干意见》已经对社会公开发布。2015 年 2 月，中央审议通过了《关于全面深化公安改革若干重大问题的框架意见》及相关改革方案。该框架意见涉及全面深化公安改革共有七个方面的主要任务，其中第四个方面便是"完善执法权力运行机制"。在公开报道中，只原则性提及了要"完善执法责任制，健全执法过错纠正和责任追究制度，建立冤假错案责任终身追究制。探索建立主办侦查员制度，落实办案质量终身负责制"。[①] 但是，我们还没有看到公安部关于公安机关执法岗位责任制和案件质量终身负责制的专门规定。因此，我们期待着公安部早日出台上述专门规定。

（作者单位：中国人民武装警察部队学院）

[①] 黄庆畅、张洋：《〈关于全面深化公安改革若干重大问题的框架意见〉及相关改革方案即将印发实施》，载《人民日报》2015 年 2 月 16 日第 1 版。

审判中心语境下的"专门机关"概念之反思

李 麒

一、问题的提出

党的十八届四中全会通过的《关于全面推进依法治国若干重大问题的决定》提出了"推进以审判为中心的诉讼制度改革"的重要命题。长期以来,我国刑事诉讼制度和实践形成了公检法机关平起平坐、分段包干、流水作业、分工而不分权、配合有余制约不足、重打击轻保护、重控诉轻辩护的模式。这种模式在观念上强调刑事诉讼中国家权力的高效运作和主导作用,在实践中由于侦查程序的基础地位和侦查案卷对起诉程序及判决结果的决定性作用,在一定程度上异化为"侦查中心主义"。"审判中心正是基于公检法三机关关系在立法和司法运行上的不足而提出的,是对三机关关系的完善和发展。由于历史和现实的原因,公安机关在三机关的关系中处于'龙头老大'地位,侦查阶段的结论往往决定了审查起诉甚至审判的结果。三机关的关系在实践中产生了一定程度的分工混淆、制约不足、配合有余的现象,导致刑事诉讼的重心前移至侦查阶段,审判虚化,在一定程度上流于形式。"① 侦查权固有的强烈目的性和扩张性,以及其运行的封闭化和一定程度的粗放化,使得侦查程序成为最易侵犯人权的阶段,也存在着造成错案的风险。如果检察权不能对其实现有效制约,特别是在作为最终裁决的审判权不能对侦查行为的合法性及结论的正确性作出独立、公正的判定的情形下,侦查程序所潜在的错案风险就有可能变为现实。可以说,错案屡现、司法不公、司法公信力下降与"侦查中心主义"具有莫大的关系。以审判为中心的诉讼制度改革就是通过确立审判中心而矫正扭曲的公检法关系,建构合乎诉讼规律的刑事诉讼模式,以防范错案,确保案件质量,实现司法公正,提升司法公信力。"刑事诉讼中的专门机关"(以下视情况简称专门机关)这一约定俗成的概念,表达了这种模式下公检法任务一致、分工不同,重打击轻保护,重控诉轻辩护的核心内涵;同时,它还在实践中不断地强化了"公检法是一家"的国家本位主义观念,从而支配刑事诉讼实践。如果不从理论上深刻反思"专门机关"这一概念的不合理性,不在实践中彻底消解"公检法是一家"观念的支配力量,就很难真正确立审判中心。

二、"专门机关"概念的历史合理性

不同版本的教材都开列了"刑事诉讼中的专门机关"专章,不过只有个别教材对这一

---

① 陈光中、步洋洋:《审判中心与相关诉讼制度改革初探》,载《政法论坛》2015 年第 2 期。

概念进行了界定,其他教材在此章目之下,直接开始讲述"公安机关"或"人民法院"。可见,"专门机关"这一概念具有认同的普遍性和影响的广泛性,因此其含义似乎不言而喻。一般认为,刑事诉讼中的专门机关,是指依照法定职权进行刑事诉讼活动的国家机关,包括人民法院、人民检察院和公安机关。也包括国家安全机关、军队保卫部门、监狱、走私犯罪侦查部门等具有特定侦查权的机关。刑事诉讼中的专门机关是国家机构的重要组成部分,在刑事诉讼中居于主导地位。在刑事诉讼中,这些机关分别行使侦查、检察和执行职能,实行分工负责、互相配合、互相制约的原则,共同完成打击犯罪、保障人权的任务,共同保障国家安全和社会公共安全,维护社会主义社会秩序。[①]

笔者认为,这一概念基本上厘清了公检法机关与其他国家机关的界限,为侦查权、检察权、审判权由专门机关行使原则或曰职权原则奠定了基础。从历史的角度看,总结了"文化大革命"期间一度"砸烂公检法",部分地由其他机关代行公检法职权,党委、军管委员会等都有权办理刑事案件的混乱局面而造成公民人权遭受践踏、冤假错案层出不穷的惨痛教训,因此具有一定的拨乱反正的积极意义。

1968年12月,最高人民检察院、最高人民法院、内务部的军代表和公安部领导小组联合提出了《关于撤销高检院、内务部、内务办3个单位,公安部、高法院留下少数人的请示报告》得到批准,从而使实际已撤销检察机关的做法得到肯定。检察机关的职权由公安机关行使,人民法院名义上虽然一直存在,但由军队实行军事管制长达五六年,最高人民法院只留下七八个人的办案组,地方人民法院的审判工作由公安机关的审批组代替了。[②] 此外,还有某些省市的各级革委会中的保卫组织直接办理刑事案件。在公检法被冲击的过程中个别地区还出现过临时专政机构,如"专政委员会"行使公安司法职权。由于机构改变,原来公安司法机关之间的分工制约已不复存在。无论是公检法军管会,还是革委会的治保组织,及某些临时专政机构,均实行的是将原公、检、法的职能并为一体的三家合一的体制。如有的地方,就实行"办案一条龙"的自行侦查、自行起诉、自行审判的办法。[③] 这就完全打破了原有的分工格局,置法定程序于不顾,为制造冤假错案大开方便之门。

随着1979年刑事诉讼法的颁布和施行,结束了"无法无天"的时期,刑事诉讼活动日渐纳入法律轨道。1979年6月26日彭真同志在《关于〈中华人民共和国刑事诉讼法(草案)〉的说明》中强调指出,除公安机关、检察院、法院分别行使侦查、拘留、预审、批准逮捕、检察、提起公诉和审判权以外,其他任何机关、团体和个人都无权行使这些权力。随后不久,1979年9月9日中共中央发布了《关于坚决保证刑法、刑事诉讼法切实实施的指示》指出:"要严禁公、检、法以外的任何机关和个人,捕人押人,私设公堂,搜查抄家,限制人身自由和侵犯人民的正当权益。也不允许以各种理由,指令公安、检察机关违反刑法规定的法律界限和刑事诉讼法规定的司法程序,滥行捕人抓人;或者背离法律规定,任意判定、加重或减免刑罚。"该指示旨在着力改变那种各种机关、组织都可以随便抓人、捕人、审人、关人的乱象。因此,"专门机关"虽然没有明确出现在法律条文中,但将其作为公检法机关的概称,应当说是符合当时的法律精神的。

---

① 参见陈光中主编:《刑事诉讼法》(第5版),北京大学出版社、高等教育出版社2013年版,第59页。

② 参见蔡定剑:《历史与变革》,中国政法大学出版社1999年版,第109页。

③ 参见韩延龙主编:《中华人民共和国法制通史》(下),中共中央党校出版社1998年版,第664~665页。

"专门机关"这一概念，还有助于刑事诉讼活动从"文化大革命"这一非常时期的"群众专政"、"群众审判"的迷误中走出来，对刑事诉讼中的依靠群众作出科学解说。

"专门机关"概念的提出有助于正确理解刑事诉讼中的群众路线，将被颠倒的东西颠倒过来。如有的学者指出，依靠群众并不等于可以削弱司法机关的专门工作，更不允许以群众办案来代替司法机关的专门工作。尤其是群众不能直接行使国家赋予公安机关、检察院、法院的职权；群众提供的证据材料和意见，要经过分析、研究，鉴别真伪，不能"群众说啥是啥"，"群众要怎么办就怎么办"，[①] 等等。应当说，"专门机关"这个概念的提出，部分地反映了刑事诉讼活动所具备的特殊性、规律性，反映了刑事诉讼活动属于法律活动而不属于群众运动的本质。

三、审判中心语境下"专门机关"概念的现实不合理性

"概念是思维的第一要素，如果思维时没有概念，就等于算术题中没有数字，没有概念做基础，有系统的思维活动就无从产生。"[②] 确立以审判为中心的刑事诉讼制度，从表面上看是一种重构制度的活动，从本质上看，也是一场刑事诉讼思维的革命。如果不能对现行知识话语体系中的若干具有基础性、建构性的概念进行反思，就不能有效地实现制度变革。"专门机关"就属于这样一个值得反思、批判和扬弃的概念。

"专门机关"这一概念具备历史的合理性，然而历史的合理性并不代表现实的合理性。"专门机关"概念的合理性限定在一定历史时期的特定社会条件下。随着时代的发展，人们对刑事诉讼活动规律的认识日益深化，对刑事诉讼实践存在问题的反思逐渐深刻，对于建构更加科学、完善的刑事诉讼制度的愿望更加强烈，"专门机关"这一概念及其所表征的核心观念正在逐步地丧失其存在的合理性。

其一，在"专门机关"概念中，"专门"一词所指具有含混性。在现代汉语中，"专门"的一般意思是"专从事于某一项事的"，具有专心、专注、专项、专业、专有等语义。如果说相对于其他机关以及群众而言，在刑事诉讼中"专门机关"专享侦查权、检察权、审判权而言，无疑"专门"一语对于现行刑事诉讼制度而言是合适的。但该词又极易被理解为公检法机关是专门搞刑事诉讼活动的，除此之外，没有别的职能，显然不合乎实际。当然，由于侦查、提起公诉、刑事审判等在公检法各机关众多职能中的重要地位，把它们称之为"专门机关"尚有可认同之处。但是，对于军队保卫部门、监狱、海关而言，其主要职能并不在于犯罪侦查，将其也作为"专门机关"，颇令民众费解。

其二，"专门机关"这一概念在基本表达公检法机关共性的特点上，极大地忽略了公安机关、检察院、法院在刑事诉讼中的个性特征，在这种公检法三位一体的观念之下，很难孵化出"审判中心"的理念。从历史上看，中国古代的诉讼结构基本上是一种"权力型诉讼"，表现在诉讼权力集中而缺少分化，诉讼权力主导诉讼而缺乏对诉讼权利的切实保障方面，诉讼权力压制诉讼权利，诉讼权力滥用普遍。中国千百年来形成的权力文化传统的影响力并未完全消失，它从制度上或观念上表现着自己的力量。我国刑事诉讼法规定了公检

---

① 参见张子培主编：《刑事诉讼法学》，群众出版社1990年版，第88页。
② 张春兴著：《现代心理学》（第3版），上海人民出版社2009年版，第221页。

法机关"分工负责、互相配合、互相制约"的原则，但分工负责只是具体任务的分工，并不强调权力的分化和制约。公检法机关共同肩负着查明真相的任务，在各自主导的诉讼阶段很少受到来自其他方面的有效监督和制约。侦查权本质上是一种行政权、检察权本质上是一种法律监督权，审判权本质上是对事实判断权和法律裁决权，"专门机关"这一概念既模糊了侦查权、检察权、审判权之间的实质性差别，也掩盖了侦查权、检察权、审判权在权力构造和运行机制方面的重要差别。在这一概念之下，将公检法平行并列，很难看出谁是"中心"。

其三，"专门机关"概念的存在及其表达的国家权力本位意识，强化了公检法之间的互相配合关系，消弭了审判权的中立和中心地位。历史地看，审判权之所以从侦查、公诉等职能中分离出来，正是由于在封建纠问式审判之下，行政长官集侦查、起诉、审判于一身的压制型诉讼模式，往往造成先入为主、审断不公。其根本原因是法官缺少应有的独立、中立地位，法官本身既是控诉者也是审判者。因此，审判权从权力集和中分化出来，不仅仅是一种技术上的分工，更主要的是一种体制上的分权。这种分权模式需要法官在心理上从追究者的立场摆脱出来，需要从制度上确保法官能够超然地、中立地、独立地判断事实和适用法律，需要从程序上有效地割断审判程序与审前程序的联系，防止侦查、起诉造成法官的预断，从而实现对侦查、起诉的制约。因此，它的本质在于分权制衡而非分工配合。分工只是分权的起点而非终点。"专门机关"概念的存在，往往使得公检法办案人员产生一种工序主义的思维方式，认为大家的目标是一致的，将案件通过既定的生产线完成，把犯罪嫌疑人加工成被告人，最后成为罪犯。既然大家都是"专门机关"，任务是一样的，又何必严格地区分彼此、找出中心来呢。某一环节的疏漏可以通过下一环节加以弥补，实在不行可以"回炉"，从头再来。在特定的非常状态下，联合办案、无原则地妥协，将现代刑事诉讼确立的无罪推定、司法独立等合乎刑事诉讼规律的原则抛掷一边，也不是没有发生过。在乐于互相配合、疏于互相制约的意识惯性支配之下，法官的中立性、独立性很难得到保证，又能在多大程度上确保侦查、起诉的案件事实经得起法律的检验呢？

其四，"专门机关"概念的存在及建构于其上的职权主义诉讼模式，弱化了辩护职能，不利于审判中心所要求的控辩均衡的诉讼结构。既然只有公检法机关是"专门机关"，那么辩护律师则属于"旁门左道"了。只有作为"专门机关"的公安机关、检察机关等才享有侦查权，辩护律师收集证据的权利，被称之为调查取证权，有意地要区别于专门机关专有的侦查权，受到诸多限制的律师调查权在实践中更是举步维艰。在侦查阶段，侦查机关处于主导地位，自然犯罪嫌疑人人处于被主导地位，因此针对侦查人员的讯问，犯罪嫌疑人应当如实回答；在讯问时，辩护律师不可以在场，辩护律师也不可以在侦查阶段查阅案卷，否则就干扰了"专门机关"的工作。在起诉程序中，检察机关居于主导地位，辩护律师的意见往往成为检察机关退回补充侦查，进一步夯实证据的指引；卷宗移送制度在侦查和审判之间建造了一条无障碍通道，起诉意见书、起诉书、判决书，往往惊人地一致，侦查结论极大地影响着审判，甚至在众多案件中起到决定性作用。在审判环节，法官居于主导地位而非主持地位和居中裁判者地位，辩审冲突屡现法庭，无罪判决难以寻觅。因此，尽管刑事诉讼法律规范通过不同的形式屡屡修改，辩护职能不断加强，但是，毋庸讳言，辩护权的弱势地位并未得到彻底改善。强烈的职权主义意识观念和制度构造，被遮蔽于"反对强迫自证其罪"、"非法证据排除"等舶来的对抗制诉讼模式的新概念之中。因此，如果不从根本上抛弃"专门机关"的概念以及建构于其上的强职权主义模式，实现控辩"平等武装"，就难以形成审判中心所要求的均衡的诉讼结构。

其五，"专门机关"概念的存在不利于法律职业共同体的形成，从而不利于以审判为中心的诉讼制度所需要的法律资源。与辩护职能弱势地位相应，辩护律师在刑事诉讼中在一定程度上被边缘化。如果说辩护权弱化主要是由于制度的压抑，辩护律师的边缘化则根本上是出于人们的傲慢与偏见。在一些"专门机关"人员看来，公检法都是"自家人"，律师是"外人"，一家人不说两家话，至于外人，则需另眼相待；自家人一条心，凡事好商量，要配合；外人是捣乱，凡事不好商量，需要防范。如此亲疏有差，内外有别。在"专门机关"内部确实存在一定程度上对辩护律师的不信任、歧视和排斥，此种态度弥散于社会上，在一定程度上伤害了律师群体的职业形象。其实，在现代诉讼理念和构造中，控审分离，无控诉则无审判，保证了审判权启动的正当性；无辩护则无审判，则保证了审判权运行的正当性。如果律师辩护成为一种稀缺资源，大量的律师纷纷从刑事辩护场上抽身而退，那么则会造成众多的"无辩护的审判"，审判本身的正当性值得质疑，以审判为中心的诉讼制度的终极目标司法公正更是难以实现。因此，破除"专门机关"的概念，将辩护律师作为刑事诉讼必不可少的参与者，并在制度上提升其地位，完善其权利；在观念上，铸造法律职业共同体的意识，形成刑事法治的合力，实属必要。

四、审判中心语境下"专门机关"概念的扬弃

在分析了"专门机关"概念的历史合理性和批判了其现实不合理性之基础上，笔者认为，为推进以审判为中心的诉讼制度改革，有必要抛弃"专门机关"这一概念以及建构于其上的不合乎审判中心的制度和观念。在保持其基本上能够区分刑事诉讼职权机关与其他机关、群体的合理功能的前提下，在理论和制度上确立"刑事诉讼主体"概念，以更好地反映现代刑事诉讼的基本规律，彰显现代刑事诉讼保障人权、维护秩序、防范错案、实现公正的程序价值。在实践中，应倡导"法律职业共同体"的观念，以消解"专门机关"概念的社会心理影响力，营造良好的刑事诉讼法治环境。

"刑事诉讼主体"这一概念，已有众多学者之研究。一般认为，刑事诉讼主体，是指在刑事诉讼过程中通过实施有目的的诉讼行为而享有一定诉讼权利、承担一定诉讼义务的人。[①]它包括法院和审判人员、检察机关和检察人员、侦查机关和侦查人员、犯罪嫌疑人、被告人、被害人、自诉人、附带民事诉讼的原告人和被告人、辩护人。应当指出的是，在刑事诉讼理论体系当中，没有必要将"刑事诉讼主体"和"刑事诉讼中的专门机关"并存。"刑事诉讼主体"这一概念，深刻地反映了刑事诉讼活动是一个国家权力与公民权利深刻互动、多元参与的过程。在这个相互关联、相互影响的过程中，不存在主导与被主导、支配与被支配的关系。因此，在理论上和立法上确立"刑事诉讼主体"的概念，有助于破除"专门机关"概念所蕴含的强烈的国家权力本位观念，彰显人权保障、司法公正的现代刑事诉讼基本理念。作为刑事诉讼主体的下位概念，法院和审判人员、检察机关和检察人员、侦查机关和侦查人员，足以清晰地表明它们是审判权、检察权、侦查权的享有者，在

---

① 樊崇义主编：《刑事诉讼法学》，中国政法大学出版社1996年版，第43页。

"公权力无法律授权则无权"的原则已经得到社会广泛认同的语境中，在立法上已明确其他机关、群体不享有上述权力的法律规范中，已无必要使用"专门机关"这一语义不甚明确的概念加以强调公检法机关与其他机关、群体的区别。笔者建议借鉴意大利刑事诉讼法典的结构，设置"刑事诉讼主体"专章，将法院和审判人员列为第一节，以显示审判中心。在理论上和立法上明确辩护人的主体地位，有助于以此为基础建构审判中心所要求的控辩均衡、平等对抗的诉讼结构。

为动摇乃至彻底消解"专门机关"概念及其衍生的"公检法是一家"的偏颇观念，激发律师积极地参与刑事辩护，有必要培育"法律职业共同体"的理念，消除对刑辩律师的偏见。应当建设相互理解、相互尊重、相互信任、相互制约的良性诉辩关系、审辩关系。

（作者单位：山西大学法学院）

论审判中心主义改革背景下"差异性"① 证明标准之基础

——系统论视界的反思

刘仁琦

系统论为法学研究提供了全新的视角，也为解构和整合刑事诉讼的程序设计、衔接与运行提供了科学的理论指导。系统是一切事物的存在方式之一。因此，对任何事物，小到细胞，大到社会，都可以用系统的观点来考察。② 美籍奥地利生物学家、理论生物学家贝塔朗菲（L. Von. Bertalanffy）于 20 世纪三四十年代将系统论开创为一门独立学科，经过德国人卢曼（Niklas Luhmann）、G. 托伊布纳（Gunther Teubner）等人的研究，系统论被引入法学研究，并创立了法学的系统理论。从 20 世纪 70 代末我国理论界开始对系统论展开全面、深入的研究，③ 我国著名科学家钱学森先生也开始用"系统科学叩击法学的大门"④，系统论被引入到了中国法学研究领域。"系统法学是运用以系统论为代表的现代科学方法研究法制系统的调节机制及其演化的法律科学"⑤。20 世纪 80 年代的中国法学多言必称"系统"者。当下的科学哲学领域对系统论的研究依然方兴未艾，而法学领域，尤其是刑事诉讼法学领域对此显得多少有些"冷漠"。在审判中心主义改革的大背景下，笔者尝试系统地解构刑事诉讼各要素之间的关系、刑事证明标准的差异性特征，以期对审判中心主义改革背景下的证明标准重构有所裨益。

引 言

党的十八届四中全会《关于全面推进依法治国若干重大问题的决定》（以下简称《决定》）提出："推进以审判为中心的诉讼制度改革，确保侦查、审查起诉的案件事实证据经得起法律的检验。"其实，2013 年 10 月召开的全国第六次刑事审判工作会议就明确指出：审判案件以庭审为中心，事实证据调查在法庭，定罪量刑辩论在法庭，判决结果形成于法庭，全面落实直接言词原则，严格执行非法证据排除规则。一场以"审判为中心"的司法

---

① 对于差异性的证明标准理论界素有研究，只是从不同的角度会有不同的差异：从案件类型上看，有学者强调死刑案件的证明标准应当高于普通刑事案件的证明标准；从证明对象所属领域上看，一般认为实体法事实的证明标准应当高于程序法事实的证明标准；从证明对象的具体内容上看，定罪事实的证明标准应当高于量刑事实的证明标准；本文是从诉讼阶段上进行分析，认为侦查阶段、审查起诉阶段与审判阶段应当有不同的证明证明标准，且应由低到高存在层次。

② 参见许国志：《系统科学》，上海科技教育出版社 2000 年版，第 1~18 页。

③ 关于系统科学哲学在中国的发展可参见吴彤教授发于 2010 年第 2 期《科学技术哲学研究》上的《中国系统科学哲学三十年：回顾与展望》一文。

④ 熊继宁著：《系统法学导论》，知识产权出版社 2006 年版，第 20 页。

⑤ 熊继宁著：《系统法学导论》，知识产权出版社 2006 年版，第 11 页。

改革正在如火如荼地进行。"审判中心主义"应当严格贯彻证据裁判原则，而根据证据裁判原则的必然要求与刑事诉讼法第 195 条的规定，"案件事实清楚，证据确实、充分，依据法律认定被告人有罪的，应当作出有罪判决"，反之"证据不足，不能认定被告人有罪的，应当作出证据不足、指控的犯罪不能成立的无罪判决"。但司法实践中，无罪判决率极低。以笔者工作过的西安市某基层法院为例，近 10 年该院共审理近 11000 件刑事案件，但无一起因证据不足、事实不清或非法证据排除导致无罪判决的案件。难道法院所判处的所有案件都是"案件事实清楚，证据确实、充分，依据法律认定被告人有罪的"？笔者不敢苟同。虽然对此改革的呼声一浪高过一浪，但"中国的司法也存在着自己的'潜规则'，即所谓'文本中的法律'和'实践中的法律'两套法律体系，后者比前者更具生命力和执行力"[1]，实践部门总有"自己的难处"，或者是维稳的压力，或者是考核的压力，或者是各部门关系的压力等，以致实践部门处理案件时总是"步调一致"、"结论一致"。

审判中心主义改革应当绝不是对某一个诉讼制度的单独改革，其关系刑事司法的全局设计，甚至关系一国的司法体制。刑事诉讼制度是关于刑事诉讼程序设计与运行的法律规范有机体，是高度复杂的程序系统。"证明标准是刑事诉讼的核心问题"[2]，"审判中心主义"应遵从刑事诉讼系统要求，尊重认识规律及各阶段各诉讼主体的诉讼任务，区别不同阶段不同主体的证明能力与证明标准，侦查、审查起诉与审判应当执行差异性的证明标准。近年来，在"审判中心主义"改革的背景下，学者们更多地从"刑事审判阶段的证明标准"出发进行讨论，而实际上长期受司法观念及各项考核指标的多重影响，虽然我国刑事诉讼法在各诉讼阶段对于证明标准有着不同的表述，但"案件事实清楚，证据确实、充分"仍然是司法实践中普遍遵循的证明标准，实践中"捕得了、诉得出、判得下"的"潜规则"愈演愈烈，因"潜规则"与各办案部门利益息息相关，因此办案单位和办案人员往往穷尽手段使"拘留的案子能逮捕、逮捕的案子能起诉、起诉的案子能有罪"，以致刑事审判阶段"案件事实清楚，证据确实、充分，排除一切合理怀疑"的证明标准完全被虚化。因此，笔者认为，若差异性的证明标准不能实现，则"审判中心主义"的内核之一——"证据裁判原则"[3] 可能会被束之高阁。

刑事诉讼证明标准的构建与应用，应以各诉讼阶段的诉讼主体、诉讼任务为基础，进行科学统筹、合理规划，使其系统性功能发挥到最大。刑事诉讼系统是程序性法律的生命有机体，其从开启、运行到结束的整个过程都在一个封闭却又开放[4]的系统内进行。刑事诉讼系统是经过科学安排与合理配置的有机整体，在这一系统之内，各子系统、系统要素[5]之间互相联系、交互影响，保证了刑事诉讼系统的自身演化与信息沟通。本文将侦查阶段、

---

① 韩旭：《新律师法实施后的律师取证问题》，载《法学》2008 年第 8 期。

② 沈德咏：《论以审判为中心的诉讼制度改革》，载《中国法学》2015 年第 3 期。

③ 闵春雷：《以审判为中心——内涵解读与实现路径》，载《法律科学》2015 年第 3 期。

④ 系统之外一切与它相关联的事物构成了系统运行的环境，系统与环境通过交换物质、能量和信息实现相互关联。系统能够同环境进行交换的属性被称为开放性，系统阻止自身同环境进行交换的属性被称为封闭性。虽然二者相反，但都是系统生存发展的必需特质。一个系统只有对环境开放，同环境相互作用，才能生存和发展，否则将使系统处于病态或者解体。而封闭性亦非单纯的消极因素，其为系统生存发展的必要保障条件，缺少它，系统将缺少个性与活力。参见许国志：《系统科学》，上海科技教育出版社 2000 年版，第 25 页，关于系统"开放性与封闭性"的论述。

⑤ 要素是指构成一个客观事物的存在并维持其运动的必要的最小单位，既是构成事物必不可少的因素，又是组成系统的基本单元，是系统产生、变化、发展的动因。

审查起诉阶段与审判阶段作为既有联系又有区别的子系统，为使刑事诉讼最大效能地发挥保障人权与打击犯罪的协调功能，应当根据各诉讼阶段系统要素的不同特点，注重各诉讼阶段的系统运行环境、系统内部各个要素组合的协调性等，充分发挥各诉讼阶段证明标准本应具有的系统的整体性、结构性、自组织性等特征功能。

一、系统的整体性要求证明标准的差异性

整体性是系统最为鲜明的特征，"系统的概念就是强调整体"①。贝塔朗菲最先将整体性引入系统论的基础性问题进行研究②。作为系统的整体应"具有而其组成部分以及部分之总和不具有的特性，一旦把整体还原为它的组分，这些特性便不复存在"③，故而整体并不是各个组分或者部分的简单叠加，而是通过合理的安排与科学的统筹，系统构成元素或组分的材料效应，以及不同组分或部分之间相互作用、相互关联、相互激发、相互制约、相互补充的结构效应，才能发挥最大能量与最佳效用，并最终实现系统的优越性。

我们必须要回答：为什么由元素、组分或部分组成的整体一定大于部分之和呢？正如"世界是一个巨大的组织机体"④，系统也是一个有机整体，在有效控制的前提下，各元素、组分或部分被赋予不同的定位、角色和功能，并保证整体在"内稳态"⑤性的基础上平稳运行。各元素、组分或部分存在于整体之中，也正是由于存在于整体之中其个性、作用以及性质才能得到尽情的发挥和淋漓尽致的表现，离开了整体其即失去了作为整体组成的元素、组分或部分的存在意义。在系统中各元素、组分或部分为按照经过进化或安排的角色促进整体之功效实现，以非线性的方式⑥相互作用，整体的作用不再等同于元素、组分或部分相互作用的简单叠加，且处于这一整体之中的它们，不可能在不对整体造成任何影响的情况下从整体之中剥离出来。处于复杂运行系统整体中的各元素、组分或部分相互关联、相互制约、相互影响，整体之中的每一元素、组分或部分都影响着整体，反过来整体又制约、牵制着它们。因此，从量的安排、质的变化、效用实现等方面来看，整体具有构成它的元素、组分或部分无可比拟的优越性，整体的功能也会大于组成它的元素、组分或部分之和。

刑事诉讼的整体性是指构成刑事诉讼的各要素、部分以及各规则的设置、原则的制定、制度的设定等都是在特定目的的引导下进行的科学、有机的整体性安排。其一，刑事诉讼的基本要素被有组织地安排在刑事诉讼系统的有机整体中。刑事诉讼由基本要素，即"不可缺少的组成部分"⑦构成，其包括刑事诉讼主体、客体、行为和条件，为符合需要，各要素会被立法者根据国情、司法实践等精心安排、科学设置。从弹劾式诉讼模式、纠问式诉

---

① 钱学森等著：《论系统工程》，湖南科学技术出版社1982年版，第204页。

② L. Von. Bertalanffy, General System Theory, Foundations, Development and Applications. New York: George Braziller Inc, 1973, pp. 50-57.

③ 苗东升：《重在把握系统的整体涌现性》，载《系统科学学报》2006年第1期。

④ ［美］贝塔朗菲：《普通系统论的历史和现状》，载中国社会科学院情报研究所编译：《科学学译文集》，科学出版社1980年版，第321页。

⑤ 参见金观涛著：《系统的哲学》，新星出版社2005年版，第171~212页。

⑥ 关于非线性作用可参见申仲英、张强：《系统中非线性相互作用初探》，载《哲学研究》1985年第8期。

⑦ 宋英辉等著：《刑事诉讼原理》，法律出版社2007年版，第172页。

讼模式，到现代诉讼模式，这些要素的安排体现了各模式下刑事诉讼目的与任务的内容，并体现了刑事诉讼的文明与进步及对刑事诉讼系统性的无尽追求。其二，刑事诉讼各诉讼阶段除具有各自的诉讼功能外，还被统摄于刑事诉讼系统整体功能之下。从传统意义上来讲，世界上的刑事诉讼阶段都可区分为侦查、审查起诉和审判，每一诉讼阶段均由较为明确的诉讼主体完成各自的诉讼任务，实现不同的诉讼功能，但为实现刑事诉讼的根本目的与作用，各诉讼阶段又必须服从、服务于刑事诉讼整体功能，因此刑事诉讼各阶段相互关联、相互影响，各诉讼阶段功能的实现也促成了刑事诉讼整体功能的最大化实现。其三，刑事诉讼系统被合理构造，以实现诉讼价值。诉讼目的决定诉讼的构造，即控诉、辩护和审判三方的法律地位和相互关系，并体现诉讼价值。在当代，为充分保障被追诉人权利，刑事诉讼系统下的诉讼构造就必须使控诉与辩护趋向平等、审判方客观公正，而为实现这一系统目标，刑事诉讼中原则与规则的制定都必须契合系统构造，以实现诉讼的文明与理性。

我国现阶段的证明标准混同了各诉讼阶段的诉讼任务与诉讼功能，打乱了刑事诉讼证明标准系统的整体性，影响了刑事诉讼系统功能的实现。虽然我国刑事诉讼法在各诉讼阶段对于证明标准有着不同的表述，如刑事诉讼法第 79 条规定的逮捕条件、第 172 条规定的提起公诉的条件、第 195 条规定的判决条件等，从上述规定来看，我国的刑事诉讼立法一方面按照诉讼的不同阶段规定了不同的要求，并规定了各自把握的主体；另一方面则规定了在移送审查起诉、提起公诉和有罪判决时，均应当达到"事实清楚，证据确实、充分"。因此，一般认为，我国刑事诉讼的证明标准都可评价为"证据确实、充分"。其实，我国刑事诉讼法第 53 条对"证据确实、充分"已经明确为"定罪量刑的事实都有证据证明；据以定案的证据均经法定程序查证属实；综合全案证据，对所认定事实已排除合理怀疑"，但受传统观念和办案模式影响，对于主客观统一的证明标准，实践部门显得非常谨慎，以致绝大部分案件从逮捕开始，就决定了案件的最终定性和最终结果，这也正是"侦查中心主义"的弊端。差异性证明标准的设定与执行，最终是因为认识的主体认识能力具有局限性、认识的客体具有局限性、诉讼程序具有局限性。再者而言，各阶段诉讼主体、诉讼要素、诉讼行为、诉讼任务与诉讼功能各不相同，非差异的证明标准只会给各阶段的诉讼主体带来执行困惑。因此，符合诉讼规律差异性的证明标准才能提升刑事诉讼整体的功能。

二、系统的自组织性激励证明标准差异性的实现

系统的自组织性决定了系统必然从无序到有序、不断发展和演化。系统是物质存在的普遍形式，而系统的自组织性是系统维持自我稳定和自我发展的前提和基础。系统的自组织原理指的是"开放系统在系统内外两方面因素的复杂非线性[①]相互作用下，内部要素的某些偏离系统稳定状态的涨落可能得以放大……使系统从无序到有序，从低级有序到高级有序"。[②] 简单来讲，自组织性标志着系统的运动是自发的、不受特定外来干预进行的，其自

---

① 非线性是自然界复杂性的典型性质之一。与线性相比，非线性更接近客观事物性质本身，是量化研究认识复杂知识的重要方法之一；凡是能用非线性描述的关系，通称非线性关系。

② 魏宏森、曾国屏著：《系统论——系统科学哲学》，清华大学出版社 1995 年版，第 265 页。

发运动是以系统内部的矛盾为根据、以系统环境为条件的系统内部以及系统与环境的交叉作用的结果①。系统的开放性、非平衡态是自组织性实现的必要条件。系统的开放性决定了其必然与外界环境发生联系，而且每个系统的演化也都是在一定的环境中进行的；系统的非平衡性决定了其必然通过创造各种条件与外界进行信息交换与信息沟通，使系统远离片面影响。

刑事诉讼各诉讼主体存在着天然矛盾，刑事证明标准恰是各矛盾主体争讼的焦点。审判中心主义改革背景下的证明标准应尊重矛盾，利用矛盾，打破现有平衡，以维持刑事诉讼的前进动力，并发现事实。刑事诉讼中的侦查阶段、审查起诉阶段均实行高规格、严要求的刑事证明标准，对于督促办案、量化考核具有积极意义。但是，这种标准在现实中到底有多大的科学性和可行性则不无疑问，到底能在多大程度上防止冤假错案的发生，更是值得怀疑。由于各种主客观因素和条件的限制，诉讼认识在很多情况下都难以达到与案件客观事实完全一致的程度，承认认识的相对性原理具有现实的合理性。"在司法裁判中，法官对诉讼事实的认定，是受到多种因素制约的，是有很大局限性的，是与案件的客观事实有一定差距的。可以说，任何高明的法官、任何准确的裁判都不可能完全再现案件的客观事实。"② 因此，必须正视刑事诉讼的开放性、打破刑事证明标准的平衡性，倡导并践行有序的刑事证明标准。

三、系统的结构性推动证明标准的差异排列

系统的结构是"元素之间一切联系方式的总和。"③ 任何系统都有一定的结构，系统的结构是系统保持整体性及其功能的内在根据。系统的元素组合而成系统的结构，元素之间的相互影响与相互作用又体现出了系统的客观实在性。首先，系统的结构具有稳定性。系统一旦形成，为使系统最大限度地发挥整体效能，系统结构必须持续稳定，这种稳定可以是静态的稳定，即绝对稳定，也可以是动态的稳定，即相对稳定。但无论是绝对稳定还是相对稳定，系统都会因外因与内因的共同作用进行"新陈代谢"，以保持系统功能的持续稳定发挥。其次，系统的结构具有空间性。为使系统具有某一特定性能，系统的组分或元素需要在空间中以特定方式进行排列、分布或组合，并相互作用，是系统存在和发展的空间形式，因此系统的构成要素类型、要素分布的样态、要素之间的相互关系等都影响着系统结构的空间性。最后，系统的结构具有时间性。运动是事物的存在方式，系统运行过程中呈现出"内在时间节律"④ 性，这一特征即为系统结构的时间性。系统结构的时间性可以周期运动、直线上升运功、迂回前进运动、螺旋上升运动等方式体现。

刑事诉讼的证明标准应当遵循事物前进的方向，由低到高，并最终形成一种主观标准，以体现刑事诉讼进阶性特质。刑事诉讼系统的结构性，是其各要素应以诉讼制度为基础，诉讼目的为引导，形成相互联系、相互作用的组织形式或组织方式具有的特性。侦查阶段

---

① 参见刘艳芹、高栋：《论系统的自组织性》，载《科教文汇》2008 年第 10 期。

② 沈德咏著：《司法改革精要》，人民法院出版社 2003 年版，第 10 页。

③ 苗东升著：《系统科学精要》，中国人民大学出版社 1998 年版，第 32 页。

④ 苗东升著：《系统科学精要》，中国人民大学出版社 1998 年版，第 32 页。

的诉讼职能是收集证据、固定与保全证据，为指控犯罪做基础准备；审查起诉阶段的职能与诉讼任务要比侦查职能更为复杂、系统，除要审查判断证据的证据力与证明力外，还需要负担指控犯罪的任务；审判阶段的诉讼职能则比审查起诉职能更为庞杂。因此，递进式的刑事诉讼将随着诉讼的推进不断提高证明标准。且应当尊重系统结构的空间性，以刑事诉讼各阶段的诉讼职能、构成要素类型及相互关系等凸显证明标准的差异性。

（作者单位：西北政法大学刑事法学院）

论人民陪审员审判权的范围

刘用军

党的十八届四中全会决定提出要逐步实行人民陪审员不再审理法律适用问题，只参与审理事实认定问题的改革，改革的主要原因是消除广为诟病的陪而不审、审而不议现象，然而从现有学术研究的结论来讲，人民陪审员制度在审判过程中的流于形式有着更为复杂的背景，斩断了其法律专业知识不足的缺陷恐怕仍然存在形式化的危险，我们的改革仍然是局部式的修补而难以达到系统性完善的目的。因此，在这一改革计划行将实施之际，有必要展开进一步分析以找到更妥当的改革路径。

一、现有研究关于陪而不审的原因揭示

学术界对人民陪审形式化的质疑早在 20 世纪末就已经开始，[①] 梳理十几年来学术界对人民陪审制度在实践运行中演变为陪而不审的原因分析，可以发现如下几方面是较为普遍的。

（一）人民陪审员人数劣势

以刑事诉讼为例，1979~1996 年，法律规定的陪审模式是 1 审 2 陪，1996 年改为 1 审 2 陪或 2 审 1 陪，这在实质上进一步降低了陪审员在合议庭中的比例。在心理学上，同意自己意见的越多，越能强化自己的主体意识和自信心，按理说在 2 陪 1 审模式下更能凸显陪审的功能作用。但事实上不论何种模式，人民陪审员在合议庭中都处于劣势、弱势。[②] 假定 1 审 2 陪模式中陪审员和审判员的表决意见是 2∶1，但这仍然不代表合议庭的决策，在很多情况下，与主审法官不一致的意见会面临来自主审法官的说服。因为大部分陪审员的个案选取并非是随机性的而是指定的，存在较好配合关系的人，甚至成为固定的职业陪审员，他们一般不会不给法官面子。另外，如果是法律问题，在与法官发生意见争执时，陪审员心理上存在天然的弱势，自然会产生权威趋从心理，而法官的主场地位和现行体制对人民陪审员的客场对待，以及一系列考评要求，也极易造成法官如此行为。[③] 正如达马斯卡所言，"非专业法官边做边学，专业法官的意见则可以被定为事实的准星……在合议的非正式交流中，知识便从专业法官传到非专业法官"。[④] 这就是难以遏制的职业法官对非职业法官

---

① 王敏远：《中国陪审制度及其完善》，载《法学研究》1999 年第 4 期。
② 参见刘晴辉著：《中国陪审制度研究》，四川大学出版社 2009 年版，第 192 页；李玉华、张思尧等著：《中国特色陪审制度的新发展》，中国政法大学出版社 2014 年版，第 144 页。
③ 刘晴辉著：《中国陪审制度研究》，四川大学出版社 2009 年版，第 197 页。
④ ［美］米尔建·R. 达马斯卡：《漂移的证据法》，李学军译，中国政法大学出版社 2003 年版，第 73 页。

产生的权威性效应。可见,如何遏制职业法官在合议庭中的话语霸权是消除陪而不审的关键因素,职业法官基于专门训练而对合议庭中陪审员享有的话语霸权如果不能得到根本性治愈,则陪审制在中国的命运就令人担忧了。[①]

(二)审判参与权保障不充分

在现行体制下,人民陪审员享有事实审判权和法律审判权,然而陪审员的这项权利现行制度只是笼统规定,没有给予细化保障,导致人民陪审员的庭前阅卷权、庭审发问权和合议时不受诱导等方面难以充分实现,这也是陪而不审、审而不议的客观致因。就当前我国法官素质和审判要求来说,庭前阅卷仍然是法官主持好庭审、查清事实和公正解决纠纷的重要前提,这也是大陆法系国家的普遍特点。近年来,德国联邦最高法院逐渐允许参审员在审前阅读侦查案卷中的部分材料,以使他们更好地把握诉讼进程。[②] 而对于我国人民陪审员来说,一般是直到开庭时才被通知出庭(事实上常常如此),即使提前告知,也没有安排阅卷的时间和机会,对于职业法官尚严重依赖庭前熟悉案情,对于这些"门外汉"来讲,直接入庭而不会发问也不知道问什么就毫不奇怪了。虽然陪审员对法律问题不熟悉是不敢发问、很少发问的主要原因,[③] 然而庭审过程中的发问主要是对事实和证据的查明,因为事实和证据往往又和法律问题纠缠在一起,因此陪审员感觉无从下手,这仍然可以说相当一部分原因出在对案情不熟悉上,而不能说是纯粹的法律问题原因。在合议时,大部分法官并没有给予陪审员充分的法律提示或指导,陪审员只能继续庭审时的"旁观",即使真正地发表了意见,要么是难有法律说服力的意见,要么只能是对法官的附随意见。在合议发言环节,最高人民法院司法解释规定的发言顺序是人民陪审员在先,职业法官在后,而在实践中往往被颠倒了过来,对此,法官和陪审员普遍承认。[④]

(三)制约功能异化为解决办案力量不足

自 2005 年以来,我国对人民陪审制度的重新重视,显然不是为消除案件压力解决法院办案力量不足而来,而是继续发扬陪审制度蕴含的民主精神和监督功能,发挥司法民主。然而十余年来,陪审制度的实践表明,这一功能遭到了异化,演变为补充办案力量的重要平台。在基层法院,由于司法员额的编制限制以及受地区经济等因素的制约,法官人手一度出现严重不足,而陪审员的使用则可以极大缓解这一困境。同时,陪审员的司法成本要远低于法官的成本,这使得即使给予陪审员一定的物质补偿也不至于增加法院的财政负担,导致法院对于这一低成本的队伍乐此不疲。[⑤] 自 2010 年以来,随着社会管理创新和新时期化解社会矛盾的需要,人民陪审员又被进一步挖掘其优势,担负了大量的人民调解任务,于是越来越多的地方法院陪审率达到了近 100%。事实上按规定一些需要适用陪审的具有较大社会影响的案件,恰恰很少适用陪审。个中原因不外是在陪审中出现了一些不确定因素难以驾驭。这不难看出,人民法院对人民陪审制的适用在很大程度上基于极强的功利主义

---

① 左卫民等著:《合议制度研究》,法律出版社 2001 年版,第 73 页。

② 转引自施鹏鹏著:《陪审制研究》,中国人民大学出版社 2008 年版,第 175~176 页。

③ 张永和、于嘉川著:《武侯陪审》,法律出版社 2009 年版,第 115~119 页。

④ 祖鹏、李玉华主编:《人民陪审制度的理论与实践》,法律出版社 2012 年版,第 59 页。

⑤ 刘晴辉著:《中国陪审制度研究》,四川大学出版社 2009 年版,第 129~130 页。

目的，或者以其减轻办案的压力，实现某种政治指标，或者根据情势机宜选择不采用陪审，于是人民陪审制度的司法民主精神和监督制约意义已经被极大地消解。

（四）审判内外的非独立性

现实中人民陪审难以发挥作用，也与当前法院内部的行政化倾向、司法受外部环境掣肘以及法院拥有人民陪审员管理权有关。由于法院内部普遍存在审批、请示等规则，即使适用人民陪审的案件也仍然必须遵循，这使得在合议庭中侥幸胜出的人民陪审员意见也很难"胜利"到底。同时，地方法院系统与地方政府存在密切的体制上的利益联系，有时法院甚至被看成政府的"职能部门"，在这种复杂的关节中，人民陪审员作为司法制度中的微小部分也不得不适应和服从大环境的制约。在人民陪审员的管理制度上，陪审员管理办公室设在法院内部，新任陪审员要接受法院组织的法律培训，陪审员的任职资格、陪审员参与案件的多少、所得报酬等都由法院决定，这种法院管理人民陪审员的体制最容易、最可能导致的就是人民陪审员法官化。即使有个别人民陪审员能够不受环境影响明辨是非，坚持己见，一旦长期给法官、法院带来不必要的麻烦时，就会被体制淘汰出局失去审案机会。

二、他者是如何做的

（一）陪审员的人数优势

无论是陪审团还是参审制在陪审员数量上都有一定的要求，按照传统，英国和美国小陪审团设定的规模都是 12 人，近年来，美国一些州的陪审团人数有所减少，但一般也不少于 6 人。美国最高法院指出，少于 6 人的陪审团不具有代表性，其裁决结果不可信赖，准确性也更低。[①] 在典型的陪审团制度中，根据传统的规则是要求陪审团裁决必须全体一致，以保障其足够的代表性，近年来，出于对效率价值的追求虽有所松动，但仍然要求多数一致才能通过。[②] 自 20 世纪 80 年代初中期开始，俄罗斯和西班牙恢复了历史上长期存在的陪审团制度，俄罗斯陪审员法规定，陪审团由 12 名陪审员组成，在多数表决的情况下，无罪裁决只要 6 票同意，而有罪裁决须有 7 票方可。西班牙的陪审团则是由 9 名陪审员和 2 名替补陪审员组成，其中不利于被告人的裁决需要 7 票，有利于被告人的裁决只需 5 票。其国家和地区如下表所示：

---

① 任蓉著：《英美陪审团审判制度机理与实效研究》，中国社会科学出版社 2010 年版，第 7 页。
② 根据 1967 年的立法，英国陪审团可以 10：2 通过表决。而在实行 15 名陪审员组成陪审团的苏格兰，评议时只要求简单多数通过。参见麦高伟、杰弗里·威尔逊主编：《英国刑事司法程序》，姚永吉等译，法律出版社 2003 年版，第 361~362 页。

	适用范围	职业法官人数	陪审员（裁判员、观审员）人数	表决权比例及拘束力
法国	重罪一审	3	9	8 人以上
	重罪二审	3	12	10 人以上
日本	一审不认罪案件	3	6	各超过法官和陪审员人数半数
	一审认罪案件	1	4	
德国	区法院参审法庭和地方法院二审	1	2	重大程序问题半数以上，罪责及刑罚问题 2/3 以上多数
	地方法院一审	2～3	2	
韩国	一审	3	5～9	陪审员多数决，无约束力，不采纳陪审员意见需在判决中说明理由
中国台湾地区	地方法院一审	3	5	陪审员多数决，无约束力，不采纳陪审员意见需在判决中说明理由

以上除德国的情况和我国的 1 审 2 陪接近外，其他国家和地区的陪审员在合议庭中的人数均远多于职业法官。在法国，一审合议庭通过一个裁决需要达到 8 票以上，二审合议庭则需要 10 票以上，在参审员人数居多的情况下，法国参审员完全可以左右判决的形成。[1]同样，在日本 3 名法官想置 6 名裁判员或 1 名法官想置 4 名裁判员于摆设的地位也非易事。[2] 韩国和中国台湾地区的陪审员意见虽无直接约束力，但陪审员意见是类似于陪审团模式单独作出的，且不被接受的意见必须在判决书中说明理由。德国的参审员虽未必能左右判决的形成，但也可有效制约职业法官的权力，[3] 这与德国严格的司法独立保障有关，详见下文。可见，让陪审员在合议庭中保持一定的数量是各国的普遍制度。

（二）陪审员独立性保障

首先，职业法官的独立性和人民陪审员的独立性息息相关，如果职业法官包括合议庭被不具有独立性的行政化氛围包围，那么人民陪审员作为司法审判的辅助力量也难独善其身。例如，德国法官之独立性堪称大陆法系国家之代表，司法部是法院的上级，然而司法部部长不能对法官的审判工作指手画脚。在法院内部，院长虽对法官的工作进行指导，但指导的限度在于不得直接或间接要求法官以特定的方式行事或审案。院长对法官的鉴定一般只是就法官的工作能力做一般性评论。另外，其法院系统中还存在纪律法院，功能之一就是审查院长是否越权而侵犯了普通法官的独立。[4] 在如此尊重和充分保障司法独立的环境

---

① 施鹏鹏著：《陪审制研究》，中国人民大学出版社 2008 年版，第 202 页。
② 李玉华、张思尧等著：《中国特色陪审制度的新发展》，中国政法大学出版社 2014 年版，第 145 页。
③ 施鹏鹏著：《陪审制研究》，中国人民大学出版社 2008 年版，第 202 页。
④ 全亮著：《法官惩戒制度比较研究》，法律出版社 2011 年版。

中，参审员的意见也会不受干扰地被体现在裁判结果中。

其次，为保障陪审员的独立表决权，职业法官制作问题列表的做法也较为通行，[1] 这样要比单纯的事实或法律整体表决更加明确，也更能体现陪审员意志。甚至也对陪审员的投票顺序作出规定，如果合议庭未能达成一致意见，德国规定参审员先投票，且是年轻的在先，然后是职业法官，同样年轻的在先，这样的投票机制也是对参审员独立性的保护。

再次，为保持陪审员外行人的智慧和经验对法律职业理性的牵制，各国一般不对其进行如职业法官那样的专业培训，以保持其独立性认知。例如，在德国的北威州，除其任职之前对其进行一定的培训外，几乎不再有集中的培训。[2] 即使有些国家进行培训，如法国，其首要目的也是树立陪审员之独立精神，其次才是让陪审员初步了解庭审的过程、职责等，[3] 而从我国陪审员培训的各类教材来看，主要是地方资深法官对法律知识和司法经验的快速浓缩性串讲，集中培训时间也较长。另外，国外将陪审员的遴选和管理设在较高层级的组织中，也有效避免了地方法院可能的不当影响。例如，美国马萨诸塞州的陪审团事务研究办公室就设在马萨诸塞州最高法院。[4]

最后，审理和裁判的及时性有利于对陪审员的案外干扰。近年来实施陪审团制度的西班牙和俄罗斯都对陪审团的当庭合议提出了要求。法国刑事诉讼法第 307 条规定："审理不得中断，应当持续进行至重罪法庭作出裁定，宣判审判结束为止。"[5] 德国的参审法庭表决后，合议庭立即回到法庭，由审判长口头宣布判决，并以言词形式说明理由。[6] 韩国和中国台湾地区也都是辩论终结当日宣告。

三、我国历史上曾经的陪审制度

陪审制度在中国有百年的历史，虽然一直是司法制度的配角，贯彻落实很难彻底，但其在不同的历史阶段仍不同程度地发挥了其历史作用，因此回顾其发展史，也有助于为我们检视人民陪审员审判权的合理设置提供适当参考，下表反映了这一历程。

时期	法律规范	陪审模式	陪审员选任	议决范围	有无裁决权	适用范围
清末改革	1906 年《大清刑事民事诉讼律草案》	英美陪审团制，由 12 名陪审员组成	从符合条件男性中选任，任期 1 年	案件事实	有罪名是否成立之裁决权，多数通过	严重刑事、民事案件

---

[1]　如法国、西班牙、俄罗斯都实行对陪审员列出事实问题清单由陪审员表决的制度。

[2]　最高人民法院司法改革小组编：《美英德法四国司法制度概况》，人民法院出版社 2002 年版，第 494 页。

[3]　刘晴辉：《中国陪审制度研究》，四川大学出版社 2009 年版，第 212 页。

[4]　廖永安等主编：《对话与交融：中美陪审制度论坛》，湘潭大学出版社 2012 年版，第 18 页。

[5]　转引自施鹏鹏著：《陪审制研究》，中国人民大学出版社 2008 年版，第 163 页。

[6]　施鹏鹏著：《陪审制研究》，中国人民大学出版社 2008 年版，第 176 页。

时期	法律规范	陪审模式	陪审员选任	议决范围	有无裁决权	适用范围
武汉国民政府时期	1927年《新司法制度》	参审制	法院所在地，限特定团体从所属团体成员中推选	案件事实与法律	多数通过	刑事、民事案件
	1927年《参审陪审条例》	参审和陪审混合并存。参审员1人，陪审员2~4人	法院所在地，限特定团体从所属团体成员中推选	参审员参与事实与法律审判，陪审员进行事实审判	多数通过，但发生意见分歧时审判官有决定权	刑事、民事案件
南京国民时期	1929年《反革命案件陪审暂行办法》	陪审团，6人组成，6人候补	限法院所在地党员，按名册抽签选定	案件事实	有罪、无罪、犯罪嫌疑人不能证明之决定权	反革命刑事犯罪案件
革命根据地时期	1934年《中华苏维埃共和国司法程序》	参审制，人民陪审员2人	特定团体推选，16岁以上有选举权者	案件事实与法律	多数意见，但争执不决时以主审为主	刑事、民事案件
	陕甘宁边区	参审制	不详	案件事实与法律	陈述意见、参加评议，无案件决定权	刑事、民事案件
抗日战争时期	1940年《晋察冀边区陪审暂行办法》	参审制，人民陪审员3人	特定团体互推	案件事实与法律	陈述意见、参加评议，无案件决定权	刑事、民事案件
	1942年《晋西北陪审暂行办法》	参审制，陪审员1人，社会公正人士1人	团体推选、司法机关聘请	案件事实与法律	陈述意见、参加评议，无案件决定权	刑事、民事案件
	1947年《关于各级司法机关暂行组织条例草案》	参审制	司法机关邀请、民众团体选举和机关、部队、团体选举代表	案件事实与法律	多数意见通过	刑事、民事案件
新中国成立初期	1954年《人民法院组织法》	参审制，陪审员2人	人民代表大会选举、居民选举和机关、团体、企业推选	案件事实与法律	多数意见通过	一审严重刑事案件和复杂民事案件

据此可以看出，除了清末修律草案及 1929 年南京国民政府针对反革命案件适用的陪审外，其他各时期均规定陪审员享有案件事实和法律两方面的审判权。由于清末刑事民事诉讼律草案未经施行及 1929 年南京国民政府针对反革命案件适用的陪审只是混淆视听的口号，仅有的陪审历史留给我们的经验也只是陪审员在事实和法律上两方面的审判权。从这个意义上讲，新中国具有在陪审制度方面陪审员参与全部案件审理的经验，而缺乏陪审员只能审理事实问题的经验。就目前的改革而言，将陪审制度定位在仅仅有权审理事实问题，似和清末修律草案一样具有浓厚的英美法系陪审团色彩。这样一种新的改革方案既无经验的支撑，也无文化（如果说近百年的吸收借鉴也算一种文化史的话）基础，因此我们必须有充分的、更有力的制度保障才敢冒与传统决裂的风险。

四、陪审员法律审判权导致了司法不公吗

就目前的人民陪审制度改革而言，并非是从实证思路出发开展大量的社会调查，进而得出陪而不审的具体原因，而明显是一种想当然的逻辑推理——陪而不审乃是无能力审理，无能力审理乃是缺乏职业法官一样的法律知识，故只要让陪审员不审理法律问题，陪而不审就可迎刃而解。显然，这一决策难言严肃和科学。至少从目前国内一些学者局部的调研数据来看，和上述结论是相反的。

陪审员参审对审判质量的影响①

类别	法院工作人员				法律人士			
	频率	百分比	有效百分比	累积百分比	频率	百分比	有效百分比	累计百分比
积极影响	47	70.1	71.2	71.2	41	44.1	44.6	44.6
消极影响	7	10.4	10.6	81.8	7	7.5	7.6	52.2
没有影响	12	17.9	18.2	100.0	44	47.3	47.8	100.0
缺失值	1	1.5			1	1.1		
合计	67	100.0			93	100.0		

就上表显示来看，法院工作人员选择积极影响的比例高达 70.1%，其他法律人士选择积极影响的也有 44.1%。这种对审判质量积极影响的评价应该既包括陪审员对事实问题厘清的作用，也不排除对法律问题认定的价值。事实上，在国外，陪审员参与审判的裁判结果在统计学意义上也获得了专业法官的高度认同。

20 世纪 60 年代，芝加哥大学的哈利·开尔文和汉斯·蔡泽尔通过比较陪审团的裁决与法官对案件的意见，调研了 3000 多桩刑事审判后发现，法官在 78% 的情形下同意陪审团的裁决。芝加哥项目小组随后调研了 6000 桩民事案件，法官与陪审团的意见一致率再次接近 80%。而根据安大略省法律改革委员会的实证调查，发现对相同的案件，陪审团所做的裁

---

① 参见张永和、于嘉川著：《武侯陪审》，法律出版社 2009 年版，第 192 页。

决与法官将会作出的判决有80%是相同的。① 2000年，《达拉斯晨报》与南方卫理公会大学向所有得克萨斯州的庭审法官和所有美国联邦法院的庭审法官发送了调查问卷，调查结果显示，超过90%的法官认为陪审团良知未泯，他们理解法律问题，也作出了公正且公平的裁决。有六成法官说，他们宁愿将民事案件交由陪审团而非法官或仲裁人来决定。有八成法官说，如果他们被指控犯有某项罪行，他们会选择由陪审团审理。②

虽然上述例证还不足以充分说明人民陪审员法律审理权与陪而不审没有真正的关联，但启发我们，当我们指出人民陪审员的法律审理权带来了陪而不审进而导致司法不公时，还需要包括理论、数据和经验等方面更为扎实的支持，至少需要解释当前在人民陪审员拥有双重审理权时民众和法官为什么还是比较认同陪审员审判的结果。

五、人民陪审员制度改革的合理方向

要想全面地完善人民陪审员制度，更为科学的做法是秉持整体论和系统论观念进行全方位改革而不是限于一隅单独进行某一方面的改变，基于此，可以从以下几个方面确立改革方向：

第一，要处理好法院集体审判与合议庭审判之间的关系，保障合议庭在专业上的独立性。党的十八届三中全会和四中全会决定并没有对法院内部文书审批签发制度作出明确改革，合议庭的决定能否在文书签发环节仍被"审批"退回或要求重新合议，仍不无担忧。另外，我们还应当十分关注合议庭运行中的民主性。实行主审法官制度无疑会推高主审法官在合议庭中的权威性和话语权，也必然会弱化人民陪审员的话语权，如何协调这一问题也无可回避。此外，合议庭负责制、办案质量终身负责和责任倒查机制对人民陪审员是否适用，并不明确，如果适用于人民陪审员，那么如何既提高人民陪审员责任心，又减少人民陪审员参与审判心理顾虑，也是需要相应的制度明确回应。

第二，应保障陪审员在合议庭中占据数量上的优势，最好的方案是将人民陪审员参与审理的合议庭规模确立为5人，由3名人民陪审员和2名职业法官组成。考虑到统一在民事刑事案件中推行仍会带来较大的人手不足压力，可先行在刑事案件中实施。当然，另外一种更为现实的改革思路就是将2陪1审的陪审模式固定化，可以最低的成本提升合议庭中人民陪审员的民意代表性，在合议制度改革到位的情况下，可以有效防止人民陪审员被边缘化。

第三，应严守陪审案件范围。当前，人民陪审的适用在很大程度上是由法院自主决定的，虽然现行规定也允许法院基于个案情形作出决定，但实践中百分之百的适用率表明陪审的适用限制已经失去意义。而值得寻味的是，一些本该适用陪审的案件却没有适用，③ 因此建立对实行人民陪审制度的监督约束制度也势在必行，对于越权实行陪审或者擅自不适用陪审的案件，除当事人申请的原因外，还应从绩效评估上加以制约。

第四，必须进一步构建人民陪审员参与诉讼的具体程序保障细则。应当尽快细化规定

---

① Ontario Law Reform Comm´n, Report on the Use of Jury Trials in Cilil Cases（1996），p. 24.

② ［美］威廉·L. 德威尔著：《美国的陪审团》，王凯译，华夏出版社2009年版，第163~164页。

③ 如彭宇、李天一、许霆等社会影响较大的案件均没有实行人民陪审。

人民陪审员参与诉讼的具体权利义务规则，如阅卷、在庭审和合议中的发言、质证、表决、获取司法文书、提出异议等权利保障机制，一来可以为人民陪审员参与审理提供具体指引；二来通过具体的程序设定可以保障人民陪审员的各项权利不受侵害，并设定相应的救济措施，从而真正实现人民陪审之立法目标。

当然，上述改革并非是独立的，必须结合现行人民陪审员任职资格、个案中的选任制度改革同时展开，一方面人民陪审员在产生机制上更加民主多元，可以充分反映不同界别、不同领域的声音，同时在个案适用中也能消除专职陪审员现象，实现人民陪审员在个案轮换中的平等性。同时，改变法院对人民陪审员的行政管理也是必要的，将这一权利划归司法行政部门就是不错的选择，这样可以有效避免法院管理带来的与职业法官同质化倾向。

（作者单位：河南财经政法大学刑事司法学院）

论我国刑事庭前预审程序的构建

卢少锋　蔡　艺

一、刑事预审程序的概述

预审起源于英国，现于大陆法系国家和英美法系国家都普遍存在。预审在理论上有狭义和广义之分。狭义的预审是指在刑事诉讼中，拥有司法审查权的机关就检察机关提起的公诉案件进行审查，确定是否移交审判；广义的预审程序则是指司法审查机关不仅对检察机关提起的公诉进行审查，而且还介入侦查活动，对侦查机关的诉讼活动进行指导和监督。本文主要从狭义的角度探讨预审程序。

在英美两国预审分为大陪审团公诉程序和预审程序，而在法国等大陆法系国家则只有预审程序。英美等国家的预审程序主要解决是否作出对犯罪嫌疑人有罪的起诉，即检察官提起公诉后，并未将案件直接移交审判程序，而是将案件送到地位中立的预审法官面前决定是否正式提起公诉。法国的预审程序则是针对复杂案件，特别是重罪案件，由检察官提起预审，由预审法官收集犯罪嫌疑人犯罪的证据，确定犯罪嫌疑人是否有罪，并作出是否继续诉讼的决定。比较两大法系关于预审程序的有关规定，可以发现它们的共同之处。

第一，其主要功能在于审查而非定罪。预审程序有两个主要功能：一是审查犯罪嫌疑人的行为是否严重到构成犯罪而需移交法院定罪判刑，该程序本身并不对犯罪嫌疑人作出有罪的判决。即使经过预审程序决定将犯罪嫌疑人移送法院审判，在审判程序中仍应将其视为"无罪的人"，享有"无罪推定原则"的保护。二是审查侦查机关收集的证据的合法性，而不是运用证据定罪量刑。例如，在法国则直接由预审法官收集犯罪证据，从而确保证据的合法性；在美国，一些州的预审程序有排除非法证据的权力。[①]

第二，其地位独立于检察机关的起诉与法院的审判。预审程序是介于起诉和审判之间的中间程序，是预审法官对检察机关所做的起诉决定进行审查的过程。在此程序中，预审法官作为中立的第三方来审查检察机关移送的证据是否达到提起公诉的要求，因此独立于起诉程序。同时，法官对收集到的证据是否已达到证明犯罪的标准并不关注，而只审查现有的证据是否已达到提起公诉的标准。并且控辩双方在此程序不对证据的证明力展开辩论，只讨论证据的合法性问题。因此，该程序又不同于审判程序。

第三，其作用在于防止公诉权的滥用，节约司法资源。在现代法治国家，通常由检察官或检察机关代表国家行使追诉权。作为公诉人，检察官在起诉时往往倾向于法院对犯罪

---

① ［美］爱伦·豪切斯泰勒·斯黛丽、南希·弗兰克著：《美国刑事法院诉讼程序》，陈卫东、徐美君译，中国人民大学出版社 2002 年版，第 256 页。

嫌疑人定罪判刑。产生这种现象的原因有两方面，一是源于检察官作为控方的特殊地位；二是其职业成就感的驱使。在司法实践中，检察官在发现犯罪嫌疑人后，一旦认为证据达到起诉标准时，便会毫不犹豫地提起公诉。如不对其权力进行限制，势必造成公诉权的滥用。此外，不论哪个国家，司法资源毕竟是有限的，对一些不需要通过普通程序审判便可解决的简单刑事案件，应尽早"过滤"在审判程序之外。预审程序的设置恰恰迎合了上述需要，在防止公诉权的滥用以及节约司法资源方面都有积极的意义。

二、我国构建刑事预审程序的必要性分析

我国刑事诉讼法第 3 条规定，对刑事案件的侦查、拘留、执行逮捕、预审，由公安机关负责。这里规定的"预审"不同于预审程序，它是由公安机关实行的侦查行为，具有一定的行政性，与预审程序的纯司法性有本质的区别。因此，我国并没有真正意义上的"预审程序"。在现阶段，我国正在进行"以审判为中心"的司法改革。根据陈光中教授的观点，"以审判为中心"的内涵有两方面：一是审判在公诉案件刑事诉讼程序中居于中心地位；二是在审判中，庭审成为决定性环节。预审程序作为庭前的审查和准备程序，为审判活动的顺利进行创造条件并提供保障，因此在我国构建庭前预审程序十分必要，具体说来有以下几点：

（一）规范侦查机关侦查行为，保证证据的合法性

证据是法庭审判的主要依据，控辩双方的诉讼活动紧紧围绕着证据的能力和证明力进行。侦查程序作为刑事诉讼中发现犯罪、收集证据的重要环节，对审判活动产生了重要的影响。在此程序中，侦查机关一方面承担着收集犯罪证据的责任；另一方面也会采取一定的措施保证侦查活动的顺利进行。从第一方面来看，我国刑事诉讼法规定，侦查活动由我国公安机关或人民检察院的侦查人员负责进行。并且对上述人员违法收集的证据效力作了相应的规定。该法第 54 条第 1 款规定，采用刑讯逼供等非法方法收集的犯罪嫌疑人、被告人供述和采用暴力、威胁等非法方法收集的证人证言、被害人陈述，应当予以排除。收集物证、书证不符合法定程序，可能影响司法公正的，应当予以补正或作出合理解释，不能补正或作出合理解释的，对该证据应当予以排除。显然，我国在法律上否定了非法证据的效力，并确立了非法证据的排除规则。但在司法实践中，侦查机关违反法律规定收集证据的现象仍然严重。所获得的非法证据，除在审判程序中能得到最终的排除外，在侦查和起诉阶段并未有实质性的救济程序。第二方面则涉及侦查期间的强制措施。"在各法治国家，无论拘留还是逮捕，都是一种强制到案的方法，可以作为收集口供和其他证据的侦查手段来运用。但是，在犯罪嫌疑人被强制到案后，如果需要较长时间予以关押的，必须经过法院批准，变更为羁押措施。"[①] 因此在其他国家，羁押与逮捕或拘留是不同的，这与我国普遍认为的羁押是拘留或逮捕的自然结果是有区别的。我国侦查机关在实施拘留或逮捕等强制措施时，拥有广泛的决定权，这与其他法治国家将决定权赋予法院的规定不符，并且在时间上存在较大的问题。近年来，随着违法羁押和刑讯逼供等现象的层出不穷，限制侦查

---

① 孙长永著：《侦查程序与人权——比较法考察》，中国方正出版社 2000 年版，第 191 页。

机关的权力成为司法活动中所要解决的一大问题。

预审程序的设置，可以起到"以权力限制权力"的作用。在进入审判程序前，先对证据的合法性进行审查，在发现侦查人员以违法手段收集证据时，对所获得的证据应作出衡量，对属于"毒树之果"的证据要及时予以排除，从而阻止审判程序的开始，迫使侦查机关规范自身的侦查活动；同时，对侦查机关收集证据的合法性进行审查，减轻了庭审中法官调查证据的压力，使其能够专注于案件的裁判，作出公正的裁决。此外，在预审中对于不应羁押或者需要变更其他强制措施的犯罪嫌疑人进行审查，就相关措施作出改变，限制并监督侦查机关权力的行使。

（二）限制检察机关的权力，防止公诉权的滥用

我国刑事诉讼法第78条规定："逮捕犯罪嫌疑人、被告人，必须经过人民检察院批准或者人民法院决定，由公安机关执行。"根据该条的规定，我国法院和检察院都有逮捕的批准决定权。然而在实践中，批准逮捕的决定通常由检察院作出，法院只起到补充批捕的作用。然而综观世界各国，对于逮捕的批准或决定权通常由法院或者法官作出。检察机关作为刑事诉讼的控方，代表国家行使追诉权，它与犯罪嫌疑人或被告人的诉讼地位从根本上是对立的。赋予检察机关批准逮捕权，会造成控辩双方地位不平衡，对保障犯罪嫌疑人或被告人的权益保护也极为不利。加之我国检察院实行绩效考核制度，将逮捕率、羁押率、起诉率等作为衡量各个检察院业绩的重要指标。检察院面对"可捕可不捕"的情况，往往作出逮捕的决定；对于"可诉可不诉"的犯罪嫌疑人，通常作出起诉的决定。在案件进入审判程序后，检察院为使被告人最终获刑，又将采取一定的措施给法院施加压力。在此情形下，检察院对法院的审判产生了干扰，其充当了"公诉人"和"准裁判者"的双重身份，这不仅与"以审判为中心"的改革目的相悖，还可能导致冤假错案的出现，有损司法公正。

引入预审程序，将检察院现行批准逮捕的权力交给预审法官，由法官作出中立的裁决，不仅保证了控辩双方诉讼地位的平衡，同时彰显了司法公正。此外，在刑事诉讼活动中，不能排除检察机关为了自身利益滥用公诉权力，由预审法官审查检察院提交的起诉决定及证据材料，一方面可以防止公诉权的滥用；另一方面可以减少司法资源的浪费，避免侵犯犯罪嫌疑人、被告人甚至所有公民权利等现象的发生。

（三）形成以审判为中心，提高司法公信力

在"以审判为中心"的改革方针的指引下，引入预审程序，完全符合其内在精神。首先，我国现行刑事诉讼法中规定，检察院在提起公诉时，将案件材料和证据一并移送人民法院。人民法院在对移送的证据材料进行审查后作出开庭的决定。虽然我国在刑事诉讼中引入了"对抗制"，要求检察院移送的证据材料为主要证据材料，但仍然不能防止法官在审查时"先入为主"，对案件产生"预判"。因此，有必要由独立的法官对证据材料进行审查。其次，预审程序是一个"准审判程序"，犯罪嫌疑人能够就是否应对其提起公诉以及检察机关提交的证据哪些是违法的发表意见，公诉机关针对犯罪嫌疑人的异议进行解释说明，必要时还可以允许侦查机关到场说明，因此这是一个多方参与的程序。在该程序中，预审法官居于中立地位，控辩双方平等地行使权利，其性质相当于"审判"，可以说是对"以审判为中心"原则的贯彻。最后，预审程序是法院开始审判前的准备程序，通过听取双方

的意见以及对证据的合法性进行审查，可以减少审判过程中的阻力，保证庭审的顺利进行。

（四）保障犯罪嫌疑人的人权

预审程序赋予犯罪嫌疑人在审判前就侦查机关的侦查行为和检察机关的公诉行为的合法性进行审查的权利，对犯罪嫌疑人的人权保障具有积极的意义。第一，根据《公民权利和政治权利国际公约》的规定："任何因逮捕或拘禁被剥夺自由的人，有资格向法庭提起诉讼，以便法庭能不拖延地决定拘禁他是否合法以及如果拘禁不合法时命令予以释放。"在犯罪嫌疑人不需要交付普通程序审判时，经过预审法官决定，可将犯罪嫌疑人移送至简易程序迅速审判，从而避免其受诉讼的拖累；对于不需要羁押的犯罪嫌疑人可以及时变更强制措施，保障其人身自由权。第二，在预审程序中，犯罪嫌疑人有权就侦查机关是否刑讯逼供或以违法手段收集证据提出异议，同时要求对非法证据予以排除；对于检察机关是否有必要提起公诉，也有权向预审法官发表自己的意见。因此，预审程序给予犯罪嫌疑人充分的程序参与权，有利于其人权保障。第三，我国刑事诉讼模式与大陆法系的"职权主义模式"较为相似，侦查机关不仅拥有广泛的侦查权，还有国家公权力予以保障。相比之下，犯罪嫌疑人及其辩护律师，在调查、收集证据时明显处于劣势。设置刑事预审程序，使犯罪嫌疑人及其辩护律师在庭审前能够知悉公诉方的主要证据，为辩护活动做充足的准备，在审判活动中切实维护被告人的权利，保障其人权。

三、我国构建形式预审程序的可行性分析

预审程序的实施要有一定的现实条件，如果社会大背景和法律环境不具备这些条件，对该程序的实施则只能是"枳生淮北"。

（一）法律上的潜在认可

我国刑事诉讼法第 182 条第 2 款规定："在开庭以前，审判人员可以召集公诉人、当事人和辩护人、诉讼代理人，对回避、出庭证人名单、非法证据排除等与审判相关的问题，了解情况，听取意见。"该条是对我国法院审判前组织活动作出的规定，是 2012 年修改刑事诉讼法时新增加的内容，司法实践中将其称为"庭前会议"。比较庭前会议和预审程序，发现两者之间存在着许多相似之处。首先，二者举行的时间相同，都是在检察院提起公诉后，法院正式审判前。其次，二者召开的方式相同，都由法官主持，控辩双方在程序中就证据的合法性问题展开辩论。第三，二者的目的相同，都是为了保证审判程序的顺利进行，维护犯罪嫌疑人及被告人的利益。根据以上分析可以推断，在我国设置预审程序是切实可行的，并且一些学者和立法者在此问题上也表现出积极的态度。

（二）司法实践中的经验积累

2012 年刑事诉讼法颁布后，庭前会议逐渐适用于司法活动中。最初由于法条规定得过于笼统，在庭前会议的适用范围、启动主体、会议决定的内容是否具有法律效力以及能否直接排除非法证据等问题上，实践中存在较大的争议。为确保会议在实践中能够顺利召开，许多地方法院会同检察院以及司法行政机关就其适用问题制定了相关实施细则；同时在理

论上，学者们对该制度的研究也在不断深入。经过三年多的经验积累和发展完善，法院对庭前会议的召开和运行有了一定的把握，再引入与此相似的预审程序，也不会显得突兀，使法院"措手不及"。

四、对我国构建刑事预审程序的几点设想

上文中，笔者就什么是预审程序以及为什么在我国构建预审程序进行了分析。下面，笔者就如何在我国构建刑事预审程序提出几点设想。

（一）就地取材：将庭前会议改为预审程序

上文已分析，我国的庭前会议与预审程序存在许多相似之处，因此从统一司法制度的角度来看，无须再增设一个"特别程序"，只需对庭前会议稍做修改便可继续适用。（1）在法院内部增设刑事预审庭，取消立案庭对本院受理的刑事公诉案件进行立案登记的职责。预审程序作为审判前的一个"特殊程序"，其主要职责是决定是否将犯罪嫌疑人移交审判。设置预审程序，则立案庭对刑事公诉案件的立案审查就显得多余，从节约司法资源的角度出发，应将立案庭的相关职责取消。（2）预审庭配备专门的法官，这些法官不参与案件审查后的审判工作。预审法官在预审过程中，对检察院移送的证据材料进行了审查，为防止其"先入为主"，对案件形成"预判"，应不允许其参与对该案件的审判。同时，为了防止预审法官向审判的法官透露案情，应赋予预审法官一定的保密义务，当违反该义务时，要采取一定的处罚措施。

（二）权衡利弊：赋予犯罪嫌疑人广泛的权利

预审程序的产生和发展源于对犯罪嫌疑人权利的保障。因此，从犯罪嫌疑人的根本利益出发，应在预审程序中赋予其广泛的权利。这种权利包括两个方面：一是程序选择权；二是程序参与权。所谓程序选择权，是指当犯罪嫌疑人明确提出放弃预审时，法院应对其决定予以充分的尊重，不能依职权强行启动。程序参与权，则指在预审程序中犯罪嫌疑人不仅可以自行参与程序，其辩护律师也可以参与其中并提供专业的帮助，维护犯罪嫌疑人的权利。

（三）有的放矢：明确预审程序的适用范围

预审程序设置的目的之一是减轻法院的审判压力，节约司法资源。然而，预审程序本身也是对司法资源的消耗。若对进入预审程序的案件不加限制，不仅会导致司法资源的浪费，还可能造成预审程序的滥用。研究设置预审程序的国家，如英国、美国以及法国，进入预审程序的案件多限定为重罪案件，那么在我国哪些案件可以启动预审程序呢？笔者认为，对进入预审程序的案件应限定为"犯罪嫌疑人可能判处三年以上有期徒刑、无期徒刑和死刑"，对于可能单独判处罚金、管制、拘役以及3年以下有期徒刑的犯罪嫌疑人，则没有预审的必要。

（作者单位：郑州大学法学院）

以"恶"制恶的价值权衡及机制控制

——毒品犯罪诱惑侦查程序及效力探微

苏琳伟　吴雅莉

近年来，由于毒品犯罪日益猖獗且隐蔽性不断增强，诱惑侦查在侦办毒品犯罪案件中已成为常见手段，大量的秘密人员作为公安机关了解与掌握犯罪嫌疑人制贩毒品等犯罪情况的中间桥梁，在侦查机关破获毒品案件中发挥着重要作用。一般的抢劫、盗窃等刑事案件，通常有被害人、案发现场、作案工具等公安机关能够收集固定的证据，而毒品犯罪往往是见面交易，交易后毫无痕迹可寻，且毒品是消耗品，一旦被吸食即无物证可言。因此，诱惑侦查成为侦查机关成本低廉的最佳选择，效果也十分明显。然而，诱惑侦查的欺骗性、主动性、隐蔽性，决定了其既能够帮助公安机关及时侦破案件，有效打击犯罪，也可能被滥用而侵犯公民合法权益，破坏司法公正。从某种意义上来说，诱惑侦查正是用"犯罪"打击犯罪，作为一把"双刃剑"，一旦使用不当或被滥用，对司法机关的公信力将形成冲击。现行立法对诱惑侦查的规制较为宽泛和模糊，使侦查机关在实践中具有较大的随意性，缺乏必要的内外部监督，亟须引起立法部门及司法机关的重视。

一、立法对诱惑侦查的态度——以新刑事诉讼法为界

在 2013 年新修订的刑事诉讼法实施前，我国立法并未对诱惑侦查手段予以确认，仅在 2008 年下发的《全国部分法院审理毒品犯罪案件工作座谈会纪要》（以下简称《大连纪要》）中对诱惑侦查行为的法律后果进行了规定，对犯意引诱、数量引诱及双套引诱均规定了从轻或减轻处罚，意即认可了这三种诱惑侦查方式的合法性。新修订的刑事诉讼法颁布后，首次对诱惑侦查予以授权并规制，该法第 151 条第 1 款规定，为了查明案情，在必要的时候，经公安机关负责人决定，可以由有关人员隐匿其身份实施侦查。但是，不得诱使他人犯罪，不得采用可能危害公共安全或者发生重大人身危险的方法。"隐匿身份侦查"包括公安机关侦查人员隐匿身份，当然也包括秘密力量隐匿身份，因此诱惑侦查属于"隐匿身份侦查"应无异议。但书中的"不得诱使他人犯罪"应如何理解，决定了诱惑侦查程序及效力的走向。

（一）立法修改前诱惑侦查存在的实质性问题

新修订的刑事诉讼法实施前，《大连纪要》是司法实践中规范诱惑侦查的基本依据，然而《大连纪要》对犯意引诱、数量引诱及双套引诱的全面认可，将公安机关诱惑侦查的权限扩张到极致，且因缺乏相关的程序性规定予以规范，导致实践中侦查机关主动出击、设计陷阱、侵犯人权的案例时有发生。例如，2001 年的甘肃马进孝系列运输毒品假案，就是

秘密力量与缉毒警察勾结，利用出租车司机等普通群众，制造多起运输毒品假案的典型案例。

从自身监督的角度来看，侦查人员使用秘密力量较为随意，不需要经过严格的审批手续，甚至有些时候是先使用秘密力量，案件破获之后再补充手续；秘密力量的选任没有规范统一的标准，往往是凭侦查人员在长期办案过程中建立的特殊人情关系，导致秘密力量素质参差不齐，在利益驱动下难免有人铤而走险。而侦查机关负责人与侦查人员在目标考核任务的高压下，不免对诱惑侦查手段的过度使用睁一只眼闭一只眼，遑论对诱惑侦查的过程进行适度有效的监督。

从外部监督的角度来看，所有使用诱惑侦查的毒品犯罪案件均得不到有效的外部监督，即便是行使法律监督权的检察机关，对于该类案件的诱惑侦查情况也往往难以掌握。公安机关使用诱惑侦查事前不需要向检察机关报备，事中不需要由检察机关介入或提请批准，事后在移送审查起诉时对案件来源也往往是含糊其辞，甚至隐去秘密力量在破获案件中发挥的作用。因此，检察机关作为法律监督机关，对于诱惑侦查这么一项危险的、极为容易侵犯公民权利的侦查手段开展监督十分被动。

（二）立法修改后是否动了诱惑侦查的"奶酪"

新刑事诉讼法通过授权的方式赋予了诱惑侦查合法性地位，但该法第151条的规定又带来了新的理解适用问题。一旦在实践中，对这一规定的理解或适用出现分歧，立法对诱惑侦查的规范目的就可能落空。

第一，"不得诱使他人犯罪"应如何理解，如果理解为一切诱使他人产生犯罪意图的行为都是禁止的，那么《大连纪要》中所列举的几种诱惑侦查行为是否应全面作出否定评价？这就提出了对诱惑侦查应采用何种标准进行合法性判断的问题。

案例一：甲长期从事零星毒品交易，公安机关在掌握其基本情况后，派出乙向甲询问是否可向其购买大量毒品，并许以正常市场价两倍的高价，甲动心，遂向其上家购买了大量毒品，在与乙交易的过程中被公安机关抓获。

本案例中甲本无贩卖巨额毒品的犯罪意图，公安机关以两倍对价这种极具诱惑力的方式主动诱使甲提高毒品贩卖数量，是典型的数量引诱，在新刑事诉讼法背景下，对于超过甲原生犯罪意图的这部分毒品数额，是否应计入其犯罪数额？

案例二：丙曾经长期从事毒品交易，后被判刑10年，出狱后决定改过自新并重新找了一份工作，但仍和之前的毒友有联系。公安机关派出秘密力量乙和丙联系，许以正常市场价两倍的高价请丙帮忙运输毒品，丙考虑到自己刚出狱经济状况也不好，决定最后做一票之后再金盆洗手，遂帮助乙运输毒品，后在运输途中被公安机关抓获。

案例三：丁是一名出租车司机，向来遵纪守法无前科劣迹，但家庭经济较为困难。侦查机关的秘密力量乙为赚取线索奖励，用正常市场价格两倍的高价引诱丁为其运输毒品，丁犹豫再三后答应，在运输毒品过程中被公安机关抓获。

案例二和案例三具有比较意义。在案例二中，丙属于累犯、惯犯，原本不想再贩卖，后在两倍对价的引诱下，萌生犯罪意图再次贩卖。在案例三中，丁系普通群众，向来遵纪守法没有前科劣迹。两人同样在侦查机关提供高额收益的引诱后犯罪，是否能够采用相同的标准定罪量刑？丁运输毒品案属于假案无疑，而案例一中甲运输毒品案如何处理则存在对诱惑侦查行为合法性判断的难题。甲之前曾经有贩卖毒品的前科，再次帮助运输毒品，即便其辩称是在公安机关的引诱下萌生犯意，但实践中对其主观犯罪意图的判断是较难的，且公安机关在客观上采用了超出一般范围的对价诱惑，对于甲这样的惯犯来说，其诱惑力无疑更为巨大，此时对其定罪量刑是否有违司法公正？合法性判断标准的模糊使犯意引诱、数量引诱能否继续适用《大连纪要》规定陷入了疑惑，是直接判断为不构成犯罪，免除被诱惑人的刑事责任，还是继续根据《大连纪要》规定对其从轻处罚，是需要进一步厘清的问题。

第二，"经公安机关负责人决定"，是指什么层级的负责人？是市级、县级公安机关的负责人，还是科、所、队的负责人？由负责人决定应采用何种审批程序？是由负责人笼统地批准使用诱惑侦查，还是将秘密力量的使用，控制交付过程的设计，诱惑手段的程度、数量、时间等都纳入批准范畴？一系列问题的提出足以说明新修订的刑事诉讼法仅完成了程序启动的初步设计，对诱惑侦查的程序控制还需进一步完善。

第三，新修订的刑事诉讼法仅规定不得诱使他人犯罪，一旦公安机关的取证行为超出了该法所允许的边界，其所获取的证据应如何处理？如果检察机关和法院在审查过程中发现诱惑侦查行为超过了必要限度，其法律后果如何确定？在新修订的刑事诉讼法实施以前，实务界根据《大连纪要》的规定采用了量刑从轻的处理方式；实施之后，一旦确定诱惑侦查行为违法，采取何种方式进行程序性制裁，就需要进一步明确其救济程序设计。

二、明确诱惑侦查的合法性判断标准

考察一项侦查行为是否具有法律效力，其主要的判断标准在于该行为是否符合法定程序，否则司法人员将无所适从，最终使司法实践陷入混乱。要明确标准，首先应厘清诱惑侦查的概念性问题。"诱惑侦查"行为古已有之，并在世界各国的司法实践中得到了广泛运用。在美国，诱惑侦查被称作"警察圈套"，是指警察、司法工作人员或者他们的代理人为了获得对某人提起刑事诉讼的证据而诱使行为人实施某种犯罪的行为。日本学者则认为："诱惑侦查有两种类型，一是机会提供型，即引诱者向已经产生犯罪意图的被引诱者提供实施犯罪的机会；二是诱发犯罪意图型，即诱饵者鼓动被诱饵者，诱发其犯罪意图，促使他实施犯罪。"[1] 日本学界的观点将诱惑侦查划分为机会提供和犯意引诱两种类型，这种两分法一度成为我国学界对诱惑侦查分类的主流观点。然而，仅以行为人主观上是否有犯罪意图作为划分标准，不免有以偏概全之嫌，忽视侦查机关提供超出一般人所能承受的诱惑条件所发挥的关键性作用。

龙宗智教授认为，"诱惑侦查是指警察设置圈套，以实施某种行为有利可图为诱饵，暗示或诱使侦查对象暴露其犯罪意图并实施犯罪行为，待犯罪行为实施时或结果发生后，拘捕被诱惑者。"[2] 笔者认为，此概念涵盖了警察设置圈套、提供诱饵、嫌疑人暴露犯罪意图这几个决定性因素，更符合诱惑侦查的实质。结合上文所列举的案例一不难看出，在数量

---

① 薛培、郑家明：《贩卖毒品案件中的诱惑侦查：默认现实抑或法律规制》，载《中国刑事法杂志》2012年第3期。

② 龙宗智著：《理论反对实践》，法律出版社2003年版，第186页。

引诱的情形下，公安机关主动提供极具诱惑力的犯罪条件，强化了犯罪嫌疑人的主观犯罪意图，使一个本来只是小打小闹，以贩养吸的普通吸毒人员，转变为贩卖巨额毒品的大毒枭，这种刻意制造犯罪的侦查行为就是典型的公权侵犯人权，背离了惩治与预防相结合的刑法基本原则。案例二系典型的犯意引诱，且系引诱无毒品犯罪前科的一般普通民众，此案例不构成犯罪应无异议。案例三中，丙系毒品犯罪的惯犯、累犯，且与毒友长期保持联系，对其采取犯意引诱的方式，如何排除嫌疑人主观上本无犯罪意图？因此，将侦查行为设置圈套的程度、范围、时间等客观要素纳入合法性判断的考察标准，是对侦查机关的必要规制，同时也能克服思想归罪这一违反现代刑法理念的弊端。毕竟，国家只能打击抑制犯罪而不是制造犯罪，这既是国家行为的基本界限，也是任何公民行为的基本界限。[①]

综上，诱惑侦查的合法性判断标准可归结为：（1）不得诱使没有犯罪意图的人产生犯罪意图；（2）不得诱使本身犯罪意图较轻的人实施较重的犯罪；（3）侦查机关所提供的犯罪机会引诱必须不超过一般人所能承受的界限。违反以上标准之一的，即视为诱惑侦查行为违法。当然，非正常犯罪机会应如何理解，很难通过具体的刑法条文予以设置，只能有赖于司法人员的自由心证，但最高人民法院、最高人民检察院完全可以通过发布指导性案例或量化标准等方式为司法人员的实务判断提供指引。

三、完善对诱惑侦查的程序性控制

如上所述，新修订的刑事诉讼法仅以寥寥数语提出对诱惑侦查行为的认可及规制，之后再无司法解释予以进一步阐发，尤其是 2015 年 5 月最高人民法院发布了新的《全国法院毒品犯罪审判工作座谈会纪要》，却无只言片语提及毒品犯罪诱惑侦查的程序性设计，已使该侦查行为陷入"裸奔"的风险。目前我国侦查权配置的总体状况是侦查权的强制色彩过浓，对侦查权行使的自由裁量权缺乏有效束缚，在侦查程序法治化程度不高，侦查机关还保有大量未受有效约束的强制权的情况下，对诱惑侦查应当予以相对严格的控制。[②] 因此，结合我国的司法实践，从加强公安机关的内部审批机制和引入检察机关的外部监督机制入手，是较为稳妥的解决途径。

（一）健全诱惑侦查的内部审批机制

第一，诱惑侦查对象的选择和诱惑侦查措施的使用应由公安机关法制部门作出必要性评估。打击数一直是公安系统内部绩效考核的重要指标，也因此形成了长期以来重打击轻程序的局面。办案目标考核的压力经过层层分解落到科、所、队，任务量的完成情况又与民警个人的职务升迁、经济收益挂钩，因此寄希望于一线侦查人员对诱惑侦查程序的有效控制并不现实。在公安系统内部，法制部门专司案件成案后的审核工作，具有一定的专业性及独立性，由其负责对拟诱惑侦查对象的合法性审查及对诱惑侦查手段必要性的评估是较为适当的。

---

① ［美］阿瑟·林顿、威廉·卡顿著：《1900 年以来的美国史》（下册），中国社会科学出版社 1983 年版，第 232 页。

② 程雷：《诱惑侦查的程序控制》，载《法学研究》2015 年第 1 期。

第二，进一步规范秘密力量的管理和使用。毒品犯罪案件的秘密力量无外乎吸毒者或者有毒品犯罪前科劣迹而被侦查机关发展为线人的人员，这些人员的使用无疑对破获毒品犯罪案件起到了关键性作用，但同时也带来了一些问题。不能忽视的事实是，往往诱惑侦查案件都是由秘密力量左右侦查机关，侦查机关对秘密力量的控制是相对的，由于有些地方侦查机关为了发挥秘密力量的积极性，把秘密力量协助侦破案件的数量与对他们的奖励挂起钩来，使得秘密力量有利可图，从而不能排除秘密力量基于表功减责、获取经济利益或者其他目的而诱使无辜人员犯罪或者陷害他人。① 因此，加强对秘密力量的筛查及培训，建立一套秘密力量的使用制度是尤为必要的。

第三，将审批主体明确为县级以上公安机关负责人。新修订的刑事诉讼法仅规定了诱惑侦查程序的启动需经公安机关负责人决定，其审批主体的级别限制是较为模糊的。诱惑侦查作为一种极具风险性的侦查手段，应规定只有通过了公安机关法制部门的必要性评估，及县级以上公安机关负责人的审批方能使用。

（二）构建检察机关介入诱惑侦查的监督机制

尽管有论者认为，检察机关应在事前介入诱惑侦查，如掌握秘密力量名单，甚至经检察机关批准方能进行诱惑侦查等，但笔者认为事前介入诱惑侦查并非最佳选择。首先，秘密力量的身份存在高度的机密性，一旦秘密力量身份暴露，不仅仅是无法侦破案件，还可能发生危及秘密力量生命财产安全的后果，为了保证其高度机密性，知悉秘密力量情况的应越少越好，特别是在案件侦破之前；其次，公安机关掌握吸贩毒人员可能有贩卖毒品的动向而派出秘密力量往往时间紧迫，如果在事前设置烦琐的审批程序，必然会影响办案效率甚至错失破案良机。因此，笔者认为检察机关对诱惑侦查行为的介入应从案件进入批捕阶段方可进行。当案件经公安机关立案、破案、报捕后，诱惑侦查的机密性就不复存在了，此时由检察机关介入监督不会影响案件侦破。为了避免侦查机关隐瞒诱惑侦查措施的使用，应要求公安机关在报捕时一并提供使用诱惑侦查手段的情况说明，秘密力量基本情况，并由秘密力量对其引诱过程作出证人证言，该份证言不需要作为证据使用，仅为检察机关侦查监督部门备案之用。

四、通过程序性制裁确立违法引诱的法律后果

违法引诱应如何处置，立法上尚显空白，实践中做法不一。新修订的刑事诉讼法仅规定不得诱使他人犯罪，却没有将诱使他人犯罪的法律后果予以明确。倘若继续根据《大连纪要》的规定进行轻刑化处理，显然有悖新修订的刑事诉讼法立法精神，不妨考虑引入程序性制裁措施，对使用了违法引诱的毒品犯罪案件作出无罪化处理。② 程序性制裁是通过对那些违反法律程序的侦查、公诉和审判行为宣告为无效，使其不再产生所预期的法律后果的方式，来惩罚和遏制程序性违法行为的。程序性制裁制度所要惩罚的并不是违反法律程序的警察、检察官和法官个人，而是通过宣告其诉讼行为的违法性，使

---

① 游伟、谢锡美：《论犯罪特情侦查及其制度设计》，载《政治与法律》2001 年第 5 期。
② 在数量引诱的情况下，应对超出犯罪嫌疑人原生犯罪意图的犯罪数额进行无罪化处理。

得那些受到程序性违法之直接影响的证据、公诉、裁判以及其他诉讼行为失去法律效果。① 具体来说，对于违法引诱取得的证据应启动非法证据排除规则予以排除，并通过审查起诉阶段决定不起诉，法院审判阶段宣告无罪，使该违法引诱行为归于无效，从而影响侦查机关今后侦查行为的走向。

（作者单位：中共福建省委政法委；福建省漳州市芗城区人民检察院研究室）

---

① 陈瑞华著：《程序性制裁理论》，中国法制出版社 2005 年版，第 535～536 页。

论我国刑事错案的成因

孙　记

一、问题的由来

近年来，随着多起刑事错案先后被媒体披露，2013 年 6 月公安部率先下达防止冤假错案的通知，8 月 11 日中央政法委专门出台了《关于切实防止冤假错案的指导意见》，并促成了最高人民法院、最高人民检察院"防范冤假错案"意见的出台，中共中央也在十八届三中全会、四中全会报告中对错案的防范与追责等问题作出了进一步的规定。此前时断时续的错案研究至今已成热潮。从法律结果上看，错案包括两方面内容：一是对无辜者错误定罪，也就是通常意义上的"错判"；二是对有罪者不予追究，即通常所说的"错放"。社会各界关注的通常是前者，因为"'错案'这两个字，会使人想到一个无辜者在黑牢里服刑的情景，而实际上他并没有犯罪"，① 司法资源白白浪费，真凶却逍遥法外，被害者的心灵创伤难以平复，司法权威却受到挑战。更为重要的是，在我国强烈的"求真"逻辑下现实中的"错放"问题并不突出，因此本文也针对"错判"问题围绕公诉案件展开探讨。研究错案的最终目的是思考如何防范，前提则在于弄清原因。对此，中外学者进行了充分的论证，并成就斐然。可是，刑事错案是在刑事司法中发生的，而刑事司法又是嵌于特定时空之下的社会发展进程中的，这就决定了错案的形成既有法律内的原因，也有法律外的原因；既有历史原因，也有现实原因。法律内的原因可以通过中西对比研究获得解答，法律外的原因则要到一个国家的传统与现实中去寻找。我国学者对法律内的原因已经作出了很好的阐释，但对法律外原因的思考却不够，因此本文抛砖引玉，由浅入深地展开剖析，将促成当下错案的"本土性"因素揭示出来。

二、错案直接源于不当的办案行为

无辜者被"错判"是因为裁判者对证据和事实的错误把握，但罪魁祸首在于侦查，历史已经证明："错判"之恶果"从来都是结在错误的侦查之病枝上"，② 在"几乎在所有的错判中，警察都扮演着一个决定性的角色"，③ 一旦"核心证据在调查初期遭受污染，后期很难发现和颠覆"。④ 按理说，"检察官乃刑事程序进展中决定性的过滤器。检察官扮演把

---

①　[法] 弗洛里奥著：《错案》，赵淑美、张洪竹译，法律出版社 2013 年版，第 2 页。

②　李心鉴著：《刑事诉讼构造论》，中国政法大学出版社 1992 年版，第 179 页。

③　[加] 罗奇著：《错案问题比较研究》，蒋娜译，中国检察出版社 2015 年版，第 143 页。

④　[美] 加勒特著：《误判：刑事指控错在哪了》，李奋飞译，中国政法大学出版社 2015 年版，第 228~229 页。

关者角色，在诉讼法上之目的，乃透过分权机制，保障终局裁判之正确性和客观性"，[①] 再加上我国的检察机关依宪法定位行使着对刑事诉讼的法律监督权，理应起到对错案的防范作用，但因长期以来的刑事诉讼更偏重于惩罚犯罪而忽视人权保障，奉行"口供中心主义"的办案方式，受制于"侦查中心主义"的诉讼模式，检察机关同时肩负着对所有公诉案件起诉的核心职能，最终导致监督职能让位乃至消解于追诉之中。侦查中为获取"口供"而进行刑讯逼供和变相刑讯往往成为追诉活动的中心，尽管通常伴随着其他侦查取证行为，但更多时候是为了印证口供的真实性，于是以口供为核心的取证行为几乎决定了诉讼的最终结果，虚假供述一旦被侦查机关认可，后续的审查批捕、起诉和审判环节不仅得不到纠正，而且错误行为还可能被后续的诉讼行为所遮掩，虚假供述的采信最终将畅通无阻。对此，樊崇义教授指出："为了不给先前的办案机关带来不利的影响，公、检、法三机关的配合会越来越默契，后一诉讼阶段的办案机关极少否定前一诉讼阶段办案机关的诉讼结论。即使发现问题，多半也以协调等非正规方式处理。"[②] 这样，办案机关的不当行为有必要直接聚焦于失当的侦查行为。

第一，刑讯逼供或者变相刑讯逼供。古今中外，错案的发生大多与刑讯逼供相关。近年来，我国已经发现的错案都或重或轻地存在着刑讯逼供，可以说"大多数冤案都与刑讯有关，过分依赖口供，甚至采用非法方式获取口供，往往是走向错案的必由之路。每一起刑事错案背后，基本上都有刑讯逼供的黑影。可以说，尽管刑讯逼供并非百分之百地导致错判，但几乎百分之百的错案都是刑讯逼供的结果"。[③] 美国"通常在恶性案件尤其是被害人死亡的谋杀案中，在难以找到目击证人，难以收集到其他高采信力的证据的情况下，警方由于破案的巨大压力，往往对被告人进行连续的高强度讯问，甚至诱供、骗供，导致本来清白的被告人经受不了巨大的精神压力而进行了有罪供述"。[④] 在我国司法实践中，为逼取口供，侦查人员除对被追诉人采用肉刑外，往往采用变相肉刑，如催眠，长时间冻、饿、晒、烤、疲劳审讯，有病不给医治等。为防止刑讯逼供发生，现行刑事诉讼法规定了讯问犯罪嫌疑人的同步全程录音录像制度，但是侦查人员并未严格依法进行，实践中"先供后录"、多次讯问中选择性录制的现象层出不穷。随着 2012 年新刑事诉讼法的实施，"两高"解释及防范"冤假错案"意见的出台，刑讯逼供会有所减少，但变相刑讯会依然存在。

第二，获取其他言词证据的不当行为。引发错案的不是孤立的刑讯逼供或者变相刑讯，为了用其他言词证据印证口供，实践中还更多地采用不当行为来获取。首先，针对证人证言，被害人陈述的暴力、威胁等非法方法。如上文所述，暴力多指肉刑或者变相肉刑。威胁是指侦查人员虽未使用暴力，但对证人、被害人进行了心理上的强制，或是要对作证者本人及其亲友实施暴力，或是要对作证者揭露隐私，破坏人格、名誉等。其次，主要是为获取目击证人证言，不当展开辨认，或是侦查人员本人在主持辨认时进行不当暗示，或是辨认中草率了事，或是严重违规操作等。如果说以往暴力性地收集证人证言、被害人陈述因错案防范的加强而在今后变少的话，那么非暴力性的取证行为在追诉犯罪中在一定时期

---

① 林钰雄：《检察官论》，法律出版社 2008 年版，第 12 页。
② 樊崇义等著：《底线：刑事错案防范标准》，中国政法大学出版社 2015 年版，第 20 页。
③ 张丽云主编：《刑事错案与七种证据》，中国法制出版社 2009 年版，第 39 页。
④ 甄贞等编译：《法律能还你清白吗？美国刑事司法实证研究》，法律出版社 2006 年版，（序言二）第 5～6 页。

内仍将一如既往。

第三，围绕物证存在的不当行为。一般认为"侦查是收集和保全证据的关键阶段，如果侦查机关收集证据出现遗漏甚至错误，将会埋下错案的种子"。[①] 这又更多地体现为对实物证据的不当收集，物证则是重中之重。需要明确：物证"本身不会成为形成错案的原因，关键还是对物证内容认识上可能发生误差从而导致错判"。[②] 这又涉及对物证收集、保管、运用存在不当的问题。具体而言：一是物证的收集，该收集的没有收集，或者收集到物证后因无法与口供契合而"主动排除"，该精心收集的而草率收集，形成受到污染的检材进而使侦查陷入僵局；二是保管和运用出了问题，该保管的没有保管，保管后为迎合"口供"而使现场发现的物证忽略不计；三是来自不恰当的运用，该运用的没有运用。不仅如此，围绕物证的鉴定稍有不当也会铸成错案，即"可能出自于对结果具有瑕疵的解释上、对犯罪现场样本的错误操作上，当然也有可能出自于实验室"，[③] 一旦"鉴定错了，裁判就会发生错误，这是肯定无疑的"。[④] 我国今后除了要防止物证收集及对其展开的鉴定中出现错误外，还要防止办案人员、鉴定人员在工作中伪造、隐匿真实的物证等。

三、误导不当办案行为的诉讼观念

兰德曼教授指出："人类的行为是由人们已获得的文化所控制的。"[⑤] 也就是说，"没有哪个人类社会能够脱离具有一定观念、价值观、信仰以及思考方式的人而存在。换一种方式来说，每一个社会都部分地由文化构成，并在其基础上运行，并且都需要文化"。[⑥] 这意味着"作为一个规律，每一个体的行为往往与其各自的传统一致，但这种一致不是天然的，而是由文化决定的"。[⑦] 文化的核心是群体性观念，本文也赞同这一看法，但在此强调的是个体性的办案者所持有的观念，有论者已强调："一个谨慎的人只有当对导致他们的行动的信念非常确信时，才会作出一个对他而言至关重要的行动。"[⑧] 具体到我国错案的形成，是特定的诉讼文化误导着办案者的行为，主要在于"重实体、轻程序"理念和"有罪推定"观念。

其一，"重实体、轻程序"的办案理念。在我国传统社会中，"实体真实居于至高无上的地位，在重实体轻程序观念的笼罩下，程序处于可有可无的境地。在浩如烟海的古代法律中，没有一部完整的程序法，有关程序的内容散见于实体法中。程序只是实体的陪衬"。[⑨] 同样，既有的"程序规范在诉讼和审判中经常不被遵守，诉讼参与人及听讼官违反法定诉讼程序，只要未造成严重后果，往往会免于法律制裁。一些在法律史上被奉为名案的案件在审理判决过程中也常有违反法定程序的地方，而且正是这些违反法定程序的做法才使得

---

① 樊崇义等著：《底线：刑事错案防范标准》，中国政法大学出版社 2015 年版，第 34 页。
② 张丽云主编：《刑事错案与七种证据》，中国法制出版社 2009 年版，第 40 页。
③ ［美］加勒特著：《误判：刑事指控错在哪了》，李奋飞译，中国政法大学出版社 2015 年版，第 238 页。
④ ［法］弗洛里奥著：《错案》，赵淑美、张洪竹译，法律出版社 2013 年版，第 137 页。
⑤ ［德］兰德曼著：《哲学人类学》，阎嘉译，贵州人民出版社 2006 年版，第 215 页。
⑥ ［英］英格利斯著：《文化与日常生活》，周书亚译，中央编译出版社 2010 年版，第 6 页。
⑦ ［德］兰德曼著：《哲学人类学》，阎嘉译，贵州人民出版社 2006 年版，第 191 页。
⑧ ［美］拉里·劳丹著：《错案的哲学：刑事诉讼认识论》，李昌盛译，北京大学出版社 2015 年版，第 39 页。
⑨ 胡旭晟主编：《狱与讼：中国传统诉讼文化研究》，中国人民大学出版社 2012 年版，第 392 页。

该案成为名案，并且赢得了时人的普遍赞扬。而一些大权在握的皇帝，对下级官员及普通诉讼参与人违反法定程序的行为加以宽恕的做法，也常常被赞誉为仁德之举"。① 当下的很多司法人员也认为："诉讼公正只体现在或者主要体现在诉讼的终极决定或判决是否使当事人获得其行为应得到的结果，只要这一目标实现，程序只不过是个形式而已，公正与否并不重要，不仅如此，如果严守程序形式上的正义而对实体问题的正确处理有负面影响时，这种形式公正甚而是有害的，完全不必恪守。"② 实践中常常是侦查阶段既有的程序规定被规避，甚至是刚性规定被轻易违反，刑讯逼供或变相刑讯虽禁而不止，但即便后续的检察人员知道侦查人员存在着程序违法甚至是刑讯逼供或变相刑讯，也基于实体不出大差错的侥幸心理而听而不闻，敷衍了事，最终铸成错案。因此说我国"几乎所有的刑事错案都与执法人员主观上重实体轻程序的法治观念有着密切的联系"。③

其二，"有罪推定"的办案观念。一般来说，"有罪推定是中华民族传统法心理的一个重要方面，反映了司法活动中司法人员和普通民众的一个基本心理基础：'没有罪怎么会把你抓到这儿来？''好铁不打钉，好人不当兵'，好人不上公堂，上了公堂就不是好人，于是，'不打不招'成了一条定则，因为不是好人的人都是'贱骨头'，即使'查无实证'，也由于'事出有因'，免不了皮肉之苦"。④ 现代社会赤裸裸的有罪推定观念已不再被坚持，但契合这一观念的职业偏见仍旧习以为常。刑事"警察会把自己看作是专职调查和打击犯罪的正义化身。这会导致他们'视野狭窄'或形成确认性偏见。一旦人们形成一个信念，他们就会倾向于坚持并为之寻找证据，来佐证他们的先入之见。当警察预感到某个嫌疑人有罪时，他们往往倾向于忽视任何可能证明嫌疑人无罪的证据"。⑤ 特别是在有伤风化的案件中，一旦有年幼的被害人信誓旦旦地作出指认，"被告强调自己无可非议的过去是徒劳的"，办案人员"会想到，最正派的人在这种事情上也会有一时的疏忽。如果是年轻的男人，人们会认为他性欲旺盛；如果年纪大些的男人，人们就要说他是老色鬼。如果他是个色情狂，人们一定会说他因为放荡而去找那些未成年的女孩子。相反，如果那个男人本来是寡欲的，人们又会认为他对性欲的抑制是他犯罪的根源"。⑥ 审判中，"法官和陪审团成员在内心中存有这样的信念：不能容许罪犯逃脱法网！于是，当他们认为嫌疑犯可能背负重罪时，那些本来因存在疑问而有利于嫌疑人的材料就被忽视不见了。刑事审判中发生的每一宗错案都证明做出判决的人没有执行好这个神圣的原则——疑罪从无"。⑦ 在我国当下，因为传统的有罪推定观念不仅未受彻底清算，甚至得到各方默认乃至支持，职业偏见也未得到很好的认识，所以办案者的有罪推定观念依然根深蒂固，近年来一系列被发现的错案大多便是办案人员在有罪推定观念支配下所采取不当行为的必然结果。

---

① 郭成伟主编：《中华法系精神》，中国政法大学出版社 2001 年版，第 214 页。
② 孙洪坤著：《程序与法治》，中国检察出版社 2008 年版，第 28 页。
③ 张丽云主编：《刑事错案与七种证据》，中国法制出版社 2009 年版，第 306 页。
④ 胡旭晟主编：《狱与讼：中国传统诉讼文化研究》，中国人民大学出版社 2012 年版，第 103 页。
⑤ ［美］加勒特著：《误判：刑事指控错在哪了》，李奋飞译，中国政法大学出版社 2015 年版，第 224 页。
⑥ ［法］弗洛里奥著：《错案》，赵淑美、张洪竹译，法律出版社 2013 年版，第 10 页。
⑦ ［法］弗洛里奥著：《错案》，赵淑美、张洪竹译，法律出版社 2013 年版，第 3 页。

四、深藏在不当办案背后的本土性因素

因为"人类的存在决不会重新开始；相反地，它总是发现它本身被'投入'到它不寻求的一种历史形势中。我们全都是我们在其中成长和存在的共同群体的传统塑造成的，我们是由自己的过去塑造的。我们是这种'遗产'的承担者，这种遗产也为我们的未来规定了路线"，① 所以"一个人，除非他是按照某种文化的形式培养出来的，并按照这种形式生活的，否则他根本不可能充分参与这种文化"。② 对个体来说："不仅是平常的个体，甚至是最伟大的天才，比起文化对他的创造来说，也是渺小得多的文化的创造者。与被归功于文化的巨大的预先决定相比，人决定事物的能力非常有限。由于他把自己放在先前创造的基础之上，并运用这些创造，因而他自己所创造的东西，似乎是微不足道的。"③ 这表明，具体的办案者之所以有不当行为及观念，最终是由我国特定的社会、历史因素决定的，如果说办案者的不当行为及观念是导致错案形成的浅层原因，那么后一因素便是错案形成的深层原因。这在一定程度上已为域外学者所认识，即"每个国家都有形成刑事错案的特殊原因问题，而且这些问题与该国自身的历史、社会以及法律制度有关"。④ 就我国而言，它最终根源于对人的理解。传统文化中，对"人"的典型理解就是"仁者，人也"。"仁"是"人"字旁一个"二"字，是说"只有在'二人'的对应关系中，才能对任何一方下定义。在传统中国，这类'二人'的对应关系包括：君臣、父子、夫妇、兄弟、朋友"，⑤ 并受"三纲五常"的道德伦理调整，这样的人是理想中的"君子"，与之相对的便是"小人"，由于"君子"一般人难以企及，便屈尊与"仕"发生勾连，"小人"顺理成章对应为"刁民"。到了现代，这个对"人"的定义"就扩充为社群与集体关系，但在'深层结构'意义上则基本未变"，⑥ 并与阶级斗争哲学相契合，理所当然，"仕"为"无产阶级领导者"所取代，"刁民"为"资产阶级敌人"所取代，尽管今天这种对应的两分已经有所淡化，但其潜在影响仍然存在。这样的文化预设凭借刑事诉讼的时空场域，在牵制着前述办案者所作所为、所思所想的同时，还主要在如下方面进一步在诉讼乃至法律领域外推动着错案的产生。

其一，刑事司法运行缺乏应有的专门化。法律系统是政治系统的一部分，前者不可避免地要打上后者的烙印，并且暗合着对"人"定义的文化逻辑。自汉武帝"罢黜百家，独尊儒术"起，"从中央到地方直至基层的官僚机构，主要由信奉儒家意识形态的知识分子组成（个别历史时期除外）"，⑦ 唐代将隋代开始的科举考试发扬光大便延续至清，便出现了以儒学为主要内容的科举制度。于是，"熟读诗书之文士，进而为庙堂里的

---

① ［德］兰德曼著：《哲学人类学》，阎嘉译，贵州人民出版社 2006 年版，第 199 页。
② ［美］本尼迪克特著：《文化模式》，王炜等译，社会科学文献出版社 2009 年版，第 25 页。
③ ［德］兰德曼著：《哲学人类学》，阎嘉译，贵州人民出版社 2006 年版，第 217 页。
④ ［加］罗奇著：《错案问题比较研究》，蒋娜译，中国检察出版社 2015 年版，第 268 页。
⑤ ［美］孙隆基著：《中国文化的深层结构》，广西师范大学出版社 2004 年版，第 13 页。
⑥ ［美］孙隆基著：《中国文化的深层结构》，广西师范大学出版社 2004 年版，第 13 页。
⑦ 金观涛、刘青峰著：《兴盛与危机：论中国社会超稳定结构》，法律出版社 2010 年版，第 35 页。

执政，退而为乡宦士绅，各有名额，分配于府州县"。① 契合于这种弹性的人才使用，"古代中国执行法律的人不是训练有素的法官，中国的制度设置中也没有正式的法院，而是具有人文修养的行政官员和行政官府。因而也就没有把法律活动与国家的日常行政管理区别开来，也就是说法律活动没有专门化"。② 新中国成立后，虽然（长时期来看）我国不缺乏公检法的完整建制，但因为权力在政治体制中的定义模糊，职业分工传统的缺失，导致"领导的游击作风与军事、政治和经济的功能结合在一起。……由于党的领导作风是实用和非专业化，他不采取把问题分散到专家和职业人员手中的组织形式。不仅党和中央在觉得合适的任何时候都无拘束地进行干预，而且那些有权的人也不觉得自己要受所分配的现行角色的限制。……而且，组织作用的重要性看起来常常是由居于这个职位上的个人重要性来衡量的。游击作风还鼓励往往是超越或中断组织规程的群众动员运动"。③ 这不仅阻碍着刑事司法领域的专业化，使诉讼活动会受到各种势力干预，甚至出现大规模"运动式"的三次"严打"，再加上对被追诉人定位的敌对化，共同形成合力从案外助推着办案者不当办案，导致系列错案。正是由于整个社会淡化专业化，程序外各种权力边界的虚无化，"运动式"的刑事司法也助长一种绩效考核上的"大跃进"，它的"哲学坚持认为速度可以与效率相结合，量可以与质相结合"，④ 各种批捕率、起诉率、有罪判决率、二审维持原判率等考核指标最终导致刑事司法中的办案者为了追求个人私利而不惜牺牲司法公正，最终酿成错案。

其二，刑事追诉中无法预期的失控化。罗科信教授指出："刑事诉讼无法像一束箭，可直中目标；相反地，它需要时间，以及相反性的目的加以深思熟虑的权衡，并且其自始即赋予了辩论性的架构，使得不同的观点及各项可能的状况均能被顾及。"⑤ 这表明理性的刑事诉讼程序一旦启动，一个由诉讼各方参与的诉讼场域便自动形成。虽然刑事诉讼展开内在地要求对抗性、辩论性、公开性等，但它是办案者、被追诉者、诉讼的参与者发挥作用的封闭性场域，形成了"隔音空间"，随着各方诉讼行为的充分展开，程序会渐次推进，并且具有"锁定"功能，对各诉讼参与者有约束作用。但是我国刑事司法从古至今，基于上述刑事诉讼运行的非专门化、熟人社会中人情因素等渗入等使程序在展开中始终存在失控的倾向。诸多错案因牵涉面广、涉及各方官府多而影响深远，如清代杨乃武与小白菜案因牵动整个朝野以致最后需"老佛爷"痛下决心来拍板定音，当下也有错案几经周折由高层关注而尘埃落定者。仅就当下而言，刑事公诉案件立案之后的所有程序始终有一种无形的力量，在暗中推动着程序走向失控，它既可以由"内部的请示审判"、"同级不同机关间的沟通协调"、"上下级机关之间的请示"等造成，也可以由涉案者背后的民怨沸腾所促成，或为对被追诉人敌对化倾向潜移默化的情感宣泄所助长，还可以是新闻媒体的煽风点火所铸成，更可以是大权在握的大人物的不当批示所酿成。

---

① 黄仁宇著：《关系千万重》，生活·读书·新知三联书店 2001 年版，第 20 页。
② 孙笑侠著：《程序的法理》，商务印书馆 2005 年版，第 8 页。
③ ［美］詹姆斯·R. 汤森、布兰特利·沃马克著：《中国政治》，顾速、董方译，江苏人民出版社 2003 年版，第 64~65 页。
④ ［美］詹姆斯·R. 汤森、布兰特利·沃马克著：《中国政治》，顾速、董方译，江苏人民出版社 2003 年版，第 82 页。
⑤ ［德］罗科信著：《刑事诉讼法》，吴丽琪译，法律出版社 2003 年版，第 6 页。

总之，程序一旦启动，便不是最初的具体办案者本身根据各方理性的诉讼行为所能控制的。程序一旦失控，其所具有的理性交涉、强制约束功能便消失殆尽，忙中出错、乱中出错便随之而来。

（作者单位：黑龙江大学法学院）

完善司法责任制剖析

王敏远

2015 年 9 月 21 号，最高人民法院公布了《关于完善人民法院司法责任制的若干意见》（以下简称《意见》）。该意见的出台，被视为是我国人民法院司法责任制走向完善的重要标志。《意见》出台之后，落实就是关键。在此，我们试以落实司法责任制为基点，剖析《意见》中的相关内容，以期有助于加深对《意见》的认识，使司法责任制切实得以全面落实，积极促进司法公正。

《意见》分六个部分共有 48 条，从内容来看，包括"目标原则"、"改革审判权力运行机制"、"明确司法人员职责和权限"、"审判责任的认定和追究"、"加强法官的履职保障"等诸多方面，构成了比较完整的人民法院司法责任制体系。对《意见》的认识，首先需要将其作为一个整体，全面、系统地认识各项内容，当然这并不排除从某个特定的角度分析《意见》。笔者认为，应当从注重落实司法责任制这个角度进行剖析，深入认识《意见》对完善司法责任制的意义及其中的重要内容，以有助于破解司法责任制中的难点问题。

本文将以对司法责任制的含义的分析为基础，探讨司法责任制及其完善的意义，分析落实司法责任制的难点问题。

一、司法责任制的含义

正确认识司法责任制的含义，是理解司法责任制的意义、落实《意见》的基础。正确认识司法责任制的含义，需要以对司法责任制的基本内容的分析为前提。司法责任制主体部分包括三个方面的内容，一是清晰界定司法人员的权责内容和边界；二是设置符合司法规律的责任追究制度；三是对法官依法履职的切实有效保障。就此而言，《意见》对这三个方面都作出了相应的规定。

（一）司法人员的职责和权限

明确司法人员的职责和权限是司法责任制的基础内容。虽然司法责任制很容易被该项制度中最醒目的"追究责任"的内容所遮蔽，但是应该看到清晰界定司法人员的权责及其边界，才是司法责任制的基础性内容。很明显，如果没有对司法人员权责的内容和边界的清晰界定，所谓"司法责任制"就是空的，对法官依法履职的保障也就失去了根据，"追究责任"也失去了基础，成了无本之木。况且，更重要的是，确立司法责任制的目的，主要也不应是对司法人员"追究责任"，而是为了使其更好地履行审判职责。因此，对《意见》的第三部分"明确司法人员职责和权限"，作为司法责任制的基础性内容，作为促使其依法履行法定职责的前提，应当予以高度重视。

司法人员的职责和权限是个含义广泛的概念，讨论时易于分散议题，因此为使讨论范围有所确定，对"司法人员的职责和权限"的含义需要作相应的界定。笔者认为，基于完善司法责任制的宗旨是"让审理者裁判、由裁判者负责"，因此应当将此界定为审判法官的职责和权限，即审和判的权限。法官的审判职责和权限，按照人民法院组织法、法官法及刑事诉讼法、民事诉讼法和行政诉讼法的相关规定，已经有比较完备的设置。鉴于此，从某种意义上可以说，《意见》的第三部分关于审判法官的职责和权限的规定，大多是对已有的关于法官的审和判的权限的法律规定之肯定。但这样的肯定是必要的，因为这是完善的司法责任制的基础内容。而从这一肯定中，我们还可以看到所谓完善的司法责任制，从最基本的意义上来说，实际是要回归司法的本意，并不是要在司法的本意之外，对法官职责的规定再另起炉灶。

当然，《意见》关于审判委员会职能的规定及法院的院长、庭长职责的规定，对进一步清晰界定法官的审判职责有新的意义。对此，后文将予以分析。

（二）设置符合司法规律的责任追究制

设置符合司法规律的责任追究制度是司法责任制的重要内容。缺乏有效制约的权力必将导致权力的任性。因此，在确定了司法人员职责和权限之后，为了使司法人员能够公正独立地行使审判权，预防其在履行审判职责时任性，受到有效制约，就需要设置合理的责任追究制度。

关于责任追究制，从不同的层面可以进行不同的解读。当司法改革方案中提出法官应当对其所办的案件质量终身负责时，人们通常易于将"终身负责"的可能性作为问题的焦点。对此，正如人们普遍认识到的，法律责任通常都是有时效的，难以"终身负责"。然而，如果在另一个层面，中央提出的案件质量终身负责的要求，是有积极意义的。因为这个要求意味着审判事关公民和法人等不同主体的权益，涉及其人身自由、财产甚至生命，需要法官对审判职责心存敬畏，绝不能懈怠。就此而言，办案质量终身负责的要求并不过分。当然，对法官职业伦理意义上的要求和对法官责任追究制度的设置不能混淆。我们在此所要讨论的是责任追究制度。就此而言，"法官应当对其履行审判职责的行为承担责任，在职责范围内对办案质量终身负责"，这是《意见》第25条的明确规定，这一规定所确定的是制度意义上的责任追究。

设置合理的责任追究制度不仅需要划定符合司法规律性要求的审判责任范围，而且应设置一整套合理的责任追究程序。《意见》的第四部分对审判责任范围以及应当依纪依法追究相关人员的违法审判责任的七种具体情况作了明确且详尽的规定。需要特别引起注意的是，《意见》对不得作为错案进行责任追究的八种情况也作了详细规定。

这些规定的内容很多，涉及的范围很广。但从依法应当承担违法审判责任的规定情况来看，应当依纪依法追究相关人员的违法审判责任的，主要有两大类：一是法官因故意违反法定职责应当承担违法审判责任的；二是法官因重大过失导致裁判结果错误并造成严重后果的。如此规定是符合司法规律要求的。以往对司法责任追究制度的关注点，主要集中在错案的结果上。然而，从司法规律来看，错案发生的原因复杂且多元。有的错案因为受主观认识能力和水平的限制所致，有的错案则是由于客观原因、条件所致，当然也有的错案是因法官故意违法办案或有重大过失所致。如果对所有错案都要追究审判法官的责任，那将导致法官虽然没有过错但也不敢判案的结果。因此，发现错案后应当纠正与有错案需要追究责任是两回事。《意见》对此作了符合司法规律要求的区别不同情况的分类规定。

需要强调的是，司法责任制的宗旨不是追究责任，而是为了保障法官能够依法独立公正地行使审判权，追究违法审判责任只是防止审判"任性"的保障措施之一而已——虽然这是最强有力的、最严厉的措施，但是因为是最严厉的保障措施，因而只是最后的保障措施。认识到这一点，我们就需要在这"最严厉的"措施之外，建立完善的具有常规意义的防止审判"任性"的保障制度。

（三）强化对法官依法履职的保障

切实有效地保障法官依法履职是司法责任制的关键。《意见》第五部分"加强法官的履职保障"以及其他一系列保障性的规定十分重要，是司法责任制的关键部分。应当看到，明确司法人员的职责和权限，确定追究司法人员的责任，《意见》并不完全是新的规定。1995 年制定（2001 年修改）的法官法第二章法官的"职责"、第三章法官的"义务和权利"以及第十一章"惩戒"，早已规定了司法责任制这两方面的诸多内容。引人注目的是，早在 1998 年，最高人民法院就颁布过《人民法院审判人员违法审判责任追究办法（试行）》。可见，《意见》是在原有的司法责任制的基础上的完善。而需要完善的原因，既有以前对司法人员职责和权限的规定存在不够明确的问题，也有以往对追究司法人员责任的规则需要进一步细化，更主要的是以往的司法责任制缺乏配套的制度，尤其是保障方面存在问题。笔者认为，正是以往的司法责任制缺乏必要的保障性规定，使其难以真正发挥作用。显然，缺乏对司法人员依法独立公正地行使审判权的切实、有效、充分的保障，将使司法责任制所要求的法官承担的职责及对其的追责，变成其不可承受之重。因此，从某种意义上可以说，正是对法官依法履职的保障程度，决定了司法责任制的完善程度。

需要明确的是，法官依法履职所需的保障应当是全方位的。《意见》第五部分"加强法官的履职保障"只是对法官依法履职予以切实有效保障的部分内容。此外，既有诉讼程序设置方面的保障，如审判权行使中的"去行政化"的种种保障措施，也有司法体制意义上的保障，如对法院的院长和庭长职权的限制以保障法官依法独立行使审判权；既有物质方面的保障，如提高司法人员薪酬，也有维护司法权威所需要的保障；等等。这些保障，有的内容在《意见》的其他部分有规定，有的内容则由其他相关法律以及司法改革的其他方案所规定。

由此可见，我们对司法责任制含义的认识，需要对构成司法责任制的各个部分的内容有准确的把握，应当从系统的高度看到这项制度不同方面之间的联系，还需要将其置于历史的发展过程中来认识，并需要将司法责任制的完善置于司法改革的背景中来认识。

二、司法责任制的意义

认识司法责任制的意义，是认识《意见》对完善司法责任制的意义，贯彻落实《意见》的基础。关于人民法院司法责任制的意义的认识，可以从不同的角度展开。从制定《意见》的宗旨来看，概括而言，就是"为贯彻中央关于深化司法体制改革的总体部署，优化审判资源配置，明确审判组织权限，完善人民法院的司法责任制，建立健全符合司法规律的审判权力运行机制，增强法官审理案件的亲历性，确保法官依法独立公正履行审判职责"。要看到完善人民法院司法责任制的意义，内容要比制定《意见》的宗旨更加丰富。我们认为，司法责任制的意义由确立这项制度的目标所决定，由司法责任制的实现条件所限定，并由实践所确定。

人民法院司法责任制的基本目标就是"让审理者裁判、由裁判者负责"，保障人民法院依法独立公正地行使审判权，实现司法的公平正义。而这个基本目标，将由完整的司法责任制来体现。因此，虽然司法责任制的各个不同部分承载着实现司法责任制的不同功能，但这个基本目标是一致的。如果说完善人民法院的司法责任制主要是因为原有的司法责任制存在着不能适应司法改革需要的问题，那么笔者认为问题主要集中在两个方面，一是法官审判权责不清；二是依法独立公正审判的保障不力。

在传统的司法体制中，法官审判权责不清主要由审委会讨论决定案件制度及院长、庭长审批案件制度等所造成。院长、庭长审批案件使审判的责任不明，而责任不明导致难以让谁负责；审委会讨论决定案件制度使责任分散，而责任分散就会导致无人负责。在这样的体制中，司法责任制的基础显然存在问题，并使"让审理者裁判、由裁判者负责"常常处于悬空的状态。另外，法官依法独立公正审判的保障不力，则使司法责任制的实现受到了限制。因此，所谓完善人民法院司法责任制的意义，就是由其对解决这两个方面的问题的程度所决定的。

就此而言，《意见》对解决司法责任制的这两个方面的问题作出了努力。具体而言，《意见》不论是从司法体制的角度对司法责任制所做的改革，还是从具体技术的层面对司法责任制所做的改革，对实现完善司法责任制，都具有不同的价值。例如，《意见》不仅明确限制了院长、庭长审批案件的权力，而且对审判委员会制度进行了重大改革，重新定位了审判委员会职能，强化了审判委员会总结审判经验、讨论决定审判工作重大事项的宏观指导职能，明确了审判委员会主要讨论涉及国家外交、安全和社会稳定的重大复杂案件，以及重大、疑难、复杂案件的法律适用问题等。这项改革对于推动"让审理者裁判、由裁判者负责"，对于加强法官的审判职能，明晰法官的职权，具有重要意义。

又如，《意见》对裁判文书的签署作出了新的规定，即独任法官审理案件形成的裁判文书由独任法官直接签署；合议庭审理案件形成的裁判文书由承办法官、合议庭其他成员、审判长依次签署；审判长作为承办法官的，由审判长最后签署。审判组织的法官依次签署完毕后，裁判文书即可印发。除审判委员会讨论决定的案件以外，院长、副院长、庭长对其未直接参加审理案件的裁判文书不再进行审核签发。这项看着只是裁判文书签署的"技术性"改革，却对审判权运行"去行政化"发挥着重要作用。

正确认识司法责任制的意义，理解《意见》对完善司法责任制的价值，除了基于对司法责任制含义的认识，从正面对其价值进行解读之外，还需要澄清对司法责任制的一些易于产生的模糊认识。例如，将司法责任制等同于"违法审判责任追究"的认识，以及更严重的将"违法审判责任追究"等同于"错案责任追究"的错误认识。"违法审判责任"不同于所谓的"错案责任追究"，这在《意见》的第四部分"审判责任的认定和追究"，通过对应当追究违法审判责任的七种具体情况和不得作为错案进行责任追究的八种情况的规定，已经作了明确界分。需要重视的是，司法责任制与"违法审判责任追究"关系，应当正确认识。虽然"违法审判责任追究"是司法责任制重要且不可或缺的内容，但对"违法审判责任追究"的功能应有准确的定位，否则将会导致制度运行的异化，不仅背离设立这项制度的初衷，而且不能得到预期的效果。

"违法审判责任追究"对于预防和解决司法责任制中法官审判的任意性，保障审判权的公正行使，具有不可或缺的重要作用。然而，我们不仅应当认识到"违法审判责任追究"是需要基础条件的，而且应当看到其对审判权公正行使的保障作用也是有局限性的。显然，《意见》所规定的应当追究违法审判责任的七种具体情况，只是需要追责的严重的违法审判的行为，不可能囊括审判权行使不公正的所有情况。因此，对法官那些虽然没有达到需要"追责"程度但对公正审判有影响的行为，就难以对其适用"违法审判责任追究"。

由此可见，若要有效地预防和处理轻重程度不同的所有的审判权不公正行使的情况，不仅需要严格落实《意见》所规定的"违法审判责任追究"，而且应当进一步作出努力，设置相关配套制度，以使其权力的行使不至于"任性"。例如，当事人及其律师对审判中出现的不公正现象的有效救济及权利保障制度等。就防止和解决审判权可能出现的"任性"来说，《意见》主要着眼于法院内部的监督和管理，这是可以理解的，因为其难以对来自"外部"的监督予以更多的关注。然而，也应当看到，来自外部的监督，尤其是来自权益关涉者（当事人及其律师等）的监督，其对发现和纠正审判权行使中"任性"的价值，重要且不可替代。正是在这个意义上，我们在充分肯定《意见》对完善司法责任制的意义的同时，还应继续从不同的方面研究进一步完善相关配套制度的问题，以使司法责任制能充分发挥其对司法公正的保障和促进作用。

三、落实司法责任制的难点问题分析

《意见》对完善司法责任制的价值，由其在实践中的贯彻落实所决定，而其贯彻落实的效果是以司法责任制的全面实现为基础的。如果只是制度中的部分内容得到落实，其效果将十分可疑，因为司法责任制的各个部分是相互关联的。因此，为了全面贯彻落实《意见》所确定的司法责任制，我们需要对其中的难点问题展开研究，以避免出现落实司法责任制的时候，回避难点、绕开问题，防止落实司法责任制过程中的"打折扣"。《意见》所确定的司法责任制在许多方面具有创新性，因此不论是基于主观认识的分歧，还是由于难以预料的客观情况，司法责任制在落实中遇到一些难点问题都将是不可避免的。在此，我们选取审判委员会改革在实践中可能遇到的难点问题进行分析，以期有助于妥善解决这些问题。

审判委员会功能的调整是《意见》的重要内容之一。不论审判委员会曾经发挥过怎样的积极作用，但由于审判委员会讨论案件并决定裁判，使审理与裁判分离，并导致裁判责任的分散，因而影响了"让审理者裁判、由裁判者负责"的实现，所以该制度长期以来频频受到质疑。这次《意见》对审判委员会功能的调整主要体现在两个方面，一是缩小其讨论决定的案件范围及内容，即"审判委员会只讨论涉及国家外交、安全和社会稳定的重大复杂案件，以及重大、疑难、复杂案件的法律适用问题"。二是转移其工作的重心，即"强化审判委员会总结审判经验、讨论决定审判工作重大事项的宏观指导职能"。这项改革在实践中遇到的问题可能会集中在以下两个方面：

一方面，《意见》所要求的缩小审判委员会讨论决定的案件范围及内容，在实践中是否会打折，这很可能是个问题。虽然"涉及国家外交、安全和社会稳定的重大复杂案件"数量很少，但"重大、疑难、复杂案件"却"常有"。从以往的情况来看，普通案件被作为

"重大、疑难、复杂案件"并不鲜见。问题还在于，按照《意见》的要求，审判委员会对"重大、疑难、复杂案件"只是讨论有关法律适用的问题，但由于事实和证据问题往往与法律适用问题交织，在许多情况下难以界分，因此只要愿意，审判委员会讨论"重大、疑难、复杂案件的法律适用问题"时，就很容易演化成与以往没有根本改变的情况，即讨论并不仅限于法律适用问题。果若如此，这项改革的效果必将受到制约。

另一方面，审判委员会讨论决定案件，是否应当以参与法庭审理为前提，是个令人费解的问题。如果审判委员会成员未参与法庭审理，那么其讨论决定案件的裁判，就仍然是审者不判、判者不审，所谓"让审理者裁判、由裁判者负责"就难以实现。而如果其参与法庭审理，那么是否作为合议庭成员参与，就是个问题。显然，法院的审判委员会成员众多，即使想作为合议庭成员参与法庭审理，也难以全部实现。如果不作为合议庭成员参与法庭审理，审判委员会讨论决定案件的裁判，就不可能是完整意义上的"让审理者裁判、由裁判者负责"。

当然，最大的难点是法官依法独立公正地行使审判权的保障能否落实的问题，这个问题之所以成为难题，主要是因为法院及法官自身难以解决。落实司法责任制的这些疑难问题正是改革尚在过程中的特有问题，希望这样的问题都能得到妥善的解决并以此推动司法改革，促进司法公正。

（作者单位：中国社会科学院法学研究所）

谁审谁判：案件审批制度的改革路径

吴高庆　董　琪

长期以来，我国法院的审判活动或多或少地带有"行政化"的色彩，尤其是案件审批制度带来的审判权与审判管理权冲突、审判责任不清等问题，严重弱化了庭审的功能，损害了审判的独立和公正。因此，去除审判活动行政化、确保依法独立行使审判权成为新一轮司法改革的重要内容。党的十八届三中全会提出要"完善主审法官、合议庭办案责任制"；十八届四中全会提出要"完善主审法官、合议庭、主任检察官、主办侦查员办案责任制，落实谁办案谁负责"。案件审批制度作为法院审判活动行政化的主要标志，在新一轮司法改革中必将走向终结。在取消案件审批制度后，如何厘清审判权与审判管理权的关系，重构符合司法规律的裁判文书签发制度就成为亟须解决的问题。

一、透析：案件审批制度长期存在的原因

为了克服司法行政化的问题，我国对法院的审判管理模式进行了数次变革①，但是案件审批制度作为一种内审程序固存至今，无法彻底消除，究其原因，主要有以下三个方面：

（一）案件审批制度与法院内部层级结构相适应

我国最初的法院管理模式是参照苏联的法院管理模式而构建的，现今虽然经过多次司法改革有了很大变化，但是法院内部由于长期受到行政化管理模式的影响仍呈现出纵横交错的层级结构。

一是审判组织的层级化。我国法院历来存在着"审判委员会—合议庭（独任庭）"层次之分的审判组织层级结构。根据人民法院组织法以及三大诉讼法的相关规定，审判委员会的性质定位是法院内部最高的审判组织，合议庭或独任法官必须服从审判委员会的决定。而且，我国各级法院的审判委员会多是由院长、副院长、业务庭庭长等行政领导组成，从这个意义上而言，审判委员会又是法院内最高的行政组织。此外，审判组织运行的层级化特征还表现为"法院根据法官能力的大小，任职时间的长短，将法官划分为审判长、审判员、助理审判员等职，以适用审判组织运行需要"②。

---

① 笔者将我国法院审判管理模式的发展归纳为三个阶段：第一个阶段是行政层级制模式（2000年以前），在这种模式下审判权运行高度行政化，几乎所有裁判文书都必须通过庭长、院长的审批、签发才能公布，并且庭长、院长能够对实体裁判内容进行直接变更；第二阶段是"一五"改革后建立的审判长选任制模式（2000~2012年），这一期间庭长、院长将审判权部分下放于合议庭的审判长，而且庭长、院长如果不同意法官的裁判意见，不能直接修改裁判文书，只能要求合议庭进行复议或参加复议并予以指导；第三阶段是党的十八大以后提出主审法官负责制模式（2012年至今），这一改革取消了庭长、院长的案件审批权，改由主审法官行使案件审核权。

② 李红辉：《反思与出路：改革院庭长审批案件制度》，载《求索》2012年第6期。

二是法院审判管理的层级化。为了实现行政管理的要求，法院内部根据职能分工，分为审判业务庭和人事、行装等服务部门。相应地，设置庭长、院长等职务，方便于行政管理的需求，以区别于普通法官。而这些庭长、院长同时又是法官，需要承担案件审判业务，因此为了弥合这种角色差异，人民法院组织法第9条规定："……院长或者庭长参加审判案件的时候，自己担任审判长。"即直接赋予庭长、院长以审判长的职权。据此，法院的审判管理也沿用了行政管理的层级结构。

三是法官管理的层级化。根据法官法第18条的规定，我国的法官分为四等十二级。除了法官等级外，我国的法官还享有科、处、厅、部级等行政级别，而且法官职称与法官的行政级别大致对应。按照行政级别评定法官职称，使得法官等级制度带有浓重的行政化色彩，强化了法官之间的位阶、级别，在规范法官管理的同时，也可能在法院内部建立起类似于行政系统的官僚政治结构。①

经过审判长选任制、主审法官负责制的改革，案件审批行为仍然没有完全消除的最主要原因就是法院内部层级化结构没有改变。对法官而言，在组织上要接受庭长、院长的行政领导，在审判权力运行中要执行主审法官、审判委员会作出的案件处理意见，在这两种权力的双重作用下，案件审批制度成为必然。

（二）案件审批制度具有内部监督的功能

首先，庭长、院长或者主审法官通过对案件的核查审批可以发现一些裁判文书文字错误、事实、证据遗漏等问题，并及时要求合议庭或独任法官纠正，而且也能够从形式上审查案件是否存在超期审理、超期羁押等程序违法问题。其次，在当前的司法实践中，法院对案件审理（包括从立案到裁判）的整个过程相对还是较为封闭、独立的，法官的审判权也较为集中，若不对其进行有效监督，难免会出现同案不同判等裁判不公的现象。因此，在缺少诉讼当事人参与、责任追究不明确的情况下，案件审批制度也不失为法院内部对审判权运行进行监督的应急之举。最后，从目前的司法实践来看，由于法院案多人少的矛盾比较突出，很多法官（尤其是基层法院的法官）进入法院没几年就开始独立承办案件，办案经验、业务能力都稍显不足。庭长、院长通过审批能够对案件进行把关，同时也能为年轻的法官提供一些办案思路。

（三）案件审批制度是法院内部责任追究制度的要求

在我国法院系统，错案率一直是法官绩效考核以及上级法院对下级法院评优、评先的重要指标和依据。基于法院以及自身利益考虑，庭长、院长等领导必须加强对案件处理结果的把握。此外，长期以来，我国法院内部的责任追究机制一直依照行政首长负责制的思路——如果法官出现徇私枉法、枉法裁判等司法腐败问题，其所在业务庭庭长、主管副院长、院长等都会受到相应的惩罚。2001年最高人民法院出台了《地方各级人民法院及专门人民法院院长、副院长引咎辞职规定（试行）》，其中规定有"法官枉法，院长辞职"的做法，这实质上就确立了类似于首长负责制的内部责任追究原则。那么，根据权责相适应

---

① 参见谢佑平、万毅：《司法行政化与司法独立：悖论的司法改革——兼评法官等级制与院长辞职制》，载《江苏社会科学》2003年第1期。

的原则，庭长、院长等既然要对其管辖范围内法官的审判行为承担责任，其就有权对该法官处理的案件进行审批，以规避被追责的风险。

二、反思：主审法官审批案件做法存在的隐忧

主审法官负责制改革的目标无疑是正确的，而且经过一段时间的试点，也确实取得了明显的实施效果。据统计，从 2012 年 8 月至 2013 年 2 月，"福田法院的结案均衡度提高了 25.1%，结收案比同比提高了 31.71%，而随着案件质量的提升，信访投诉量同比下降了 29 个百分点"。[①] 尽管主审法官负责制是一项喜闻乐见的改革举措，但笔者对其存在诸多疑虑，遂引发以下思考。

首先，主审法官审核、签发裁判文书制度并没有真正脱离案件审批的本质。主审法官对自己审理的案件行使裁判权、签发裁判文书无可厚非，但是主审法官并不参与团队其他法官独任审理的案件或合议庭审理的每个案件，也不可能对每个案件的情况都十分了解，在这种情况下由其审核、签发案件并承担责任，与庭长、院长审批案件的做法并无本质区别。可见，主审法官负责制仍然实行的是案件审批制度，只不过更换了审批权主体而已，并不能真正解决审理权和裁判权相分离的问题。

其次，主审法官负责制具有加剧法院内部行政化的风险。从法律意义层面而言，主审法官既不是固定职称，也不具有行政级别，与合议庭的其他法官平等享有审判权，平等地发表意见。然而在职权上，主审法官既拥有案件分配权、签发权等，又拥有团队人员调度、绩效考核的权力，与过去的庭长相比有过之而无不及。长此以往，在主审法官和普通法官之间就会形成等级差异，主审法官无形之中会成为"二庭长"，法院内部行政化问题反而会更加突出。

最后，主审法官负责制会挫伤普通法官的积极性。在主审法官负责制下，若普通法官与主审法官发生意见分歧，主审法官往往掌握更多的"话语权"，因为主审法官具有转换审判程序或重组合议庭的权力，所以多数时候妥协的是普通法官。而且从员额配置、职责分配上看，虽然普通法官承担着大部分的审理案件的任务，但是最终的决定权和责任却多是落在主审法官身上，两者的权责明显失衡。从一定程度上说，主审法官负责制模式是另一种"首长负责制"——它过分地突出了主审法官的权力和责任，却忽略了普通法官的作用。久而久之，普通法官的办案积极性、自主精神都会受到打击，责任感也会随之下降。

不可否认，主审法官负责制改革是一次创新法院内部审判组织运行机制的探索，这种改革精神必须肯定。但是要真正做到"谁审判、谁负责"，就必须取消案件审批这类与审判权运行规律相违背的做法，否则主审法官负责制改革也只是"新瓶装旧酒"，法院内部"行政化"之风随时会"吹又生"。

[①] 戎明昌：《办案法官对案件真正"说了算"》，载《南方日报》2013 年 2 月 25 日。

三、理顺：审判权与审判管理权的关系

"管理是设计和保持一种良好环境，使人在群体中高效率地完成既定目标。"[①] 法院的管理活动涉及多种内部权力：审判权、行政权、监督权。笔者认为，权力的多元异合存在以及行使权力的主体角色混同既是导致目前法院内部管理带有浓重行政化色彩的根本原因，也是案件审批制度始终存在于我国司法实践的根源。

（一）审判管理权的二分法

对于审判管理权的概念、属性、内涵等，目前学界尚未达成共识。根据最高人民法院2011年下发的《关于完善人民法院审判权与审判管理权运行机制的意见（征求意见稿）》，审判管理权是指"人民法院通过组织、领导、指导、评价、监督、制约等方法，对审判工作进行合理安排，对司法过程进行严格规范，对审判质效进行科学考评，对司法资源进行有效整合，确保司法活动公正、廉洁、高效运行的权力"。从上述定义来看，审判管理权是一种综合的、复杂的权力，应当包括审判事务管理权和审判指导监督权（见下图）。审判事务管理权是基于法院自身管理的需要，围绕审判活动而在实践中产生的衍生性、辅助性的权力，它通过履行自身的管理职能，对审判权的运行起服务与保障作用。审判指导监督权则是法院内部的监督指导权，它的主要职能是监督、制约审判权运行，防止审判权失范，包括庭长、院长作为业务庭、整个法院的负责人对案件的监督指导权，审判委员会对审判活动的监督指导权，上级法院对下级法院的监督指导权等。[②]

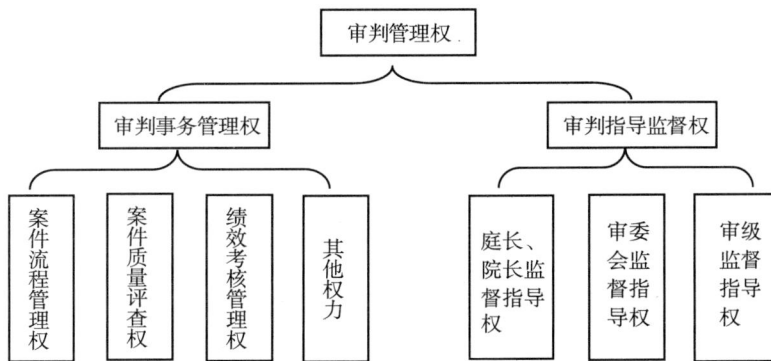

审判管理权的结构体系

从权力属性上看，审判指导监督权是审判权的天然组成部分和自然延伸，能够直接或间接地调整、处分当事人的权利义务，本质上是一项司法性权力；而审判事务管理权却带有主动性、综合性、非裁判性等行政权的特征，是一种"类行政权"。据此分析，审判管理权体系中其实存在着两种属性截然不同甚至对立的权力。然而长期以来，在很多语境及场域下，审判管理权与审判事务管理权（或司法行政事务权）被视为同一概念，掩盖了审判

① ［美］哈罗德·孔茨、海因茨·韦里克著：《管理学》，马春广译，经济出版社1995年版，第2页。
② 参见刘家琛、钱锋主编：《司法职权配置的探索与实践》，法律出版社2011年版，第169~170页。

管理权兼具司法性和行政性的双重属性，从而造成了审判管理权改革思路上的误解，使改革陷入了混沌的局面。

（二）审判权与审判管理权关系错位的原因

厘清了审判管理权体系结构，我们就不难分析审判权和审判管理权两者关系发生错位的原因。在法院内部，庭长、院长是审判管理权的主体，他们既拥有审判事务管理权，又拥有审判指导监督权。由于权力属性不同，审判事务管理权具有天然的主动性和扩张性等行政权特点；而审判监督指导权是审判权的一部分，它具有中立、独立等特点。当这两种权力为同一主体所行使时，审判事务管理权必然会侵入审判指导监督权的运行领域，对其造成干预和影响，从而使两种权力发生交叉、混同，进而导致审判管理权与审判权的关系异化为"命令性"的服务、"服从性"的指导与制约。

案件审批制度的症结也在于此。该制度的初衷是通过庭长、院长的"案件把关"，对审判组织以及法官行使审判权进行监督。然而，当这种监督权与行政事务管理权为同一主体所行使时，权力的配置便发生了结构性的矛盾，后者自然而然会影响前者的行使。这就是司法实践中普通法官在审理案件时会"无意识"地服从庭长、院长等意见的原因。

（三）解决审判权与审判管理权关系错位的思路

如前所述，审判权与审判管理权冲突的原因主要是审判管理事务权与审判指导监督权存在混同，进而导致两者与审判权的关系发生错位，影响了审判权的正常运行。因此，笔者认为，解决思路应从审判管理权体系结构这一层面切入，分离审判事务管理权和审判指导监督权的行使主体，理顺两者与审判权之间的关系：一方面按照科学的模式对审判资源进行整理，强化审判活动中程序性、辅助性事务的专业管理，让审判管理事务回归管理、服务的本性，为审判权的高效运行提供顺畅的环境；另一方面，将审判指导监督权从审判事务管理权中剥离，切断审判指导监督权与"行政化"的关联，进而减少甚至消除审判指导监督权主体对审判权主体的裁判意见进行左右的"筹码"，为法官独立行使审判权解除"后顾之忧"。

四、进路：案件审批制度改革的具体路径

根据上述分析可知，法院审判管理改革要真正"去行政化"，必须彻底取消案件审批制度，重构符合审判权运行规律的裁判文书签发制度，实现"让审理者裁判，由裁判者负责"的审判权运行机制。围绕审判权与审判管理权之间的关系，案件审批制度具体的改革路径为：

（一）重新设计法院内部权力结构

"法院结构是实现纠纷裁决目标的基本管理工具，其本身承载法院管理功能和司法裁判功能以及两者的互动"①，而法院管理的价值在于保障和规范审判权的有效运行，所以法院

---

① 谭世贵、梁三利等著：《法院管理模式研究》，法律出版社 2010 年版，第 299 页。

内部结构设计的出发点就在于协调审判权和审判管理权之间的关系。如前文所述，审判事务管理权与审判监督指导权的主体分离是法院内部"去行政化"改革的关键，因此笔者认为，法院内部组织结构的构建应当包括以下几个方面：

1. 围绕审判权的设计

审判独立原则是法治的精神支柱，在当前的改革热潮中，落实法官、审判组织独立行使审判职权是核心任务。在审判资源上，应当将院长、庭长等这些优质审判资源纳入审判团队，并且与团队其他成员享有同等的审判权。在审判权运行机制上，进一步的完善路径是减少主审法官对独任法官以及合议庭审判权的限制：主审法官不参与审理的案件，由独任法官或合议庭自行决定裁判结果，并对案件质量、效率负责，主审法官仅负责指导和监督，不对案件实体负责。一旦出现问题，将追究独任法官或合议庭成员的责任，同时也要追究主审法官监督失职的责任；重大、复杂、疑难和新类型案件，主审法官必须亲自参与审理。当然，独任法官或者合议庭认为难以径行决定，可由法官专业会议讨论或者提交审判委员会讨论。

2. 围绕审判事务管理权的设计

随着法官职业化的不断推进，法官的数量将大幅度减少，法官助理、从事辅助性事务的司法人员会有所增加。根据这一趋势，法院内部管理组织的理想设计是撤销业务庭这一层级化组织，设立一个综合行政机构（审判管理办公室）负责整个法院的审判事务管理，并直接对院长负责，为审判组织提供支持和服务。然而，针对当前法律未撤销业务庭设置的现实，可以在保留的基础上（业务庭不再设行政级别，只为区分审判业务类型）同时成立审判管理办公室。审判管理办公室主要通过案件流程管理、案件质量评查、人事管理等手段实现综合管理，而庭长的职责是负责本业务庭内人员组织、对外联络、组织法官职业会议等协调性审判事务管理，不再负责个案审核。从管理的不同维度看，审判管理办公室的职能范围是整个法院的宏观层面，庭长的职能范围是一个业务庭的中观层面，两者在职能上是衔接关系，并不会发生重合，而且作为一种过渡性方案，相关的实证研究也证明了这一方案的可行性。[①]

3. 围绕审判监督指导权的设计

审判管理事务权与审判监督指导权的主体分离是审判权运行机制"去行政化"改革的关键环节，既然审判事务管理权由庭长行使，那么立足于当下主审法官负责制改革的思路，审判指导监督权则可交由主审法官行使。首先，主审法官与普通法官之间没有行政级别上的差异，这种地位上的平等能保证审判监督指导权不受其他权力的影响，在既定的权力领域内实现其功能。其次，主审法官都是法官中的精英，完全能够胜任指导、监督年轻法官的职责。但是这种指导、监督不能对独立审判造成不当影响，所以合理的改革方案是主审法官对交由其他法官承办、自己并不参与审理的案件不进行审核，只能进行程序性监督以及事后监督，做到"用人不疑，疑人不用"。最后，法院院长作为法院的最高领导，对外代

---

① 自 2009 年以来，重庆法院相继成立了审判管理办公室，由此出现了综合性审判管理与院长、庭长管理并存的局面。根据对重庆 6 个地区法院工作人员（包括院长、庭长、法官、书记员）的调查问卷（共 726 份有效问卷），从问卷反馈情况来看，60% 以上（有的法院甚至超过 90%）的人认为审判管理专门机构与庭长审判管理并不冲突，反而可以相互协调形成管理合力。参见王子伟：《院长、庭长审判管理权运行机制研究》，载《人民司法》2013 年第 11 期。

表整个法院，当然地享有对本院案件的监督指导权，而且根据人民法院组织法的规定，法院院长对案件的监督也是事后监督。①

（二）重构裁判文书签发制度

裁判文书签发权是审判权的核心组成部分，构建合理的裁判文书签发制度是保障审判权能够依法独立行使的关键所在。根据审判权、审判事务管理权、审判指导监督权重新配置的结果，案件审批制度将彻底走向终结，裁判文书签发权必须回归于审判组织。

第一，赋予独任法官、合议庭对多数案件的裁判文书签发权，即独任庭审理的案件，由独任法官直接签发裁判文书；合议庭审理的案件，由合议庭的成员依次签署裁判文书后即可印发。任何其他不参与案件审理的人都不再审核、签署裁判文书，真正做到"让审理者审判、由裁判者负责"。当然，根据现行法律的规定，一些程序性裁定、决定需要院长、庭长作出或签发的，仍由院长、庭长按照法定职权范围行使。

第二，独任法官或合议庭认为难以径行决定的案件，可以要求提交审判专业法官会议讨论，但是专业法官会议的意见只供独任法官或合议庭参考而不必服从，而且讨论后的案件签发权以及案件责任仍归属于独任法官或合议庭。

第三，经过专业法官会议讨论仍然难以决定的案件，可由院长提交审判委员会讨论处理。审判委员会只讨论法律适用问题的，裁判文书仍由原合议庭签发；审判委员会需要讨论案件事实以及法律适用问题的，则应当组成大合议庭或者指定若干委员组成合议庭审理案件，裁判文书也由重组的合议庭成员签发。

第四，为保证审判组织能够独立、自主地行使审判权，必须在制度上明确需要提交专业法官会议、审判委员会讨论的案件范围，并且要根据法院受理案件的数量、主要类型、审判资源的具体情况等对独任法官和合议庭提交讨论的案件数量作出限制（如每年不得超过法院收案数量的5%）。

（作者单位：浙江工商大学法学院）

---

① 人民法院组织法第13条规定："各级人民法院院长对本院已经发生法律效力的判决和裁定，如果发现在认定事实上或者在适用法律上确有错误，必须提交审判委员会处理。"

高频失范侦查行为及其程序性处置调查

夏　红

从理论上而言，在规则存在的情况下，就必然存在不符合规则和违反规则的情况。这并非是危言耸听，因为法治存在的本质动因之一就是非法治状态的存在和现实。为了搞清楚时间中经常出现的失范侦查行为情况，笔者进行了调研。

一、调查范围及统计方法说明

调查主要采用问卷的形式，并辅之以访谈和观察。问卷调查的对象主要是正在区（市、县）及市（地）从事刑事侦查工作的侦查人员，具体调查中包括公安机关的侦查人员和检察机关从事职务犯罪侦查的人员。问卷的调查对象分布于7个省的10个市，在发放问卷的同时，还对相关人员进行访谈。采用Spss17.0进行数据的分析、管理和统计。

二、高频失范侦查行为调查

笔者在问卷调查中，分别在封闭式问题和开放式问题中对特定失范侦查行为的发生频度进行了调查。在封闭式问题中请被调查者对每一种失范侦查行为按照直观感受从对失范侦查行为的发生频率进行选择，具体包括"经常"（≥70%）、"有时"（≥40%，<70%）"极少"（≥20%，<40%）和"从未"（0%）四项。笔者将某一情形被调查者在封闭式问卷中发生频度之和作为客观性发生频度指数（Objective Frequency Index，OFI）。

客观性发生频度指数（OFI）="经常"频度值×70%+"有时"频度值×40%+"极少"频度值×20%+"从未"频度值×0

在开放式问题中，被调查者要根据其对侦查程序进展即侦查行为的总体情况对高频出现的失范侦查行为按照由高到低的顺序进行排序（5个），F1-F5，由于是"最经常"出现的，因此其频度应当处于70%~100%之间。为此，笔者选取了其中的5个点，95%、90%、85%、80%、75%，分别赋值于F1-F5。笔者将该项数据称为主观性发生频度指数（Subjective Frequency Index，SFI）。

主观性发生频度指数（SFI）=F1频度值×95%+F2频度值×90%+F3频度值×85%+F4频度值×80%+F5频度值×75%

鉴于客观性发生频度指数与主观性发生频度指数的信度更高些，因此在每个具体失范侦查行为发生频度指数（Frequency Index，FI）中，客观性发生频度指数占60%，主观性频度指数占40%。

发生频度指数（FI）=客观性发生频度指数（OFI）×60%+主观性发生频度指数（SFI）×40%

根据笔者对问卷的统计，并根据相关公式进行计算，失范侦查行为发生频度指数居于前十位的详见表 1。

表 1　高频失范侦查行为项目表

序号	失范侦查行为情形	FI
1	使用扣押冻结的涉案款物的	13.08
2	应当撤案而移送审查起诉（不起诉），或不应当撤案而做撤案处理的	8.2
3	传讯案件犯罪嫌疑人超过 12 小时的	7.62
4	法律文书打印字体、字号混乱	7.54
5	应当立案而不立案的	7.42
6	对不符合流窜作案、多次作案、结伙作案的情况，也将拘留提请审查批捕的时间延长至 30 日	7.2
7	违反规定重新计算侦查羁押期限的	7.06
8	未经上级批准或决定，处理扣押、冻结的涉案款物的	6.62
9	未告知犯罪嫌疑人不服逮捕决定可以要求重新审查的	6.42
10	勘验、检查笔录等制作不细致，遗漏重要事项的	6.18

调查结果显示出如下特征：

第一，发生频度指数相近。十种高频失范侦查行为中，除"使用扣押冻结的涉案款物的"发生频度指数较高为 13.08 外，其余的九种情形发生频率均介于 6.0~8.5 之间，有五种的发生频度集中在 7.0~8.0 之间，说明这些高频失范侦查行为在实践中发生的频度差异不显著。

第二，以违法侦查行为为主。上述十种情形中，除法律条文中并没有对文书样式作出具体而且明确的规定外，其余的均有明确要求。当然，为了确保法律文书的严肃性和规整性，字体字号统一自然也是包含其中的一项要求。调查表明，此种情形的发生频率在年龄、性别、从业时间、学历水平和案件种类等变量中的差异性均不显著，这也说明了该种情形是实践中的多发失范。虽然该种情形在实践中频发，但是对诉讼行为的确定性和诉讼行为效力均无明显影响，是典型的瑕疵侦查行为，而且调查也显示该种情况多数能够及时地弥补或者更正[①]，因为并不实质影响侦查质量以及刑事诉讼质量。除此之外，法律规范中还都对相应的规范侦查行为方式进行了明确且强制性的规定，因而其余九种情形，均属于违法侦查行为。侦查程序中，违法刑事诉讼行为占高频失范侦查行为总体的 90%，显然违法侦查行为是失范侦查行为的主体部分。调查结果进一步提醒我们不能忽视侦查程序中出现的失范侦查行为，特别是高频度出现在侦查实践中的这些程序性违法行为，不能仅仅将它们视为工作中的小缺点、小毛病或者小疏漏。

第三，针对财产的侦查行为中和有期限规定的侦查行为中的失范行为较集中。上述十种情形中，有两项与涉案财产侦查行为有关，占 20%，包括：未经合法程序使用和处理两种。2004 年 3 月第十届全国人大第二次会议通过的《宪法修正案》明确规定"公民的合法

---

① 参见表 3 对于该种情形处置方式的调查统计。

私有财产不受侵犯"，"国家依照法律规定保护公民的私有财产权和继承权"。但是与此相适应的刑事司法规则却跟进较慢，在较长时间里，限制或者剥夺个人财产的刑事司法措施的规定都相对简单和粗疏，实践中的侦查人员对财产权的保护意识明显弱于对人身权的保护。相应的违法情况较多。虽然在 2012 年刑事诉讼法修改时，对此方面的文本规则进行了完善，但仍存在较大的灵活空间。在高频失范侦查行为中，与期限有关的侦查行为在其中所占的比例更大，占 30%，包括传讯时间超过 12 小时的；不符合条件擅自使用最长拘留时限的；违反规定重新计算侦查羁押期限的。这些情况在实践中主要表现为"变通"运用相关规则，虽然实质违法已经发生，但又往往难以发现和察觉，因此纠正起来难度较大，属于典型的"上有政策，下有对策"的类型。

第四，刑事侦查程序的启动和结束方式仍具有较大的随意性。"应当立案而不立案的"、"应当撤案而移送审查起诉（不起诉），或不应当撤案而做撤案处理的"两个问题，一个是侦查的前奏程序，一个是侦查的结束程序，这两个问题同时上榜，有些出乎笔者的意料。为此，笔者查阅了历年的最高人民检察院工作报告。1998~2014 年的最高人民检察院工作报告显示，17 年来，人民检察院督促立案数量增长了 6.7 倍。2003~2012 年，人民检察院督促撤案的绝对数量总体上呈现出增长的态势。其中，2007 年和 2012 年的增长最为显著，2007 年比上一年度增长 3 倍，2012 年比上一年度增长 3.7 倍。具体情况参见表 2。同时，在图 1 中，明显能看出人民检察院在立案监督两个方面（督促立案、督促撤案）的同步趋势，特别是在 2006 年之后，二者都在 2007 年和 2012 年有显著增长，并在次年有所下降。

表 2　人民检察院督促立案和督促撤案统计表①

年份	督促立案数	督促撤案数
1997	3717	—
1998	5207	—
1999	7705	—
2000	20809	—
2001	18447	—
2002	36955	—
2003	22575	2552
2004	20742	2699
2005	17940	3737
2006	16662	4569

① 本表根据最高人民检察院 1998~2014 年工作报告中的相关数据进行统计和绘制。其中，2010 年的最高人民检察院工作报告中并未对相关数据进行报告，因此 2009 年的情况缺省。2002 年之前，只有 1996 年的工作报告中显示 1955 年的督促立案数为 1250，为了便于统计的连续性，没有在表中显示。

续表

年份	督促立案数	督促撤案数
2007	94766	18266
2008	20198	6774
2010	31203	10702
2011	19786	11867
2012	118490	56248
2013	29359	25211

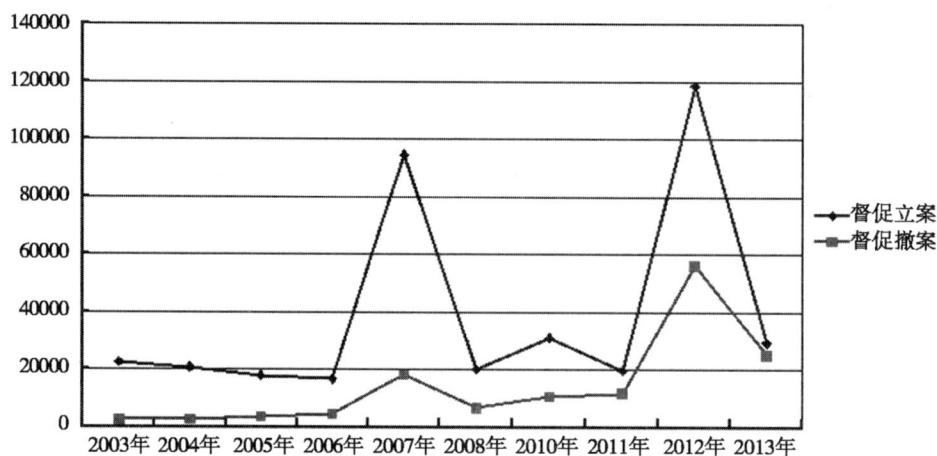

图1 人民检察院督促立案、督促撤案同步趋势

第五，侦查行为质量要求日益成为关注的重点。"勘验、检查笔录等制作不细致，遗漏重要事项的"看起来和其他情形似乎有所不同，即这个似乎是对质量的要求。根据我国刑事诉讼法第48条之规定，勘验、检查笔录是法定证据之一。作为记载侦查工作实际情况，同时也作为一种证据形式，勘验、检查笔录应当全面、细致，并且不应当包括勘验、检查人员的分析、判断、推理内容，更不应当包括臆想和虚假内容。作为一种证据形式，其应当具有真实性和关联性的特征，作为侦查工作过程的记录，其应当忠实、原始地反映勘验、检查人员所见、所闻。审查勘验、检查笔录时，需着重审查内容的全面、详细、准确和规范性。最高人民法院、最高人民检察院、公安部、国家安全部、司法部《关于办理死刑案件审查判断证据若干问题的规定》第25条第2项规定，勘验、检查笔录的内容是否全面、详细、准确、规范；是否准确记录了提起勘验、检查的事由，勘验、检查的时间、地点，在场人员、现场方位、周围环境等情况；是否准确记载了现场、物品、人身、尸体等的位置、特征等详细情况以及勘验、检查、搜查的过程；文字记载与实物或者绘图、录像、照片是否相符；固定证据的形式、方法是否科学、规范；现场、物品、痕迹等是否被破坏或

者伪造，是否是原始现场；人身特征、伤害情况、生理状况有无伪装或者变化等。以及勘验、检查笔录中记载的情况与被告人供述、被害人陈述、鉴定意见等其他证据能否印证，有无矛盾。

第六，隐性超期羁押仍是常见的突出问题。侦查中违反规定重新计算侦查羁押期限，对不符合流窜作案、多次作案、结伙作案情形的，也将拘留时间延长至 30 日，传讯犯罪嫌疑人超过 12 小时的，都与侦查行为的期限有关。这些"隐性超期羁押"情形在高频失范侦查行为调查中分别排在第三、六、七的位置上。侦查程序中非正当地"借用"、"变通"使用其他相关期限，必然造成犯罪嫌疑人在侦查阶段超过法定期限被羁押的问题。因此，虽然我国也曾对超期羁押问题进行了大规模的治理，并取得了显著成效，[①] 但是从笔者的调查来看，不但明显的超期羁押问题仍然存在，而且更多地采用变通性方法而导致的"隐性超期"问题则更是突出。有调查显示，近四年来某检察院逮捕案件的侦查中，简单侦查案件所占比例较高，约占 40%。在部分长期化羁押的简单侦查案件中，侦查人员在此时间内，既没有调查新的证据，也没有讯问犯罪嫌疑人新的内容，甚至讯问犯罪嫌疑人仅有宣布逮捕时的一次和移送起诉前的一次。[②] 显而易见，延长侦查羁押期限对程序及案件进展并无实质性益处，被羁押人人身自由的限制有失当之处。

第七，侵犯犯罪嫌疑人权利的情形居多。高频失范侦查行为大都直接侵犯了犯罪嫌疑人的权利，如传讯超过 12 小时的，对不符合流窜作案、多次作案、结伙作案的情况，也将拘留提请审查批捕的时间延长至 30 日的，违反规定重新计算侦查羁押期限的，未告知犯罪嫌疑人不服逮捕决定可以要求重新审查的，有关涉案款物的两种失范行为虽不局限于犯罪嫌疑人，但是多数与犯罪嫌疑人的财产权有关。林林总总，算起来已有 70% 侵犯犯罪嫌疑人的权利，不可谓不多。在侦查程序中，不容回避的问题是，侦查程序以犯罪嫌疑人为中心展开，这在客观上造成了诉讼行为指向对象较易受到侵犯。另外，侦查权主体不能严格按照既定规则实施侦查行为，又促成了前面说的可能性转变为现实性。

三、高频失范侦查行为程序性处置调查

调查显示，实践中当高频失范侦查行为发生后，被调查者所选用的程序性处置方法情况见表 3。

---

① 2008 年《最高人民检察院工作报告》中明确指出"侦查、起诉、审判各环节新发生的超期羁押从 2003 年的 24921 人次下降到 2007 年的 85 人次"。应当说这一数字表明了我国在清理超期羁押工作方面取得了显著的成绩。笔者在此无意否定该成绩。但是笔者想要指出的是由于"隐性超期羁押"从外在形式上看并未违反相关法律的明文规定，更多的是通过变通方式使用期限，因而造成实质性超期羁押。而这部分则无法或者很难在数字中进行显示和统计。而隐性超期羁押现象的存在也从另一个侧面反映了彻底整治超期羁押问题的艰巨性和长期性。

② 张世杰、曾良平、宋科、刘立平：《当前侦查羁押期限的实证分析》，载《文史博览》（理论）2013 年第 10 期。

表3 高频失范侦查行为程序性处置选用情况

序号	失范侦查行为情形	撤销	重新实施	弥补更正	不处置	其他
1	使用扣押冻结的涉案款物的	4.5	4.5	81.8	9.1	0
2	应当撤案而移送审查起诉（不起诉），或不应当撤案而做撤案处理的	0	0	27.3	63.6	9.1
3	传讯案件犯罪嫌疑人超过12小时的	0	0	30.4	39.1	30.4
4	法律文书打印字体、字号混乱	9.1	0	27.3	63.6	0
5	应当立案而不立案的	0	13.1	56.5	26.1	4.3
6	对不符合流窜作案、多次作案、结伙作案的情况，也将拘留提请审查批捕的时间延长至30日	0	0	0	50	50
7	违反规定重新计算侦查羁押期限的	0	0	44.4	55.6	0
8	未经上级批准或决定，处理扣押、冻结涉案款物的	0	0	70	20	10
9	未告知犯罪嫌疑人不服逮捕决定可以要求重新审查的	0	7.7	46.2	38.5	7.7
10	勘验、检查笔录等制作不细致，遗漏重要事项的	0	0	45.5	45.5	9.1

从表3中可以看出，实践中高频失范侦查行为程序性处置方式的选用情况呈现出如下特征：

第一，弥补更正方法是使用频率最高的手段。在上述十种高频失范侦查行为中，弥补更正方式在其中的四种情形中都是使用频率最高的程序性处置方式。在另外四种情况中，弥补更正方式使用频率居于第二位，但使用频率也较高。在十种高频失范侦查行为中，弥补更正方式使用的累积频率最高，为429.4。在高频失范侦查行为中，针对财产的失范侦查行为使用该种方式的频率遥遥领先，分别为81.8%和70%。

在有些高频失范侦查行为中，通过后续的弥补更正能够纠正失范侦查行为中的失当之处，以消除瑕疵，从而保持侦查行为的规范性。一般而言，侦查行为属于应授权实施的权力行为，授权采用"一般授权+特别授权"的模式。一般授权采用法典明文规定的方式，对侦查行为的主体、条件、方式等予以明确。特别授权中则需载明某一侦查行为具体的适用对象、缘由、时间（期限）等。特别授权通常采用令状的方式，如搜查令、逮捕令等。通常情况下，特别授权需要在侦查行为实施前完成，特殊情况下例外①。前述十种失范侦查

① 如刑事诉讼法第136条第2款就规定了无证搜查的情形：在执行逮捕、拘留的时候，遇有紧急情况，不另用搜查证也可以进行搜查。

行为中，有些情形中的"弥补更正"比较容易理解，也便于人们接受。如"应当立案而不立案的"，"弥补更正"通常为立案；"未经上级批准或决定，处理扣押、冻结涉案款物的"情形，"弥补更正"意味着事后补办相关手续；"法律文书打印字体、字号混乱"情况中的"弥补更正"更好理解，即改正和调整，使得法律文书整齐规范。但有些情形之下的"弥补更正"则仍让人匪夷所思，如"传讯案件犯罪嫌疑人超过12小时的"，时间期限已经超过，侵害已经发生，并且既成事实，弥补和更正都无法挽回，如何弥补？如何更正？实践中往往这样"弥补更正"：一是侦查人员让犯罪嫌疑人填写到案时间故意往后拖延，以便不超过12小时；二是侦查人员对于拘传证上的到案时间有意或无意不让犯罪嫌疑人填写，事后再根据案件的"实际情况"由办案人员自行推算填写，以便不超过12小时；三是侦查人员在拘传路途中，故意拖延时间，时走时讯问，推迟到案时间，从而达到不超过12小时，等等。[1]

由于实践的复杂性永远超出我们的想象。在具体情形下，"弥补更正"方式的恰当性与否很难一概而论。在"应当立案而不立案的"情形中，根据刑事诉讼法的规定，人民检察院认为公安机关应当立案，并且要求公安机关立案的，公安机关必须立案，在该种情势之下，"弥补更正"顺理成章。但是，若检察机关并未进行立案监督，公安机关当立而未立的"弥补更正"的动力可能会源于案件破获的喜悦，所谓的先破后立在当下的业绩考评体系之下仍是一种提高业绩的选择。2011年公安部下发了《关于改革完善执法质量考评制度的意见》，禁止将"罚没款数额"、"行政拘留数"、"发案数"、"劳动教养数"、"破案率"等作为绩效考评指标，相信在该导向的推动下，侦查机关或将纠正多年的积习。

在调查中，笔者也发现，"弥补更正"更多用于在后续程序中能够看到和显现的侦查行为，如笔录中的记载、附卷的文书等，侦查人员至少为了在表面上看起来程序是规范合法的，都会对相应的环节加以注意。不排除在实践中"弥补更正"真正具有纠错的功能，但是多数情况下"弥补更正"就有较强的粉饰作用，通过形式上的规范，掩饰实质上的失范。

第二，"不处置"的比重较大。在多数失范侦查行为中，"不处置"都是使用频率较高的方式。与其他程序性处置方法不同，"不处置"是一种消极处置方式，即放任、置之不理。调查结果显示，在四种情形中，"不处置"的比例为五种方式中使用频率最高的；有两种情形中"不处置"与"弥补更正"的使用频率相同；还有四种情形中"不处置"的使用频率在该种类型行为的程序性处置方法中居于第二位。每种失范侦查行为均不同程度地选用该种程序性处置方式。

在前述十种情形中，"法律文书打印字体、字号混乱"不处置的使用频率最高，为63.6%。在笔者看来，该种失范属于典型的瑕疵侦查行为，并且是可以忽略的，因为虽然法律文书存在瑕疵，不十分规范和严肃，但只要不影响对法律文书意思的理解，不是本质核心问题上的表述错误，均不影响其法律效力，因此忽略该种瑕疵是可以容忍的，"不处置"在理论上也可以解释和接受。但是其他的九种失范侦查行为均具有不同程度的违法性，全然置之不理不能达到"自然修复"的效果，势必为后续诉讼进行埋下巨大的隐患。

在所有与期限有关的失范侦查行为中，时间的单向度发展性决定了该类失范侦查行为

---

① 《强制措施权的滥用形态分析》，http://www.lunwenwang.com/faxue/lilun/200711/138692832544577.html，上传时间2006-11-30，查询时间2007-12-22。

一旦实施，侵害便不可逆，这类失范侦查行为的过错也不可能通过重做和撤销的方式予以纠正。"不处置"一方面表明没有合适的程序性处置方法；另一方面也昭示着只要该情形发生，侦查人员主观上旨在延长对犯罪嫌疑人的控制时间的目的就已经达到了。"不处置"恰恰是实施失范侦查行为的行为人的最合适选择。

结合高频失范侦查行为程序性处置使用方式的第一个特征，处置与否，表现出显著的结果决定行为的逻辑特征，如果后续程序中对此有明确的审查，则他们倾向于至少在形式上将侦查行为做好；而如果没有审查，或者不是审查的重点，以及审查得不十分严格，则他们倾向于"随遇而安"。

第三，"重新实施"方式使用频率较低，多使用于具有可重复性侦查行为中。在前述十种高频失范侦查行为的程序性处置方式选择调查中，有七种失范侦查行为中根本不采用该种方式。而在另外三种选用该种方式的情形中，此种方式的使用频率也偏低。"重新实施"方式本身具有一定的局限性，并非适用于所有的情形。侦查程序是刑事诉讼中对效率价值要求最高的环节，而"重新实施"则显然与该价值取向有明显的冲突。由于时空的不可逆性，有些侦查行为虽然疏漏诸多，但是由于时过境迁，事易时移，"重新实施"也不能随时遂人愿。如勘验、检查若记载不细致，倘若现场还在，伤口仍变化不大等，重新实施勘验、检查行为自然可以，但是若时过境迁，则重新勘验、检查恐非人力所及。

第四，"撤销"方式是最少被采用的程序性处置方式。在上述十种高频失范侦查行为中，有八种失范侦查行为出现后根本就不采用撤销方式。撤销即取消和废弃。侦查作为刑事诉讼中的一个环节，所有的侦查行为都是诉讼中的一个节点，刑事诉讼行为具有效力先定性的特点，刑事诉讼程序运行是一个连锁效应的发生过程，在刑事诉讼这个闭合的场域中，先前诉讼行为决定了后续诉讼程序的发展方向和选择基点。因而，在刑事诉讼中，除非有必要，否则并不轻易地选用"撤销"这一更正失范的方法。而且在目前我国刑事司法中缺乏完善的对诉讼行为效力评判机制的前提下，侦查机关自身也缺乏"壮士断腕"的内因和动力。主客观两个方面的原因决定了"撤销"方式的高频失范侦查行为中聊胜于无的状况。

（作者单位：辽宁师范大学法学院）

论审判权与司法行政事务管理权分离*

徐汉明　王玉梅

中共十八届三中全会、四中全会提出，改革司法机关人财物管理体制，探索实行法院、检察院司法行政事务管理权和审判权、检察权相分离。这不仅给建立符合中国国情的审判权与司法行政事务管理权分离（以下简称"两权分离"）的现代法院管理体制提出了迫切要求，也给"两权分离"理论探索指明了方向。在全面深化司法体制改革，加快建设公正高效权威的社会主义司法制度的背景下，本文试图在描述我国法院内部"两权混同运行"模式的历史演进，比较借鉴域外"两权分离"模式的有益经验，总结我国司法实践探索成果的基础上，就审判权与司法行政事务管理权分离的模式构建略抒己见。

一、我国审判权和司法行政事务管理权运行模式的历史演进及现实困境

（一）我国"两权"运行模式的历史演进

新中国成立以来，我国法院审判与司法行政事务经历了曲折复杂的演变过程。

新中国成立之初，法院司法行政事务的管理由司法部承担，但由于当时司法行政机关只在中央及各大行政区设置，1954年之前司法行政机关管理法院司法行政事务仅囿于中央与六大跨行政区层面，省以下地方两级法院司法行政事务则由省级法院掌管。1954年之后，随着各省逐步建立司法厅（局），省级法院司法行政事务才划归各省司法厅（局）管理，而基层人民法院（即县级法院）司法行政事务则一直由法院自行管理。

1959年，随着司法部的撤销，司法部主管的法院司法行政事务交由法院自行管理。

1967年，随着"文化大革命"的发动并历时10年，各级法院先后由军管委（会）接管，与审判权相伴而生的司法行政事务也就不复存在。

1979年，"文化大革命"结束，司法部重建，1979年人民法院组织法规定法院司法行政事务恢复交由司法行政机关管理，但此时基层法院的司法行政事务管理仍然延续了过去的惯例，由基层法院自行管理。

1982年，最高人民法院与司法部联合下发通知，要求司法部主管的与法院相关的司法行政工作移交最高人民法院管理，各省级司法厅（局）管理的同类工作移交各高级人民法院管理。

1983年人民法院组织法修改，将涉及司法行政机关的条文全部删去或修改。关于法院自行管理司法行政事务，修订后的人民法院组织法以及其他相关法律均没有任何明示规定。在司法实践中，法院的司法行政事务向法院系统内转移，与审判相互交叉渗透，党政机关、

---

* 本文系2014年度教育部哲学社会科学研究重大课题攻关项目"司法管理体制改革"（14JZD024）阶段性成果。

法院以及其他相关部门以行政管理的理念悄无声息地塑造了当下"两权混同运行"模式并逐渐固定化。

（二）我国"两权"运行模式的现实困境

与我国人民代表大会制度相适应，当下我国"两权"运行模式是在坚持中国共产党领导，接受人大权力监督前提下的"分层交叉管理模式"，主要表现为：首先，我国法院司法行政事务实行"分层管理"模式。其中，法院人事由党的组织部门、党的纪检监察部门和政府人事部门管理；法院经费由同级政府负责；职业资格考试、职业培训以及司法协助等事务由司法行政部门管理；审判权运行以及其他辅助性事务由法院自行管理。其次，我国审判权与司法行政事务管理权"交叉运行"，即法院内部审判权与司法行政事务管理权相互交织、混合运行，审判职责与司法行政事务管理职责配置不明晰，审判事务与司法行政事务不分，审判职能与司法行政职能混同。此种模式是由我国国家权力结构及政治体制所决定的，体现了党对审判工作的领导，曾一度对审判权功能的实现产生了积极作用，但随着社会经济的发展，这种运行模式对审判权运行产生了一定掣肘效应，具体表现为：

1. 审判权运行地方化。审判权运行地方化主要表现为法院司法行政事务管理权限的地方化。这一方面表现为法院人事管理地方化。例如，我国地方各级人民法院院长由地方各级人民代表大会选举，副院长、庭长、副庭长、审判员由地方各级人民代表大会常务委员会任免。另一方面表现为法院经费保障地方化。我国地方各级人民法院的经费均由同级人民政府预算，同级人民代表大会审议，由政府财政部门划拨。法官异化为"地方的法官"，最终无法保证其独立公正地行使审判权。①

2. 审判权运行行政化。审判权运行行政化具体表现为：其一，上下级法院关系行政化。我国宪法规定，上下级法院之间是监督与被监督的关系，但在实际运行过程中，请示汇报、业务管理及考核评价等制度导致上下级法院之间的监督关系异化为领导与被领导的关系。其二，审判职能行政化。目前，我国法院内部审判职能与司法行政事务管理职能混同运行，主次颠倒。其三，审判组织科层化。目前，我国审判权是按照科层化管理模式运行的，法官主审或者独任审判往往要逐级上报或"请示"庭长、主管副院长、院长及至审委会，形成了"上命下从"、"审者不判、判者不审"的行政隶属关系，导致司法不公、不严、不廉，直接挑战司法公信力，损害司法权威。其四，法官管理的行政化。我国法官和法院工作人员按照行政机关层级模式定级，法官群体因被划分为不同等级而存在上下级隶属关系，院长对副院长、副院长对庭长、庭长对法官是一种领导与被领导、支配与被支配的关系。

二、审判权与司法行政事务管理权分离模式的域外比较

域外司法行政事务管理模式对我国审判机关"两权分离"制度设计则具有一定的借鉴意义。比较域外司法行政事务管理模式具有开阔视野、启迪实践的效应。

---

① 参见徐汉明等：《深化司法体制改革的理念、制度与方法》，载《法学评论》2014年第4期。

（一）外部分离管理模式

此种模式强调审判权与司法行政事务管理权外部分离，审判权由法院行使，司法行政事务由法院之外的机关负责，其中有代表性的是司法部管理和司法委员会管理两种模式。如德国由联邦司法部和州司法部分别负责对联邦法院和州法院系统的司法行政事务进行管理，① 而欧盟各国大都实行司法委员会管理。② 司法委员会作为一个独立机构，通常对法院进行总体管理，内部事务则由法院管理委员会负责。法院管理委员会整体上负责法院政策执行和行政管理，对委员会负责。③

（二）内部分离管理模式

该模式强调司法行政事务由法院自治管理，法院既承担审判职能也负责行政事务管理职能。在法院内部区分审判业务与司法行政事务，法官负责审判，设立专门的机构负责法院行政事务管理工作，以实现审判权的高效运行。如美国，联邦法院管理层面，设立联邦司法会议行使法院行政事务管理的决策权，其主要成员为法官，对美国法院行政管理局管理活动进行督导；同时，法院内设法院行政管理局作为执行机构，负责联邦法院系统的行政事务管理。④

（三）混合管理模式

此模式下法院的司法行政事务通常由司法部、司法委员会及法院共同管理。司法部行使法院行政管理权，司法委员会承担法官管理职能，法院承担部分行政事务管理职能。如法国，其司法部负责法院行政事务决策，司法部任命的最高行政长官承担行政事务的执行职能，其法官事务由司法委员会下设的法官事务委员会管理。司法部授权上诉法院对本法院和下级法院行使集中管理权，法院内部组织根据事务性质不同分为审判业务和管理业务两个机构，分别由遵循不同运行规律的法官和行政人员完成不同的组织功能。⑤

从以上分析也可窥见各国（地区）"两权分离管理"模式的共同规律性：其一，法院行政事务管理以实现司法公正和司法效率为目标，在保障审判权独立运行的前提下尽可能地提高审判效率。其二，审判权及司法行政事务管理权的运行体现法院自治理念。除司法部管理模式外（其行使司法行政事务管理权的人员通常也具有司法背景），法院行政事务管理决策主体通常以法官或法院为主，权力架构强调以法官为主体和以审判权独立运行为中心。其三，审判权与司法行政事务管理权不管是实行外部分离管理还是内部分离管理，都严格区分审判事务和司法行政事务，由不同的组织机构负责。我国司法体制在宪法和组织

---

① 参见梁三利：《德国行政型法院管理模式解析及其启示》，载《江苏科技大学学报》（社会科学版）2009 年第 3 期；张永红：《英国法院的司法管理对英国法院事务管理服务局 2008—2009 年度工作报告的解读》，载《法律适用》2010 年第 8 期。

② 参见威姆·沃尔曼斯：《欧洲各国法院的司法行政管理模式比较研究》，王晓芳译，载《法律适用》2004 年第 2 期。

③ 参见姜明川：《关于荷兰、奥地利司法制度的考察报告》，载《山东审判》2007 第 2 期。

④ 参见本书课题组编著：《外国司法体制若干问题概述》，法律出版社 2005 年版，第 232~235 页。

⑤ 参见梁三利：《法国混合型法院管理模式探析及其启示》，载《太原理工大学学报》（社会科学版）2008 年第 12 期；宗会霞：《法院行政事务管理权的路径探幽》，载《社会科学辑刊》2011 年第 9 期。

法定位上，总体设计是党领导及人大（及其常委会）监督下的"一府两院"分权制衡制度。我们在探索建立审判权与司法行政事务管理权分离的顶层制度设计中必须洞悉模式背后的政治制度、国家权力配置、文化背景等影响因素，不能照搬照套外国法治理念和"两权分离管理"模式，但域外法院行政事务管理的共性也是值得明辨并借鉴的。

三、我国审判权与司法行政事务管理权分离的实践探索

依据党的十六大以来重大政策精神，坚持宪法对审判权性质、功能的科学定位，为破解法院管理体制中存在的难题，实践中就"两权分离"体制机制创新进行了不少探索，积累了不少新鲜经验。

1. 组织机构改革探索。针对组织机构职能混同、分工不清、行政事务管理部门日益臃肿等现象，实践中法院始终在探索审判组织及内设机构改革。1999 年，法院进行了精简合并，统一设立各级法院的司法行政管理部门试点改革;① 在新一轮司法改革中，为契合司法"去行政化"要求，遵循审判权运行规律，真正实现让审理者裁判、让裁判者负责，珠海横琴新区法院取消案件审批制，取消审判庭，审判组织采取"1+3+1"的模式，即由 1 名法官、3 名法官助理、1 名书记员组建审判团队;推行法官员额制，其法官不设行政职务，专职法官与副院长同级，享受副处级待遇，有权对司法行政管理工作提出意见和决策。② 深圳前海法院不设审判业务庭，直接设立主审法官审判团队，建立以审判为中心的扁平化管理模式，精简内设机构，只设两个综合管理部门等。③ 这些都是法院组织管理体制改革的实践创新，为科学合理地实现"两权分离"提供了经验。

2. 人员管理改革探索。现行"两权混同"运行模式在人员管理方面存在职责不清、岗位混同等问题，司法实践为此进行了积极探索。最高人民法院从 1999 年提出推进人员分类管理改革，④ 2002 年部署推进法官遴选制度改革，⑤ 2003 年对书记员实行单独序列聘任制管理，2004 年最高人民法院正式确定海淀区人民法院、深圳市中级人民法院等 18 个法院试行法官助理制度，2008 年开始推行法院系统内司法警察分类管理和单独职务序列改革，2009 年提出完善法官及其辅助人员分类管理的制度，完善人民法院职务序列制度。⑥ 其中有代表性的人员分类改革，如以北京石景山区法院为代表的"主审法官负责制"，以上海市二中院为代表的"合议庭"负责制，以深圳福田区法院为代表的"审判长负责制"等。⑦ 新一轮司法管理体制改革就完善司法人员分类管理部署继续开展试点。例如，上海市改革法院分类管理制度，实行"员额制"，法官、法官助理、行政管理人员各占法院现职人员总数的33%、52% 和 15%。法院人员分类管理及员额制的改革为"两权分离"制度设计提供了可

---

① 参见最高人民法院《关于全面深化人民法院改革的意见》（《人民法院第一个五年改革纲要（1999-2003）》），法发〔1999〕28 号。

② 参见胡林：《横琴法院：新"样板"与旧部件》，载《南方周末》2014 年 5 月 3 日。

③ 参见王逸吟、靳昊：《深圳前海法院正式成立》，载《光明日报》2015 年 1 月 30 日第 4 版。

④ 参见胡林：《横琴法院：新"样板"与旧部件》，载《南方周末》2014 年 5 月 3 日。

⑤ 参见最高人民法院《关于加强法官队伍职业化建设的若干意见》，2002 年。

⑥ 参见《人民法院第二个五年改革纲要（2004-2008）》，法发〔2005〕18 号；《人民法院第三个五年改革纲要（2009-2013）》，法发〔2009〕14 号。

⑦ 参见陈陟云等著：《法院人员分类管理改革研究》，法律出版社 2014 年版，第 210~213 页。

复制的新鲜经验。

3. 财物管理改革探索。围绕人民法院经费保障体制改革，2005 年，财政部、最高人民法院联合发布意见，建立基层人民法院的经费保障机制。为帮助地方建立人民法院经费保障长效机制，2007 年中央财政安排补助法院办案专款 30 亿元、2008 年补助法院办案经费 40 亿元。① 2009 年中共中央办公厅、国务院办公厅对法院经费保障体制改革提出了新要求，法院经费保障体制日益完善。② 各级人民法院经费保障水平大幅度提高。例如，贵州、云南、上海、山西、辽宁等 10 个省、直辖市、计划单列市的法院经费支出总额，2012 年与 2007 年相比增长了 71.47%。其中，人员经费支出增长了 78.24%，日常运行公用经费支出增长了 43.36%，办案业务经费支出增长了 50.86%，业务装备经费支出增长了 250.97%。③ 党的十八届四中全会之后，最高人民法院进一步明确提出完善人民法院预算保障体系、国库收付体系和财务管理体系，推动人民法院经费管理与保障的长效机制建设。④

四、我国审判权与司法行政事务管理权分离模式之重构

当下有关法院审判权与司法行政事务管理权分离的制度设计，理论界和实务界提出了如"外部分离管理模式"、"重心上移适度分离改革模式"等改革方案。⑤ 但这些模式要么不适合我国国情，难以去除"司法行政化"的积弊，要么仅属权宜之计，需进一步细化实化，留待实践检验。基于上述分析，我们提出"两权内部适度分离"模式重构方案，改革的主要内容是：

1. 建立"内部适度分离"的组织体系。（1）完善符合"两权适度分离"的审判组织体系。遵循审判权运行规律，推动法院内部去"科层制"，兴"扁平化"的改革，厘清院长、审判委员会、合议庭（独任庭）及法官的职责权限，院长、审判委员会、合议庭（独任庭）及法官都是代表法院依法独立行使审判权的主体及其承担者，其天然定位和法定职责都是相对独立行使审判权的主体，在依法独立行使审判权层面没有权力大小之分，不存在领导与被领导的关系。构建以法院依法独立行使审判权为基点、以法官依法独立办案为核心的审判组织体系。其审判组织体系的完善方案是建立以审判权依法独立行使为中心，以主审法官负责制为基础平台，以法官审判能力等级为中心环节，以单独职务工资序列与职业保护为保障，构建扁平化管理的类型化审判组织体系；与此相适应，建立健全审判权行使主体的权力清单、责任清单、义务清单制度。除院长外，法官不得兼任司法行政职务，

---

① 孟涛：《改革开放以来法院体制的分权与集权——中国国家司法能力建设的变迁轨迹》，载《新视野》2010 年第 4 期。

② 参见 2006 年《关于进一步加强人民法院、人民检察院工作的决定》（中发〔2006〕11 号）；中共中央办公厅、国务院办公厅《关于加强政法经费保障工作的意见》（厅字〔2009〕32 号）；《中共中央转发〈中央政法委员会关于深化司法体制和工作机制改革若干问题的意见〉的通知》，2008 年 11 月 28 日。

③ 唐虎梅等：《人民法院经费保障体制改革情况调研报告》，载《人民司法》2013 年第 21 期。

④ 参见最高人民法院《关于全面深化人民法院改革的意见》（《人民法院第四个五年改革纲要（2014—2018）》）（法发〔2015〕3 号）。

⑤ "外部分离管理模式"参见孙业群：《法院司法行政事务管理权研究》，载《中国司法》2004 年第 7 期；李邦军：《论司法审判与司法行政之分离》，载《西南民族大学学报》（人文社科版）2004 年第 9 期。"重心上移适度分离改革模式"。党的十八届三中、四中全会提出"改革司法管理体制，推动省以下地方法院、检察院人财物统一管理"。

从而形成法官专司审判职能，不再兼任司法行政职务，保证以法官为主体的审判人员（审判辅助人员）集中精力从事审判权行使所涉法益事项。（2）建立符合"两权适度分离"科学高效运行的司法行政事务管理组织体系。按照"一条边"、"扁平化"原则设立司法行政事务组织机构，具体来说，可在中央和省一级法院设立行政事务管理局，由作为行政长官的秘书长统一执掌，秘书长专司司法行政事务，只向院长报告工作并接受其领导；司法行政事务仅由专职行政人员负责，不得兼任审判职务，不负责审判权行使所涉法益事项。与此相配套，省级以上法院行政事务管理局可设办公室、政治部和计划财务装备部三个部门，市（州）可设办公室、政治部两个部门，县（区）可设综合管理服务部一个部门。相应岗位职级设置可采用"专员制"，即设置以秘书长、主任（局长）为主导，以体现法院人事管理、政工党务、财务保障、技术服务专业特点的专业岗位为需求，以司法行政事务权力清单、责任清单、义务清单为关键，以类别化的专业技术岗位责任制为依托，以综合类、专业技术类公务员工资福利为保障的司法行政组织体系及其司法行政事务管理权运行机制。

2. 建立专业化、职业化、正规化的法院人员分类管理体系。为保障"两权"分类、有序运行，需建立相配套的人员分类管理体系。（1）人员选任。将法院人员按职能分为法官、审判辅助人员、司法行政人员三类，按序列实行分类管理。三类人员按照独自的序列选任发展晋升，相互间不得换岗交流，在此基础上建立科学化、制度化的分类管理体系和模式。（2）职务保障。建立科学完备、各自独立的法院三类人员的职务工资序列。按照法官法4等12级形成法官薪金的最低起点比照优于同等公务员薪酬待遇设计，建立法官单独职务工资序列。与之相配套，建立相应的职业保护制度、职业荣誉制度以及职业约束机制，从而形成科学完备的职业激励与职业约束保障体系及运行机制。建立审判辅助人员、司法行政人员单独职务工资标准。其中，司法辅助人员比照司法警察类、专业技术类等工资标准序列从优管理；司法行政人员按照略高于综合管理类公务员工资标准序列管理。（3）考核评价。建立符合"两权适度分离"的评价指标体系与考核标准。遵循审判权运行规律，加快制定法院评价标准体系和考评办法，形成审判权、审判辅助权、司法行政事务管理权各自类型化与科学完备的评价体系、评价标准和考评方法，不再互相套用、互相替代，保障审判权与司法行政事务管理权适度分离的统一运行。

3. 建立制度化、规范化的法院财物管理体制。建立以省会中心城市保障水平为基点的"相对均等化"的统一经费管理体制。① 具体实施机制层面，由省级法院预（决）算专员统一编制全省法院预（决）算，直接提请省人大审查批准通过，由省级财政部门予以拨付，即由省级财政部门和省级法院行使建议权和日常管理权，省人大行使决策权，将法院财物管理的决策权和执行权分离，增加财物管理的透明化、规范化，使法院摆脱对省级财政的依赖，保障审判权依法独立行使。同时，建立省级法院对下级法院派驻预（决）算专员制度，统一行使预（决）算执行、监督管理；建立省以下法院预（决）算的专员监督执行制度，省级法院统一预（决）算、监管和审计，省财政、审计部门统一稽查和审计监督"分离制约"的管理体制，既保证省以下法院有效执行预（决）算资金，确保审判权及时高效行使，又充分发挥上级法院司法行政管理预（决）算方面专门监管的优势作用，同时接受省级财政、审计及纪律检查部门的监督，防止相互包办代替，增强司法行政管理的效能。

---

① 参见徐汉明等：《深化司法体制改革的理念、制度与方法》，载《法学评论》2014 年第 4 期。

4. 推行部分司法行政事务管理社会化。目前，我国法院司法行政事务还包括大量的基础设施建设、维修与养护、后勤服务等维持机关运转层次的事务性工作。这部分事务是维持法院运转必不可少的内容，但其与审判权的关系并不密切，为使法院各职能部门高效有序地运转，避免人力、物力、财力浪费，可以在司法行政事务管理中引入社会化机制，将一部分可以市场化的保障工作分流出来，采用租赁、合同派遣、购买服务等形式交由社会专业组织承担。这种方式使司法行政事务管理者专司与审判权运行密切相关的管理工作，更好地为审判权提供服务。

（作者单位：中南财经政法大学法治发展与司法改革研究中心）

再论我国刑事诉讼法的再修正

徐静村

笔者 2003 年发表的《论我国刑事诉讼法的再修正》是针对 1996 年刑事诉讼法修正案而言的，而本文"再论"则是针对 2012 年刑事诉讼法修正案而言的。但两文都是谈论我国应建立以审判为中心的诉讼制度问题。故不仅两文的思想是彼此关联的，而且论证的内容也是彼此关联并前后递进的。因此，本文的第一部分是对前论的回顾，第二部分是对新的历史条件下，如何构建以审判为中心的诉讼制度提出建议。

一

笔者在《论我国刑事诉讼法的再修正》一文中着重阐述了这样的主题："对于 21 世纪中国刑事程序的设计，应以'审判中心主义'和'检警一体化'为基本思路，重点解决审前程序的改造和建立以审判为中心的诉审关系两个问题"；而在 2003 年 8 月出版的《21 世纪中国刑事程序改革研究》一书中，笔者主持设计的《中华人民共和国刑事诉讼法第二修正案（学者建议稿）》（6 编 386 条），则力图解决好这两个问题。笔者认为，保证司法公正，是刑事程序的根本性功能，只有保证每个案件都能得到公正处理，刑事司法才能真正实现法律赋予的庄严任务。而刑事程序要实现这样的功能，是同它自身的科学、完善密切相关的。只有刑事诉讼法本身是一部公正的法，它才有可能起到保证司法公正的作用。我国 1979 年制定的刑事诉讼法，限于当时的历史背景，在强调公安机关、人民检察院、人民法院实行分工负责，分别行使侦查、起诉、审判权力的同时，还特别强调三机关间的协同配合关系，从而凸显诉讼程序惩罚犯罪的功能。在程序制度设计上，对侦控权力行使的程序保障规定得较为充分，但缺乏对权力滥用的防范与限制；对辩护权行使的程序保障规定相对不足，且限制较多；对保障审判权独立行使并保证查明案件事实的程序制度则规定得甚为薄弱。控辩审三者在诉讼中的相互制约功能没有真正形成。案件一经侦查确认有罪，便一路顺风，检法两家自然紧密配合，从快从重地进行追究，明显存在着重惩罚犯罪，轻保障人权的倾向，这种缺陷使它难以实现准确及时地惩罚犯罪，充分地保障人权的任务。根据其程序特点可称之为"侦查中心主义"。

20 世纪 90 年代中期，在我国民主、法制建设步伐加快的背景下，1996 年对刑事诉讼法进行了第一次修正。修正案强调实体与程序并重的价值观，力图体现惩罚犯罪与保障人权相结合的理性要求。例如，在法典中引进无罪推定原则的精神，由此扩充犯罪嫌疑人、被告人的诉讼权利；允许律师从侦查阶段起介入诉讼，在一定程度上限制了侦查行为的随意性，加强了人权保障措施；将审判权（包括定罪权）统一交由人民法院行使，增加了程序的科学化；将原来审问式庭审制度改为辩论式庭审制度，加强了程序的民主性和法官的中立性；强化了合议庭在审判活动中的权力和作用，在一定程度上解决了"先判后审"、

"上判下审"等问题，其进步意义是应当肯定的。但这次修正只是一次"重点修改"，不是全面修改，未能从根本上理顺诉讼主体之间的法律关系，没有触动"以侦查为中心"的基本体制。特别是修正案颁行后，与刑事司法有关的国家机关争相出台本系统执行刑事诉讼法的"解释"或"规定"，这些"解释"或"规定"均无例外地反映了解释主体致力于对某些法律条文做超长延伸以扩张权力的倾向，对法律规定不详与疏漏之处做有利于自己扩展权力的补充，这种延伸和过多地记录自身权力的解释内容，使解释文本直接成为各种解释主体权力再分配的载体，且各系统在办理刑事案件过程中，工作人员往往只按本系统的权威"解释"或"规定"办事，而把法律本身弃置一旁，这就使各机关的执法行为很难统一到"修正案"的立法本意上来，从而影响刑事诉讼法的统一正确实施，最终使这次修正取得的那些进步和积极成果化于无形。这种现象表明：不但立法机关的权威和法律的尊严没有受到应有的尊崇，同时也反映了这次的"重点修改"或"部分修改"不能满足实践的需要。

基于上述情形，笔者认为：（1）只有通过"再修正"制定一部完善的刑事诉讼法，将刑事程序制度作尽可能细致严密的规定，强调执法者在办理刑事案件时采取任何司法行为都必须严格依照法律，不得违反，违法操作必须承担相应后果。同时，杜绝执法机关再以"贯彻执行"名义作超越法律规定的"解释"，妨碍法律的正确、统一实施（如果确需解释，应由全国人大常委会作出立法解释）。（2）实行以审判为中心的诉讼制度，使审判机关和办案法官能够真正独立行使审判权，依法公正地处理每一起刑事案件，并对错误裁判承担责任。（3）实行以审判为中心的诉讼制度，必须重新构建侦诉审三者的关系，重点是侦诉关系和诉审关系。侦诉关系以建立中国式的检警一体化制度为目标，诉审关系则以确保法院和法官的中立裁判地位和真正依据案件真实严格依法公正裁判为目的。（4）核心问题是要尽快启动刑事诉讼法的再修正。而"再修正"必须是一次全面修正，不能限于"重点"或"部分"修正。否则不能实现这部法律的科学化、现代化，当然也就不可能保证实现司法公正的要求。因此，笔者在本世纪初便呼吁对我国刑事诉讼法进行再修正，并以"审判中心主义"和"检警一体化"作为新刑事诉讼法设计的基本思路，提出了前述的"学者建议稿"。

2004年6月，笔者获得司法部重点课题"刑事诉讼法的再修改"，课题组通过调研和广泛征求意见，用一年时间完成了《中国刑事诉讼法（第二修正案）学者拟制稿及立法理由》提交给立法机关参考。这部"拟制稿"即采全面修改的立场，坚持适度超前、兼顾现实的方针，追求保障公正、提高效率的价值目标，实现提升权利、抑制权力的主要目的，构建博采众长、兼容并蓄的"中国模式"，并尽可能"细化"（具体化）程序制度，加强法律的规范性和可操作性。"拟制稿"将刑事诉讼法设计为总则、证据、侦查、公诉、预审、审判、特别程序、执行8编，共462条。为了避免对拟制法条理解上产生歧义，拟制稿采用"条文、立法主旨、释义与论证"的基本体例，对每个条文的准确含义和适用范围作较为详尽的阐释，其目的是企望立法机关采用这种立法"模式"来杜绝执行机关的"任意解释"。遗憾的是，2012年的修正案既没有采用全面修改的建议，也没有采用上述立法模式，仍然是一次"重点修改"，虽然这次修改在保障人权、完善证据制度和加强检察机关的诉讼监督职能方面有突出的进步，但由于"修正案"仍留下许多程序空白，故在颁行之后，执法机关立刻出台较之过去更多更细的"解释"，重演亵渎法律尊严的故事，在各机关只按本系统的执行规定办事习惯毫无改变的情况下，司法活动能否达到法律预期的公正效果是存在疑问的；更因为这次修改是"修补性"的，旧的刑事程序框架没有触动，甚至在诉审制度构造上较1996年刑事诉讼法有所倒退。在这样的程序框架上，强化检察机关诉讼监督职能的作用，不过是将"侦查中心主义"模式变成"侦控中心主义"而已，这同"以审判为中心的诉讼制度"相去甚远，无法保证实现司法公正的目标。

二

中共中央《关于全面推进依法治国若干重大问题的决定》（以下简称《决定》）精辟地指出："公正是法治的生命线。司法公正对社会公正具有重要引领作用。司法不公对社会公正具有致命破坏作用。"可见公正是司法的最高价值追求。为了保证实现司法公正，"让人民群众在每一个司法案件中感受到公平正义"，《决定》强调"必须完善司法管理体制和司法权力运行机制，规范司法行为，加强对司法活动的监督"。而"必须完善"的"司法权力运行机制"、"规范司法行为"，只有通过对刑事诉讼法的再修正来解决，舍此没有任何其他途径！"完善司法管理体制"和"加强对司法活动的监督"则通过再次修正刑事诉讼法也不能完全解决，还必须再度修改人民法院组织法、人民检察院组织法等相关法律，特别是建立全国人民代表大会和地方各级人民代表大会的司法监督制度，实现国家最高权力机关和地方权力机关对司法活动的有效监督才能解决。《决定》对司法改革提出的目的性要求是"坚持以事实为根据、以法律为准绳，健全事实认定符合客观真相、办案结果符合实体公正、办案过程符合程序公正的法律制度"。而要实现这样的目标，就必须"推进以审判为中心的诉讼制度改革"，舍此也没有其他途径。因此，笔者认为，尽快启动我国刑事诉讼法的再次修改，制定一部"以审判为中心"的刑事诉讼法，以解决"规范司法行为"和"司法权力运行机制"的科学化问题，同时对与之相关的一些法律（诸如刑法、人民法院组织法、人民检察院组织法等）进行相应修改，并建立司法体制外的强有力的权威监督机制（主要是健全人大的法律监督制度，后文详述），以保证司法权力不致被滥用，一旦发生滥用司法权力危害司法公正的情形，立刻就会受到查处和纠正，以此来确保"每一个司法案件"都能让人民群众感受到公平正义。

构建以审判为中心的诉讼制度，意味着必须从确保"每一起案件"的处理都实现司法公正的极限高度，高屋建瓴，从整体完善的思路着眼，立足国情，充分吸收现行法律和研究成果的科学成分和司法实践的成功经验，设计出一部整体上严密完善并且达到科学化、现代化要求的具有中国特色的刑事诉讼法。这是我国建设法治国家的一项重大基础工程。

中国特色社会主义政治制度与构建"以审判为中心的诉讼制度"如何衔接呢？这是首先需要解决的问题。

人民代表大会制是我国的根本政治制度。全国人民代表大会是我国最高国家权力机关，实行"议行合一"的工作制度，行使有关国家重大事务的决策权、国家的立法权和法律监督权。"一府两院"是人大的执行机关，对人大负责并报告工作。人民政府是国家的行政机关，主管国家一切行政事务；人民法院是国家的审判机关，依法独立行使审判权，主管一切诉讼案件的审理裁判，体现司法的公平正义；人民检察院是国家的法律监督机关，依法独立行使检察权，包括行使国家公诉权和法律实施的监督权两项权力。在这样的体制下，实行以审判为中心的诉讼制度，必须首先理顺几个过去一直没有理顺的重要关系。

（一）关于"公检法"三机关在诉讼程序制度中的关系问题

我国过去将"公检法"三机关并提并列，在诉讼程序中实行"分工负责，互相配合，互相制约"的原则，将"侦诉审"比拟为工厂生产流程中的"三个车间"，这种理念和制度设计显然是不妥当的。首先从"侦诉关系"分析：人民检察院公诉权的本质是对犯罪的追诉权，从程序意义上说，侦查是公诉的准备阶段，提起公诉和出庭公诉是公诉的完成阶段，公诉权自然涵盖侦查权，侦查权较之公诉权来说，处于权力的下位。因此，法律对于刑事诉讼中的职能管辖范围应做这样的界定："对刑事案件的侦查，由人民检察院负责进行。人民检察院根据法律的规定，可以授权公安机关对刑事案件实施侦查。"这样的立法设计才与我国"一府两院"的权力体制相符合。通过将侦查权赋予人民检察院同时人民检察院授权公安机关进行侦查这样的立法设计，既统一了侦查权的归属，又明确了公安机关进行侦查的法律依据，同时也理顺了侦诉关系。检察机关对于公安机关的侦查活动是否依法进行、侦查任务是否完成、侦查终结后形成的结论是否正确，均负有检查、监督的责任，两机关的关系，不是"平起平坐"的关系，也不是"分工负责"的关系，更不是"互相配合，互相制约"的关系。从程序意义上说，公安机关的刑事侦查工作依法对检察机关负责。公安机关与人民法院更谈不上"分工负责、互相配合、互相制约"的问题。

（二）从"诉审关系"分析

检察机关依据刑事诉讼法行使的公诉权，本质上是对犯罪的追诉权，它以追究被告人刑事责任、遏制犯罪、恢复被破坏了的法律秩序为使命。

由于公诉权的本质是犯罪追诉权，公诉行为本质上即是追诉犯罪的行为，因此公诉权具有两个方面的内涵：实体意义上的公诉权即犯罪侦查权，程序意义上的公诉权即司法请求权，即检察机关向审判机关提起公诉，请求对被告人的犯罪行为进行审判的权力。而司法请求权是一种程序性权力，表达公诉机关对于审判机关的一种司法请求，具有引起审判的意义。它本身并不具有终结性即最终判定性和处罚性功能，而仅是为国家实现刑罚权准备条件，它所包含的实体性要求只有通过法院的审判活动才能最终实现。而法院行使审判权的本质特点是严格保持中立性和严格适用法律，以此来保证司法的公正。如果法院与控方存在"互相配合"的关系，势必妨碍其中立立场，影响对案件的公正处理。因此，法检两家关系也不应再提"分工负责，互相配合，互相制约"。人民法院依法独立行使审判权，在刑事诉讼中，只受刑事实体法和刑事程序法的约束与制约，不受其他任何权力的约束与制约。

（三）法律监督权的配置与行使及对保障司法公正的作用

法律监督权是一项十分重要的国家权力，具有监督宪法和法律实施，防范、限制、及时发现和制止各种滥用国家权力的行为，对滥用权力产生的错误和腐败进行纠正和追究等功能。这项权力本应由全国人大行使。只有全国人大直接行使国家的法律监督权，才有可能有效实现这项权力的上述功能。全国人大通过宪法将法律监督权授予人民检察院行使，即全国人大委诸检察机关代行本应由其行使的这项权力，并使检察机关在"一府两院"的政治结构中与政府和法院相对平衡。然而实践证明，检察机关未能担当起这样的职能。

法律监督权行使的范围应当及于宪法和所有法律的实施，监督内容涵盖全社会对宪法的遵守与维护，审查和纠正一切违宪行为；国家行政机关是否依法行政，查处和纠正各种滥用行政权力的行为；司法机关是否依法办案，查处和纠正司法活动中的违法操作、枉法裁判等行为。法律监督权的有效行使既是建设法治国家的必备条件，也是实现司法公正的重要保障。笔者认为，实现人大的法律监督权，此其时也！笔者建议，全国人大设立法律监督委员会（常设机构）负责行使法律监督权，凡属全国人大及其常委会现在行使的各项监督权，都可授权这个委员会负责处理。其中，必须经由全国人大或其常委会作出决定的，可由这个委员会提出处理意见，然后按规定提交全国人大或人大常委会审议决定；就增加的监督内容而言，则视其重要程度由这个委员会负责处理或负责查明情况后提出处理意见报请全国人大或人大常委会审议决定。也可由全国人大授权直接由这个委员会处理。

人大法律监督委员会监督权行使的范围包括：对违宪行为的监督；对行政权行使的监督；对审判权行使的监督；对公诉权行使的监督；对政党、社团和其他组织的活动是否遵守宪法和法律的监督等。法律监督委员会可根据各项监督工作的需要组成相应机构负责监督工作。

人民检察院作为法定的国家法律监督机关，顺理成章地成为全国人大法律监督委员会的执行机关。人民检察院可按法律监督和追诉犯罪两项职能将人员分流，各司其职，行使法律监督职能的部分，可根据人大法律监督委员会的具体需要开展监督工作，与人大对口设立相应机构。

对司法权行使的监督，是人大法律监督的重要内容，目的在于保障司法行为的合宪性和合法性，遏制司法专横和司法腐败，实现司法公正，维护社会正义。因此，它的职责在于查处和惩戒违法失职的法官。为此，可在人大法律监督委员会设司法弹劾委员会，专门负责司法弹劾工作。全国司法弹劾委员会可由全国人大常委会在全国范围内知名的法学家、资深法官、资深检察官、资深律师以及全国人大代表中选任。各省、自治区、直辖市的司法弹劾委员会依照全国司法弹劾委员会的组建方式组成。由于公诉权的行使常有某些司法性质，在侦查、起诉过程中容易出现违法操作和忽视人权保障等问题，所以对检察官和警官的执法监督，可由司法弹劾委员会负责进行。严格有效的司法监督对于实现司法公正是一种重要的保障。

（四）关于刑事诉讼法的再修改

2012 年出台的刑事诉讼法第二修正案虽然在健全证据制度和保障人权等方面有重大进步，但结构体系和诉讼理念仍是旧的，在这个基础上不可能实行"审判中心主义"。"再修改"的目的，就是制定一部以审判为中心的刑事诉讼法，以适应加速推进建设社会主义法治国家的需要。

关于新的"修正案"具体如何设计，本文中已无篇幅详述意见。笔者认为，在前述三个理论障碍厘清之后，程序设计不是太大的难题。本文只想抛砖引玉，希望引起同道关注，共同推动刑事诉讼法的再修正，为创制中国特色的"以审判为中心的诉讼制度"而努力。

（作者单位：西南政法大学）

我国刑事审判程序违法的救济问题研究

杨杰辉　毛建中

党的十八届四中全会提出："推进以审判为中心的诉讼制度改革"，这标志着审判程序在诉讼中的中心地位在我国得到正式确认。审判程序地位的提升，也意味着其责任的增大，因而也给其自身提出了更高的要求：程序规范必须完善，司法必须严格。但是即使是再完善的规范，也仍然存在被违反的可能，因此必须设立救济机制，给因为违法而利益受损的被告人提供救济。可见，如何设立针对审判程序违法的救济机制，就成为审判中心主义改革无法回避的问题。

一、检察监督救济与上诉救济：我国审判程序违法的救济现状

（一）检察监督救济

根据宪法与刑事诉讼法的规定，检察机关是我国的法律监督机关，有权对刑事诉讼进行监督，检察监督贯穿于诉讼的整个过程，而检察审判监督是其重要组成部分。但是，检察审判监督是检察监督制度中最有争议的问题，对此理论上几乎呈一边倒的反对态度，认为这种监督会扭曲审判的正常构造、损害法院的权威等。[①] 审判的正常构造是法官居中裁判、控辩双方平等对抗，而检察审判监督使检察机关在审判程序中承担控诉者与监督者两种相冲突的角色：控诉者的角色要求其在审判程序中如一方当事人一般，居于法官之下，与辩护方平等对抗；监督者的角色则要求其超越当事人的地位，成为法官之上的法官。[②] 两种相冲突角色集于检察官一身的制度安排，会导致实质上属于当事人一方的检察机关凌驾于法官之上，既损害了法官的中立性、权威性，又破坏了控辩平等对抗的格局。检察审判监督存在的这种结构性问题，必然会在以其为基础的检察审判监督救济机制上也存在。按照检察审判监督救济机制的逻辑，当审判程序违法，被告人请求正与其处于对抗关系的检察机关予以救济，检察机关对本处于居中裁判者的法院的审判行为进行审查，通知其纠正违法行为。这种机制造成控诉者成了法官之上的审查官，控诉方成了被告方的"救世主"，这不仅扭曲了审判构造，而且违背救济原理。除了这些结构上的问题之外，检察审判监督救济的实际效果也是非常有限的。下表是近年来全国检察审判监督的情况。[③]

---

①　龙宗智：《相对合理主义视角下的检察机关审判监督问题》，载《四川大学学报》（哲学社会科学版）2004年第4期。

②　陈兴良：《从"法官之上的法官"到"法官之前的法官"：刑事法治视野中的检察权》，载《中外法学》2000年第6期。

③　数据来自《中国法律年鉴》以及"两院"工作报告。

年度	法院审结案件（件次）	检察院书面提出纠正（件次）	提出纠正的比例（%）	已纠正（件次）	法院接受的比例（%）
2004	743783	1387	0.19	666	48
2005	784000	1865	0.24	1183	63.4
2006	798572	2220	0.28	1581	71.2
2007	743783	2615	0.35	1993	76.2
2008	866819	2995	0.35	2368	79.1
2009	970079	4035	0.42	3425	84.9
2010	885316	6628	0.75	6209	93.7
2011	941972	8655	0.92	8160	94.2
2012	1097341	12323	1.12	11799	95.7

从上表可以看出，尽管近年来检察审判监督的强度（书面提出纠正意见的件次）和效果（已纠正的件次）都在逐年提高，但是相对于审判程序违法并不少见的现实，检察机关每100件案件才提出1件左右的书面纠正意见，表明检察审判监督的实际使用率是非常低的，其实际效果是非常有限的，因此也就证明了检察机关几乎不可能为被告人主动提供救济。而根据笔者对辩护律师做的问卷调查，当问到在遇到法院侵犯被告人权利时，会不会向检察机关提出申诉控告时，所有的律师都选择不会。

（二）上诉救济

我国所有的问题，包括事实问题、法律问题和程序问题的上诉，都是在同一个上诉程序中解决的，并且上诉审实行全面审查原则，所有的问题都是强制性地捆绑解决的，即只要提出了上诉，不管有没有明确是对事实、法律上诉还是对程序上诉，上诉法院都必须从这三个方面进行审查。可见，我国的上诉救济是一种全面型的救济。而且我国还专门对审判程序违法的后果作了规定，刑事诉讼法第227条规定，当二审法院发现一审法院的审理违反法律规定的诉讼程序时，应当裁定撤销原判，发回原审法院重新审判。

我国的这种全面型的上诉救济机制，有助于节省司法资源、提高诉讼效率，但是在这种机制中，并非会对所有的问题一视同仁，而是受"重实体轻程序"的影响，必然会更重视实体问题的救济，而轻视程序问题的救济，这在我国的立法和司法实践中已有明确体现：一是在采取何种审查方式上，体现了重实体性救济，轻程序性救济。上诉审实行何种审查方式，会影响救济的效果，一般来说，开庭审比书面审更有助于实现救济的效果，但是按照我国法律的规定，只有对事实问题有异议，才可能采用开庭审，如果只是程序有问题，则不可能采用开庭审，而是采用书面审。[①] 二是在是否发回重审上，体现了程序性上诉对实

---

① 陈卫东、李奋飞：《刑事二审发回重审制度之重构》，载《法学研究》2004年第1期。

体性上诉的依附。在司法实践中，对于程序违法，除了刑事诉讼法第 227 条规定的五种情形需要发回重审外，对于其他情形，是否发回重审不是取决于程序本身是否违法，而是取决于程序违法是否影响事实认定的准确性，如果事实认定没有问题，则单纯的程序违法并不会导致发回重审。

二、独立的程序性上诉：解决我国审判程序违法救济的出路

救济机制的设立应该符合以下原理：一是救济主体应该具有中立性，它是独立于权利人与侵权者的第三方，这样救济才具有公正性；二是救济主体应该具有高于侵权者的权威性，这样救济才具有权威性；三是救济程序应该在权利人与侵权者两方的共同参与下进行，这样救济才具有公平性；四是救济裁决具有法律约束力，这样救济才有效果。根据救济的上述原理，对于审判程序违法的，只有上诉是一种恰当的救济机制：一是这种机制虽然是上级法院对下级法院违法行为的救济，但上下级法院之间是监督与被监督的关系，相互之间是独立的，因此救济主体具有独立于权利人与侵权者的中立性；二是程序是否违法属于法律问题，而上级法院的法官一般比下级法院的法官更精通法律，因此由其判断更具权威性；三是上诉审也属于审判程序，实质上也是由控辩审三方组成，只不过原审法院与原审被告人在上诉审中的角色发生了变化，原审法院成了被告，原审被告成了控方，他们在上诉法院的主持、指挥下参与审判，平等地对抗，[①] 因此它符合救济的平等参与性原理；四是对于审判程序违法的，上诉法院作出的是撤销原判、发回重审的裁决，该裁决是具有强制执行效力的裁决，不管原审法院接不接受，都必须执行。而检察监督救济机制，则不符合救济的原理，因此它不应该成为审判程序违法的救济机制：一是它不符合救济主体中立性的原理。检察监督救济实质上是由控诉方对被告方进行救济，因此救济主体不具有中立性，并且无论怎样设计，这种中立性都无法实现，这是检察监督不能成为审判程序违法的救济机制的最重要理由。[②] 二是它不符合救济主体更具权威性的原理，检察机关并没有高于法院的权威性。三是它不符合救济程序双方共同参与的原理，检察监督救济要么采用由检察机关单方面审查决定的行政决策方式，要么采用由检察机关单方面听取权利人和侵权者意见的准司法决策方式，这两种方式都不是在双方共同参与下进行的。[③] 四是它不符合救济裁决具有法律约束力的原理。检察监督救济采用的是通知有关机关纠正的处理方式，但该处理方式没有约束力，是否纠正取决于有关机关自身，[④] 并且这种处理方式具有滞后性，最多起下不为例的警示作用，对本次违法得不到任何制裁，被侵权人也得不到任何实质性的补救。[⑤]

我国已经建立了上诉制度，但之所以没有实现对审判程序违法的救济，最重要的原因是程序性上诉不具有独立性，使得上诉制度对程序救济的功能没有发挥出来。因此，建立独立于实体性上诉的程序性上诉机制，是解决我国审判程序违法救济的最终出路，这也是

① 陈瑞华著：《程序性制裁理论》，中国法制出版社 2005 年版，第 415 页。
② 刘计划：《检察机关刑事审判监督职能解构》，载《中国法学》2012 年第 5 期。
③ 万毅：《论检察监督模式之转型》，载《法学评论》2010 年第 1 期。
④ 刘计划：《检察机关刑事审判监督职能解构》，载《中国法学》2012 年第 5 期。
⑤ 万毅：《论检察监督模式之转型》，载《法学评论》2010 年第 1 期。

世界上绝大多数国家的共同做法。[①] 那么怎么设立独立的程序性上诉救济机制呢？可供选择、借鉴的方式主要有两种：一是设立多层上诉审审级，将对事实问题的救济和对程序问题的救济分别放在不同层级的上诉审中解决，这种方式通过设立一个专门的程序性上诉审审级，在空间上将程序性上诉与事实性上诉隔离开，从而阻止事实性上诉对程序性上诉的影响，最终保证程序性上诉的独立性。二是不将事实问题的救济和程序问题的救济分开来放在不同的上诉审中解决，而是放在同一个上诉审中解决，但是为了防止事实问题的救济影响程序问题的救济，设立了上诉理由制度这一程序装置，将两者隔离开，通过这种方法也可以防止事实性上诉对程序性上诉的影响，保证程序性上诉的独立性。[②]

上述两种方式都能实现程序性上诉的独立性，实质上的差别在事实性上诉上：在第一种方式中，上诉法院通过对案件的重新审理，来实现对事实问题的救济；[③] 而在第二种方式中，上诉法院只在原审法院出示证据的基础上对事实进行审查，以此来实现对事实问题的救济。[④] 两种方式中，事实性上诉存在的这种差异，主要与一审事实认定的可靠性和正当性有关：一审事实认定越可靠，正当性越高，对其信任度就越高，其就越会获得尊重，因而对事实问题救济的空间就越小；反之，就越需要借助上诉来完成一审未尽的事实调查职责。[⑤] 因此，根据这一基本原理，从理想的角度来看，我国应该采用第一种方式，之所以采用这种方式，主要是由我国一审事实认定的现状决定的：虽然经过几次刑事诉讼法的修改和审判方式的改革，我国一审事实认定的实质化有所增强，一审事实认定的准确性有所提高，但由于辩护制度、证人出庭作证制度以及法官独立裁判等影响一审事实认定的因素没有得到根本改善，因此一审事实审形式化、一审无法胜任查清事实真相的问题仍然存在，[⑥] 所以为了提高事实认定的准确性，就必须借助二审，由二审补充甚至完全替代一审重新认定事实。但是，采用这种方式，意味着要对现行审级制度做重大修改，而这在短时期内无法实现，因此这只能作为一种长远目标。在实现这一长远目标之前，近期应该设立一系列具有现实可行性的过渡措施，以作为解决程序问题救济的应急措施。要设立这一措施，较为现实可行的办法是，可以在保留现行审级制度不变的前提下，吸收第二种方式的经验，对其进行微调。具体方法如下：在现行审级制度的基础上，对程序性上诉设立上诉理由制度，如果被告人对程序问题提出上诉的话，那么他在提出上诉的时候必须明确是对程序问题上诉，此时二审法院也只能审查程序问题，而不能审查事实问题；而如果被告人不是特地对程序问题提出上诉的话，那么就仍然按照现行做法，无须明确上诉理由，二审法院仍然实行全面审查原则，对案件从事实、法律、程序等方面进行全方位的审查。

[①] 黄朝义：《刑事诉讼法》，台湾新学林出版股份有限公司 2013 年版，第 664~665 页。

[②] 王兆鹏：《上诉二审的鸿沟及其填补——在理论与实践之间的研究》，载《中山大学法律评论》第 9 卷第 2 辑，第 344 页。

[③] 王兆鹏：《刑事救济程序之新思维》，台湾元照出版公司 2010 年版，第 269 页。

[④] 黄朝义：《刑事诉讼法》，台湾新学林出版股份有限公司 2013 年版，第 664~665 页。

[⑤] 龙宗智：《建立一审为中心的事实认定机制》，载《中国法学》2010 年第 2 期。

[⑥] 龙宗智：《建立一审为中心的事实认定机制》，载《中国法学》2010 年第 2 期。

三、程序性上诉制度的建构

（一）提起程序性上诉的条件

程序性上诉是针对程序问题提出的上诉，但是一方面审判中的程序规则繁杂多样，毫不夸张地说，法院实施的每一个行为，几乎都可能会涉及一项或数项程序规则；另一方面，上诉是一种高成本的救济机制，从上诉的提起到上诉的审查再到撤销原判后的重审等，都要耗费一定的诉讼资源，这两方面的原因意味着，如果允许对法院的每一次程序违法都直接提起上诉的话，那么上诉法院将无法应对，国家的司法资源也无力承受，因此为了节约司法资源，保证上诉这种高成本的救济机制用于最需要救济的事项上，应该设立提起程序性上诉的条件，对程序性上诉的对象进行限定。审判中的程序规则繁杂多样，要求法院主动照顾到每一规则，这是强人所难，并不现实。司法实践中法院违反程序规则，往往并非有意而为，而主要是因为疏忽的无心而为，对此如果有人向他提出以引起他的注意的话，他往往能够重新审视并纠正自己的行为，因而也就没有再提起上诉的必要了。因此，针对审判程序违法的这种特点，应该尽量地促使原审法院认识到自己的错误并予以纠错，从而使得违法行为能够得到及时纠正，避免后续程序的浪费。而为了促使原审法院自行纠错，应该增加被告人的义务：当被告人发现原审法院违反程序时，他有义务及时向原审法院提出异议，如果他没有履行该义务，那么他也就丧失了就此再提起上诉的权利。按照这一分析，提起程序性上诉的条件就是已经就程序违法向原审法院提出过异议，程序性上诉的对象就限定为已经向原审法院提出过异议的违法事项。

（二）提起程序性上诉的时机

对程序问题不服，在审理过程中随时都可能会涉及，当被告人发现法院违反程序而不服时，向原审法院及时提出异议，如果原审法院拒绝纠正时，被告人是否可以立即对此提起上诉，还是必须等到审理程序结束判决作出以后才能提起呢？这一问题的提起涉及提起程序性上诉的时机问题。前者称为中间上诉，后者称为终局上诉。审判程序中的程序规定，有的是与判决具有内在关联性的，是为了保障判决公正性而设的，如有关被告人诉讼权利的规定；而有的则与判决没有内在关联性，是可以和判决分开的，如有关法院逮捕、扣押的规定。[①] 对于违反后一种规定的，由于它们与判决是可以分开的，因此对它们不服，就不必等到审理结束判决作出后提出，而是可以立即提出；[②] 而对于违反前一种规定的，由于它们与判决具有内在关联性，因此对它们不服，何时可以提起上诉，则需要细致分析。实行中间上诉与实行终局上诉，各有利弊。中间上诉有助于违法行为能够得到及时纠正，可以避免终局上诉可能导致的终审判决被推翻、整个案件重新审判的问题，从而有助于节约司法资源，提高诉讼效率，但是中间上诉的缺点也是非常明显的，主要包括：一是会使审判变得支离破碎。审理过程中会涉及一系列程序问题的争议，如果允许在审理过程中对这些

---

① ［美］伟恩·R.拉费弗等著：《刑事诉讼法》（下册），卞建林等译，中国政法大学出版社2003年版，第1396页。
② 王兆鹏：《刑事救济程序之新思维》，台湾元照出版公司2010年版，第279页。

争议立即提起上诉的话，那么由于此时审判必须暂停，直至对中间上诉的处理结束，这就必然导致审判断断续续，难以不间断地进行。二是会导致诉讼延迟。如果允许提起中间上诉的话，那么控辩一方可能会利用这一机制反复提出，以达到拖延诉讼的目的，这不仅影响诉讼效率，而且对那些想要案件得到及时处理的当事人不利。三是不利于上诉审法院的裁决。上诉审法院需要更多的信息从而判断程序错误对于原审结果的影响，而一审完整的诉讼程序记录可以更好地保证上诉审法院就裁决作出准确的判断，如果审判尚未结束就提出中间上诉的话，则上诉审法院能够依据的信息就必定不完整，难以作出准确的判断。① 而实行终局上诉，则可以避免这些问题，而且它在其他方面也有利于节约司法资源，提高诉讼效率。首先，大多数一审法院的裁决是正确的，即使是那些不正确的裁决最后也不可能影响终审判决，因此也就没有必要撤销原判；其次，一审法院的主要职责是自我修正，终局裁判规则可以确保一审法院可能依据以后审判的发展重新评价自己的裁决，从而可以根据情况修正之前的错误，避免之前错误对后续审判尤其是审判结果的影响；再次，终局裁判规则避免了那些随着案件发展而变的不必要的上诉，因此当受错误裁决影响而处于不利的一方最终得到有利的判决时，那么中间裁判经常变得无实际意义。② 虽然两种上诉都涉及诉讼成本、诉讼效率的问题，但是总体来看，比较而言中间上诉的成本更大，可能会导致更大的延误，因此权衡利弊，在提起程序性上诉的时机上，应该选择终局上诉，当审判程序违法时，被告人不能立即提出上诉，而只能等到案件审理结束判决作出后提出。

（三）程序性上诉审的审理

（1）审查范围。由于程序性上诉实行事后审，而事后审的典型特征是以上诉理由为审判对象的，因此程序性上诉审的审判对象是上诉理由，它只能就上诉理由是否成立进行审理，如果上诉理由成立，那么就支持上诉，如果上诉理由不成立，那么就驳回上诉，它原则上不能对没有列入上诉理由的程序问题进行审理，这使得它既不同于实行复审、续审的事实性上诉的审理程序，也不同于同样实行事后审的针对法律适用上诉的审理程序。在事实性上诉审中，审判对象是整个案件，而不是上诉理由。而在针对法律适用上诉的审理程序中，审判对象是一审的判决，而不是上诉理由，它审查的是一审的判决是否正确，而不是上诉理由是否成立，即使上诉理由明确了一审判决适用法律的特定错误所在，上诉法院也不受该理由的限制，而是仍然要审查整个判决，并可以该理由中没有涉及的错误而予以改判。③

（2）调查方法。由于实行事后审只能依据原有的事实和证据进行审查，因此在程序性上诉审中，在审查原审程序是否违法以及是否需要撤销时，上诉审法院不能再调查事实与证据，而只能依据原审的审判记录以及上诉理由书等进行审查。但这也不是绝对的，如果依据审判记录以及上诉理由书等无法查清的话，上诉法院也可以调查证据，如以违反公开

---

① ［美］伟恩·R. 拉费弗等著：《刑事诉讼法》（下册），卞建林等译，中国政法大学出版社 2003 年版，第 1395 页。

② ［美］伟恩·R. 拉费弗等著：《刑事诉讼法》（下册），卞建林等译，中国政法大学出版社 2003 年版，第 1396 页。

③ ［德］托马斯·魏根特著：《德国刑事诉讼程序》，岳礼玲、温小洁译，中国政法大学出版社 2004 年版，第 223 页。

审理原则为上诉理由，上诉法院除了审查审判记录、上诉理由书外，还可以询问参与原审审理的法庭人员如法官、书记员等，从而有助于厘清争议点。允许上诉法院调查证据，可以减轻上诉法院对于案件卷宗的过度依赖，同时建立上诉审法院自行判断程序理由是否存在的基础。①

（3）审理方式。上诉审包括开庭审与书面审两种审理方式，程序性上诉审的审查内容主要包括两个方面：一是程序是否违法；二是程序违法是否需要撤销原判。程序违法事由繁多，类型各异，要对所有程序性上诉审都采取开庭审理的方式，因成本过高、效率过低而不可能，而且有些程序是否违法、是否需要撤销原判是非常明显的，仅需通过审判记录以及上诉理由书等进行书面审查就可以判断，而无须做进一步调查，因而再采用开庭审理方式也无必要。② 因此，对有些程序性上诉审，采取书面审理的方式并无不可。但是，对于有些程序性上诉，程序是否违法、是否需要撤销原判，仅通过审判记录、上诉理由书等进行书面审查无法直接判断，而必须让控辩双方针对这两个方面充分地陈述意见和面对面地展开争辩，使法官能够在兼听的基础上作出公正的裁判，因此就必须采取开庭审理的方式。由此可见，对于程序性上诉审，既不能完全采用书面审理的方式，也没有必要完全采用开庭审理的方式，而应该采用书面审理与开庭审理相结合的方式，将程序性上诉审理程序分为两个阶段，一个是庭前审查阶段，一个是正式审理阶段。在庭前审查阶段，实行书面审，对程序性上诉实行形式审查，将那些不符合程序性上诉理由以及上诉理由明显不成立的程序性上诉过滤掉，只有通过了庭前审查的程序性上诉，才能进入正式的审理阶段；在正式审理阶段，实行开庭审理，允许控辩双方出庭，发表意见，展开争辩。不过由于程序性上诉不调查事实和证据，不用强调"直接"和"亲历"，因此开庭审理不需要采用严格的直接言词的正式审理程序，而可以在保证意见充分表达的前提下，对审理程序进行一定的简化，如果被告人有辩护人的，被告人可以不出庭，而由辩护人出庭等。

（四）撤销原判发回重审的条件

被告人提起程序性上诉的最终目的是请求上诉法院确认程序违法并撤销原判、发回重审。但是，撤销原判、发回重审是一种高成本的救济方法，不仅国家要消耗更多的诉讼资源，被告人也要付出更多的成本，而诉讼中的程序规则繁多，如果只要原审法院违反了规则，上诉法院就必须撤销原判发回重审的话，那么有限的司法资源是无法承受的。因此并非所有的程序违法都会导致撤销原判发回重审。那么，什么样的程序违法才会导致撤销原判发回重审呢？这需要从程序规则的性质与设立程序的目的两方面进行分析。程序规则类型多样，有的规则与程序公正密切相关，设立的目的是实现程序公正，如有关管辖、回避等的规则，有的规则与实体公正密切相关，设立的目的是实现实体公正，如有关证据程序方面的规则，有的规则只是技术性操作性规则。而设立程序的目的是实现程序的公正性与

---

① 康怀宇、康玉：《刑事程序法事实的证明方法——自由证明及其具体运用的比较法研究》，载《社会科学研究》2009年第3期。

② 林钰雄：《法律审如何开庭审理——以德国联邦最高法院刑事案件之审理流程为例》，载《月旦法学杂志》2012年第9期。

实体的公正性，既保证被告人能够获得公正的对待，又保证判决结果的准确性。因此，如果违反的只是技术性操作性规定，由于这些规定既不会影响程序公正性的实现，又不会影响实体公正的实现，因此就不需要撤销原判发回重审，这就意味着，影响程序公正和影响实体公正就是撤销原判发回重审的条件。

（作者单位：浙江工业大学法学院；杭州市人民检察院）

虑囚古制对完善刑事再审程序的启示

杨文革

在当前的刑事司法实践中，若非巧遇"死者"复活、真凶落网之类戏剧性的幸运，无辜的蒙冤者如果仅仅以事实不清、证据不足为由提出申诉，欲求再审改判无罪，无疑比登天还难。蒙冤者及其家属申冤的急切心情与申冤渠道不畅之间的矛盾已经变得十分尖锐而突出。因此，改革我国的刑事再审程序，使之有利于蒙冤者及时有效地获得无罪开释，无疑是摆在我们面前的艰巨课题。我国古代的虑囚制度在平反冤狱方面有其值得借鉴的一面。本文试就这一问题略陈管见，以期对再审程序的完善有所裨益。

一、古代虑囚制度的功能和特征

由于人类认识能力的非至上性以及由此所决定的司法证明手段的局限性，冤狱在古今中外都是难以避免的。在我国封建专制时期，由于政治腐败、司法专横，各级官吏贪赃枉法、恣意妄为，以致历朝历代冤狱比比皆是。与此同时，受"天人感应"、"以德配天"思想的影响，统治者认为自己能够取得天下是天命所归，实行德治能够感动上天，并可以延续统治者的统治，而残暴的统治则会招致上天的惩罚，轻则上天会降下各种灾异，重则会天怒人怨，为民众所推翻。正如瞿同祖指出的那样："古人认为灾异不是自生的自然现象，而是神灵对于人类行为不悦的反应。政事不修是致灾的原因，而政事中刑狱杀人最为不祥，其中不免有冤枉不平之狱，其怨毒之气可以上达云霄，激起神的愤怒。""所以历代人君往往因天降灾异，而想起冤狱的联系，而下诏清理狱讼。"① 虑囚正是清理狱讼、平反冤狱，以取悦上天的一项重要举措。

虑囚，也被称作录囚。② 是指"中国封建时代一种由君主或上级长官向囚犯讯察决狱情况，平反冤狱，纠正错案，或督办久系未决案的制度"。③ 在我国古代，政府官员省察狱政的做法由来已久。《礼记·月令》中记载周朝时"仲春三月……天子……命有司，省囹圄"的做法。但一般认为，录囚制度始于汉。《后汉书·百官志》中说汉代诸州刺史"常以八月巡行所部郡国，录囚徒"。至东汉，皇帝开始亲自录问，据《后汉书·寒朗传》记载，明帝即位后，"车驾自幸洛阳狱录囚徒，理出千余人"。《后汉书·和帝纪》记载，和帝永元六年七月"丁巳，幸洛阳寺，录囚徒、举冤狱，收洛阳令下狱抵罪，司隶校尉，河南尹皆左降"。南北朝时期，皇帝和上级官员录囚的做法绵延不衰。

---

① 《瞿同祖法学论著集》，中国政法大学出版社1998年版，第280~281页。
② 据马作武先生考证，虑囚与录囚有所不同。参见马作武：《"录囚""虑囚"考异》，载《法学评论》1995年第4期。囿于论题所限，本文拟不对二者的区别进行深究，仅取其平反冤狱功能之意。
③ 《中国大百科全书·法学》，中国大百科全书出版社2006年版。

隋唐大一统后，继续实行录囚的做法。《隋书·刑法志》记载，隋文帝"每季亲录囚徒"。《新唐书·刑法志》记载，唐"（贞观）六年，（太宗）亲录囚徒……"最为重要的是，虑囚在唐代还被写入法律，成为定制。《唐六典·大理寺》规定："大理卿之职，掌邦国折狱详刑之事。以五听察其情……。以三虑尽其理：一曰明慎以谳疑狱，二曰哀矜以雪冤狱，三曰公平以鞫庶狱。……若禁囚有推决未尽、留系未结者，五日一虑。若淹延久系，不被推诘；或其状可知，而推证未尽；或讼一人数事及被讼人有数事，重事实而轻事未决者，咸虑而决之。凡中外官吏有犯，经断奏讫而犹称冤者，则审详其状。"到明清时期，虑囚为朝审、秋审等会审制度所吸收，显示出其强大的生命力。

虑囚虽然是统治者出于一己之私，维护统治的需要，却在客观上赋予其以平反冤狱的功能，在一定程度上有利于实现司法正义。虽然遭受冤屈者可以鸣冤叫屈，一些朝代也有击登闻鼓、邀车驾、上书皇帝等申诉方法，但事实证明这种自下而上的权利伸张型的抗争很难取得满意的结果。相反，只有来自高层的自上而下的权力干预型救济才能发挥较好的作用。据明代归有光撰写的《怀庆府推官刘君墓表》记载："君尝虑囚，一女子呼冤，君察其诬，系狱已二十年，遂出之。"不难想象，被冤屈的女子在狱中蒙冤竟达20年之久，其间少不了呼冤诉屈，但她的每次抗争都毫无意义，竟引不起下级官吏丝毫的怜悯和同情，使他们作出复查案件到底有无冤屈的决定。而来自上级的一次虑囚，就能使女子的呼冤引起注意，并得以无罪开释。虑囚在平反冤狱方面的独特功能可见一斑。

从虑囚制度的运行可以看出，这一制度具有三个显著特征：一是主动性。上级官员甚至皇帝并不坐等蒙冤者或其家属前来申冤，而是积极主动地深入基层，走进监狱，及时发现冤错案件。二是直接性。上级官员和皇帝亲自巡视监狱，直接接触呼冤者，有利于消弭中间环节带来的官僚式效率低下和冷漠麻木的弊端，及时纠正冤错案件。三是直观性。皇帝和上级官员走进监狱，直接接触囚徒，能够通过"五听"的方式，观察分析囚徒的言词、表情、举止等，进而有利于对其冤情的真实性进行判断。在这一过程中，皇帝和上级官员还能够对蒙冤者在狱中遭受的痛苦产生切身体会，激发其悲天悯人的情怀，从而坚定其为蒙冤者洗雪冤屈的决心。这些正是古代虑囚制度精华之所在。

二、当今再审程序启动存在的问题和弊端

新中国成立初期，由于法制不健全，加之程序的粗糙和简单，疾风暴雨式的"镇反"和"三反"运动中出现了不少冤错案件。本着实事求是、对人民高度负责的精神，人民政府不时对案件进行复查，主动出击，理出并平反了一些冤案。这种对案件进行复查的做法，在功能上具有与古代虑囚相似的作用，取得了良好的社会效果。霍进义冤案就是当时有代表性的案例。[①] 随着刑事诉讼法的制定及逐步完善，对生效案件进行定期或不定期复查这种非法定程序的做法逐步淡出历史，代之以按照审判监督程序进行再审。不可否认，我国刑

---

① 1951年"大镇反"期间，在山西省太原市远郊的一个偏僻山村，村民焦墨林检举霍进义犯有烧毁山林、反攻倒算并杀害我方工作人员的罪行。霍进义因此被判处死刑。1953年，政府通过土改复查案件时，发现这是一起因诬告而造成的冤杀案件。此案经有关部门送到公安局处理，后由公检法组成联合调查组进行调查，才得以昭雪。焦墨林因诬告霍进义最终被判处3年有期徒刑。参见曹为：《大镇反中的诬陷案》，载《法史学刊》（第二卷·2007），社会科学文献出版社2008年版，第403~406页。

事诉讼法所规定的再审程序对于纠正错误的判决和裁定发挥了积极作用，但从近年来的实践情况来看，存在的问题也是十分明显的。最为主要的问题是，除了如死者"复活"以及真凶落网之类明显属于事实错误的少数案件能够得到较为顺利的平反外，那些事实不清、证据不足、主要证据之间矛盾重重，按照法律规定同样属于错案的案件，极难获得平反。

我国刑事诉讼法第 242 条规定："当事人及其法定代理人、近亲属的申诉符合下列情形之一的，人民法院应当重新审判：（一）有新的证据证明原判决、裁定认定的事实确有错误，可能影响定罪量刑的；（二）据以定罪量刑的证据不确实、不充分、依法应当予以排除，或者证明案件事实的主要证据之间存在矛盾的；（三）原判决、裁定适用法律确有错误的；（四）违反法律规定的诉讼程序，可能影响公正审判的；（五）审判人员在审理该案件的时候，有贪污受贿，徇私舞弊，枉法裁判行为的。"此条所列五项情形可分为两类情况：一是原裁判"确有错误"的，包括第（一）项和第（三）项；二是原裁判"可能存在错误"的，包括第（二）项、第（四）项和第（五）项。简言之，当事人及其法定代理人、近亲属的申诉无论是属于原裁判"确有错误"的情形，还是属于原裁判"可能存在错误"的情形，都属于"人民法院应当重新审判"的范围。但是，申诉事项属于这两类情况，也仅仅意味着申诉具备了"人民法院应当重新审判"的条件，却并不能必然引起人民法院重新审判。换言之，当事人及其法定代理人、近亲属的申诉具备人民法院启动再审程序的条件是一回事，而人民法院真正启动再审程序则是另一回事。二者并不一致。

按照法律的规定，真正能够启动人民法院再审程序的，一是人民法院的再审决定；二是人民检察院的抗诉。但恰恰法律对这二者所设定的条件与上述当事人可以引起人民法院再审的申诉的条件是不一致的。根据刑事诉讼法第 243 条规定："各级人民法院院长对本院已经发生法律效力的判决和裁定，如果发现在认定事实上或者在适用法律上确有错误，必须提交审判委员会处理。最高人民法院对各级人民法院已经发生法律效力的判决和裁定，上级人民法院对下级人民法院已经发生法律效力的判决和裁定，如果发现确有错误，有权提审或者指令下级人民法院再审。最高人民检察院对各级人民法院已经发生法律效力的判决和裁定，上级人民检察院对下级人民法院已经发生法律效力的判决和裁定，如果发现确有错误，有权按照审判监督程序向同级人民法院提出抗诉……"从此条规定来看，无论人民法院自己启动再审程序，还是人民检察院按照审判监督程序提出抗诉，都要求发生法律效力的裁判"确有错误"，言外之意是，那些属于原裁判"可能存在错误"的情形，则不一定能引起人民法院的再审和人民检察院的抗诉。这正是实践中那些以"事实不清、证据不足"为由的申诉很难引起再审的重要原因之一。加上目前司法实践中一些司法人员良知消泯、责任心下降、对错案责任追究的本能抗拒等复杂因素的介入，就导致了死者"复活"和真凶落网的案件较易平反而仅仅以事实不清、证据不足为由提出申诉的案件却很难平反的现实。

笔者将实践中最常见的几种申诉理由引起再审的难易度列表说明如下：

再审改判无罪理由	事实确有错误	事实极有可能错误	事实不清、证据不足
具体表现	死者复活	真凶落网	不懈的申诉、上访
难易度	0.98	0.70	0.02

在上表中，笔者将难易度设定为 0～1，数值越接近 0 表示案件越难以改判，数值越接近 1 表示案件越容易改判。根据对目前司法实践的观察，改判无罪最好、最有力的理由是表现为原案被害人"复活"的情形，诸如佘祥林、滕兴善、赵作海等案。只要出现被害人"复活"的情况，改判无罪基本没有悬念，司法机关几乎不可能找到拒不改错的任何理由，但也并不意味着这样的案件毫无难度。例如，在滕兴善一案中，尽管被害人石小荣在 1993 年就返回老家"复活"了，但直到 10 多年之后的 2006 年，湖南省高级人民法院才依照审判监督程序宣告滕兴善无罪。一起水落石出的冤案竟拖了 10 多年才得到纠正！所以笔者将这种情形的难易度定为 0.98，而不是 1。

真凶落网是较好的改判无罪的理由，但真凶落网并不必然导致错案能够得到顺利纠正。如果原案中锁定真凶的关键物证能够得以妥善保存，如李化伟案；如果真凶能够供述并交代出原案缺失的重要物证，如杜培武案等，案件得到改判也是相对比较容易的。但相对于被害人"复活"的情形，在真凶落网的案件中，一些司法人员总能找到拒绝改判的各种理由。例如，在魏清安一案中，尽管真凶田玉修供述自己才是强奸、抢劫刘某一案的真凶，并交代了抢走的手表、提兜，还有作案工具自行车的下落，司法机关根据其供述也找到了这些关键物证，但当地公检法机关就是顶着不改。直到"两高"派出工作组，经过 2 年时间的调查，被冤杀的魏清安才得以洗清罪责。而在那些真凶虽然供述，但由于原案办案人员极度不负责任，从而导致能够锁定真凶的关键物证丢失或者没有提取的案件中，蒙冤者要获得无罪开释，其难度是相当大的。[①] 而且在实践中还不排除一些犯罪分子将他人的罪行揽在自己身上的情形，需要司法机关认真审核。因此，总体上笔者将真凶落网的情形获得改判的难易度定为 0.70。

如果当事人及其家属在漫长痛苦的申诉过程中既不能巧遇被害人"复活"的奇迹，又难得真凶落网的幸运，仅仅靠经年累月顽强不懈的申诉，即使原案确属事实不清、证据不足，要想求得无罪改判，无疑比登天还难。因为在司法实践中，此类案件大多要么是公检法在更高权力机关主导下协调的产物，要么是"留有余地"的选择。司法机关敢于在当初作出"留有余地的判决"，就敢于在此后无视当事人的申诉。这样的案件在当事人申诉中占很大比例，且数目庞大。当事人及其家属通过各种渠道投送的申诉材料往往石沉大海，杳无音信。但此类情形也并非毫无改判机会，其中也有极少数幸运儿像中彩票一般因再审程序的启动而获得平反昭雪。[②] 因此笔者将其难易度定为 0.02。但如果此类案件能够得到媒

---

① 呼格吉勒图案历经近 20 年的时间，在各方奔走呼吁之下才得以平反昭雪。聂树斌案经过家属 10 年的艰难申诉，只在 2015 年才举行了一个听证会，至于能否如呼格吉勒图一样获得平反还要拭目以待。其艰难程度可见一斑。

② 例如，因被控杀害其女友陈兴会而被判处死缓的孙万刚，在经过 8 年的艰苦申诉后，才获得无罪释放。于英生则是在与其父坚持 17 年申诉后，才得以平反昭雪。获释后不久，公安机关重新侦查，终于找到了真凶武某某。而在一起盗窃案件中，白春荣于 1988 年 10 月 28 日被公安局收容审查。1989 年 7 月 28 日被法院判处有期徒刑 8 年。1990 年 3 月 28 日二审裁定维持原判。1996 年 2 月 8 日刑满释放。经过前后长达 24 年的申诉，2014 年 3 月 20 日，佛山中院才作出再审刑事判决，以证据不足等为由改判白春荣无罪。

体关注，再审程序的启动将会变得相对容易一些。①

其实，在司法机关内部，并非每位司法官员都认识不到某些案件事实不清、证据不足问题的存在，也并非所有司法官员都丧失了良知而一味附和错误的裁判。但确实存在着一股强大的力量阻止着此类案件按照"疑罪从无"正确原则的处理。因此，尽管为了保证再审的公正性，我国刑事诉讼法对再审程序规定了体现回避精神的条款②，但在实践中再审程序存在的真正问题并不是具体再审审理程序中的公正性问题，因为一般能够启动再审程序审理的案件，基本上都可以改判，真正维持原判的极少，虽然理论上有这种可能。实践中的许多案例充分说明，再审程序中真正存在的问题是启动难的问题，而不是别的什么问题。一般情况下，只要能够启动再审程序，改判就没有多少悬念。这正是改革再审程序需要解决的关键所在。

三、关于再审程序启动的改革及完善

综上分析，仅仅寄希望于被害人"复活"和真凶落网才能求得蒙冤者的无罪开释，远远不能满足人民群众对司法公正的渴求。大多数事实不清、证据不足的冤错案件迟迟得不到纠正，已经严重损害了人民群众的利益，损害了司法的公信力。这一现实必须得到纠正。中共中央《关于全面推进依法治国若干重大问题的决定》（以下简称《决定》）指出，"必须坚持法治建设为了人民、依靠人民、造福人民、保护人民，以保障人民根本权益为出发点和落脚点……""加强对司法活动的监督，努力让人民群众在每一个司法案件中感受到公平正义。""强化诉讼过程中当事人……申诉权的制度保障。健全落实罪行法定、疑罪从无、非法证据排除等法律原则的法律制度。""对不服司法机关生效裁判、决定的申诉，逐步实行由律师代理制度。对聘不起律师的申诉人，纳入法律援助范围。""再审重在解决依法纠错、维护裁判权威。"

《决定》为我国审判监督程序的改革指明了方向，就是必须建立起一个能使当事人的申诉权得到充分重视和有效实现的再审程序机制，确保每一起冤错案件都能够得到及时纠正。《决定》同时还为再审程序的改革提供了方法，那就是加强司法监督。

如何实现再审程序启动中的司法监督？《决定》提出要"汲取中华法律文化精华"。虑囚制度与死刑复核制度一样，正是中华法律文化的精华，为上级司法机关监督下级司法机关提供了有益的经验。当然，古代的虑囚制度本于消除灾异的迷信观念，出于维护皇权的需要，在实施方面也未必没有任何教训和缺陷，我们也不可能照搬古代虑囚的做法。但其在启动平反冤狱的有效性方面所具有的直接性、主动性、直观性等特点，无疑是改革和完

---

① 例如，在张高平、张辉叔侄强奸、杀人一案中，二张及张辉的父亲张高发多年申诉无果。更令人愤怒的是，在律师朱明勇接手张氏叔侄申诉案，到浙江高院查询申诉进展时，竟发现法院的电脑里根本就没有录入这起申诉案件。此时张高发才知道，他奔波了7年的申诉一切归零。该案正是在《南方周末》报道后，才引起浙江政法高层的重视，进而启动了再审程序。戏剧性的是，该案在再审程序中，竟然意外发现了真凶勾海峰已于8年前因相似的犯罪被执行了死刑。

② 刑事诉讼法第244条规定："上级人民法院指令下级人民法院再审的，应当指令原审人民法院以外的下级人民法院审理；由原审人民法院审理更为适宜的，也可以指令原审人民法院审理。"第245条规定："人民法院按照审判监督程序重新审判的案件，由原审人民法院审理的，应当另行组成合议庭进行……"

善我国再审程序启动环节的有益参照。

笔者认为，我国目前的再审程序启动难的问题主要源于以下几个因素：其一，间接性。我国上级司法机关对下级司法机关生效裁判的监督，主要依赖当事人及其家属的申诉材料，很少到监狱直接接触囚犯。这种间接性的审查，不仅不利于上级司法机关对案件作出准确判断，而且不能使上级司法官员体会到囚犯因蒙冤而遭受的精神痛苦和凄惨处境，难以激发起其"解民于倒悬"的精神情怀和正义气概。其二，被动性。上级司法机关对下级司法机关的监督审查常常是在接到当事人及其家属的申诉材料之后才被动进行，缺乏纠错应有的积极主动性。加之实践中申诉上访量之大，使得上级司法机关几乎完全淹没于当事人及其家属真假混杂的申诉上访材料之中而难以脱身，不利于真正的冤错案件得到及时纠正。

为此，我国再审程序启动环节的改革和完善应当重点围绕如何保证再审程序能够得到及时启动为目标进行。彻底摈弃目前再审程序中的间接性和被动性弊端，贯彻直接性和主动性原则。具体来讲，可以由"两高"各自选定若干"巡视员"（暂且如此命名），不时地到各地监狱进行巡视，主动会见囚犯，接受他们的申诉，当面聆听其陈述，并在此基础上进行阅卷、审查证据，从而判断案件冤错的可能性。

巡视员既可以是"两高"的法官，还可以也应当不拘一格地大胆选用其他人员，其中有两类人员值得考虑：一类是最高人民法院的特邀咨询员、特约监督员和最高人民检察院的特约检察员、监督员。"两高"不应该只是将这些宝贵的特约咨询员和监督员当作好看的摆设，只是定期请他们来开开会、吃吃饭、聊聊天而已。应该发挥他们在监督司法权力运行方面的积极作用。事实上，在"两高"所聘请的人员中，基本上都属于专业素质极强、威望很高，敢于仗义执言的谔谔之士。另一类是已经为事实证明具有司法良知和社会良心的其他人员，如在呼格吉勒图案件的昭雪过程中，一直为呼格吉勒图仗义执言、积极奔走的记者、律师、学者等；在张高平、张辉叔侄得以昭雪一案中的某住监退休检察官。

"两高"巡视员可以由全国人大常委会任命，同时对他们的权力进行明确。最主要的是赋予他们巡视监狱、会见囚犯的权利；会见囚犯家属的权利；调阅案卷、审查证据的权利；会见当事人、证人、辩护律师的权利；约谈侦查人员、检察人员、审判人员的权利；召开记者会，将原案认定的事实和依据的证据向媒体公布的权利。最重要的是，应当赋予他们三人联名即可启动最高人民法院审判委员会会议、最高人民检察院检察委员会会议的权利。出于方便"两高"工作和及时纠错的考虑，最高人民法院审判委员会和最高人民检察院检察委员会可以每个季度举行一次专门会议，在听取巡视员报告的基础上，集中开会讨论决定是否就他们提交的案件启动再审程序或者向人民法院提出抗诉。唯有如此，方能以雷霆之势，打开再审程序艰难之门。

（作者单位：南开大学法学院）

论审判中心主义视角下的批捕职能

杨正万

中共十八届四中全会提出推进以审判为中心的诉讼制度改革。这会引导相关制度以此为目标进行改革。本文拟对审判中心主义视角下的批捕职能改革进行初步探讨，以求教于方家同仁。

一、审判中心主义的含义和要求

（一）审判中心主义的含义

明确审判中心主义的要求必须以明确审判中心主义的内涵为前提。对于审判中心主义的解释大致有如下几种：一是定罪阶段说。该说认为，审判中心主义指审判（尤其是第一审法庭审判）是决定国家对于特定的个人有无刑罚权以及刑罚权范围的最重要阶段，未经审判，任何人不得被认为是罪犯，更不得被迫承受罪犯的待遇。[①] 二是建构说。该说认为，审判中心主义意味着整个诉讼制度和活动围绕审判而建构和展开，审判阶段对案件的调查具有实质化的特征，侦查是为审判进行准备的活动，起诉是开启审判程序的活动，执行是落实审判结果的活动，审判中控诉、辩护、审判三方结构成为诉讼的中心结构。[②] 三是关系说。该说认为，审判中心主义是指侦查、审查起诉应当面向审判、服从审判的要求，同时发挥审判在认定事实、适用法律上的决定作用。[③] 四是综合说。该观点认为以审判为中心，实际上是"审判中心主义"的体现。综合来看，以审判为中心强调以下几方面的内容：首先，在实体意义上，定罪权属于法院，其他机关无权决定被告人是否有罪；其次，在程序意义上，所有关涉犯罪嫌疑人、被告人重大权利的侦查、起诉行为都必须由法院作出裁决；再次，法院裁决的作出必须以"审判"的方式进行；最后，由于一审程序是最为完整的诉讼程序，因此应当强调一审程序在整个程序体系中的地位。[④] 五是关系加定罪说。该说认为，审判中心主义是指审判在公诉案件刑事诉讼程序中居于中心地位及审判中的庭审发挥决定性作用。[⑤]

上述对于审判中心主义予以界定的几种观点都有可取之处，也都有不足的地方，值得仔细辨析。定罪阶段说只是注意到了刑事程序中所关注的重要内容之一的定罪问题，即国

---

① 孙长永：《审判中心主义及其对刑事程序的影响》，载《现代法学》1999年第4期。
② 张建伟：《审判中心主义的实质与表象》，载《人民法院报》2014年6月20日第5版。
③ 龙宗智：《"以审判为中心"的改革及其限度》，载《中外法学》2015年第1期。
④ 陈卫东：《以审判为中心推动诉讼制度改革》，载《中国社会科学报》2014年10月31日第5版。
⑤ 陈光中：《推进"以审判中心"改革的几个问题》，载《人民法院报》2015年1月21日第5版。

家对特定被告人是否享有刑罚权的问题，对于刑事程序中应该关注的其他问题没有涉及。建构说注意到了解决刑事程序中所关注问题的程序平台或者说程序工具，对于程序平台如何落实刑事程序中所关注的重要问题及其所决定的程序之间的关系本质没有涉及，这会带来对刑事程序所应关注问题的片面认识。关系说在本质上与建构说等同，只是注意到了刑事程序的整体结构和审判发挥作用的突出特点，没有关照到审判中心主义所强调的核心理念的全部内涵。综合说相对于建构说和关系说而言，对审判中心主义所强调的核心理念有更多的辐射，可是仍然存在辐射不到位的缺陷。关系加定罪说虽然注意到了审判程序在刑事司法程序中的核心地位，但是也存在对审判中心主义所强调的核心理念反映不全的遗憾。

基于以上分析，可以认为对审判中心主义内涵的界定应关照到刑事司法程序所主要关注的主要问题，即被追诉人的刑事责任和合法权益问题，刑事司法权力的控制问题，惩罚犯罪的最大化问题。这些问题要在总体上得到有效解决，就必须在审判中心主义的指导下设置刑事司法程序、配置刑事司法权力、展开刑事司法活动。这表明，审判中心主义是指刑事司法权力的终极控制、被追诉人权利保障的终极救济、被追诉人有罪的确定都依赖于审判程序来解决的一种刑事司法理念。

（二）审判中心主义的要求

从审判中心主义的含义可以看出，审判中心主义的要求可以包括如下几方面：一是定罪的确定性要到审判程序中才能解决。这要求在审判以前不能对任何被追诉人确定其有罪，更不得在确定有罪的基础上对其刑罚予以预支。这一要求不仅是形式上的，而且也是实质上的。其表明任何审判前对被追诉人行为性质实质上的有罪确定都是不符合现代法治理念精神的。二是被追诉人诉讼权利救济的充分性。这种权利救济充分性要求至少包括权利维护条件的保障性、权利维护能力的保障性、权利维护程序的充分性、不利于被追诉人司法行为的非常态性。三是司法权力的行使、司法行为的启动必须满足严格的符合当代通行的国际刑事司法理念的程序控制。

二、批捕职能背离审判中心主义的表现及原因

（一）批捕职能背离审判中心主义的表现

1. 批捕职能追诉化。从批捕职能行使的特点看，批捕职能的行使实质上已经演变为推动侦查活动顺利进行的手段。鉴于我国的刑事侦查模式总体上仍然是"由供到证"，侦查活动对于被追诉人的人身控制就极为必要。从某种程度上讲，人身控制成为侦查机关是否能够顺利获得被追诉人口供的基础手段。只要被追诉人人身被控制，获得被追诉人口供就只是时间问题。由于拘留使侦查机关控制被追诉人的时间有限，通常难以满足侦查机关获得被追诉人口供的需要，于是出现了一些案件在证明被追诉人实施犯罪证据不足的情况下仍然向检察机关提起逮捕申请的情况。检察机关为了配合侦查机关推进侦查活动，便制定了附条件逮捕制度。"但由于多种原因，附条件逮捕制度在适用过程中出现了一些问题。如对'重大案件'范围不明确，尺度不一，有的地方对轻罪案件也适用附条件逮捕，存在'以

捕代侦'问题。"[①] 批捕职能的侦查化倾向不仅有刑事诉讼法的规范内容予以支持，也有检察机关的规范解释予以落实。刑事诉讼法第 85 条规定，在批捕阶段，检察机关可以派员参加公安机关对于重大案件的讨论；第 88 条规定，检察机关对于公安机关提请批准逮捕的案件进行审查后，对于不批准逮捕需要补充侦查的，应当通知公安机关。《人民检察院刑事诉讼规则（试行）》第 321 条明确规定，检察机关对于公安机关提请批准逮捕的案件审查后发现有应当逮捕而公安机关未提请逮捕申请的，先建议公安机关逮捕，如果公安机关不提出申请的，则直接作出逮捕决定送公安机关执行。这种逮捕措施成为实践中的刑事追诉手段在检察机关内部也没有多大的争议。[②]

2. 批捕职能治罪化。批捕职能治罪化是指批捕目的的惩罚化、批捕方式的行政化、批捕动因的安慰化。逮捕这种维护诉讼活动顺利进行的措施实质上演变为一种惩罚措施。检察机关在运用逮捕措施时存在动用逮捕措施威胁犯罪嫌疑人的情况，如果犯罪嫌疑人配合侦查，如实供述犯罪事实，则不动用逮捕措施；如果不按照侦查方的意图供述，则对犯罪嫌疑人实施逮捕。批捕方式的行政化是指检察机关在履行批捕职能过程中主要依赖侦查卷宗作出决定，既不对侦查卷宗反映的事实进行核实，也不对逮捕申请方和被逮捕方进行说理，而是单方对逮捕所依据的条件作出判断，其逮捕过程所必需的论证性不具有基本的证据核实特征和理由认识达成统一的沟通特征。刑事诉讼法虽然对履行逮捕职责的检察人员规定了讯问犯罪嫌疑人、询问证人等诉讼参与人、听取辩护人意见等内容，但是，这些内容对于批捕职能的行政化倾向没有根本的颠覆作用。批捕动因的安慰化是指检察机关动用逮捕措施有时是基于被害人一方的强烈反应而采用。这就背离了批捕职能的本质特征，而将逮捕措施演变为诉讼活动中控制涉检上访的一种应急措施。[③]

3. 批捕职能公诉化。批捕职能公诉化是指履行批捕职能的检察官按照案件公诉的标准来行使批捕权。这包括三方面的意思：一是检察官掌握的逮捕标准实质上是起诉标准。这已经被实证研究证明。[④] 二是检察机关决定采用逮捕措施的另一标准是"捕得上就要能够诉得出"。被批准逮捕的犯罪嫌疑人大多被公诉部门推向了审判台。这可以从近年来检察机关批捕逮捕与提起公诉的案件数和具体的人数的比较中得到确认。

4. 批捕职能监督化。批捕职能监督化是指检察机关的中立司法审查职能演变为检察机关的保障法律统一执行的职能。这里的批捕职能监督化主要指检察机关的审查批捕逮捕活动演变为主要监督侦查机关立案活动和侦查活动是否合法的一种监督活动。这以检察机关

① 赵阳：《轻罪案件不适用附条件逮捕》，载《法制日报》2013 年 5 月 23 日第 5 版。对于"以捕代侦"在普通的职务犯罪案件侦查中的情况，来自检察机关的研究成果和学者的研究成果都给予了进一步的证实。参见宋英辉：《职务犯罪侦查中强制措施的立法完善》，载《中国法学》2007 年第 5 期；张盛宏：《论职务犯罪案件审查逮捕方式的完善》，载张智辉主编：《强制措施立法完善研究》，中国检察出版社 2010 年版，第 314 页。

② 向泽选所发表的观点在其中可以说具有代表性。参见向泽选：《修改后刑诉法的实施与审查逮捕》，载《人民检察》2012 年第 12 期。

③ 马某交通肇事案就属于此类。就本案具体情况来看，依法可以对马某取保候审。但由于马某家庭十分贫困，无力支付赔偿金，被害人家属到县政府多次上访，要求严惩凶手。为维护稳定，检察机关降低逮捕条件，将马某逮捕。参见张晓东：《我国刑事强制措施适用中的问题及解决对策》，载张智辉主编：《强制措施立法完善研究》，中国检察出版社 2010 年版，第 28 页。

④ 相关研究成果参见左卫民、马静华：《侦查羁押制度：问题与出路——从查证保障功能角度分析》，载《清华法学》2007 年第 2 期；石均正等：《关于拘留转为逮捕证明要求的调查报告及分析》，载《政法学刊》2000 年第 4 期。

将审查逮捕的部门更名为侦查监督部门为标志。将具有主动性、单项性、行政性的监督活动嵌入具有被动性、三方性、诉讼性的逮捕审查活动，不仅会使本来具有中立理念的逮捕决定活动演变为地位偏向侦查的控诉活动，而且会使本来就不宽裕的逮捕审查时间更加紧张，致使审查逮捕的主业受到不应有的冲击。

5. 批捕职能定罪化。批捕职能定罪化主要包括两层意思，即批捕标准只掌握定罪标准和批捕效果的定性化。2012 年修订前的刑事诉讼法对逮捕条件的规定可以概括为证据条件、刑罚条件和必要性条件。2012 年刑事诉讼法对后两个条件在一定程度上进行了细化。但是，不管立法如何变，司法实践中长期以来所坚持的还是第一个证据条件，即证明犯罪嫌疑人实施所指控的犯罪的证据的条件。这种掌握逮捕条件的实践状况不仅对后续的起诉具有决定性影响，而且对法院的入罪判断也会产生实质性影响。正如来自检察机关的研究成果显示，逮捕案件承办人的实际操作标准是"提前做法官"，即批捕时检察官对逮捕的判断标准主要是"涉案人员是否构成犯罪"。①

6. 批捕职能量刑化。批捕职能量刑化是指检察机关在批捕环节作出的逮捕决定实际上有预支刑罚的作用以及法院在量刑时比照被告人实际被羁押的期限确定刑罚内容。预支刑罚的指导思想实际成为检察机关在批捕时只掌握逮捕的证据条件提供的深层的思想基础。然后，批捕职能量刑化更深层的危害在于法院为了维护逮捕羁押期限的合法性而对那些本可以判缓刑的判处实刑。这实际上动摇了审判活动作为最后一道防线的地位。② 从某种程度上可以说，量刑活动在逮捕审查阶段就已经实质性地开始了。

（二）批捕职能背离审判中心主义的原因

1. 立法原因。立法上的认识对司法实践具有指导性和最基本的评价性，由此带来立法上的偏差决定了司法实际的根本走向，甚至出现立法偏一寸，司法偏一尺的局面。首先，立法上没有区分刑事诉讼法的总任务和具体诉讼阶段的任务，以致以侦查任务代替刑事诉讼的总任务。这不仅会带来立法本身的不协调，更会给司法实践带来方向上的偏差。刑事诉讼法第 2 条所规定的任务强调了对犯罪的打击，对程序活动的合法性没有给予更多的关注，虽然 2012 年修订刑事诉讼法时增加了尊重和保障人权，但是没有揭示刑事诉讼法总体上是合法追诉犯罪，以致没有从总体上说明刑事诉讼法是为了界定追诉犯罪机关之间的职能，使追诉活动在法治化的思想指导下进行的这种意蕴。这导致后续制定的三机关分工负责、互相配合、互相制约的原则没有实质性地贯彻到具体的刑事诉讼各阶段以及具体的刑事诉讼程序中。例如，在侦查阶段，检察机关对于公安机关侦查活动的介入远远超出了配合的分界，而成为侦查主体之一。追诉犯罪天经地义，法律确定对于犯罪的追诉不仅是强调追诉犯罪的正当根据，更为主要的是明确追诉犯罪的合法方式。其次，立法没有充分体现刑事司法规律的指引作用。立法应该更多地体现刑事司法的规律，以此规律来指导刑事

---

① 参见张磊、邵征宇：《逮捕权行使的实质观念分析》，载张智辉主编：《强制措施立法完善研究》，中国检察出版社 2010 年版，第 393 页；张智辉、谢鹏程主编：《中国检察》（第一卷），中国检察出版社 2003 年版，第 308 页。

② 批捕职能量刑化不仅得到来自检察机关的研究成果的支持，也得到了学界其他研究成果的支持。参见曹国华：《重构我国未决羁押制度的路径选择》，载张智辉主编：《强制措施立法完善研究》，中国检察出版社 2010 年版，第 363 页；胡扬：《逮捕措施的立法完善》，载张智辉主编：《强制措施立法完善研究》，中国检察出版社 2010 年版，第 328 页；刘计划：《逮捕审查制度的中国模式及其改革》，载《法学研究》2012 年第 2 期。

程序的立法活动和具体程序结构。对犯罪的追诉所应体现的否定性思维应该贯彻到刑事程序的整个过程中。在刑事追诉活动充满巨大风险的情况下，国家没有理由将个体的公民作为惩罚犯罪的冒险工具。具体到批捕职能，其本是中立的司法职能，可是立法并没有将其与检察监督职能相区别，导致逮捕审查职能被作为监督职能的当然内容予以认识、实施。最后，立法上宜粗不宜细的指导思想对于刑事诉讼法具体程序内容的规定带来了先天的不足。程序法的作用在于为公权的运用提供基本遵循。宜粗不宜细的程序法立法指导思想在本质上背离了程序法精神，使程序法难以为公权提供导引和有效的约束。同时，程序法的粗疏使介入诉讼的公民难以具有有效的维护自己权利的有力依据。在法治观念本就没有深入司法人员内心的我国现当代，仍然以此种立法指导思想贯彻到法律的立改中，对于法治观念的培养不仅不利，而且会产生负面作用。

2. 司法原因。批捕职能的行使背离审判中心主义的原因与刑事司法实践中的诸多因素相关。首先，与刑事司法理念中的宁左忽右思想密切相关。新中国成立后，为了追求政治正确性或者为了让各项工作的推动具有最大动力，政治挂帅成为一切工作动员的"撒手锏"。这种思想在刑事司法工作中的体现就是重打击，轻保护。对打击犯罪越是猛和狠，就越表明工作政治方向的正确性。有了中央到地方领导的肯定，有了社会各层面的支持，打击犯罪中所出现的个别错误就被淹没于无形。对于保护无辜者越突出，可能对犯罪的打击就越有一定的影响。影响到打击犯罪就是政治方向有问题，产生的后果不仅使个人受到处理，集体也受到牵连。相反，无辜者只是个体、个别、少数，出现了这种冤枉无辜的情形，为其伸张的力量毕竟小、弱、散，出现了错误，冤枉了无辜也影响不大，没有多大的责任，因此具体刑事案件查处过程中的宁左忽右思想只见到好处，少有见到不利的，人的自利心理、自我保护意识也都会成为无形中的动力，支撑司法人员宁左忽右。其次，司法能力不足导致司法机关难以依照刑事诉讼法追诉有效犯罪。由供到证的侦查模式难以从根本上改变则缘于侦查机关侦查能力的不足。检察机关不能从根本上按照刑事诉讼法所规定的逮捕条件履行审查逮捕职能是其照顾到侦查能力不足的表现。再次，检察机关不能深刻把握刑事司法规律支配下的中国特色检察制度的精髓，简单地以成功打击犯罪（形式意义上的打击，即有人为已经发生的犯罪负责）为评价其工作成效的标准，导致实践中对批捕职能履行质量的考评指标背离了刑事诉讼法的精神，背离了刑事司法规律所体现的检察职能，背离了刑事司法规律支配下的逮捕审查职能。最后，法院在刑事司法中的弱势地位导致法院对刑事诉讼早期的逮捕难以发挥正常的评价作用。形式主义的刑事审判为审判权的弱化提供了辅助作用。

三、批捕职能本色回归的路径

（一）批捕职能内涵及特征

批捕职能的本质属性应该是司法性。批捕是由国家设立的具有中立地位的第三方对代表国家行使侦查权的办案机关就临时剥夺被追诉人人身自由的申请进行审查并作出相应决定的一种活动。从此足见，批捕职能是一种代表中立第三方对剥夺犯罪嫌疑人人身自由申请的审查职能。该职能的特征大致有如下几方面：

1. 审查主体的权威性。自从建立现代刑事司法制度以来，法治国家都注重将侦查过程中剥夺被追诉人的人身自由，对被追诉人进行一定期限羁押的权力交给不承担侦查追诉职能的机关行使。到了现当代，国际社会甚至形成了一种只有司法官才能承担逮捕审查职能的共识。由此，国外不少国家均将逮捕审查权授予法官。法官在当代各国的刑事司法体制中被塑造为实现司法正义的神圣形象。无论其学时、个人修养、人格魅力、公众形象都得到刑事司法领域及社会公众的赞许。正是这样的权威主体担当起了法治国家对于未定罪状态下的公民人身自由剥夺的审查责任。有了这样的权威主体承担逮捕审查的责任，社会才能对逮捕审查程序实现公正性充满信心。

2. 审查程序的诉讼性。"公正不仅要实现，还要以看得见的方式实现"这句刑事程序中的格言已经形成了社会的共识。逮捕审查程序的诉讼性正是为了保障逮捕审查程序公正性的实现而提供的基础平台。在这样的程序中，在逮捕申请方和被追诉方平等对抗下，对于逮捕理由能否成立达成共识，是逮捕审查活动具有社会公信力的一个关键点。

3. 审查地位的中立性。审查地位的中立性是指逮捕审查主体的诉讼地位既不归属于侦查方也不归属于被追诉方，而是审查主体能够居于客观的立场对于逮捕理由进行分析判断的一方。这种地位中立性的设计能够保证有利于被追诉方的理由得到审查主体的高度关注，得到审查主体耐心的对待，得到审查主体十分负责的思考。这种审查主体诉讼地位中立性的制度设计是针对单纯追诉犯罪而将逮捕措施侦查化而提供的一种有效制度应对。

4. 程序启动的被动性。逮捕审查程序启动的被动性是指逮捕程序的开启依靠侦查机关的申请才能启动，逮捕审查主体不能主动启动逮捕审查程序。这是基于诉讼职能分离原理而决定的。鉴于刑事司法的巨大风险，各国在设计刑事程序时均将程序内在的各种职能予以分离，使得国家刑事追诉权的行使不至于专横，使得被追诉公民的权利能够得到最大限度的保护。正是因为逮捕审查主体不具有追诉犯罪的任务，没有追诉犯罪的功利，也就不具有主动启动逮捕程序的内在动力。侦查机关具有开启逮捕审查程序的动力，但是它不具有决定权，因此侦查机关自身不能随意启动逮捕审查程序。这两种职能的分离导致两种职能的互相制约，进而达到既依法追诉犯罪，又使公民权利不受到专断权力的威胁。

5. 审查结论的反思性。审查结论的反思性是指逮捕审查后作出的决定能够被之后针对逮捕理由是否成立的检验程序所重新审查。任何人为的决定都可能存在一定的可错性，司法程序中的决定更是如此。刑事司法程序中所作出的决定可以视为一个社会对一个公民最慎重的决定。这种决定慎重性的体现便是在审查程序外再增加一个审查程序——救济程序。弥补逮捕程序中的思维缺陷被当代法治国家所普遍接受。换言之，在逮捕决定后增加救济程序是当代国际社会所形成的公理性认识。从权利视角来看，这便是没有救济就没有权利的原因。

（二） 批捕职能本性回归路径

1. 立法宜采用严格的职能分离原则。这里的职能分离原则是指在侦查阶段，审查逮捕的司法职能与追诉犯罪的控诉职能要彻底分离、裁决职能与监督职能分离。换言之，裁决权与追诉权应该进行彻底分离。这就要求肩负审查逮捕任务的检察官不能再从方便追诉的角度降低逮捕条件而将逮捕措施演变为侦查机关的一种侦查措施。有的检察官虽然认识到审查逮捕具有司法属性，认识到以审判为中心呼唤逮捕自身功能的回归，但是在实践中只是满足于适当弱化审查逮捕的控方角色和意识，这实质上仍然没有让审查逮捕功能回归。[①]裁决职能与监督职能分离主要指检察机关不宜将侦查监督职能融入逮捕审查职能。这实际上弱化了逮捕审查的司法属性。可以说逮捕审查职能实际上是监督职能之外的一种比一般检察监督更加司法化的职能。遗憾的是，逮捕审查职能融合进侦查监督职能在检察机关几乎是公理性认识。吉林省检察机关在改革中将逮捕审查职能合并到宏观上的刑事检察职能就是例证。[②]

2. 立法宜将逮捕与羁押分离。逮捕与羁押分离是国际上通行的做法。事实证明，我国将逮捕行为与羁押结果一体构造带来的负面影响是逮捕职能侦查化。这种立法设计不仅没有贯彻公检法三机关分工负责、互相配合、互相制约的原则，而且还使被逮捕措施完全沦为一种侦查措施。这与刑事程序法的法治化精神相去甚远。逮捕行为与羁押后果相分离是实现逮捕审查程序司法化的重要手段。

3. 立法宜为被追诉方设计救济程序。没有救济程序的逮捕审查程序难以保证逮捕审查主体的慎重性和被追诉主体的诉讼权利。刑事诉讼法颁布后的几十年逮捕实践证明，逮捕审查程序没有充分体现其本应有的司法属性，缺乏救济程序不能不说是其中的致命要害。可以认为，国际社会的公理性认识，刑事诉讼法内部构造的科学化，逮捕实践经验教训都要求逮捕审查程序应该具有救济程序。具体而言，在保留检察机关对公安机关侦查的案件批捕权的基础上，宜在审判程序中设计对普通逮捕程序的救济程序。这虽然与国际社会的一般惯例尚有区别，但是不动摇宪法所规定的基本框架，可以为改革减少难度，同时也是试错性步骤之一。

（作者单位：贵州民族大学）

[①] 参见韩哲：《把握好审查逮捕的司法属性和公诉指控职能》，载《检察日报》2015 年 8 月 12 日第 3 版。

[②] 司法改革应该是越改越符合司法规律。我国刑事诉讼法虽然将批捕权授予检察机关，但是，并没有明确逮捕是一种侦查措施。相反，到目前为止，包括检察机关所作出的很多研究成果都已经认识到了逮捕的司法属性。关于吉林省检察机关机构改革的情况参见郭洪平等：《内设机构"大部制"改革平稳过渡》，载《检察日报》2015 年 8 月 2 日第 1 版。

完善未成年人保护和犯罪预防法律体系与司法体制的构想

宋英辉　苑宁宁

联合国《儿童权利宣言》中写道："儿童因身心尚未成熟，在其出生以前和以后均需要特殊的保护和照料，包括法律上的适当保护。"[①] 因此，无论是在立法环节，还是在执法、司法实践中，均需要契合未成年人群体的特殊性，尊重未成年人的成长规律，实现对未成年人保护的综合化、未成年人利益的最大化。

一、我国未成年人保护和犯罪预防面临的严峻形势

我国是未成年人口大国，且处在社会转型期。有关统计显示，我国有 3.67 亿未成年人，其中处于留守或流动状态的有 1 亿多，约占全部未成年人的 1/3。[②] 这种状况，是任何国家、任何历史时期都未曾发生过的。这种状况导致以下突出问题：

第一，已经成为违法犯罪及被侵害的高危人群。有关研究发现，在违法犯罪的未成年人中，来自留守和流动群体的未成年人达 70% 以上，而且呈现出了低龄化、暴力型、作案手段成人化的趋势。另外，由于家庭、学校教育的缺失，留守或流动的未成年人自我保护意识差，对突发性事件几乎没有应变和自救的能力，很容易成为犯罪分子侵害的对象。近年来，多地频繁发生性侵未成年人案件，留守流动儿童则是此类案件的主要受害者。例如，2015 年宁夏灵武市秀水梁村曝光了一起骇人听闻的性侵儿童案件，幼儿园教师黄某性侵案的 12 名幼女中有 11 人为留守儿童。

第二，容易被"三股势力"所侵蚀，被敌对势力所利用。"三股势力"自 20 世纪 80 年代起就把渗透的主要对象对准青少年，并为此制订了一系列计划、方针，如"三十年计划"中"前十年用来培养人才"、"宗教四化"方针之一的"宗教年轻化"以及"希望工程"等，目的就是争取把更多的青少年培养成为反党、反政府和从事分裂活动以及恐怖活动的马前卒。由于失学、失管的未成年人缺乏有效的监护和管理，有些甚至具有极强的逆反心理和报复社会心理，自然更容易成为"三股势力"优先发展和拉拢的对象。据调查，近年来，云南、广西等地多次破获极端宗教组织、恐怖势力组织未成年人偷越边境，绕道东南亚国家到土耳其，再辗转到伊拉克、阿富汗、叙利亚等国接受极端宗教组织、恐怖组织训练的案件。在一些地区，发生的暴力恐怖犯罪、民族分裂犯罪、邪教犯罪中，也屡屡见到未成年人的身影。在 2014 年新疆和田"6·15"砍杀案件中，三名暴徒中有两人只有 18 岁，另

[①]　参见宋英辉、甄贞主编：《未成年人犯罪诉讼程序研究》，北京师范大学出版社 2011 年版，第 1 页。

[②]　全国妇联 2013 年发布的《我国农村留守儿童、城乡流动儿童状况研究报告》显示，根据 2010 年第六次全国人口普查数据，2010 年我国 0~17 岁农村留守儿童和城乡流动儿童共有 9683 万，17 岁以下农村留守儿童 6102 万、城镇流动儿童 3581 万。央视 2014 年报道称留守儿童已达 6800 万，这样截止到 2014 年，留守、流动未成年人达 1 亿多。

一个 19 岁，他们在未成年时期就已经开始接受极端宗教思想的洗脑。这些都足以说明这个问题的严重性。

第三，成为黑恶势力等犯罪的工具或受害者。留守或流动儿童往往处于"家里管不住、村里没人管、学校没法管"的状态，极易被黑恶势力或其他犯罪分子利用。例如，近年来，社会上出现了一种犯罪团伙组织，专门利用法律对未成年人的特殊规定，教唆未成年人实施盗窃、毒品犯罪，甚至是暴力犯罪。同时，为了能够有效控制未成年人，犯罪分子对未成年人通常会有虐待、奸淫、猥亵、伤害、强制吸毒等行为。据调查，德宏州检察院未检处办理的未成年人刑事案件为 61 件 139 人，涉毒案件为 43 件 78 人，分别占到 70.49% 和 56.12%。其中多数未成年人系被贩毒团伙利诱而运输毒品。①

第四，未成年人被侵害案件成为影响社会和谐稳定的敏感问题。近年来，奸淫、猥亵、拐卖、虐待、遗弃等以未成年人为侵害对象的刑事案件不断发生，一些案件触目惊心，触犯人伦底线，引起了民众的愤慨和社会的高度关注。例如，2010 年的母亲溺死脑瘫双胞胎儿子案、2011 年的小悦悦遭碾轧 18 名路人无人伸出援手案、2012 年的颜艳红虐童事件、贵州毕节五男童垃圾箱取暖身亡事件、2013 年的长春盗车杀婴案、南京饿死女童事件、海南校长带小学生开房事件、山西男童遭挖眼事件、2014 年西安幼儿园私自给幼儿服用处方药事件、2015 年南京养母虐童案等等。这往往成为部分人发泄不满、攻击党的领导和社会制度、煽动群众而引发群体性事件的导火索，也严重影响了我国的形象。

综上，未成年人保护和犯罪预防已成为影响社会和谐稳定的源头性、基础性问题之一，成为影响国家长久稳定、社会未来发展的重大隐患，加强未成年人保护和犯罪预防，已成为刻不容缓的任务。

二、我国未成年人保护和犯罪预防面临的困难和问题

（一）法律体系问题

从法律体系来看，存在的主要问题是：儿童利益最佳化、国家亲权等理念尚未在相关法律中得以体现；尚未形成独立的未成年人法律体系，诸多规定分散在各个部门法中，难以得到应有的重视；政府责任未得到强调和落实；未成年人保护法律规范缺乏刚性和可操作性；法律规范之间存在矛盾和冲突；刑事法律规范长期受制于成人刑事法的束缚而以惩罚犯罪为目的；涉及未成年人保护的若干重要问题仍然处于立法空白。具体来说，主要有以下几个方面的问题：

第一，就刑事实体法而言，没有针对未成年人身心特点的刑事实体法律制度。我国关于未成年人的刑事立法属于附属模式和分散模式，即依附于成人刑法，分散于刑法的各个部分，这导致少年刑法的福利法、教育法属性无从体现，特别法属性在实践中也往往屈从于一般成人法律的规定，保护优先于制裁、教育优先于惩罚的理念和有针对性地干预也无从谈起。虽然这种立法模式具有操作简便的优点，但也存在明显的不足：其一，受普通刑法条文的约束，一些未成年人犯罪的规定在分散式立法模式中往往无处安置。例如，关于

---

① 《我国打掉 227 个操纵新疆籍未成年人犯罪团伙》，载《新京报》2012 年 2 月 11 日。

未成年人犯罪的立法宗旨、政策等在分散式立法模式中难以找到合适的位置。其二，采取行为主义而非行为人主义，无法体现少年司法以教育为主、惩罚为辅的原则。我国立法上不存在域外广泛采取的转向处分措施，受成人刑法体系和框架的影响，对于未成年人刑事责任的实现方式仍然是以刑罚为中心，并且采取的是比照成年人从轻减轻的原则。

第二，就刑事程序法而言，未成年人犯罪案件特殊程序有待细化和完善。为了更好地保护未成年人在刑事诉讼程序中的权利，给予其必要的特殊对待，我国2012年刑事诉讼法专门设置了未成年人刑事案件诉讼程序。毫无疑问，这是一个具有里程碑意义的进步。不过，特别程序的规定总体上比较宏观、粗放，未能涵盖国际公约及法治国家所普遍认可的原则和制度，难以满足我国司法实践的需求。从刑事诉讼法实施状况来看，由于缺乏配套制度和有效的协调机制，未成年人刑事案件的办理理念和诉讼程序仍然受到成年人案件刑事诉讼程序的深刻影响。

第三，就未成年人专门立法而言，多为宣示性、倡导性规范，刚性不足，许多规定被虚置。我国专门的未成年人立法有两部：一部是未成年人保护法，另一部是预防未成年人犯罪法。这两部法律都缺乏具体可操作性，存在执行主体不清、责任主体不明、没有明确相关部门责任等明显缺陷。未成年人保护法规定了未成年人的很多权利，但具体怎么保护这些权利，权利被侵害了具体怎么寻求救济，有什么程序，具体由哪个部门来负责，有关部门不履行职责去保护这些权利的法律后果是什么等都不明确。法律虽然规定了在未成年人生活成长中最为重要的家庭、学校的责任，但由于缺乏必要的惩戒制度，导致家庭、学校可以随意逃避所承担的责任。正因为如此，实践中未成年人保护法几乎从来没有作为过判案的依据或者执法的援引条文。预防未成年人犯罪法也存在类似的问题，如内容较为宽泛、配套措施匮乏、执法主体多元且职责不清等。

第四，由于缺乏有效的衔接机制，导致涉及未成年人保护的某些制度难以发挥作用。其中，最典型的就是未成年人犯罪记录封存制度。我国《刑法修正案（八）》规定了免除前科报告义务，刑事诉讼法第275条确立了未成年人犯罪记录封存制度。但是，由于许多有关就职资格的法律规定的限制，该制度难以发挥为未成年人顺利回归社会提供保护的应有作用。例如，公务员法第24条规定，曾经犯罪受过刑事处罚的，不得录用为公务员。此外，兵役法、法官法、检察官法、律师法、教师法、拍卖法、会计法等都有关于曾经犯过罪的人不得或在一定期间内不得从事相关职业的规定。可见，未成年人犯罪记录封存制度与相关法律法规在评价机制上存在着巨大的差异，犯罪记录封存困难重重。此外，有些地方的公安机关在开具无犯罪记录证明时，仍然可以联网查询到未成年人的犯罪记录，进而拒绝开具无犯罪记录证明。

第五，就法律规定整体而言，涉及未成年人保护的诸多制度立法上尚属于空白。例如，我国缺乏对有不良行为或实施危害行为而未达刑事责任年龄的未成年人进行有效干预的制度，导致许多具有不良行为或者严重不良行为的少年没有得到及时有效的矫治，最终走上了违法犯罪的道路。从现有的法律规定来看，我国对未达刑事责任年龄的未成年人的处理，绝大部分是进行简单训诫，责令他的家长或者监护人加以管教，只有很少一部分在必要的时候由政府收容教养。自从2013年年底废除劳动教养以后，各地基本上就已经不再适用收容教养。问题少年的家庭监护和教育一般都存在严重的缺陷，难以有效矫治问题少年的种种不良行为。换言之，对于这部分未成年人，法律基本上束手无策，处于放任自流的状态。

只有等到他们达到刑事责任年龄，或者实施了更为严重的危害行为时，才能通过刑事司法途径对其进行处罚和矫治。这就是所谓的"养猪困局"。[①] 又如，我国民政部门只是对生活困难的儿童进行外围的救助、帮扶，尚未建立完善的监护替代制度和国家监护制度。对于那些监护人无法、不能或者不适合履行监护职责的情形，未成年人的监护基本上都处于虚置状态。例如，2003 年 3 岁幼女李思怡饿死事件、2013 年南京两名女童饿死事件、2014 年 1 月 7 日西安曲江东曲江十村 7 岁女童饿死事件，警示我国亟须完善儿童福利制度，建立国家对父母监护的监督、干预、替代制度。

（二）司法体制问题

少年司法的目的不在于制裁，而是期待未成年人的健康成长，预防其再实施违法犯罪。在办理未成年人刑事案件的过程中，需要公检法司密切配合，政府各部门相互协调，社会专业服务积极介入，家庭、学校提供有力支持。为保障这些工作的顺利开展，办案机关非常有必要设立专门机构或者指定专人办理，制定独立的、科学的评价体系。目前，我国多地的检察机关和法院设立了专门机构，但仍然没有实现普遍化，地域差异明显。公安机关在这方面裹足不前，只有极个别地方的公安机关有所探索，如北京海淀区、上海浦东区、烟台市芝罘区、钦州钦南区等设立了专门预审机构或指定专人办理。我国的少年司法体制建构现处于起步阶段，有许多方面有待健全完善。具体来说，当前主要面临着四个突出问题：

第一，司法改革客观上对专门机构建制造成了一定冲击。为了进一步保障依法独立行使检察权和审判权，确保办案质量，实现司法公正，党的十八大以来，我国开启了新一轮的司法改革。从举措的内容来看，司法改革主要是围绕成年人的司法体制进行的，其并没有关注到少年司法体制的特殊性。在推行司法机关去行政化、去地方化的进程中，试点检察机关、法院积极探索扁平化管理和省级以下人财物的集中管理，推行员额制，尝试建立符合职业特点的法官、检察官单独序列。在这种背景下，有些地方合并了或者正在考虑合并独立建制的专门机构，预期设立专门机构的检察院、法院则暂停了相关筹备工作。即使在保留了专门机构或者专人办理的检察院、法院中，大概有 80% 的办案人员同时也要承担办理成年人刑事案件。然而，办理未成年人刑事案件需要投入大量的时间和精力，进行多方的协调、沟通，帮助未成年人顺利回归社会，需要在人力上给予充分保障。于是，少年司法的现实需求和司法体制的矛盾日益凸显已经成为一个不容忽视的问题。

第二，未成年人刑事司法工作缺乏独立的、科学的考评机制。办理未成年人刑事案件，要秉持不同的价值理念，适用许多特殊制度，更多地要关注挽救未成年人。因此，少年司法的许多工作超出了传统刑事司法的范围，无法用数字予以考评。在司法实践中，多地基本上采用了与办理成年人刑事案件相同的考评指标体系，无法准确、全面、客观地反映出办理未成年人刑事案件的工作量。如此一来，不仅阻碍了少年司法进一步的专业化，而且还挫伤了有关办案人员开展帮教工作的积极性，影响办案质量和效果。

---

① "养猪困局"，就是对于一些因为年龄较低或犯罪程度较轻的未成年人，我国还缺乏一个完善的干预机制和有效的干预措施，因为只能"养大了再打"、"养肥了再杀"。参见姚建龙：《从"教刑并重"走向"以教代刑"》，载《民主与法制时报》2015 年 6 月 5 日。

第三，未成年人的保护和犯罪预防工作无法形成合力。罪错未成年人回归正常的社会生活，需要方方面面的帮助和支持，不可能完全仅仅依靠司法机关。尽管关工委、未保委、共青团、妇联、教育部门、民政部门等都承担着保护和预防未成年人犯罪的部分职责，但政府并没有设立专门的儿童保护机构，对这些资源欠缺有效协调和整合，在实践中则出现了"九龙治水"、各自为政的局面，甚至相互推诿扯皮。在办理未成年人刑事案件过程中，当司法机关需要有关部门予以支持或配合时，往往不清楚联系哪个部门对接。尽管国家高度重视，在未成年人保护和犯罪预防工作上投入越来越大，但限于体制的内耗，并没有取得预期的效果。

第四，社会支持体系发展滞后。少年司法需要司法专业化和帮教社会化，二者如同车之两轮、鸟之两翼，缺一不可。从某种意义上讲，少年司法如同给病人治病，应当针对罪错未成年人的具体问题"对症下药"，予以专业化的矫治。当前，我国的社会支持体系总体滞后，发展缓慢，在很大程度上制约了少年司法的发展。一方面，我国社会专业力量相对薄弱，远远无法满足现实司法需求。以青少年社工为例，不仅总量少，而且分布极不平衡。截至 2015 年 3 月，全国青少年社会工作从业人员只有 2 万多人，其中持证的只有 7500 多人，这相当于每 10 万青少年中仅有 5.3 人，而且主要聚集在北上广等发达城市，中西部地区发展滞后，个别地方还是空白。另一方面，政府采购服务的力度有限，欠缺制度化、常态化。在实践中，许多社会服务机构有介入少年司法提供服务的意愿，办案机关也有引入专业化帮教的想法，但是限于经费以及制度和机制缺失，办案机关往往有心无力，在具体操作上不知所措。

三、加强未成年人保护和犯罪预防的建议

面对严峻的形势，我们必须从社会稳定发展和国家安全的战略高度看待未成年人问题，将未成年人保护和犯罪预防纳入国家治理之中。为此，需要通盘考虑解决以下问题，加强未成年人的保护和犯罪预防。

第一，完善未成年人法律体系。未成年人立法应当采取相对独立的立法模式，并形成一个体系。从现状来看，未成年人法律体系应当至少包括五部分：未成年人保护法、预防未成年人犯罪法、义务教育法、未成年人刑法、未成年人司法法。为此，应当加紧推进如下立法或者法律修改工作：

首先，修改未成年人保护法和预防未成年人犯罪法，增强法律规范的刚性和可操作性，增加完善儿童福利方面的法律规范。在修法过程中，需要确立一些重要的原则、制度和机制，以破解当前现实中的突出问题，主要包括：（1）确立儿童利益最大原则和国家亲权原则；（2）明确家庭责任及责任追究机制；（3）建立家庭监护监督、支持及替代监护机制①；

---

① 我国留守儿童中独居儿童达 205.7 万（数据来源：全国妇联《我国农村留守儿童、城乡流动儿童状况研究报告》，2015 年 5 月）。据调查，涉案未成年人中 60% 以上的流动未成年人没有与父母或亲戚生活在一起，无法得到他们的关照与监督。据密云检察院调查，80% 涉嫌犯罪的未成年人存在家庭监护缺位的问题。

（4）明确主管机关及各类教育机构的责任①，发展职业教育和社区教育机构，建立多元化教育培训体系，确保未成年人的教育问题落实到位；（5）明确政府及各部门责任，建立协调机制；（6）建立、提供儿童保护问题的识别、报告、干预、处置机制②；（7）设立国家监护制度，建立失管儿童安置制度；（8）对于独居未成年人、事实孤儿等，建立符合其身心特点的中长期安置、托管、教育制度，费用由国家、社会、家庭分担；（9）完善收容教养制度，建立问题少年早期干预机制。

其次，完善关于未成年人的刑事法律规定。就刑事实体法而言，改变未成年人刑事立法的分散模式，在刑法中设立"未成年人犯罪特殊处遇"专章。在专章中，集中规定未成年人在犯罪构成、刑事责任承担方式以及处刑方面的特殊性，特别是要明确对未成年人应当严格限制定罪和适用刑罚，代之以根据未成年人身心特点而建立的多元化的转处措施和转介机制。③ 就刑事程序法而言，总结实践经验，进一步细化和严格未成年人刑事案件诉讼程序。修改或者出台司法解释、规范性法律文件，对目前司法实践中反映比较突出的专门机构建制、社会调查制度、附条件不起诉制度、犯罪记录封存制度、社区矫正等作出细化、明确、带有可操作性的规定，以进一步规范少年司法行为。

最后，梳理不同法律部门之间的相关规定，解决某些规定彼此不协调甚至冲突的问题，以保障法律体系内部的一致性。

第二，应当充分认识到未成年人保护与犯罪预防是国家治理的根本，并在体制上予以保障。

首先，在体制层面应重点解决以下问题：一是将未成年人保护和犯罪预防作为国家治理的重要内容予以考虑，各级党委、政府应对此作出规划并予以落实，应当将其作为绩效评价的重要内容。二是在政府中设专门的未成年人保护机构，负责并协调相关职能部门、机构及社会资源参与未成年人保护和犯罪预防工作。

其次，在推进司法改革中，将少年司法体制的完善纳入其中。未成年人司法有自身规律，但现有办案体制和评价体系基本上是按照办理成年人案件来设计的。为此，应当解决以下问题：其一，进一步推进司法机关未成年人案件专门办案机构建设，将少年警务纳入公安体制改革中一并考虑。中央、省自治区直辖市和设区县的市的司法机关应当设立独立的未成年人专门办案机构。在县一级根据区域情况可以由条件较好的区县法院、检察院实行集中管辖。探索跨区法院、检察院设专门机构办理未成年人案件，以及在设区的市由市一级集中管辖。其二，对未成年人司法实行独立的评价体系。其三，应制定对司法人员和相关人员的培训规划。其四，对相关职能部门人员该作为不作为造成严重后果的，应当追究法律责任。

---

① 据调查，75.65%的未成年人在涉案前就已经脱离学校，过早步入社会。另根据北京市西城区检察院未检处的调查，学校知悉未成年人涉案后的劝退率达61.90%，涉案未成年人被劝退后复学率仅为23.07%。涉案未成年人即使最终未被追究刑事责任，也常因涉案而被开除或劝退。学校本为教书育人的场所，但因受教育系统"零犯罪率"考核和片面追求升学率的影响，大多拒绝涉案未成年人继续学习。未成年人脱离家庭监护、学校照管和教育，加之其辨认和控制自己行为的能力不足，很容易受到外界不良因素的影响。

② 据相关学者研究，农村留守儿童心理健康问题检出率为36.8%，自杀意念发生率为20.0%。

③ 各国经验表明，通过定罪处罚并不能有效降低未成年人的重新犯罪率。服刑期间交叉感染，犯罪标签严重妨碍其未来就学、就业等，影响回归社会。降低未成年人再犯率的关键，是有针对性地解决其心理问题和行为自律问题，使其继续学习或掌握一定的劳动技能。

最后，在现阶段缺乏有力行政推动的情况下，应当以司法机关中的专门机构为中枢，推动政府职能部门、社会服务机构等相互协作，建立未成年人保护和犯罪预防工作的联动机制。

第三，大力发展专业社会服务机构。采取政府购买服务的方式，由专业机构依法参与到未成年人保护和犯罪预防中来。国家应通过立法和政策鼓励社会组织积极参与这项工作。应当通过立法、行政、媒体等倡导、鼓励全社会关注未成年人保护与犯罪预防问题。

第四，加强对未成年人保护与犯罪预防问题的研究。应当在高等院校设立少年司法专业和青少年社工专业，培养专业人才。应当整合相关专业资源，加大研究试点投入，鼓励学术机构相关研究，系统研究我国未成年人保护与犯罪预防的规律，为在国家治理中解决好未成年人问题提供决策依据和理论支持。

（作者单位：北京师范大学刑事法律科学研究院）

比较视野下的腐败犯罪缺席审判制度之构建[*]

姚　莉　黎晓露

自 20 世纪 90 年代以来，国际社会开始全球性地打击腐败及转移非法资金的犯罪活动，第 58 届联合国大会通过了《联合国反腐败公约》（以下简称《公约》），强调资产追回过程中的法律问题必须通过国际合作予以处理。尽管我国通过刑事立法增加了"违法所得没收程序"，但是与潜逃的大量人员和流出的巨额资产相比，追回的人和资产只是冰山一角。为了提高腐败犯罪诉讼效率，扩大国际司法协助覆盖面，防止犯罪分子借机逃避诉讼，我国可以参考借鉴国外的立法经验，构建符合本国国情的腐败犯罪缺席审判制度。

一、国际社会对腐败犯罪缺席审判制度的规定

（一）《公约》对腐败犯罪缺席审判的认可

2003 年 10 月，联合国大会通过《公约》，首次在国际立法中设置"资产的追回"专章规定各缔约国应当按照《公约》的规定为腐败资产的追回提供最广泛的合作与协助。"资产的追回"专章虽然没有对缺席审判制度的正当性作出明确的规定，但是其中"通过没收事宜的国际合作追回财产"、"没收事宜的国际合作"、"资产的返还和处分"的规定，暗示了国际反腐合作机制对缺席审判制度的认同。

从《公约》的内容解读，腐败资产追回机制可分为两种：直接追回机制和间接追回机制。前者是指请求缔约国（资产流出国）直接通过民事诉讼向被请求缔约国（资产流入国）法院主张对资产的所有权，主要包括民事确认之诉、民事侵权之诉等途径。后者是指被请求缔约国根据本国法律或者请求缔约国的没收令先行没收腐败犯罪资产后，再返回给请求缔约国的追回制度。由于直接追回机制的成本较高，一般情况下各国都倾向于采取间接追回机制。其中，没收是实现资产间接追回的基本措施，这一措施能够有效保护资产不会因直接诉讼的拖延而被犯罪分子转移或隐藏。《公约》第 54 条第 1 款规定了三种资产间接追回的措施：一是资产流入国的主管机关执行资产流出国法院的没收令；二是资产流入国的主管机关以判决或者法律授权的其他程序，下令没收腐败犯罪资产；三是在犯罪人由于死亡、潜逃等原因缺席而无法对其审判时，资产流入国可不经定罪审判而径行没收腐败犯罪资产。为了确保上述没收事宜的合法性，《公约》第 54 条第 2 款规定了采取冻结或扣押手段时，请求缔约国必须提供"合理的依据"，使被请求缔约国相信有"充足的理由"采取这些手段。在此基础上，《公约》第 57 条规定了"资产返还和处分"必须基于请求缔约国的"生效的判决"，以及合理证明其对没收的财产的依据。显然，"合理的依据"、"生

＊　基金项目：教育部创新团队项目"社会治理法治建设"（IRT13102）。

效的判决"是以"审判"为前提的,《公约》的规定实质上隐含了对腐败犯罪缺席审判的支持态度。

(二) 国外刑事缺席审判制度的立法情况

美国视出庭审判为一项宪法性权利,被告人是否出庭由其自行决定。《美国联邦刑事诉讼法规则》第 43 条规定,被告人未经法庭许可擅自退庭的,视为放弃到庭的权利,法庭可以在被告人缺席的情形下继续庭审。1993 年克罗斯比诉美国(Crosby v. United States)一案,确定了不要求被告人到庭的四种情形:法人由全权代表的律师出庭;被控犯罪的法定刑是罚金或 1 年以下监禁刑,并得到被告人书面同意的;关于法律问题的听审;科刑纠正或减刑的。① 此外,如果被告人扰乱法庭秩序,法庭可将其逐出法庭,继续进行审理。可见,在美国的刑事诉讼中,缺席审判适用的范围较广,被告人拥有是否出庭的决定权。

在英国,通常在两种情形下法庭可以缺席审判。一是根据 1980 年英国治安法院法第 11 条规定,"当在所确定的审判或延期审判的时间、地点公诉人出庭而被告人没有出庭时,治安法院可以在被告人缺席的情况下进行审判"。② 二是当适用简易程序审理可能判处不超过 3 个月监禁的刑罚,被告人通过书信表达有罪答辩的情形。为保护被告人的诉讼权利,英国 1996 年刑事诉讼和侦查法第 49 条规定:"只有在被告人由法律代理人代表的条件下,法院的判决才能生效。"③ 缺席审判在英国运用得非常严格和谨慎,并且规定了辩护人强制出庭制度。

在德国,一般情形下都要求对席审判,但可以就关于物品或财产的保全问题进行缺席审判。按照德国刑事诉讼法典第 276 条、第 285~295 条之规定,如果被告人行踪不明或者滞留国外无法到庭,可以委托律师或者近亲属出庭,但法庭只能启动保全证据的审判程序。此外,德国刑事诉讼法典第 231 条规定了被告人扰乱法庭秩序被带离法庭时,法庭可以在被告人缺席的情况下进行审判。值得一提的是,德国立法还规定了对缺席被告人的权利救济途径,即申请恢复原状和上诉这两种救济途径。

法国的刑事审判缺席制度规定得较为广泛,除了在轻罪和违警罪的诉讼程序中规定了缺席审判之外,对重罪审判也作出了同样的规定。法国刑事诉讼法典第 270 条、第 410 条第 2 款规定,在被告人未能被抓捕或者无正当理由不到庭的情况下,应当进行缺席审判。同时最具特色的是,第 627~641 条还对重罪程序规定了"抗传程序",即如果重罪被告人从一开始就逃避审判,或者在追诉过程中逃逸,重罪法庭应当发布命令责令其到庭,否则宣布其"抗拒法律",并依法对之缺席审判。④ 此外,立法也规定了辩护人出庭、被告人提出异议等保障措施。

在其他国家,也同样规定了刑事缺席审判制度,如意大利刑事诉讼法第 475、488 条规定,当被告人经传唤不到庭或者法庭审理时脱逃时,法官在其他当事人同意且辩护人在场

---

① 参见卞建林译:《美国联邦刑事诉讼规则和证据规则》,中国政法大学出版社 1996 年版,第 84 页。

② Blackstone's Criminal Practice 2002, Oxford University Press 2002, p. 1532.

③ 中国政法大学刑事诉讼法律研究中心组织编译:《英国刑事诉讼法》,中国政法大学出版社 2001 年版,第 661 页。

④ 参见〔法〕卡斯东·斯特法尼:《法国刑事诉讼法精义》,罗结珍译,中国政法大学出版社 1999 年版,第 42 页。

的情形下可以继续进行审理。在日本，根据日本刑事诉讼法第 284、285、286 条的规定，法庭可以在"可能判处罚金的轻微案件"、"可能处三年以下监禁刑的案件"、"擅自退庭或者被法庭责令退庭"三种情形下进行缺席审判。

综上所述，缺席审判制度已经成为世界许多国家刑事诉讼制度的重要组成部分。尽管由于各国的诉讼结构、诉讼理念和文化传统不同，各国的腐败犯罪缺席审判制度也各具特色，在适用范围、适用阶段、适用条件和运作方式等方面存在差异，但总体看来呈现出以下几个共同点：一是以对席审判为基本原则，缺席审判为例外规定；二是严格限制缺席审判适用的情形，主要适用于被告人潜逃，被告人扰乱法庭秩序被责令退庭，被告人故意过时使自己无法出庭等情况；三是确定了辩护人、代理人到庭，以及程序异议、上诉等关于被告人的权利保障措施；四是一旦确定了被告人的犯罪者身份，刑事缺席判决书就成为执行的法律依据，罪犯的刑罚及其涉案财产必须按照判决执行。

二、构建腐败犯罪缺席审判制度的现实意义

（一）必要性分析

在我国，对于在审判过程中腐败犯罪者潜逃或者不到庭的情况，法庭通常采取中止审理或者撤销案件的处理方式。虽然刑事诉讼法规定了违法所得没收程序，但其指向的是涉案财产问题，这在本质上属于民事诉讼的确权之诉，无法解决刑事责任问题。[①] 这依然会使我国在通过国际协助追逃追赃时遭遇到挫折与困境。为了顺应世界法治发展的必然趋势，解决反腐司法实践中遇到的难题，构建腐败犯罪缺席审判制度具有现实必要性。

（1）严惩腐败犯罪，维护司法权威。自 2014 年以来，在 APEC 等国际组织的支持下，我国掀起了前所未有的境外追逃追赃风暴，"猎狐 2014"、"天网"等境外反腐专项行动已取得了一定的成绩。但是，由于各国立法对引渡规定了一些前提条件，并受到"死刑犯不引渡"、"政治犯不引渡"、"酷刑风险犯不引渡"等国际惯例的限制，一些严重腐败的犯罪者难以引渡回国接受审判。而在管辖上，虽然我国刑法在空间效力上规定了保护管辖，但管辖权的实现依赖于国家之间的政治关系和综合实力对比，因而成功的保护管辖案件屈指可数。如果被告人潜逃，即使证据确实充分、事实清楚，却因我国未设立对应的缺席审判制度，使得案件被中止、久拖不决，或者索性不追查，严重损害法律尊严与司法权威。因此，确立腐败犯罪缺席审判制度，既是深入开展反腐的需要，又是维护司法权威的应然之义。

（2）节约诉讼成本，提高诉讼效率。从理性的角度看，促使人们选择某一种行为的动因是其预期的效益大于成本资源，诉讼程序作为一项基本的司法制度，需要国家与个人投入大量的资源才能有效运行。对于一种犯罪行为，在刚发生时追究所支出的成本资源是最少的，即投入与产出比是最为经济的，其结果也可能最接近真实。在诉讼程序中，因被告人逃逸导致诉讼程序的中止，证据的原始性将面临被破坏的风险，调查证据的难度与成本将增加，即使将来恢复了诉讼程序，案件的真相也可能因证据不足而难以查明，所得到的

---

① 参见万毅：《独立没收程序的证据法难题及其破解》，载《法学》2012 年第 4 期。

法律真实可能会偏离客观真实。正所谓"迟来的正义非正义",即使被告人最终被定罪判刑,但是由于诉讼拖延而影响效率,也不能称为正义的实现。如果在被告人故意逃避审判的情形下,法院对其进行缺席审判,不仅可避免案件久拖不决,更重要的是,一旦有了正式的判决,通过国际司法协助的途径,执行的可能性就会增加不少。

(3)实现司法公正,保护被害人权益。在任何一项诉讼制度中,公正始终是最基本的价值目标。亚里士多德将正义分为"分配正义"与"矫正正义",分配正义是关于权力、产品等社会资源在社会成员之间进行配置的规则设计,最初处于一种平衡均衡的状态。矫正正义是针对资源配置过程中均衡的状态被打破的情况所设计的救济性措施。具体到刑事领域,矫正正义意味着平衡与弥补受害人失去的利益,追究被害人的刑事责任。在被告人逃避审判的情况下,如果被害人提起附带民事诉讼请求,就会因刑事诉讼无法进行而导致其合法权益得不到及时的保护,导致被害人对司法救济的不信任。更为重要的是,如上文所述,证据随着时间的推移将难以保全,甚至面临被毁灭的可能,案件的真实性也会因此变得模糊不清,从而影响将来法院作出公正的判决。正如恩里科·菲利所言:"刑罚应当尽可能紧随罪行而发生,因为它对人心理的效果将伴随时间间隔而减弱。此外,间隔通过提供逃脱制裁的新机会而将增加刑罚的不确定性。"[1] 可见,仅依靠现行立法难以有效恢复受破坏的分配正义的平衡状态,采取缺席审判制度是有效解决腐败犯罪的途径。

(4)与国际公约的有关要求相衔接。2005年10月27日,我国批准加入《公约》,这意味着我国享有公约的权利也应当履行其规定的法律义务。其中,"资产追回"一章中设立了直接追回机制和间接追回机制。相对而言,利用直接途径追回资产的成本较高,故间接追回机制是我国采取的主要途径,但是向缔约国请求追回资产时,一般需要法院作出生效判决。我国立法规定了违法所得的没收程序,虽然可以弥补没有缺席审判制度的问题,然而这种"刑事定罪前没收"的行为,不仅违背了正当程序的要求,也无法向被请求缔约国提供他们"承认的判决"[2]。在此情况之下,没有缺席审判制度,可能构成请求其他国家通过司法协助追回资产和让犯罪分子回国受审的最大障碍。因而,为了充分利用《公约》所确立的资产追回与返还机制,我国有必要建立腐败犯罪缺席审判制度。

(二) 正当性解读

自2005年我国加入《公约》以来,学界一直热衷于讨论腐败犯罪缺席审判制度的构建,以期有效地追回境外腐败资产。现实中存在支持与反对两种态度。反对者认为,在我国确立腐败犯罪的缺席审判制度不合乎基本的诉讼理念,主要理由大致有以下几种:一是缺席审判制度不符合审判的基本原则,违背了直接言词原则,无法协调与被告人在场权的矛盾;二是缺席审判制度与国际反腐败合作之间没有必然的联系;三是当被告人出现死亡的情形时,适用缺席审判有违罪责自负原则;四是本国立法没有对腐败犯罪的缺席审判持明确的支持态度。[3] 而支持者认为,刑事缺席审判制度之所以在大多数国家得以确立并发展

---

① [意] 恩里科·菲利著:《犯罪社会学》,郭建安译,中国人民大学出版社1990年版,第69页。

② 《中国"没收财产"刑事裁决不被外国承认阻碍境外追赃》,载《法制晚报》2013年12月3日。

③ 参见林国强:《外逃资产追回法律机制新探——兼谈我国确立刑事缺席审判的不可行》,载《特区经济》2009年第1期;张小玲:《问题与误读——刑事缺席审判制度质疑》,载《政法论坛》2006年第3期。

完善，是因为有其存在的合理价值，具体包括：一是公正应当兼顾效率，如果追求片面的司法公正，将导致案件久拖不决，即使最终案件得以解决，也不能称之为正义；二是从司法效益来看，对犯罪的及时审判所耗费的司法资源较少，也可以避免有多名被告人的原因出现重复开庭而造成司法资源的浪费；三是从诉讼目的看，腐败犯罪缺席审判制度的建立，无疑对打击腐败犯罪，保护国家财产安全和被害人权益都有着重要意义；四是从"有诉必审"的起诉法定原则看，只要没有管辖权争议，检察院的起诉必然开启法院的审理程序。①

很显然，作为普通程序的例外，绝大多数国家都不同程度地建立了刑事缺席审判制度。但是，如果要更好地、更充分地论证缺席审判的正当性，还需要对反对者的观点作进一步的反驳说明。第一，毋庸讳言，被告人庭审时的在场权是其诉讼主体地位的体现，一般情况下如果被告人没有到庭则不能对其进行审判。但在场权作为被告人的权利是可以放弃的，因而在被告人放弃该权利的情形下缺席审判，并不违背程序公正原则。联合国人权事务委员会在"审理"有关"案件"中发表的"意见"也表明，在被告人已经被"给予一切必要的通知"要求出席法庭审判而依然决定不出庭的情况下，法庭进行缺席审判并不违背《公民权利和政治权利国际公约》第 14 条关于"出庭权利"的规定。② 第二，缺席审判与追回外逃资产有密切的联系。根据《公约》第 57 条之规定，成功追回腐败资产的条件是向被请求缔约国提供"生效判决"，但是刑事诉讼法确立的"违法所得没收程序"仅指向资产问题，如果涉及其他国际司法合作事宜，则需要重新回归缺席审判的立法问题。第三，缺席审判制度并不必然妨碍诉讼公正。反对者认为被告人缺席审判会侵犯被告人的辩护权，阻碍法庭对被告人口供的核实。按照刑事诉讼法的规定，没有被告人口供，但是其他证据能够证明案件事实的，照样可以定罪量刑。并且，被告人拥有沉默权意味着是否供述不再是定罪量刑的前提条件。③ 第四，新刑事诉讼法增加的违法所得没收特别程序，表面上只涉及财产没收的问题，实质上却体现了缺席审判的思想，这不仅初步实现了与《公约》之间的衔接，也为我国构建腐败犯罪缺席审判制度奠定了法律基础。

三、构建我国腐败犯罪缺席审判制度的几点思考

腐败犯罪缺席审判制度的建立反映了反腐工作的迫切需求，体现了现代制度在维护程序公正的前提下对诉讼效率的追求。由于刑事诉讼关系到被告人的生命、自由、财产等安全，各国在普遍承认被告人出庭权的基础上，严格规范了刑事缺席审判的适用范围、条件和程序，并建立了必要的救济措施。通过解读缺席审判制度的现实需求和理论依据，以及考察国外成熟的立法经验，从长远来看，构建中国特色的腐败犯罪缺席审判制度具有重要意义。

---

① 参见邓思清：《刑事缺席审判制度研究》，载《法学研究》2007 年第 3 期；刘根菊、李秀娟：《刑事缺席审判制度之考察——以我国签署〈联合国反腐败公约〉为背景》，载《山东警察学院学报》2005 年第 6 期；杨明、王峥：《论刑事缺席审判》，载《中国刑事法杂志》2003 年第 1 期。

② 参见陈光中主编：《21 世纪域外刑事诉讼法立法最新发展》，中国政法大学出版社 2004 年版，第 77 页。

③ 何萍：《外国公司涉华犯罪的形式管辖——兼谈刑事缺席审判制度的构建》，载《法学》2015 年第 3 期。

（一）严格适用范围

在各国，腐败犯罪缺席审判制度作为一种例外制度，只有在一定范围内下才能适用，法律也明确规定了该项制度适用的具体范围。考虑到缺席审判可能影响到程序公正，且与程序参与原则、直接言词原则存在一定的紧张关系，而腐败犯罪缺席审判制度又是人权保障与犯罪控制，司法公正与诉讼效率等多种价值平衡的结果。故而，我国应当将缺席审判定位为出庭审判的补充，不得任意启动缺席审判程序，并通过立法严格确定一个合理的限度。具体而言，实行缺席审判的腐败犯罪案件应当限为以下两种：一是事实清楚、证据确实充分，被告人逃逸且故意不到庭，有进行及时审判必要的重大腐败犯罪案件；二是在法庭审判过程中，被告人扰乱法庭秩序经法庭劝阻仍不悔改，出于维护法庭秩序的目的，有必要要求被告人退庭的腐败犯罪案件。

（二）明确适用条件

由于腐败犯罪缺席审判可能对被告人的出庭权、辩论权造成一定程度的影响，为了保障被告人的诉讼权利，必须严格限制该制度的适用条件，才能将缺席审判的弊端降到最低。除了个别国家，如新加坡通过专门的反腐败立法来补充刑事诉讼法的规定之外，一般国家都没有针对腐败犯罪的缺席审判单独进行立法，而是统一规定于刑事诉讼法当中。因此，在借鉴他国缺席审判制度时，应当根据案件的类型仔细区分。概括而言，腐败犯罪缺席审判的适用条件应当包括以下内容：第一，被告人潜逃境外。在审判时，被告人畏罪潜逃，经公安司法机关付出努力并通过公告送达依然拒不归案的情况下，只要犯罪事实清楚，拥有确凿的证据，检察机关依法提起公诉的，就可以进行缺席审判。实质上，这也是腐败犯罪缺席审判的形式条件。第二，被告人故意不出庭接受审判。绝大多数国家认为被告人出庭审判既是权利又是义务。[①] 如果被告人主动放弃出庭审判的权利，法庭在充分尊重被告人诉讼权利的前提下进行缺席审判，并不违背程序正义，毕竟放弃出庭审判是被告人自由选择的结果。第三，案件事实清楚，证据确实充分。这是腐败犯罪缺席审判的实质性条件。其中，案件事实清楚应当符合两个标准：一是能够充分证明犯罪行为者为被告人本人；二是根据控方提出的所有证据，能够排除合理怀疑。换言之，除了被告人口供之外，只有当其他证据达到起诉标准时，检察院才能提起公诉，法院方可启动缺席审判。第四，对被告人不适用死刑。之所以将不得适用死刑作为限制条件，主要源于两个方面的考虑：一是缺席审判无法避免将影响被告人在法庭上的辩护权和陈述权，进而可能降低法官审理时对被告人利益的全面考量，所以对可能判处死刑的案件应当留有余地，以免造成无法挽回的后果；二是基于"死刑犯不引渡"这一国际惯例的考虑。世界大多数国家一般都拒绝将可能

[①] 有关被告人出庭审判的权利义务关系，世界各国主要有三种类型：一是视被告人出庭审判是权利，不是义务。例如，美国、意大利，出庭受审对于被告人而言是一项权利，由于权利的可处分性，被告人当然可以选择放弃行使这项权利。二是视被告人出庭审判既是权利又是义务。例如，德国、英国和日本，被告人出庭是审判的必要条件，但是例外情况下，法庭可以缺席审判。从权利的角度来看，如上所述，该制度符合法理逻辑。而从义务的角度来看，被告人故意不出庭应当承担实体上和程序上的不利后果，如实体上的藐视法庭罪，程序上采取强制出庭，或剥夺其一些诉讼权利，故而也不存在法理上的问题。三是视被告人出庭审判为接受国家审判的义务，如法国。参见欧卫安：《略谈刑事缺席审判制度的类型》，载《河南师范大学学报》2005 年第 5 期。

判处死刑的经济犯罪者引渡，从而使得我国难以将罪犯遣返回国接受审判，也难以追回境外的腐败资产。因此，我国应当将不适用死刑作为适用腐败犯罪缺席审判的一项限制条件。

（三）规范适用程序

腐败犯罪缺席审判制度的有效运行，需要有一套科学合理的程序来规范与保障。由于腐败犯罪通常都是比较重大复杂的刑事案件，原则上应当适用普通程序进行审判。根据缺席审判的特殊性，设计相关程序时除了要遵循一般的刑事诉讼规则外，还应当注意以下的程序规范：其一，告知程序。法院受理缺席审判的腐败犯罪案件后，只有在对被告人履行充分的告知义务后，才能确认启动缺席审判的程序。采用公告的形式送达法律文书，具体应当包括告知被告人及其家属起诉的罪名、享有的诉讼权利、规定的期限，以及其他相关的程序性事宜。在指定的期限内，如果被告人依然拒绝参加庭审，那么可以视为放弃出庭权，法院即可启动缺席审判程序。公告期间宜确定为 6 个月。其二，审判程序。公告期满后，法院依法进行缺席审判时，被告人的近亲属和其他利害关系人有权参加庭审，也可委托辩护人及诉讼代理人参加。法院应当依照普通程序开庭审理，若被告人及其近亲属未委托辩护人，则应当指定辩护人参与庭审，以保障被告人的诉讼权利。被告人及其近亲属可以就法院的判决提起上诉，检察机关也可依法抗诉。其三，撤销程序。在法院启动缺席审判程序后作出生效判决之前的任何阶段，如果被告人归案，则可以对已经进行的审判程序选择是否承认，若不承认的，有权申请法院恢复对席审判，法院应当同意被告人的申请。

（四）健全保障措施

为了尽量减少缺席审判对被告人的不利影响，保护被告人的诉讼权利和实现诉讼的公正，应当健全腐败犯罪缺席审判的保障救济措施。一是确立强制辩护制度，一方面应当赋予被告人及其近亲属聘请辩护律师的权利；另一方面，在被告方没有聘请辩护律师的情况下，必须为其指定辩护律师。二是建立特殊救济制度，规定程序异议权和独立的上诉权。关于程序异议权，是指无论被告人是主动归案还是被抓获归案，都有权申请撤销已经进行的缺席审判程序，恢复对席审判程序。独立的上诉制度，是指除了缺席的被告人对法院的缺席判决不服有权提起上诉之外，还应当赋予被告人的近亲属及其辩护律师独立的上诉权。通过特殊的救济保障措施，最大限度地保护被告人的诉讼权利，既能够平衡控制犯罪和保障人权之间的冲突，又可以兼顾公正与效率的价值目标。

（作者单位：中南财经政法大学）

法官职业风险化转机制研究

——以韩国为借鉴视角

尹茂国

一、法官职业风险化转机制概述

（一）法官职业风险

法官职业风险源自于该职业的特殊性，法官职业特殊性的核心在于裁判权。从某种意义上可以说，法官职业风险源自于裁判权运行中对外或对内发挥作用时而对法官自身产生的负面影响。这种负面影响可以表现为对法官的心理压力、身体损害、社会舆论谴责、各种形式的责任承担等。

第一，对裁判权的公正性要求引发的法官职业风险。作为裁决者必须是公正的，公正是对裁决权的基本要求。如霍布斯认为："如果一个人期望自己会从争议一方胜出另一方中获得更大的利益或荣耀的话，那他就不应该成为公断人。"① 这不仅要求法官立场中立，而且还要努力实现公正。公正塑造了法官职业的神圣，神圣提高了职业标准，高标准意味着高要求，高要求进而转化为对职业者的压力。

第二，事实认定引发的法官职业风险。法官裁判权的一项重要内容就是事实认定，事实认定实际上是由已知事实推断过去事实的过程。对过去事实的把握首先仰仗对已知事实的掌握情况，包括对已知事实的掌握是否齐全，以及是否具备证据能力，等等。已知事实与待证事实之间是否具备必然联系，以及是否具有把握该必然联系的能力，这实际上涉及证据的证明力及裁决者把握必然联系的主观能动力问题。受认知能力的限制，人们难以全面把握已知事实。受主客观因素影响，判断已知事实与待证事实之间是否存在必然联系以及在多大程度上存在必然联系则是十分困难的事情。法官作为裁决者，在把握必然联系方面，并不具有异于常人的能力。以常人的能力去作出常人难做并被普遍接受的事实判断，无疑是将法官置于风口浪尖，突出了作为一名职业法官的风险性。

第三，适用法律所引发的法官职业风险。"法作为规范，其内容是抽象的、概括的、定型的，制定出来之后有一定的稳定性。法律不能频繁变动，更不能朝令夕改，否则就会失去其权威性和确定性。但是，它要处理的现实社会生活则是具体的、形形色色的、易变的。因而，不可能有天衣无缝、预先包容全部社会生活事实的法典。这就使得法律不可避免地

---

① ［英］霍布斯著：《论公民》，应星、冯克利译，贵州人民出版社 2003 年版，第 32 页。

出现规则真空，呈现出一定的不适应性和滞后性。"① 法的抽象性和概括性导致法官在处理具体案件时，不可能完全从立法中直接找到答案，需要法官在法律原则及法律规范所确定的范围内，从中选择一个与案件事实最相适应的规则点。如果说立法者的价值只是为处理某一类案件确定了一个大致框架的话，那么法官则是在该框架内为处理该类案件中的个案选择了一个具体规则点，这也就是所谓的法官自由裁量权。原则和规范是概括的、抽象的，但案件却是具体的、形形色色的，如何在原则和规范所确定的大框架内，为每一个具体案件寻找答案，这无疑是一件十分困难的事情。在司法实践中，同类案件由于审理法官不同，得出的结论也是千差万别。在不实行判例法或判例制度不完善的状况下，法官如何选择适用法律也是件极为困难的事情。

第四，裁决的可改变性引发的法官职业风险。在存在审级制度的情况下，一审裁决并非最终裁决，非最终的就是可改变的，改变就意味着部分或全部否定，否定则意味着承担法律责任或名誉毁损的可能性，所以法官作为裁决者始终承受着裁决有可能被改变的风险。尤其是在我国实行审判监督制度的情况下，即使发生法律效力的裁决也有被改变的可能，从而使得法官自从作出裁决的那一刻起，就始终处在裁决有可能被改变的待定状态之中，压力之大可想而知。

第五，社会质疑引发的法官职业风险。即使在法官职业化程度较高的国家，法官也必须接受社会民众的监督。从某种意义上说，法官作出裁决的过程就是捕捉民意的过程，更多的时候，法官所关注的是如何作出一个让民众普遍接受的裁决。如果法官在事实认定或法律适用方面存在问题，不仅要接受权力机构内部的监督，而且还要接受来自媒体及社会民众的监督。即使裁决在实体及程序方面都毫无问题，也依然要受到来自社会的质疑。

（二）法官职业风险化转机制

1. 人民陪审制度

我国的陪审制度是由法官与人民陪审员共同组成合议庭进行，在审判过程中，陪审员与法官具有同等的诉讼地位和权力。由于我国刑事审判采取的是"少数服从多数"的评议制度，陪审员从形式上与法官分享了裁判权，也可以说分担了法官的职业风险，分担多少视陪审员数量及作用而定。"但在我国实践中，人民陪审员制度在很多地方都已名存实亡，流于形式；在少量有人民陪审员参与的案件中，人民陪审员也普遍陪而不审，合而不议，常常被当作弥补职业法官人数不足从而提高法院工作效率的一种方法；甚至有很多法院根本就不搞陪审制。"陪审员虽然从形式上分享了法官的裁判权，但实际上并没有很好地发挥作用，因此司法实践中也没有起到帮助法官化转职业风险的作用，不过陪审制度应然层面所蕴含的这种化转法官职业风险的功能却是不容否认的。

2. 审判委员会制度

根据刑事诉讼法第180条规定："合议庭开庭审理并且评议后，应当作出判决。对于疑难、复杂、重大的案件，合议庭认为难以作出决定的，由合议庭提请院长决定提交审判委员会讨论决定。审判委员会的决定，合议庭应当执行。"对于法官而言，疑难、复杂、重大并难以作出决定的案件也就是法官职业风险之重点所在，虽然审判委员会委员不在判决书

---

① 张文显主编：《法理学》，高等教育出版社、北京大学出版社 2011 年版，第 50~51 页。

上署名，但合议庭必须根据审判委员会的多数人意见作出判决或裁定。尽管对审判委员会制度质疑声很高，"例如，审判委员会通过听取承办法官的口头汇报，对案件进行讨论和决定，既不阅卷，也不参与法庭审判，其所作的结论未必比合议庭更加准确。而且，审判委员会这种'暗箱操作'的讨论方式，剥夺了当事人参与裁判制作过程的机会，导致法庭审判流于形式，并使得所有为规范法庭审判而建立的制度和原则，如审判公开、直接言词审理、辩论、合议、回避等，完全名存实亡"。① 但不可否认的是，审判委员会代替合议庭行使了裁决权，裁决权的转移导致职业风险的转移，本应由合议庭承担的职业风险转移到了审判委员会，而审判委员会实行的是集体负责制，从某种意义上说集体负责往往就变成了无人负责。因此，从帮助法官摆脱职业风险的视角而言，审判委员会具有无可替代的价值。

3. 裁决签发制度

在现行司法体制下，法官作出裁决后，还必须经过庭长或分管院长的签发。庭长及分管院长的签发虽然不能直接改变裁决结果，但不可否认的是，庭长及分管院长的签发意见客观上会对裁决产生影响。既然裁决未经签批就不能发出，表明办案法官并不具有独立的裁决权，庭长及分管院长签发制度意味着庭长及分管院长要对裁决承担相应的领导责任，这在某种程度上也帮助法官摆脱了部分职业风险。

4. 请示汇报制度

就司法实践现状而言，下级法院法官就具体案件请示上级法院法官几乎成了一种惯例，现行立法中也并未就该现象作出明确的禁止性规定。下级法院法官请示上级法院法官既有出于业务指导需要的考虑，也有出于一旦裁决作出后被上级法院改判并承担相应责任的担心。但无论出于何种考虑，下级法院法官通过请示或汇报后，一旦得到上级法院法官的指导或处理意见，下级法院法官的裁决权即实际发生了转移或部分转移，其职业风险也随之转移，将裁决被上级法院改判的风险也降到了最低。

5. 互相配合制度

我国刑事诉讼法第 7 条规定："人民法院、人民检察院和公安机关进行刑事诉讼，应当分工负责，互相配合，互相制约，以保证准确有效地执行法律。"在司法实践中，在相关部门或领导的组织协调下，侦查、审查起诉与审判三机关之间互相配合办案的事例并不鲜见。一旦法官遵循了协调者或组织者的意思，就视为进行了裁判权转移或部分转移，法官职业风险也随之转移。但这里的转移仅限于协调者或组织者掌控范围内的横向转移，并不包括协调者或组织者掌控之外的纵向转移。

二、司法改革对法官职业风险化转机制的影响

（一）影响

1. 审判委员会审判职能逐渐弱化

在审判权总量不变的情况下，强化办案法官的独立审判权，就意味着其他审判主体审判权限的弱化。审判委员会作为"判者不审"的典型，与司法改革的路向不相一致，因此

---

① 陈光中主编：《刑事诉讼法》（第五版），北京大学出版社、高等教育出版社 2013 年版，第 63~64 页。

审判委员会必将逐渐弱化审判职能。审判委员会审判职能的弱化必然导致审判委员会裁判权的弱化，裁判权的弱化进而导致集体负责这种责任承担模式的弱化，办案法官借此模式转移职业风险的概率也会大大降低。

2. 裁决签发制度面临改革

党的十八届四中全会提出："完善主审法官、合议庭、主任检察官、主办侦查员办案责任制，落实谁办案谁负责。"既然是谁办案谁负责，也就意味着今后趋势是由主审法官来对案件全权负责，庭长及分管院长签发制度也必须进行重大调整，改由主审法官自行签发，主审法官将面临前所未有的职业风险。

3. 请示汇报制度将被遏制

下级法院法官向上级法院法官请示汇报不仅与司法基本原理不符，而且也为世界多数国家立法所禁止，即使是在法官终身制的国家，这种情形也可以视为法官被弹劾的理由之一。司法改革的目标就是要实现司法公正，实现司法公正的前提是司法权回归本位。下级法官向上级法官请示汇报制度是司法权错位的一种表现，因此也应当是司法改革的重点所在。随着司法改革的不断推进，有理由相信该种情形会得到有效遏制，至少是制度层面的否定，下级法院法官通过请示汇报制度转移职业风险的机会将会减少。

4. 互相配合制度应有实质改变

作为侦查机关有与审查起诉及审判机关配合的意愿，但审查起诉与审判机关不应有与侦查机关互相配合的愿望。因为审查起诉机关作为控诉机构，如果在事实不清、证据不足的情况下提起指控，将会面临败诉的风险。法院作为居中裁决者，其利益取向在于居中作出公正裁决，在正常情况下，没有将自身与控辩任何一方绑在一起的必要性，因此也不会有与侦查、审查起诉机关互相配合的主观愿望。司法实践中之所以出现互相配合的现象，更多的是在相关部门及领导的组织与协调下进行的。现行司法改革的一个重点就是如何处理好党的领导与公正司法的关系，党的十八届四中全会强调：各级党委政法委员会要把工作着力点放在把握政治方向、协调各方职能、统筹政法工作、建设政法队伍、督促依法履职、创造公正司法环境上，带头依法办事，保障宪法法律正确统一实施。也就是说，各级党委的工作重点将不再侧重于具体案件处理的领导与协调，在法院与法官独立审判权增强的同时，也意味着借此途径转移职业风险的机会越来越少。

（二）困难

随着司法改革的不断深入，法官将面临不可摆脱的困难。一方面，司法改革的重点就是强化法官的独立审判权，而审判权的强化必然意味着责任的增强，"法官对所办案件质量终身负责制"将法官置于无可回避之地。另一方面，司法是一个"不完善的程序正义"过程，无论对程序进行怎样的科学设计，无论司法人员进行怎样的努力，不可否认的是，错案在所难免。出现错案就涉及责任承担问题，对于因故意所导致的错案追究责任，不会存在争议，但对于因过失或其他原因所导致的错案则情况较为复杂。如果本着有错必纠的原则，对法官所有错误都视情况追究责任，则法官职业将处于难以维系的状况。在现行司法改革部分试点单位中，采取的是只对故意或重大过失的追究错案责任。这种做法虽然解决了法官职业风险的问题，但同时又将法官置于另外一个尴尬的境地，那就是法官是一个可以"大错误不犯，小错误不断"的职业，而这与法官职业的神圣性、公正性又不相一致。

因此，在保证法官独立审判权的前提下，探讨如何转移法官的职业风险机制就变得尤为重要。

三、韩国法官风险责任化转机制

法官风险责任的转移则意味着审判权的转移，就国外发达国家而言，司法是相对独立的，审判权的转移主要体现在陪审制度方面，由此导致陪审制度成为法官职业风险转移的主要途径。2008 年 1 月 1 日，韩国在刑事诉讼中正式实行了陪审制。"目前，陪审制尚处于试验阶段，试验期大约为 5 年。"①

第一，条件。韩国对陪审员的要求不高，只要是年满 20 周岁的韩国公民都有资格当选为陪审员。但是，下列人员不能被选任为陪审员（法定失格事由）：（1）禁治产或者限定禁治产的；（2）破产后尚未复权的；（3）被判处禁锢以上刑罚，刑罚执行完毕或者免除刑罚未超过 5 年的；（4）被判处禁锢以上缓刑，缓刑期间终了之日起未超过 2 年或者在缓刑宣告期间的；（5）根据法院判决，其陪审资格消失或者停止的。下列公职人员，不得被选任为陪审员（除外事由）：（1）总统；（2）国会议员、地方行政首长及地方议会议员；（3）立法部门、司法部门、行政部门、宪法法院、中央选举管理委员会、监视院的公职人员；（4）法官、检察官；（5）辩护人、法务人员；（6）法院、检察院的公务员；（7）警察、矫正、保护视察公务员；（8）军人、军务员、消防员及预备军人。有下列情形之一的，不得在特定案件中选任为陪审员（除斥事由）：（1）被害人；（2）被告人或者被害人的亲属或者有亲属关系的；（3）被告人或者被害人的法定代理人；（4）证人、鉴定人、被害人的代理人；（5）被告人的代理人、辩护人、辅佐人；（6）曾经对案件行使检察官或者司法警察职务的人；（7）曾经参与案件审理或者调查的人。对于下列人员，法院可依职权或者申请，免除其陪审义务（免除事由）：（1）年满 70 周岁的人；（2）过去 5 年内曾经以陪审员候选人身份出席选任期日的人；（3）以禁锢以上刑罚被提起公诉，案件尚未终结的人；（4）依法被逮捕或正在受到拘禁的人；（5）因履行陪审员职务将会给自己或者第三人造成危险，或者带来职业上不能恢复的损害的人；（6）因重病、伤害或身心障碍而使得前往法院出庭有困难的人；（7）因其他不得已的事由使其履行陪审员职务有困难的人。

第二，选任。韩国采取随机抽签的方式遴选陪审员。具体分为三个步骤：一是制作陪审员预定候选人名册。二是选定候选陪审员。三是选任陪审员和预备陪审员。对于可能判处被告人死刑、无期徒刑的案件，由 9 名陪审员参审，其他案件由 7 名陪审员参审，但被告人或辩护人承认公诉事实主要内容的案件，可由 5 名陪审员参审。控辩双方可行使一定数量的无理由排除权，排除认为不适合的陪审员。

第三，适用范围。韩国陪审员参与的案件限于重罪案件。例如，杀人案、抢劫案、强奸案、受贿案、渎职案、特殊强奸案等案件，对于是否适用陪审，只能由被告人选择。2012 年 7 月通过修订法律，将适用国民参与审判的案件范围扩大到所有需要 3 名法官组成合议庭进行审判的案件，即对被告人至少需要宣告 1 年以上有期徒刑的案件均适用陪审制度。

---

① 陶建国：《浅论韩国陪审制度》，载《当代韩国》2010 年第 1 期。

第四，职责。由陪审员组成的陪审团既可以定罪，也可以对量刑发表意见。

第五，评议。陪审团单独进行评议，法官不能参与表决。如果陪审团不能就被告人是否有罪达成一致意见，则陪审团必须听取参审法官的意见。然后，陪审团单独就被告人是否有罪进行评议，此时只需陪审团达成多数意见即可。如果陪审员决议被告人有罪，则陪审员与法官共同就量刑问题进行讨论并陈述意见。但是，陪审员的评议结果不论是以全体一致还是以过半数的方式产生的，陪审员的评议结论都不能约束法官。也就是说，陪审员对被告人定罪与否的决议对法官来说只具有劝告效力，法官既可以采取与陪审员相同的结论，也可以作出与陪审员全部或部分不同的结论。但法官作出与陪审团意见不一致的结论时，必须向被告人说明理由，并在判决书中叙明理由。而对于陪审团的量刑意见即使不采纳，也不需要说明理由。

四、我国法官职业风险化转机制的完善

虽然我国陪审制度较韩国起步早，但陪审制应有的功能与价值并未得到充分发挥与展现。韩国陪审制虽然刚刚起步，但其并未机械地模仿英美或大陆法系典型国家的做法，而是在借鉴国外成熟经验的基础上，逐步探索适合本国国情且行之有效的陪审制度。在深化司法改革的大背景下，我国陪审制度也面临着重新审视与塑造的问题，韩国这种既注重实效又追随现代化步伐的做法无疑对我国具有积极的借鉴意义。

1. 条件

一是将担任陪审员作为公民的一项法定义务，非法定事由与条件外，不得违反。二是降低对陪审员的学历要求，只要年满23周岁的公民均可担任陪审员。三是除保留现行立法中关于不得担任陪审员的情形外，还应增加与案件可能存在利害关系的人。例如，被害人；被告人或者被害人的亲属或者有亲属关系的；被告人或者被害人的法定代理人；证人、鉴定人、被害人的代理人；被告人的代理人、辩护人、辅佐人；曾经对案件行使检察官或者司法警察职务的人；曾经参与案件审理或者调查的人。

2. 适用范围

我国除适用简易程序审理的案件和法律另有规定的案件外，主要适用于两类案件：一是社会影响较大的刑事案件；二是刑事案件被告人申请由人民陪审员参加合议庭审判的案件。应当说我国陪审制的适用既可以由法官视案件情况而定，也可以由被告人申请。社会影响较大说明案件争议较大、风险较大，引入陪审制度可以帮助法官摆脱职业风险。被告人申请则易于说服被告人接受裁决，从而增加裁决的公信力。应当说在陪审制的适用范围方面，不需要做太大的调整。

3. 人数要求

韩国根据案件复杂程度采取9、7、5人，对于可能判处被告人死刑、无期徒刑的案件，由9名陪审员参审；其他案件由7名陪审员参审；但被告人或辩护人承认公诉事实主要内容的案件，可由5名陪审员参审。我国根据陪审制适用范围，采用9人、7人的方式较为适宜。9人适用于社会影响较大的案件，7人适用于被告人申请陪审制的案件。

4. 选任

参照韩国做法，陪审员选任分为三个步骤：一是制作陪审员预定候选人名册。法院辖

区政府每年从在其管辖区域内居住、年满 23 周岁的公民户籍簿中，按照条件抽选出一定数量的公民，以电子档案的方式将预定候选人信息提交给法院，法院随机抽选出一定数量的陪审员预定候选人，制成当年陪审员预定候选人名册。二是选定候选陪审员。当具体案件需要适用陪审制时，法院从陪审员预定候选人名册中随机选取一定数量的候选陪审员。并要求候选陪审员除法定事由外，按期到法院接受选任。三是选任陪审员和预备陪审员。陪审员的选任在法官的主持下，检察官和辩护人应当参加选任程序，被告人经法官同意也可以参加。法官可以对这些候选陪审员进行询问，以确认是否具备陪审员资格，检察官、被告人和辩护人也可以要求法官对候选陪审员进行询问，或者经法官同意直接询问，法官对于不符合陪审员条件的予以排除。

5. 职责

韩国陪审团不仅负责定罪，同时也参与量刑，采取了不同于英美陪审团制度的做法。但是就我国实际情况而言，陪审制度没有发挥作用的很大因素源于陪审员对法律适用的不熟练，而就事实认定而言，更强调以普通人视角所作出的判断。因此，从更好地发挥陪审团作用的角度出发，我国陪审团只负责事实认定，不再参与法律适用，这种做法也是与党的十八届四中全会的精神完全一致的。

6. 评议与效力

参照韩国的做法，结合我国实际，我国陪审团制度应做必要的调整。一是保留法官在陪审团评议前的必要解释和说明工作，这对陪审团把握案件要点及了解相关法律知识是必要的。二是无论陪审团能否形成一致意见，均不能仿效韩国允许法官在陪审团面前发表意见，因为这无形当中会影响到陪审员的判断，进而失去了设置陪审团的宗旨。三是在陪审团评议人数要求方面，不要求韩国式的一致或过半数，因为无论作出何种结论，以及作出结论的人数有多少，都不能起决定性的作用，法官只需客观表述陪审团意见即可。四是在陪审团评议结论效力方面，借鉴韩国的经验，陪审团评议结论在试验阶段对法官只起说服与参考作用，法官可作出与陪审团一致意见或多数意见不一致的结论，但作出与陪审团一致意见或多数意见不相一致的结论时，法官必须向被告人作出说明，并在判决书中叙明理由。

（作者单位：延边大学法学院）

论公安机关刑事执法公信力

张品泽

引　言

2015 年 2 月，公安部发布了《关于全面深化公安改革若干重大问题的框架意见》(以下简称《意见》)。该意见的焦点之一是"着力建设法治公安，确保严格规范公正文明执法，提高公安机关执法水平和执法公信力，努力让人民群众在每一项执法活动、每一起案件办理中都能感受到社会公平正义"。公正文明的刑事执法，既是公安机关执法水平的象征，也是公安机关刑事执法公信力（以下简称公信力）的标杆。公信力既是法治公安建设的重要内容，也是衡量公安法治程度的主要标准。认清公信力的内涵和构成，既是探索该领域理论研究的基础，也是引导该领域执法实践的需要。防止执法权滥用、执法公正和保障人权，既是四中全会对提高司法公信力的要求，也是公安机关获取公信力的前提、根基和路径。

一、公信力的内涵及其构成

公信力属于人们价值评判中的一种标签，是社会公众依据其自身知识、经验和情感，对某一主体及其活动（行为和后果）的认同感和满意度。公信力是指社会公众依据自身知识、经验和情感，对公安机关刑事执法活动（行为和后果）的认同感和满意度。因此，可从以下几方面理解其构成要件。

其一，公信力被评判主体——公安机关。从结果意义上看，公安机关是作为一个整体而成为被公众评判的主体；从行为意义上看，一个个警察个体才是被公众评判的主体。即当公安机关参与刑事执法活动时，具体办案人员的一言一行，均具有代表公安机关整体形象的意义。值得注意的是，当前我国各地公安机关因人员不足而不同程度地自行招录了大量非在编辅助人员（即辅警）。该主体参与公安执法活动，其执法行为在主体不合法而被否定的同时，仍然会被公众视为公安机关的代表，成为被评判的公安机关主体。

其二，公信力被评判对象——公安执法活动（行为和后果）。在规范层面，公安执法活动主要有三类：一是证据收集（被评判对象一）；二是对犯罪嫌疑人采取强制措施（被评判对象二）；三是对案件作出相关处理决定（被评判对象三）。

其三，公信力评判主体——公众。当今社会，引发公众参与对公信力的评判，既离不开传统大众传媒的报道，也少不了网络自媒体的传播。通过媒体获悉公安执法活动，再经媒体及时表达其对公信力评判的公众，可称之为及时评判公众。在民意调查机构欠发达的当今中国，以各类媒体为中心的及时评判公众是评判公信力的主要成员。此外，还需关注跨时评判公众，即当下公众对多年前的公信力予以评判。

其四，公信力评判标准——公平正义。四中全会报告在阐述提高司法公信力时要求："努力让人民群众在每一个司法案件中感受到公平正义。"这里的公平正义显然被当作评判公信力的标准。为了贯彻四中全会的上述要求，公安部、最高人民检察院和最高人民法院相继颁布规范性文件，明确要求将公平正义作为评判执法、司法公信力的标准。在执法领域，公平正义的操作性或制度性标准又具体分为有效的执法依据、执法公正以及保障人权三个方面，且分别构成获取公信力是否为前提、根基和路径。

其五，公信力评判结果——公众认同感和满意度。从规范性文件到理论和实践，公信力的评判结果都离不开公众的认同感和满意度。其中，对于公众对公安执法活动的认同感（以下简称认同感），是指公众就其所了解和认知的公安执法活动（行为和后果），对照规范性文件，进行理性分析思考后，赞同或支持的程度，即公信力评判理性结果（以下简称理性结果）。公众对公安执法活动的满意度（以下简称满意度），则是指公众就其所了解和认知的公安执法活动（行为和后果），从感性上表达符合其期望或需求的程度，即公信力评判感性结果（以下简称感性结果）。在实践中，公安机关已重视满意度，且多地公安机关已将满意度作为工作业绩的考核指标。当前，这种仅关心满意度的做法并未能引起理论研究的重视。其不良后果是，缺乏认同感的满意度中主观性难以控制，公众评判公信力时的情感宣泄，也难以避免。公安机关如果一味追求这种仅表现公众情感的满意度，不仅会失去公信力的有效评判结果，还会导致公安机关盲目跟随公众感觉的执法模式出现。

二、公信力获取的前提：有效执法依据

公安机关刑事执法人员（以下简称执法人员）的执法依据如果错误，就会出现法律上的无效行为。该行为如果被及时撤销或纠正，那么公信力便无从产生；反之，如果未能被及时撤销或纠正，那么该行为被公众获悉后，除了受到严厉的谴责和批评外，还会让公安机关业已建立的公信力受损。在实践中，执法人员对于刑事诉讼法中没有具体规定的权力运用要求，通常都以公安规定为执法依据（界线），很少有人关注高检规则和高法解释。对于刑事诉讼法同一条款，公安规定与高检规则或高法解释如果有冲突，那么执法人员应当以后两者为依据；如果公安规定没有作出具体规定，则也应当以后两者为执法依据。

其一，证据收集（被评判对象一）。公安机关大量刑事执法活动都与证据收集有关，该活动也是公众评判公信力的主要对象之一。一旦因执法依据缺乏而滥用执法权，相关诉讼参与人很容易将该行为向公众传播，引发及时评判公众对执法行为不认同和不满意，损害公信力。即便该行为未及时被公众知晓，因证据收集过程中滥用执法权而导致错案，也会在其被平反昭雪之时受到跨时评判公众的谴责和批判，大大降低公众对不同时期公安机关的认同感和满意度，严重伤害其公信力。例如，公安机关在勘验、检查、侦查实验、搜查、查封、扣押、提取、辨认等大量证据收集活动中，均需要有见证人参加，然而公安规定仅就现场勘查的见证人资格提出笼统性要求："与案件无关的公民"，难以满足执法需求。相比之下，高法解释相关规定就十分具体，执法人员应将眼光投向后者，寻求执法依据。

其二，对犯罪嫌疑人采取强制措施（被评判对象二）。公安机关除了拥有逮捕申请启动权和执行权之外，还享有其他四种强制措施（拘传、取保候审、监视居住以及拘留）的决

定权和执行权。对于该职权配置的立法格局，理论界已有人指出其弊端，但是对于普通公众来说，关注点则是逮捕申请权的滥用。其表现形式有两种：一是为了延长拘留后的羁押期间，滥用逮捕申请权，将无须逮捕的犯罪嫌疑人提请批捕。这不仅侵害了犯罪嫌疑人的人身自由权，还是近年来看守所内犯罪嫌疑人死亡事件的重要原因之一。引发公众对公安执法的担忧和质疑。该执法权滥用与公安规定仅规定提请批捕而未列举不提请批捕的情形关系密切。该规定促使执法人员积极行使逮捕申请权的同时难以有效对其进行制约和防范。因此，执法人员应当关注高检规则中有关不予逮捕的规定。二是没有及时将需要逮捕的犯罪嫌疑人提请批捕，在引起被害方不满的同时也会引发及时评判公众对犯罪嫌疑人现实危险性的担忧，减损了公信力的认同感和满意度。同样，执法人员也应参照高检规则的上述要求，恰当行使执法权。

其三，对案件作出相关处理决定（被评判对象三）。除了上述强制措施决定权之外，公安机关在行使立案、撤案和移送审查起诉的处理决定权时也存在滥用执法权的可能。尤其是对于证据不足的案件，公安机关不情愿否定自我的倾向，会促使"带病"案件被移送起诉，为错案埋下隐患。同情被害方的及时评判公众，或许会因犯罪嫌疑人未能迅速移送起诉而产生异议和不满，但是该情形的不满，一方面，远比错案给公信力带来的伤害小；另一方面，随着公安机关继续侦查或重新立案的进展，也将逐步消除，最终赢得公众的认同和满意。

除了上述因执法规范缺失而引发的权力滥用外，公安机关在明确授权范围内同样会存在执法权滥用的情形。不过，该情形对公信力的减损，在很大程度上可通过公正执法和人权保障两方面予以防范，因为二者是公信力之根基和提升路径。

三、公信力根基的维护：执法公正

在实践中，执法人员会发现，程序公正和实体公正往往难以同时实现，且面临不同模式的选择：模式一，程序公正优先，兼顾实体公正（以下简称程序优先模式），即执法人员在优先保证按照程序法要求办理案件的情况下，尽最大努力减少该执法行为带来实体法上的不利后果。模式二，实体公正优先，兼顾程序公正（以下简称实体优先模式），即执法人员在优先保证按照实体法要求办理案件的情况下，尽最大努力减少该执法行为带来程序法上的不利后果。选择适用不同模式时，应主要参照以下两重标准：一是执法程序对执法实体性结果的影响程度（以下简称标准一）。如果执法程序不公正，则会在较大程度上导致执法实体性结果不公正，那么应当选择程序优先模式；相反，可以选择实体优先模式。二是执法程序对于基本人权保障程度（以下简称标准二）。如果执法程序不公正，便有可能会侵犯公民的基本人权，那么应选择程序优先模式；反之，选择实体优先模式。对不同类型公信力被评判对象，执法人员应按照上述选择因素，选择恰当的执法公正模式。

其一，证据收集（被评判对象一）。侦查阶段的主要任务之一便是收集证据。公安机关收集证据的过程，既是向公众展示执法公正的过程，也是维护公信力的过程。从证据的表现形式来看，所有言词证据均是以人的言词为证据载体。在收集此类证据时，执法程序不公正，直接导致言词证据本身（实体性结果）不公正的概率往往较大。这些不公正的收集言词证据的程序，往往会直接影响所要收集的相应口供、被害人陈述、证人证言、鉴定意见等证据内容的完整性或真实性。因此，参照标准一，执法人员应选择程序优先模式。此外，收集言词证据程序对基本人权保障可能会形成不利影响。因为执法人员收集言词证据时，免不了与言词证据提供者直接接触。不公正的收集言词证据程序，将会为使用非法手段对待言词证据提供者提供机会，侵犯其基本人权。因此，参照标准二，执法人员在收集言词证据时，也应当选择程序优先模式。在收集实物证据时，执法人员应参照标准一，适用实体优先模式，优先保障执法实体结果公正。因为实物证据一旦丢失、损毁，便难以重新获取，这一点不同于言词证据可重新、重复收集的特征。如果为了保障收集程序公正而放弃对实物证据收集，这种实体结果上不公正，随着该实物证据被遗失、毁灭、替换等不利情形的发生，便无法像言词证据那样重新收集，也无法弥补和恢复实体公正，丧失重新赢得公信力的机会。

其二，对犯罪嫌疑人采取强制措施（被评判对象二）。执法人员对犯罪嫌疑人采取强制措施，并不直接产生实体性法律后果。强制措施虽然会导致犯罪嫌疑人人身自由受到限制或剥夺，且如果最终被法院判处有罪后，强制措施的期间还可用来抵折刑期，但是不能因此认为采用强制措施就产生实体性后果，否则强制措施就成为对犯罪嫌疑人的惩罚，就是有罪推定。因而，从标准一的角度看，强制措施的执法程序对实体性后果无从影响，应按照程序优先模式执法。公安机关适用强制措施的程序性后果，是对犯罪嫌疑人自由权的限制或剥夺。自由权是基本人权。强制措施的执法程序不公正，便有侵犯基本人权之可能，所以按照标准二，执法人员也应选择程序优先模式。

公安机关采取强制措施的权力十分集中，除了对逮捕只有启动申请权和执行权而没有决定权之外，还全方位拥有其他四种强制措施的启动权、决定权和执行权。在这种权力高度集中的运行模式下，执法程序公正显得极为重要，也极易引发公众的质疑而伤及公信力。对于不了解执法过程、仅知晓执法结果的公众来说，在评判公信力时，往往会带来以下后果：一是公众评判公信力的认同感，因失去了解评判对象的基础而无从获得。二是以感性为基础的满意度，主观性和随意性较大的特征，很容易导致公众对公信力的不当评判。三是强制措施执行程序成为公众了解公安机关执法的窗口，承载着较大的执法公正期望。

其三，对案件作出相关处理决定（被评判对象三）。在刑事执法过程中，公安机关有权对案件作出四种处理决定：立案、不立案、撤销案件以及移送审查起诉。其中，立案和移送审查起诉决定，意味着启动侦查程序和公诉程序，是程序性后果，没有实体性后果。即便立案后，被控告人身份变为犯罪嫌疑人；或移送审查起诉后，犯罪嫌疑人身份变为被告人，也不会因此给被控告人或被告人带来任何实体性后果。因而，公安机关作出立案和移送审查起诉处理决定的执法程序无从影响执法实体后果。相应的执法程序即便不公正，也不会对实体性法律后果产生影响。执法人员可参照标准一，选择实体优先模式。在作出立案和移送审查起诉决定过程中，优先从实体法的角度考虑犯罪事实和刑事责任。

公安机关在作出不立案和撤销案件处理决定时，除了程序性后果（不启动和终止诉讼程序）之外，还具有实体性不当后果：不追究被控告人和犯罪嫌疑人的刑事责任。公安机关作出不立案和撤销案件处理决定时，如果执法程序不公正，将会在很大程度上导致执法实体结果不公正。参照标准一，执法人员应当选择程序优先模式。

公安机关作出立案和移送审查起诉的决定，并非限制或剥夺人身自由的充分依据，对人身自由权也没有影响；相反，如果作出不立案和撤销案件决定，如果被控告人和犯罪嫌疑人已经被限制或剥夺人身自由，则该决定就是解除对人身自由限制或剥夺的法定依据。因此，公安机关作出不立案和撤销案件决定，对基本人权保障的影响很明显。对照标准二，执法人员应当选择程序优先模式。在该模式下，执法人员在作出不立案和撤销案件决定过程中需要特别关注相应执法程序的公正性。

四、公信力提升的路径：保障人权

如上所述，认同感和满意度是公众评判公信力的结果。既然人的感受（认同和满意）在公安执法过程中如此重要，那么保障人权就是提升公信力的必由之路。对此，四中全会报告明确指出："加强人权的司法保障"是"提高司法公信力"的必然选择。对执法人员来说，保障人权就意味着保障每个人"在每一项公安执法活动、每一起案件办理中，都享有或应该享有法定的权利，都能感受到社会的公平与正义"。

其一，按照四中全会报告要求，在公安执法过程中，应当保障"当事人和其他诉讼参与人的知情权、陈述权、辩护辩论权、申请权、申诉权"；应当将疑罪从无作为公安机关处理刑事案件的原则；在适用强制措施和采取侦查手段时，加强自我约束的同时，主动接受人民检察院、诉讼参与人等其他主体的监督；重点防范刑讯逼供等非法取证而导致冤假错案发生。执法人员应当将犯罪嫌疑人作为保障人权的重点对象。一方面，犯罪嫌疑人享有四中全会报告中要求的知情权、辩护权、申请权和申诉权，占受保障权利清单中的绝大多数；另一方面，人权保障措施都是为了防止犯罪嫌疑人被冤枉，一旦被冤枉，也要求相关措施保障其能够获得及时纠正。

其二，每一位公民都是宪法中人权保障的对象，因而执法人员应当保障每一位公民的人身自由权、人格权，保障其住宅不受侵犯权，享有通信权自由和通信秘密权，申诉、控告或者检举权。在适用强制措施时，"禁止非法逮捕、拘禁，以及以其他方法非法剥夺或者限制公民的人身自由"。在采取侦查手段时，"禁止非法搜查公民的身体和非法侵入公民的住宅；禁止使用任何方法对公民进行侮辱、诽谤和诬告陷害；禁止侵犯公民的通信自由和通信秘密；不得对公民的申诉、控告或者检举进行压制和打击报复"。

其三，执法人员需从两个层面保障人权。一是按照刑事诉讼法任务的要求，"尊重和保护"公民的"人身权利、财产权利、民主权利和其他权利"。二是按照有关刑事诉讼原则、制度和规则的要求，保障诉讼参与人（尤其是犯罪嫌疑人）获得无罪推定权、法定情形不予追究权、控告与申诉权、辩护权、回避申请权、人身安全保障权、强制措施知情权、变更与解除申请权。在上述权利中，有的属于原则性权利（如获得无罪推定权），并未具体规定由哪一项措施来保障实施，需要执法人员通过其他具体制度保障其获得实现。

其四，从被评判对象来看，上述权利清单和保障措施几乎针对前两个被评判对象（证据收集、对犯罪嫌疑人采取强制措施）。只有少数权利（如法定情形不予追究权）涉及第三个被评判对象（对案件作出相关处理决定）。犯罪嫌疑人无论是参与公安执法程序，还是感受公安执法结果，其程度都超过其他诉讼参与人。因而，犯罪嫌疑人不仅会将其在公安执法中享有的人权保障状况向公众传播，还会将其对公信力的评判结果向公众传播，影响公众对公安执法的认同感和满意度。因而，犯罪嫌疑人的人权保障状况便成为影响公众评判公信力的决定性因素。执法人员应当特别关注证据收集和强制措施实施过程中有关犯罪嫌疑人的人权保障。不容忽视，犯罪嫌疑人及其辩护人同执法人员之间存在着明显的对抗关系，因而能否保障犯罪嫌疑人的人权，既是公安执法的难点和重点，也是影响公信力评判的关键。此外，由于其他诉讼参与人数量较多，其人权保障状况对公信力的影响同样不可忽视。

结　语

一直以来，惩罚与打击犯罪都是公安机关刑事执法的核心任务。然而，公安机关惩罚与打击犯罪成果的逐年增长，并未为其刑事执法公信力的提升相应增加动力。显然，公众对公安机关刑事执法的期待，除了安全与稳定的社会秩序之外，还需要公正文明的执法程序和方式，以及自身权利免受执法者侵犯的保障。公安执法只有将正义以看得见的方式实现，才能最终赢得公众的信服和满意。

（作者单位：中国人民公安大学法学院）

刑事诉讼管辖的规范体系研究[*]

张　曙

从我国的成文规范来看，刑事诉讼管辖规范的渊源主要有两种：一是立法机关制定的法律；二是有关机关制定的司法解释。由于这两种规范在表现形式、制定技术、规制范围等方面均有不同，因此系统地考察管辖领域中的立法与司法解释，对于科学构建刑事诉讼的管辖规范体系有重要意义。

一、管辖立法与司法解释的规范图景

我国自新中国成立以来的三部刑事诉讼法均在第二章规定了"管辖"。对于 1979 年刑事诉讼法所确立的管辖制度的立法框架，后两次立法均没有进行修改，因此管辖立法均保持了这样一种高度一致的规范进路：职能管辖—级别管辖—地区管辖—指定管辖。为数不多的几处立法修改是：第一，1996 年刑事诉讼法的修改部分：取消检察机关的机动侦查权，调整检察机关自侦案件的范围；在立法技术上对法院职能管辖的案件范围做了修正；取消上级法院下放审判管辖权的做法。第二，2012 年刑事诉讼法的修改部分主要是调整中级法院审判第一审案件的范围，并在级别管辖上将外国人犯罪案件下放至基层法院管辖。尤其是 2012 年修改刑事诉讼法，立法者对辩护制度、证据制度、强制措施、侦查程序、审判程序等均做了较大改动，但管辖部分的立法基本上"岿然不动"，两者形成了鲜明对比。

在 1996 年和 2012 年刑事诉讼法颁布后，我国最高司法机关均各自或联合制定了司法解释，其中就有管辖部分的内容。与简要的管辖立法相比，关于管辖的解释性文件条文多，涉及内容广。以 2012 年公检法三机关刑事诉讼司法解释的管辖部分为例，最高人民法院《关于适用〈中华人民共和国刑事诉讼法〉的解释》（以下简称《解释》）中有 22 条，最高人民检察院《人民检察院刑事诉讼规则（试行）》（以下简称《规则》）有 19 条，公安部《公安机关办理刑事案件程序规定》（以下简称《规定》）有 29 条。对比之下，刑事诉讼法第二章所规定的管辖部分只有 10 个条文。解释的主要内容包括：立案管辖的范围；犯罪地；合并管辖；侦查级别管辖；侦查指定管辖；管辖协商；国家工作人员职务犯罪案件的地域管辖；基层法院移送中院审判的案件范围；上级法院改变管辖后的程序进程等。除此之外，《关于走私犯罪侦查机关办理走私犯罪案件适用刑事诉讼程序若干问题的通知》、《关于旅客列车上发生的刑事案件管辖问题的通知》、《公安机关办理经济犯罪案件的若干规定》、《关于办理流动性团伙性跨区域性犯罪案件有关问题的意见》、《办理毒品犯罪案件适用法律若干问题的意见》、《关于办理与盗窃、抢劫、诈骗、抢夺机动车相关刑事案件具体

* 本文系国家社科基金项目"刑事诉讼管辖的模式选择与规范重建研究"（项目批准号：13CFX051）阶段性成果之一。

应用法律若干问题的解释》、《关于办理网络赌博犯罪案件适用法律若干问题的意见》、《关于办理侵犯知识产权刑事案件适用法律若干问题的意见》、《关于信用卡诈骗犯罪管辖有关问题的通知》等司法解释也对特定犯罪案件的管辖问题作了专门规定。

以丰富的司法解释弥补立法粗疏之缺陷，至少在制定法上存在以下意义：一是便于司法操作。管辖立法没有规定的，司法机关在操作层面难免心有疑虑，但司法解释一旦作出规定，便能消除实践中不必要的担心。尤其是在地方司法机关越来越将司法解释奉为圭臬的现实背景下，管辖部分的司法解释确实减少了司法操作上的诸多难题。典型的如侦查指定管辖。二是减少司法争议。作为程序性法律规范，管辖与其他法律规范一样，难免会存在语词上的不明确之处。如对于何谓"犯罪地"，司法机关经常会有不同的理解，致使案件的管辖迟迟得不到确定或发生争议。在司法解释性文件中明确"犯罪地"，便能减少这种不必要的司法争议，提高司法效率，也便于公民的权益保障。

二、管辖司法解释的边界及其对规范体系的影响

虽然在理论上我们认可管辖司法解释不当然违反程序法定原则，也不必然违背法律解释权的分权原理，但是如果管辖司法解释不遵守一定的边界，便容易造成"二次立法"，甚至是实质性替代管辖立法。

（一）管辖司法解释的主要边界

1. 管辖解释不得超越法律文本语词的含义范围

由于立法文本的高度抽象性和概括化，法律中不少语词带有弹性、适应性。但是，法律语词在涵括复杂多样的案件事实的同时，也对司法者的具体适用产生了一定障碍。由于通过语言本身无法获得清晰的字义，就需要司法机关对法律语词进行一定的解释。这种"文义解释"的方法即是通过一定的语法结构、语言规则对法律文本的字面含义进行阐释。但是，文义解释不能超越法律语词的含义范围。当文义解释超越语词含义范围时，解释也就不再是解释，而是司法者强加于立法文本的意思。我国学者指出，在法律解释的工作中，司法机关及司法人员应当扮演的是"阐释者"而非"创造者"的角色。以上述考量标准审视我国目前已有的管辖司法解释，可以发现其中确实存在不少问题。

表现一：《办理毒品犯罪案件适用法律若干问题的意见》第1条第2款规定，"犯罪地"包括犯罪预谋地，毒资筹集地，交易进行地，毒品生产地，毒资、毒赃和毒品的藏匿地、转移地，走私或者贩运毒品的目的地以及犯罪嫌疑人被抓获地等。该意见将犯罪嫌疑人被抓获地作为犯罪地来解释，超越了犯罪地这一语词的应有含义范围。因为无论从学理还是从其他相关的司法解释来看，犯罪地就是指犯罪行为发生地和犯罪结果发生地。犯罪嫌疑人被抓获地仅指侦查机关抓捕犯罪嫌疑人的地方，其程序法上的意义在于到案经过的说明。就毒品犯罪案件而言，不少毒贩是在一地进行毒品交易，而后窜至另一地躲藏，其藏身之处本身并不是犯罪行为和犯罪结果的发生地。因此，上述解释已经超越了"犯罪地"本身的含义范围。

表现二：《关于办理网络犯罪案件适用刑事诉讼程序若干问题的意见》第2条第2款规定，网络犯罪案件的犯罪地包括用于实施犯罪行为的网站服务器所在地，网络接入地，网

站建立者、管理者所在地，被侵害的计算机信息系统或其管理者所在地，犯罪嫌疑人、被害人使用的计算机信息系统所在地，被害人被侵害时所在地，以及被害人财产遭受损失地等。该意见将被害人被侵害时所在地作为网络犯罪案件的犯罪地来解释。从语词含义范围来看，被害人被侵害时所在地仅是对被害人在犯罪行为发生时所处的空间位置的描述，此种空间位置既可能与犯罪行为直接发生联系，也很可能与犯罪行为发生地之间具有一定的空间间隔。该意见将被害人被侵害时所在地作为犯罪地来解释，显然已经超越了"犯罪地"的含义范围。

允许对刑事诉讼法律进行扩张解释，并不意味着可以无界限地进行扩张解释。扩张解释应当在刑事诉讼法律文义的"射程"之内进行解释，其目的应当是使立法者的意思和目的更加明确化。而超越法律语词范围的解释，实际上是超出法律文义的"射程"，在立法者的意思之外表达解释者在自身语境下所设定的意思。前面所列举的两个对管辖地的解释规范，就是解释者过度扩张了解释意图而超越了立法者本身的意思。

2. 管辖解释不得背离立法者的意图和精神

解释者在进行解释时，应当根据对立法意图的某种适当理解，保持与立法意图一致的方式解释该法律规定。但我国关于刑事诉讼管辖的司法解释中，有不少属于背离立法意图的条款。

表现：最高人民法院等部门颁布的《关于外国人犯罪案件管辖问题的通知》第1条规定，第一审外国人犯罪案件，除刑事诉讼法第20条至第22条规定的以外，由基层人民法院管辖。外国人犯罪案件较多的地区，中级人民法院可以指定辖区内一个或者几个基层人民法院集中管辖第一审外国人犯罪案件；外国人犯罪案件较少的地区，中级人民法院可以依照刑事诉讼法第23条的规定，审理基层人民法院管辖的第一审外国人犯罪案件。但是，2012年修改刑事诉讼法时，立法机关对中级法院管辖的第一审刑事案件范围，删除了"外国人犯罪的刑事案件"的规定。立法者认为，由于改革开放初期，来我国的外国人为数不多，外国人犯罪的刑事案件也比较少，另外考虑到当时涉外案件敏感性强，出于慎重考虑，原来规定外国人犯罪的刑事案件统一由中级人民法院管辖。随着我国改革开放的不断扩大和来我国的外国人数量的增多，加上基层法院办案能力的不断提高，将外国人犯罪的刑事案件放在基层法院管辖已经条件成熟。而根据此款规定，外国人犯罪案件是根据该类案件的数量来确定管辖的，所在地区案件数量多根据法律的规定由基层法院办理，而数量少则根据司法解释仍然由中级人民法院管辖。显然，这完全背离了立法机关将外国人犯罪案件下放至基层法院管辖的立法意图。

3. 管辖解释不得自我授权

表现：公安部《规定》第18条规定，具有下列情形之一的，公安机关可以在职责范围内并案侦查：（1）1人犯数罪的；（2）共同犯罪的；（3）共同犯罪的犯罪嫌疑人还实施其他犯罪的；（4）多个犯罪嫌疑人实施的犯罪存在关联，并案处理有利于查明犯罪事实的。最高人民检察院《规则》第12条第2款也作了类似的规定。但是依照管辖制度原理，牵连案件的管辖，是一个刑事司法机关基于案件的牵连关系取得了本应由其他司法机关的管辖权，在性质上属于国家司法职权在刑事案件上的重大变更，应当由法律来规定。但上述司法解释代行立法职权规定牵连管辖。

（二） 管辖司法解释的边界对规范体系的影响

规范体系是解决法律问题的规范综合在一起形成的互相联系的整体。首先，要求管辖规范内部要有科学的规范结构。例如，法律规范内在结构的逻辑要素应当齐全，对于规范的行为模式（命令、禁止和授权）应当明确和具体，规范的法律后果也应当有所涉及。其次，规范体系还具有协调不同规范效力关系的重要作用，规范与规范之间应当有效力层级的体现，低位阶的规范不得违反高位阶的规范。这一点正是凯尔森所提出的"法律规范等级体系"理论的重要内容。

2012 年我国刑事诉讼法得以再次修订，其中管辖部分基本未做修改，但是当年修订的相关司法解释中却有大量的管辖条文做了增加、删除、调整。这种规范制定和修订过程中的"错位"表明，管辖领域的司法解释实际上已经具有了一种代行立法的作用。并且由于管辖规范经常被视为一种技术性规范，立法机关就越容易产生一种路径依赖，认为管辖领域无须刑事诉讼法多做规范，相关司法解释的补充作用已经足矣。长此以往，管辖领域司法解释的制定权将超越立法权，致使立法机关对管辖领域抽象性规范的立法权被实质性架空。这样，管辖规范的效力层级会因此而颠倒，管辖规范之间的冲突现象亦会随着规范的增多、内容的扩展而加剧。

管辖司法解释不遵守应有的边界，亦会对地方性司法机关制定管辖文件产生消极的示范作用。与最高司法机关频繁制定的管辖解释相对应，地方司法机关也热衷于制定有关管辖的规范性文件。如在外国人犯罪案件的管辖方面，在最高司法机关制定了相关解释之后，地方司法机关纷纷跟进，制定适用于本省、自治区的外国人犯罪案件管辖的文件，实行根据案件数量确定案件管辖的制度。又如，在知识产权犯罪案件管辖方面，《关于办理侵犯知识产权刑事案件适用法律若干问题的意见》规定，多个侵犯知识产权犯罪地的公安机关对管辖有争议的，由共同的上级公安机关指定管辖，需要提请批准逮捕、移送审查起诉、提起公诉的，由该公安机关所在地的同级人民检察院、人民法院受理。侦查指定管辖的预决力涉及公安司法机关管辖权的重新分配，属于司法机关的职权调整。司法解释作此规定，本来就属于突破解释界限，但有些地方性规范文件受到司法解释之影响，基于管辖便利的考虑，对于所有案件均赋予了侦查指定管辖的预决力。这样，在指定管辖方面，地方性规范文件的效力就超越了司法解释，更是超越了法律，对管辖规范的效力层级造成了进一步冲击。

三、管辖规范的体系化建构方向

（一） 管辖规范应当效力层级分明

在刑事诉讼领域，规范的效力层级问题主要涉及法律与司法解释的正确分野。日本有学者认为，对于法律与法院规则之间应当作如下解释：有关刑事诉讼基本构造及被告人重大利益的问题，需要由法律规定；而诉讼程序中无关被告人重大利益的技术性问题，则可以由规则加以规定。当法律与规则有相矛盾的规定时，应当认为法律的规定优越。此种论述较为恰当，值得我们对管辖规范做体系化建构时参考。具体而言，我们在管辖规范制定的理念上，应当改变那种将管辖制度当作纯粹的技术性规范的看法，重视管辖规范具有分配国家司法职权、保障司法公正的重要价值。在规范制定的宗旨上，凡是涉及国家刑事司法机关管辖权的分配、调整以及被追诉人在管辖权方面的程序利益的事项，一律由法律予以制定。凡是涉及法律用语之解释、管辖权确定后的程序开展等事项，则由司法解释予以规定。在规范制定的技术上，最高司法机关应当始终处于"阐释者"的立场，既不得超越立法条文的语义范围，也不得违背立法者的立法意图作创造性解释。以上述标准为界来审视我国目前已有的几个主要司法解释，某些由司法解释条文规制的内容应当吸收到立法中来，某些对法律用语解释不当的条文也应当予以修正。

（二）管辖规范的调整范围应当周延、严密

调整范围主要涉及管辖规范内容的全面性。从法理学范畴来看，法律规范从内容上可以划分为授权性规范、义务性规范、后果性规范，因此对于管辖规范的调整范围也可以从这个角度来考察。

第一，在授权性规范方面，管辖规范对国家公权力的授予应当更为明确，对被追诉人的权利保障应当进一步加强。我国法律和司法解释主要从以下几个方面予以体现：一是刑事司法机关的立案管辖权、地区管辖权、牵连管辖权；二是上级刑事司法机关的合并管辖权、指定管辖权；三是同级或下级刑事司法机关的移送管辖权。但是，这些授权性规范也存在不少问题：一是将管辖问题完全视为国家刑事司法机关自主决定的职权事项，没有赋予当事人抗辩权。由于管辖事项涉及被追诉人重大的程序性利益和实体性利益，从比较法的角度看，世界上大多数国家的刑事诉讼法均赋予了被追诉人提出管辖异议的权利。我国刑事诉讼管辖规范在此问题上采取了一种漠视被追诉人权利的态度，甚为不妥。二是公权力的授予范围过于宽泛。如在指定管辖方面，管辖规范没有对上级刑事司法机关做更多的约束，致使指定管辖权基本上没有适用条件、案件范围上的限制。实践中，指定管辖较为混乱，跟管辖规范的概括性授权有很大关系。因此，亟待完善此种宽泛的授权性规范。

第二，在义务性规范方面，管辖规范应当进一步体现对国家公权力"应为"、"不为"的界限约束。我国2012年修订的相关刑事司法解释有了不少进步，如中级人民法院受理一审刑事案件后，认为不需要判处无期徒刑以上刑罚的，应当依法审判，不再交基层人民法院审判。而1998年最高人民法院《解释》第4条规定的是"中级人民法院可以依法审判，不再交基层法院审判"。修订此条款的理由主要是防止中级人民法院疑罪降格处理，加大其审判责任，同时也是为了提高诉讼效率。又如，第二审人民法院发回重新审判的案件，人民检察院撤回起诉后，又向原第一审人民法院的下级人民法院重新提起公诉的，下级人民法院应当将有关情况层报原第二审人民法院。此条款是为了防止法院在管辖权方面降格处理，规避上级法院的审级监督。但是，综合来看，管辖领域中的义务性规范还存在一定的缺陷：如在合并管辖方面，哪些案件可以裁量合并，哪些案件又是要强制合并的，现有的规范界限并不明确。从最高人民检察院《规则》、公安部《规定》来看，目前的合并管辖规范似乎都是裁量合并的。但这并不符合合并管辖制度的要求。又如，在移送管辖方面，刑事司法机关在何种条件下不得移送案件，现有规范也未明确。1998年最高人民法院《解释》第17条规定，两个以上同级法院都有权管辖的案件，由最初受理的人民法院管辖。尚

未开庭审判的，在必要的时候，可以移送被告人主要犯罪地的法院审判。但是，2012年最高人民法院《解释》第17条删除了"尚未开庭审判的，在必要的时候，可以移送被告人主要犯罪地的法院审判"这一条款。如果办案机关无管辖权，要移送到有管辖权的机关，那么时间上不作限制尚可理解。但如果是移送法院和受移送法院均有管辖权，在相关法院已经开庭审判甚或法庭调查辩论已经结束的情况下再进行移送，诉讼效率必然会大受影响。

第三，在后果性规范方面，应当明确违反管辖规范的诉讼行为有何法律后果。法律规范内在结构的完整性要求对法律后果有明确的规定，缺少法律后果的规范容易助长国家公权力的恣意行使，也不利于被追诉人的权利保障。我国管辖规范的一个重大缺陷是缺少对国家公权力机关违反管辖规范的法律后果的规定。对于公权力机关违反职能管辖、级别管辖、地区管辖的规定，其诉讼行为和所取得之证据是否当然有效，目前并不十分明确，实践中争议也很大。在不少案件中，被追诉人对管辖的合法性提出了质疑，但司法机关往往基于规范的不明确对此种程序性异议不予回应。为了进一步明确公权力机关的程序界限，防止公权力的恣意行使，同时为了提升被追诉人对管辖程序合法性的信心，进而提高其对司法程序和司法结果的接受度，管辖规范有必要作出回应，对违反管辖规范的法律后果作出规定。

（三）管辖规范的内部逻辑应当自洽、圆满

我国目前已有的管辖规范，一个明显的缺陷是规范内部存在较多的矛盾和冲突之处。这既有前面所举的司法解释性规范与法律之间的不一致，也有司法解释性规范之间的不一致。司法解释性规范之间产生冲突的一个重要原因，在于相关规范制定时"急用急立"的理念占据了主导地位。因为这些近年来颁布的刑事司法解释性文件所针对的犯罪类型，均是伴随着社会发展而产生的在犯罪手段、表现形式上较为特殊的新类型犯罪。对于此类案件，由于相关规定不明确等原因，办案机关经常遭遇到适用法律上的疑难与困惑。为了有效惩治此类犯罪，统一司法操作，最高司法机关有相当的动力制定有关的司法解释性文件。但由于过于强调惩治与应对特定种类的犯罪，相关解释性文件在管辖规范的统一性方面严重不足。

如在犯罪地的解释方面，《关于办理网络犯罪案件适用刑事诉讼程序若干问题的意见》与最高人民法院《解释》第2条第2款直接冲突。前者规定，网络犯罪案件的犯罪地包括用于实施犯罪行为的网站服务器所在地，网络接入地，网站建立者、管理者所在地，被侵害的计算机信息系统或其管理者所在地，犯罪嫌疑人、被害人使用的计算机信息系统所在地，被害人被侵害时所在地，以及被害人财产遭受损失地等。涉及多个环节的网络犯罪案件，犯罪嫌疑人为网络犯罪提供帮助的，其犯罪地或者居住地公安机关可以立案侦查。而后者并没有将被害人被侵害时所在地作为犯罪地来规定。在管辖协商方面，大多数司法解释性文件均规定，在管辖权发生争议或不明确时，公安司法机关可以协商解决。但是，《关于办理侵犯知识产权刑事案件适用法律若干问题的意见》、《关于办理网络犯罪案件适用刑事诉讼程序若干问题的意见》这两个文件直接取消管辖协商，一律代之以指定管辖来解决。管辖规范在一些基本性问题上直接冲突，不仅有违诉讼法理，也不利于管辖秩序的稳定性，应当引起我们的高度重视。

消除管辖规范之间的冲突，应当在法律与司法解释性文件之间、司法解释性文件之间

寻求一致与和谐。从制定法的路径来说，可以采取"立"、"改"、"废"的方式：对于司法解释性文件中符合诉讼规律、契合办案实践需要的，但法律又没有作相关规定的管辖规范，应当吸收到刑事诉讼法中来；对于无须入法但又对司法操作有指引意义的管辖规范，要认真梳理，其中有矛盾之处要及时予以修改；对于司法解释性文件不符合诉讼原理和规律、突破立法精神的管辖规范的，应当予以废除。这样，在满足规范效力层次的前提下，使得刑事诉讼管辖规范更为丰富和完善。

（作者单位：浙江工业大学法学院）

检察机关如何应对以审判为中心的诉讼制度改革

甄 贞 孙利国

近年来，一系列冤错案件相继曝光，将司法机关推到了舆论的风口浪尖。为回应人民群众对司法公正的强烈呼声，切实提高案件质量，防止冤错案件，中政委、"两高"相继出台了指导意见，但只有改变传统的"以侦查案卷笔录为中心"的形式化审判方式，推进以审判为中心诉讼制度改革，才能从根本上消除冤错案件发生的土壤。在此背景下，2013年10月，最高人民法院召开了第六次全国刑事审判工作会议。首次提出"以庭审为中心"，强调要由以侦查为中心向以审判为中心转移，贯彻直接言词原则，落实证人、鉴定人出庭制度，重要证人应当出庭接受交叉询问，做到事实调查在法庭，证据展示在法庭，控诉辩论在法庭，裁判说理在法庭，推进庭审的实质化。党的十八届四中全会《关于全面推进依法治国若干重大问题的决定》明确提出"推进以审判为中心的诉讼制度改革，确保侦查、审查起诉的案件事实、证据经得起法律检验"。

一、以审判为中心的基本内涵

以审判为中心，是在坚持我国宪法规定的公检法三机关分工负责、互相配合、互相制约的前提下，要求侦查、起诉、审判等各诉讼阶段都要以法院庭审和裁决对事实认定和法律适用的要求为标准，充分发挥诉讼关系中控辩审三方的职能作用，坚持证据裁判原则，确保案件质量。以审判为中心是法治国家诉讼制度的基本特征，理解和把握以审判为中心的基本内涵，要注意以下几点：

（一）以审判为中心是指审判环节的中心地位

以审判为中心是针对当前客观存在的以侦查为中心的倾向提出的重大诉讼制度改革，在侦查中心主义背景下，公检法三机关流水作业，很多时候，后一道程序只是对前一道程序形成的卷宗材料的审查确认，审判权对侦查权、起诉权的监督制约被虚置，导致出现一系列重大案件质量问题。以审判为中心强调审判活动在刑事诉讼全过程中应处于中心地位和起到关键作用，强调审判是决定诉讼结局的环节，侦查、起诉的事实证据都要接受审判的审查和检验，侦查、起诉阶段，要以审判环节对事实认定、法律适用、证据裁判的要求为标准，依法规范收集证据，全面客观审核证据，坚决排除非法证据，确保进入审判环节的证据质量。

（二）以审判为中心的核心在于以庭审为中心

以审判为中心与以庭审为中心，两者之间既有联系也有区别。以审判为中心，侧重点在于解决法院与外部其他机关之间的关系，是以庭审为中心得以实现的前提与基础。以庭审为中心解决的核心问题是法院裁判权的运行机制问题，对实现以审判为中心具有重要意义。因为庭审是最中立、最公开透明、内含对抗制约和诉讼参与人最多的环节，比其他环节更有利于正确认定案件事实、证据和适用法律。

（三）以审判为中心的重点是以一审庭审为中心

理想的庭审中心主义应当是一审中心主义。通说认为，事实审理以第一审为中心。一审是所有案件审理的必经程序，会对案件事实证据进行全面分析审理，后续的审理都会以一审为基础，且一审离案发最近，有利于各类物证的全面收集，其提供的案件信息一般更为"单纯干净"、准确全面。因此，无论是英美法系还是大陆法系，凡是严格遵循正当程序的重罪案件的审判，如美国的陪审团、英国的刑事法院、德国州法院和高等法院审理的一审案件，其二审都不进行事实审。这些成熟的法治经验值得我国借鉴。

（四）以审判为中心不等于以法院或法官为中心

以审判为中心是对以侦查为中心的否定，但不是对现行刑事诉讼制度的否定，不等于以法院为中心，也不等于以法官为中心，而是强调审判作为一种职能处于中心地位。我国宪法规定，公检法三机关办理刑事案件，应当分工负责、互相配合、互相制约，以保证准确有效地执行法律，在不同的诉讼阶段，由不同的机关主导，突出某个机关的中心地位，打破各机关之间内在的制约关系，是不符合宪法原则的。以审判为中心要坚持宪法对公检法的关系定位，在做好侦查、审查起诉等审前工作的基础上，加强审判工作。以审判为中心的根本目的在于确保办案质量，实现司法公正，而绝不是法官想怎么判就怎么判，以审判为中心与加强审判监督并行不悖。

二、以审判为中心对检察工作的挑战

当前，刑事司法中证据标准"一头粗一头细"的矛盾依然突出，法院在防止冤错案件，推进以审判为中心的改革背景下，证据标准越来越严，公安在严厉打击刑事犯罪，维护社会稳定的压力下，证据质量没有切实的提高，检察机关夹在中间，要同时承担起打击犯罪与保障人权的重任，压力较大。

（一）提升侦查证据质量压力较大

法院强调审判的中心地位和控辩平衡，提出全面贯彻证据裁判制度要求，落实非法证据排除、直接言词等原则，证据标准越来越严，证据质量要求大为提高，对证据客观真实性、取证合法性的审查会更加细致、全面，证据瑕疵与证据矛盾会更加放大，对于证据不足、定放两难的案件，坚持疑罪从无、坚决放人。公安机关在严厉打击刑事犯罪，维护社会稳定的压力下，由于侦查技术手段的欠缺以及"口供是证据之王"等传统侦查观念的影响，侦查取证工作在短期甚至较长时间内，还无法主动达到与法庭审判的一致标准。检察机关亟须积极发挥职能作用，通过规范自身执法行为，严把批捕、起诉证明标准来制约和引导侦查取证的办案标准向法院看齐。

（二）提升证据审查能力压力较大

目前，审前程序以侦查为中心的影响还未能彻底消除，有罪推定思想还不同程度地存在，重有罪证据的收集，轻无罪辩解的查证，对卷宗的依赖性还比较高，证据审查仍多数围绕印证侦查机关的卷宗证据展开。命案、贿赂案件等对口供依赖性较大的案件，仍未能完全摆脱以突破口供为主的取证模式，对于客观证据的取得还不够重视。批捕、起诉环节对证明标准的要求还不够严格，发现问题、主动复核证据的意识和能力还不足，未能充分运用不捕、不诉倒逼侦查质量提高。审前程序中非法证据发现少、排除少，起点错，跟着错。带病案件一旦起诉到法院，无法经受庭审的考验。

（三）提升庭审对抗能力压力较大

以审判为中心，必然强化庭审的举证、质证、辩论，落实侦查人员、证人、鉴定人等出庭制度，公诉人以往依赖庭下沟通的局面将被打破，以往公检法的相互迁就将变为真正的相互制约。言词证据在法庭上可变性大，加上律师辩护权扩张，控辩对抗性将显著增强，这对公诉人的当庭询问、讯问能力、证据展示能力、辨析质证能力以及法庭辩论技巧都提出了更高的要求。

（四）消极公诉的压力增加

在以侦查为中心的影响下，诉讼的推进是建立在有罪认定的基础之上的，公检法都带有强烈的有罪推定倾向，全部诉讼活动都是围绕着积极指控而展开。而以庭审为中心，强化程序公正优先，定罪证明标准提高，审判独立、严格依法裁判意识更加坚决，协调协商判案将逐步成为历史，无罪判决可能会增加。基于无罪率的考核指标，错案终身追责的要求，有可能会出现证据稍有欠缺就急于作出证据不足的结论，一旦法院对案件提出存疑、无罪的意见，该补正的不补，该坚持有罪意见的不坚持，便会出现一味回避诉讼风险、消极公诉的倾向，导致放纵罪犯。

三、检察机关如何应对以审判为中心

检察机关既是诉前程序的主导者，又是诉后程序的重要参与者，既要将审判环节对证据的严格要求准确地传导到侦查环节，又要保证侦查、起诉环节收集的证据得到庭审的认可。

（一）严格规范职务犯罪案件办理程序

职务犯罪案件侦查、起诉环节全程由检察机关掌控，一旦案件证据出现问题，检察机关即具有不可推卸的责任，"打铁还须自身硬"，正人先正己。

一要严格规范办案流程。要明确职务犯罪案件线索受理、初查、取证、立案、强制措施、办案安全等各环节的办案程序、执行标准和操作流程，职务犯罪案件初查报告及立案决定，除加强内部审查外，还要严格落实报上级院审查的制度，严格规范强制措施适用，尤其是指定居所监视居住等强制措施的适用，从源头上规范职侦案件侦查权的行使，确保每个侦查环节严格依法、有章可循。

二要严格把好初查关。为适应以审判为中心的要求，减少职务犯罪案件对口供等言词证据的过度依赖，要前置办案重心，提前固定立案的主要和关键证据，保证初查秘密、准确。充分利用信息网络，缩短初查周期，提高线索利用率。通过区域联动、内外配合、一体侦查、协同侦查，提高线索成案率，提升初查水平。

三要切实提升证据收集能力。在提升突破口供能力的同时，高度重视核实取证工作，依案情发展变化，主动、及时地固定口供，防止一旦口供发生反复、证据出现出入，工作即陷入被动。加快实现从"由供到证"到"由证到供"、"以证促供"、"供证结合"的模式转变，逐渐弱化口供对案件的决定作用，更加重视以客观证据为核心构建证据链。

四要严格执行全程同步录音、录像制度。严格落实"全面、全部、全程"的要求，对所有讯问活动实行全程录音录像。严格规范同步录音录像范围，凡接触犯罪嫌疑人必录，凡讯问必录，凡搜查必录。在提请审查逮捕、审查起诉时，按规定同时移送同步录音录像资料，证明取证活动规范合法。

五要依法保障嫌疑人在侦查阶段的辩护权。当前，职务犯罪案件嫌疑人的辩护权利保障问题，焦点之一是如何落实好侦查阶段律师会见权，为此要严格规范特别重大贿赂案件会见申请的审批程序，严禁违规扩大不许可辩护律师会见的案件范围，依法保障律师知情权，对于犯罪嫌疑人羁押时间、羁押场所以及是否属于限制许可范围等事项，应当及时告知。对于律师申请会见的应及时予以明确答复，作出不予许可决定的，应当明确告知律师法律依据和权利救济渠道。

（二）坚持严格证据标准扎实做好审前准备

证据是诉讼的基石，是保证案件质量的核心。检察机关控制着裁判的入口，对于保证提交审判的案件质量具有重要的作用。

一要严格把握法定审查逮捕、审查起诉标准。针对侦查机关报捕存在证据质量差、入罪门槛低等问题，审查逮捕要把好关口，避免出现"起点错、跟着错、错到底"现象。发挥公诉在审前程序中的主导作用，加强审前把关和审前分流，对不符合起诉标准的案件坚决不起诉，严控捕后无罪处理、严控法院判决无罪，在严格规范的基础上依法适度放开不批捕、不起诉和撤回起诉，将不断提高的证据标准由审判环节向侦查前端传导，提高证据质量。

二要调整证据审查范围与模式。证据审查范围要从"在卷证据"扩展到"在案证据"，从单纯审查在卷材料，转向多渠道、多层次收集案件信息、核实证据。证据审查模式要从"书面审查"转变为"亲历性审查"，通过审查讯问、询问全程录音录像，核实是否存在逼供、诱供、诱证、笔录不全面、不客观等问题；通过当面讯问、询问向犯罪嫌疑人、被害人、证人等核实关键言词证据；通过直接收集、补查相关证据，印证言词证据。

三要坚决排除非法证据。确立非法证据排除规则，旨在通过剥夺侦查人员的劳动成果的方式，遏制他们实施非法取证行为。迄今为止，这是解决程序违法问题的唯一有效途径。刑事诉讼法确立了非法证据排除规则，但对采用冻、饿、疲劳审讯等"软暴力"获取的言词证据，是否属于非法证据，仍不明晰，且由于此类行为不会导致明显外伤，当事人难以提供证据，难以启动非法证据排除。对此，要进一步明确非法证据排除范围，禁止疲劳审讯，全面实行讯问全程同步录音录像制度，当事人有要求，即应启动非法证据排除。

四要切实加强被告人辩护权益保障。刑事诉讼以审判为中心，需要控辩平衡的诉讼结构作支撑，需要改善被告人的诉讼地位，增强其防御力量，实现其权利制约权力的目的。刑事诉讼的发展史，就是辩护权的扩大史。但目前我国刑事案件律师辩护率过低，刑事法律援助范围较窄、水平参差不齐，对辩护权的限制较多，难以构建实力均衡的控辩格局。为此，要完善法律援助制度，扩大援助范围，提高援助质量，扩充辩护权内容，如明确律师会见时，可以向被告人核实"有关证据"的具体内容，打消律师的顾虑，使被告人和律师在审前能有效沟通，制定有针对性的辩护策略，有效对抗控诉。

五要合理限制庭前会议的适用。为防止出现先定后审、庭前准备程序架空庭审，导致庭审流于形式，庭前会议不应作为案件审判的必经程序，逢案必用。但对于重大疑难复杂案件，可以充分利用庭前会议，及早听取辩方关于非法证据排除、证人鉴定人出庭、申请回避等事项的意见，全面了解辩护人收集证据情况和对案件事实、证据和法律适用的意见，剥离出庭审的焦点、核心问题，提前补强相关证据，扎实做好庭审准备。还可进一步探索建立"诉前会议"制度，在对刑事案件审查起诉过程中，在决定提起公诉之前，可针对证据的合法性、全面性等特定事项，召集侦查人员、当事人以及辩护人、诉讼代理人平等地进行交流沟通、解惑释疑，就相关问题的认识和处理达成意见。

（三）提高公诉能力加强出庭支持公诉工作

公诉能力既有理念层面，也有技术层面，都需要加强培养与建设。

一要坚持法律守护人角色定位。检察官是法律的守护人，在庭审前，检察官要侧重客观公正义务，要有"庭前法官"意识，承担起司法审查职责，居中审查侦查机关（部门）提供的证据和犯罪嫌疑人、辩护人的辩解与意见，核实关键证据，排除非法证据，完善瑕疵证据，确保起诉时，案件证据确实充分。在庭审中，检察官要侧重控诉职能，在控辩审三方构造中，既与辩方积极对抗，又依法保障被告人的合法权益，保障诉讼顺利进行。

二要理性看待诉讼风险积极公诉。以庭审为中心，强化程序公正优先，定罪证明标准提高，审判独立、严格依法裁判意识更加坚决，协调协商判案将逐步成为历史，无罪判决可能会增加。基于无罪率的考核指标，错案终身追责的要求，易出现消极公诉倾向。刑事检察官要有担当精神，不负国家公诉人的崇高使命，积极公诉，切不可过度放大诉讼风险，更不能出现角色异化，异化成法官、辩护人，只重破不重立，只重辩方思维和辩方证据，不重控方思维和控方证据，该补正的要积极补正，该坚持意见的要积极坚持。

三要灵活应变提升庭审效果。检察人员要提升庭审把控和应急处理能力，在法庭举证、质证阶段，对辩护人提出的辩护意见，要抓住最佳时机，及时有效回应，在辩论阶段，对于明确的罪与非罪辩护意见要作出有针对性的反击，提升指控效果。改善庭审语言表达方式，增强感染力，要善于用通俗生动的语言分析事实，明辨法理，便于普通民众理解接受，提升庭审效果。

四要切实提高公诉庭审能力。从一些地方的实际情况来看，公诉部门的检察人员，多为从事公诉工作仅3~5年的年轻人，这支队伍的优点在于学历高、基础素质好，不足是过于年轻，阅历、经验都有所欠缺。要通过庭审观摩、评议、培训等方式提高其交叉询问能力、举证质证能力、当庭应变能力和论辩能力。

（四）加强监督保障诉讼制度改革顺利推进

案件质量是检察工作的生命线，为此检察机关要切实承担起法律监督职责。

一要加强侦查监督，为指控犯罪提供基础性保障。严格法定案件标准，把好批捕关、起诉关，这是加强侦查监督最根本、最有效的手段。积极探索以公诉部门为主、侦监部门配合补充介入侦查新模式，对于重大、疑难、复杂案件，检察机关可在与侦查机关协商的基础上，通过介入现场勘查、参加现场讨论等方式，提出取证和法律适用意见，引导侦查机关有效、及时、全面地取证。高度重视证据质量监督，就当事人反映的证据问题，就侦查机关无法说明的证据疑问，应下决心排除证据或将案件撤回，坚决纠正违法取证、不规范取证问题，提高证据质量。侦监、公诉、渎检、监所等部门应加强内部协作，对侦查环节存在的普遍性、倾向性问题，适时采用通报或制发检察建议、纠正违法通知书等方法加以纠正，注意发现隐匿关键证据、有意伪造证据、因违法取证造成冤错案件严重后果或者隐患的监督线索，加大查处力度，涉嫌犯罪的，应立案侦查。

二要加强审判监督，监督法院依法规范定罪量刑。在以审判为中心的诉讼制度改革的背景下，检察机关要增强紧迫感，积极认真落实四中全会关于完善检察机关行使监督权的法律制度，在审判过程中，从定案标准到法律适用、从程序运行到实体判断，都应当充分体现检察机关的意见和主张，保障国家法律统一正确实施。要切实加强刑事抗诉，强化裁判审查、完善抗前指导，提高办案效率和抗诉书水平。拓展监督范围，研究对法院自行启动再审后改判或判缓刑、二审书面审理和定罪免刑案件的监督，开展对上诉后改判或发回重审案件的监督。

三要加强内部监督，不断提升办案质量。要充分发挥后一道程序对前一道程序的监督，尤其是对证据采信、事实认定、法律适用有分歧的案件，要逐案共同研究，坚持实事求是、有错必纠；案件管理部门要通过汇总分析业务数据、案件监管信息，全面监督办案程序中的违法违规行为；控申检察部门可在办理刑事申诉、刑事赔偿、阻碍律师行使诉讼权利等案件中发挥反向审视作用，分析侦查、审查逮捕、审查起诉等环节存在的突出问题，并及时向相关办案机关（部门）反馈，并可通过检委会讨论、召开研讨会等方式促进各个办案环节提升办案质量和规范化水平，加强内部监督制约。

（五）合理分流案件公正优先兼顾效率

以审判为中心的诉讼制度改革，必然使检察官要花费更多的时间和精力在审前审查固定证据，为更好地兼顾公正与效率，应将实行庭审中心主义的案件主要限定在重大、疑难、复杂以及被告人不认罪的案件中，切实发挥庭审的实质功能，准确认定案件事实，实现公正审判。根据相关实证研究，在司法实践中不认罪案件的比率不超过10%，集中诉讼资源推动这部分案件中重要证人、鉴定人等出庭作证，是我们当前重点努力的方向。对于轻微刑事犯罪可充分利用不批捕、不起诉、轻刑快审、速裁程序等分流分类从宽处理，对事实清楚、证据确实充分，犯罪嫌疑人（被告人）做有罪答辩的案件，可适用简化处理程序，提高办案效率。

（作者单位：北京市人民检察院；北京市人民检察院法律政策研究室）

"以审判为中心"视角下撤回公诉的理论阐释与制度重构[*]

——基于实证调研的展开

周长军

  撤回公诉是指检察机关在向法院提起公诉后，因发现不应或者不宜追究被告人刑事责任的特定情形，而对提起的指控全部或者部分地撤回处理的一种诉讼活动。

  在我国，现行刑事诉讼法中并没有关于撤回起诉的规定，有关撤回起诉的规范性依据是《人民检察院刑事诉讼规则（试行）》（以下简称《高检规则》）和最高人民法院《关于适用〈中华人民共和国刑事诉讼法〉的解释》。由于我国两次刑事诉讼法的修正都没有对撤回公诉的司法探索作出明确的回应和认可，而"两高"的司法解释对撤回公诉的适用程序规定得又比较粗疏，实践中撤回公诉常常被检察机关用作规避法院无罪判决的手段，因此在我国撤回公诉自诞生之日起，就一直面临着身份合法性和实践正当性的质疑。

  中共中央《关于全面推进依法治国若干重大问题的决定》强调，"推进以审判为中心的诉讼制度改革……保证庭审在查明事实、认定证据、保护诉权、公正裁判中发挥决定性作用"。问题由此而来：在以审判为中心的诉讼制度改革的背景下，如何看待和认识撤回公诉的存废问题？如果撤回公诉有存续的必要性，则如何理顺撤回公诉与以审判为中心的诉讼制度的关系？如何确保撤回公诉的合法性和正当性？凡此种种，亟待理论上给予理性的解答和回应。

一、撤回公诉否定论之辩驳

  对于撤回公诉是否是检察公诉权的组成部分，理论界存在着不小的争议。

  据介绍，日本刑事诉讼法修改时，就曾有学者反对赋予检察官撤回公诉权，认为这会使得起诉有可能失去慎重性，空耗法院的劳力，诱发撤销公诉的政治、社会压力等，但为了灵活运用起诉犹豫制度，最终主张在公诉后也允许撤销公诉的积极论观点占据了上风。^①在我国，也有学者认为，撤回起诉是一种滥用的诉权，应当予以否定。^②

  不过，笔者认为，即便是在以审判为中心的诉讼制度改革的背景下，撤回公诉也不宜废除。主要理由如下：

2010 年度国家社科基金项目："公诉变更的法律规制研究"（10BFX045）；2014 年度最高人民检察院检察理论研究一般课题："轻微刑事案件快速办理机制的实证研究"（GJ2014C14）；2014 年度山东省法学会重点课题："省以下地方法院、检察院人财物统管改革研究"［SLS（2014）E6-2］；2012 年度山东大学自主创新基金（人文社科专项）重点项目立项："侦查不公开原则与新闻报道自由冲突论"（IFW12092）。

  ① 参见［日］松尾浩也：《日本刑事诉讼法》，张凌译，中国人民大学出版社 2005 年版，第 287 页。

  ② 参见王友明、杨新京：《公诉案件撤回起诉质疑》，载《国家检察官学院学报》2003 年第 3 期等。

一是理论上能够证成。对此,有两种分析视角:一种是从起诉便宜主义或者起诉裁量主义的理论来展开,认为撤回公诉是起诉便宜主义或者起诉裁量主义的有机内容。正如土本武司所说,承认公诉的撤回是起诉便宜主义在理论上之当然结果,是否撤回公诉由检察官自由裁量决定。[①] 另一种则是从不起诉权力的解释方法来分析,认为撤回起诉可以从检察机关的不起诉权力中当然解释出来。[②] 其中,前者在学界的支持者较多,也为笔者所认同。

二是立法上普遍规定。从比较法的角度来看,两大法系的代表性国家都实行的是以审判为中心的刑事诉讼制度。其中,坚持起诉便宜主义原则的英美法系国家尊重当事人的程序处分权,自然认可检察机关的撤回公诉权;而即便在坚持起诉法定主义和法官职权主义原则的大陆法系国家如德国,不仅在一般的案件中,允许检察官于提起公诉后、法官开启审判程序前撤回公诉,而且在处刑命令程序及在涉及国家安全之犯罪案件中,即便法院裁定开启审判程序后,检察官也可以撤回公诉。[③] 概言之,绝大多数法治发达国家都确立了撤回公诉制度,只不过每个国家基于其对法安定性与法公正性冲突的权衡理念而采取了不同的立法模式,对撤回公诉进行了不同的限制。

三是实践中需求强烈。我国 2012 年修正后的刑事诉讼法在传统起诉法定主义的基础上,在一定程度上兼采了起诉便宜主义原则,同时确立了控辩式庭审制度,进一步明确了控审分离原则,强化了诉讼中的对抗制因素,赋予检察机关公诉活动中更大的裁量权,因而使撤回公诉具有了更充分的理由和条件。在实践中,撤回公诉的存在具有重要的诉讼意义,可以使诉讼经济、发现案件实体真实、有效控制犯罪与被告人权利保障等刑事诉讼价值在一定程度上得到兼顾。

二、撤回公诉运行状况的实证考察

为深入了解 2012 年刑事诉讼法修正前后撤回公诉的实践运行状况,笔者对 A 省检察系统、法院系统开展了多种形式的调研活动。具体包括:大范围的问卷调查;组织硕士生和博士生通过查阅报表和卷宗材料的方式对一些检察机关撤回公诉的情况进行数据统计;到检察院和法院进行集体座谈或者个别访谈。

调研发现,撤回公诉的适用尽管在及时纠正起诉偏差、有力追控和打击犯罪方面起到了一定的积极作用,但也暴露出不少突出的问题。

(一) 撤回公诉案件数量的"名实反差"较大

一方面,从调研数据来看,实践中检察机关撤回起诉的案件总体数量并不多,在检察机关提起公诉案件中所占的比重也不大。例如,J 市检察院及其所属 10 个区县检察机关 2011~2013 年撤回起诉的案件只有 46 起。又如,B 市 B 县检察院 2005 年撤回起诉 0 件 2 人,占起诉人数(343 人)的 0.6%;2006 年撤回起诉 3 件 5 人,占起诉件数和人数(239

---

① [日] 土本武司著:《日本刑事诉讼法要义》,董璠舆、宋英辉译,台湾五南图书出版公司 1997 年版,第 203 页。

② 刘邦绣:《检察官职权行使之实务与理论》,台湾五南图书出版公司 2008 年版,第 227 页。

③ [德] 克劳思·罗科信著:《刑事诉讼法》,吴丽琪译,法律出版社 2003 年版,第 111 页。

件403人）的1.3%和1.2%；2009年撤回起诉1件1人，占起诉件数和人数（219件328人）的0.5%和0.3%；2007年、2008年、2010年这三年均无撤回公诉案件。

另一方面，上述各项统计中有关撤诉的数据主要涵盖的是那些以撤诉方式终结处理的案件，因而可能远远少于实践中真实发生的撤回起诉案件数量。例如，一些检察公诉人员草率起诉，在法院认为定罪证据不足欲做无罪判决时撤回起诉，补充新证据后再重新起诉，法院最后作出有罪判决，这种情况在实践中并不多见，但基本没有纳入撤回公诉案件的统计范围。此外，撤诉有时还被检察机关作为补充起诉或者变更起诉的替代程序，但也可能不会被纳入撤诉案件的统计范围。

（二）撤回公诉事由的脱法化

在实践中，检察机关撤回起诉的事由往往超出了《高检规则》规定的范围。关于实践中撤回起诉的事由，在问卷调查中，除了"不存在犯罪事实"，"犯罪事实并非被告人所为"，"情节显著轻微，危害不大，不认为是犯罪"，"证据不足或证据发生变化，不符合起诉条件"，"被告人因未达到刑事责任年龄，不负刑事责任"，"法律、司法解释发生变化导致不应当追究被告人刑事责任"以及"其他不应当追究被告人刑事责任的"等现行《高检规则》规定的情形被检察官选择外，还有相当多的被调查检察官在问卷中提及其他一些尽管在司法解释中没有规定但在实践中被作为撤诉事由的情形："已被提起公诉的被告人在其他地方发现另有重大罪行，需要并案侦查后异地提高审级进行审判的"，"在基层法院审理的被告人被认为应当判处无期徒刑以上刑罚，需要由中级法院进行一审的"，"自诉案件被作为公诉案件起诉，开庭审理后才发现定性不当的"，"被告人下落不明无法到案的"，"监所部门办理的因被告人未逮捕不到案"，"因系轻伤案件当事人选择自诉"，等等。这在对A省J市两级检察机关2011~2013年撤回起诉情况的调研结论中得到了印证。

（三）撤回公诉功能的异化

关于"两高"司法解释的初衷，撤回公诉本来主要是基于诉讼经济和使被告人尽早脱离讼累的目的而确立的一项制度。不过，在实践中，撤回起诉常常被公诉人员作为规避司法责任或者方便自己灵活处理案件的工具性措施或者手段性程序，出现了较为普遍的功能异化。

撤回公诉功能的异化主要表现为如下几种情况：一是撤诉成为检察机关规避无罪判决的常规性手段。据笔者调查，A省法院2011年和2012年均没有一起无罪案件；2013年，无罪判决案件2件2人。无罪判决数量如此之少，撤回起诉制度的存在及其适用无疑是相当关键的因素，它常常发挥着替代法院无罪判决的作用。二是撤诉有时成为公诉人员缓解审查起诉期限紧张的便利措施。三是撤诉有时还沦为检察机关对被告人穷追到底、不定罪誓不罢休的程序手段。在一些检察机关基于各种原因勉强提起公诉的案件中，因定罪证据不足而撤诉后进行补充侦查，再重新起诉，然后因定罪证据还是不足再撤诉进行补充侦查，循环往复，法院不妥协，检察机关就通过撤回起诉的方式补充侦查，强化证据，然后再诉，直至定罪。另外，撤回起诉还可能被作为变更起诉、追加或补充起诉的程序替代物。例如，有的案件在审判过程中发现了新的犯罪事实，检察机关本应追加起诉，但选择撤回起诉，待侦查机关查清事实后再提起一个新的诉讼。

（四）撤回起诉程序的弱正当性

首先，根据正当程序原理，专门诉讼机关在作出某种程序决定特别是不利于当事人的程序决定时，应当告知当事人并听取其意见。但在实践中，根据问卷调查显示，无论是检察机关作出撤回起诉决定前后，还是法院审查批准前，检法两家通常都不会告知当事人及其辩护人、诉讼代理人，也不会听取其意见；只有在法院准许检察机关撤诉后，才告知当事人及其律师。

其次，被告人不服撤回起诉决定时的救济措施薄弱。检察机关撤回起诉后，作出不起诉决定前，被告人通常不会被告知，也没有法定的救济措施；检察机关作出不起诉决定后，被告人一方因不满而寻求救济的方式也较为有限，只能寻求检察系统内的救济。

最后，检察机关撤回公诉的行为缺乏节制性。在实践中，无论刑事诉讼活动进行到哪一阶段，检察机关都可以想撤就撤，二审程序、再审程序中的撤回公诉并不鲜见。

（五）撤诉后重新起诉的恣意化

根据《高检规则》，撤回起诉后30日以内要作出不起诉决定，因此撤回起诉只是一种过程性的程序处分，没有当然地终结诉讼程序的效力。

在实践中，检察机关撤诉后又违反规定重新起诉的行为整体上呈现出较大的随意性。有些案件仅仅是由于被撤诉并做不起诉处理的被告人进行申诉或者信访，影响了检察机关或者办案人员的面子或者业绩，就被基于同一事实再次提起公诉；有些被判无罪的被告人因要求国家赔偿或者问责办案人，也可能会遭致检察机关提起报复性的再审抗诉。

三、撤回公诉实践困局的理论阐释

撤回公诉的实践困局之出现，首先应当溯源于立法的缺位和司法解释的粗疏。在刑事诉讼法缺乏相关规定的情况下，"两高"的司法解释对撤回起诉的规范较为概括，科学性不足，这就给检察公诉人员基于办案的便利性或者其他功利性考虑而故意滥用留下了空间。

除去法律层面的因素外，上述实践困局的形成可能更需要从司法层面的绩效考核机制和"审判去中心化"诉讼模式加以解释。

首先，撤回公诉的实践之困主要源于绩效考核机制的影响。从某种意义上可以说，检察机关的绩效考核机制导致了无罪判决数和撤回公诉数的双重萎缩。

一方面，由于检察机关系统内通常将无罪判决视为错案，在无罪判决的案件中，承办案件的公诉人员及其所在的检察院都会在绩效考核中受到很大的不利影响，所以当法院对于检察机关提起公诉的案件因定罪证据不足等原因欲做无罪判决时，检察机关如果也认为定罪证据不足且有补充侦查的可能时，通常会选择撤回起诉，退回侦查机关（或者本院侦查部门）补充侦查，而如果检察机关认为证据已经达到了定罪要求，或者虽然也认为定罪证据不足，但觉得已经因为时过境迁而很难再补充到有价值的证据时，则会与法院进行正式或者非正式的沟通或协商，以期说服法院作出有罪决定，实在沟通无效，法院执意要做无罪判决时，检察机关通常会选择撤回起诉，然后做不起诉处理，以替代可能的无罪判决结果。

另一方面，撤回公诉也是检察机关绩效考核中的扣分项目或者质量评查中的重点关注对象，撤回起诉的案件承办人、部门负责人在考核中也会被扣分或者年终考评名次会受到一定的不利影响，尽管较之无罪判决的不利影响要小得多。因此，在实践中，检察机关对撤回公诉的案件数量也会进行严格的控制。与此同时，检察系统内部的考核指标或者案件质量评查标准普遍规定，案件被撤回起诉后，经补充事实证据后又重新提起公诉的，不予扣分，由此实践中对检察机关和承办人员带来不利影响的撤回起诉主要是撤回起诉后没有重新起诉的情形。这种制度设计很可能会变相地鼓励公诉人员在撤回起诉后想方设法地补充证据，以便重新追诉。

分析至此，仍然有一个重要的问题没有回答：在绩效考核机制的影响下，检察机关倾向于以撤回公诉代替法院的无罪判决，但法院为何如此配合，对于检察机关的撤诉决定几乎总是准许，乃至主动建议检察机关撤回公诉呢？

对此，必须深入到绩效考核机制背后的检法关系或者诉审关系进行思考，将撤回公诉的适用置于我国传统的"审判去中心化"刑事诉讼模式中，才能拨云见日，窥其堂奥。

在重视实质正义的国民诉讼心理、强调积极实体真实主义的诉讼价值观以及"公检法三机关分工负责、互相配合、互相制约"的诉讼原则的长期影响下，我国实践中运行着的传统刑事诉讼模式呈现出鲜明的"治罪化"色彩和"审判去中心化"特征。为了最大化地打击犯罪和维护社会安定，在各级党委政法委的领导和协调下，公检法三机关之间往往"重配合、轻制约"，侦查机关、公诉机关的诉讼意愿和诉讼活动对法院的审判程序和审判结果具有强大的支配力和影响力，侦查"中心化"、公诉"强势化"、审判"迁就化"是这种诉讼模式中侦控审关系的基本格局。具体到撤回公诉，由于无罪判决是对刑事诉讼整体"治罪化"取向的偏离，且可能会导致检察机关及其工作人员被追究错案责任，因此不仅会遭遇强势的侦控机关的反抗，甚至会招致党委政法委的强力介入和干预，其结果自然是：法院在做无罪判决之前必然会首先主动建议或者强硬暗示检察机关撤回起诉。由此不难理解，尽管检察机关的撤回起诉决定要经过法院的审查批准，但实践中法院的审查普遍流于形式。

此外，检察机关撤诉后恣意再诉的问题，一方面，源于传统"审判的去中心化"诉讼模式中法院审查把关的难以实质化和严格化，以致对于撤回公诉的滥用不能起到应有的屏蔽作用；另一方面，也与我国刑事诉讼法尚未确立一事不再理原则或者禁止双重危险原则息息相关，由于生效裁判没有既判力，检察机关的再审抗诉和撤诉不受时间和次数的限制，出现撤诉后再诉的随意化现象在所难免。

四、"以审判为中心"视角下撤回公诉的制度重构

"以审判为中心"的诉讼制度要求扭转传统刑事诉讼中诉审关系的错位格局，确立法院在定罪量刑方面的决定性地位，因此必然要求变革撤回公诉的实践生态，强化对撤回公诉的法律规范和法院制约，加强撤回公诉的正当程序建设。

作为必要前提，首先应当按照程序法定原则的要求，尽快实现撤回公诉事由、程序的法定化。应当在刑事诉讼法中尽快确立撤回公诉的合法性和制度架构，解决长期以来撤回公诉"师出无名"的问题，而且可以避免"两高"司法解释中的自利化现象，有利于被告

人诉讼权利的保障。

身份问题解决以后，如何基于"以审判为中心"的改革思路建构撤回公诉的正当法律程序就成为需要解决的关键课题。笔者认为，应当重点采取以下措施：

（一）严格限定撤回公诉的时间

《高检规则》第461条规定，撤回起诉应当在法院宣告判决前提出。不过，由于该条规定语义模糊，没有明确是哪级审判程序中的"宣告判决前"，因而在实践中，检察机关和法院往往本着有利于自己办案需要的精神，对该规定进行扩张解释，认为检察机关在第一审程序、第二审程序和审判监督程序的宣告判决前都可以提出撤回公诉，这就使得刑事诉讼实践中的"程序倒流"现象特别严重，一些案件进进退退，乃至进一步退两步，被告人则如同砧板上的鱼，不得不忍受长期羁押给其身心带来的煎熬。

从"以审判为中心"的视角分析，对于撤回公诉这种程序倒流现象必须严格控制，因为它使得法庭裁判不具有终局性和决定性。笔者认为，我国未来修改刑事诉讼法时应当规定，第一审庭审辩论终结前可以撤回起诉，并明确此处的"第一审"是指"最初的第一审"，从而禁止二审发回重审后的撤回起诉、审判监督程序中的撤回起诉、受移送的第一审中的撤回起诉以及庭审辩论结束后、法官宣告判决前的撤回公诉，以防止出现当案件经法院开庭调查辩论多次但仍证据不足、很难作出有罪判决时，由检察机关撤诉了事的情形，减少了检察机关的恣意撤诉行为对审判秩序的不当干扰。

（二）健全撤回公诉的权力制衡机制

《高检规则》规定，宣告判决前，检察院要求撤回起诉的，法院应当审查撤诉的理由，作出是否准许的裁定。可见，撤回公诉需要经法院审查，并非检察院能够独自决定和实施的权力。不过，如前所述，法院的审查往往流于形式化，起不到审核把关的作用。

为防范实践中撤回公诉权的滥用，未来应当伴随着以审判为中心的诉讼制度改革的进程，强化法官对检察机关撤回公诉请求的实质审查，对于违法提出的请求，法院要坚决否定。

（三）建构撤回公诉的告知——防御机制

对于检察院的撤回起诉，现行司法解释没有任何关于事先告知被告人并为其提供诉讼防御机会的规定。

在我国特有的司法语境下，基于法益权衡的原则，笔者建议，在未来修改我国刑事诉讼法时，对于撤回公诉的告知——防御机制，可以分两种情况区别规定：提起公诉后、开庭审理前，检察机关撤回起诉的，无须经被告人同意；提起公诉后，已经开庭审理的，检察机关就不能随意撤回，而只有经被告人同意后，才能由法院准许撤回起诉。通过赋予被告人程序选择权，强化被告人对撤回公诉决定的参与和制约，对于开庭审理后检察机关请求撤回公诉的，法官在决定是否准许时，将被告人的同意作为允许撤回起诉的必要条件之一，使得被告人权益的保障优位于诉讼经济和犯罪控制的考虑。

（四）撤诉后重新起诉的法律规制

尽管随意撤回起诉是有待规范的公诉变更现象，但目前我国社会公众意见最大的可能不是随意撤回起诉本身，而是撤回起诉后的随意再诉。如果撤回起诉是属于滥用情形的话，撤诉后的随意再诉则是再次滥用，因而必须严加防范。

2012 年颁布的《高检规则》第 459 条第 2 款规定："对于撤回起诉的案件，人民检察院应当在撤回起诉后三十日以内作出不起诉决定。需要重新侦查的，应当在作出不起诉决定后将案卷材料退回公安机关，建议公安机关重新侦查并书面说明理由。"第 3 款规定："对于撤回起诉的案件，没有新的事实或者新的证据，人民检察院不得再行起诉。"这就赋予了撤回公诉以相对的确定力。

基于中国的特定诉讼结构和实践运行情况，笔者主张从如下方面对撤诉后的重新起诉进行法律规制：

一是撤诉后 30 日内又重新起诉的法律规制。为合理兼顾被告人的权利保障与社会利益、被害人权利的保障，刑事诉讼法应当在赋予撤回起诉限制的实质确定力，规定检察机关撤回起诉后，只有当再次发现新的事实或者新的证据时才允许再诉，同时明确属于公诉事实的同一性范围内的，不得再诉，以防止再诉过度或者再诉不足的极端现象。

二是撤诉并不起诉后又重新起诉的法律规制。解决撤诉并做不起诉后又随意再诉的问题，首先应实现羁押期限与办案期限的分离以及羁押措施的司法控制，否则囿于目前的法律规定，在讨论恣意重复追诉的控制时往往会迷失方向。

当然，在我国立法确立强制措施的法院审查原则之前，虽不宜赋予检察机关的不起诉决定以一事不再理的实质确定力，但仍应赋予其一定的实质确定力。因为区别于西方国家，在我国，刑事起诉通常都会伴随着羁押以及因羁押带来的自由限制、精神煎熬、经济损失、亲情疏离等诸多实质性的不利后果和利益丧失，所以赋予不起诉决定一定的实质确定力，可以更好地兼顾实质正义的实现和被告人的程序安定性利益等合法权益的保护。因此，2012 年《高检规则》第 459 条第 3 款的规定是合理的。

与此同时，为提高此制度设计的正当性和防范其适用的随意性，可以在立法中严格酌定不起诉的适用程序，规定检察机关作出酌定不起诉决定前必须取得法官的同意。

三是尽快修改《高检规则》要求检察机关撤诉后 30 日内再作出不起诉决定的规定，明确检察机关作出的撤回起诉决定即具有终结诉讼程序的效力，不用也不应再就该案作出不起诉决定，否则在撤回起诉以后再适用任何一种不起诉，对实际无罪的被告人都是不公平的。[1]

（作者单位：山东大学法学院）

---

① 参见张建伟：《论公诉之撤回及其效力》，载《国家检察官学院学报》2012 年第 4 期。

审判中心主义视野下职务犯罪侦查模式之转型

张云霄

侦查是整个刑事诉讼程序的起点，是公诉和审判的准备，侦查活动的质效直接影响到公诉和审判的质效。长期以来，在我国刑事诉讼实践场域，侦查功能的过度扩张以及对于侦查监督制约的乏力不断压缩着公诉和审判的作用空间，侦查成为整个刑事诉讼活动的中心。然而，正如有学者所言："中外刑事诉讼的历史已经反复证明，错误的审判之果从来都是结在错误的侦查之树上。"尤其是在法治不断发展的当今中国，"侦查中心主义"刑事诉讼观和诉讼模式已经显露出"疲态"，需要尽快予以调整。党的十八届四中全会通过的《关于全面推进依法治国若干重大问题的决定》（以下简称《决定》）中指出："推进以审判为中心的诉讼制度改革，确保侦查、审查起诉的案件事实证据经得起法律的检验。"与侦查中心主义相对而言，审判中心主义无疑更加符合司法活动、诉讼规律以及人权保障的要求。具体到职务犯罪侦查而言，在审判中心主义视野下，我国职务犯罪侦查模式转型面临着难得的机遇和不小的挑战。研究审判中心主义视角下职务犯罪侦查模式转型既具有宏观上的理论意义，又具有微观上的实用价值。

一、我国职务犯罪侦查模式的主要特点

我国检察机关作为宪法规定的法律监督机关，依法享有检察权。作为一个集合概念的检察权包含有职务犯罪侦查权，检察机关是我国法定的职务犯罪侦查机关。受到政治体制、法律制度以及司法环境等多重因素的综合影响，我国职务犯罪侦查模式具有自身鲜明的特征。

（一）超职权性

在我国现有的法律制度和司法环境之下，职务犯罪侦查模式具有"超职权性"的特征。这主要体现为：第一，对于拘留、指定居所监视居住等限制人身自由的强制侦查措施以及查封、扣押、冻结等限制公民财产的强制性侦查措施而言，检察机关既是这些侦查措施的决定者，也是这些侦查措施的实施者。集"决定者"和"实施者"两种角色于一身的检察机关在职务犯罪侦查程序运行中具有绝对的主导权和控制权，职务犯罪侦查模式呈现出一种较为封闭的状态，基本不受其他机关的监督。第二，在我国职务犯罪侦查模式中，犯罪嫌疑人仍然只是被看作诉讼客体（对象），而非诉讼主体，其并不具备与检察机关直接对抗的诉讼权利。例如，我国刑事诉讼法并没有明确规定犯罪嫌疑人在侦查阶段享有沉默权、讯问律师在场权等，反而要求犯罪嫌疑人应当如实供述。客观而言，这种"超职权性"有助于充分发挥检察机关打击职务犯罪的力度，提高查办职务犯罪的效率；但是，职务犯罪侦查监督的缺乏和公民私权利救济的不足极易导致职务犯罪侦查权偏离法治运行的健康轨道。

（二）口供至上性

我国职务犯罪侦查模式非常突出的一个特点就是突出"口供至上"，对于犯罪嫌疑人"口供"的收集、分析和审查始终贯穿职务犯罪侦查工作的始终，几乎是"无口供不定案"。之所以形成这样的特点主要有三方面因素：一是受我国传统法律文化的影响，"刑讯"是审案的一种常态和惯用方法；二是受传统侦查理念的束缚，没有口供即意味着证据链条有缺陷，不能定案；三是受侦查手段的限制，很难有效获取除口供外的其他证据材料，而获取犯罪嫌疑人"口供"可以说是最便捷、最省力突破案件的手段之一，无须借助现代科学技术和装备的使用，也无须想方设法去寻找其他证据材料。但是，客观而言，"口供至上性"带来的后果就是检察机关极容易背离"检察官客观义务"的要求，以积极追究"治罪"为侦查目标，而往往忽略对犯罪嫌疑人合法权益的保护，在侦查取证过程中尤其是侦查讯问过程中刑讯逼供的现象屡见不鲜，正如有学者所言，"'撬开他的嘴巴'这种传统的破案方式没有改变，想要杜绝刑讯逼供，是非常困难的"。此外，口供至上的职务犯罪侦查模式越来越难以有效应对犯罪嫌疑人翻供、污点证人翻证以及在后续庭审中的严苛质询。

（三）相对独立性

我国已经形成"党委统一领导，党政齐抓共管，纪委组织协调，部门各负其责，依靠群众的支持和参与"的反腐败领导体制和工作格局。换言之，我国并非"一元化"治理腐败模式，而是"多元化"的治理腐败模式，检察机关作为我国反腐败整体格局中的重要组成部分，其所享有的职务侦查权实质上是一项关于反腐败的重要司法职能，而非全部职能。正是在这样一种政治体制和司法环境之下，检察机关职务犯罪侦查模式不可避免地打上了"中国特色"之烙印。具体而言，职务犯罪侦查模式尤其是大要案侦查模式可以有两种：第一种为"同步协作模式"，即在刑事立案之前，纪检监察机关就商请检察机关提前介入案件，检察机关通过借助纪检监察机关的"两规"、"两指"等手段，同步开展职务犯罪初查工作，待初查有所突破后，再行立案侦查。第二种为"分段包干模式"，即纪检监察机关依据党纪和行政法律法规处理完毕之后，将涉及职务犯罪问题移送给检察机关，由检察机关直接进行立案侦查。总体来看，纪委作为我国反腐败的协调机关，并对检察机关执法具有监督功能。因此，在我国政治和司法语境之下，检察机关的职务犯罪侦查模式不具有绝对意义上的独立性，而是具有"半独立性"，或者可称为相对意义的独立性。客观而言，在司法实践中，常常会出现将党委对检察工作的领导权与检察机关对具体案件的处分权相混淆的情形，一些地方党委实际上已将其领导权从对人事、财政的领导权扩大到了具体案件侦查的领导权，从而导致我国职务犯罪侦查模式相对独立的特质也很难保持。

二、我国语境下审判中心主义的基本内涵

早些年就有学者提出"审判中心主义"这一提法。近年来，在一些重大冤假错案陆续被披露或被社会各界广泛关注的大背景下，党中央从推进司法改革的角度首次以权威性文件提出"以审判为中心的诉讼制度改革"，于是"审判中心主义"再次引起了法学理论界和司法实务界的高度关注和研究热情。"审判中心主义"主要是针对长期以来司法实践中存

在的"侦查中心主义"和"庭审形式化"（或者称为"庭审虚化"）而言的，是在坚持我国现有法律制度的基础之上，对我国公检法三家在刑事诉讼过程中"分工负责、互相配合、互相制约"关系的重新审视和发展完善。

笔者认为，"审判中心主义"的基本内涵主要包括三个方面：第一，审判是整个刑事诉讼程序的中心，因为相对于侦查、审查起诉、执行等程序，审判才是确定被告人定罪量刑的最关键和最重要的环节，侦查、审查起诉等审前程序的开展最终也是为审判顺利进行而准备的，而不是将侦查和审查起诉中带有明显倾向的意见简单地、不加甄别地转化为法院对被告人的有罪判决，"以审判为中心"就是要改变"以侦查为中心"的诉讼模式。第二，庭审是整个审判活动的中心，因为庭审是整个审判活动中最公开透明、最含抗辩因素、最中立、最有利于认定案件事实和适应法律的环节，对于保护诉权和公正裁判发挥着决定性的作用，"以庭审为中心"就是要彻底改变以往"以卷宗为中心"的审理模式。第三，一审庭审是庭审的中心，因为相对于二审、再审等庭审程序而言，一审庭审既是必经的庭审程序，也是距离还原案件事实真相时差最短的程序，一审庭审的主要任务就是要查明案件事实和认定案件证据。审判中心主义体现了刑事司法规律，是公正司法的必然要求，是严格司法的题中应有之义，也是规范司法的必然选择。

审判中心主义在整个刑事诉讼程序过程中必须贯彻以下三项基本诉讼原则：一是证据裁判原则。证据裁判原则是现代刑事诉讼的基本原则之一，其主要是指司法人员在整个诉讼活动中对于案件事实的认定必须以查证属实的证据为依据，没有证据不得认定案件事实，更不得认定犯罪。根据证据裁判原则的相关要求，在职务犯罪侦查阶段，作为认定犯罪事实的证据必须依照法定程序收集和审查，必须具备客观性、关联性和可采性，必须达到相应的证明标准。二是直接言词原则。直接言词原则主要包含两层含义："直接审理原则"，即对于主持法庭审判的法官应直接对证据材料进行审查，未亲历证据审查的法官不能对案件事实和法律适用作出认定；"言词审理原则"，即在庭审中的举证和质证应以言词的方式进行，而一般不采纳书面方式举出的言词证据。直接言词原则就是要求司法官员对于刑事诉讼活动的参与性、亲历性和裁判性。三是无罪推定原则。无罪推定原则主要是指犯罪嫌疑人、被告人在未被法院依法判决宣告有罪之前，均应当视为无罪。无罪推定原则要求证明责任一般由控诉方承担，证明标准须达到排除合理怀疑。

三、审判中心主义对职务犯罪侦查模式转型的基本要求

在"审判中心主义"诉讼观的作用之下，我国职务犯罪侦查模式转型既面临着难得的机遇，也面临着不小的挑战。概言之，审判中心主义要求我国职务犯罪侦查模式必须实现由"传统型"向"现代型"的转型。

（一）宏观角度要求：正确处理"三种关系"

从刑事诉讼构造这一宏观角度出发，在推进我国职务犯罪侦查模式转型过程中首先必须重新审视和正确处理好"侦诉关系"、"侦辩关系"和"侦审关系"三种诉讼关系。

1. 新型的侦审关系

在现代刑事诉讼结构理论中，侦查与审判之间的关系是一对极其重要的关系。侦查本位造就刑事诉讼程序的中心是侦查，审查起诉和审判分居边沿，形成"侦查中心主义"；而审判本位造就刑事诉讼中心是审判，侦查和起诉处于相对服从位置，形成"审判中心主义"。在"侦查中心主义"视野之下，职务犯罪侦查是诉讼活动的中心，而职务犯罪侦查和审判作为刑事诉讼的两个主要环节，中间隔着"审查起诉"这一环节，虽然看似两者并无直接联系，职务犯罪侦查终结并移送审查起诉就意味着职务犯罪侦查任务的完成，而至于法庭审判结果怎样似乎与侦查没有任何关系，但是实际上侦查的强势功能直接延伸到审判阶段，直接或者间接地影响着审判活动的开展。而在审判中心主义的视野下，审判作为刑事诉讼活动的中心，必须重新定义职务犯罪侦查与审判的关系。一方面，侦查须为审判的顺利开展提供扎实的审前工作，并做好出庭作证的准备；另一方面，审判须发挥更多的对侦查工作的制约作用。

2. 新型的侦诉关系

我国检察机关作为法律监督机关，依法行使检察权，而检察权作为一种集合概念，职务犯罪侦查权和公诉权兼而有之。客观而言，在"侦查中心主义"理念的指导之下，职务侦查权处于天然的强势地位，职务犯罪侦查与公诉之间"互相配合"关系往往容易异化为公诉对于职务犯罪侦查成果的支持，审查起诉往往成为再次确认侦查结论的过程。在审判中心主义的视野下，职务犯罪侦查与审查起诉关系模式应具备三项基本功能：一是能够客观公正地查明案件事实，共同指控犯罪；二是能够实现侦查与公诉的有序连接，提升诉讼效率；三是能够保障犯罪嫌疑人的合法权利，实现程序正义。在审判中心主义的视野下，公诉对于职务犯罪侦查而言应当发挥三重作用：首先，公诉对于职务犯罪侦查具有引导作用，即公诉部门从公诉思维角度出发在取证方向、证据证明标准等方面应给予职务犯罪侦查部门指导性意见或者建议，但是并不意味着可以任意干预职务犯罪侦查过程；其次，公诉对于职务犯罪侦查具有监督作用，即公诉部门应切实发挥"过滤网"的作用，依法对侦查所获取证据材料的合法性、客观性以及真实性进行全方位审查，依法排除非法证据；最后，公诉对于职务犯罪侦查具有协调作用，即公诉部门在必要的时候须协调职务犯罪侦查部门来共同应对法庭审判。

3. 新型的侦辩关系

职务犯罪侦查阶段最主要也是最突出的矛盾之一就是职务犯罪侦查人员与犯罪嫌疑人及其辩护律师之间的矛盾。在"侦查中心主义"的场域下，职务犯罪侦查人员对整个职务犯罪侦查活动享有绝对的主导权，整个职务犯罪活动是在一种单向的、封闭的、神秘化的环境中展开的。面对强大的职务犯罪侦查权这一国家公权力，犯罪嫌疑人则沦为职务犯罪侦查客体和对象，犯罪嫌疑人及其辩护律师无法享有与职务犯罪侦查部门及其侦查人员进行抗衡的辩护权。而"审判中心主义"则要求在整个刑事诉讼过程中，对于犯罪嫌疑人（被告人）这一"弱者"给予特殊的诉讼关照，"将当事者均视作平等的协商者、对话者和被说服者，而不是被处理者、被镇压者和无足轻重的惩罚对象"，具体到职务犯罪侦查阶段，就是要使侦辩双方能够始终保持一个动态的活力的良性的对抗状态，从而最大限度地还原事实真相并实现侦查程序正义。检察机关职务犯罪侦查部门既需要将辩护律师看作"竞争对手"，充分发挥侦辩双方在查明案件事实过程中各自的作用；又需要将辩护律师看作"合作朋友"，全面、充分、理性地听取辩护律师的相关意见。

（二）微观角度要求：认真对待"三个问题"

从职务犯罪侦查工作这一微观角度出发，审判中心主义诉讼观要求职务犯罪侦查模式转型必须注重以下三个主要问题：

1. 更加严格侦查阶段的证明标准

从认识论的角度来看，刑事诉讼过程本身就是一个对案件事实和证据进行不断深化认识的过程；而从诉讼阶段论的角度来看，刑事诉讼各个阶段都有自身的价值目标和主要任务。因此，这就决定了侦查、审查起诉和审判等各个诉讼阶段对于事实认定和法律适用都有各自的重点和特色。审判中心主义诉讼观强调各个诉讼阶段都应进一步严格证据的证明标准，但是这并不意味着强行要求检察机关在职务犯罪侦查阶段对于事实认定和法律适用的标准就直接等同于审判阶段的证明标准；但是应以审判阶段的标准作为参照，换言之，就是应向审判阶段的标准"看齐"，切实做到合法证据收集在侦查阶段，非法证据排除在侦查阶段，瑕疵证据补正在侦查阶段，严格证明标准在侦查阶段，切实防止事实不清、证据不足或者违反法律程序的职务犯罪案件"带病"进入审查起诉和审判阶段。

2. 更加注重全面收集各种证据

一般根据证据内容的稳定性、客观性和可靠性程度的不同，可将证据分为主观性证据和客观性证据。其中，主观性证据主要是指以人为证据内容载体的证据，如犯罪嫌疑人供述和辩解、证人证言等；而客观性证据则是指从人以外之物为证据内容载体的证据，如书证、物证以及电子数据等。一般而言，客观性证据相对于主观性证据而言，其稳定性、可靠性以及证明价值更好。在审判中心主义视野下，职务犯罪侦查转型的一个重要方面就是须从"重点获取客观性证据"切实转移到"全面收集各种证据"上来，尤其需要更加强化对客观性证据的收集，提升客观性证据在职务犯罪侦查破案中的地位，真正实现"由供到证"、"以证印供"向"以证促供"、"证供互动"的转变。

3. 更加注重应对刑事辩护问题

刑事辩护一般可以分为实体性辩护和程序性辩护。其中，实体性辩护主要是指犯罪嫌疑人（被告人）及其辩护人围绕犯罪嫌疑人（被告人）是否构成犯罪，是否需要追究其刑事责任以及从轻、减轻处罚等量刑问题而开展的一系列辩护活动。而程序性辩护则主要是指围绕程序违法行为而开展的一系列辩护活动。随着对人权保护意识的不断增强，从程序性辩护的角度出发，辩护律师在职务犯罪侦查阶段不再仅仅简单地关注被告人是否有罪以及应处何种刑罚的问题，而是更加关注侦查程序合法性问题。为此，审判中心主义视野下我国职务犯罪侦查模式转型必须重视应对程序性辩护带来的挑战，更加注重保障职务犯罪侦查模式朝着精细化方向发展。

四、审判中心主义视野下职务犯罪侦查模式转型的实现路径

2015年1月21日，在全国检察长会议上，最高人民检察院曹建明检察长指出："要高度重视以审判为中心诉讼制度改革对检察机关更高的要求，健全事实认定符合客观真相、办案结果符合实体公正、办案过程符合程序公正的制度，既全面提升检察机关自身的司法

水平和办案质量，又强化法律监督，维护司法公正。"客观而言，"以审判为中心"的诉讼制度改革是一个需要长期探索、实践和提升的过程。在保持我国法律制度和司法体制相对稳定的前提下，职务犯罪侦查模式成功转型的实现路径应主要着眼于检察机关职务犯罪侦查制度自身的调整和创新。具体而言，包括以下几个方面：

（一）建立健全职务犯罪侦查信息化制度

建立健全"全面收集—科学研判—深度加工—高效利用"职务犯罪侦查信息化工作制度，一方面，真正发挥侦查情报在检察机关收集客观性证据过程中的基础性和先导性作用，从而逐步减少检察机关在定案时对于主观性证据的习惯性依赖；另一方面，通过对侦查情报信息的科学利用进一步促使职务犯罪侦查模式向着"由案到案"、"由案到人"等多元化方向发展。

（二）建立健全现代职务犯罪侦查讯问体系

相较于传统职务犯罪侦查讯问体系而言，现代职务犯罪侦查讯问体系建设更加强调科学技术和装备在职务犯罪侦查讯问中所发挥的巨大作用，不断增加职务犯罪侦查讯问的科技含量，着力实现先进科学技术与职务犯罪侦查讯问的高度融合。例如，在职务犯罪侦查讯问过程中，同步使用"声音识别系统"和"眼动仪"来辅助识别犯罪嫌疑人供述和辩解的真伪，进而适时调整侦查讯问方向，真正实现从"硬审讯"到"软审讯"的转变，逐步形成"依靠情报做好讯前准备—依靠科技实现讯问突破—依靠评估做好讯后总结"的现代职务犯罪侦查讯问体系。

（三）建立健全内部法制审查制度

在现有的职务犯罪侦查部门单独设立法制审查处（科、专员），对内履行如下职责：一是监督控制职务犯罪侦查工作流程；二是审查侦查所收集的各种证据材料；三是讯问犯罪嫌疑人，审查是否有"漏罪"以及深挖犯罪；四是审查侦查终结报告书提出是否移送审查的意见。对外则一方面代表职务犯罪侦查部门向公诉部门移送审查起诉，听取并向职务犯罪侦查人员反馈公诉部门的审查起诉意见；另一方面，代表检察机关听取辩护律师的相关意见。总之，通过建立健全内部法制审查制度，切实保障侦查程序正义以及侦查结果优质。

（四）建立健全侦诉联席会议制度

侦诉联席会议制度主要包括议事程序和议事内容两个主要层面。其议事程序主要包括：一是议事启动主体：职务犯罪侦查部门和公诉部门负责人；二是议事方式：定期议事、不定期议事（临时议事）。而该制度的议事内容主要包括：第一，双方在职务犯罪侦查阶段就重大疑难复杂案件的案件定性、关键证据和疑难问题进行沟通，确定好侦查取证的方向；第二，双方对退回补充侦查相关问题进行沟通，提高侦查效率；第三，双方就职务犯罪侦查人员出庭作证的相关问题进行沟通，共同应对"庭审实质化"所带来的各项挑战；第四，双方就一定时期内某类职务犯罪发案特点、证据标准以及法律适用等问题进行研究分析。

（五）建立健全侦辩协调沟通制度

侦辩协调沟通制度主要包括：一方面，检察机关应建立健全与司法行政机关和律师协会之间的协调沟通，定期向其通报律师在执业过程中的违法违纪情况，督促律师行业依法规范执业；另一方面，由辩护律师在侦查终结前填写《检察办案行为监督卡》，对职务侦查行为活动中存在的问题提出意见或者建议，强化对检察机关职务犯罪侦查部门及其侦查人员的外部监督，从而在职务犯罪侦查阶段就形成良性的侦辩对抗关系，增强检察机关自我发现和排除非法证据的能力，真正确保职务犯罪侦查取证的合法性。

（六）建立健全"党纪"与"国法"衔接制度

"党纪"与"国法"衔接制度，主要是指党内关于反腐败法规与国家层面刑事诉讼法之间进行有序对接的一系列规范和规则。笔者认为，该制度主要包括三方面内容：一是举报制度，统一举报的具体流程；二是案件线索移送制度，对于涉嫌职务犯罪的案件线索，纪检监察机关应及时移送给检察机关；三是办案沟通协调制度，尤其是应统一案件证据认定的标准和尺度；四是办案报告制度，明确检察机关向党委报告案件的类型、范围以及程序，从而真正确保在党的领导下检察机关依法独立开展职务犯罪侦查工作，形成具有我国特色的职务犯罪侦查模式。

（作者单位：北京市朝阳区人民检察院反贪污贿赂局）